KBS한국어능력시험 단기 완성을 위한 해커스자격증만의 추가 학습자료

KBS한국어능력시험 무료 특강

해커스자격증(pass.Hackers.com) 접속 후 로그인 ▶
상단 [KBS한국어/글쓰기] 클릭 ▶ [무료강의] 클릭하여 이용하기

- 기출변형 모의고사(PDF)
- 빈출 어휘/어법/국어 문화 총정리(PDF)
- 약점 잡는 오답노트(PDF)

해커스자격증(pass.Hackers.com) 접속 후 로그인 ▶
상단 [KBS한국어/글쓰기] 클릭 ▶[교재정보 → MP3 및 부가자료] 클릭하여 이용하기

* 모의고사/ 총정리(2종)는 퀴즈 정답 입력 시 이용 가능

모바일 자동 채점 및 성적 분석 서비스

해커스자격증(pass.Hackers.com) 접속 후 로그인 ▶
상단 [KBS한국어/글쓰기] 클릭 ▶
[교재정보 → 자동채점/성적분석] 클릭하여 이용하기

듣기 영역 MP3

해커스자격증(pass.Hackers.com) 접속 후 로그인 ▶
상단 [KBS한국어/글쓰기] 클릭 ▶
[교재정보 → MP3 및 부가자료] 클릭하여 이용하기

KBS한국어능력시험 해설 인강 10% 할인

K558 DKFA 2C80 F000

해커스자격증(pass.Hackers.com) 접속 후 로그인 ▶
사이트 하단 또는 우측 [쿠폰/수강권 등록] 클릭 ▶
위 쿠폰번호 입력 시 쿠폰함에 자동 발급 ▶ 강의 결제 시 할인쿠폰 적용

* 쿠폰 유효기간: 2026년 12월 31일까지(등록 후 7일 내 사용 가능)
* 쿠폰은 1회에 한해 등록 및 사용이 가능하며, 추가 발급은 불가합니다.
* 이외 쿠폰 관련 문의는 해커스 고객센터(02-537-5000)로 문의하시기 바랍니다.

해커스 환급생 전원 1개월 내 3+등급 이상 달성!
합격생이 말하는 KBS한국어 단기 합격 비법!

*합격후기 게시판 수험 기간 분석 결과 (2023.01.01~2023.06.07)

최수지 선생님 강의로 KBS한국어능력시험 1급 달성했습니다.

해커스 KBS한국어 강의는 우선 힘 줄 부분과 힘 뺄 부분을 구별하는데 큰 도움이 되었습니다. 교재도 깔끔하고, 보기 좋게 정리 되어 있어 마음에 들었고, 교재 외 구매한 부록도 들고 다니면서 시간 날 때마다 암기해 주었습니다. ···(중략) 최수지 선생님의 강의를 한번 수강해 보시면, 단기간에 한국어 시험을 졸업할 수 있으리라 생각합니다. 혼자서 공부하시기 자신 없으시거나, 시간을 크게 단축하고 싶은 분들께 최수지 선생님의 강의를 강력 추천 드립니다.

장○진 합격생

오○석 합격생

해커스자격증 2주끝장반 강의로 KBS한국어 3+등급 합격!

2주끝장반 수강 신청할 때 교재를 꼭 함께 구매하는 게 좋습니다. 그리고 **벼락치기라면 기출문제나 모의고사 하나 풀어보시고 자신에게 부족한 파트가 어디인지 파악하는 게 좋을 것 같습니다.** 하지만 시험까지 시간이 많다면 1권 2권 순서를 맞춰 차분하게 수강하는 게 고득점에 훨씬 유리할 것입니다.

2주 만에 KBS한국어능력시험 2+ 등급 달성한 비법

최수지 선생님께선 버릴 건 버리고, 취할 건 취하자는 전략을 택하시는데, 단시간에 이 시험을 준비하는 학생들에게 정말 효과적인 전략입니다. 어떤 것을 버려야 할지, 어떤 것을 가져가야 할지, 또 가져가는 부분은 어떤 방식으로 가져가야 할지 모두 짚어주시기 때문에 수강생들은 아무 걱정 없이 선생님 강의만을 잘 따라가면 됩니다. 또 어휘와 문법에서, 특히 문법에서 많은 분들이 괴로움을 호소하곤 하는데 문법 강의 내내 핵심과 정말 봐야 할 것이 뭔지 짚어주시면서 실제 외워야 하는 양을 확 줄여주시고, "그래봐야 어차피 이것도 끝이 있다." 등 주기적으로 멘탈을 잡아주셔서 포기하지 않고 끝마칠 수 있도록 도와주십니다. 시간이 없을 때, 혹은 첫 시험이라면 반드시 최수지 선생님의 강의와 함께하시길 권합니다.

이○웅 합격생

해커스 강의와 교재로 첫 시험에서 2- 달성했습니다.

해커스 한국어 교재는 1권, 2권으로 나누어져 있어 공부하기가 더 좋았습니다. 저는 1권에 나오는 어법과 어휘, 국어문화는 암기가 중요한 부분이기 때문에 책에 나오는 부분들은 다 암기하려고 노력했습니다. 또한 책 중간중간 기출문제들이 같이 나와있어서 개념들을 정리하기에 편했습니다.
무엇보다 제가 가장 큰 도움을 받은 부분은 핵심 암기북입니다. 이 책에는 꼭 알아야 할 개념들이 나와있기 때문에 집중적으로 정리할 수 있었습니다. 또한 가볍고 작은 사이즈여서 대중교통을 이용할 때도 편리하게 공부할 수 있었습니다.

이○리 합격생

자격증 합격의 모든 것, 해커스자격증 ▼

pass.Hackers.com
지금 바로 수강신청 ▶

KBS 한국어능력시험 공식 기출문제집

1권 공식기출문제집

목차

책의 특징과 구성   4
KBS 한국어능력시험 소개   6
KBS한국어능력시험 미리보기   8
최신 기출트렌드 및 핵심 전략   14

1권 공식기출문제집

제85회 KBS한국어능력시험   30
2025.6.15.(일) 시행

제84회 KBS한국어능력시험   78
2025.4.20.(일) 시행

제83회 KBS한국어능력시험   128
2025.2.15.(토) 시행

기출변형 모의고사   176

합격 필수 특별 부록

 시험장에도 들고 가는
어휘·어법 암기노트 [별책]

 추가
기출변형 모의고사 [PDF]

* PDF는 해커스자격증(pass.Hackers.com)에서 다운로드할 수 있습니다.

[부록] 전체 정답표, OMR 답안지   225

KBS 한국어능력시험 공식 기출문제집

2권 분석해설집

제85회 KBS한국어능력시험   2
- 정답 한눈에 보기
- 전 문항 유형&키워드 분석
- 기출 총평&목표 등급별 학습 전략
- 정답 및 해설

제84회 KBS한국어능력시험   42
- 정답 한눈에 보기
- 전 문항 유형&키워드 분석
- 기출 총평&목표 등급별 학습 전략
- 정답 및 해설

제83회 KBS한국어능력시험   82
- 정답 한눈에 보기
- 전 문항 유형&키워드 분석
- 기출 총평&목표 등급별 학습 전략
- 정답 및 해설

기출변형 모의고사   124
- 정답 한눈에 보기
- 정답 및 해설

[부록] 약점 잡는 오답노트   147

 자동 채점 및 성적 분석 서비스

 빈출 어휘·어법·국어 문화 총정리 [PDF]

 듣기 MP3

*PDF/MP3는 해커스자격증(pass.Hackers.com)에서 다운로드할 수 있습니다.

책의 특징과 구성

01 최신 기출문제 3회와 모의고사 2회로 실전 감각을 높일 수 있습니다.

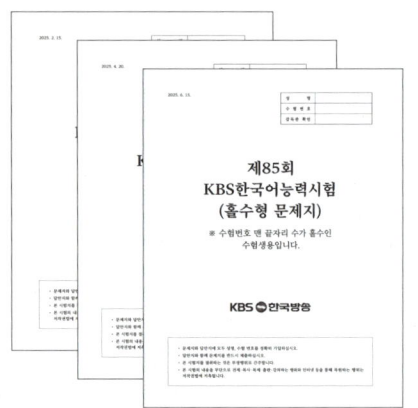

KBS한국어진흥원에서 제공한
최신기출문제 3회(제85, 84, 83회)

KBS한국어진흥원에서 공식 제공한 2025 상반기(6월, 4월, 2월 시행) 최신 기출문제를 풀어 실전 감각을 높일 수 있습니다.

최신 출제 경향을 그대로 반영한
기출변형 모의고사 2회

최신 기출 경향을 그대로 반영한 기출변형 모의고사 2회(1회 온라인 제공)를 추가로 더 풀어봄으로써 다음 KBS한국어능력시험을 효과적으로 대비할 수 있습니다.

실제 시험처럼 풀고 내 예상 등급까지 확인하는
OMR 답안지&자동 채점 및 성적 분석 서비스

실제 시험과 동일한 OMR 답안지를 제공해 문제를 풀면서 실전 감각을 높일 수 있습니다. 또한 나의 예상 등급 및 취약 영역별 학습 전략까지 확인해 실전에 더 완벽하게 대비할 수 있습니다.

02 분석해설과 어휘·어법 암기노트로 목표 등급을 달성할 수 있습니다.

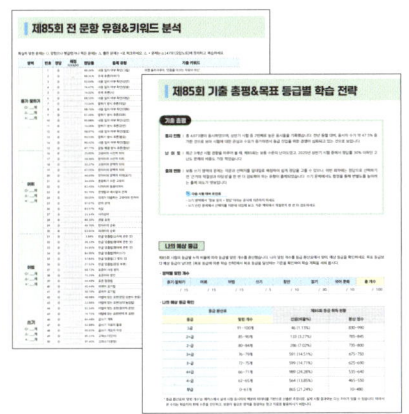

나의 취약 유형과 영역을 파악하는
전 문항 유형&키워드 분석
제85~83회 문항 유형과 기출 키워드를 분석한 표에서 영역별 틀린 개수를 체크하여 나의 취약 유형과 영역을 파악할 수 있습니다.

나의 예상 등급을 확인하고 목표 전략을 세워주는
기출 총평&목표 등급별 학습 전략
최신 기출문제 3회분의 경향과 난이도에 비추어 나의 실력이 어떤지 점검한 후, 나의 예상 등급과 목표 등급별 전략을 확인하고 학습 방향을 설정하여 목표 등급을 달성할 수 있습니다.

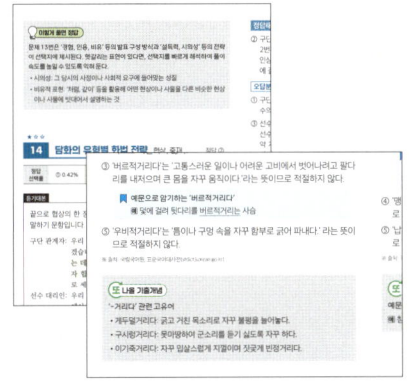

개념 이해와 풀이 전략까지 완벽하게 학습하는
또 나올 기출개념&이렇게 풀면 정답
빈출 개념을 정리한 '또 나올 기출개념'과 문제를 빠르게 푸는 전략인 '이렇게 풀면 정답'을 통해 영역별 특성에 맞게 실력을 키울 수 있고, 듣기 대본에는 정답의 단서를 표시하여 주요 내용을 빠르게 파악할 수 있습니다.

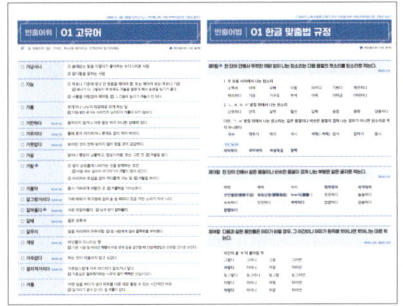

반복 학습으로 점수를 끌어올리는
어휘·어법 암기 자료 & 오답노트
최신 기출 개념과 빈출 개념을 정리한 [시험장에도 들고 가는 어휘·어법 암기노트]와 휴대전화로도 학습할 수 있는 [빈출 어휘·어법·국어 문화 총정리 PDF]를 통해 암기 개념을 반복 학습하여 고득점할 수 있습니다. 또한 나의 취약 유형과 개념을 오답노트로 정리하여 약점을 보완해 점수를 높일 수 있습니다.

KBS한국어능력시험 소개

○ KBS한국어능력시험이란 무엇인가?

KBS한국방송공사에서 실시하는 시험으로, 우리나라를 대표하는 국가공인 한국어능력 자격검정 시험입니다. 다차원적인 언어 사용 능력을 평가하고 실제 언어 생활에 기여할 수 있는 지식을 측정하는 것을 목표로 하며, 과학적인 등급 부여 시스템을 통해 실제 언어 수행 능력을 측정할 수 있는 시험입니다.

○ 시험 구성

- **출제 기준**: 객관식 5지 선다형, 100문항 (문항당 균일 배점이 원칙이나 필요 시 차등 배점)
- **출제 영역**

어휘·어법 능력		이해 능력		표현 능력		창안 능력	국어 문화 능력
어휘	어법	듣기	읽기	쓰기	말하기	창안	국어 문화

- **시험 영역과 문항 배분**

시험 영역	문항 번호	시험 시간(총120분)
듣기·말하기	1번~15번(15문항)	10:00 ~ 10:25 (25분) (9:30까지 고사실 입실)
어휘	16번~30번(15문항)	10:25 ~ 12:00 (95분) (쉬는 시간 없음)
어법	31번~45번(15문항)	
쓰기	46번~50번(5문항)	
창안	51번~60번(10문항)	
읽기	61번~90번(30문항)	
국어 문화	91번~100번(10문항)	

○ 성적 등급표

등급	환산 점수	내용
1급	830-990	전문가 수준의 뛰어난 한국어 사용 능력을 가지고 있으며, 언론인, 방송인, 저술가, 작가, 국어 관련 교육자, 기획 및 홍보 업무 책임자로서 갖추어야 할 언어 능력을 충분히 갖추고 있음
2+급	785-845	일반인으로서 매우 뛰어난 수준의 한국어 사용 능력을 가지고 있으며, 언론인, 방송인, 저술가, 작가, 국어 관련 교육자, 기획 및 홍보 업무를 수행할 언어 사용 능력을 갖추고 있음
2-급	735-800	일반인으로서 뛰어난 수준의 한국어 사용 능력을 가지고 있으며, 언론인, 방송인, 저술가, 작가, 국어 관련 교육자, 기획 및 홍보 업무를 수행할 기본적인 언어 사용 능력을 갖추고 있음
3+급	675-750	일반인으로서 보통 수준 이상의 한국어 사용 능력을 가지고 있으며, 일반 업무를 수행할 수 있는 언어 사용 능력을 갖추고 있음
3-급	625-690	국어 교육을 정상적으로 이수한 일정 수준 이상의 한국어 사용 능력을 가지고 있으며, 일정 범위 내에서 일반 업무를 수행할 수 있는 언어 사용 능력을 갖추고 있음
4+급	535-640	국어 교육을 정상적으로 이수한 수준의 한국어 사용 능력을 가지고 있으며, 일정 범위 내에서 일반 업무를 수행할 수 있는 기초적인 언어 사용 능력을 갖추고 있음
4-급	465-550	고교 교육을 이수한 수준의 한국어 사용 능력을 가지고 있으며, 일정 범위 내에서 기본 업무를 수행할 수 있는 기초적인 언어 사용 능력을 갖추고 있음
무급	10-480	국어 사용 능력을 위해 노력해야 함

응시 안내

구분	내용
응시 대상	대한민국 국적을 가진 국민 (단, 외국인의 경우 외국인등록증, 국내거소신고증, 영주증 중 한 가지를 소지하고 있어야 응시 가능)
응시 지역	서울, 인천, 수원, 고양, 부산, 울산, 창원, 대구, 광주, 전주, 대전, 청주, 춘천, 강릉, 제주 등 15개 권역에서 주로 실시 (사정에 따라 추가 또는 취소되는 지역이 발생할 수 있음)
응시 방법	KBS한국어능력시험 홈페이지(www.kbskorean.org)에서 온라인 접수
응시료	33,000원 - 자격증 발급 수수료 : 5,000원 (등기우편, 자격증 발급 수수료는 응시료에 포함되지 않음)
수험자 준비물	신분증, 수험표, 연필, 지우개

활용 기관

응시 영역	활용 대상	활용
공무 영역	국민건강보험공단, 한국전력공사, 근로복지공단, 한국남동발전 등의 지원자	채용 가산점, 자기 점검
군인 영역	간부사관, 법무부사관, 육군부사관, 민간부사관 등의 지원자 및 종사자	임용, 승진 가산점, 자기 점검
교사·강사 영역	교원 및 강사 지원자 및 종사자	교원 및 강사 채용, 자기 점검
청소년 영역	중·고등학교 학생	특목고 진학 및 대입 면접, 자기 점검
언론 영역	KBS, 한겨레신문, 경향신문, 서울신문사 등의 지원자 및 종사자	채용 및 승진, 자기 점검
직무 영역	일반 회사 지원자 및 종사자	채용 및 승진, 자기 점검
외국어 영역	국내 거주 외국인	외국인 근로자 채용, 자기 점검

※ 활용 기관 상세는 KBS한국어능력시험 홈페이지(www.kbskorean.org)에서 확인할 수 있으며, 자세한 채택 및 세부 적용 기준은 해당 기관에 확인 바랍니다.

2026년 시험 일정

회차	접수 기간	시험일시	성적 발표일
제89회	2026.01.05.(월) 09:00 ~ 2026.02.06.(금) 18:00	2026.02.28.(토) 오전 10:00	2026.03.12.(목)
제90회	2026.03.09.(월) 09:00 ~ 2026.04.03.(금) 18:00	2026.04.19.(일) 오전 10:00	2026.04.30.(목)
제91회	2026.05.04.(월) 09:00 ~ 2026.06.05.(금) 18:00	2026.06.21.(일) 오전 10:00	2026.07.02.(목)
제92회	2026.07.06.(월) 09:00 ~ 2026.08.07.(금) 18:00	2026.08.23.(일) 오전 10:00	2026.09.03.(목)
제93회	2026.09.07.(월) 09:00 ~ 2026.10.02.(금) 18:00	2026.10.18.(일) 오전 10:00	2026.10.29.(목)
제94회	2026.11.02.(월) 09:00 ~ 2026.12.04.(금) 18:00	2026.12.20.(일) 오전 10:00	2026.12.31.(목)

※ 운영사의 사정에 따라 시험 일정은 변경 및 취소될 수 있으니, 자세한 시험 일정은 KBS한국어능력시험 홈페이지(www.kbskorean.org)에서 확인 바랍니다.

KBS한국어능력시험 미리보기

○ 듣기·말하기 (1번~15번)

- 그림 해설, 라디오 방송, 강연, 발표, 대담, 사적 대화, 협상, 시, 이야기를 듣고 그와 관련된 15문제의 알맞은 정답을 5개의 보기 중에서 고르는 영역입니다.
- 5문제는 하나의 음성으로 1문제씩 풀고, 10문제는 하나의 음성으로 2문제씩 세트로 풀어야 합니다.
- 1번부터 15번까지 총 15문제가 출제됩니다.

[제85회 6번]
6. 전문가가 설명한 내용으로 가장 적절한 것은?
   ① 선풍기 사망 사고 소문은 TV 뉴스 보도에서 시작되었다.
   ② 선풍기를 밤새 틀고 잠을 자면 체온이 30도 이하로 떨어진다.
   ③ 선풍기 실험에서는 선풍기 열이 발생해도 실내 온도는 내려간다.
   ④ 선풍기 바람을 오래 쐬면 저혈당 환자의 건강이 악화될 수 있다.
   ⑤ 선풍기 바람과 오토바이 타기는 모두 호흡 곤란을 유발하지 않는다.

[제85회 7번]
7. 진행자의 말하기 전략에 대한 설명으로 가장 적절한 것은?
   ① 대담의 핵심 주제를 소개하며 대화를 시작하고 있다.
   ② 전문적인 개념에 대해 구체적인 예시를 덧붙여 보강하고 있다.
   ③ 전문가의 설명으로 해소되지 않은 예외적 경우에 대해 질문하고 있다.
   ④ 대담의 신뢰성과 객관성을 높이기 위해 객관적인 통계 자료를 요청하고 있다.
   ⑤ 남아 있는 문제를 환기하며 청취자의 사회적 관심과 참여를 당부하고 있다.

해설 6. 전문가는 3번째 발언에서 선풍기 바람으로 호흡 곤란이 올 수 없다고 주장하며, 그와 비슷한 사례로 오토바이나 자전거를 타는 사람들을 들고 있다. 따라서 선풍기 바람과 오토바이 타기는 모두 호흡 곤란을 유발하지 않으므로 전문가가 설명한 내용으로 가장 적절한 것은 ⑤이다.

7. 진행자는 대담을 시작하며 "선풍기를 틀고 자면 사망할 수 있다."라는 주제를 소개하고 있으므로 진행자의 말하기 전략으로 가장 적절한 것은 ①이다.

○ 어휘 (16번~30번)

- 고유어와 한자어의 의미, 의미 관계, 속담, 관용 표현, 사자성어, 순화어와 관련된 15문제의 알맞은 정답을 5개의 보기 중에서 고르는 영역입니다.
- 의미 관계는 회차마다 동음이의어, 유의 관계, 반의 관계 등의 출제 포인트가 달라지는 경향이 있으나, 그 외는 고정적으로 출제되는 편입니다.
- 16번부터 30번까지 총 15문제가 출제됩니다.

[제84회 18번]

18. 밑줄 친 고유어의 의미로 적절하지 않은 것은?

① 고깃국을 뭉근한 불로 끓여 내었다. → 세지 않은 불기운이 끊이지 않고 꾸준하다.
② 친구가 데려온 강아지의 털은 눈처럼 희고 함함하였다. → 털이 보드랍고 반지르르하다.
③ 김치를 보시기에 먹음직스럽게 담아내 왔다. → 김치나 깍두기 따위를 담는 반찬 그릇의 하나.
④ 하던 일을 아주 결딴을 내려고 하는군. → 결정적인 판단을 하거나 단정을 내림. 또는 그런 판단이나 단정.
⑤ 협력사들의 짬짜미가 불가능하게 하는 조치가 필요하다. → 남모르게 자기들끼리만 짜고 하는 약속이나 수작.

해설 '결딴'은 '어떤 일이나 물건 따위가 아주 망가져서 도무지 손을 쓸 수 없게 된 상태.'를 뜻하는 고유어이므로 적절하지 않다. 참고로, '결정적인 판단을 하거나 단정을 내림. 또는 그런 판단이나 단정.'을 의미하는 말은 한자어 '결단(決斷)'이다.

○ 어법 (31번~45번)

- 한글 맞춤법, 표준어 규정, 외래어 표기법, 로마자 표기법, 정확한 문장 표현과 관련된 15문제의 알맞은 정답을 5개의 보기 중에서 고르는 영역입니다.
- 정확한 문장 표현에서 높임 표현의 출제 포인트가 회차마다 달라지는 경향이 있으나, 그 외는 고정적으로 출제되는 편입니다.
- 31번부터 45번까지 총 15문제가 출제됩니다.

[제83회 35번]

35. 밑줄 친 부분의 표기가 옳지 않은 것은?

① 친구는 겪은 일을 나지막이 말해 주었다.
② 정말 간절히 바라는 일은 이루어진다고 한다.
③ 우리 집은 일요일에 각자 방을 말끔히 청소한다.
④ 밤이 되자 마을의 분위기는 고즈넉이 가라앉았다.
⑤ 라디오 진행자는 청취자의 사연을 일일히 소개했다.

해설 일일히(X) → 일일이(O): '하나씩 하나씩'을 의미하는 말은 '일일이'가 옳은 표기이다.

KBS한국어능력시험 미리보기

○ 쓰기 (46번~50번)

- 글쓰기 계획, 고쳐 쓰는 방법과 관련된 5문제의 알맞은 정답을 5개의 보기 중에서 고르는 영역입니다.
- 전반적으로 모든 유형이 고정적으로 출제되는 편입니다.
- 46번부터 50번까지 총 5문제가 출제됩니다.

[제85회 48번]

48. 다음은 윗글을 쓰기 전에 작성한 글의 개요이다. 윗글을 쓰는 과정에서 필자가 점검하여 반영한 내용으로 적절하지 <u>않은</u> 것은?

< 개 요 >

Ⅰ. 이동권의 의미
   1. 이동권의 정의
   2. 시민 이동권과 자동차 제한 정책
Ⅱ. 이동권 제한으로 발생하는 문제
   1. '이동'이라는 것의 의미
   2. 취업의 어려움
   3. 교육 기회 제한
Ⅲ. 문제 해결을 위한 조건
   1. 법 강화 및 행정 체제 마련
   2. 예산 확보 및 인프라 구축
   3. 인식 전환의 필요성
Ⅳ. 이동권 저해 요인 및 개선 방법
   1. 장애인에게 친화적이지 않은 보행 환경
   2. 저상 버스의 낮은 보급률
   3. 지하철 관련 요인
Ⅴ. 이동권의 의미 및 이동권 보장의 효과

① Ⅰ-2는 주제와 관련이 없는 내용이므로 삭제한다.
② Ⅱ-1은 상위 항목과의 연관성을 고려하여 Ⅰ의 하위 항목으로 이동한다.
③ Ⅲ은 글의 맥락을 고려하여 Ⅳ와 순서를 교체한다.
④ Ⅳ는 하위 항목의 내용을 고려하여 '이동권 저해 요인'으로 수정한다.
⑤ Ⅳ-3은 의미를 명료화하기 위해 '지하철 승강기 설치 및 관리 인력 확보'로 수정한다.

해설 Ⅳ-3의 의미를 명료화할 필요는 있으나, 윗글에 '지하철 관리 인력 확보'에 대한 내용은 제시되지 않았으므로 ⑤는 적절하지 않다.

창안 (51번~60번)

- 지문이나 그림을 바탕으로 유비 추론하는 10문제의 알맞은 정답을 5개의 보기 중에서 고르는 영역입니다.
- 유비 추론과 속담 및 관용 표현이 결합되어 출제되는 경우도 있습니다.
- 51번부터 60번까지 총 10문제가 출제됩니다.

[제84회 59번]

※ 다음 글을 읽고 물음에 답하시오.

운영체제(OS, Operating System)는 컴퓨터 시스템의 핵심 소프트웨어로, 하드웨어와 소프트웨어가 원활하게 상호 작용할 수 있도록 돕는 역할을 한다. 운영체제는 프로세스 관리, 메모리 관리, 파일 시스템 관리, 장치 제어 등의 기능을 수행하며, 이를 통해 사용자가 컴퓨터를 쉽게 사용할 수 있도록 환경을 제공한다. 또한, 여러 프로그램이 동시에 실행될 수 있도록 자원을 효율적으로 배분하고 충돌을 방지하는 조정자의 역할도 한다. ㉠ 이러한 운영체제의 존재 덕분에 사용자는 복잡한 하드웨어의 동작 방식을 몰라도 직관적으로 컴퓨터를 조작할 수 있다.

㉡ 운영체제는 다양한 프로그램과 사용자의 요구를 조정하며 최적의 성능을 유지하는 것이 중요한 목표이다. 이를 위해 스케줄링 기법을 활용하여 여러 작업을 적절하게 배분하고, 오류를 감지하고 해결하는 기능을 갖추고 있다. 또한, 보안 시스템을 통해 외부의 위협으로부터 데이터를 보호하고, 시스템이 원활하게 작동하도록 지속적인 업데이트와 개선이 이루어진다.

59. 윗글의 ㉠과 <보기>에서 공통적으로 이끌어 낼 수 있는 주제로 가장 적절한 것은?

< 보 기 >

인체의 자율 신경계는 여러 장기와 기관이 조화롭게 기능할 수 있도록 자동으로 조절하는 역할을 한다. 예를 들어, 심장은 우리가 의식적으로 조절하지 않아도 일정한 박동을 유지하며, 소화 기관은 음식물이 들어오면 자연스럽게 소화 효소를 분비한다. 또한, 체온 조절 기능을 통해 외부 온도가 변해도 일정한 체온을 유지할 수 있다.

① 개별 요소 간의 유기적인 협력의 필요성
② 외부 환경 변화에 적응하는 능력의 필요성
③ 개별 요소들의 독립적인 운영 방식의 중요성
④ 효율적인 자원 활용을 위한 계획적 배분의 필요성
⑤ 복잡한 시스템을 자동으로 조절하는 체계의 중요성

해설 운영체제가 하드웨어와 소프트웨어가 원활하게 상호 작용할 수 있도록 돕고, 사용자가 복잡한 내부 구조를 몰라도 쉽게 컴퓨터를 사용할 수 있도록 하는 것처럼, 인체의 자율 신경계도 여러 기관을 자동으로 조절하여 우리가 신체의 작용을 인식하지 않아도 정상적으로 기능할 수 있도록 한다. 따라서 ㉠과 <보기> 모두 복잡한 시스템을 자동으로 조절하는 체계에 대해 설명하고 있으므로 정답은 ⑤이다.

KBS한국어능력시험 미리보기

○ 읽기 (61번~90번)

- 현대 문학, 학술문(인문·사회·과학), 실용문(안내문, 뉴스 보도)을 독해하는 30문제의 알맞은 정답을 5개의 보기 중에서 고르는 영역입니다.
- 학술문, 실용문, 현대 문학 순으로 고정된 출제 비중이 유지되고 있으며, 지문 유형도 고정적으로 출제되는 편입니다.
- 61번부터 90번까지 총 30문제가 출제됩니다.

[제84회 88번]
※ 다음 글을 읽고 물음에 답하시오.

행 복 시

수신 (전)4구역 주택 재개발 정비 사업 조합 설립 추진 위원회 귀하

제목 4구역 주택 재개발 정비 구역 해제 및 조합 설립 추진 위원회 취소 통보

1. '도시 및 주거환경정비법(이하 도정법)' 및 행복시의 '도시 및 주거환경정비조례'에 의거 행복시 고시 제1호로 4구역 주택 재개발 정비 구역을 해제함.
2. 이에 따라 정비 구역의 지정이 해제되는 경우 조합 설립 추진 위원회 승인을 취소하여야 하므로 행복시 고시 제2호로 4구역 주택 재개발 정비 사업 조합 설립 추진 위원회의 승인 취소를 고시함. (※ 관련 고시문은 우리 시 홈페이지 고시 공고란에 게재.)
3. 본 처분에 대하여 이의가 있을 경우
   - 행정 심판은 행정심판법 제27조(심판 청구의 기간)에 의거 처분이 있음을 알게 된 날부터 90일 이내에 청구하여야 함.
   - 취소 소송은 행정 소송법 제20조(제소 기간)에 의거 처분 등이 있음을 안 날부터 90일 이내에 제기하여야 함.
4. 도정법 제13조 제2항에 의거 정비 구역 지정 고시 후 조합 설립 추진 위원회를 구성하여 시장의 승인을 받아야 함.
   ※ 승인을 얻지 아니하고 법 제14조 제1항에 따른 추진 위원회 업무를 수행할 경우, 처벌 대상이 될 수 있음. 끝.

88. 윗글을 이해한 내용으로 가장 적절한 것은?

① 4구역은 원래 주택 재개발 정비 구역으로 지정되어 있었다.
② 취소 통보에 이의가 있을 경우 행복시 홈페이지에 신청하면 된다.
③ 취소 소송은 공문이 발송된 날로부터 90일 이내에 제기해야 한다.
④ 정비 구역의 조합 설립 추진 위원회는 구청장의 승인을 받아야 한다.
⑤ 정비 구역 지정이 해제되더라도 조합 설립 추진 위원회는 유지될 수 있다.

해설 '제목'에서 "4구역 주택 재개발 정비 구역 해제"라고 하였으므로 4구역은 취소 통보 이전까지는 주택재개발 정비구역으로 지정되어 있었을 것이다. 따라서 가장 적절한 것은 ①이다.

국어 문화 (91번~100번)

- 문학 작품·작가, 중세 국어, 다양한 매체의 언어를 다루는 10문제의 알맞은 정답을 5개의 보기 중에서 고르는 영역입니다.
- 국어 문화는 출제 범위가 넓고 유형 변화도 잦으나, 최근에는 유형의 비중이 동일한 편이고, 점자와 수어가 교차로 출제되고 있습니다.
- 91번부터 100번까지 총 10문제가 출제됩니다.

[제83회 91번]

91. <보기>에서 설명하는 문학 작품은?

<보 기>

이 작품은 조선 선조 때 권호문이 지은 총 19수의 연시조 작품으로 벼슬길과 은거 생활의 갈등에서부터, 속세에 미련을 갖지 않고 강호의 풍류를 즐기며 살아가는 모습, 그리고 현실 세계를 초월한 자신의 모습을 그려 내고 있다.

① 어부가
② 장진주사
③ 강호사시가
④ 도산십이곡
⑤ 한거십팔곡

해설 「한거십팔곡」은 조선 선조 때, 권호문이 지은 연시조이며, 벼슬길과 은거 생활의 갈등에서부터, 속세에 미련을 갖지 않고, 강호의 풍류를 즐기며 살아가는 담담한 심회를 적어 내려간 작품이다. 따라서 답은 ⑤이다.

KBS 한국어능력시험 공식 기출문제집

최신 기출트렌드 및 핵심 전략

영역1 | 듣기·말하기

영역2 | 어휘

영역3 | 어법

영역4 | 쓰기

영역5 | 창안

영역6 | 읽기

영역7 | 국어 문화

영역별 출제 문항 수

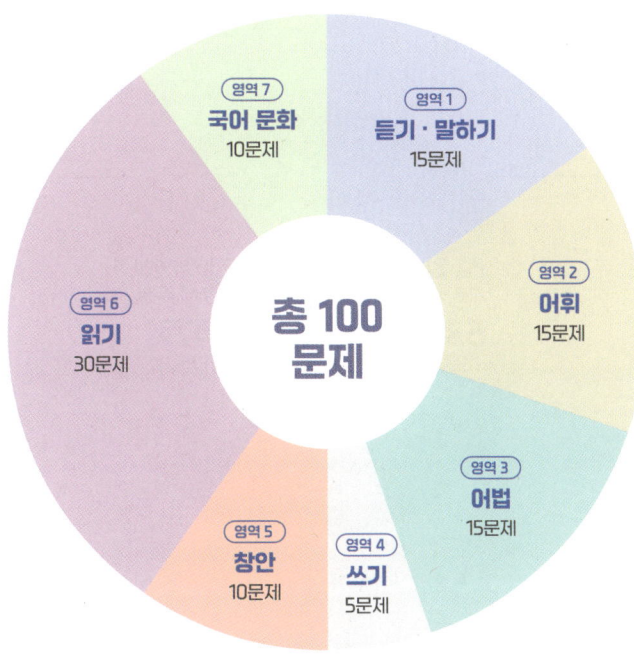

▲ 최근 10년간 영역별 문항 수 고정 출제

출제 1순위 **읽기 (30문제)**
현대 시, 현대 소설, 인문·과학 분야의 설명문, 안내·보도 목적의 실용문을 읽고 푸는 문제가 출제된다.

출제 2순위 **듣기·말하기 (15문제), 어휘 (15문제), 어법 (15문제)**
설명이나 대화를 듣고 푸는 문제, 어휘의 뜻풀이를 암기하여 푸는 문제, 국어의 어문 규정에 맞는 표기나 문장을 찾는 문제가 출제된다.

출제 3순위 **창안 (10문제), 국어 문화 (10문제)**
글이나 그림의 주제를 다른 상황에 빗대어 유추하는 문제, 국문학 작품·작가, 중세·근대 국어 문법, 다양한 언어(북한어, 순화어, 점자, 수어) 등을 푸는 문제가 출제된다.

출제 4순위 **쓰기 (5문제)**
하나의 완성된 글을 바탕으로 글쓰기 계획, 개요, 자료 활용 방안, 고쳐쓰기 방안의 적절성을 판별하는 문제가 출제된다.

영역1 | 듣기·말하기

그림 설명, 라디오 방송, 강연, 발표, 대화, 협상, 이야기, 시와 같이 다양한 유형의 지문을 듣고 푸는 문제입니다. 크게 세부 내용이 선택지와 일치하는지, 말하기 방식이나 중재 방식이 무엇인지, 지문의 주제가 무엇인지 찾는 문제가 출제됩니다.

○ 최신 출제 트렌드

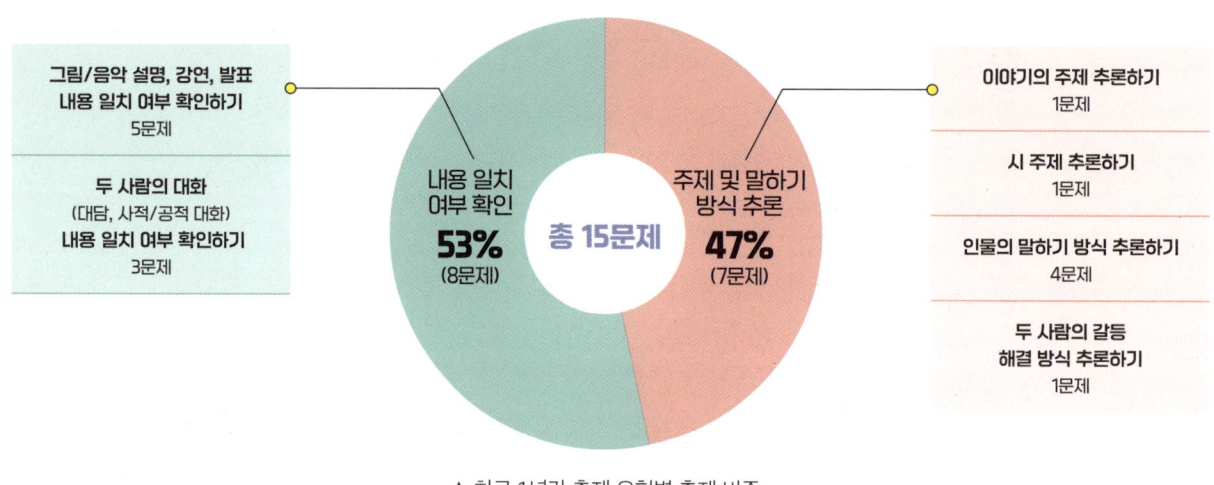

▲ 최근 1년간 출제 유형별 출제 비중

출제 1순위 **내용 일치 여부 확인 - 그림·음악 설명, 강연, 발표 내용 일치 여부 확인하기 (5문제)**
그림·음악, 과학적 상식, 사회적 이슈 등의 주제를 설명하는 내용을 듣고, 듣기 내용과 선택지가 일치하는지 파악하는 문제가 가장 많이 출제된다.

출제 2순위 **주제 및 말하기 방식 추론 - 인물의 말하기 방식 추론하기 (4문제)**
설명이나 대화를 듣고 말을 전개하는 방식을 찾는 문제가 많이 출제된다. 설명이나 대화 내용을 이해하는 문제와 함께 푸는 문제여서 수험생이 놓치는 경우가 많으니 유형별 핵심 전략을 반드시 알아 두어야 한다.

출제 3순위 **내용 일치 여부 확인 - 두 사람의 대화(대담, 사적·공적 대화) 내용 일치 여부 확인하기 (3문제)**
진행자와 전문가의 방송 대담, 일상생활에서 일어나는 사적 대화, 협상 등의 대화를 듣고, 듣기 내용과 선택지가 일치하는지 파악하는 문제가 출제된다. 말하기 방식 추론과 함께 푸는 2문제 세트로 출제된다.

유형별 핵심 전략

듣기·말하기는 정답률이 높은 유형(😀)이 많으므로 등급 확보를 위해 반드시 맞혀야 하며, 정답률이 낮은 유형(☹)은 헷갈리는 만큼 반드시 핵심 전략을 확인하고 접근해야 한다.

유형 (문항 수)	평균 정답률	핵심 전략 & 빈출 주제
그림·음악 설명, 강연, 발표 내용 일치 여부 확인하기 (5문제)	90.1%	**핵심전략** 음성이 나오기 전, 키워드에 먼저 표시하고 이에 집중하여 들으면 정답을 빨리 찾을 수 있다. **빈출주제** 서양 명화 및 '김홍도'의 작품, 영화 속에 쓰인 클래식 음악, 과학적 상식
두 사람의 대화 (대담, 사적·공적 대화) 내용 일치 여부 확인하기 (3문제)	93% 😀	**핵심전략** 특정 말투나 표현 방식(예: "그건 좀 아닌 것 같다", "좋은 생각이다")과 같이 등장인물의 태도 변화에 집중하여 인물의 입장을 파악한다. **빈출주제** 건강 관리와 관련된 진행자와 방송가의 대담, 가족 간의 일상적 대화, 연봉 또는 휴무에 대한 의견 차이
인물의 말하기 방식 추론하기 (4문제)	78.1% ☹	**핵심전략** 2문제 세트 중 두 번째 문제이므로 가장 놓치기 쉽다. 따라서 기억에만 의존하지 말고, 들으면서 사용되는 말하기 방식의 키워드(예: 예시, 나열, 수치)를 반드시 필기해야 한다. **빈출주제** 자기 경험 사례, 단어 반복, 부분적 수용, 질문, 통계 자료 요구, 내용 재확인
이야기의 주제 추론 (1문제)	89.2%	**핵심전략** 등장인물의 행동과 그 결과에 주목하여 듣고 이야기 끝에 전달하는 한 문장은 반드시 받아 적은 후 선택지 중에서 결말을 포괄하는 문장을 고른다. **빈출주제** 이솝 우화, 고전 전래 동화, 원주민 부족의 이야기
시 주제 추론하기 (1문제)	87.7%	**핵심전략** 반복되는 시어·이미지·변화를 중심으로 가장 어울리는 선택지를 고른다. **빈출주제** 계절, 자연물, 인간의 감정을 주제로 하는 시
두 사람의 갈등 해결 방식 추론하기 (1문제)	78.1% ☹	**핵심전략** 주로 의견을 절충하여 타협하고 있다는 식의 문장이 정답일 확률이 높다. **빈출주제** 타협적인 방식, 감정에 호소하는 전략, 공격적인 자세, 반대 없이 수용, 상대방 이득 보장

영역2 | 어휘

고유어, 한자어, 속담, 사자성어, 관용 표현의 의미와 어휘의 의미 관계, 순화 표현을 올바르게 알고 문제를 해결하는 문제입니다. 크게 어휘의 의미, 어휘의 관계, 순화어를 파악하여 그 적절성을 판단하는 문제가 출제됩니다.

● 최신 출제 트렌드

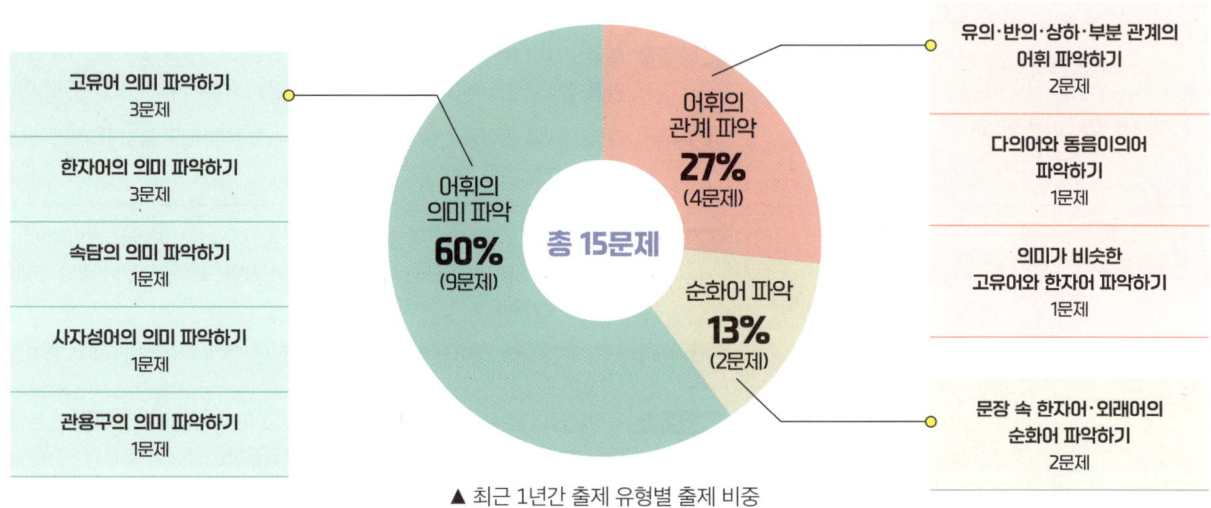

▲ 최근 1년간 출제 유형별 출제 비중

출제 1순위 **어휘의 의미 파악 – 고유어의 의미 파악하기 (3문제), 한자어의 의미 파악하기 (3문제)**
고유어와 한자어의 의미를 파악하는 문제가 가장 많이 출제된다. 고유어, 한자어의 사전적 의미를 파악하거나 고유어, 한자어가 의미에 맞게 문장에 쓰였는지 파악하는 문제가 출제된다.

출제 2순위 **어휘의 관계 파악 – 유의·반의·상하·부분 관계의 어휘 파악하기 (2문제)**
제시어의 유의어, 반의어를 찾거나 상하 관계, 부분 관계에 있는 어휘를 파악하는 문제가 많이 출제된다. 가끔 한 회에 3문제씩 출제되기도 한다.

출제 3순위 **순화어 파악 – 문장 속 한자어·외래어의 순화어 파악하기 (2문제)**
문장에 쓰인 한자어나 외래어에 대응하는 쉬운 우리말을 파악하는 문제가 출제된다. 보통 한 회에 2문제가 고정적으로 나온다.

유형별 핵심 전략

어휘는 상대적으로 난도가 높은 영역이니, 정답률이 높은 유형(😀)은 확실히 맞혀 점수를 확보해야 하고, 고등급을 노린다면 정답률이 낮은 유형(😕)을 반드시 대비해야 한다.

유형 (문항 수)	평균 정답률	핵심 전략 & 빈출 주제
고유어의 의미 파악하기 (3문제)	42.4%	**핵심전략** 고유어 문제는 표기가 비슷하거나 특정 주제의 고유어가 한 문제의 선택지로 출제되니, 주제별 고유어끼리 뜻을 비교하며 암기한다. **빈출어휘** 가탈, 깜냥, 바투, 부아, 실팍하다, 짐짓
한자어의 의미 파악하기 (3문제)	40.7% 😕	**핵심전략** 한자어는 예문과 의미를 연결하면서, 한자의 뜻과 연결된 부수와 훈음을 활용하여 암기한다. 특히 동음이의 한자어는 특징적 부수를 꼭 알아 둔다. **빈출어휘** 공포(公布), 보전(保全), 진수(眞髓), 계발(啓發), 계제(階梯)
속담의 의미 파악하기 (1문제)	71.8%	**핵심전략** 같은 단어가 포함된 속담끼리 한 문제의 선택지로 출제되는 편이니, 같은 단어가 포함된 속담끼리 뜻을 비교하며 암기한다. **빈출어휘** 낫 놓고 기억 자도 모른다, 언 발에 오줌 누기, 하룻강아지 범 무서운 줄 모른다
사자성어의 의미 파악하기 (1문제)	54.8%	**핵심전략** 사자성어가 쓰이는 맥락이나 상황을 떠올리며 예문과 함께 암기한다. 또한 빈출 확률이 높은 편이므로 기출 사자성어부터 학습한다. **빈출어휘** 낭중지추(囊中之錐), 당랑거철(螳螂拒轍), 목불식정(目不識丁), 풍수지탄(風樹之嘆), 하석상대(下石上臺)
관용구의 의미 파악하기 (1문제)	73.1%	**핵심전략** 같은 단어가 포함된 관용구끼리 한 문제의 선택지로 구성되고 '눈, 손, 발' 같은 신체 부위가 포함된 관용구가 출제되는 편이다. 따라서 자주 출제되는 주제의 관용구 위주로 암기한다. **빈출어휘** 머리를 쥐어짜다, 손을 맺다, 코가 꿰이다
유의·반의·상하·부분 관계의 어휘 파악하기 (2문제)	74.3%	**핵심전략** 각 의미 관계의 정의를 확실히 알아야 해당 관계에 있는 어휘를 찾을 수 있다. 어휘 관계의 정의와 상하와 부분 관계를 구분하는 기준을 확실히 파악한다. **빈출어휘** 기쁘다:슬프다, 덥다:춥다, 살다:죽다, 춥다:덥다
다의어와 동음이의어 파악하기 (1문제)	57.8%	**핵심전략** 모든 다의어와 동음이의어 뜻을 달달 외우기보다 어휘가 지닌 중심 의미를 문맥 속에서 추론하여 다의어와 동음이의어를 구별하는 연습이 필요하다. **빈출어휘** 들다, 치다, 나다, 먹다, 묻다, 빠지다, 쓰다, 오르다
의미가 비슷한 고유어와 한자어 파악하기 (1문제)	83.8% 😀	**핵심전략** 어휘 영역에서 암기 없이 풀어도 되는 유형이다. 고유어나 한자어를 제시된 문장에 대입하여 자연스럽게 읽히는지, 의미 전달이 되는지 판단하면 된다. **빈출어휘** '가다'와 대응하는 한자어, '고치다'와 대응하는 한자어
문장 속 한자어·외래어의 순화어 파악하기 (2문제)	57.1%	**핵심전략** 일상생활에서 자주 쓰이거나 사회적 이슈가 되는 순화 대상어가 출제된다. 평소의 쓰임을 떠올리거나 문맥을 유추하여 순화어를 파악한다. **빈출어휘** 가료(加療)→치료, 발레파킹(valet parking)→대리주차, 스크린 도어(screen door)→안전문, 해태(懈怠)하다→게을리하다

영역3 | 어법

국어의 어문 규범과 국어의 올바른 문장 표현을 바탕으로 단어, 문장의 적절성을 파악하는 문제입니다. 크게 한글 맞춤법, 표준어 규정, 외래어/로마자 표기법, 올바른 문장 표현을 파악하는 문제가 출제됩니다.

● 최신 출제 트렌드

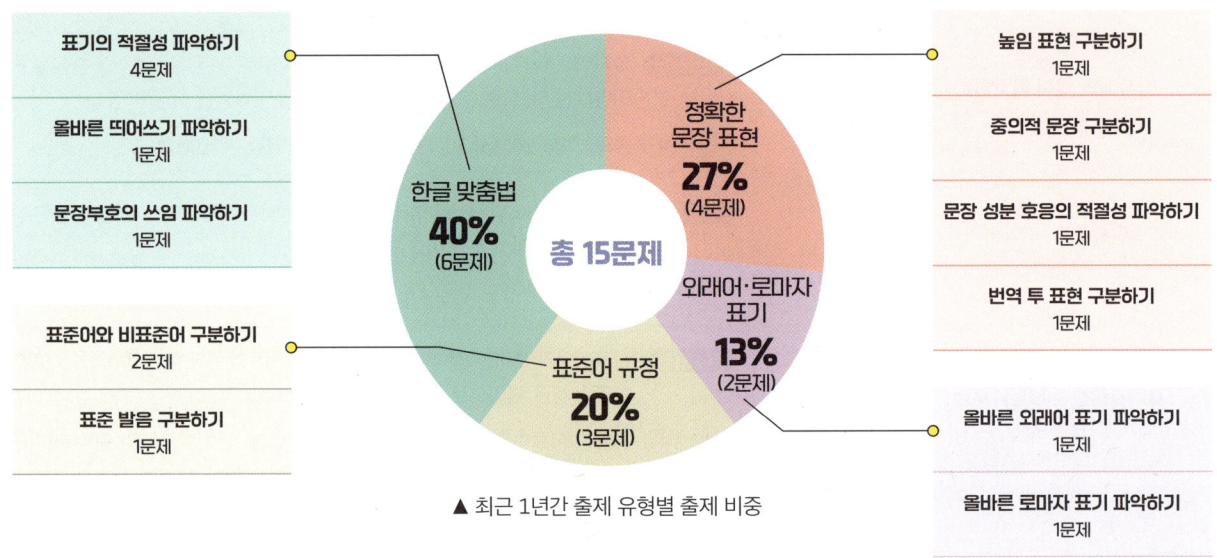

▲ 최근 1년간 출제 유형별 출제 비중

출제 1순위 한글 맞춤법 – 표기의 적절성 파악하기 (4문제)
한글 맞춤법 규정에 맞는 표기를 구분하는 문제가 가장 많이 출제된다. 주로 문장에 쓰인 단어의 표기가 적절한지 묻는 유형으로 출제되고, 관련 조항이 보기로 제시되기도 한다.

출제 2순위 표준어 규정 – 표준어와 비표준어 구분하기 (2문제)
문장에 쓰인 단어가 표준어인지 비표준어인지 구분하거나 문학 작품에 쓰인 방언에 대응하는 표준어를 묻는 문제가 많이 출제된다.

출제 3순위 표준어 규정 – 표준 발음 구분하기 (1문제)
표준 발음법에 근거하여 단어의 올바른 발음을 구분하는 문제가 출제된다. 최근 1문제가 고정적으로 출제되지만, 많을 땐 한 회에 3문제나 출제되기도 했다.

유형별 핵심 전략

어법은 상대적으로 난도가 높은 영역이니, 정답률이 높은 유형(😀)은 확실히 맞혀 점수를 확보해야 하고, 고등급을 노린다면 정답률이 낮은 유형(☹)을 반드시 대비해야 한다.

유형 (문항 수)	평균 정답률	핵심 전략 & 빈출 주제
표기의 적절성 파악하기 (4문제)	38.3%	**핵심전략** 빈출 조항의 원리를 정확히 이해한 뒤, 대표 예시 표기를 중심으로 암기한다. **빈출어법** 널찍하다, 넓적하다, 곰곰이, 깨끗이, 꾸준히, 반짇고리, 사흗날
올바른 띄어쓰기 파악하기 (1문제)	40.1%	**핵심전략** 의존 명사, 조사, 어미, 본용언과 보조 용언의 띄어쓰기가 자주 출제된다. 띄어쓰기 조항을 이해하며 주요 예시와 띄어쓰기 원리를 함께 암기한다. **빈출어법** 의존 명사 '만큼', 조사 '만큼', 의존 명사 '대로', 조사 '대로'
문장부호의 쓰임 파악하기 (1문제)	40.5%	**핵심전략** 자주 나오는 문장부호의 주요 쓰임은 반드시 암기하고, 바꿔 쓸 수 있는 문장부호끼리 암기한다. **빈출어법** 쉼표, 가운뎃점, 소괄호, 쌍점, 대괄호, 빗금, 작은따옴표
표준어와 비표준어 구분하기 (2문제)	33.2% ☹	**핵심전략** 자주 나오는 표준어 사정 원칙 조항과 복수 표준어를 반드시 암기한다. **빈출어법** 깡충깡충, 나부랭이/너부렁이, 똬리, 버저기, 벌레, 수퇘지, 우레
표준 발음 구분하기 (1문제)	39.1%	**핵심전략** 표준 발음은 조항에 따른 규칙 적용이 핵심이므로, 주요 조항을 익혀 두면 공식처럼 활용해 낯선 발음도 유추할 수 있다. **빈출어법** 공권력[공꿘녁], 금융[금늉/그뮹], 무늬[무니], 설익다[설릭따], 절약[저략]
문장 성분 호응의 적절성 파악하기 (1문제)	46.1%	**핵심전략** 문장의 주성분(주어, 목적어, 보어, 서술어)이 있는지, 필수적 부사어가 필요한지의 관점에서 문장을 분석해야 한다. **빈출어법** 주어와 서술어의 호응, 부사어와 서술어의 호응
높임 표현 구분하기 (1문제)	63.1%	**핵심전략** 어미 전체를 암기하기보다 자주 쓰이는 대표 어미 중심으로 익히고, 문장의 높임 정도를 비교해 선택지를 추론한다. **빈출어법** 하십시오체(-습니까, -습니다, -십시오), 하오체(-구려, -오)
중의적 문장 구분하기 (1문제)	71.4%	**핵심전략** 중의적 문장 구조는 반복하여 출제된다. 따라서 중의성을 만드는 문장 구조만 알아 둔다면, 쉽게 풀 수 있다. **빈출어법** 조사 '와/과'의 중의성(나는 철수와 영희의 결혼식에 참석했다)
번역 투 표현 구분하기 (1문제)	75.9% 😀	**핵심전략** 번역 투 표현은 빈출 표현만 출제되는 편이고, 개수가 많지 않으니 기출 번역 투 표현과 이를 올바르게 수정한 표현을 함께 암기한다. **빈출어법** ~ 가지다(have), ~에 의해/의한(by), ~에 있어서, ~에 다름 아니다
올바른 외래어 표기 파악하기 (1문제)	52.9%	**핵심전략** 외래어 표기법의 한글 대조표를 익혀 두어야 한다. 또한 헷갈리는 모음(ㅔ/ㅐ, ㅗ/ㅓ) 표기가 오답 포인트로 자주 출제되니 관련 조항과 예시를 암기해야 한다. **빈출어법** 심포지엄, 리더십, 스태프, 심벌, 타깃, 코미디, 불도그, 마네킹, 로켓
올바른 로마자 표기 파악하기 (1문제)	43.1%	**핵심전략** 국어의 로마자 표기는 국어의 표준 발음법에 따라 적는 것을 원칙이다. 이를 염두에 두고 문제를 풀어야 하며, 된소리되기는 표기에 반영하지 않는 점을 유의해야 한다. **빈출어법** 경복궁(Gyeongbokgung), 낙동강(Nakdonggang), 대관령(Daegwallyeong)

영역4 | 쓰기

하나의 지문을 바탕으로 글의 전체 구성과 표현의 적절성을 확인하는 문제입니다. 전체적인 글쓰기 과정을 해결하는 문제가 출제되며, 하나의 지문으로 5문제를 풀어야 합니다.

○ 최신 출제 트렌드

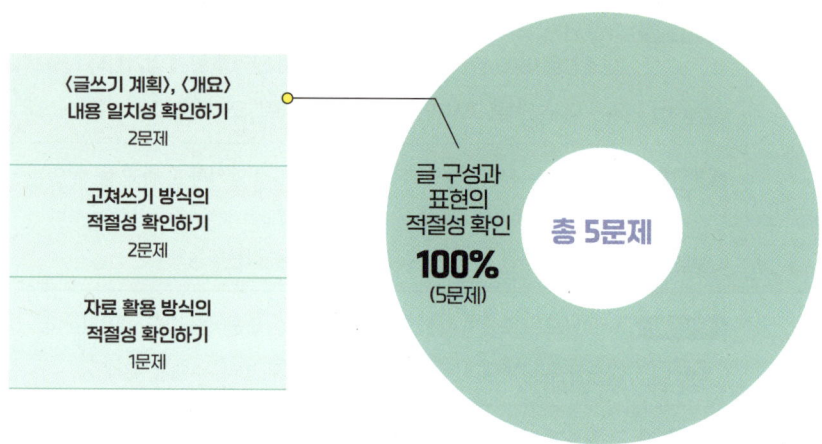

▲ 최근 1년간 출제 유형별 출제 비중

출제 1순위 글 구성과 표현의 적절성 확인 - 〈글쓰기 계획〉, 〈개요〉 내용 일치성 확인하기 (2문제)
글 구성과 표현의 적절성 확인 - 고쳐쓰기 방식의 적절성 확인하기 (2문제)

지문과 〈글쓰기 계획〉, 〈개요〉를 비교하며 내용의 일치성을 확인하는 문제와 단어나 문장을 수정하거나 보완하는 문제가 가장 많이 출제된다.

출제 2순위 글 구성과 표현의 적절성 확인 - 자료 활용 방식의 적절성 확인하기 (1문제)

지문 주제와 관련된 그래프, 기사, 인터뷰, 논문 자료 등을 제시하고 이를 활용하는 방안의 적절성을 확인하는 문제가 많이 출제된다.

유형별 핵심 전략

쓰기는 정답률이 높은 유형(😀)이 많으므로 등급 확보를 위해 반드시 맞혀야 하며, 정답률이 낮은 유형(😕)은 헷갈리는 만큼 반드시 핵심 전략을 확인하고 접근해야 한다.

유형 (문항 수)	평균 정답률	핵심 전략 & 빈출 주제
<글쓰기 계획>, <개요> 내용 일치성 확인하기 (2문제)	92.35%	**핵심전략** 지문을 먼저 분석할 필요 없이, <글쓰기 계획>과 <개요>의 내용이 지문에 적용 됐는지 빠르게 확인한다. **빈출주제** 사회적 문제(예: 장애인 이동권, 과도한 나트륨 섭취 문제, 반려동물 보유세)
고쳐쓰기 방식의 적절성 확인하기 (2문제)	97.21% 😀	**핵심전략** 단어 단위의 고쳐쓰기 문제는 '수정한 표현'을 '수정 전 문장'에 대입하여 문장의 의미와 뉘앙스, 문법이 모두 자연스러운지 검토한다. 그리고 문장 단위의 고쳐쓰기 문제는 선택지의 문장을 빈칸에 넣어 보고, 앞뒤 문맥에 맞는지 직관적으로 판단한다. **빈출주제** 문맥상 단어의 쓰임, 피동 표현, 조사의 적절성, 접속 부사의 적절성
자료 활용 방식의 적절성 확인하기 (1문제)	82.82% 😕	**핵심전략** <글쓰기 자료>와 선택지를 직접 비교해 정답을 찾을 수 있는 유형은, 먼저 지문을 읽기보다 <글쓰기 자료>와 선택지를 대응하는 것이 시간 절약에 효과적이다. 이때 자료와 선택지가 일치한다면, 지문과의 관련성을 확인해 최종 정답을 판단한다. **빈출주제** 통계 자료, 뉴스 기사, 전문 서적, 연구 보고서, 전문가 인터뷰

영역5 | 창안

지문이나 그림의 주제나 원리를 분석하고 이를 바탕으로 비슷한 내용을 찾는 문제입니다. 크게 글을 바탕으로 내용을 추론하거나 그림을 바탕으로 내용을 추론하는 문제가 출제됩니다.

● 최신 출제 트렌드

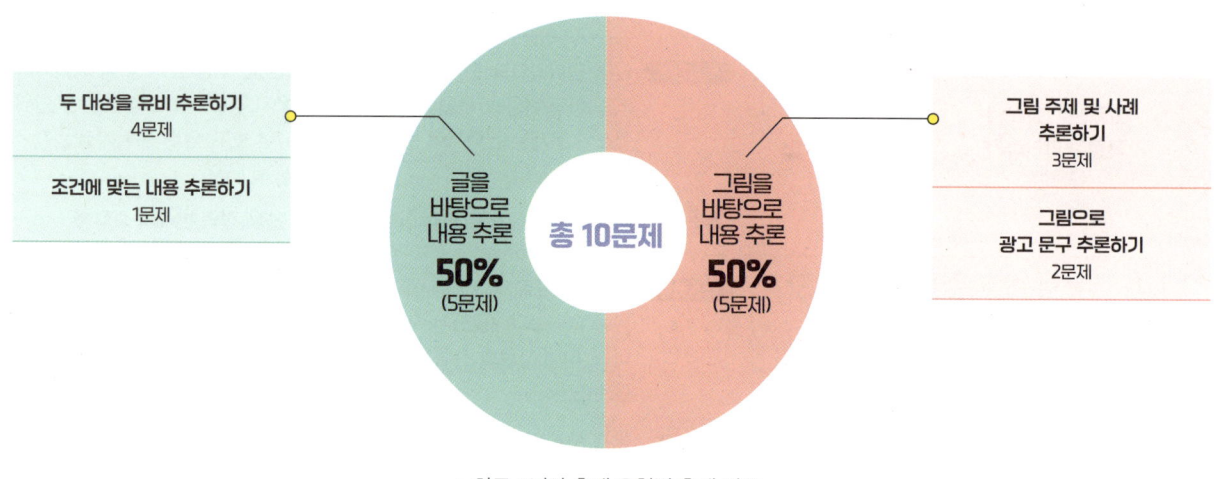

▲ 최근 1년간 출제 유형별 출제 비중

출제 1순위 **글을 바탕으로 내용 추론 – 두 대상을 유비 추론하기 (4문제)**
다양한 분야의 주제를 설명하는 글의 핵심을 이해하고 이를 다른 사례에 비추어 공통점을 추론하는 문제가 가장 많이 출제된다. 주로 지문의 주제를 회사 운영이나 교육 방식 사례에 적용하여 추론하는 문제가 나온다.

출제 2순위 **그림을 바탕으로 내용 추론 – 그림 주제 및 사례 추론하기 (3문제)**
두 그림의 주제, 표현 등을 비교 분석하거나 그림의 주제를 바탕으로 다른 사례를 추론하는 문제가 많이 출제된다. 그림과 글이 함께 제시되기도 한다.

출제 3순위 **그림을 바탕으로 내용 추론 – 그림으로 광고 문구 추론하기 (2문제)**
그림과 짧은 글을 함께 이해하고, 이를 바탕으로 공익 광고 이미지나 문구를 추론하는 문제가 출제된다. 공익 광고 문구를 추론할 때 문구의 표현법과 관련된 조건이 제시되기도 한다.

유형별 핵심 전략

창안은 정답률이 높은 유형(😀)이 많으므로 등급 확보를 위해 반드시 맞혀야 하며, 정답률이 낮은 유형(☹)은 헷갈리는 만큼 반드시 핵심 전략을 확인하고 접근해야 한다.

유형 (문항 수)	평균 정답률	핵심 전략 & 빈출 주제
두 대상을 유비 추론하기 (4문제)	88.61%	**핵심전략** 비유하는 대상과 구조를 정확히 인식하고, 지문에 제시된 대상의 특징을 중심으로 비유 대상의 특징을 추론한다. **빈출주제** 학습 방법에 비유, 갈등 해결 방식에 비유, 기업 경영 전략에 비유
조건에 맞는 내용 추론하기 (1문제)	94.85% 😀	**핵심전략** 조건에 제시된 구체적 비유 대상을 확인하고, 조건에서 요구하는 모든 내용을 포괄하는 표현을 고른다. **빈출주제** 교훈, 지혜, 조언
그림 주제 및 사례 추론하기 (3문제)	88.23%	**핵심전략** 그림을 분석하는 문제는 주어진 그림이나 그림의 관계를 먼저 분석할 필요 없이, 선택지에 해석된 그림의 설명이 적절한지 아닌지만 판단한다. **빈출주제** 그림의 표현, 핵심, 주제 분석
그림으로 광고 문구 추론하기 (2문제)	79.77% ☹	**핵심전략** 그림과 함께 제시된 짧은 글만으로도 그림의 주제를 빠르게 파악할 수 있다. 만약 시간이 부족해 글을 읽을 시간이 없다면 선택지만 비교하여 이질적인 주제의 그림을 찾으면 된다. 또한 문장 표현법에 대한 조건이 있다면, 하나라도 누락되거나 어긋나는 부분이 없는지 검토한다. **빈출주제** 공익 광고(환경 보호, 반려 동물, 층간 소음, 사이버 범죄)

영역6 | 읽기

다양한 분야와 유형의 지문을 이해하고, 추론하는 문제입니다. 크게 문학(현대 시, 현대 소설), 학술(인문, 사회, 과학), 실용(안내문, 뉴스 보도) 유형의 지문을 독해하는 문제가 출제됩니다.

● 최신 출제 트렌드

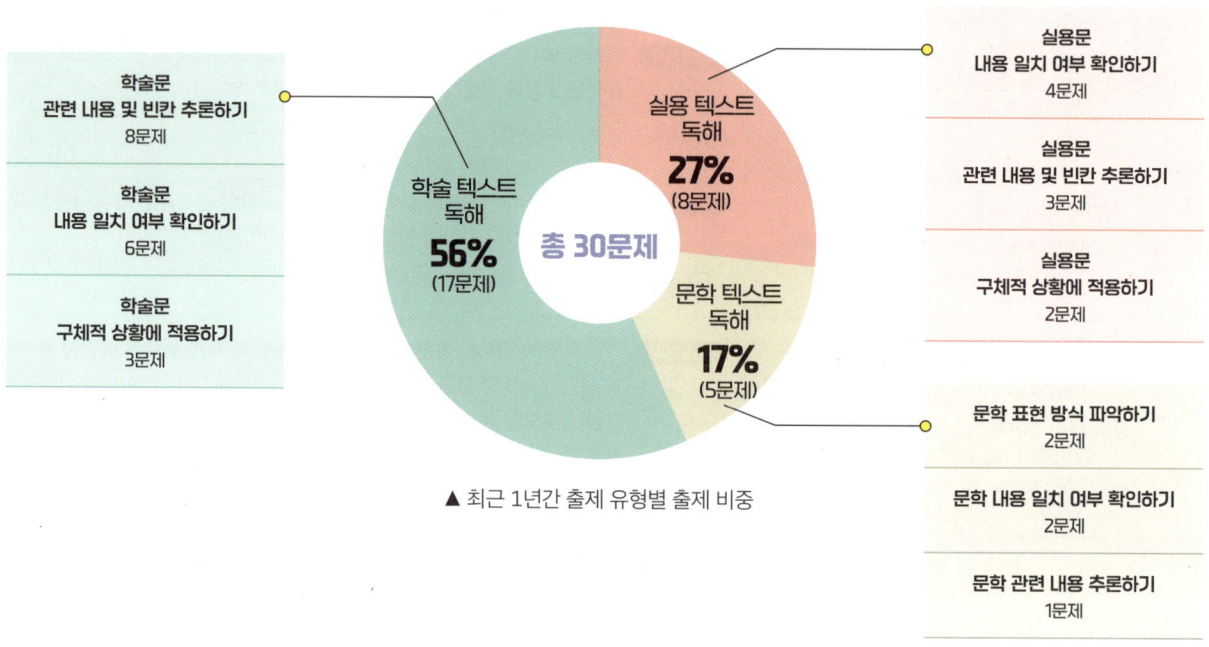

▲ 최근 1년간 출제 유형별 출제 비중

출제 1순위 학술문 독해 – 학술문 관련 내용 및 빈칸 추론하기 (8문제)
인문, 사회, 과학 분야의 주제를 다루는 긴 지문을 읽고, 지문을 근거로 다른 내용을 이끌어 내거나 지문의 빈칸에 들어갈 적절한 내용을 추론하는 문제가 가장 많이 출제된다.

출제 2순위 학술문 독해 – 학술문 내용 일치 여부 확인하기 (6문제)
인문, 사회, 과학 분야의 주제를 다루는 긴 지문을 읽고, 선택지에 제시된 내용이 지문의 내용과 일치하는지 확인하는 문제가 많이 출제된다.

출제 3순위 실용문 – 내용 일치 여부 확인하기 (4문제)
안내문, 공고, 뉴스 보도 등의 실용 지문을 읽고, 선택지에 제시된 내용이 지문의 내용과 일치하는지 확인하는 문제가 출제된다.

유형별 핵심 전략

읽기는 출제 비중이 가장 많은 영역이니, 정답률이 높은 유형(😀)은 확실히 맞혀 점수를 확보해야 하고, 고등급을 노린다면 정답률이 낮은 유형(☹️)을 반드시 대비해야 한다.

유형 (문항 수)	평균 정답률	핵심 전략 & 빈출 주제
학술문 관련 내용 및 빈칸 추론하기 (8문제)	68.1%	**핵심전략** 빈칸 문제는 앞뒤에 있는 표현을 단서로 찾는다. 빈칸 앞뒤에는 '~과 같이', '~과 달리' 등의 표지가 있는지 확인하고 이를 바탕으로 빈칸에 들어갈 내용을 찾는다. **빈출주제** 인문(도덕적 행동, 윤리학, 공리주의, 사회주의)
학술문 내용 일치 여부 확인하기 (6문제)	69.9%	**핵심전략** 지문을 읽기 전 반드시 선택지를 먼저 체크해 지문의 어떤 정보에 주목할지 파악한다. 이 유형은 보통 지문과 선택지 표현이 비슷하므로 지문에서 단어를 찾아 내용 일치 여부를 확인한다. **빈출주제** 사회(민법, 저촉법, 재판, 배심제, 임대차 계약)
학술문 구체적 상황에 적용하기 (3문제)	59.3% ☹️	**핵심전략** 이 유형은 보기가 함께 제시되므로 보기에서 설명하는 키워드를 체크하고, 이를 지문에서 찾아 지문과 보기가 연결되는 원리를 이해해야 한다. **빈출주제** 과학(관성, 상대성 이론, 원자, 반도체)
실용문 내용 일치 여부 확인하기 (4문제)	89.8% 😀	**핵심전략** 보통 '지원 대상', '신청 기한'과 같이 항목명이 분류되어 있어 '대상, 날짜'와 같은 선택지의 키워드를 빠르게 찾을 수 있다. 따라서 지문을 먼저 읽을 필요 없이, 선택지에서 설명하는 정보와 대응하는 항목을 찾아 일치 여부를 빠르게 판단한다. **빈출주제** 안내문 내 지원 대상, 신청 기간, 신청 방법, 결과 안내
실용문 관련 내용 및 빈칸 추론하기 (2문제)	78.1%	**핵심전략** 보통 추가로 제시되어야 할 정보를 찾는 문제가 출제된다. 따라서 선택지에 제시된 정보가 이미 지문에 있는 정보가 아닌지, 지문과 무관한 내용이 아닌지만 확인하면 된다. **빈출주제** 홈페이지 주소, 문의 사항 연락처, 지원금 규모, 지원금 지급 방법
실용문 구체적 상황에 적용하기 (2문제)	83.9%	**핵심전략** 지문이 전달하는 핵심 정보와 대상, 기간 등의 조건을 파악한 후, 선택지의 반응이 그 정보에 비추어 타당한지 판단한다. **빈출주제** 기상 예보, 사회적 문제(저출생, 비밀번호 유출, 수면장애)
문학 표현 방식 파악하기 (2문제)	77.6%	**핵심전략** 서술적 특징을 정의하는 단어의 의미를 명확히 알고 있어야 표현 방식이 쓰였는지 파악할 수 있다. 따라서 자주 나오는 표현 방식의 정의를 반드시 알아 둔다. **빈출주제** 직유법, 청유형 어미, 공감각적 심상, 풍자, 묘사, 의성어, 의태어
문학 내용 일치 여부 확인하기 (2문제)	71.5%	**핵심전략** 시는 전체적인 주제에 맞게 내용이 해석됐는지 판단하고, 소설은 선택지에 제시된 인물의 시각, 행동, 감정 등이 실제 지문과 일치하는지 하나씩 대조하며 적절성을 판단한다. **빈출주제** 김춘수, 이육사, 백석의 시
문학 관련 내용 추론하기 (1문제)	64.7%	**핵심전략** 빈칸 추론 문제는 문학의 주제를 표현하는 핵심 단어가 들어갈 확률이 높다. 시의 전체적인 분위기, 소설 주인공의 심리적 상태를 드러내는 핵심 단어를 찾으면 된다. **빈출주제** 윤흥길, 이문구, 김금희의 소설

영역7 | 국어 문화

일상생활에서 쓰이는 다양한 언어, 옛 국어의 문법과 표현, 국어 문학의 작가와 작품 등 전반적인 국어 지식을 다루는 문제입니다. 크게 다양한 매체의 언어를 파악하고, 중세·근대 국어 문법을 파악하고, 국어 문학 작가와 작품을 묻는 문제가 출제됩니다.

○ 최신 출제 트렌드

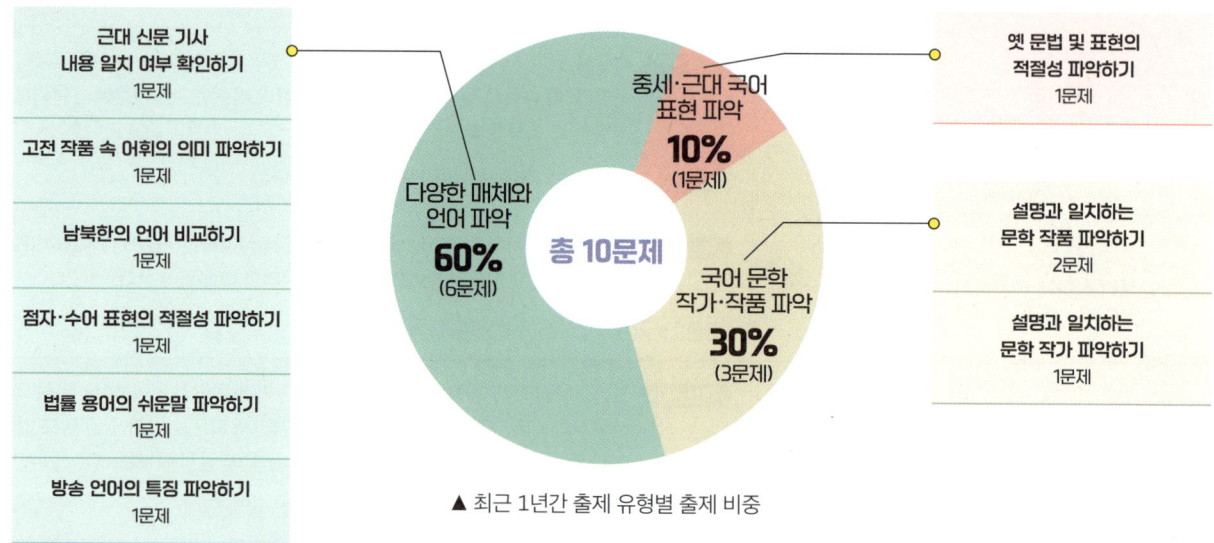

▲ 최근 1년간 출제 유형별 출제 비중

출제 1순위 **국어 문학 작가·작품 파악 – 설명과 일치하는 문학 작품 파악하기 (2문제)**
보기에서 설명하는 국어 문학 작품이 무엇인지 찾는 문제가 가장 많이 출제된다. 주로 현대 문학 작품과 고전 문학 작품이 1문제씩 출제된다.

출제 2순위 **국어 문학 작가·작품 파악 – 설명과 일치하는 문학 작가 파악하기 (1문제)**
보기에서 설명하는 작가가 누구인지 찾는 문제가 많이 출제된다. 최근에는 1문제로 고정적으로 출제되지만, 한 문제에서 작품과 작가를 함께 묻는 문제가 나오기도 했다.

출제 3순위 **중세·근대 국어 표현 파악 – 옛 문법 및 표현의 적절성 파악하기 (1문제)**
중세 국어나 근대 국어 문법의 적절성을 파악하거나 옛 표현과 현대 국어 표현을 대응하는 문제가 출제된다. 최근에는 1문제로 고정적으로 출제되는 편이나, 2020년 이전에는 중세 국어와 근대 국어가 1문제씩 출제되기도 했다.

유형별 핵심 전략

국어 문화는 상대적으로 난도가 높은 영역이니, 정답률이 높은 유형(😀)은 확실히 맞혀 점수를 확보해야 하고, 고등급을 노린다면 정답률이 낮은 유형(☹)을 반드시 대비해야 한다.

유형 (문항 수)	평균 정답률	핵심 전략 & 빈출 주제
근대 신문 기사 내용 일치 여부 확인하기 (1문제)	71.7%	**핵심전략** 옛한글로 구성된 지문이지만, 막상 읽으면 쉽게 독해할 수 있다. 따라서 지문에서 찾아야 할 정보를 선택지에서 먼저 확인하고, 지문을 읽으면서 일치 여부를 판단한다. **빈출주제** 공연 안내 기사문(조선일보, 매일신보)
고전 작품 속 어휘의 의미 파악하기 (1문제)	48.7%	**핵심전략** 매 회 생소한 어휘로 구성되므로 암기해서 풀기보다 어휘 앞뒤 문맥을 통해 어휘의 의미를 추론해야 한다. **빈출주제** 고전소설(심청전, 유충렬전, 흥보가)
남북한의 언어 비교하기 (1문제)	61.7%	**핵심전략** 보기에 제시된 북한 어법 조항을 차분히 확인하고, 선택지에 적용한다면 오답 선택지 소거가 용이하다. 가끔 남한 어법은 제시되지 않으므로, 자주 나오는 어법 조항은 암기한다. **빈출주제** 남북한의 준말, 남북한의 띄어쓰기, 남북한의 연결 어미
점자·수어 표현의 적절성 파악하기 (1문제)	78.65%	**핵심전략** 보기에 제시된 점자 규정이나 수어 설명을 확인하고 선택지에 적용한다면 쉽게 정답을 찾을 수 있다. 특히 점자 표기 시 유의 사항은 반복되어 출제되므로 미리 알아둔다. **빈출주제** 'ㅇ' 표기가 있는 점자
법률 용어의 쉬운 말 파악하기 (1문제)	51.2%	**핵심전략** 어휘 영역의 한자어 순화어에 자주 나오는 순화 대상어가 출제되기도 하니, 어휘 영역과 연계하여 암기 학습한다. **빈출주제** 병과하거나-함께 부과하거나, 해태한-기일을 이유 없이 넘겨 책임을 다하지 아니한
방송 언어의 특징 파악하기 (1문제)	83.6% 😀	**핵심전략** 보기에 제시된 방송 대본을 읽으면서 선택지와 대조하면 쉽게 정답을 찾을 수 있는 문제이니, 시간이 없다고 넘기지 말고 반드시 풀어 점수를 확보한다. **빈출주제** 문장을 명사형으로 종결, 비격식체 사용, 단어 반복 표현
옛 문법 및 표현의 적절성 파악하기 (1문제)	39.75% ☹	**핵심전략** 훈민정음 서문이 고정적으로 연속 출제되고 있다. 따라서 훈민정음 서문 해석본과 서문의 주요 표기에 반영된 중세 문법을 암기한다. **빈출주제** 훈민정음 서문
설명과 일치하는 문학 작품 파악하기 (2문제)	77.6%	**핵심전략** 작품 설명에는 반드시 작가가 제시된다. 작품의 줄거리와 특징까지 암기하기 어렵다면, 작품과 작가만 연결하여 암기한다. **빈출주제** 공방전, 관동별곡, 규원가, 만세전, 무정, 술 권하는 사회, 탁류
설명과 일치하는 문학 작가 파악하기 (1문제)	71.5%	**핵심전략** 작가 설명에는 반드시 대표 작품이 제시된다. 따라서 작가와 대표 작품을 함께 연결하여 암기하면, 작가와 작품 문제를 모두 대비할 수 있다. **빈출주제** 김광균, 김기림, 김동리, 김동인, 박목월, 윤동주, 이태준

제85회 KBS 한국어능력시험

KBS 한국어진흥원 국가공인 공식기출

2025. 6. 15. 시행

실제 시험처럼 풀어 보기 위한 준비 사항

1. OMR 답안지를 준비해 주세요. 문제집 맨 뒤에 OMR 답안지가 있습니다. ☐
2. KBS한국어능력시험은 연필로 마킹하니, 연필을 준비해 주세요. ☐
3. KBS한국어능력시험은 듣기·말하기 영역부터 시작합니다. 듣기 MP3를 들을 준비를 해 주세요. ☐

듣기 MP3 바로 듣기

🎧 **제85회 KBS한국어능력시험 듣기.mp3**
해커스자격증(pass.hackers.com)에서 무료 다운로드
상단 메뉴 [KBS한국어/글쓰기 → 교재정보 → MP3 및 부가자료]

자동 채점 및 성적 분석 서비스 바로 이용하기

📋 **자동 채점 및 성적 분석 서비스**
∨ 모바일 OMR, 자동 채점, 예상 등급 조회 서비스
∨ 정답률 및 취약 유형 분석

시험 시간: 120분

목표 등급: _____급
시작 시간: _____시 _____분 ~ 종료 시간: _____시 _____분

2025. 6. 15.

성 명	
수 험 번 호	
감독관 확인	

제85회
KBS한국어능력시험
(홀수형 문제지)

※ 수험번호 맨 끝자리 수가 홀수인 수험생용입니다.

KBS 한국방송

- 문제지와 답안지에 모두 성명, 수험 번호를 정확히 기입하십시오.
- 답안지와 함께 문제지를 반드시 제출하십시오.
- 본 시험지를 절취하는 것은 부정행위로 간주합니다.
- 본 시험의 내용을 무단으로 전재·복사·복제·출판·강의하는 행위와 인터넷 등을 통해 복원하는 행위는 저작권법에 저촉됩니다.

홀수형 문항(100문항)

※ 수험번호 맨 끝자리 수가 홀수인 수험생용입니다.

영 역	문항 번호
듣기·말하기	1 ~ 15
어휘	16 ~ 30
어법	31 ~ 45
쓰기	46 ~ 50
창안	51 ~ 60
읽기	61 ~ 90
국어 문화	91 ~ 100

[듣기·말하기] (1번~15번)

1. 그림에 대한 설명으로 가장 적절한 것은?

   ① 그림은 입헌군주제로 회귀하려는 움직임에 대한 시민의 반발을 담고 있다.
   ② 마리안느는 고전 미술이 표방하는 우아함을 강조하여 표현되었다.
   ③ 삼색기의 정적인 이미지를 통해 혁명의 긴박함보다 평화를 강조하였다.
   ④ 그림 좌측에 있는 칼을 든 작업복 차림의 노동자는 작가 자신을 표현한 것이다.
   ⑤ 그림 속 인물 배치는 혁명에 참여한 다양한 계층의 연대를 시각화한 것이다.

2. 이야기의 주제로 가장 적절한 것은?

   ① 열 번 찍어 안 넘어가는 나무 없다.
   ② 청렴결백한 삶을 위해 노력해야 한다.
   ③ 배울 점이 많은 친구를 가까이해야 한다.
   ④ 목표를 달성하려면 준비가 철저해야 한다.
   ⑤ 환경을 바꾼다고 본질까지 변하는 것은 아니다.

3. 강연의 내용에 대한 이해로 적절하지 <u>않은</u> 것은?

   ① 청사초롱은 전통적인 혼례에서 사용하던 조명 기구이다.
   ② 청사초롱은 붉은색 바탕에 푸른색 단을 두른 비단을 씌웠다.
   ③ 청사초롱은 조선 후기에 초가 대량 생산되면서 혼례식에 사용되었다.
   ④ 청사초롱은 신부 측에 함을 전하러 갈 때 길을 밝히는 수단이었다.
   ⑤ 청사초롱을 받은 신붓집에서는 집안에 불을 밝히는 용도로 사용했다.

4. 방송의 내용에 대한 이해로 적절하지 않은 것은?

    ① 〈골드베르크 변주곡〉은 굴드에 의해 대중화되었다.
    ② 굴드는 연주자 가운데 개성이 넘치는 연주자로 유명했다.
    ③ 굴드는 열두 살의 나이에 캐나다 왕립음악원 회원이 되었다.
    ④ 굴드는 미국에서 데뷔할 때 〈골드베르크 변주곡〉을 연주했다.
    ⑤ 굴드는 피아노 연주에 가수의 목소리까지 녹음한 것으로 유명하다.

5. 이 시의 주제로 가장 적절한 것은?

    ① 평화로운 삶을 꿈꾸는 희망적 태도
    ② 절망적인 현실에 대한 비판과 풍자
    ③ 근심 없는 사회를 건설하려는 의지
    ④ 소통이 부재한 현대 사회에 대한 비판
    ⑤ 사랑하는 사람을 그리워하는 안타까운 마음

6. 전문가가 설명한 내용으로 가장 적절한 것은?

    ① 선풍기 사망 사고 소문은 TV 뉴스 보도에서 시작되었다.
    ② 선풍기를 밤새 틀고 잠을 자면 체온이 30도 이하로 떨어진다.
    ③ 선풍기 실험에서는 선풍기 열이 발생해도 실내 온도는 내려간다.
    ④ 선풍기 바람을 오래 쐬면 저혈당 환자의 건강이 악화될 수 있다.
    ⑤ 선풍기 바람과 오토바이 타기는 모두 호흡 곤란을 유발하지 않는다.

7. 진행자의 말하기 전략에 대한 설명으로 가장 적절한 것은?

    ① 대담의 핵심 주제를 소개하며 대화를 시작하고 있다.
    ② 전문적인 개념에 대해 구체적인 예시를 덧붙여 보강하고 있다.
    ③ 전문가의 설명으로 해소되지 않은 예외적 경우에 대해 질문하고 있다.
    ④ 대담의 신뢰성과 객관성을 높이기 위해 객관적인 통계 자료를 요청하고 있다.
    ⑤ 남아 있는 문제를 환기하며 청취자의 사회적 관심과 참여를 당부하고 있다.

8. 대화를 통해 알 수 있는 내용으로 가장 적절한 것은?

① 여자는 인생을 바꾸기 위해 헬스클럽에 방문했다.
② 여자는 운동이 약한 생명을 강하게 만들 수 있다고 믿는다.
③ 여자는 비용이 합리적이라고 생각하며 헬스클럽 등록을 결심한다.
④ 남자는 살면서 유일하게 바꿀 수 있는 것은 몸이라고 생각한다.
⑤ 남자는 건강한 정신이 삶의 가치와 방향을 결정한다고 믿는다.

9. 대화 참여자의 말하기 방식으로 적절하지 않은 것은?

① 남자는 비유적인 표현으로 여자에게 운동을 권유하고 있다.
② 남자는 자신의 신체적 경험을 근거로 상대를 설득하고 있다.
③ 여자는 과거 경험을 설명하며 상대의 제안을 거절하고 있다.
④ 여자는 인생에서 바꿀 수 있는 것이 몸뿐이라는 말에 동의하고 있다.
⑤ 여자는 남자의 말의 일부를 반복하며 되묻는 방식으로 반응하고 있다.

10. 강연의 내용으로 적절하지 않은 것은?

① 쌍둥이는 유전과 환경의 복잡한 관계를 보여 주는 존재이다.
② 쌍둥이는 과학적으로 형성 방식에 따라 일란성과 이란성으로 나뉜다.
③ 하나의 수정란에서 분화한 쌍둥이는 동일한 유전자를 100% 공유한다.
④ 이란성 쌍둥이가 유전자를 공유할 가능성은 일반 형제자매와 유사하다.
⑤ 일란성 쌍둥이는 환경 요인에 따라 유전자의 발현이 달라지는 경우가 없다.

11. 강연의 말하기 방식에 대한 설명으로 가장 적절한 것은?

① 주제를 뒷받침하는 역사적 사례를 직접 인용하고 있다.
② 인간의 정체성과 존재에 대한 철학적 문제를 폭넓게 다루고 있다.
③ 특정 유전학 이론이 발달해 가는 과정의 세부 문제를 말하고 있다.
④ '유전'과 '환경'의 관계에 대해 예를 들어 구체적으로 언급하고 있다.
⑤ 언급한 주제의 의미가 무엇인지 청중에게 추가 질문을 던지고 있다.

12. 발표의 내용에 대한 이해로 적절하지 않은 것은?

① 정부는 자립준비청년을 위한 경제적 지원을 하고 있다.
② 자립준비청년들이 가장 힘들어 하는 부분은 혼자라는 두려움이다.
③ 자립준비청년이란 보육원 등의 보호를 받다가 돌봄이 종료되는 이들을 말한다.
④ 보육원 내에서는 아버지와 어머니의 역할을 해 주는 존재를 찾기 어렵다.
⑤ 사회적 가족은 자립준비청년과 건강한 가정이 연결되어 지내는 형태를 의미한다.

13. 발표의 내용 구성 전략으로 적절하지 않은 것은?

① 궁금증을 유발하는 내용으로 청중의 관심을 끌고 있다.
② 자신의 경험을 밝힘으로써 내용의 설득력을 높이고 있다.
③ 언론 보도를 예로 들어 주제의 시의성을 드러내고 있다.
④ 전문가의 말을 인용하여 문제의 심각성을 강조하고 있다.
⑤ 비유적 표현을 활용하여 자신의 견해를 마무리하고 있다.

14. 두 사람의 입장에 대한 이해로 적절하지 않은 것은?

① 구단 관계자는 리그 준우승을 이룬 선수의 헌신과 성과에 대해서 인정한다.
② 구단 관계자는 2년에 걸쳐 동일한 비율의 연봉 인상으로 처음의 제안을 수정한다.
③ 선수 대리인은 계약 기간의 연장이 팀 우승에 기여할 수 있다고 주장한다.
④ 선수 대리인은 기부 활동이 구단의 이미지 제고에 도움이 된다고 주장한다.
⑤ 선수 대리인은 환경 개선과 팀의 전력 보강이 필요하다는 점에 동의한다.

15. 두 사람의 갈등 해결 방식으로 가장 적절한 것은?

① 선수 대리인은 정신적 피해를 근거로 상대의 양보를 요구하고 있다.
② 구단 관계자는 여러 대안의 장단점을 비교하며 상대의 양보를 요구하고 있다.
③ 구단 관계자는 우승을 전제로 자신의 입장을 양보하고 있다.
④ 양측은 협상이 결렬되는 것을 막기 위해 제3자의 절충을 요청하고 있다.
⑤ 양측은 공동의 목표를 달성하기 위해 각자의 입장을 조정하고 있다.

[어휘] (16번~30번)

16. "일을 힘들여 하지 아니하고 되는대로 천천히 하다."라는 의미의 고유어는?

① 갈그랑거리다 ② 걸리적거리다 ③ 버르적거리다
④ 시위적거리다 ⑤ 우비적거리다

17. 밑줄 친 한자어의 사전적 뜻풀이로 옳지 않은 것은?

① 우리가 만난 지도 어언(於焉) 10년이 지났다. → 알지 못하는 동안에 어느덧
② 회사를 그만두겠다고 말씀드리면 아버지는 기함(氣陷)을 하실 것이다. → 매우 화를 냄
③ 이번에 친구와 격의(隔意) 없이 대화를 나누면서 쌓인 오해를 풀었다. → 서로 터놓지 않는 속마음
④ 그의 주장에서 맹점(盲點)은 비용을 고려하지 않았다는 점이다. → 미처 생각이 미치지 못한, 모순되는 점이나 틈
⑤ 무더운 여름을 시원하게 해 주는 납량(納凉) 특집 방송이 편성되었다. → 여름철에 더위를 피하여 서늘한 기운을 느낌

18. 밑줄 친 고유어의 의미로 적절하지 않은 것은?

① 시간이 흘러 질화로에 남은 겻불도 꺼졌다. → 얼어 쬐는 불
② 그는 문제를 듣자마자 단박에 답을 맞혔다. → 그 자리에서 바로
③ 아주머니는 다홍 무명 적삼에 갈매 무명 치마를 입었다. → 짙은 초록색
④ 버려진 개땅임을 감안할 때 천일제염법은 잔존할 것으로 보인다. → 바닷물이 드나드는 땅
⑤ 고생을 많이 한 그는 제법 나이배기로 보였다. → 겉보기보다 나이가 많은 사람을 낮잡아 이르는 말

19. 밑줄 친 한자어의 쓰임이 적절하지 않은 것은?

① 도움을 청할 일이 있으면 기탄(忌憚) 없이 말해 봐.
② 전쟁이 발발하면서 국가 경제는 만신창이(滿身瘡痍)가 되었다.
③ 눈치가 빠른 그는 상대방이 원하는 바가 무엇인지 단번에 갈파(喝破)하였다.
④ 사업 수주를 둘러싼 경쟁으로 업계는 불법이 판치는 복마전(伏魔殿)으로 전락했다.
⑤ 이 일은 회사가 공익에 기여하기 위해 추진하는 일이니 채산(採算)을 따질 필요는 없습니다.

20. <보기>의 밑줄 친 ㉠~㉢에 해당하는 한자로 올바르게 묶인 것은?

< 보 기 >
- 일이 성사될 ㉠가망이 있으니 최선을 다하겠습니다.
- 선생님은 학생과의 진학 상담에서 ㉡지망 학과를 물었다.
- 선생은 ㉢미망에 빠져 있는 사람들을 구하려고 노력하셨습니다.

	㉠	㉡	㉢
①	加望	地望	迷妄
②	加望	志望	彌望
③	可望	地望	彌望
④	可望	地望	迷妄
⑤	可望	志望	迷妄

21. 밑줄 친 고유어의 쓰임이 적절하지 않은 것은?

① 문고리를 내박치듯 잡아 문을 열었다.
② 어쩔 수 없는 분노가 꼭뒤까지 올랐다.
③ 동생은 마지막 사탕을 얼른 입속으로 가무려 버렸다.
④ 지하철에서 사람들에게 대끼고 나니 기운이 하나도 없다.
⑤ 함께하는 시간이 쌓일수록 둘은 서로에게 갈마들고 있었다.

22. 밑줄 친 단어 중 나머지 넷과 다의어 관계에 있지 않은 것은?

① 새끼줄로 되게 묶어라.
② 밥이 너무 되어 먹기 힘들다.
③ 일이 되면 쉬어 가면서 해라.
④ 집안 어른한테 된 꾸중을 들었다.
⑤ 많고 적은 것은 되어 보아야 안다.

23. 두 단어의 의미 관계가 <보기>와 동일하지 않은 것은?

< 보 기 >
주다 - 드리다

① 먹다 - 잡수다
② 보다 - 뵙다
③ 여쭈다 - 여쭙다
④ 있다 - 계시다
⑤ 자다 - 주무시다

24. 밑줄 친 '맞다'에 대응하는 한자어가 적절하지 않은 것은?

① 당신의 사회적 위상에 맞게 행동하시기 바랍니다. → 부합(符合)하게
② 연습을 하지 못했더니 다른 사람과 춤 동작이 잘 맞지 않았다. → 상응(相應)하지
③ 사업 전망에 대한 우리 둘의 생각이 맞아 함께 협력하기로 했다. → 합치(合致)하여
④ 앞선 회담과 달리 이번 회담이 잘될 것이라는 나의 예상이 맞았다. → 적중(的中)하였다
⑤ 다사다난했던 한 해를 마감하고 이제 새로운 한 해를 맞았습니다. → 영접(迎接)하였습니다

25. <보기>의 문맥을 고려할 때 밑줄 친 부분의 반의어가 쓰인 문장으로 가장 적절한 것은?

< 보 기 >
가방이 무거워서 들 수가 없다.

① 가벼운 이불을 덮었다.
② 몸살을 가볍게 앓았다.
③ 상대방을 가볍게 이겼다.
④ 어깨를 가볍게 톡톡 쳤다.
⑤ 퇴근 후 가벼운 운동을 했다.

26. 제대로 알지도 못하면서 일을 하려고 하는 상황에 사용하기에 적절하지 않은 것은?

① 적도 모르고 가지 딴다.
② 맥도 모르고 침통 흔든다.
③ 잣눈도 모르고 조복 마른다.
④ 말똥도 모르고 마의 노릇한다.
⑤ 땅 넓은 줄을 모르고 하늘 높은 줄만 안다.

27. 밑줄 친 사자성어의 쓰임이 문맥상 적절하지 않은 것은?

① 지구가 태양을 돈다는 것은 학계의 만불성설(萬不成說)이다.
② 잘못을 저지른 자가 적반하장(賊反荷杖)으로 큰소리치는 상황이다.
③ 시간이 없어 관광지를 주마간산(走馬看山)으로 빠르게 둘러보았다.
④ 사장은 실수를 덮기 위해 지록위마(指鹿爲馬)의 입장문을 발표했다.
⑤ 선생님의 가르침을 제자들이 아전인수(我田引水) 격으로 해석하여 왜곡하였다.

28. 밑줄 친 관용 표현의 쓰임이 적절하지 않은 것은?

① 그 애들에게 돈푼이라도 줘서 입을 씻기세요.
② 동생은 입이 짧아 음식을 조금 먹다가 그만둔다.
③ 점심을 먹었지만 입이 궁금해서 간식거리를 찾았다.
④ 저 친구는 입이 높아서 아무 음식이나 다 잘 먹는다.
⑤ 내가 여러 번 확인해 보라고 입이 마르도록 얘기했잖아.

29. 밑줄 친 한자어를 맥락에 맞게 순화한 표현으로 적절하지 않은 것은?

① 기실(其實) 이번 사고는 인재라고 할 수밖에 없다. → 사실은
② 가사(假使) 고시에 합격하지 못하더라도 나는 소신껏 살아가겠다. → 설령, 가령
③ 진찰에 앞서 기왕력(旣往歷)을 모두 상세하게 적어 주시기 바랍니다. → 과거의 행적
④ 정확한 실사를 위해서는 전문가의 심방조사(尋訪調査)가 필요하다. → 방문 조사
⑤ 이곳은 터널과 교차로 사이의 이격(離隔) 거리 미확보로 교통사고가 우려된다. → 떨어짐

30. 밑줄 친 표현을 다듬은 말로 적절하지 않은 것은?

① 정부는 문화, 민주주의, 과학 기술을 내용으로 하는 K-이니셔티브(initiative)를 발표했다. → 구상
② 전문가들은 금융 위기보다 더 큰 영향을 미칠 그린 스완(green swan)이 다가올 수 있다고 경고한다. → 기후발 위기
③ 파인 다이닝(fine-dining)은 음식의 단가가 높지만 그만큼 최고급 식재료를 사용해야 하기에 이윤이 크지 않다. → 고급 식사
④ 데이터 기반 업무가 보편화되면서 '데이터 마이닝(data mining)'과 '데이터 분석 전문가'라는 개념이 중요하게 떠오르고 있다. → 정보 내면화
⑤ 법의 잣대가 일관되지 않고 고위 권력자에게 지나치게 관대하면, 법조 권력과 엘리트의 카르텔(Kartell)이라는 비난을 피할 수 없다. → 담합, 이권 공동체

[어법] (31번~45번)

31. 밑줄 친 부분의 표기가 옳지 않은 것은?

① 가을이 오니 기분이 <u>산듯하다</u>.
② 잊고 있던 일이 <u>문득</u> 떠올랐다.
③ 아기가 엄마를 보고 <u>함박</u> 웃는다.
④ 친구와의 약속을 <u>깜박</u> 잊고 말았다.
⑤ 퍼붓던 비가 거짓말처럼 <u>건듯</u> 개었다.

32. 밑줄 친 부분의 표기가 옳지 않은 것은?

① 목화솜이 눈처럼 <u>하야네</u>.
② 옷이 <u>허여면</u> 때가 잘 탄다.
③ 개울물이 조금 <u>멀개</u> 보인다.
④ 벼가 익으면 들판이 <u>누럴</u> 것이다.
⑤ 먹구름이 끼면 하늘이 <u>까말</u> 거예요.

33. 밑줄 친 부분의 표기가 옳지 않은 것은?

① 왜 이렇게 잔뜩 <u>부어</u> 있어?
② 목이 <u>부어서</u> 말을 하기 어렵다.
③ 다리가 <u>붓고</u> 아파서 걷기 힘들다.
④ 국수가 <u>불면</u> 맛이 없으니 얼른 먹자.
⑤ 요즘에 체중이 <u>불어서</u> 식사를 줄였다.

34. 밑줄 친 부분의 띄어쓰기가 옳은 것은?

① <u>섬진∨강</u>은 봄에 무척 아름답다.
② <u>태백∨산맥</u>은 남북으로 뻗어 있다.
③ <u>카스피∨해</u>는 세계에서 가장 큰 호수다.
④ <u>두시∨언해</u> 초간본은 15세기에 간행되었다.
⑤ <u>베니스의∨상인</u>은 셰익스피어가 지은 희곡이다.

35. 밑줄 친 부분의 표기가 옳지 않은 것은?

① 별것 아닌 일을 종일 깔짝거리고 있다.
② 풀밭에서 메뚜기가 폴짝거리며 뛰어오른다.
③ 몸을 꿈적거리기 싫어서 종일 집에 있었다.
④ 강아지는 물을 할짝거리며 마시기 시작했다.
⑤ 피부가 가렵다고 자꾸 끌적거리면 덧나기 쉽다.

36. 다음 문장 부호의 쓰임에 대한 설명이 올바르지 않은 것은?

	문장 부호	설명
①	큰따옴표(" ")	책의 제목이나 신문 이름 등을 나타낼 때 쓴다. 예 이 책의 이름은 "조선독립운동사"이다.
②	작은따옴표(' ')	그림이나 노래와 같은 예술 작품의 제목을 나타낼 때 쓴다. 예 이 가곡은 슈베르트의 '마왕'이다.
③	겹낫표(『 』)	책의 제목이나 신문 이름 등을 나타낼 때 쓴다. 예 이 책의 이름은 『목민심서』이다.
④	홑낫표(「 」)	소제목, 상호, 법률, 규정 등을 나타낼 때 쓴다. 예 「국어기본법」에서는 국어의 지위를 규정한다.
⑤	홑화살괄호(< >)	책의 제목이나 신문 이름 등을 나타낼 때 쓴다. 예 <삼대>는 염상섭이 지은 소설이다.

37. 밑줄 친 부분이 표준어인 것은?

① 광고지가 벽에 덕지덕지 붙어 있다.
② 차를 탔더니 멀미가 나서 속이 매시껍다.
③ 속았다고 생각하니 부화가 치밀어 오른다.
④ 개미집이 근처에 있는지 개미가 박실거린다.
⑤ 과일 장수는 맛빼기로 수박을 한 쪽씩 주었다.

38. 다음은 문학 작품에 나타나는 방언이다. 대응하는 표준어가 적절하지 않은 것은?

① 시방 두 분이 절 숭보시구서(→ 흉보시고서) 웃으셨죠?
② 나 때미네 궈년시리(→ 당연히) 안 쓸 돈얼 디리읎이 써!
③ 그러면, 무사(→ 왜) 길 구석으로 머리 숙연 댕기는 거라.
④ 니 요새 흔한 거 보고 그 책 아무따나(→ 함부로) 생각하지 마래이.
⑤ 누구는 남원산성 그 거창헌 거이 입 안으로 옴시레기(→ 전부) 들왔다고 허고이.

39. 다음 중 표준 발음이 아닌 것은?

① 갈등[갈뜽]   ② 발달[발딸]   ③ 몰상식[몰쌍식]
④ 불세출[불쎄출]   ⑤ 실소득[실쏘득]

40. 밑줄 친 외래어의 표기가 올바른 것은?

① 갓길에 차를 세워 놓고 본네트(bonnet)를 열었다.
② 친구와의 추억을 한 커트(cut)의 사진으로 남겼다.
③ 이 빵집에서는 크로아상(croissant)이 제일 맛있다.
④ 그는 마일리지를 모아 비지니스(business) 좌석을 샀다.
⑤ 행사장 앞에서는 브로슈어(brochure)를 나누어 주고 있었다.

41. 국어의 로마자 표기가 올바르지 않은 것은?

① 별내(Byeollae)   ② 신문로(Sinmunno)   ③ 연희동(Yeonhidong)
④ 학여울(Hangnyeoul)   ⑤ 흑석동(Heukseokdong)

42. <보기>의 ㉠~㉤ 가운데 어법에 맞지 않는 문장은?

<보 기>

㉠ 인간은 오랫동안 자연을 지배하고 이용할 수 있는 대상으로 여겨 왔다. ㉡ 인간은 숲에서 나무를 베어 내고, 강을 막아 저수지를 만들고, 산을 뚫어 길을 내고, 땅을 파서 광물을 채굴하고 동식물을 사냥한다. ㉢ 최근 들어 자연은 인간의 탐욕과 무분별한 행동에 반발하고 있다. ㉣ 기후 변화, 자연재해, 생물의 다양성 감소 등으로 분노를 표출하며 자연은 인간에게 심각한 위협을 가하고 있는 것이다. ㉤ 이러한 상황 속에서 인간은 자연을 지배하는 대상이 아니라 복종하는 대상으로 자연과의 관계를 새롭게 정립해야 한다는 목소리가 높아지고 있다.

① ㉠   ② ㉡   ③ ㉢   ④ ㉣   ⑤ ㉤

43. <보기>의 밑줄 친 부분과 상대 높임법의 등급이 동일한 것은?

<보 기>

하루 종일 바쁘게 돌아다녀 피곤하니 일찍 <u>잡시다</u>.

① 우리 힘껏 일해 <u>보세</u>.
② 오늘따라 아이가 밥을 잘 <u>먹는구려</u>.
③ 바람이 차니 창문을 닫아 <u>주십시오</u>.
④ 시간이 늦었으니 내일 다시 <u>오겠어요</u>.
⑤ 약속 시간이 얼마 남지 않았으니 빨리 <u>가자</u>.

44. 다음 중 중의적으로 해석되지 않는 문장은?

① 학생이 다 출석하지 않았다.
② 선생님께서 보고 싶은 학생이 많다.
③ 철수는 순희보다 영자를 더 좋아한다.
④ 동생은 어떤 사람이든지 만나고 싶어 한다.
⑤ 솔직하고 성실한 철수의 대답에 공감이 갔다.

45. 밑줄 친 번역 투 표현을 고친 것으로 적절하지 않은 것은?

① <u>한 사람이 필요로 하는</u>(→ 한 사람에게 필요한) 분량이 얼마나 됩니까?
② 근무 시간에 자주 자리를 비우는 행위는 근무 태만 <u>행위에 다름 아니다</u>(→ 행위에 틀림없다).
③ 고령화 사회에서 치매만큼이나 <u>주의를 요하는</u>(→ 주의해야 하는) 노인성 질환이 파킨슨병이다.
④ 신호등을 무시하고 길을 건너던 <u>김 씨가 순경에 의해 연행됐다</u>(→ 김 씨를 순경이 연행했다).
⑤ 조직 내 인사이동에 대해 <u>책임자의 현명한 판단이 요구된다</u>(→ 책임자가 현명하게 판단해야 한다).

[쓰기] (46번 ~ 50번)

※ [46 ~ 50] 다음은 '장애인 이동권'을 주제로 작성한 초고이다. 글을 읽고 물음에 답하시오.

　　이동권이란 개인이 물리적·사회적 장벽 없이 자유롭게 이동할 수 있는 권리를 뜻한다. 만약 우리에게 지금 당장, 원하는 곳으로 이동할 수 있는 이 권리가 사라진다면 어떤 일이 벌어질까. 학생이라면 학교에, 직장인이라면 일터에 가지 못할 것이다. 그뿐만 아니라 친구를 만나고 동네를 산책하는 것 역시 거의 불가능한 일이 되어 버릴 것이다. 이처럼 이동이라는 것은 단순히 A 지점에서 B 지점으로 옮겨 가는 문제가 아니다. 이동은 그 자체로 삶과 ㉠ 연결한다. 우리 사회에는 이러한 삶의 문제와 매일같이 전쟁을 ㉡ 치루는 이들이 있다. 바로 휠체어를 이용하는 장애인들이다.

　　○○대 보건대학원 '장애와 건강 연구팀'이 휠체어를 이용하는 장애인을 대상으로 설문 조사를 한 결과에 따르면, '지난 1년 동안 장애와 관련한 이동이나 접근의 어려움으로 인해 포기한 일은 무엇입니까'라는 질문에 '취업(26.0%), 경조사 참여(22.7%), 가족이나 친구 만나기(21.7%), 초·중·고, 대학교 등 교육시설 다니기(6.5%)' 등으로 답했다. ㉢ 이처럼 장애인의 이동권은 취업률, 교육 수준 등과 밀접한 관련이 있다. 보건복지부가 발표한 2023년 장애인 실태 조사에 따르면 장애인의 취업률은 37.2%(전체 인구 기준 63.3%), 중졸 이하 학력은 51.6%(전체 인구 기준 7%)였다.

　　그렇다면 이들이 휠체어를 타고 외출하지 않는(못하는) 이유는 무엇일까. 같은 설문조사에서 가장 많은 이들이 '교통이 불편해서(39.2%)'를 택했다. 보행 중 맞닥뜨리는 정비되어 있지 않은 인도, 찾을 수 없는 경사로, 차도를 이용할 수밖에 없는 상황 등이 이동에 어려움을 ㉣ 겪는다.

　　그렇다면 대중교통은 어떨까. 대중교통의 이동 편의 시설 기준 적합률이 점차 향상되고 있기는 하지만 여전히 이에 대해 보완해야 할 점이 많다. 먼저 계단이 없고 차체가 낮아 휠체어 이용자의 승하차가 ㉤ 쉽고 용이한 저상 버스는 전국 보급률이 38.9%에 그쳤으며, 배차 간격은 서울의 경우 평균 14.0분이었지만, 울산, 제주, 충남 등은 각각 95.2분, 73.0분, 66.9분에 달했다. 다음으로 지하철의 경우, 2024년 서울을 기준으로 승강기가 설치되지 않은 역은 13개나 되었다. 또한 승강기는 고장이 잦아 이용이 불가한 경우, 환승할 때마다 멀리 떨어진 곳까지 이동해야 하는 경우가 많다.

　　이러한 문제를 해결하기 위해서는 첫째, 교통 약자 이동 편의법의 실효성을 강화하고 이를 철저히 이행할 행정적 체제가 마련되어야 한다. 둘째, 예산을 확보하고 정책적 우선순위 조정을 통해 대중교통 수단에 장애인이 원활하게 접근할 수 있도록 인프라를 갖춰야 한다. 셋째, 이동권을 '시혜'나 '배려'가 아닌 '정당한 권리'로 보는 사회적 인식 전환이 필요하다. 이동권은 헌법이 보장하는 자유권의 일환이며, 인간다운 삶을 위한 최소한의 권리이다. [A] 누구나 어디든 갈 수 있는 사회를 기대해 본다.

46. 다음은 윗글을 쓰기 전에 세운 글쓰기 계획이다. 윗글에 반영된 것으로만 묶은 것은?

< 글쓰기 계획 >

ㄱ. 묻고 답하는 방식으로 독자의 관심을 유도해야겠어.
ㄴ. 쟁점에 대해 대비되는 견해를 균형 있게 제시해야겠어.
ㄷ. 문제 상황을 가정하여 문제 해결의 필요성을 전달해야겠어.
ㄹ. 전문가의 주장을 직접 인용하여 내용의 신뢰성을 확보해야겠어.

① ㄱ, ㄴ　　② ㄱ, ㄷ　　③ ㄱ, ㄹ　　④ ㄴ, ㄷ　　⑤ ㄷ, ㄹ

47. 다음은 윗글을 수정·보완하기 위해 추가로 수집한 자료이다. 자료의 활용 방안으로 적절하지 않은 것은?

	자료 내용	유형
(가)	현재 A는 벨기에 ○○ 대학에서 석사 과정을 밟고 있다. 입학 전 홈페이지를 살펴보다가 감탄했다. 휠체어 접근 가능 여부와 장애인 화장실 위치, 장애인 주차장과 엘리베이터 위치가 600년 된 학교의 건물 지도마다 빠짐없이 그려져 있었다. "이게 사소해 보여도 휠체어 이용 장애인에게는 '탐색 비용'을 확 줄여 줘요. 한국에서는 제가 직접 가 보거나, 전화를 해 보거나 하는 방식으로 개인이 확인해야 하는 영역의 일이었는데 여기서는 묻지 않아도 제공되는 정보인 거죠."	뉴스 기사
(나)	'1층이 있는 삶'이란 슬로건이 있다. 한 사람의 생활사에서 사적이거나 공적인, 크고 작은 만남과 활동의 많은 부분이 건물 안에서 이루어지기에, 그곳에 이르기 위한 통로의 시작인 '1층'의 공유는 일상성의 동등한 참여라는 중요한 의미를 갖는다. 휠체어를 이용하는 장애인에게는 불과 2㎝의 턱도 1층에 이르는 것을 방해한다. 턱과 계단에 경사로를 설치하면 휠체어를 이용하는 장애인도 1층을 공유하는 '모두'에 합류할 수 있다.	판결문
(다)	'아동·청소년기에 장애와 관련한 이동의 어려움으로 경험한 것'이 무엇인지 물었다. 교육적 배제 유형은 세 가지였다. (1) 학교 입학을 거절당하거나 특수 학교 입학을 권유받은 적이 있는지 (2) 학업을 중단하거나 진학을 포기한 적이 있는지 (3) 운동회, 수학여행 등 단체 활동에 참여하지 못한 적이 있는지를 물었다. 이 응답을 '지난 1년 동안 자살에 대해 진지하게 생각한 적이 한 번이라도 있습니까'라는 질문의 응답과 연결해 분석한 결과, 두 가지 교육적 배제를 경험한 사람은 그렇지 않은 사람보다 '자살 생각' 비율이 2.34배, 세 가지 교육적 배제를 경험한 사람은 3.68배 높았다.	연구 보고서
(라)	지역별 저상 버스 보급률, 배차 간격 그래프	논문
(마)	휠체어를 타고 외출하지 않는 이유는 무엇입니까? (중복 응답) 37.3% 사람들의 시선이 불편해서 / 만약 내일 반드시 저상 버스를 이용해야 한다면 무엇이 걱정됩니까? (중복 응답) 버스 승하차 과정에서 승객의 태도 및 시선이 걱정됨 29.0 / 34.9	통계 자료

① (가)를 활용하여 교통 약자를 위한 편의 시설에 대한 정보를 충분히 제공하는 것도 이동권 증진에 도움이 될 수 있다는 내용을 추가한다.
② (나)를 활용하여 이동권이 인간다운 삶을 위한 권리라는 내용을 뒷받침한다.
③ (다)를 활용하여 이동권 제한이 당사자에게 심리적으로 큰 영향을 미친다는 내용을 추가한다.
④ (라)를 활용하여 지역별 저상 버스 보급률이 배차 간격의 원인이라는 내용을 추가한다.
⑤ (마)를 활용하여 장애인 이동권에 대한 인식 전환의 필요성을 강조하는 내용을 뒷받침한다.

48. 다음은 윗글을 쓰기 전에 작성한 글의 개요이다. 윗글을 쓰는 과정에서 필자가 점검하여 반영한 내용으로 적절하지 않은 것은?

< 개 요 >

Ⅰ. 이동권의 의미
　1. 이동권의 정의
　2. 시민 이동권과 자동차 제한 정책
Ⅱ. 이동권 제한으로 발생하는 문제
　1. '이동'이라는 것의 의미
　2. 취업의 어려움
　3. 교육 기회 제한
Ⅲ. 문제 해결을 위한 조건
　1. 법 강화 및 행정 체제 마련
　2. 예산 확보 및 인프라 구축
　3. 인식 전환의 필요성
Ⅳ. 이동권 저해 요인 및 개선 방법
　1. 장애인에게 친화적이지 않은 보행 환경
　2. 저상 버스의 낮은 보급률
　3. 지하철 관련 요인
Ⅴ. 이동권의 의미 및 이동권 보장의 효과

① Ⅰ-2는 주제와 관련이 없는 내용이므로 삭제한다.
② Ⅱ-1은 상위 항목과의 연관성을 고려하여 Ⅰ의 하위 항목으로 이동한다.
③ Ⅲ은 글의 맥락을 고려하여 Ⅳ와 순서를 교체한다.
④ Ⅳ는 하위 항목의 내용을 고려하여 '이동권 저해 요인'으로 수정한다.
⑤ Ⅳ-3은 의미를 명료화하기 위해 '지하철 승강기 설치 및 관리 인력 확보'로 수정한다.

49. 윗글의 ㉠~㉤을 고쳐 쓰기 위한 방안으로 적절하지 않은 것은?

① ㉠: 맥락상 피동 표현이 쓰여야 하므로 '연결된다'로 수정한다.
② ㉡: 단어의 올바른 쓰임이 아니므로 '치르는'으로 수정한다.
③ ㉢: 앞뒤의 내용을 고려할 때 쓰임이 적절하지 않으므로 '한편'으로 수정한다.
④ ㉣: 주어와 서술어를 고려하여 사동 표현인 '겪게 한다'로 수정한다.
⑤ ㉤: 다른 말과의 관계에 비추어 볼 때 불필요하게 의미가 중복되었으므로 삭제한다.

50. <보기>를 [A]에 추가한다고 할 때, 그 의도로 가장 적절한 것은?

< 보 기 >

장애인 이동권 확보를 위한 여러 조치는 결과적으로 그들뿐 아니라 노인, 임산부, 유아차 이용자 등 모든 교통 약자의 이동의 질을 향상할 것이며 나아가 그들 모두의 삶을 개선하게 될 것이다.

① 문제 해결에 따른 사회적 파급 효과를 강조하기 위해
② 기존 정책의 한계를 재진술하여 주장을 강조하기 위해
③ 문제 상황이 지속될 경우 예상되는 전망을 제시하기 위해
④ 실현 가능한 문제 해결 방안을 구체적으로 제시하기 위해
⑤ 문제 해결을 위해서는 원인 파악이 시급함을 역설하기 위해

[창안] (51번 ~ 60번)

※ [51 ~ 53] 다음 글을 읽고 물음에 답하시오.

펭귄은 물속과 육지에서 활동할 수 있도록 신체 조건을 발달시켰다. 물속과 물 밖은 빛의 굴절률이 다르므로, 일반적으로 육지 활동에 적합한 눈은 물속에 들어가면 근시가 된다. 그런데 펭귄은 수정체의 두께를 바꾸는 능력이 탁월하여 물속에서도 사물을 잘 볼 수 있다. 또한 펭귄의 깃털은 기름샘에서 나오는 기름이 묻어 있어서 바닷물에 잘 젖지 않는다. [A]

펭귄은 섣불리 바다에 들어갔다가는 천적인 바다표범이나 물개의 먹이가 될 수 있다. 그러나 남극에서 먹이를 구하려면 바다에 뛰어들어야 한다. ㉠ 이때 어느 한 펭귄 개체가 먼저 바다에 뛰어들면 그 뒤를 이어 다른 펭귄들이 물속으로 뛰어드는 모습을 보인다.

펭귄 중 가장 거대한 몸집을 가지고 있는 ㉡ 황제펭귄은 허들링이라는 독특한 방식으로 군집을 이뤄 체온을 유지한다. 수천 마리의 황제펭귄이 서로 몸을 맞대고 거대한 원을 형성하면 바깥쪽과 안쪽은 온도 차이가 10도 이상 난다. 안쪽 대열의 펭귄은 바깥에 있는 펭귄들이 바람을 막아 주기 때문에 상대적으로 따뜻하지만, 바깥쪽 대열의 펭귄들은 체온이 떨어지고 지치게 된다. 따라서 일정 시간이 지나면 안쪽에 있던 황제펭귄은 바깥쪽으로 나오고, 바깥에서 온몸으로 추위를 막아내던 황제펭귄이 무리의 안쪽으로 들어가며 서로 자리를 바꾼다.

51. 윗글의 [A]와 <보기>를 통해 공통적으로 이끌어 낼 수 있는 교훈으로 가장 적절한 것은?

———————————— < 보 기 > ————————————

겉씨식물인 침엽수는 물관이 발달하지 않은 대신 세포와 세포 사이에 작은 구멍이 뚫려 있는 헛물관을 통해 세포에서 세포로 물을 전달한다. 물을 한 번에 통과시킬 수 있는 물관에 비해 헛물관은 운반 속도가 느리고 효율성이 낮다. 그러나 물관은 추운 날씨에 물이 동결되면 흐름이 끊기는 곳이 생겨 물을 수송할 수 없는 반면, 헛물관은 추위에 강하며 안정적으로 물을 운반할 수 있다.

① 상호 의존과 연대의 중요성
② 시행착오를 통한 성장과 발전
③ 협력적 소통을 통한 갈등 해결
④ 주어진 환경에 적응하는 유연함
⑤ 타인과 자신을 비교하지 않는 마음가짐

52. ㉠을 기업 경영 전략에 비유할 때 이끌어 낼 수 있는 내용으로 가장 적절한 것은?

① 중요한 결정을 내릴 때는 다수의 합의를 따르는 것이 합리적이다.
② 구성원들의 고충 해결을 위해 조직 내 소통 창구를 마련해야 한다.
③ 경쟁력 강화를 위해 정확한 정보에 기초한 의사 결정을 내려야 한다.
④ 구성원들의 능력 발휘를 위해 권한과 역할을 적절하게 배분해야 한다.
⑤ 기업의 성장을 위해 실패를 두려워하지 않고 도전하는 자세가 필요하다.

53. 윗글의 ㉡의 입장에서 <보기>의 '철수'에게 해 줄 수 있는 조언으로 가장 적절한 것은?

———————————— < 보 기 > ————————————

고등학생인 철수는 조별로 진행되는 수행 평가 과제를 개인 과제로 대체하여 제출하고 싶다고 선생님께 말씀드렸다. 다른 친구들과 역할을 분담하고 일정을 맞추는 것이 어렵기도 하고, 자신이 노력하는 만큼 다른 친구들이 노력하지 않는 것 같아서 손해를 보는 것처럼 느껴진다는 이유에서였다.

① 자신을 먼저 낮추고 타인의 의견을 경청해야 한다.
② 혼자 가면 빨리 가지만 함께 가면 멀리 갈 수 있다.
③ 불가능한 일에 대해서는 욕심을 내지 않는 것이 좋다.
④ 다른 사람의 뒤만 좇지 말고 리더가 되도록 노력해야 한다.
⑤ 다양한 개성을 가진 사람들이 모이면 더 넓은 시야를 가질 수 있다.

※ [54 ~ 56] 다음 그림을 보고 물음에 답하시오.

54. (가)와 (나)에 대한 이해로 적절하지 않은 것은?

① (가)는 생물학적 성장 환경에서, (나)는 언어적 표현 환경에서 주로 이루어진다.
② (가)는 식물의 성장을 돕고, (나)는 글의 완성도를 높이기 위한 행위이다.
③ (가)의 결과는 시각적으로 드러나지만, (나)의 결과는 시각적으로는 알 수 없다.
④ (가)와 (나)는 내적인 사고 과정을 포괄하는 외적 활동 결과가 나타난다.
⑤ (가)와 (나)는 처음보다 더 나은 상태를 만들기 위한 조정 과정이다.

55. (가)의 '가지치기'와 (나)의 '퇴고하기'를 비교한 설명으로 가장 적절한 것은?

① (가)와 (나)는 결과를 바꾸지 않고 과정을 정리하는 데 초점이 맞춰진다.
② (가)에서는 선택과 판단이 필요하지만 (나)에서는 기계적으로 수정만 하면 된다.
③ (가)와 (나)는 모두 삭제 중심의 행위라는 점에서 본질적으로 같은 사고 과정을 따른다.
④ (나)는 (가)에 비해 추가와 재구성을 포함하는 더 복합적인 행위이다.
⑤ (나)는 자연스럽게 이루어지는 반면, (가)는 인위적인 개입이 필요한 과정이다.

56. (가)를 활용하여 설명 가능한 사례로 가장 적절한 것은?

① 작품을 완성한 후 조형의 일부를 덧붙여 더욱 풍성하게 표현했다.
② 아이디어 회의에서 떠오르는 생각을 빠르게 적으며 양을 늘려 갔다.
③ 발표에서 중요한 내용을 강조하기 위해 목소리를 더 키워 또렷하게 말했다.
④ 문제를 해결하기 위해 가능한 모든 아이디어를 최대한 모아 보관해 두었다.
⑤ 책상 정리를 통해 꼭 필요한 물건만 남기고 나머지를 버려 집중력을 높였다.

※ [57 ~ 58] 다음 글을 읽고 물음에 답하시오.

> 지난 13일 버려진 채 발견된 갈색 푸들입니다. 왼쪽 옆구리에 상처가 나 붕대를 감고 있습니다. 원래는 주인의 정보가 담긴 인식 칩이 있던 자리인데, 인식 칩이 감쪽같이 사라졌습니다. 개 주인은 상처를 내고 유기한 사실을 뒤늦게 인정한 것으로 전해졌습니다. SNS엔 공분과 함께 개 주인에 대한 비난이 빗발쳤습니다.

57. 위 뉴스 기사의 '개 주인'에게 보여 줄 광고 사례와 문구가 적절하지 <u>않은</u> 것은?

①

그에게 당신은 아직 주인입니다.

②

목줄 풀린 반려견, 누군가에게는 맹수입니다.

③

저도 한때 따뜻한 집이 있었습니다.

④

사지 말 '개'
버리지 말 '개'
평생 함께하 '개'

⑤

버리지 마세요,
가족 같은 생명

58. 윗글과 <조건>을 모두 반영하여 공익 광고 문구를 창안할 때 가장 적절한 것은?

< 조 건 >
(가)와 (나)의 광고를 포괄할 수 있는 문구일 것.

(가)		(나)	

① 귀여운 나를 선택해 주세요.
② 소중한 생명, 사지 말고 입양하세요.
③ 나는 쓰고 버리는 일회용이 아니에요.
④ 가족이 되고 싶었지만 장난감이 되었습니다.
⑤ 쓸모나 재미가 아니라 존재로 사랑해 주세요.

※ [59 ~ 60] 다음 글을 읽고 물음에 답하시오.

반향실 효과(Echo Chamber Effect)는 폐쇄된 온라인 공간에서 자신과 생각이 비슷한 사람들끼리만 소통하게 되면서 편향된 사고가 강화되는 현상을 가리킨다. 자신과 유사한 견해를 가진 사람이나 매체로부터 얻은 정보는 쉽게 신뢰하고 주변에 전파하는 반면, 그렇지 않은 경우는 근거 없이 거부하거나 무시하게 된다. 그 결과 동일한 견해가 반복적으로 울려 퍼지며 점점 더 확고한 신념으로 자리 잡는다.

영국의 한 연구팀은 반향실 효과가 전혀 관련 없는 판단 영역에까지 영향을 미칠 수 있음을 보여 주는 실험을 진행했다. 실험 참가자들은 정치 성향이 다른 사람들과 도형 분류 과제를 수행했다. 이때 참가자들은 단지 정치 성향이 같다는 이유만으로, 실제로는 오류를 범한 사람의 판단을 더 정확하다고 평가하는 경향을 보였다. 이는 정치적 선호와 관계없는 과제에서도 신념의 유사성이 판단에 영향을 미친다는 점을 보여 준다.

이처럼 ㉠ 반향실 효과는 정보에 대한 판단력을 흐리게 하며, 시간이 지날수록 편향은 더욱 심화된다. 초기에 사소하게 넘긴 왜곡된 정보가 점차 신념으로 굳어지고, 나아가 사회적 갈등으로 비화될 수 있다. 따라서 다양한 관점을 접하고 비판적으로 사고하는 태도를 지니는 것이 필요하다.

59. 윗글의 ⊙과 <보기>를 통해 유추할 수 있는 교훈으로 가장 적절한 것은?

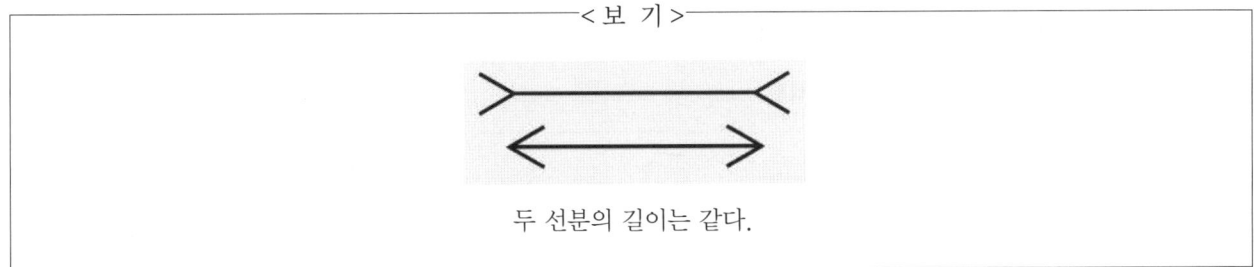

두 선분의 길이는 같다.

① 처음부터 완벽한 판단은 어려우므로 직관으로 결정해야 한다.
② 판단이 어려울 때는 다수결로 결정하는 것이 최선의 방법이다.
③ 내가 서 있는 곳만이 옳은 길이 아니라는 것을 인지해야 한다.
④ 처음의 결정이 옳은 경우가 많으므로 끝까지 밀고 나가야 한다.
⑤ 식견이 높은 사람의 자문을 구하는 것이 정확한 판단에 도움이 된다.

60. 윗글의 내용을 참고하여 <보기>의 커뮤니티 운영자에게 할 수 있는 조언으로 가장 적절한 것은?

< 보 기 >

한 지역의 커뮤니티에 최근 몇몇 이용자들이 편향된 정치적 의견을 반복적으로 게시하였다. 이에 커뮤니티 운영자는 대응 방안을 고민했지만, '조금 지나면 자연스럽게 잠잠해지겠지.' 하고 생각하여 제재하지 않았다. 그런데 시간이 지나자 해당 이용자들의 발언은 점점 더 과격해졌고, 반대 의견을 가진 사용자들은 하나둘 커뮤니티를 떠나기 시작했다. 결국 커뮤니티 전체가 특정 입장만이 반복되는 공간으로 변했고, 운영자는 이제 어떻게 대응해야 할지 더 난감한 상황에 처했다.

① 논쟁을 줄이기 위해 중립적 내용만 허용해야 한다.
② 다수 입장 중심으로 운영 방향을 분명히 해야 한다.
③ 이용자 자율에 맡기고 운영 개입은 최소화해야 한다.
④ 의견의 다양성이 유지되도록 운영 방침을 세워야 한다.
⑤ 표현의 자유를 보장하려면 게시글을 수정하지 않아야 한다.

[읽기] (61번~90번)

※ [61 ~ 62] 다음 글을 읽고 물음에 답하시오.

이름이 뭔가요?
전공은 뭐였죠?
고향에서 죽 자랐나요?

여기에 쓰여 있는 게 전부 사실입니까?

㉠ 질문만 있고 답이 없는 곳에 다녀왔다

서 있어도
㉡ 앉아 있는 사람들보다 작았다

가장 많이 떠들었는데도
㉢ 듣는 사람들보다 귀가 아팠다

눈사람처럼 하나의 표정만 짓고 있었다
낙엽처럼 하나의 방향만 갖고 있었다

삼십여 년 뒤,
답이 안 나오는 공간에서
㉣ 정확히 똑같은 질문을 던지기 위해

녹지 않았다
㉤ 순순히 떨어지지 않았다

— 오은, 「면접」

61. 윗글에 대한 설명으로 가장 적절한 것은?

① 감탄의 표현을 통해 역설을 유발하였다.
② 활발한 움직임을 강조함으로써 리듬감을 돋운다.
③ 결연한 어조를 통해 현실의 부정적 전망을 드러낸다.
④ 유사한 단어들을 반복적으로 열거하여 주의를 환기한다.
⑤ 낙하와 융해의 이미지를 서로 대조하여 의식의 변화를 표현한다.

62. ㉠~㉤에 대한 이해로 적절하지 않은 것은?

① ㉠: 희망이 잘 엿보이지 않고 암담함을 암시한다.
② ㉡: 자세에 따른 크기에 상반되는 권위의 무게를 표현한다.
③ ㉢: 평가받는 자리와 그 과정이 마뜩하지 않음을 제시한다.
④ ㉣: 문제의 해결을 유보하고 모면을 선택하였음을 드러낸다.
⑤ ㉤: 부당한 상황에 항거하고 불복하였음을 의미한다.

※ [63 ~ 65] 다음 글을 읽고 물음에 답하시오.

돌이켜보면 무척 반갑고 놀라웠다. 그러나 그 당시에는 그걸 표현할 만큼의 에너지가 남아 있지 않았다. ⓐ 제이콥이 ⓑ 한희를 꼭 끌어안으면서 너무 보고 싶었다고 말했다. 한희는 "나도"라고 말해야 했으나 "숙소는 예약했어?"라고 물었다.
"정말 일을 그만두고 온 건 아니지?"
한희는 제이콥이 메고 있는 배낭을 흘긋거리며 말했다.
"그만뒀어. 나 ⓒ 한국에서 살 거야."
제이콥은 한희를 안았던 팔을 풀고 한희의 손을 잡고 걸었다. 그는 13시간 비행을 한 사람답지 않게 쉴 새 없이 재잘거렸다.
"돌아가는 비행기표는 있어?"
"나 한국에서 살 거라고 말했잖아."
제이콥은 한희가 원하는 대답은 단 한 가지도 가지고 있지 않았다. 한희는 우선 학교 앞 카페로 들어가 장기 숙박이 가능한 숙소를 알아보았고, 관광 비자가 만료되는 3개월 이후까지 일을 구하지 못하면 돌아가기로 약속을 받아냈다.
제이콥은 한희가 다듬어준 이력서로 여러 한국어학당에 지원했지만 한 곳에서도 연락이 오지 않았다. 한국의 어학당에서는 한국어가 모국어가 아닌 사람을 강사로 둘 이유가 없었다. 결국 제이콥은 비자가 만료되기 직전 영어 학원에 취직을 했다. 그편은 정말 쉬웠다. 1년 비자에 연장이 가능하고 월세 지원에 퇴직금까지 계약서에 명시되어 있었다. 한희는 매우 좋은 조건이라고 했지만, 제이콥은 일시적인 일일 뿐이라고 ㉠ 선을 그었다.
제이콥은 학원에서 한국어를 사용하지 못하게 한다고 불평을 했다. 한희는 자신 역시 수업 시간에 한국어 이외의 언어는 사용할 수 없다고 말하며 달랬다.
"한국어학당에서는 어떻게 지냈냐는 질문도 못 알아듣는 학생들한테 세계 경제 동향에 대한 신문 기사를 읽으라고 하지는 않잖아."
제이콥은 학생들과 대화를 하고 싶어 했는데, 학생들은 영어로 말하는 것을 부끄러워했다. 학생들은 제이콥도 잘 모르는 단어를 밑줄 긋고 외웠다. 제이콥은 일에 여러 불만이 있었지만, 여전히 한희를 넘치게 사랑했다. 제이콥이 한희에게 쏟아붓는 언어들이 모두 ㉡ 생소한 것이었으므로 한희는 때로 그가 부모보다 자신을 더 사랑한다고 느끼기도 했다. 누가 그녀를 햇살이라고 부를까. 누가 그녀의 머리에 입을 맞출까. 누가 그녀의 눈꺼풀을 어루만지며 그것이 한글의 모음을 닮았다고 말할까.

한희는 책임 강사 자리를 얻었고, 제이콥 역시 더 나은 조건의 영어 유치원으로 자리를 옮겼다. 유명 대학의 이름을 단 영어 유치원이었고, 제이콥도 영어 학원보다 만족하는 듯했다. 한희는 무주택자로 서울시 보증금 지원을 받았고, 제이콥은 월급과 별도로 월세를 받았으므로 역에서 거리가 멀지만 아침 해가 잘 드는 아파트를 얻을 수 있었다. 주말에 제이콥과 같이 소파에 누워 아침 햇살을 느끼다가 한희는 그가 자신의 가족이라는 것을 새삼스레 느꼈다. 결혼과는 상관없이 제이콥은 한희의 가장 가까운 가족이었다.

결혼을 하지 않는 것도, 아기를 가지는 것도 모두 그의 바람이었다. 제이콥이 자신의 부모도 결혼하지 않고 40년을 살았노라고 했을 때 한희는 수긍했다. 어차피 결혼에 대한 환상 같은 것은 처음부터 없었다. 그러나 아기는 가지고 싶다는 제이콥의 말에는 쉽게 동의할 수 없었다. 한희는 책임 강사 자리를 지키고 싶었고, 그러려면 자리를 비우지 않고 계속 일해야 했다. 그래서 제이콥이 그녀의 눈을 닮은 아이를 가지고 싶다고 할 때마다 고개를 저었다.

"나는 출산 휴가도 없어. 그냥 계약 연장이 안 되는 거야. 그게 끝이라고."

제이콥은 그녀가 얼마나 능력 있는 여자인지 열정적으로 말했다. 그녀 정도라면 한국 어느 대학에서건 일을 다시 구할 수 있을 것이고, 영국 대학에서 일하고 싶다면 자신이 적극 도와줄 거라고 말했다. 영국 대학에서 일할 수 있게 도와준다는 말은, 그가 현재 한국의 영어 학원과 영어 유치원에서 4년째 일하고 있다는 사실을 고려하면 허무맹랑하기 짝이 없는데도, 한희는 그 말에 마음이 ⓒ 흔들렸다.

죽자 살자 일하고 있지만 한국에서 한희의 미래는 불투명했다. H대에서 책임 강사를 몇 년 하다가 지방대의 신설 어학당에 총괄 책임으로 가는 것이 가장 좋은 미래였다. 그런데 그마저도 60대의 책임 강사는 찾아보기 어려웠다. 외국 대학에서 전임 자리만 얻을 수 있다면, 그보다 더 나은 것은 없을 거였다. 어쩌면, 정말 어쩌면, 외국 대학에서 제이콥과 안정적으로 일하면서 가족도 꾸릴 수도 있을 것이다. 당장 다음 달 생계가 막막해질 수 있다는 공포 없이, 불안 없이 살 수도 있을 것이다.

아기는 배 속에서 무럭무럭 자랐다. 제이콥은 배 속 아기에게만큼은 영어로 이야기했다. 그들이 영국에 갈 것이니 영어를 배워야 한다고 한희가 주장했다. 한희는 자신이 시킨 일인데도 영어로 이야기하는 제이콥이 ⓔ 낯설었다. 목소리 톤이 조금 더 낮았고, 말이 더 빨랐으며, 무성의하게 들렸다. 때로는 제이콥이 아기에게 하는 말의 토막을 정확히 이해하지 못할 때도 있었다. 그럴 때 한희는 여전히 ⓜ 차갑고 물살이 센 강에 발을 담그고 있는 것만 같았다. 아기 역시 그녀가 이해하지 못하는 언어를 하게 될 것이다. 그들은 한희와 다른 방식으로 웃고, 다른 방식으로 경탄하고, 다른 방식으로 사랑하는 사람들의 나라에서 살아갈 것이다.

-서수진, 「코리안 티처」

63. 윗글의 서술상 특징으로 가장 적절한 것은?

① 독자가 인물의 시각에 몰입하여 그의 감정을 느끼도록 유도한다.
② 서술자가 사건의 귀결을 예고하면서 현재 인물의 행위를 논평한다.
③ 의성어 및 의태어를 활용한 묘사로 독자의 시각과 청각을 자극한다.
④ 부분적인 사실과 원인을 알 수 없는 사건 제시로 의문을 점증시킨다.
⑤ 대화 속에 삽입된 이야기로 전체 줄거리와 구조상의 대비를 유도한다.

64. <보기> 중 ⓐ, ⓑ, ⓒ와 관련하여 윗글의 내용을 적절하게 이해한 것을 있는 대로 모두 고른 것은?

< 보 기 >

ㄱ. ⓑ는 ⓐ가 ⓒ에서 가진 직장을 부러워하였다.
ㄴ. ⓐ는 ⓑ에게 예고하지 않고 ⓒ로의 이주를 결정했다.
ㄷ. ⓑ는 ⓒ를 떠난 뒷날로 자기와 ⓐ의 혼인을 미루었다.
ㄹ. ⓑ는 ⓒ에서 재회한 ⓐ에 대해 반가움이 앞서 근심을 잊었다.
ㅁ. ⓑ는 ⓐ와 가진 아이로 인해 ⓒ에서의 생계가 곤란해질 것을 염려했다.

① ㄱ, ㄷ   ② ㄴ, ㅁ   ③ ㄱ, ㄹ   ④ ㄴ, ㄷ, ㄹ   ⑤ ㄴ, ㄹ, ㅁ

65. 윗글의 ㉠~㉤을 해석한 진술로 적절하지 않은 것은?

① ㉠: 더 좋은 직장에 대한 기대와 향상심을 드러내는 것이군.
② ㉡: 타문화 속에서 생활한 이가 쓴 표현이 색다른 감각을 불렀군.
③ ㉢: 직업과 경력을 포기하고서라도 아이를 가지려는 마음이 커졌군.
④ ㉣: 자기가 표명한 계획에 대해 의혹을 품고 은연중 불안해하는군.
⑤ ㉤: 현실과 희망 사이의 괴리감이 온도 감각으로 환치된 채로 느껴졌군.

※ [66 ~ 68] 다음 글을 읽고 물음에 답하시오.

불온한 것들이 우리의 익숙한 감각 속으로 낯설게 침입할 때 우리는 '감각적 각성'에 이르게 된다. 각성이란 보이지 않던 것이 보이게 되는 사건이다. 그렇다면 감성의 분할과 관련하여 이런 각성을 정의할 수 있을 것이다. 감각적 각성이란 기존의 익숙해진 감각에선 보이지 않던 것을 보고 느끼고 감지하게 되는 사건이다.

이런 각성은 통상 약물에 의해 이루어졌다고 알고 있다. 보통의 눈으로는 보지 못하던 것을 보기 위해 식물을 이용했던 인디언들이나 그들을 따라 새로운 감각 세계를 경험하기 위해 약물을 이용했던 히피들 혹은 적잖은 예술가들이 그랬을 것이다. 벤야민은 "종교는 인민의 아편"이라는 마르크스의 문장을 비틀어, 이런 약물적 각성과 종교를 연결한다. 약물만큼이나 종교가 사람들을 매혹하고 새로운 세계로 이끄는 것은, 이런 각성의 힘 때문인지도 모른다.

약물적 각성은, 약물에서 깨어나면 다시 기존의 감각으로 돌아온다는 점에서 약물 안에 있고 언제나 잠정적이다. 벤야민처럼 이런 약물적 각성의 한계는 다시 종교적 각성에 연결할 수 있을 것이다. 종교 역시 그 안에서만, 신의 믿음을 공유한다는 전제에서만 새로운 각성이 제공하는 세계로 사람들을 이끈다.

벤야민의 말처럼 '세속적 각성'이 이와 구별되어 정의되어야 한다면, 일단 먹어 보라고, 일단 믿어 보라고, 요컨대 일단 들어와 보라고 요구하지 않고 새로운 감각으로 각성시키는 것이어야 할 것이다. 약물이나 믿음을 가정하지 않고 뜻하지 않은 세계를 보게 하는 것, 그런 식으로 세상의 비밀을 보게 하는 것. **불온한 자들**, 어떤 동의도 구하지 않고 우리의 경계 안으로 밀고 들어오는 것들이야말로 이런 세속적 각성을 가능하게 하는 계기라고 할 수 있을 것이다.

어떤 '합일'의 엑스터시를 통하지 않고서도 **감각적 각성**에 이르는 길, 그리하여 지금 보이는 것들에 가려 보이지 않던 것 혹은 존재자에 가려 보이지 않던 존재를 보는 감각적 각성의 길이, 불온한 자들을 통해 가능하리라고 말할 수 있을 것이다. 불안함 속에서도 우리를 잡아끄는 떨치기 힘든 매혹을 통해, 그에 휘말리는 우리의 '아찔한' 불온성을 통해 우리는 약물 없이, 종교 없이 감각적 각성에 이를 수 있지 않을까? 그렇게 그것은 새로운 세계, 새로운 삶을 향해 '신비한' 모험을 시작하는 출발점을 제공할 수 있지 않을까?

불온한 것들이 야기하는 불편함과 불안함을 긍정할 수 있을 때, 그들에 매혹되어 그들이 이끄는 미지의 세계로 이끌려 들어갈 때, 가장 먼저 발생하는 것은 아마도 이런 감각적 각성일 것이다. 이러한 감각적 각성이 낡은 세계의 바깥을 보게 하리라고 말해도 좋을 것이다.

66. '불온한 자들'을 통해 도달할 수 있다고 보는 '각성'의 특징으로 적절하지 <u>않은</u> 것은?

① 약물이나 특정 믿음에 의존하지 않는다.
② 기존의 감각적 한계를 넘어선 인식을 가능하게 한다.
③ 어떤 전제나 요구 없이 뜻하지 않은 세계를 보게 한다.
④ 불안함과 불편함을 회피함으로써 안정적으로 도달할 수 있다.
⑤ '합일'의 엑스터시와 같은 특별한 상태를 필요로 하지 않는다.

67. '불온한 자들'과 '감각적 각성'의 관계에 대한 설명으로 가장 적절한 것은?

① '불온한 자들'은 '감각적 각성'을 방해하는 부정적인 요소로 작용한다.
② '감각적 각성'은 '불온한 자들'이 지닌 내재적 속성을 의미한다.
③ '불온한 자들'은 익숙한 감각에 침입하여 '감각적 각성'을 유발하는 계기가 된다.
④ '감각적 각성'에 이르면 '불온한 자들'의 위험성을 명확히 인지하고 피할 수 있게 된다.
⑤ '불온한 자들'과 '감각적 각성'은 서로 독립적으로 발생하는 별개의 현상이다.

68. 윗글에서 '세속적 각성'을 강조하는 이유로 가장 적절한 것은?

① 세속적 각성이 가장 쉽게 도달할 수 있는 보편적인 각성이기 때문에
② 약물이나 종교에 비해 더 강렬하고 신비로운 체험을 제공하기 때문에
③ 사회 질서를 유지하고 기존의 가치 체계를 공고히 하는 데 기여하기 때문에
④ 감각적 혼란을 최소화하고 이성적 판단 능력을 극대화하는 각성이기 때문에
⑤ 특정 조건이나 전제 없이, 일상적 현실과의 관계 속에서 이루어지는 각성이기 때문에

※ [69 ~ 72] 다음 글을 읽고 물음에 답하시오.

민사 실체법은 개별 권리의 발생, 변경, 양도, 소멸을 규율하지만, 그 권리를 실현하는 방식은 몇몇 예외 말고는 규정하지 않는다. 자신의 권리를 스스로 실현하는 자력 구제는 공권력의 도움을 받을 수 없는 예외 상황에서나 지극히 제한적으로 허용될 뿐이다. 개별적인 폭력 행사는 법적 평화의 교란이며, 그로 말미암은 피해는 본래의 동기보다 과도해지기 쉽다. 그뿐만 아니라 사적인 권리 구제는 권리자가 아니라 강자들이 이기도록 만들 위험도 있다.

자력 구제 금지의 귀결은 이른바 법적 보호의 국가 독점이다. 자력 구제를 금지한 국가는 권리를 실현할 수 있는 다른 수단을 국민에게 제공해야 한다. 그리하여 개인은 국가에 대해 법적 구제의 실현을 요구할 수 있는 이른바 재판 청구권을 가지게 되고 이는 헌법상 보장된다. 그것이 민사법 영역에서는 민사 소송으로서 국가의 법정에서 권리를 확정하는 판결 절차와 그것을 실현하는 집행 절차로 구성된다. 판결 절차에서 법관은 제출된 증거에 터 잡아 사실 관계를 먼저 확정해야 하고, 이어서 실체법의 규범을 그에 적용하는 이중의 과업을 진다.

조정으로 화해를 유도하여 분쟁을 해결하자는 발상이 나오면서 민사 소송의 대안으로 제시하는 일까지 있다. 권리를 확정하려는 것이 아니라 분쟁의 해결에 중점을 두는 화해는 기껏해야 민사 소송을 보완하는 정도이지 대체하지는 못한다. 더구나 상호 양보로 분쟁을 해결하는 화해는 권리자에게 실체법상의 권리 일부를 포기하도록 하기 때문에 법치 국가의 관점에서 바람직하지 않은 면도 있다. 그러나 이것은 현재 여러 형태로 사법 제도 안에 자리를 차지해 가고 있다. 한 예로 일부 가사 사건에서는 재판하기에 앞서 조정을 선행하도록 한다.

국가의 절차로 실체법상의 권리를 실현할 수 있는 가능성은 여러 영향력을 갖는다. 직접적인 예로는 개인 채권자는 법원의 문을 두드려 채무자로부터 빚을 받아내는 데 도움받을 수 있다. 이런 가능성이 뚜렷하면 당연히 채무자들은 의무를 이행할 채비를 하게 된다. 이처럼 민사 절차에 대한 고려가 의무자의 도의적 행동을 이끈다. 간접적 효과로 법원의 판례가 성문법의 발전에 중요한 영향을 끼치는 것도 들 수 있다.

이러한 이해는 민사 소송의 목적의 논의로도 이어진다. 근대 민사 소송법이 제정되던 시기에는 ㉠ 자유주의 사상이 지배적이어서, 소송을 사적인 권리 투쟁으로 보며 법원을 그저 중립적인 역할에 머무르게 하려 했다. 그리하여 실질적인 소송 진행을 당사자에게 맡겼다. 이러한 원칙들 자체는 기본적으로 오늘날도 유지된다. 이에 대해 소송의 목적에는 객관적 민사법 질서의 확립을 가장 앞에 두어야 한다는 ㉡ 보수적인 입장도 있었다. ㉢ 사회적 측면에 주목하는 주장에서는 법적 평화의 조성과 유지를 소송의 주된 의미로 보았다. 여기서는 적극적으로 해결해야 하는 하나의 사회악으로서 소송을 바라보며, 분쟁을 타협의 방식으로 끝낼 것도 제안한다. 이들 견해는 소송의 여러 목적에서 한 면을 집어 주로 강조하는 것일 뿐 민사 소송의 목적이 그 어느 한 가지일 수만은 없다.

69. 윗글의 내용에 대한 이해로 가장 적절한 것은?

① 증거의 주된 기능은 적용할 법조문을 결정하는 것이다.
② 힘의 논리가 법적 정의를 누를 우려 때문에 자력 구제는 금지된다.
③ 조정에 따른 화해는 실체적 권리관계의 실현에 주안점을 둔다.
④ 오늘날에는 분쟁 해결에서 법원의 중립적 역할이 요구되지 않는다.
⑤ 민사상의 문제에 관한 법적 분쟁은 협상을 통해 해결하는 것이 이상적이다.

70. 윗글에서 민사 소송에 관한 설명으로 적절하지 않은 것은?

① 개인 사이에 권리관계를 확정하는 기능이 있다.
② 확정된 사실 관계에 법률을 적용하여 판결을 내린다.
③ 궁극적으로 법적 평화를 조성하고 유지하는 역할을 한다.
④ 소송으로 형성된 법원의 판례는 민사법의 진보에 이바지한다.
⑤ 개인의 권리를 보호하는 역할을 독점한 국가의 권리에 따른 배려이다.

71. 윗글에서 추론한 내용으로 적절하지 않은 것은?

① 실체법적 권리관계를 확정하는 민사 소송의 기능은 화해로 대체할 수 없다.
② 화해는 양 당사자가 저마다 주장하는 범위에서 일부를 포기하는 방식으로 이루어진다.
③ 국가에 법적 구제를 요구하는 헌법상의 권리는 자력 구제 금지 원칙의 유래를 통해 이해할 수 있다.
④ 분쟁 해결보다 실체법 규범의 적용을 중시하는 민사 소송의 단점을 보완하기 위한 방안으로 조정의 활용이 제시된다.
⑤ 개인의 법적 권리가 소송으로 관철될 가능성이 낮으면 채무자가 의무를 자발적으로 이행하려는 동기가 약화될 수 있다.

72. ㉠~㉢에 관한 설명으로 적절하지 않은 것은?

① 현행 민사 소송은 절차 진행의 주도권을 당사자 쪽에 주는 것이 원칙인데 이는 ㉠의 영향이라 할 수 있다.
② 객관적으로 성립되어 있는 법질서를 유지하려는 것이 민사 소송의 목적이라는 ㉡은 현행 제도에서도 유효하다.
③ ㉡은 공동체의 질서라는 관점에서 소송을 바라본다는 점에서 ㉠과 대비된다.
④ ㉢에서는 소송이 법적 해결의 대상이기 때문에 재판이 아닌 조정으로 법적 평화를 회복하는 데에는 반대한다.
⑤ ㉠은 될 수 있는 한 법원의 개입을 적게 하려 하는 반면, ㉢은 굳이 그럴 필요가 없다고 본다.

※ [73 ~ 75] 다음 글을 읽고 물음에 답하시오.

물 위에 배가 떠 있거나, 사람이 수영장에서 몸을 띄우는 현상은 모두 부력이라는 물리적 힘에 의해 설명된다. 부력이란, 물체가 액체나 기체와 같은 유체 속에 잠겼을 때, 그 유체가 물체를 밀어 올리는 힘을 의미한다. 이 힘의 크기는 물체가 잠긴 유체의 무게에 따라 결정되며, 여기서 무게란 질량에 중력 가속도를 곱한 값이다. 다시 말해, 물체가 유체를 밀어낸 만큼의 유체의 무게에 해당하는 크기의 힘이 위쪽으로 작용하는 것이다.

이러한 원리는 고대 그리스의 과학자 아르키메데스에 의해 최초로 정리되었다. 그는 목욕을 하던 중 물이 넘치는 모습을 보고 영감을 받아, "유체에 잠긴 물체는 그 물체가 밀어낸 유체의 무게와 같은 크기의 부력을 받는다."라는 이론을 세웠고, 오늘날까지 이를 아르키메데스의 원리라고 부른다. 이 원리는 선박, 수영, 열기구 등 다양한 분야에서 널리 활용되고 있다. 배는 구조상 많은 양의 물을 밀어내도록 설계되어 있으며, 밀어낸 물의 무게가 배의 무게와 같아질 때 물에 뜬다. 반대로, 배의 무게가 더 무거우면 점점 가라앉게 된다.

물체가 유체 속에 잠길 때 작용하는 부력의 크기는, 유체의 밀도, 물체가 유체 속에 차지한 부피, 그리고 중력 가속도를 곱한 값에 비례한다. 같은 물체를 유체에 넣었을 때, 밀도가 큰 유체일수록 더 큰 부력이 작용하며, 잠긴 부피가 크거나 중력 가속도가 클수록 부력도 커진다. 사람이 수영할 때에도 같은 원리가 적용된다. 수영장에서 몸을 편 자세로 두면, 몸의 일부는 물속에 잠기고 일부는 떠오른다. 이는 몸이 일정한 부력을 받기 때문이며, 몸이 물에 뜨는 정도는 체지방률이나 폐 안의 공기량 등에 따라 달라진다. 기본적으로는, 몸이 밀어낸 물의 무게가 자신의 무게와 같아질 때 몸이 뜨게 된다.

부력은 액체뿐 아니라 기체 속에서도 작용한다. 예를 들어, 열기구는 내부에 밀도가 낮은 뜨거운 공기를 채워, 밀도가 높은 찬 공기보다 위로 올라가려는 성질을 이용한다. 이처럼 부력은 단지 물속 현상에 국한되지 않고, 모든 유체에서 작용하는 보편적인 물리 법칙으로서, 다양한 과학 원리의 기초가 된다.

73. 윗글의 내용에 대한 이해로 적절하지 않은 것은?

① 물체가 잠긴 부피가 클수록 부력도 커진다.
② 체지방률이나 폐 안의 공기량은 물에 뜨는 데 영향을 준다.
③ 부력은 유체 속에서 작용하는 힘이며, 기체에서도 나타날 수 있다.
④ 배가 물에 뜨려면 밀어낸 물의 무게가 배의 무게보다 작아야 한다.
⑤ 뜨거운 공기를 채운 열기구가 상승하는 현상은 부력으로 설명된다.

74. 다음 중 구형 물체가 받는 부력이 가장 크게 작용할 조건은?

① 밀도가 낮은 액체에 지름이 작은 물체를 부분적으로 잠기게 한 경우
② 밀도가 높은 액체에 지름이 작은 물체를 완전히 잠기게 한 경우
③ 밀도가 높은 액체에 지름이 큰 물체를 부분적으로 잠기게 한 경우
④ 밀도가 낮은 액체에 지름이 큰 물체를 완전히 잠기게 한 경우
⑤ 밀도가 높은 액체에 지름이 큰 물체를 완전히 잠기게 한 경우

75. <보기>는 두 개의 액체에 동일한 물체를 넣고 비교한 탐구 활동이다. 이에 대한 해석으로 적절한 것을 있는 대로 고른 것은?

─< 보 기 >─

⊙ 탐구 내용
  • 재질과 질량이 같은 구형 물체를 물과 식용유에 각각 넣고, 뜨는 정도를 비교하였다.
  • 물에서는 물체의 절반 이상이 물 위로 떠올랐고, 식용유에서는 대부분이 액체에 잠겼다.

⊙ 해석한 내용
  ㄱ. 물이 식용유보다 밀도가 더 높다.
  ㄴ. 식용유에서 물체에 작용한 부력은 물에서보다 크다.
  ㄷ. 같은 물체라도 부력의 크기는 유체의 종류에 따라 달라진다.

① ㄱ   ② ㄴ   ③ ㄷ   ④ ㄱ, ㄷ   ⑤ ㄴ, ㄷ

※ [76 ~ 78] 다음 글을 읽고 물음에 답하시오.

　1905년, 독일의 물리학자 알베르트 아인슈타인은 기존의 뉴턴 역학으로는 설명할 수 없던, 빛의 속도에 가까운 빠른 운동 상태에서의 물리 법칙을 다루기 위해 '특수 상대성 이론'을 발표하였다. 이 이론은 시간과 공간이 절대적인 것이 아니라, 관측자와 대상 간의 상대적 속도에 따라 달라질 수 있다는 획기적인 내용을 담고 있다.

　특수 상대성 이론은 두 가지 전제를 바탕으로 한다. 첫째, 모든 관성계 — 즉, 물체에 외부 힘이 작용하지 않아 등속 직선 운동을 유지하거나 정지 상태에 있는 기준계 — 에서는 물리 법칙이 동일하게 성립한다. 둘째, 진공에서의 빛의 속도는 관측자나 광원의 운동 상태와 관계없이 항상 일정하다. 이 두 전제는 기존의 시간·공간 개념을 근본적으로 뒤흔드는 물리적 결과를 예측하게 했다. 대표적인 예로 '시간 지연' 현상이 있다. 이는 정지한 관측자 기준에서, 빠르게 움직이는 물체의 시계가 더 느리게 가는 것처럼 보이는 현상을 의미한다. 이러한 시간 지연은 '㉠쌍둥이 역설'과 같은 사고실험을 통해 널리 알려져 있으며, 특수 상대성 이론의 핵심 결과 중 하나로 손꼽힌다. 또 다른 결과는 '길이 수축' 현상이다. 정지한 관측자의 입장에서 보면, 빠르게 움직이는 물체는 운동 방향을 따라 측정되는 길이가 정지 상태일 때보다 짧게 나타난다. 이는 같은 물체라도 정지한 관측자와 운동하는 관측자가 측정하는 길이가 다를 수 있음을 보여 주며, '정지'와 '운동'의 구분 역시 관측자의 기준에 따라 상대적으로 결정된다.

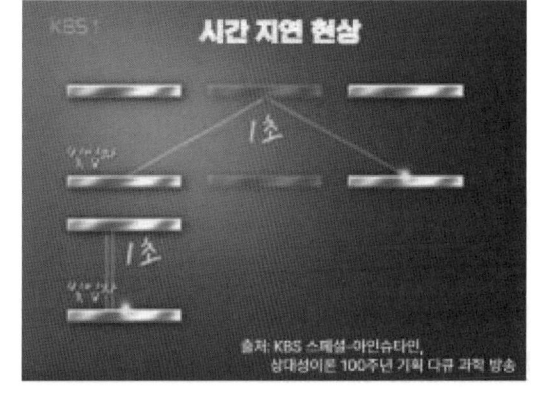

　이처럼 특수 상대성 이론은 고속 운동에 따라 시공간의 구조 자체가 변한다는 사실을 보여 준다. 다만, 특수 상대성 이론은 등속도 운동에만 적용되며, 가속 운동이나 중력에 의한 시공간 변화는 설명하지 못한다. 이 한계를 보완하고 중력장 내 시공간의 휘어짐과 그로 인한 시간 흐름의 차이까지 포괄하기 위해 아인슈타인은 1915년에 '일반 상대성 이론'을 발표하였다. 특수 상대성 이론은 일반 상대성 이론의 전제가 되는 제한적 이론이며, 두 이론은 상호 보완적인 관계에 있다. 또한, 특수 상대성 이론은 입자 가속기, 인공위성 항법 시스템(GPS), 고정밀 시계 기술 등 다양한 현대 과학 기술의 이론적 기반으로 활용되고 있다.

76. 특수 상대성 이론에 대한 설명으로 적절하지 않은 것은?

① 모든 관성계에서 물리 법칙이 동일하다는 가정을 바탕으로 한다.
② 정지한 관측자와 빠르게 움직이는 대상 간의 시간 측정 차이를 설명한다.
③ 진공에서의 빛의 속도는 관측자나 광원의 운동 상태와 관계없이 일정하다.
④ 중력이나 가속 운동을 포함한 상황까지 포괄적으로 설명한다.
⑤ '정지'와 '운동'의 상태는 관측자에 따라 상대적으로 결정된다.

77. ㉠에 대한 설명으로 적절하지 않은 것은?

① 지구에 남은 쌍둥이보다 우주에서 빠르게 이동하는 쌍둥이의 시간이 느리게 흐른다.
② 시간 지연 현상을 설명하기 위해 고안된 사고실험이다.
③ 특수 상대성 이론의 시간 개념을 설명하는 데 사용된다.
④ 시간 지연 효과를 극단적으로 보여 주는 예시로 활용된다.
⑤ 현실에서 실험적으로 검증된 과학적 사실이다.

78. <보기>는 특수 상대성 이론을 바탕으로 한 실험적 상황이다. (가), (나)에 들어갈 말로 가장 적절한 것은?

< 보 기 >

지구에 있는 연구소의 관측자는 일정 시간 동안 지구를 출발해 등속으로 운동 중인 우주선 내부의 시계와 장비로부터 데이터를 수신하였다. 관측자의 기준에서, 우주선의 시계는 연구소 시계보다 시간이 __(가)__ 흐른 것으로 나타났으며, 우주선 안에서 운동 방향에 따라 놓인 막대의 길이는 정지 상태일 때와 비교했을 때 __(나)__ 측정되었다.

	(가)	(나)
①	빠르게	길게
②	느리게	짧게
③	느리게	길게
④	짧게	동일하게
⑤	길게	동일하게

※ [79 ~ 82] 다음 글을 읽고 물음에 답하시오.

바닷가에서 둥그런 돌을 발견했다고 해 보자. 그 돌이 아무리 당구공처럼 동글게 생겼다고 해도 바닷물에 의해 그런 모양이 됐다고 생각하는 게 자연스럽지 누군가가 만들었다고 생각하지는 않는다. 이번에는 시계를 발견했다고 해 보자. 돌이 바닷물의 작용으로 시계가 되었다고 생각하는 것은 전혀 자연스럽지 않다. 누군가가 이 시계를 만들었으며 그것을 누군가가 떨어뜨렸다고 생각하는 게 자연스럽다.

왜 당구공 모양의 돌은 바닷물에 의해 그런 모양이 되었다고 생각하고 시계는 누군가가 만들었다고 생각할까? 시계는 당구공 모양의 돌과 비교할 수 없이 복잡하기 때문이다. 돌은 그냥 동그랄 뿐이지만 시계는 수많은 부품에 의해 복잡하게 움직인다. 인간의 눈은 바닷가의 돌과 가까울까, 시계와 가까울까? 인간의 눈은 복잡하다는 점에서 시계와 가깝다. 시계와는 비교할 수 없이 복잡하고 정교하다. 각막, 홍채, 시신경, 망막 등으로 복잡하게 구성되어 있다. 18세기 철학자인 페일리는 시계를 누군가가 만들었다고 생각하는 것이 자연스럽다면 인간의 눈도 누군가가 만들었다고 생각하는 것이 자연스럽다고 주장한다. 다시 말해서 시계를 만든 제작자가 있어야 하는 것처럼 인간의 눈을 만든 제작자도 있어야 한다는 것이다. 그 제작자는 다름 아닌 신이므로 신은 있다고 믿어야 한다는 것이 페일리의 주장이다.

이러한 신 존재 증명을 '설계 논증'이라고 부른다. 시계의 설계자가 있어야 하는 것처럼 ㉠ 인간과 자연의 설계자도 있어야 하는데 그 설계자는 신이라는 논증이다. 수많은 부품이 움직이는 시계를 설계하기 위해서는 상당히 지적이어야 하는데, 시계보다 훨씬 복잡하고 정교한 인간과 자연을 설계하는 존재라면 얼마나 지적이겠는가? 그래서 설계 논증을 '지적 설계 논증'이라고도 한다. 한편 돌이야 그냥 거기에 있을 뿐이지만 시계는 시각을 알려 준다는 목적이 있다. 마찬가지로 인간의 눈도 무엇인가를 본다는 목적이 있다. 그래서 설계 논증은 '목적론적 논증'이라고도 부른다.

설계 논증은 시계와 인간의 눈이 비슷하다는 점에 착안한 ⓒ 유비 논증이다. 시계와 인간의 눈은 모두 복잡하다는 유사성이 있는데 시계를 설계한 사람이 있으니까 인간의 눈도 누군가가 설계했을 것이라고 추론을 하는 것이다. 그러나 유비 논증은 그 유사성이라고 본 것이 사실은 사소한 유사성이거나 유사한 점 외에 더 중요한 차이점이 있는데도 못 봤을 때는 실패하고 만다. 시계와 인간의 눈은 복잡하다는 유사성도 있지만 더 중요한 차이점이 있다. 시계는 누군가가 만든 것을 우리가 본 적이 있거나 들어서 알지만, 인간의 눈은 누군가가 만든 것을 본 적이 없다는 점이 그것이다. 누군가가 만든 것을 본 적이 없다는 점에서는 오히려 돌이 인간의 눈과 더 비슷하다. 만약 그 둘 사이의 유사성에 더 주목한다면 유비 논증에 의해 인간의 눈도 돌처럼 자연에 의해 그 자리에 있었다고 결론 내릴 수도 있는 것이다.

그리고 우리는 이제 페일리 시대와 달리 둥그런 돌이 바닷물에 씻겨 생겼다는 것을 아는 것처럼 다윈의 진화론을 통해 인간의 눈이 어떻게 해서 생겼는지 안다. 수십억 년 전, 아주 단순한 유기체만 있을 때에는 생명체에 눈이 없었다. 그러다가 5억 년쯤 전의 캄브리아기에 바닷속의 한 유기체가 돌연변이에 의해 빛을 감지하는 단백질 분자를 갖게 되고 그런 기능이 생긴 유기체가 먹이를 훨씬 더 잘 찾고 천적을 피할 수 있게 되었다. 이렇게 환경에 더 잘 적응한 유기체들의 후손들이 바다에서 육지로 올라오게 되어 인간의 눈이 된 것이다.

설령 설계 논증이 옳다고 하더라도 신의 존재를 증명하지 못한다. 설계 논증의 결론처럼 누군가가 인간을 비롯한 세상을 설계했다고 하더라도 그 설계자는 신처럼 초자연적 존재가 아닐 수도 있고, 유일한 신이 아니라 여러 신일 수도 있다. 또 설계 논증에 따르면 신은 이 세상을 만든 다음에 더 이상 세상에 관여하지 않고 사라져 버려도 상관이 없다. 더 중요하게는 신의 설계는 완벽하지 못하고 허점이 많기에 지적이지 못하다. 예컨대 인간의 눈은 시신경이 망막의 앞쪽에 나오도록 설계가 되어 있어 신경 다발이 묶인 지점에 맹점이 생길 수밖에 없고 그 다발이 흘러내렸을 때 실명이 되기도 한다. 설계 논증은 실패한다.

79. 윗글에 대한 이해로 적절하지 않은 것은?

① 설계 논증은 유비 논증에 의존하고 있다.
② 진화는 꼭 완벽한 결과로 이어지지 않는다.
③ 사소한 유사성에 근거하는 유비 논증은 실패한다.
④ 설계 논증은 신이 존재한다는 것을 입증하려는 논증이다.
⑤ 바닷가의 돌과 달리 인간의 눈은 누가 만들었는지 본 사람이 없다.

80. ㉠의 속성으로 적절하지 않은 것은?

① 영원하다
② 유일하다
③ 지적이다
④ 수동적이다
⑤ 초자연적이다

81. ㉡으로 비유한 것끼리 올바르게 짝 지은 것은?

	설계자	시계	구성 요소
①	신	눈	각막, 홍채 등
②	자연	눈	각막, 홍채 등
③	신	각막, 홍채 등	눈
④	자연	돌	동그란 모양
⑤	바닷물	돌	동그란 모양

82. '설계 논증'에 대한 비판으로 적절하지 않은 것은?

① 누군가가 설계했다고 했는데 그런 존재는 없다.
② 설계한 존재가 있기는 하지만 발견된 적은 없다.
③ 설계자가 지적이라고 했는데 그리 지적이지 못하다.
④ 설계한 존재가 유일하다고 했는데 여러 명일 수 있다.
⑤ 목적을 가지고 설계했다고 했는데 설계한 존재가 없다.

※ [83 ~ 84] 다음 글을 읽고 물음에 답하시오.

2025학년도 학생 건강검진 안내

학내 구성원의 건강 증진과 질병 조기 발견을 위해 학생 건강검진을 시행하오니, 희망하는 학생은 신청해 주시기 바랍니다.

1. 대상자
   - 학부 및 대학원 신입생, 재학생, 휴학생 중 건강검진 신청자
     (졸업생, 수료생 미포함)

2. 검진 장소
   - ○○병원(행복시 희망구 사랑1길 12)

3. 기본 건강검진 항목
   - 흉부 X-선 촬영, 내과 진료
   - 구강 검진, 시력 검사, 청력 검사, 혈압 검사
   - 혈액 검사(빈혈, B형 간염, 간 기능, 콜레스테롤 검사 등)
   - 소변 검사(요당, 요단백, 잠혈), 인바디 측정 등

4. 신청 및 검진 일정

구분	신청 대상	신청 기간	검진 기간
1차	기존 재학생(신입생, 휴학생 제외)	2/10~2/28	3/1~5/31
2차	신입생 및 재학생	3/1~3/31	3/10~5/31
3차	전체 대상자(휴학생 포함)	4/1~5/10	4/10~5/31

   ※ 검진 신청 시 ㉠ 신청 방법 및 검진 절차 확인 필요.

5. 지참물
   - 신분증(주민등록증, 운전면허증 중 1개)
   ※ 검진비는 무료임.

6. 기타 사항
   - 예약 일정 변경은 유선(☎1234-5678)으로만 가능
   - 검사 전 8시간 금식(물도 안 됨)
   - 2030 국가 무료 건강검진을 받은 경우 학생 건강검진 신청 불필요

83. 윗글의 내용에 대한 이해로 가장 적절한 것은?

① 학부 수료생도 검진 대상에 포함된다.
② 건강검진 검사 비용은 본인 부담이다.
③ 건강검진을 받으려면 검사 전 8시간 금식이 필요하다.
④ 건강검진 신청자는 국가 무료 건강검진도 받아야 한다.
⑤ 건강검진 항목에는 심전도 검사와 위내시경 검사가 포함되어 있다.

84. 윗글의 ⊙과 관련하여 <보기>를 읽고 보인 반응으로 적절하지 않은 것은?

< 보 기 >

건강검진 신청 및 검진 절차

(1) 학내 포털 신청	학내 포털 로그인 → 건강센터 → '건강검진 신청' 클릭 → 검진 희망일 선택 후 '예약신청' 클릭 ※ 검진 관련 정보를 문자/알림톡으로 발송할 예정이므로 연락 가능한 연락처 반드시 등록
(2) 문진표 작성/건강검진	검진 희망일 확정 후 검진 1주 전 ○○병원에서 발송한 문자/알림톡 확인 → 사전 문진표 작성(온라인 작성 및 제출) → 검진 희망일에 병원 방문하여 건강검진 시행 ※ 검진까지 1주 미만 남은 경우, 예약 확정 즉시 문자/알림톡 발송 예정 ※ 예약 일정 변경(희망일자에 검진 못한 경우 포함)은 ○○병원 콜센터(1234-5678)에서만 가능
(3) 결과 확인	- 건강검진 결과는 개별 통보 예정(검진 후 2~3주 소요) - 건강센터에서 결과 상담 가능

① 검진 예약은 학내 포털을 통해 진행해야 하므로, 포털에 로그인하여 신청해야겠다.
② 검진 희망일에 병원을 방문하여 문진표를 작성할 수 있으니, 미리 작성하지 않아도 되겠다.
③ 검진 관련 안내는 문자나 알림톡으로 발송되므로, 연락 가능한 연락처를 등록해야겠다.
④ 검진 예약일을 변경하려면 병원 콜센터로 연락해야 하므로, 해당 번호를 알아두어야겠다.
⑤ 검진 결과는 건강센터에서 상담이 가능하다고 하니, 필요시 상담을 신청해야겠다.

※ [85 ~ 87] 다음 뉴스 보도를 읽고 물음에 답하시오.

		잠 못 드는 중년…또 다른 고통 '수면장애'
장면1		앵커: 밤이 무섭다는 사람들이 있습니다. 잠을 청할수록 정신은 말똥말똥, 불면증 때문입니다. 매일 밤 반복되는 조용한 싸움, ㉠ 왜 이들의 밤은 늘 환하게 밝아야 할까요? 오늘은 불면증의 원인과 예방법 알아봅니다. 박○○ 기잡니다.
장면2	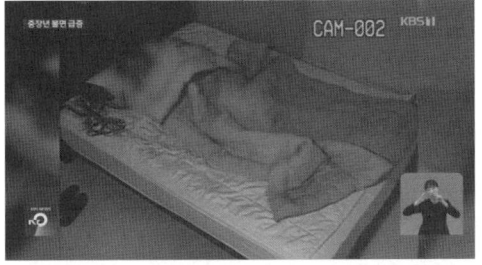	박 기자: ㉡ 제대로 잠을 이루지 못하고 몸을 뒤척이는 60대 여성입니다. 안면부에 각종 측정 장비를 착용하고 수면 중 발생하는 비정상적인 상태를 찾아내는 검사를 받고 있습니다. 갱년기를 거치면서 불면증이 더 심해졌습니다.
장면3		박 기자: 수면장애에는 불면증과 수면무호흡증 등 잠과 관련된 모든 질환이 포함됩니다. 특히 불면증은 갱년기 호르몬 변화뿐 아니라 스트레스나 불안감이 있는 경우에도 걸릴 수 있습니다. 최근 10년간 중장년층에서 수면장애 환자는 80% 가까이 늘었으며, 심각한 수면장애로 인해 음주에 의존한다는 응답도 높았습니다.
장면4	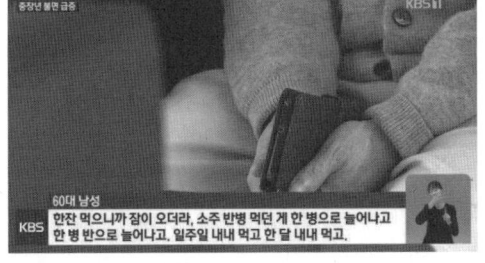	박 기자: ㉢ 그러나 술을 마신다고 해서 잠을 잘 자는 건 아니었습니다. 오히려 선잠을 자게 돼 수면의 질이 떨어지게 됩니다. 이 60대 남성은 불면증에 시달리다 술을 마시고 잠을 청하는 습관이 생겼습니다. 점점 주량이 늘게 됐습니다. 60대 남성: "한 잔 먹으니까 잠이 오더라고요. ㉣ 소주 반병 먹던 게 한 병으로 늘어나고 한 병 반으로 늘어나고. 일주일 내내 먹고 한 달 내내 먹고."
장면5		박 기자: 수면장애 환자는 담배나 커피 등 각성 효과가 있는 물질도 피하는 게 좋습니다. 적절한 처방을 받고 호전되는 상태에 따라 약 복용량을 줄여 나가며, 적당히 햇볕을 쬐고 운동하는 것이 중요합니다. 전문가: "상태에 따라 적절한 약을 처방받고, 햇볕을 자주 쬐고 규칙적인 생활을 해야 수면의 질이 ㉤ 빨리 개선될 수 있습니다."

85. 뉴스 보도에 사용된 정보 제시 전략으로 적절하지 않은 것은?

① 장면1: 자막에 핵심어를 배치해 보도의 주제를 직관적으로 전달하고 있다.
② 장면2: 실제 수면 검사 장면을 제시하여 불면증 치료 절차를 구체적으로 보여 주고 있다.
③ 장면3: 시각 자료를 활용해 수면장애 환자의 증가 추세를 효과적으로 환기하고 있다.
④ 장면4: 인터뷰를 통해 음주 후 수면 시도가 음주량의 증가로 이어지고 있음을 보여 주고 있다.
⑤ 장면5: 전문가 인터뷰를 자막으로 제시하여 불면증 개선 방안을 설득력 있게 전달하고 있다.

86. <보기>는 뉴스 보도를 본 시청자들의 반응이다. 이에 대한 이해로 적절하지 않은 것은?

< 보 기 >

시청자 게시판

ㄴ **시청자1** 잠이 부족할 때 내 몸에 무슨 일이 일어나는지 궁금해서 오늘 따로 자료를 찾아봤습니다. 불면증이 단지 피곤한 상태가 아니라 인지 기능 저하나 치매 위험까지 유발할 수 있다고 하더라고요.

ㄴ **시청자2** 어머니도 갱년기 이후 불면증으로 힘들어하시는데, 검사 장면을 보니 눈앞에 그려지더라고요. 일상에서 겪는 고통이 얼마나 장기화될 수 있는지 실감 났어요. 보도에서 말하듯 적극적인 검사와 관리가 꼭 필요하다는 생각이 들었습니다.

ㄴ **시청자3** 불면증 때문에 술을 마신다는 사례는 많이 들어 봤지만, 오히려 수면 질을 더 나쁘게 만든다는 지적은 인상 깊었어요. 그런데 전문가들은 다 약 먹으라고만 하더라고요. 부작용 걱정이 있는 사람들 입장도 조금 더 다뤄 줬으면 좋겠습니다.

ㄴ **시청자4** 수면장애가 중장년층 여성에게 특히 많다고는 했는데, 어느 연령대가 특히 심각한 건지 더 궁금했어요. 다른 연령층과 비교한 그래프 같은 게 함께 나왔다면 훨씬 이해가 쉬웠을 것 같아요.

ㄴ **시청자5** 사실 저는 수면 건강에 그다지 신경을 써 본 적이 없었는데, 이 보도를 보면서 새로운 사실을 알게 되었어요. 아예 처음부터 관심을 갖게 만든다는 점에서 정말 의미 있는 보도였던 것 같아요.

① 시청자1: 보도 내용을 폭넓게 이해하기 위해 제시되지 않은 정보를 스스로 찾아보고 있다.
② 시청자2: 자신의 경험과 보도 내용을 연결하며 검사의 필요성에 공감하고 있다.
③ 시청자3: 보도에서 제시된 내용에 한계가 있다고 보고 추가적인 정보를 요구하고 있다.
④ 시청자4: 수치 비교 등 시각 자료를 추가할 것을 요청하며 구체적인 정보를 원하고 있다.
⑤ 시청자5: 개인적 반성을 계기로 수면장애를 개인 문제보다 사회적 과제로 인식하고 있다.

87. ㉠~㉤에 대한 설명으로 적절하지 않은 것은?

① ㉠: 반문하는 의문문을 사용하여 시청자의 관심을 유도하고 있다.
② ㉡: 현재형 서술을 통해 현장의 상황을 실시간처럼 전달하고 있다.
③ ㉢: 접속부사를 활용하여 앞의 기대와 다른 결과를 강조하고 있다.
④ ㉣: 유사한 표현의 반복을 통해 음주로 인한 악영향을 보여 주고 있다.
⑤ ㉤: 명령 표현을 사용하여 특정 행동을 반드시 실천하도록 요구하고 있다.

※ [88 ~ 90] 다음 글을 읽고 물음에 답하시오.

서울시 대학생 놀이돌봄 인턴십 모집 공고

어린이에게 실내놀이시설에서 안전하고 즐거운 놀이돌봄을 제공하고, 대학생에게는 현장 경험을 통한 취업 역량 향상의 기회를 제공하고자 「서울시 대학생 놀이돌봄 인턴십」 참여자를 아래와 같이 모집합니다.

1. 추진 기간: 여름 방학 기간(2025. 7. 1. ~ 8. 31.)

2. 접수 기간: 2025. 4. 21.(월) ~ 2025. 5. 9.(금), 18:00시 마감

3. 모집 인원: 7월 활동 50명, 8월 활동 50명(기간 선택, 중복 지원 가능)

4. 활동 기관: 서울형 키즈카페 77개소 중 수요가 있는 기관에 인원 배치

5. 신청 방법: 서울시 누리집의 지원 시스템에 등록
   ※ 지원 시 재학(졸업) 증명서 첨부 파일로 업로드

6. 신청 자격: 공고일 기준 서울 거주 또는 서울 소재 대학교 학생
   ※ 대학교 재학생·휴학생 및 졸업생 가능(29세 이하)
   ※ 2025. 6. 30. 기준 29세 이하(1995. 7. 1. 이후 출생자)
   ※ 아동 관련 전공 우대

7. 선발 절차(서류 심사 등)

   (1차) 서류 심사(신청자에 대한 적격 심사)

   (2차) 서류 심사 통과자 중 추첨하여 100명 선발

   ※ 최종 발표: 6월 중, 선발자 개별 문자 안내

   ※ 키즈카페 근무 배치 및 알림: 6월 중순 개별 문자 안내

   ※ 대학생 희망 지역(1순위, 2순위, 3순위) 및 거주지 등을 종합적으로 고려하여 배치

8. 근로 임금: 시간당 11,779원(25년 생활 임금), 교통비 월 55,000원

88. 윗글을 이해한 내용으로 가장 적절한 것은?

① 7월과 8월 활동에 모두 지원할 수 있다.
② 참가 신청은 이메일을 통해 제출해야 한다.
③ 서울 소재 대학교 졸업생은 지원할 수 없다.
④ 서류 심사를 통과하면 모두 인턴으로 선발된다.
⑤ 근무지는 대학생이 직접 선착순으로 선택할 수 있다.

89. 윗글을 읽고 보인 반응으로 적절하지 않은 것은?

① 여름 방학에 활동하니 학교 수업에 지장이 없겠군.
② 활동 기간을 선택할 수 있으니 일정에 맞춰 신청해야지.
③ 2개월을 근무하면 교통비는 총 100,000원을 지원받겠군.
④ 아동 관련 전공자는 우대된다고 하니 유아 교육과인 나는 유리하겠군.
⑤ 최종 선발자는 문자로 안내한다고 하니 연락처를 정확히 입력해야겠어.

90. 윗글에 추가로 제시되어야 할 정보로 가장 적절한 것은?

① 근로 후 지급되는 급여 내용
② 아동 관련 전공의 구체적인 종류
③ 서울시 누리집의 다른 모집 공고
④ 유사한 놀이돌봄 프로그램의 비교 정보
⑤ 이전 인턴십 참여자의 만족도 조사 결과

[국어 문화] (91번~100번)

91. <보기>에서 설명하는 문학 작품은?

< 보 기 >

이 작품은 우리나라 최초의 연시조로 자연 속에서 한가롭게 지내는 삶을 노래하며 이를 임금의 은혜와 결부하여 표현하였다. 자연 속 즐거움을 각 계절마다 한 수씩 읊으며 안분지족하는 은사(隱士)의 모습을 보여 주고 각 연의 끝 구절인 '역군은이샷다'를 통해 임금에 대한 신하의 충의 사상과 태평성대를 바라는 사대부의 소망을 나타내었다.

① 어부가 ② 강호사시가 ③ 고산구곡가 ④ 도산십이곡 ⑤ 한거십팔곡

92. <보기>에서 설명하는 문학 작품은?

< 보 기 >

이 작품은 '나'가 서울을 떠났다가 다시 서울로 돌아오는 '떠남 – 추억의 공간 – 복귀'의 순환 구조를 통해 1960년대의 허무와 회의 의식을 드러낸 단편 소설이다. '나'가 떠난 추억의 공간은 축축한 바람과 자욱한 안개가 낀 곳으로 1960년대 안개가 낀 듯이 미래가 보이지 않는 시대상을 반영하며 '나'는 이곳에서 순수함을 되찾으려 했지만 실패하고 현실로 복귀하고 만다.

① 역마 ② 관촌수필 ③ 무진기행 ④ 삼포 가는 길 ⑤ 서울, 1964년 겨울

93. <보기>에서 설명하는 작가는?

< 보 기 >

1931년 『문예월간』을 통해 문단에 등단했으며 호는 '청마'이다. 생명파 시인으로 출발해 남성적 어조로 일관하여 생활과 자연, 애련과 의지 등을 노래하였다. 생명에 대한 열정을 강렬한 어조로 노래하였으며, 동양적인 허무의 세계를 극복하려는 원시적인 의지도 보였다. 따라서 시에 허무 의지의 극치인 '바위'와 고고함의 상징인 '나무'가 빈번하게 등장하곤 한다. 대표적인 시집으로는 『청마시초』, 『생명의 서』 등이 있다.

① 신석정 ② 유치환 ③ 이상화 ④ 이육사 ⑤ 한용운

94. <보기>는 일제 강점기 신문에 게재된 기사이다. 이에 대한 설명으로 적절하지 않은 것은?

< 보 기 >

만원(滿員)인 각 극장

정월 하로늘 밤의 각 연극장은 만원

정월 하로늘 밤은 일긔가 다른 날보다 밍렬히 치워져서 챠고 찬 미운 바람은 스람의 썜을 갈겨 늬이는 그 치운 밤이지만은 시니 활동사진관과 극장에는 남녀 관긱이 됴수 밀니듯 하야 초져녁브터 만원의 성황을 일우어 자못 번화하얏는대 됴션인 편의 극장으로는 구파 연극 광무대(光武臺)에도 상당히 관긱이 만혀셔 륙빅여 명이 모힌 즁에 성황을 일우엇고 또 활동사진관 단셩사(團成社)에도 대단 만원이 되야 취미진진혼 것은 말홀 것 업시 박수갈치가 우레 갓흔 즁에 이번브터 스진이 더욱 참신하며 우미관(優美館) 기타 황금관 대정관 그 외에도 만원이 되야 관주들도 모다 깃븐 빗이 얼골에 넘치엿더라

— 『매일신보』, 1922년 1월 3일자

① 단성사에서는 새롭게 상영된 영화가 큰 호응을 얻었다.
② 광무대에는 600여 명 이상의 관객이 모여 성황을 이루었다.
③ 남녀 관객이 몰리자 극장 운영자들은 기뻐하는 모습을 보였다.
④ 우미관, 황금관, 대정관 등 주요 극장들도 만원 사례를 기록했다.
⑤ 정월 초하룻날은 강한 비바람이 불었음에도 대부분 극장이 붐볐다.

95. <보기>의 ㉠~㉤의 의미로 적절하지 않은 것은?

< 보 기 >

흥보가 ㉠웃지 죠흔지 반말을 ᄒᆞ던 스름이 ㉡별안간 존칭ᄒᆞ야 "㉢리방님 단여오겟소" ᄒᆞ며 굽실굽실 인ᄉᆞᄒᆞ고 ㉣로즈 닷냥 ㉤둘너츠고 ᄌᆞ긔집으로 도라오며 노릭를 ᄒᆞ난대 돈타령을 ᄒᆞ것다.

— 「흥부전」

① ㉠: 동작의 강도나 상태의 정도가 대단하게.
② ㉡: 갑작스럽고 아주 짧은 동안.
③ ㉢: 조선 시대에, 각 지방 관아에 속한 육방 가운데 인사(人事), 비서(祕書) 따위에 관한 일을 맡아보던 구실아치.
④ ㉣: 집안 살림에 드는 비용.
⑤ ㉤: 몸에 둘러 매달려 있게 하다.

96. <보기>는 『훈민정음』 서문이다. ㉠~㉤에 대한 설명으로 적절하지 않은 것은?

─< 보 기 >─

나랏 말쏘미 中國에 달아 文字와로 서르 스뭇디 아니홀씨 이런 젼ᄎ로 어린 百姓이 ㉠니르고져 홇 ㉡배 이셔도 ᄆᆞᄎᆞᆷ내 제 ㉢ᄠᅳ들 시러 ㉣펴디 몯홇 노미 하니라 내 이를 爲ᄒᆞ야 어엿비 너겨 새로 스믈여듧 字를 ᄆᆡᇰᄀᆞ노니 사ᄅᆞᆷ마다 히ᅇᅧ ㉤수비 니겨 날로 ᄡᅮ메 便安킈 ᄒᆞ고져 홇 ᄯᆞᄅᆞ미니라.

① ㉠: 현대 국어에서는 'ㅣ' 계열 모음 앞에 오는 'ㄴ'이 탈락하는 현상이 나타난다.
② ㉡: 현대 국어에서는 모음으로 끝나는 체언 뒤에 주격 조사 '가'가 나타난다.
③ ㉢: 현대 국어에서는 어두 자음군 표기가 된소리 표기로 바뀌어 나타난다.
④ ㉣: 현대 국어에서는 'ㅣ' 계열 모음 앞에 오는 'ㄷ'이 'ㅈ'으로 바뀌어 나타난다.
⑤ ㉤: 현대 국어에서는 'ㅸ'이 사라지고, 된소리되기 현상이 나타난다.

97. <보기>는 남북의 맞춤법 관련 내용이다. 남북의 표기가 모두 올바른 것은?

─< 보 기 >─

(남한)
　어간의 '하'가 아주 줄어들면 준 대로 적고, 일부가 줄어 다음 음절의 첫소리가 거센소리가 되면 거센소리로 적는다.
　예 넉넉하지(→ 넉넉지) 않다. 섭섭하지(→ 섭섭지) 않다. 시원하지(→ 시원치) 않다.

(북한)
　'않다', '못하다' 앞에 오는 '하지'를 줄인 경우는 '치'로 적는다.
　예 넉넉하지(→ 넉넉치) 않다, 섭섭하지(→ 섭섭치) 않다, 편안하지(→ 편안치) 못하다

	(남)	(북)
①	음식이 넉넉지 않다.	음식이 넉넉지 않다.
②	대접이 섭섭치 않다.	대접이 섭섭치 않다.
③	살림이 넉넉치 않다.	살림이 넉넉치 않다.
④	결정을 서슴지 않다.	결정을 서슴치 않다.
⑤	생활이 편안치 않다.	생활이 편안치 않다.

98. <보기>를 바탕으로 할 때 점자 표기가 올바르지 않은 것은?

< 보 기 >

기본 자음자 14개가 첫소리 자리에 쓰일 때에는 다음과 같이 적는다.

자음자	ㄱ	ㄴ	ㄷ	ㄹ	ㅁ	ㅂ	ㅅ	ㅇ	ㅈ	ㅊ	ㅋ	ㅌ	ㅍ	ㅎ
첫소리 글자	⠁	⠒	⠔	⠂	⠢	⠃	⠄	(⠶)	⠅	⠆	⠋	⠓	⠖	⠚

기본 모음자 'ㅏ, ㅑ, ㅓ, ㅕ, ㅗ, ㅛ, ㅜ, ㅠ, ㅡ, ㅣ'는 다음과 같이 적는다.

ㅏ	ㅑ	ㅓ	ㅕ	ㅗ	ㅛ	ㅜ	ㅠ	ㅡ	ㅣ

※ 'ㅇ'이 첫소리 자리에 쓰일 때에는 이를 표기하지 않으며, 받침으로 쓸 때는 ⠶ 로 적는다.

① 야유   ② 포용   ③ 아버지

④ 우거지   ⑤ 중앙

99. 밑줄 친 용어를 쉬운 용어로 정비한 것으로 가장 적절한 것은?

< 보 기 >

보조금을 교부받은 자는 그 교부받은 보조금에 대하여 별도의 계정을 설정하고 수입 및 지출을 명백히 구분하여 <u>계리하여야</u> 한다. (「서울특별시 은평구 보조금 관리 조례」 5장 제16조)

① 가려야   ② 올려야   ③ 기록하여야   ④ 결제 처리하여야   ⑤ 회계 처리하여야

100. <보기>에서 드러나는 방송 언어의 특성으로 적절하지 않은 것은?

<보 기>

　　바다에 가면 서걱서걱한 모래 사이에 조약돌처럼 매끈하게 빛나는 것들이 있습니다. 어, 이름은 씨 글라스고요. 바다에 버려져 깨진 유리가 오랜 시간 파도에 부딪히고 풍화되면서 동글동글 모양도 예뻐지고 초록 주황 분홍 갈색 색깔로 알록달록 다양해져 일부러 주워서 간직하는 사람들도 많다고 해요. 깨지고 버려진 유리 조각들이 동글동글 빛나는 존재가 되기까지 수없이 부딪치고 으깨지면서 얼마나 많은 시간을 견뎌낸 걸까요? 음, 우리도 살면서 만난 모진 풍파들을 잘 버텨 낸다면 동글동글 편안해지는 날이 오겠죠? 밤을 잊은 그대에게 저는 ○○○입니다.

(오프닝 음악)

　　네, 오늘 첫 곡은 그동안 많은 분들이 요청해 주셨던 노래가 나오셨습니다. 4532님, 오늘 첫 곡이 지금 시간대에 딱 맞다구요. 5890님, "와 오늘 첫 곡 제가 평소에도 즐겨 듣던 노래예요."라고 실시간 문자를 보내 주셨네요. 오늘도 많은 문자 보내 주시고 소통하는 방송 진행해 볼게요. 짧은 문자 50원, 긴 문자 100원이세요.

① 색채 어휘를 활용하여 장면을 생생하게 전달하고 있다.
② 다음에 나올 이야기를 미리 안내하는 담화 표지를 사용하고 있다.
③ '어, 음, 네'와 같은 의미 없는 간투사를 사용하는 모습을 보이고 있다.
④ 높이지 않아야 할 대상까지 높이는 잘못된 높임 표현을 사용하고 있다.
⑤ 격식체와 비격식체를 혼용하여 공적인 상황에서 청취자와의 친근감을 드러내고 있다.

KBS 한국어진흥원 국가공인 공식기출

제84회

2025. 4. 20. 시행

KBS 한국어능력시험

실제 시험처럼 풀어 보기 위한 준비 사항

1. OMR 답안지를 준비해 주세요. 문제집 맨 뒤에 OMR 답안지가 있습니다. ☐
2. KBS한국어능력시험은 연필로 마킹하니, 연필을 준비해 주세요. ☐
3. KBS한국어능력시험은 듣기·말하기 영역부터 시작합니다. 듣기 MP3를 들을 준비를 해 주세요. ☐

듣기 음성 바로 듣기

🎧 **제84회 KBS한국어능력시험 듣기.mp3**
해커스자격증(pass.hackers.com)에서 무료 다운로드
상단 메뉴 [KBS한국어/글쓰기 → 교재정보 → MP3 및 부가자료]

자동 채점 및 성적 분석
서비스 바로 이용하기

📋 **자동 채점 및 성적 분석 서비스**
∨ 모바일 OMR, 자동 채점, 예상 등급 조회 서비스
∨ 정답률 및 취약 유형 분석

시험 시간: 120분

목표 등급: _____급
시작 시간: _____시 _____분 ~ 종료 시간: _____시 _____분

2025. 4. 20.

성 명	
수험번호	
감독관 확인	

제84회
KBS한국어능력시험
(홀수형 문제지)

※ 수험번호 맨 끝자리 수가 홀수인 수험생용입니다.

KBS 한국방송

- 문제지와 답안지에 모두 성명, 수험 번호를 정확히 기입하십시오.
- 답안지와 함께 문제지를 반드시 제출하십시오.
- 본 시험지를 절취하는 것은 부정행위로 간주합니다.
- 본 시험의 내용을 무단으로 전재·복사·복제·출판·강의하는 행위와 인터넷 등을 통해 복원하는 행위는 저작권법에 저촉됩니다.

홀수형 문항(100문항)

※ 수험번호 맨 끝자리 수가 홀수인 수험생용입니다.

영 역	문항 번호
듣기·말하기	1 ~ 15
어휘	16 ~ 30
어법	31 ~ 45
쓰기	46 ~ 50
창안	51 ~ 60
읽기	61 ~ 90
국어 문화	91 ~ 100

[듣기·말하기] (1번 ~ 15번)

1. 그림에 대한 설명으로 가장 적절한 것은?

   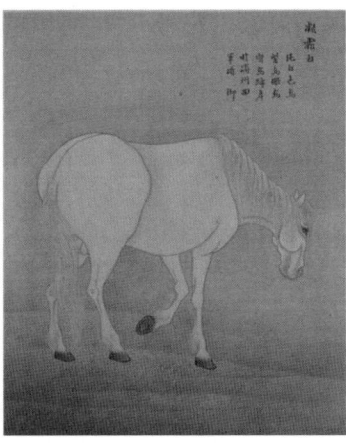

   ① '팔준도첩'은 태조 이성계가 직접 명해 제작한 것으로, 전쟁에서 활약한 군마의 역동적인 모습을 강조하였다.
   ② '응상백'은 제주산 백마로, 위화도 회군 당시 이성계가 탔던 말이며, 용맹한 기운을 강조한 자세로 묘사되었다.
   ③ 구륵전채법(鉤勒塡彩法)을 사용하여 윤곽선 없이 색의 번짐 효과로 자연스러운 입체감을 표현한 것이 특징이다.
   ④ 그림의 말은 주문자의 미적 취향을 반영해 우아한 모습으로 묘사되었으며, 단순한 기록화를 넘어 정치적 의미를 담고 있다.
   ⑤ 고개를 숙인 '응상백'의 모습은 고려 왕조의 쇠퇴를 안타까워하는 충신의 마음을 상징적으로 표현하려는 의도가 반영되었다.

2. 이 이야기의 주제로 가장 적절한 것은?

   ① 언어가 다르더라도 기본적인 소통은 가능하다.
   ② 물리적인 시간과 언어의 시간 표현은 일치해야 한다.
   ③ 인간의 언어 체계와 외계 생명체의 언어 체계는 동일하다.
   ④ 외계 생명체와 소통하려면 그들의 언어를 완벽하게 익혀야 한다.
   ⑤ 언어는 의사소통의 수단일 뿐만 아니라 사고방식을 결정하는 역할을 한다.

3. 강연의 내용에 대한 이해로 적절하지 않은 것은?

   ① 언어 모델은 컴퓨터가 인간의 언어를 이해하고 생성하도록 돕는 기술이다.
   ② 1980년대 이전에는 규칙 기반 모델이 사용되었지만, 언어의 복잡성으로 인해 한계가 있었다.
   ③ 1990년대의 언어 모델은 처음으로 문맥을 이해할 수 있는 수준에 도달했다.
   ④ 신경망 기반 모델은 빈칸 채우기 방식으로 학습하며 문맥을 이해하는 능력을 발전시켰다.
   ⑤ AI는 창의적인 글을 쓰고 특정 분야의 전문가처럼 정보를 제공하는 수준까지 발전했다.

4. 방송의 내용과 일치하지 않는 것은?

   ① '폭포'는 1830년대 초반에 작곡되었으며, 쇼팽의 첫 번째 에튀드 세트를 여는 곡이다.
   ② '폭포'는 이 아르페지오가 폭포수가 떨어지는 듯한 흐름을 보이기 때문에 붙여진 이름이다.
   ③ 쇼팽과 리스트는 음악적 교류를 통해 서로의 연주 기법과 작곡 방식에 영향을 주었다.
   ④ 쇼팽은 파리로 이주한 직후, 이 곡을 통해 조국의 혼란한 상황을 직접적으로 표현하고자 했다.
   ⑤ '폭포'는 연주자에게 고도의 기교와 깊이 있는 감정적 표현을 모두 요구한다.

5. 이 시의 주제로 가장 적절한 것은?

   ① 절망적인 현실에 대한 극복 의지
   ② 소외된 존재들에 대해 느끼는 연민
   ③ 현대의 물질 만능주의에 대한 비판
   ④ 사랑하는 이와의 이별에 대한 안타까움
   ⑤ 자연과 대비되는 자신의 삶에 대한 반성

6. 전문가의 설명을 이해한 내용으로 적절하지 않은 것은?

   ① 청소년들에게 미디어 리터러시 교육이 필요하다.
   ② 청소년과 성인의 뇌가 반응하는 자극의 세기가 다르다.
   ③ 청소년들의 SNS 사용은 우울과 불안으로 이어질 수 있다.
   ④ 청소년을 보호하기 위해서 SNS 운영사는 자체 검열을 강화할 필요가 있다.
   ⑤ 청소년 시기에 전두엽이 미숙하게 발달하더라도 성인이 되면 정상으로 회복된다.

7. 진행자의 말하기에 대한 설명으로 적절하지 않은 것은?

   ① SNS에 대한 용어 정의로 대담을 시작하고 있다.
   ② 청소년의 정신 건강에 대한 우려를 표현하고 있다.
   ③ 청소년 SNS 규제 대책에 대한 전문가의 의견을 구하고 있다.
   ④ 성인보다 청소년들에게 SNS가 더 위험한 이유에 대해 질문하고 있다.
   ⑤ 공감할 수 있는 내용을 언급하며 주제에 대한 관심을 불러일으키고 있다.

8. 대화의 핵심 내용으로 가장 적절한 것은?

① 남자는 의료적 결정이 법의 판단에 우선해야 한다고 주장한다.
② 남자는 시대에 맞는 의료적 가치의 변화가 필요하다고 주장한다.
③ 남자는 생명을 연장하는 것이 의사의 가장 중요한 역할이라고 강조한다.
④ 여자는 안락사가 허용될 경우 의료 시스템이 더욱 발전할 것이라고 본다.
⑤ 여자는 환자의 이익을 위해 의사가 생명을 결정할 권한을 가져야 한다고 본다.

9. 여자의 말하기 전략으로 가장 적절한 것은?

① 법적 사례를 들어 안락사가 불법임을 논리적으로 설명했다.
② 남자의 의견을 받아들이면서 자신의 입장을 유연하게 조정했다.
③ 예상 가능한 문제를 가정하여 안락사의 위험성에 대해 설명했다.
④ 감정적 호소를 최소화하고 객관적인 자료를 바탕으로 논리적으로 설명했다.
⑤ 질문을 반복하여 남자의 논리를 흐리게 하고 안락사의 윤리적 문제를 강조했다.

10. 강연의 내용과 일치하지 않는 것은?

① 외상후스트레스장애는 트라우마의 결과이다.
② 충격적인 사건을 경험한 사람들이 모두 외상후스트레스장애를 겪는 것은 아니다.
③ 편도체가 오작동하면 위험하지 않은 상황에서도 심한 공포를 느낄 수 있다.
④ 외상후스트레스장애는 정신적 증상이므로 신체적 증상을 동반하지 않는다.
⑤ 대형 재난을 겪은 피해자들에게 트라우마 극복을 위한 심리적 지원이 필요하다.

11. 강연자의 말하기 방식에 대한 설명으로 가장 적절한 것은?

① 청중이 들으면서 유의해야 할 점을 안내하고 있다.
② 통계 수치를 활용하여 내용의 객관성을 높이고 있다.
③ 주요 내용에 대한 요약으로 강연을 마무리하고 있다.
④ 전문가의 의견을 언급하여 내용의 신뢰성을 높이고 있다.
⑤ 구체적인 사회적 현상을 예로 들며 강연을 시작하고 있다.

12. 발표의 내용에 대한 이해로 가장 적절한 것은?

① 멜랑콜리를 억압하는 사회는 긍정적인 분위기가 팽배하다.
② 오늘날의 멜랑콜리는 비정상적 정신 상태로 이해하는 것이 적절하다.
③ 과거부터 멜랑콜리는 엘리트와 대중의 구분 없이 공유하던 기질이었다.
④ 멜랑콜리의 이면에는 부정적 사회에 순응하고자 하는 욕망이 숨어 있다.
⑤ 멜랑콜리의 예술적 형상화를 이해하려면 다양한 관점에서 접근해야 한다.

13. 발표자의 말하기 전략으로 적절하지 않은 것은?

① 질문을 던지면서 청중들의 관심을 유도한다.
② 서로 다른 극단적인 상황을 가정하여 대조한다.
③ 특정한 주장을 반박하면서 자신의 논지를 전개한다.
④ 시간의 흐름에 따라 달라진 점을 통시적으로 보여 준다.
⑤ 구체적인 사례를 제시하고 문제 해결적인 태도를 취한다.

14. 두 사람의 입장에 대한 이해로 적절하지 않은 것은?

① 대한고는 지역 축제 개최에 대한 풍부한 경험을 내세우고 있다.
② 대한고는 공간적인 장점과 구성원의 강한 의지를 강조하고 있다.
③ 대한고는 폐막식 주관을 전제로 도서 축제를 공동으로 개최할 수 있다고 말하고 있다.
④ 민국고는 지역 사회와 연계된 독서 프로그램에 대한 풍부한 경험이 있음을 전하고 있다.
⑤ 민국고는 신설 학교의 인지도 향상을 위해 도서 축제 개최에 대한 의욕을 밝히고 있다.

15. 양측의 갈등 해결 방식으로 가장 적절한 것은?

① 대한고는 자신의 양보로 상대방의 양보를 이끌고 있다.
② 대한고는 상대방의 도서 축제 개최 목적을 지지하고 있다.
③ 민국고는 협상의 진전을 위해 절충적인 대안을 제시하고 있다.
④ 민국고는 도서 축제 공동 개최 제안을 조건부로 수용하고 있다.
⑤ 민국고는 여러 제안을 묶어서 담판의 형식으로 일괄 결정하고 있다.

[어휘] (16번~30번)

16. "모양이 제격에 어울려서 맞다"를 뜻하는 고유어는?

   ① 가뭇없다　　② 맵자하다　　③ 파임내다
   ④ 생때같다　　⑤ 한결같다

17. 한자어의 사전적 뜻풀이로 옳지 않은 것은?

   ① 정산(精算): 정밀하게 계산함.
   ② 단장(斷腸): 유대나 연관 관계를 끊음.
   ③ 괴력(怪力): 괴상할 정도로 뛰어나게 센 힘.
   ④ 무운(武運): 전쟁 따위에서 이기고 지는 운수.
   ⑤ 탐닉(耽溺): 어떤 일을 몹시 즐겨서 거기에 빠짐.

18. 밑줄 친 고유어의 의미로 적절하지 않은 것은?

   ① 고깃국을 뭉근한 불로 끓여 내었다. → 세지 않은 불기운이 끊이지 않고 꾸준하다.
   ② 친구가 데려온 강아지의 털은 눈처럼 희고 함함하였다. → 털이 보드랍고 반지르르하다.
   ③ 김치를 보시기에 먹음직스럽게 담아내 왔다. → 김치나 깍두기 따위를 담는 반찬 그릇의 하나.
   ④ 하던 일을 아주 결딴을 내려고 하는군. → 결정적인 판단을 하거나 단정을 내림. 또는 그런 판단이나 단정.
   ⑤ 협력사들의 짬짜미가 불가능하게 하는 조치가 필요하다. → 남모르게 자기들끼리만 짜고 하는 약속이나 수작.

19. 밑줄 친 한자어의 쓰임이 적절하지 않은 것은?

   ① 자식이 이제 혼인을 하여 슬하(膝下)를 떠나려 한다.
   ② 노파심(老婆心)에서 하는 말이니 오해하지 말고 들어라.
   ③ 바닷가에는 작은 돌들이 무진장(無盡藏)으로 깔려 있었다.
   ④ 먼 길 오셨는데 약간의 거마비(車馬費)도 드리지 못해 죄송합니다.
   ⑤ 삶이란 결국 역려(逆旅)를 만나듯 어긋난 인연의 연속인 경우가 많다.

20. <보기>의 밑줄 친 ㉠~㉢에 해당하는 한자로 올바르게 묶인 것은?

< 보 기 >
- ㉠이상을 품은 사람은 쉽게 포기하지 않는다.
- 과가 적성에 맞지 않아 ㉡전과를 신청하는 사람들이 있다.
- 그 화가는 ㉢후기에 들어서면서 화풍이 전기와 확연히 달라졌다.

	㉠	㉡	㉢
①	理想	轉科	後記
②	理想	轉科	後期
③	理想	全科	後期
④	異象	全科	後期
⑤	異象	轉科	後記

21. 밑줄 친 고유어의 쓰임이 적절하지 않은 것은?

① 사업 실패로 입은 손해가 거추없을 정도로 막대했다.
② 가볍게 한 말로 이렇게 크게 사달이 날 줄은 몰랐다.
③ 과장이 자꾸 맞다고 우기는데 무슨 켯속인지 모르겠다.
④ 동생은 만두를 빚을 때 소를 많이 넣어 번번이 만두가 터진다.
⑤ 아버지는 큰형이 돌아오지 않자 애가 달아 어쩔 줄을 모르셨다.

22. 밑줄 친 단어 중 나머지 넷과 다의어 관계에 있지 않은 것은?

① 바둑을 두다 실수로 대마가 죽었다.
② 시계가 죽어 알람이 울리지 않았다.
③ 아빠가 되고서 성질이 많이 죽었다.
④ 이 조항은 이제는 죽은 법이 되었다.
⑤ 모자에 눌려서 머리 한쪽이 푹 죽었다.

23. 두 단어의 의미 관계가 <보기>와 동일한 것은?

< 보 기 >
기호품 - 커피

① 건물 - 계단
② 채소 - 냉이
③ 탈것 - 가마
④ 들보 - 서까래
⑤ 개똥벌레 - 반딧불이

24. 밑줄 친 '서다'에 대응하는 한자어가 적절하지 않은 것은?

① 자녀 결혼식에서 주례를 서기로 친구와 약속했다. → 담당(擔當)하기로
② 앉아 있던 사람들이 어느새 모두 서서 응원을 하고 있었다. → 기립(起立)해서
③ 기계가 갑자기 서는 바람에 직원이 모두 일을 멈춰야 했다. → 정지(停止)하는
④ 아이가 선 후로 아내는 입덧이 심해져서 밥을 거의 먹지 못했다. → 탄생(誕生)한
⑤ 조선이 선 이후로 200년이 지나자 큰 전쟁이 이 땅에서 벌어졌다. → 개국(開國)한

25. <보기>의 밑줄 친 단어와 바꾸어 쓰기에 적절하지 않은 것은?

< 보 기 >
이 장신구는 보잘것없어 보이지만 내게는 소중한 물건이다.

① 같잖아
② 하찮아
③ 변변찮아
④ 볼품없어
⑤ 하잘것없어

26. 밑줄 친 속담의 사용이 문맥상 적절하지 않은 것은?

① 이런, 시험 보는 날 지각을 하다니, 곽란에 약 지으러 보내면 좋겠네.
② 그 점잖은 사람이 불같이 화를 내다니, 여름 하늘에 소나기 같은 일이야.
③ 팀장은 칠팔월 수숫잎같이 좀처럼 최종 결단을 내리지 못하고 이랬다저랬다 했다.
④ 작은 치통을 방치하다 발치까지 하게 되다니 새 잡아 잔치할 것을 소 잡아 잔치한 꼴이군.
⑤ 초라니 열은 보아도 능구렁이 하나는 못 본다더니 저 친구는 당최 속을 알 수 없어 불편해.

27. 밑줄 친 사자성어의 쓰임이 문맥상 적절하지 않은 것은?

① 남에게 배울 때는 불치하문(不恥下問)의 마음이 필요하다.
② 우리는 금란지계(金蘭之契)가 있는 둘도 없는 친구 사이이다.
③ 신임 대표는 그동안의 문제를 쾌도난마(快刀亂麻)로 해결했다.
④ 부모는 타지로 떠난 자식 걱정에 내내 전전반측(輾轉反側)이었다.
⑤ 우공이산(愚公移山)이라고 불가능한 일은 빨리 포기하는 게 낫다.

28. 밑줄 친 관용 표현의 쓰임이 적절하지 않은 것은?

① 며칠을 굶었는지 배가 등에 붙은 것 같았어.
② 옆집이 잘되는 것을 보고 한참 동안 배를 앓았다.
③ 젊은 시절 고생한 끝에 이제는 배에 기름이 끼었어.
④ 정치인들이 공익보다 자기의 배를 채우는 데 급급하였다.
⑤ 급여를 받지 못한 직원들은 배를 두드리며 어렵게 살고 있다.

29. 밑줄 친 한자어를 맥락에 맞게 순화한 표현으로 바르지 않은 것은?

① 내일 정오에 담당자가 신청서를 교부(交付)할 예정이다. → 내줄
② 회장은 이번에 사업 확장 계획을 재가(裁可)하였다. → 허가하였다.
③ 구매처와 수의 시담(隨意示談)이 완료되면 기술 협상이 진행된다. → 수의 계약
④ 그들의 태도는 미상불(未嘗不) 준엄한 역사의 심판을 받아야 한다. → 아닌 게 아니라
⑤ 세정 당국은 과오납금 환부율(還付率)을 높일 수 있는 대책을 마련해야 한다. → 반송률

30. 밑줄 친 표현을 다듬은 말로 적절하지 않은 것은?

① 이 소파는 레자(← leather)를 사용하여 기능성과 심미성을 살렸다. → 인조 가죽
② 이 자료는 회사별 시그니처 아이템(signature item)을 모아 놓았다. → 대표 상품
③ 연휴나 명절 때만 되면 노쇼(no show) 승차권이 1만 건이 넘는다고 한다. → 환불
④ 매실 엑기스(← ekisu[일])는 설탕과 매실의 비율을 1:1로 할 때 최적이다. → 진액
⑤ 정부는 취약 계층을 대상으로 한 에너지 바우처(voucher) 제도를 도입했다. → 이용권 제도

[어법] (31번~45번)

31. 밑줄 친 부분의 표기가 옳지 않은 것은?

① 오이를 예쁘게 <u>싹둑싹둑</u> 썰었다.
② 밥과 나물을 <u>쓱삭쓱삭</u> 비벼 먹었다.
③ 하찮은 일을 가지고 <u>쑥설쑥설</u> 말이 많았다.
④ 그는 사람들과 <u>쏙닥쏙닥</u> 무슨 얘기를 나누었다.
⑤ 동네 사람들이 <u>쑥덕쑥덕</u> 뒷말을 하기 시작했다.

32. 밑줄 친 부분의 표기가 옳은 것은?

① <u>건넌마을</u>에 봄꽃이 피었다.
② 세상에 <u>벼라별</u> 사람이 다 있다.
③ <u>들입다</u> 뛰어서 겨우 기차를 탔다.
④ 다들 허리띠를 <u>지끈</u> 매고 일어났다.
⑤ 친구는 <u>고개짓</u>으로 저쪽을 가리켰다.

33. 밑줄 친 부분의 표기가 옳지 않은 것은?

① 도토리가 <u>자그매</u>.
② 호박이 아주 <u>둥그매</u>.
③ 골목길이 아주 <u>좁다래</u>.
④ 노을 진 하늘이 <u>새빨개</u>.
⑤ 기다리는 줄이 아주 <u>기다래</u>.

34. 밑줄 친 부분의 띄어쓰기가 옳은 것은?

① 선물을 받아 이렇게 <u>기쁠∨데라니</u>!
② 시간이 <u>갈∨수록</u> 날이 맑아지고 있다.
③ 도움은 못 <u>줄∨망정</u> 방해는 하지 마라.
④ 그 모양을 <u>볼∨작시면</u> 어김없는 상거지다.
⑤ 오늘은 반드시 지금 하는 일을 <u>끝낼∨터이다</u>.

35. 밑줄 친 부분의 표기가 옳지 않은 것은?

① 날씨가 걷잡을 수 없이 나빠졌다.
② 이 일은 겉잡아 사흘은 걸릴 일이다.
③ 상추를 씻은 다음 체에 받쳐 물기를 빼자.
④ 학생 대표는 졸업식에 부치는 글을 읽었다.
⑤ 카메라 초점을 정확하게 맞혀서 사진을 찍어라.

36. 다음 문장 부호의 쓰임에 대한 설명이 옳지 않은 것은?

	문장 부호	설명
①	가운뎃점(·)	특정한 의미가 있는 날을 표시할 때 쓸 수 있다. 예 3·1 운동
②	쉼표(,)	공통 성분을 줄여서 하나의 어구로 묶을 때 쓸 수 있다. 예 초, 중, 고등학교
③	붙임표(-)	표제 다음에 해당 항목을 들거나 설명을 붙일 때 쓸 수 있다. 예 빛의 삼원색 - 빨강, 초록, 파랑
④	큰따옴표(" ")	신문 이름을 나타낼 때 쓸 수 있다. 예 "황성신문"은 1910년에 폐간되었다.
⑤	줄표(—)	문장 중간에 끼어든 어구의 앞뒤에 쓸 수 있다. 예 나는 — 솔직히 말하면 — 그를 만나고 싶지 않아.

37. 밑줄 친 표현이 표준어인 것은?

① 엿길금을 넣어 만든 식혜가 달고 시원하다.
② 가이없는 부모님의 사랑이 나의 마음을 울린다.
③ 불합리한 제도를 개선하기 위해 가열차게 맞서야 한다.
④ 머리에 화려한 꼬깔을 쓴 농악대가 신명 나게 장구를 치고 있다.
⑤ 운전을 할 때는 아무리 졸려도 정신을 흐트리지 말고 긴장해야 한다.

38. 다음은 문학 작품에 나타나는 방언이다. 대응하는 표준어가 적절하지 <u>않은</u> 것은?

① 미친놈 다 보겠네. 말도 <u>가이방해야</u>(→ 비슷해야) 대꾸를 하지.
② <u>꽤구락지</u>(→ 개구리) 잔등에 점이 백였으면 속두 점이 백였다냐?
③ "글로 머하노?" "도끼자로 <u>미우는</u>(→ 다듬는) 것부터 배우는 기라."
④ 정수남인 엉덩이는 허공에 대고 <u>괄락괄락</u>(→ 벌컥벌컥) 엎드려 댓 허벅을 마셔댄다.
⑤ 오늘 <u>말짓</u>(→ 장난)을 허다가는 우리 식구덜 모다 모래내 다리 아래로 이사 가야 헐팅게….

39. 밑줄 친 부분의 발음이 표준 발음인 것은?

① 그는 <u>굵직하고</u>[국찌카고] 힘 있는 어조로 말했다.
② 밀가루 반죽을 홍두깨로 <u>넓적하게</u>[널쩌카게] 편다.
③ 김장에 쓰려고 <u>굵다란</u>[굴따란] 무를 여러 개 골랐다.
④ 이 칼국수는 쫄깃쫄깃하고 <u>넓죽한</u>[널쭈칸] 면발이 특징이다.
⑤ 어느덧 그는 <u>늙수그레한</u>[늘쑤그레한] 중년 남자로 변해 있었다.

40. 밑줄 친 외래어의 표기가 올바르지 <u>않은</u> 것은?

① 도로 위에 방치된 전동 <u>킥보드</u>(kick-board)가 많다.
② 여기는 한국에서 가장 저렴한 <u>아웃렛</u>(outlet) 매장이다.
③ 국제 경기에서 한국을 응원하는 <u>플랜카드</u>(placard)가 내걸렸다.
④ 냉장고가 고장이 나서 <u>애프터서비스</u>(after service)를 받아야겠다.
⑤ 체육회는 올림픽 성공 개최를 주제로 <u>심포지엄</u>(symposium)을 개최한다.

41. 다음 중 국어의 로마자 표기로 올바른 것은?

① 설악산 Seolaksan
② 백암산 Baegamsan
③ 덕룡산 Deongryongsan
④ 한라산 Halrasan
⑤ 북한산 Bukansan

42. <보기>의 ㉠~㉤ 가운데 어법에 맞지 않는 문장은?

< 보 기 >

㉠된장찌개는 된장을 주재료로 하여 채소·두부·고기나 조개 따위를 넣고 끓인 찌개이다. ㉡재료는 계절에 따라 다른데 여름에는 풋고추를 많이 넣고, 가을에는 버섯류를, 그리고 겨울에는 시래기 따위를 넣는다. ㉢된장찌개에는 특유의 구수한 향과 함께 맵고 짠 맛이 우러나 어떤 음식과도 잘 어울린다. 여름철에는 특히 순수한 된장 맛을 강조한 강된장찌개를 즐긴다. ㉣강된장찌개는 작은 뚝배기에다 풋고추와 두부·호박을 썰어 넣고 펄펄 끓여서 먹는데 삼삼하고 맛이 좋다. ㉤저렴한 가격으로 부족한 단백질을 섭취할 수 있는 된장찌개는 가장 쉽게 접할 수 있는 음식으로서 한국인들이 평상시에 즐겨 먹는 음식 중 하나이다.

① ㉠ ② ㉡ ③ ㉢ ④ ㉣ ⑤ ㉤

43. 다음 중 청자를 존대하고 있지 않은 문장은?

① 오늘은 비가 내릴 것 같습니다.
② 어제 선생님께서 전화를 하셨어.
③ 이 사람, 음식 솜씨가 대단하구려!
④ 버스가 올 때까지 여기 앉아 계십시오.
⑤ 어머님께서 기다리실 테니 어서 집으로 가오.

44. 다음 중 중의적으로 해석되지 않는 문장은?

① 아직도 올 사람이 다 안 왔다.
② 나는 동생보다 언니와 더 친하다.
③ 시장에서 사과와 배 두 개를 샀다.
④ 선생님께서 학생들에게 책을 읽히셨다.
⑤ 나는 철수와 영희의 결혼식에 참석했다.

45. 밑줄 친 번역 투 표현을 고친 것으로 적절하지 않은 것은?

① 우리 학교는 산 중턱에 위치하고 있다(→ 있다).
② 교육은 공부하는 것을 통해(→ 공부하는 것으로) 이루어진다.
③ 이번 사건으로 인해(→ 사건으로) 체중이 6킬로그램이나 빠졌다.
④ 청동기 시대에 청동은 특권층의 무기로 사용되어졌다(→ 사용되었다).
⑤ 이 소설은 독자로 하여금(→ 독자에게 있어) 새로운 세계로 모험을 떠나게 한다.

[쓰기] (46번 ~ 50번)

※ [46 ~ 50] 다음은 '과도한 나트륨 섭취에 따른 문제와 해결 방안'을 주제로 작성한 초고이다. 다음을 읽고 물음에 답하시오.

　　나트륨(Na)은 우리가 음식을 통해 매일 섭취하는 소금인 '염화나트륨(NaCl)'의 구성 성분으로, 나트륨과 소금은 다르다. 소금은 나트륨(Na) 40%와 염소(Cl) 60%의 비율로 구성되어 있어, ㉠비록 소금 1g을 섭취한다면 나트륨 약 400mg을 섭취하게 되는 것이다. 우리 몸의 필수 영양소인 나트륨은 혈액, 세포액, 골격 등에 존재하며 몸속에서 다양한 기능을 한다. 먼저 나트륨은 수분과 전해질 균형에 관여하고 세포의 삼투압을 ㉡유지하는 기능을 한다. ㉢하지만 나트륨은 체액의 산-알칼리도(pH)를 조절하며 근육의 운동과 뇌와 신경의 자극 전달에도 필요하다. 또한 나트륨은 담즙, 췌장액 및 장액 등 중요한 소화액의 재료가 되어 우리가 섭취한 음식의 소화 및 흡수를 돕는다. 이러한 나트륨이 부족해지면, 혈액량이 감소하여 혈압이 떨어져 성장 감소, 식욕 부진, 근육 경련 등의 증상이 나타날 수 있다. 한편 나트륨을 과도하게 섭취할 경우에는 뇌졸중, 고혈압, 위장병, 골다공증 등의 질병을 일으킬 수 ㉣있으나, 나트륨 섭취에 주의가 필요하다.

　　현재 전 세계적으로 나트륨 과다 섭취는 심각한 문제이다. 그렇다면 우리나라 국민은 나트륨을 얼마나 섭취하고 있을까? 국민건강영양조사자료를 토대로 2018~2022년 우리나라 국민의 1인당 하루 평균 나트륨 섭취량을 분석한 결과, 2022년 기준 우리나라 국민의 1인당 하루 평균 나트륨 섭취량은 3,074㎎으로 나타났다. 이는 세계 보건 기구(WHO) 권장량인 2,000㎎보다 약 1.5배 많은 수치이다.

　　이렇듯 나트륨 섭취량이 과도하게 나타나는 주요한 원인 중 하나는 일상적 식습관의 문제를 들 수 있다. 이 외에 기업의 저나트륨 식품 개발에 대한 노력 미비나 사회적 차원에서의 나트륨 섭취 줄이기 캠페인과 같은 홍보가 부족하다는 점 등도 나트륨 과다 섭취의 원인이라 할 수 있다.

　　그렇다면 건강의 위험을 초래할 수 있는 나트륨 과다 섭취를 줄이기 위해서는 어떠한 노력이 필요할까? 먼저 국, 찌개의 나트륨은 대부분 국물에 많이 함유되어 있으므로 국물을 ㉤작게 먹는 것이 바람직하다. 다음으로 가공식품 구입 시 나트륨 함량을 비교하여 구매해야 한다. 마지막으로 채소와 과일은 나트륨을 몸 밖으로 일정량 배출해 주는 기능이 있으므로 채소와 과일을 매일 섭취하는 것이 좋다. 즉 과도한 나트륨 섭취를 막기 위해서는 　　ⓐ　　. 이러한 개인적인 노력뿐만 아니라 식품을 제공하는 기업, 정부가 서로 협력하여 우리나라 국민의 건강 증진을 위해 나트륨 줄이기를 위한 사회적 노력이 요구된다.

46. 다음은 윗글을 쓰기 전에 떠올린 글쓰기 계획이다. 윗글에 반영된 것을 모두 고른 것은?

〈 글쓰기 계획 〉
ㄱ. 질문의 방식으로 앞으로 이어질 내용을 제시해야겠어.
ㄴ. 분류의 방식을 활용하여 나트륨의 종류를 설명해야겠어.
ㄷ. 구체적 수치를 활용하여 우리나라 국민의 나트륨 섭취 실태를 제시해야겠어.
ㄹ. 전문가의 인터뷰 내용을 직접 인용하여 나트륨 과다 섭취의 문제점을 강조해야겠어.

① ㄱ, ㄴ　　② ㄱ, ㄷ　　③ ㄴ, ㄷ　　④ ㄴ, ㄹ　　⑤ ㄷ, ㄹ

47. 다음은 윗글을 수정·보완하기 위해 추가로 수집한 자료이다. 자료의 활용 방안으로 적절하지 않은 것은?

	자료 내용	유형
(가)	식약처는 영양 성분 및 나트륨 저감 표시 대상 식품을 지속적으로 확대하고 영양표시 확인 방법 등에 대한 홍보를 강화할 계획이라고 밝혔다. 한편, 식약처는 우리 국민의 나트륨의 적정 섭취를 위해 나트륨 과잉 섭취에 대한 경각심을 고취하고 일상에서 나트륨 적정 섭취를 실천할 수 있도록 다양한 교육·홍보와 함께 영양 표시 대상 식품도 지속적으로 확대할 방침이다.	정책 홍보물
(나)	다른 나라의 1인 1일 평균 나트륨 섭취량 비교 (보건 복지부) | 일본 | 영국 | 미국 | | --- | --- | --- | | 4,280mg | 3,440mg | 3,436mg |	통계 자료
(다)	나트륨은 우리가 일상적으로 먹는 음식에 다량으로 함유되어 있습니다. 조리 방법이나 재료, 양 등에 따라 값이 달라질 수 있지만, 통계적으로 볼 때 대략 김치찌개에는 2,000mg, 갈비탕은 1,700mg, 육개장 2,900mg, 라면 1,800mg, 우동에는 2,400mg 정도의 나트륨이 들어있습니다.	전문가 인터뷰
(라)	식품의약품안전처에서 국민건강영양조사자료를 바탕으로 분석한 결과, 우리 국민의 하루 평균 나트륨 섭취량은 2018년부터 2022년까지 미미하게 감소했으나 여전히 기준치를 상회하는 것으로 나타났다. 우리나라의 1인 1일 평균 나트륨 섭취량 (식약처) | 2018년 | 2019년 | 2020년 | 2021년 | 2022년 | | --- | --- | --- | --- | --- | | 3,274mg | 3,289mg | 3,220mg | 3,081mg | 3,074mg |	연구 보고서
(마)	일본의 대표적인 간장 제조 업체의 경우, 최근 저염 간장 매출이 5년 전과 비교했을 때 1.5배 증가하였다. 이에 염분을 66% 줄인 간장 신상품을 새롭게 출시하기도 하였다. 그리고 한 라면 제조 업체에서는 면과 스프의 염분을 30% 줄인 컵라면을 출시하였다. 현재 일본에서는 라면뿐만 아니라 과자 등에서도 소금 덜어내기가 진행 중으로, 저염 식품을 전문적으로 판매하는 온라인 상점도 등장하였다.	신문 기사

① (가)를 활용하여 나트륨 과다 섭취를 줄이기 위한 개인적 노력을 구체화한다.
② (나)를 활용하여 다른 나라의 나트륨 섭취량을 보여 줌으로써 나트륨 과다 섭취가 세계적인 문제임을 강조한다.
③ (다)를 활용하여 나트륨 섭취를 줄이기 위해서는 국물을 적게 먹는 노력이 필요함을 강조한다.
④ (라)를 활용하여 2018~2022년 우리나라 국민의 1인당 하루 평균 나트륨 섭취량이 감소했음에도 권장량에 비해 심각한 수준임을 강조한다.
⑤ (마)를 활용하여 나트륨 과다 섭취를 줄이기 위해 노력하고 있는 다른 나라의 사례를 추가한다.

48. 다음은 윗글을 쓰기 전에 세웠던 글쓰기 개요이다. 윗글을 쓰는 과정에서 필자가 점검하여 반영한 내용으로 적절하지 않은 것은?

─── < 개 요 > ───

Ⅰ. 나트륨의 기능과 특징
  1. 나트륨과 소금의 차이
  2. 나트륨 부족이나 과다 섭취 시의 문제점
  3. 나트륨과 당류 섭취 권장량 비교

Ⅱ. 세계 각국의 나트륨 섭취 실태
  1. 우리나라 국민 1인당 하루 평균 나트륨 섭취량 분석 결과
  2. 세계 보건 기구 권장량과 우리나라 섭취량 비교
  3. 나트륨의 기능

Ⅲ. 우리나라 나트륨 과다 섭취의 원인
  1. 개인적 측면
  2. 사회적 측면

Ⅳ. 우리나라 나트륨 과다 섭취를 줄이기 위한 해결 방안
  1. 사회적 측면
  2. 개인적 측면

① Ⅰ-3은 글의 주제와 어울리지 않는 내용이므로 삭제한다.
② Ⅱ-3은 상위 항목을 고려하여 Ⅰ의 하위 항목으로 이동한다.
③ Ⅱ는 하위 항목과의 관련성을 높이기 위해 '우리나라의 나트륨 섭취 실태'로 수정한다.
④ Ⅱ-2는 Ⅲ의 구체적인 내용이므로 Ⅲ의 하위 항목으로 이동한다.
⑤ 글의 맥락을 고려하여 Ⅳ-1과 Ⅳ-2의 순서를 바꾸어 서술한다.

49. 윗글의 ㉠~㉤을 고쳐 쓰기 위한 방안으로 적절하지 않은 것은?

① ㉠: 부사어와 서술어의 호응이 맞지 않으므로 '만약'으로 수정한다.
② ㉡: 피동 표현을 사용하는 것이 적절하므로 '유지되는'으로 수정한다.
③ ㉢: 문장 간의 연결이 적절하지 않으므로 '그리고'로 수정한다.
④ ㉣: 앞뒤 맥락을 고려하여 '있으므로'로 수정한다.
⑤ ㉤: 문장의 의미를 고려하여 '적게'로 수정한다.

50. 글의 내용으로 미루어 볼 때, ⓐ에 들어갈 내용으로 가장 적절한 것은?

① 식품 생산 기업이 저염 식품을 다양하게 개발하는 것이 필요하다.
② 우리나라 국민의 나트륨 섭취량에 대한 정확한 통계 분석이 요구된다.
③ 나트륨 섭취의 문제를 인식하고 식습관 개선을 실천하는 것이 중요하다.
④ 나트륨 과다 섭취가 건강에 미치는 영향에 대한 홍보를 활성화하는 것이 요구된다.
⑤ 나트륨을 대체할 수 있는 감미료 개발을 위한 국가 차원의 정책적 노력이 필요하다.

[창안] (51번~60번)

※ [51~53] 다음 글을 읽고 물음에 답하시오.

[택배]는 물건을 원하는 장소로 빠르고 효율적으로 배송하는 서비스이다. 이를 위해 배송 과정에서 여러 단계의 물류 연결망이 활용된다. '집하 센터'는 물건이 처음 모이는 곳이며, '물류 센터'는 중간 거점으로 여러 지역에서 온 물건을 재분류하여 각 배송 지역으로 보내는 곳이다. 그리고 '배송 센터'는 도착지별로 물건을 나누어 고객에게 배달하는 곳이다.

[배송 방식]의 대표적인 형태로는 ㉠ 직접 연결 방식과 ㉡ 거점 경유 방식이 있다. 직접 연결 방식은 집하 센터에서 배송 센터로 물건을 곧바로 보내는 형태이다. 중간 거점을 거치지 않으므로 운송 시간이 단축될 수 있으나, 이동 경로에 따른 운송 비용이 많아질 수 있다. 또한 각 배송 센터에서 배달할 물건을 개별적으로 분류해야 하므로 운영 비용이 증가할 수 있다.

한편 거점 경유 방식은 먼저 모든 물류를 대형 물류 센터로 모은 후, 목적지별로 다시 분류하여 각 지역의 배송 센터로 보내는 형태이다. 이 방식은 개별 배송 센터에서의 배송지 분류 작업을 줄여 인력과 비용을 절감할 수 있다. 하지만 반드시 중간 거점을 거쳐야 하므로 운송 시간이 길어질 수 있으며, 물류 처리량이 많을 경우 분류 오류나 배송 지연이 발생할 가능성이 크다.

이처럼 각각의 장단점이 명확하므로, 택배 서비스를 설계할 때는 지역별 수요, 물류의 성격, 운송 시기 등을 종합적으로 고려하여 두 방식을 유연하게 병행하는 지혜가 필요하다. 예를 들어 성수기에는 직접 연결 방식을 활용해 물량을 신속히 배송하고, 평상시에는 거점 경유 방식을 통해 운영 비용을 절감하는 방식으로 상황에 맞게 대처할 수 있다.

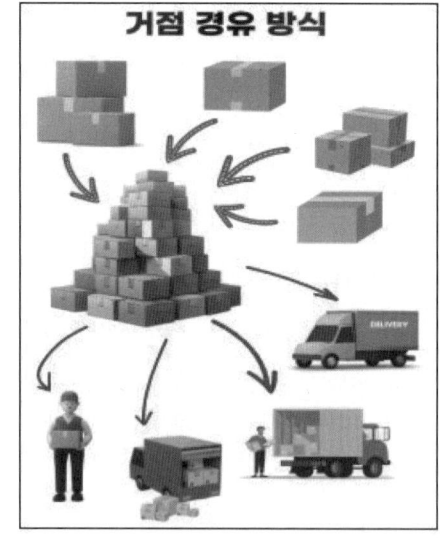

51. 물건을 '지식', 배송 방식을 '학습 방식'에 비유할 때, ㉠의 효과로 가장 적절한 것은?

① 심화 개념보다 기초 개념 학습에 집중할 수 있다.
② 지식을 종합하고 구조화하는 능력을 키울 수 있다.
③ 타인의 도움을 받아 부족한 지식을 쉽게 보완할 수 있다.
④ 학습에 필요한 지식을 신속하게 학습하고 활용할 수 있다.
⑤ 공동의 목표를 설정하여 협력적 학습 태도를 형성할 수 있다.

52. ㉠, ㉡을 정보 확산 방식에 비유할 때, ㉡과 가장 유사한 것은?

① 개인이 자신이 찍은 영상을 친구에게 문자로 전송한다.
② 상품의 판매를 위해 개인에게 무작위로 전화를 걸어 홍보한다.
③ 방송국이 하루 동안의 주요 기사를 종합해 저녁 뉴스를 보도한다.
④ 기업이 고객들의 알권리를 위해 제품 설명서를 제품과 함께 제공한다.
⑤ 새롭게 개업한 상점을 알리기 위해 전단지를 동네 주민들에게 배포한다.

53. <조건>에 맞는 표현으로 가장 적절한 것은?

─< 조 건 >─

택배 배송 방식을 '갈등 해결 방식'에 비유할 때, ㉠과 ㉡의 방식을 종합적으로 고려한 갈등 해결의 지혜를 표현할 것.

① 일상적 소통을 강화함으로써 갈등을 사전에 예방해야 한다.
② 원인 제공자를 탓하기보다 당사자 간 합의를 우선해야 한다.
③ 시간이 해결해 줄 것이므로 해결을 유보하는 것이 최선이다.
④ 갈등은 당사자 간 직접 소통이 아닌 중재 기관을 중심으로 해결해야 한다.
⑤ 갈등의 성격에 따라 직접 해결과 중재자의 개입을 통한 해결을 적절히 병행해야 한다.

※ [54 ~ 56] 다음 그림을 보고 물음에 답하시오.

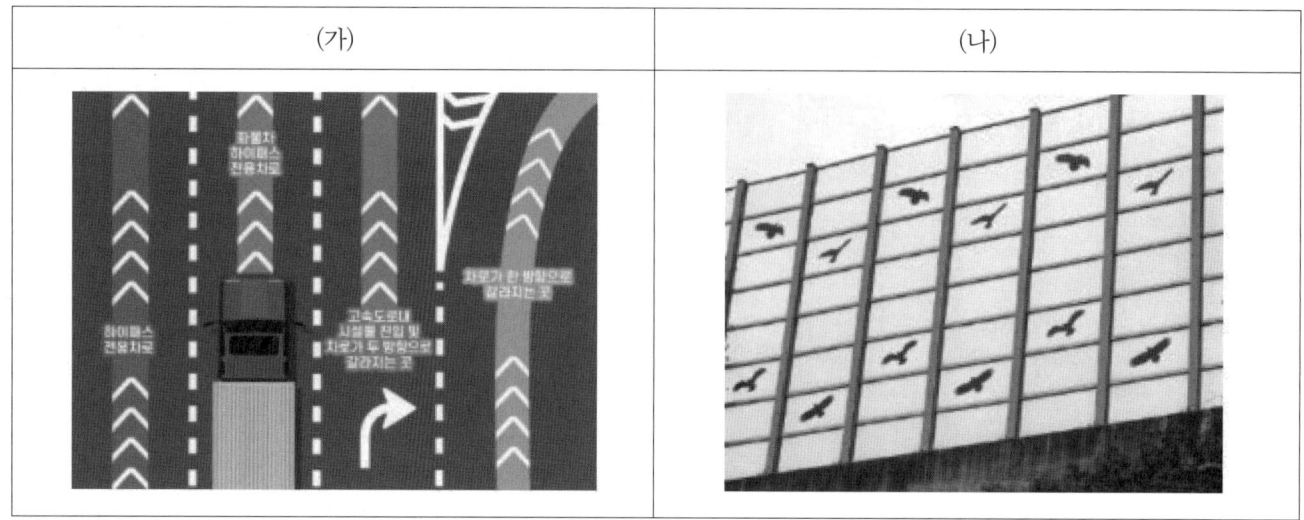

54. 그림 (가)와 (나)를 분석한 표의 내용으로 적절하지 않은 것은?

	(가)	(나)
현상	고속도로 노면에 색깔 선을 그려 놓음.	고속도로 투명 방음벽에 새를 그려 놓음.
특징	㉠ 운전자에게 주행해야 할 차선을 직관적으로 안내하고 유도함.	조류가 투명 벽을 장애물로 인식하게 하여 충돌을 방지함.
목적	㉡ 차선 혼란 방지를 통한 주행 사고 예방	㉢ 심미적 효과를 통한 자연 환경 개선
주장	㉣ 질서 유지를 위해 체계적인 사회적 지침을 마련할 필요가 있다.	㉤ 공존을 위해 부수적인 사회적 장치를 마련할 필요가 있다.

① ㉠　　　② ㉡　　　③ ㉢　　　④ ㉣　　　⑤ ㉤

55. (가)와 유사한 기능을 하는 사례로 가장 적절한 것은?

① 식당 입구에 유명 연예인 사진을 붙여 입장을 유도했다.
② 놀이기구 앞에 발자국 스티커를 붙여 줄서기를 유도했다.
③ 지하철 계단에 소모 칼로리를 표시해 계단 이용을 장려했다.
④ 자동문 근처에 센서를 배치해 사람이 다가오면 열리도록 설정했다.
⑤ 버스 정류장에 온열 의자를 설치하여 시민들에게 편의를 제공했다.

56. (나)를 통해 이끌어 낼 수 있는 시사점으로 가장 적절한 것은?

① 시설은 외형의 아름다움이 기능보다 중요하다.
② 편의 시설이 생태계에 미칠 영향을 고려해야 한다.
③ 자연과의 공존을 위해 편의 시설을 제거해야 한다.
④ 친환경 디자인을 통해 도시 이미지를 개선해야 한다.
⑤ 환경을 위한 제도적 지원보다 자발적 실천이 필요하다.

※ [57 ~ 58] 다음 글을 읽고 물음에 답하시오.

2007년 이래로 스마트폰 사용은 급증하여 현재는 세계 인구의 약 67%가 스마트폰을 사용하고 있다. 사람들은 평균적으로 잠자지 않는 시간대에는 평균 10분에 한 번 이상 스마트폰을 보고, 하루 2,600회 이상 스마트폰을 만지고 있다고 한다. 그러나 과도한 스마트폰 사용은 수면을 방해하고, 자존감, 대인 관계, 기억력, 주의력, 정신 건강, 생산성, 문제 해결 및 의사 결정 능력에 악영향을 미친다. 그뿐 아니라 과다한 정보로 인간의 뇌는 과부하 상태가 되고, 스마트폰의 지속적 알림은 주의력을 떨어뜨리며 심신의 스트레스를 증폭시킨다. 게다가 운전 중 스마트폰을 이용하면 교통사고 발생 가능성이 20배 이상 증가한다는 보고도 있다.

57. 윗글을 참고하여 제작한 공익 광고의 사례로 적절하지 않은 것은?

① 밥 한 번, 스마트폰 한 번

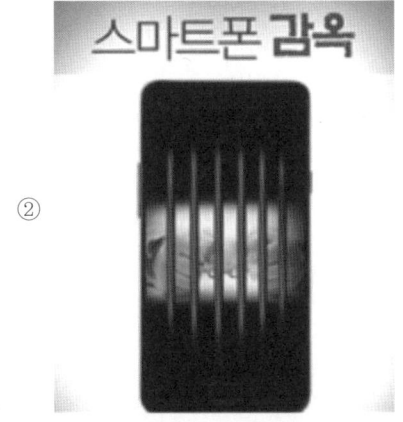
②

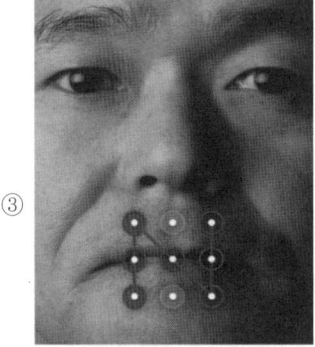
③ 스마트폰을 열수록 가족 간의 대화는 잠깁니다.

④ 운전대와 휴대폰을 같이 잡으면 사람까지 잡을 수 있습니다.

⑤

58. <조건>에 맞는 공익 광고 문구로 가장 적절한 것은?

<조건>
- 윗글과 그림에 나타난 메시지를 모두 포괄할 것
- 비유법을 활용하여 표현 효과를 높일 것
- 의문문의 형태로 진술할 것

① 지금 무엇을 보고 있습니까?
② 당신은 스마트폰 안 개구리입니까?
③ 위대한 예술품을 당신 손안에 영원히.
④ 당신이 잡고 있나요, 당신이 잡혀 있나요?
⑤ 세상을 담기에 스마트폰은 너무 작습니다.

※ [59 ~ 60] 다음 글을 읽고 물음에 답하시오.

　운영체제(OS, Operating System)는 컴퓨터 시스템의 핵심 소프트웨어로, 하드웨어와 소프트웨어가 원활하게 상호 작용할 수 있도록 돕는 역할을 한다. 운영체제는 프로세스 관리, 메모리 관리, 파일 시스템 관리, 장치 제어 등의 기능을 수행하며, 이를 통해 사용자가 컴퓨터를 쉽게 사용할 수 있도록 환경을 제공한다. 또한, 여러 프로그램이 동시에 실행될 수 있도록 자원을 효율적으로 배분하고 충돌을 방지하는 조정자의 역할도 한다. ㉠ 이러한 운영체제의 존재 덕분에 사용자는 복잡한 하드웨어의 동작 방식을 몰라도 직관적으로 컴퓨터를 조작할 수 있다.
　㉡ 운영체제는 다양한 프로그램과 사용자의 요구를 조정하며 최적의 성능을 유지하는 것이 중요한 목표이다. 이를 위해 스케줄링 기법을 활용하여 여러 작업을 적절하게 배분하고, 오류를 감지하고 해결하는 기능을 갖추고 있다. 또한, 보안 시스템을 통해 외부의 위협으로부터 데이터를 보호하고, 시스템이 원활하게 작동하도록 지속적인 업데이트와 개선이 이루어진다.

59. 윗글의 ⊙과 <보기>에서 공통적으로 이끌어 낼 수 있는 주제로 가장 적절한 것은?

< 보 기 >

인체의 자율 신경계는 여러 장기와 기관이 조화롭게 기능할 수 있도록 자동으로 조절하는 역할을 한다. 예를 들어, 심장은 우리가 의식적으로 조절하지 않아도 일정한 박동을 유지하며, 소화 기관은 음식물이 들어오면 자연스럽게 소화 효소를 분비한다. 또한, 체온 조절 기능을 통해 외부 온도가 변해도 일정한 체온을 유지할 수 있다.

① 개별 요소 간의 유기적인 협력의 필요성
② 외부 환경 변화에 적응하는 능력의 필요성
③ 개별 요소들의 독립적인 운영 방식의 중요성
④ 효율적인 자원 활용을 위한 계획적 배분의 필요성
⑤ 복잡한 시스템을 자동으로 조절하는 체계의 중요성

60. 윗글의 ⓒ을 회사 운영에 비유할 때 이끌어 낼 수 있는 내용으로 적절하지 않은 것은?

	ⓒ	회사 운영
①	요구 조정	노사 간의 협상 절차
②	작업의 배분	업무 분장
③	오류 감지	감사 제도
④	외부의 위협 보호	보안용 내부망 사용
⑤	업데이트와 개선	직원 복지 프로그램

[읽기] (61번~90번)

※ [61 ~ 62] 다음 글을 읽고 물음에 답하시오.

한때 나는 뿌리의 신도였지만
이제는 뿌리보다 줄기를 믿는 편이다

줄기보다는 가지를,
가지보다는 가지에 매달린 잎을,
잎보다는 하염없이 지는 꽃잎을 믿는 편이다

희박해진다는 것
언제라도 흩날릴 준비가 되어 있다는 것

뿌리로부터 멀어질수록
가지 끝의 이파리가 위태롭게 파닥이고
당신에게로 가는 길이 조금씩 보이기 시작한다

당신은 뿌리로부터 달아나는 데 얼마나 걸렸는지?

뿌리로부터 달아나려는 정신의 행방을
정확히 알 수는 없지만
허공의 손을 잡고 어딘가를 향해 가고 있다

뿌리 대신 뿔이라는 말은 어떤가

가늘고 뾰족해지는 감각의 촉수를 밀어 올리면
감히 바람을 찢을 수 있을 것 같은데
무소의 뿔처럼 가벼워질 수 있을 것 같은데

우리는 뿌리로부터 온 존재들,
그러나 뿌리로부터 부단히 도망치는 발걸음들
오늘의 일용할 잎과 꽃이
천천히 시들고 마침내 입을 다무는 시간

한때 나는 뿌리의 신도였지만
이미 허공에서 길을 잃어버린 지 오래된 사람

— 나희덕, 「뿌리로부터」

61. 윗글에 대한 설명으로 적절하지 않은 것은?

① 유사한 문장 구조의 반복을 통해 운율을 형성하고 있다.
② 과거와 현재를 대비하여 화자의 태도 변화를 드러내고 있다.
③ 청유형 어미를 활용하여 청자의 행동 변화를 유도하고 있다.
④ 의문의 형식을 통해 청자에게 소재에 대한 관심을 환기하고 있다.
⑤ 연쇄적 표현을 활용하여 화자가 중시하게 된 대상을 드러내고 있다.

62. <보기>를 바탕으로 할 때, 이 시를 감상한 내용으로 적절하지 않은 것은?

< 보 기 >

이 시에는 뿌리에 의지하며 살았지만 이후 뿌리에서 벗어나기를 원하는 화자의 모습이 드러나 있다. 이렇듯 불안정하고 예측 불가능하지만 새로운 길을 찾아 나서는 화자의 모습을 통해, 이 시는 존재의 근원인 뿌리로부터 벗어날수록 스스로 존재할 수 있다는 역설적 인식을 드러낸다.

① '언제든 흩날릴 준비가 되어 있다는 것'에서 예측 불가능하지만 새로운 길로 나아가려는 화자의 마음이 드러나는군.
② '뿌리로부터 멀어질수록' 오히려 '길이 조금씩 보이기 시작한다'는 것은 뿌리로부터 벗어날수록 스스로 존재할 수 있다는 역설적 인식을 보여 주는군.
③ '가지 끝의 이파리가 위태롭게 파닥이고'는 불안정하고 예측 불가능한 상황을 보여 주는군.
④ '뿌리로부터 온 존재들'이었다가 '뿌리로부터 부단히 도망치는 발걸음들'로 변화하려는 화자의 태도가 드러나는군.
⑤ '뿌리의 신도'는 스스로 존재하는 화자의 변화된 모습을 의미하는군.

※ [63 ~ 65] 다음 글을 읽고 물음에 답하시오.

시속 오십 몇 킬로라는 특급 차창 밖에는, 다리 쉼을 할 만한 정거장도 역시 흘러갈 뿐이었다. 산, 들, 강, 작은 동리, 전선주, 꽤 길게 평행한 신작로의 행인과 소와 말. 그렇게 빨리 흘러가는 푼수로는, 우리가 지나친 공간과 시간 저편 뒤에 가로막힌 어떤 장벽이 있다면, 그것들은 캔버스 위의 한 터치, 또 한 터치의 오일같이 거기 부딪혀서 농후한 한 폭 그림이 될 것이나 아닐까?고 나는 그러한 망상의 그림을 눈앞에 그리며 흘러갔다. 간혹 맞은편 폼에, 부풀듯이 사람을 가득 실은 열차가 서 있기도 하였다. 그러나 무시하고 걸핏걸핏 지나치고 마는 이 창밖의 그것들은 비질 자국 새로운 폼이나 정연히 빛나는 궤도나 다 흐트러진 폐허 같고, 방금 브레이크 되고 남은 관성과 새 정력으로 피스톤이 들먹거리는 차체도 폐물 같고, 그러한 차체에 빈틈없이 나붙은 얼굴까지도 어중이떠중이 뭉친 조난자같이 보이는 것이고, 그 역시 내가 지나친 공간 시간 저편 뒤에 가로막힌 캔버스 위에 한 터치로 붙어 버릴 것같이 생각되었다.

이런 생각은 무슨 대단하다거나 신기로운 관찰은 물론 아니요, 멀리 또는 오래 고향을 떠나는 길도 아니라 슬픈 착각이란 것도 없는 것이다. 그렇다고 내가 영진*이 되었거나, 무슨 사업열에 들떴거나 어떤 희망에 팽창하여 호기와 우월감으로 모든 것을 연민시 하려 드는 것도 아니다. 정말 그도 저도 될 턱이 없는 내 위인이요 처지의 생각이라 창연(愴然)하다기에는 너무 실없고 그렇다고 그리 유쾌하달 것도 없는 이런 망상을 무엇이라 명목을 지을 수 없어, 혹시 스피드가 간질여 주는 스릴이라는 것인가고 생각하면 그럴 듯도 한 것이다.
　　결코 이 열차의 성능을 못 믿는 것은 아니지만 이렇게 무도(?)하게 돌진 맹진(猛進)하는 차 안에 앉았거니 하면 일종의 모험이라는 착각을 느낄 수 있고, 그것이 착각인 바에야 안심하고 그런 스릴을 향락할 수 있는 것이다. 이렇듯 거진 십 분의 안전율이 보장하는 모험이란 스릴을 향락하는 일종의 관능 유희다. 명수(名手)의 바이올린 소리가 한껏 길고 높게 치달아 금시에 숨이 넘어갈 듯한 것을 들을 때, 그 멜로디의 도취와는 달리 '이 순간! 다음 순간!' 이렇게, 땅 하니 줄이 튀지나 않을까? 하는 소연감(疎然感)을 아실아실 느껴보는 것도, 일종의 관능 유희로 그리 경멸할 수 없는 음악 감상술의 하나일 것이다. 그처럼 내가 탄 특급의 속력을 '무모(無謀)'로 느끼고, 뒤로 뒤로 달아나는 풍경이 더 물러갈 수 없는 장벽에 부딪혀 한 폭 그림이 되고, 폐허에 버려둔 듯한 열차의 사람들도 한 터치의 오일이 되고 말리라고 망상하는 것은 한 번도 가 본 적이 없는 곳으로 달려가는 이 여행의 스릴로서 내게는 다행일지언정 그리 경멸한 착각만은 아닌 듯싶었다.
　　그러나 나 역시 이렇게 빨리 달아나는 푼수로는 어느 때 어느 장벽에 부딪혀서 어떤 풍속화나 혹은 어떤 인정극 배경의 한 터치의 '오일'이 되고 말는지 예측할 수는 없을 것이다.
　　어느덧 국경이 가까워, 이동 경찰이 차표와 명함을 요구한다. '김명일(金明一)'이라는 단 석 자만 박힌 내 명함을 받아든 경찰은 우선 이런 무의미한 명함을 내놓는 나를 경멸할밖에 없다는 눈치로 직업과 주소와 '하얼빈'은 왜 가느냐고 물으며 수첩을 꺼내 들었다. 그리고 나의 무직업을 염려하고 또 일정한 주소가 없다는 체면에 그럴 법이 있느냐는 듯이 뒤캐어 묻는 바람에, 나는 미술 학교를 졸업했으니 화가랄 밖에 없고, 재작년에 상처(喪妻)하고 하나뿐인 딸이 지난봄에 여학교 기숙사로 입사하자 살림을 헤치고는 이리저리 여관 생활을 하는 중이라고, 그러나 지금 가는 '하얼빈'에는 옛 친구 '이 군'이 착실한 실업가로 성공하였으므로 나도 그를 배워 일정한 직업과 주소를 갖게 될지 모른다고 큰 포부를 지닌 듯이 그 자리를 꿰맬밖에 없었다. 그러나 이런 내 말이 전연 거짓이랄 수도 없는 것이다. 사실 나는 일정한 직업과 주소도 없는 지금의 생활이 주체스러워 견딜 수가 없는 것이다. ┤(가)
　　삼 년 전에 처 혜숙이가 죽자 나는 어느 중학교의 도화(圖畫) 선생*이라는 직업을 그만둔 후에는 팔리지 않는 그림을 몇 폭 그렸을 뿐인 화가라는 무직업자였다. 그리고 지난봄에 딸 경옥이를 기숙사에 들여보내고는 혜숙이와 신혼 당시에 신축하여 십여 년 살던 집을 팔아 버리었으므로 일정한 주소가 없었다.
　　내가 늘 집에 있는 것도 아니요, 있더라도 아침이면 경옥이가 학교에 간 후에야 일어나게 되고 밤이면 경옥이가 잠든 후에야 들어오게 되는 불규칙한 내 생활이라, 나와 한집에 있더라도 어미 없는 경옥이는 언제나 쓸쓸하고 늘 외로울밖에 없는 애였다. 그뿐 아니라 차차 자라서 감수성이 예민해 가는 그 애에게 나 같은 아버지의 생활이 좋은 영향을 줄 리도 없을 것이었다. 그래서 내 누님은 경옥이를 자기 집에 맡기라고도 하는 것이었으나, 마침 경옥이와 같이 소학교를 졸업하고한 여학교에 입학하여 입사하게 된 친한 동무가 있었으므로 경옥이는 즐겨 기숙사로 들어간 것이었다. 그리고 보니 늙은 어멈만이 지키게 되는 집을 그저 둘 필요는 없었다.

*영진(榮進): 벼슬이나 지위가 높아짐.
*도화(圖畫) 선생: 도안과 그림을 아우르는 말. 지금의 미술 교사.

— 최명익, 「심문(心紋)」

63. 윗글에 나타난 '나'의 상황을 이해한 것으로 적절하지 않은 것은?

① '나'는 창밖의 풍경을 그림에 빗대어 표현하고 있다.
② '나'는 자신의 관찰과 생각을 망상이라고 여기고 있다.
③ '나'는 자신의 심리를 지나가는 풍경에 투영시키고 있다.
④ '나'는 풍경 속 객체를 부정적인 이미지로 받아들이고 있다.
⑤ '나'는 기차 밖 풍경을 보며 승객들의 처지를 연민하고 있다.

64. 윗글의 내용을 고려할 때, <보기>의 빈칸에 공통적으로 들어갈 말로 가장 적절한 것은?

─── < 보 기 > ───

이 소설은 1930년대 한국 소설의 중요한 한 흐름을 형성했던 '단층(斷層)파'의 대표작으로 의식의 흐름 기법을 도입하고 있다. 이 소설은 방심 상태로 과거의 기억을 현재의 지속 상태에서 떠올리는 모습을 전형적으로 보여 준다. 정해진 목적지를 향해서 달리는 차 안에서 느끼는 (   )과 그로부터 나타난 절박한 행위에의 구속이 사라진 주체의 회상 작용을 작품의 주요 구조로 하고 있다. 이때의 회상 작용은 자극의 대상과 그러한 자극이 불러일으키는 과거의 기억 혹은 현재의 상태에 대한 반성으로 구성된 것으로 과거의 어느 한 공간과 현재의 공간들이 상호 교호하면서 나타나는 사고의 뒤엉킴이라고 할 수 있다. 특히 기차 여행이 이러한 (   )의 주요한 계기가 된다. 이 소설을 '승차(乘車)의 형식화'라고 부르는 이유가 여기에 있다.

① 해방감　　② 친근감　　③ 속도감　　④ 소외감　　⑤ 이질감

65. 윗글의 (가)를 <보기>의 대화 상황으로 표현할 때 내용상 적절하지 않은 것은?

─── < 보 기 > ───

경찰: 차표와 명함을 보여 주시겠소.
나: 여기 있소.
경찰: ㉠직업과 주소를 말해 주시오.
나: ㉡직업은 없고, 주소는 일정하지 않소이다.
경찰: (한심하다는 듯이) ㉢직업도 없고 주소가 없다…….
나: …….
경찰: 정말 직업도 없고 주소도 없다는 거요?
나: ㉣군이 말한다면 미술 학교를 졸업했으니 화가라고 할 수 있고, 재작년 가족 모두와 사별하고 나서는 살림을 헤치고 여기저기 생활을 하다 보니 주소는 없소이다.
경찰: 그런데 하얼빈에는 왜 가시오?
나: ㉤내 친구 이모 군이 거기서 실업가로 성공하였다기에 찾아가는 길이오. 나도 거기 가서 친구처럼 하다 보면 직업도 생기고 주소도 생기지 않겠소?

① ㉠　　② ㉡　　③ ㉢　　④ ㉣　　⑤ ㉤

※ [66 ~ 68] 다음 글을 읽고 물음에 답하시오.

디아스포라는 흔한 말이다. 학술, 언론, 정치 분야뿐 아니라 일상에서도 자주 입에 오르내린다. 한때 이 말은 유대인들의 추방과 이산을 가리키는 특수하고 제한된 용어였다. 그런데 1980년대 무렵부터는 거의 모든 종류의 이주를 뜻하게 되면서 그 외연이 급격히 넓어졌다. 하지만 디아스포라가 이주와 같은 뜻이라면 이 말이 왜 필요한가? 이 용어가 쓰이는 이유를 어떻게 설명할 수 있을까? 어쨌든 디아스포라는 측정 가능한 사회적 실체로 받아들이기보다 이주가 만들어낸 세계를 설명하는 데 도움을 주는 개념으로 보는 편이 적절하다.

디아스포라 논의에서 일어난 혼란의 상당 부분은 디아스포라가 무엇인지 정의하려는 바로 그 시도에서 비롯되었다. 하나의 정의에 가능한 많은 기준들을 담으려고 하면 앞뒤가 맞지 않게 된다. 그렇다고 해서 다른 기준들을 버리고 몇 가지만을 선택하면 불충분하고 불완전한 설명이 된다. 즉 유형론은 임의성을 내재하고 있다. 무엇이 중요한 기준인지를 누가 결정할 수 있는가?

일반적인 점검 목록을 작성하듯, 주어진 기준들에 대한 충족 여부를 따져 특정 유형에 넣거나 빼는 식으로 유형론을 활용하면 또 다른 문제가 생긴다. 어떤 집단도 광범위한 유형론들이 제시하는 조건을 전부 만족시킬 수는 없다. 그렇다고 10개의 기준 중 6개만 충족해도 특정 유형에 속하는 걸로 친다면 다른 집단들과의 의미 있는 비교가 불가능해진다. 그 기준들은 서로 다른 체험에서 나온 것이기 때문이다. 예를 들어, 어떤 정의는 이주의 본질을 강조하지만 다른 정의는 해외 이주 체험의 특징에 초점을 맞추는 식이다.

최근 연구들은 이 같은 개념상의 혼란을 피하면서 ⓐ 경향이 나타났다. 유형론 연구가 임의적이거나 불충분하거나 혹은 과도하게 포괄적일 위험을 안고 있는 것과 달리, 이 경향은 정체성과 문화가 새로운 형태로 구성되는 방식에 초점을 맞춘다. 단편화(fragmentation), 혼종성(hybridity), 이중 의식(double consciousness) 등은 그 새로운 형태를 포착하려고 문화 비평가들이 쓰는 용어들이다. 디아스포라는 고향과 이주 지역의 경계를 넘어 새로운 문화적 영역을 열어젖힌다. 여기에서 초점은 이주 과정 자체가 아니라, 이주자들이 해외에 형성하는 연결망, 그들이 만들어 낸 문화의 양상이다.

이 시도는 강력한 영향을 끼칠 수 있다. 특히 문학 연구나 문화적 재현 형식 연구에서 그러하다. 하지만 분명한 한계도 있다. 사람들이 느낀 바를 분명하게 표현하지 않고, 글과 이미지, 물질문화에 증거를 남기지 않는다면 이런 방식으로 디아스포라를 분석하기란 불가능하기 때문이다. 더욱이 지난 역사를 돌이켜 보면 이주자들은 대부분 궁핍했고 읽고 쓸 줄 모르는 경우가 많았다. 그들에 대해 남아 있는 문서 자료는 대부분 사회 지배층들이 남긴 기록이다. 그 증거에 기반해 파악된 사람들에게서 디아스포라의 의미를 찾으면 함정에 빠지게 된다. 유사한 예가 민족주의 연구이다.

민족주의를 연구하는 역사학자들은 민족 지도층을 자임하는 사람들의 글과 행동에만 의존해 그 국가의 모든 사람들이 강한 민족주의 감정을 가졌다고 보면 안 된다는 것을 알고 있다. 이주 문제를 연구하는 역사학자들이 비슷한 문제에 부딪히는 것은 우연이 아니다. 비록 디아스포라 논의가 정체성은 역사적으로 구성된 것이지 고정된 것이 아니라고 강조하기는 하지만, 디아스포라 연구는 특정한 방향으로 치우치면 다른 장소에서 다른 특징을 가지고 살아가는 수많은 사람들을 그들 혹은 그들의 조상이 같은 근원을 가졌다는 이유로 한데 묶어 버리는 거대한 민족사로 귀결될 가능성도 안고 있다.

66. 윗글에 대한 이해로 적절하지 않은 것은?

① 디아스포라는 강제 이주, 인구 이동, 소수 민족 등 다양한 의미로 혼용된다.
② 유형론에 입각한 연구는 디아스포라 식별 기준이 임의적이라는 문제를 안고 있다.
③ 기록을 남기지 않은 이주자들은 디아스포라 문화 연구의 대상으로 삼기가 쉽지 않다.
④ 디아스포라의 범주화 기준을 제시하는 것은 구체적 사례들을 비교하기 어렵게 만든다.
⑤ 이주자의 문화적 양상을 연구하는 것은 이주자의 정체성을 파편화하고 혼종적인 것으로 만든다.

67. 윗글의 ⓐ에 들어갈 내용으로 가장 적절한 것은?

① 디아스포라의 외연 확대로 발생한 여러 유형들을 다시 세세하게 분류하려는
② 디아스포라가 무엇인지가 아니라 어떤 방식으로 어떻게 의미를 만들어 내는지를 묻는
③ 디아스포라에 대해 공통의 역사적 사건과 집단적 실체를 통해 지시적으로 정의를 내리려 하는
④ 디아스포라가 이주 지역에서도 어떻게 민족 집단으로서 범주화되었는지 문헌과 기록에 근거해 확인하려는
⑤ 디아스포라가 어떤 영향을 불러일으키고 어떤 결과를 가져왔는지에 대해서보다는 그것이 발생한 기원을 좇는

68. <보기>를 고려하면서 윗글을 이해한 내용으로 가장 적절한 것은?

< 보 기 >

누가 어떤 목적으로 사용하느냐에 따라 디아스포라는 그 성격이 완전히 다른 두 가지 쓰임새를 갖는다. 하나는 민족주의를 떠받치면서 차이를 없애고 동질화하며 복잡성과 다양성을 단일성으로 환원하고 만다. 다른 하나는 인간의 여러 가지 경험을 분석하고 구분하는 중요한 역할을 할 수 있다. 서로 모순되는 이 두 가능성을 염두에 두면서 단지 '뿌리'가 아니라 '길'을 탐색할 수 있어야 할 것이다.

① 이주의 역사를 민족 집단 단위로 파악해야 그 아픔과 역사에 대해 제대로 알고 공감할 수 있겠군.
② 고향과 이주지라는 명확한 이원 체계가 이주자의 출신 민족과 국가에 본질적 정체성을 발생하게 만드는군.
③ 세계 곳곳에 퍼져 있는 같은 기원을 가진 사람들을 하나로 연결하고 그 관계를 강화하는 실천이 중요하군.
④ 해외 이주민들의 삶, 경험을 유구한 민족사 속에 편입시키려는 시도에 대해 거리를 두고 살피기도 해야겠군.
⑤ 본래 살던 곳을 떠나왔어도 고국으로 돌아간다는 염원을 간직하고 그 방법을 찾는 게 디아스포라의 입장이군.

※ [69 ~ 72] 다음 글을 읽고 물음에 답하시오.

　　소송에서는 원고, 피고(인) 등 당사자와 법원이 관여하며, 이들은 모두 소송의 주체로 일컬어진다. 이들 가운데 당사자에게 소송 진행의 주도권을 부여하는 원칙을 ㉠당사자주의라고 한다. 주요 절차를 진행하는 주체를 당사자로 하는 것이다. 법원은 기일 지정, 사건 심리와 같은 소송 지휘를 맡는다. 법원에게 절차의 주도권을 주는 방식은 직권주의라 한다. 우리 민사소송은 당사자주의라 하지만 과연 그런가 싶을 만큼 퇴색하였다는 비판도 받는다. 이는 조선의 소송과 비교하면 선명해진다. 전통 시대의 민사 절차는 지나치게 당사자에게 맡겨 놓은 것은 아닌가 하는 생각까지 들도록 한다.

　　조선 시대에는 일반적인 행정 신청서인 소지에 재판을 신청 사항으로 적어 제출하면 그 서면이 오늘날의 소장과 같은 기능을 한다. 지금은 소장이 제출되면 피고에게 송달되어, 그때부터 사건은 심리할 수 있는 상태가 된다. 그리고 법원은 정해진 기일에 출석하지 않는 당사자에게 불이익을 주는 방식으로 법정 출석을 사실상 강제한다. 조선에서는 이와 달리 [　　　㉡　　　] 어렵사리 함께하게 된 원고와 피고는 먼저 재판을 신청하는 시송다짐을 법관에게 제출한다. 이 시송다짐이 제출됨으로써 심리 절차가 개시한다.

　　소송에 돌입한 원고와 피고는 먼저 자신의 입장을 밝히는 진술을 한 뒤 서로 공방을 펼친다. 조선의 판결서는 당사자들이 기일한 진술, 제출한 증거를 포함하여 소송의 모든 과정이 기록되어 있다. 조선에서도 사건의 심리에서 법관은 당연히 모호한 부분을 당사자에게 따져 묻는다. 그런데 판결서의 기재 방식에서 이에 대한 항목은 따로 설정되어 있지 않다. 당사자의 진술 부분에 어느 사항을 물으시니 답변을 올린다는 식으로 편성되어 있다. 당사자에 관한 사항만을 적는다는 형식이다.

　　기일을 마치면서는 진술 내용의 기록을 보여 주거나 읽어 주고서 일치한다는 확인을 받는데 이것들도 다짐이라 부른다. 제출된 증거는 상대방에게 인정할 것인지의 다짐을 확인하는데, 대개는 위조나 변조라면서 시인하지 않는데, 이는 서명을 거부한다고 표현된다. 출석한 증인은 기재된 증언에 서명을 하여 그 진실성을 다짐한다. 그리하여 양 당사자는 모든 변론을 다 마치면, "그날그날의 다짐을 상고하여 법에 따라 처분"해 달라는 결송다짐을 제출한다. 이 또한 판결을 신청하는 형태로 나타나는 것이다. 그렇다고 해서 법원이 직권으로 사건을 조사하여 증거를 확보하는 일을 막고 있지는 않다. 실제로 성실한 법관은 그렇게 한다.

　　결송다짐이 있으면 판결 절차로 나아가는데, 우선 다툼의 대상들을 기록하고 양 당사자의 서명을 받아 확인한다. 이들을 누구에게 귀속시킬지가 사실상 재판의 결론이다. 판결서의 말미는 판결의 이유를 설명하고 나서 오늘날의 주문에 해당하는 판결 결론을 붙인다. 이 주문의 부분에서 누가 승소하였는지를 결정하는 것이다. 원고가 승소한 경우에는 청구한 것이 얼마만큼 인정되었는지도 확정해 주어야 한다. 맨 마지막에 화명이라 하여 그 목록을 수록한다. 이는 또한 집행의 대상을 확정하는 것이기도 하다. 패소한 피고는 판결대로 이행하겠다고 서약하는 다짐을 제출한다. 그 이행을 패소자가 스스로 하지 않으면, 이 다짐에 터 잡아서 강제집행이 개시되고 집행의 범위도 그에 한정된다.

69. 윗글의 조선 시대 소송에 대한 설명으로 가장 적절한 것은?

① 소장에 해당하는 신청서의 제출로 법정이 열리고 심리 절차가 개시된다.
② 진실 발견이 어려운 경우 법관이 적극적으로 개입하여 해결하는 것이 가능했다.
③ 당사자가 제출한 증거에 대하여 상대방이 확인하도록 하는 절차를 갖추지 않았다.
④ 법원은 직권으로 수행하는 일이 없도록 되어 있어 사실상 중재자 역할을 수행하였다.
⑤ 법관은 당사자의 진술과 증거 제출이 끝나면 변론을 종결시키고 판결 절차로 나아갔다.

70. 윗글을 바탕으로 추론한 내용으로 적절하지 않은 것은?

① 절차의 개시는 조선보다 현재의 민사소송에서 더 당사자주의적인 면이 강하다.
② 오늘날과 조선 시대의 소송은 모두 당사자주의적인 면과 직권주의적인 면이 공존한다.
③ 조선 시대 판결서는 강제집행을 하게 되었을 때의 집행 대상을 표시하는 경우가 있다.
④ 현행 민사소송에서도 조선 시대의 제도에서와 같이 당사자를 신문하는 것을 허용한다.
⑤ 민사소송에서 직권주의적인 경향은 조선 시대보다 오늘날이 더욱 강한 것으로 보인다.

71. ㉠에 해당하는 설명으로 보기 어려운 것은?

① 조선의 판결서에 법관의 신문이 기록되고 있다는 사실에서도 확인할 수 있다.
② 원칙적으로 소송에서 절차 진행의 주도권을 법관보다는 당사자에게 주는 방식이다.
③ 조선에서는 당사자가 판결의 이행을 서약하는 다짐을 하고 그것이 집행의 근거가 된다.
④ 조선에서는 당사자가 판결을 신청하여 판결 절차를 개시하는 형식으로 결송다짐이 이루어진다.
⑤ 법원이 절차의 진행에 개입하는 부분이 많다는 평가를 받는 현행 민사소송이 채택한 방식이다.

72. 윗글의 ㉡에 들어갈 말로 가장 적절한 것은?

① 소장을 제출하는 것만으로는 법정이 열리지 못했다.
② 피고를 법정으로 데려오는 것은 원고의 역할이었다.
③ 소지는 소장이 아니라서 심리를 개시하는 효력이 없었다.
④ 재판을 담당하는 주체는 법원이 아니라 원고와 피고였다.
⑤ 피고를 신문하기 위해서 법정에 출석하는 것이 필요하다.

※ [73 ~ 75] 다음 글을 읽고 물음에 답하시오.

　식물군집의 천이는 군집의 종 구성 혹은 구조가 시간에 따라 방향성 있는 변화를 보이는 것이다. 천이에 관한 정의에서 가장 중요한 것은 방향성이란 용어이다. 이 말은 천이가 다시 시작되도록 하는 외적인 교란이 없다면 한때의 우점종이 다시 그 군집의 우점종으로 되지 않으며, 식물군집의 우점도가 점진적으로 변화하는 것을 의미한다. 따라서 천이에 관한 정의에는 특정한 시간 규모가 함축되어 있다. 식물군집에서 반복되는 계절적 패턴에 의한 변화 등 일시적인 변화는 그것이 아무리 두드러진 변화일지라도 천이에 포함되지 않는다. 한편 기후 변화, 새로운 종의 진화, 주요 경관 수준의 변화 등 몇 만 년에서 수백만 년에 이르는 장기적 시간 규모의 변화는 주어진 지역에서 식물의 종 구성에 압도적인 변화를 발휘하지만, 이 또한 극단적인 경우로 천이로 간주하지 않는다. 식물천이에 관한 대부분의 연구들은 500~1,000년 이내의 기간을 다루고 있다.
　군집의 천이는 일반적으로 두 가지 환경 변화에 반응하는데, 생물 자신에 의해 야기된 환경 변화는 생물 주도적 요소라 하며 이러한 유형의 천이를 생물 주도적 천이라고 한다. 그리고 생물에 의해 영향을 받지 않고 외적인 힘에 의해 야기된 환경 변화를 환경 주도적 요소라 하며, 이러한 유형의 천이를 환경 주도적 천이라고 한다. 생물 주도적 천이에서 환경 변화는 수관층 잎에 의한 햇빛 차단, 낙엽의 생산, 뿌리에 의한 토양 성분 흡수 등을 포함한다. 일부 생물 주도적 요소는 다른 종의 정착을 허용하는 기회가 될 수 있다. 반면 지역적 기후 변화는 종 구성을 변화시킬 수 있지만 이는 식물 자체에 의해 조절되지 않으므로 환경 주도적 요소로 이해된다. 생물 주도적 그리고 환경 주도적 과정들은 천이 계열의 전 과정을 통해 항상 상호 작용한다. 예를 들어, 활엽수림의 천이 초기 단계에서 초본층의 발달은 환경 주도적 요소에 크게 영향을 받지만 지소가 성숙해지고 층 형성이 진행됨에 따라 수관층 폐쇄 등 생물 주도적 요소에 의해 더 영향을 받는다.
　천이 계열 군집들은 보통 시간에 따라 다양성과 생물량이 증가하며, 서식처는 더 중습한 상태로 되는데 이것을 진행 천이라고 한다. 이와는 반대로 퇴행 천이는 시간에 따라 다양성과 생물량이 감소하고, 서식처는 더 습해지거나 더 건조해진다. 알래스카의 범람원에서 진행되는 천이는 사초과 목야지로부터 하층에 키가 낮은 관목이 있는 흰가문비나무림으로 진행된다. 그러나 짙은 피음은 두꺼운 이끼층의 생장을 촉진하고 얕은 동토층의 침식을 촉진한다. 토양 수분이 증가함에 따라 물이끼가 침입하고, 흰가문비나무는 검은가문비나무로 교체되며, 궁극적으로는 사초과 목야지로 복귀된다.
　관목이 우점하는 군집들은 흔히 순환 천이를 보인다. 예를 들어, 텍사스 사막 관목림 내의 공터는 크레오소트부시와 그 다음에 침입하는 선인장, 그리고 다시 공터가 형성되는 짧은 주기의 순환 천이가 진행된다. 크레오소트부시는 종자 생산이 많고, 종자가 바람에 의해 널리 분산되므로 새로 형성된 나지는 처음엔 크레오소트부시의 유식물에 의해 점유된다. 이 관목이 자리를 잡으면 선인장의 열매를 먹어 종자를 산포시키는 새나 설치류가 이 지소에 서식하게 되어 선인장이 자라게 된다. 선인장은 성장함에 따라 크레오소트부시와 수분에 대한 경쟁을 하여 경쟁에 약한 크레오소트부시를 죽게 만든다. 뿌리가 지표 가까이에 위치하는 선인장은 자신을 방어해 주던 관목이 제거됨에 따라 뿌리가 침식을 당하며, 땅에 구멍을 파고 선인장 뿌리를 갉아 먹는 설치류들이 침입하여 선인장의 근계를 더욱 약화시킨다. 그 결과 선인장이 죽게 되어 다시 나지가 형성되고, 이 나지는 크레오소트부시의 유식물에 의해 다시 점유된다.

73. 윗글을 읽고 답을 찾을 수 없는 질문은?

① 천이로 간주하는 변화 시간의 규모는 무엇인가?
② 생물 주도적 천이에서 환경 변화의 사례는 무엇인가?
③ 알래스카 범람원의 진행 천이가 일어나는 원인은 무엇인가?
④ 텍사스 관목림의 천이에 관여하는 크레오소트부시의 특징은 무엇인가?
⑤ 텍사스 관목림의 선인장 뿌리가 침식되지 않기 위한 조건은 무엇인가?

74. <보기>의 천이 과정의 유형으로 가장 적절한 것은?

― < 보 기 > ―

　　호주 해안 사구의 식생 발달에 대한 연구에 따르면, 오래된 사구일수록 식물의 키와 생물량의 수치가 더 낮았다. 오래된 사구의 천이는 장기간에 걸친 토양 풍화와 영양 염류 고갈에 의해 진행되었다.

① 생물 주도적 천이, 진행 천이　　　② 생물 주도적 천이, 퇴행 천이
③ 환경 주도적 천이, 진행 천이　　　④ 환경 주도적 천이, 퇴행 천이
⑤ 환경 주도적 천이, 순환 천이

75. 윗글을 바탕으로 할 때, <보기>의 탐구 내용 중 적절한 것을 모두 고른 것은?

― < 보 기 > ―

　　증발에 필요한 양이 수분 공급량을 능가하는 식물의 수분 상태를 수분 스트레스라 하는데, 이는 식물의 광합성 과정에 영향을 미친다. C_4식물은 수분이 제한된 동안에도 광합성을 위해 빛을 이용할 수 있는 능력이 향상되어 있다. 장경초지에서 대부분의 해에 C_3식물은 열과 수분 스트레스 지수가 가장 낮은 이른 봄에 우점하는 종이다. 이들 종의 우점도는 늦은 봄에 급격히 감소하는데, 열과 수분 스트레스 지수가 높은 이 시기에 C_4식물이 우점종 자리를 차지한다.

◉ 탐구 내용
　ㄱ. C_4식물은 여름 동안에도 광합성을 원활하게 할 수 있겠군.
　ㄴ. 이른 봄의 이산화탄소 축적량은 C_4식물이 C_3식물보다 많겠군.
　ㄷ. 우점종의 두드러진 변화가 관찰되지만 천이로 간주하긴 어렵겠군.
　ㄹ. 우점종이 변화되었으니 계절이 변화하더라도 C_3식물은 다시 우점종이 되지 않겠군.

① ㄱ, ㄴ　　② ㄱ, ㄷ　　③ ㄴ, ㄷ　　④ ㄴ, ㄹ　　⑤ ㄷ, ㄹ

※ [76 ~ 78] 다음 글을 읽고 물음에 답하시오.

뼈는 지레로 작용한다. 인간이 물체를 들어 올리거나 신체 일부를 움직이기 위해 근육을 사용할 때, 근육이 발생시켜야 하는 힘은 실제로 인간이 생각하는 것보다 크다. 예를 들어 손바닥 위에 15kg의 추를 놓고 있으려면 인간 팔의 이두근은 그보다 더 강한 힘을 생성해야 한다. 그 이유는 이두근의 착점은 팔꿈치 관절 가까이인 약 5cm 거리에 위치하지만, 손은 관절로부터 약 35cm 거리 멀리 떨어져 있다는 사실과 관련이 있다. 〈그림 1〉을 참고하면, 추를 들어 올리기 위해 이두근은 아래팔의 뼈를 위로 당김으로써 힘이 추에 대항하여 위쪽으로 작용하도록 한다. 추가 가만히 있거나 일정한 속도로 들어 올려질 때 이 힘의 크기는 추의 아래쪽으로 작용하는 중력의 힘과 같다. 이두근의 착점은 팔꿈치 관절 가까이에 있어 추의 축으로 작용하기 때문에 근육은 손에서 발휘하는 힘보다 상당히 큰 힘을 발휘해야만 한다.

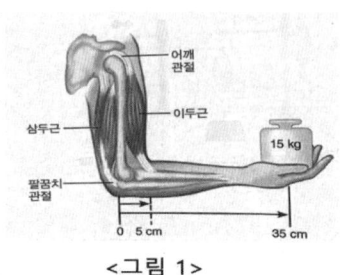

<그림 1>

일정한 거리를 움직이도록 힘이 물체에 가해질 때 일양(work)이 실행된다. 일은 힘과 거리의 곱으로 정의된다. 〈그림 2〉와 같이 손바닥 위의 추를 위로 들어 올리는 운동을 할 때 이두근은 팔을 움직이기 위하여 일정한 양의 일을 수행하고, 손은 추를 움직이기 위하여 그와 동일한 양의 일을 수행한다. 아래팔이 팔꿈치를 축으로 선회할 때 손과 이두근의 착점은 원호를 그리며 일정한 거리를 이동한다. 그러나 손은 원호가 더 큰 반경을 차지하고 있기 때문에 더 많이 이동한다. 손과 이두근은 같은 양의 일을 실행하기 때문에 발생되는 힘과 이동한 거리의 곱은 양쪽에서 같다. 이두근의 착점이 손보다 짧은 거리를 이동하므로 위의 등식으로부터 이두근은 손보다 더 큰 힘을 발휘해야만 한다.

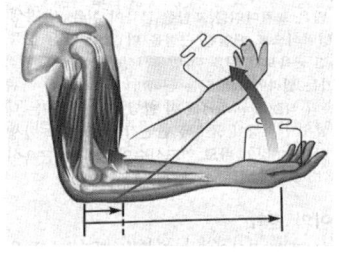

<그림 2>

이 원리를 이용하여 〈그림1〉의 이두근이 추를 들어 올리기 위해 필요한 힘을 알 수 있다. 원호의 길이는 그 반경에 비례하므로 손 또는 이두근이 이동하는 거리는 팔꿈치로부터의 거리에 비례한다. 따라서 손이 힘 F_1을 발휘하고 팔꿈치로부터의 거리 R_1에 위치한다면 F_1과 R_1의 곱에 비례하는 일을 수행한다. 마찬가지로 이두근이 힘 F_2를 발휘하고 팔꿈치로부터의 거리 R_2에 위치한다면 F_2와 R_2의 곱에 비례하는 일을 수행한다. 이때 손과 이두근이 동일한 양의 일을 수행하므로 손과 이두근의 힘을 일정한 관계식으로 정의할 수 있으며, 따라서 15kg의 추를 손으로 들어 올릴 때 이두근은 ㉠ 의 힘을 발휘함을 알아낼 수 있다. 이는 손에 추를 가만히 들고 있을 때도 마찬가지이다.

위의 예에서 아래팔의 뼈는 팔꿈치를 축으로 회전하는 지레로 작용한다. 이두근은 이 지레를 위로 잡아당기는 반면, 손 위의 추는 지레를 아래로 밀어 내린다. 이 추를 일정한 속도로 들어 올리거나 그대로 들고 있으려면 이두근은 추를 아래쪽으로 내리는 힘보다 더 큰 힘을 발휘해야만 한다. 왜냐하면 그 지렛대가 추의 지렛대보다 더 짧기 때문이다. 이러한 사실에 따라 이두근은 지렛대가 짧기 때문에 기계적으로 불리한 상태에 놓여 있다고 볼 수 있다.

지렛대 효과로 인해 근육이 힘의 발생량 측면에서 기계적으로 불리하지만 신체의 가동성 측면에서는 실제로 이 상황이 유리하다. 근육은 수축할 때 일정한 속도로 짧아지지만 근육이 부착된 팔다리 부위는 훨씬 더 빨리 움직인다. 예를 들어 이두근이 1초에 2cm 속도로 짧아진다면 손은 그보다 7배인 1초에 14cm의 속도로 움직인다. 그러므로 지렛대 효과로 인해 이두근을 비롯한 여러 근육은 근육 자체가 짧아지는 것보다 신체 부위를 더 빠르게 움직여 준다. 이에 따라 달리기, 던지기 등 활동이 가능해질 뿐만 아니라 위급할 때 빨리 위험에서 벗어나는 운동의 작용이 가능해진다.

76. 윗글에 대한 설명으로 가장 적절한 것은?

① 던지기 운동은 신체의 가동성보다 힘의 발생량 측면에서 경제성이 높다.
② 〈그림 2〉의 동작에서 이두근은 힘이 추에 대항하여 아래쪽으로 작용하도록 한다.
③ 〈그림 2〉의 동작에서 아래팔의 뼈는 어깨 관절을 축으로 회전하는 지레로 작용한다.
④ 이두근 운동은 근육의 수축 속도보다 이두근에 연결된 신체 부위의 운동 속도가 더 빠르다.
⑤ 추를 가만히 들고 있는 운동보다 추를 일정한 속도로 들어 올리는 운동에 더 큰 힘이 필요하다.

77. ㉠에 들어갈 말로 가장 적절한 것은?

① 50kg
② 75kg
③ 105kg
④ 150kg
⑤ 175kg

78. 윗글을 바탕으로 할 때, <보기>의 탐구 내용 중 적절한 것을 모두 고른 것은?

―< 보 기 >―

지레는 고정되어 있는 받침점을 기준으로 하여, 받침점과 힘점 사이의 거리와 받침점과 작용점 사이 거리의 관계에 따라 더 큰 힘을 내거나 물체를 멀리 움직일 수 있다. 1종 지레는 받침점이 작용점과 힘점 사이에 있는 지레로, 받침점에서 작용점 사이의 거리가 받침점에서 힘점 사이의 거리보다 짧다. 2종 지레는 작용점이 받침점과 힘점 사이에 있으며, 3종 지레는 힘점이 받침점과 작용점 사이에 있다.

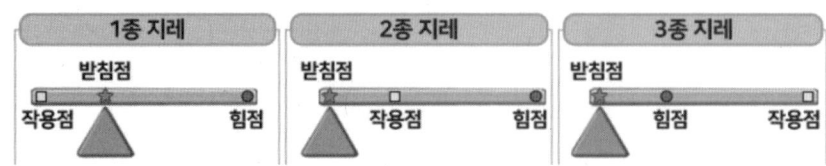

◉ 탐구 내용
ㄱ. <그림>에서 팔의 이두근의 작용은 3종 지레의 사례이겠군.
ㄴ. 발뒤꿈치를 들어 발끝으로 서 있는 동작은 1종 지레에 해당하겠군.
ㄷ. 너트를 풀기 위해 짧은 멍키 스패너보다 긴 멍키 스패너를 사용할 때 더 큰 힘을 주어야겠군.
ㄹ. 낚싯대를 사용해서 낚시를 하는 경우 낚싯바늘은 3종 지레의 작용점에 해당하겠군.

① ㄱ, ㄷ   ② ㄱ, ㄹ   ③ ㄴ, ㄷ   ④ ㄴ, ㄹ   ⑤ ㄷ, ㄹ

※ [79 ~ 82] 다음 글을 읽고 물음에 답하시오.

어떤 사람들은 부자고, 어떤 사람들은 가난하다. 이것은 나쁜가? 많은 사람들은 사회가 심하게 불평등한 것은 부당하며 정부가 부유층의 부를 세금의 형태로 걷어 다른 사람에게 분배해야 한다고 주장한다. 철학자 로버트 노직은 여기에 동의하지 않는다. 그는 세금 부과는 강제 노동과 다름이 없으며 사람을 노예로 삼는 것이라고 주장한다. 노직과 같은 주장을 '자유 지상주의'라고 한다. 이는 내가 가지고 있는 권리를 내 마음대로 집행할 수 있다는 주장이다. 정부의 역할은 모든 사람의 자유를 증진하는 것이지 부의 재분배를 통해 경제적 평등을 증진하는 것이 아니다. 설령 재분배를 통해 경제 효용성이 높아진다고 하더라도 자유라는 소중한 권리를 침해해서는 안 되는 것이다.

노직에 따르면 내 몸으로 노동을 해서 얻은 산물은 정당한 내 소유물이다. ㉠ 이 재산을 소유할 수 있는 방식은 세 가지가 있다. 첫째, 아무도 소유하지 않은 자연 세계의 일부를 취득하는 것이다. 이것은 철학자 로크가 다른 사람도 넉넉하게 이용할 수 있도록 넉넉하게 남겨두면 된다는 '단서'를 달아 허용한 것을 노직이 받아들인 것이다. 둘째, 내가 소유하고 있는 것은 내 마음대로 사용해도 된다. 곧 자발적인 합의에 따라 이전을 해도 된다. 셋째, 혹시 최초의 점유나 자발적인 이전에서 부당한 과정이 있으면 바로잡는 과정이다. 자유 지상주의에 따르면 애초에 강압이나 도둑질이 아니라 정당하게 취득했고, 자발적인 이전이나 자유로운 교환으로 얻은 소유물이라면 나는 그 소유권에 절대적인 권리를 행사할 수 있다. 그리고 아무리 좋은 결과가 나오더라도 거기에 간섭할 수는 없다.

노직은 이 주장을 극대화하기 위해 1960년대의 유명한 농구 선수인 ⓛ 월트 체임벌린의 예를 든다. 체임벌린의 팬은 경기가 열릴 때마다 입장료 외에 자발적으로 기부하여 체임벌린에게 준다. 정당하게 소유한 것을 자발적으로 이전한 것이라면 사람들은 자신이 원하는 대로 돈을 쓸 권리가 있다. 체임벌린에게 돈을 쓴다고 해서 누구도 잘못하는 것 같지 않다. 이때 구단주가 체임벌린에게 다른 선수들에게 그 돈을 나누어 주라고 명령할 '권리'가 있는가? 다른 선수들도 그것을 요구할 '권리'가 있는가? 그 돈은 자발적인 이전에 의해 체임벌린의 소유가 되었으므로 강제나 사기로 뺏는다면 체임벌린의 권리를 침해하게 된다. 노직은 세금 부과는 그런 약탈과 같다고 주장한다. 우리가 일한 노동의 대가 중 일부를 세금으로 거두어 간다면, 그만큼은 남을 위해 일한 셈이다. 실컷 일하고서도 대가를 받지 못하는 사람은 노예이다. 그러니 노직은 우리 노동 중 일부는 노예의 노동과 같다고 생각한다.

노직은 체임벌린과 같은 사람들이 나쁜 짓을 하지 않고도 부자가 될 수 있기 때문에 사회가 얼마나 불평등해질 수 있는지에 제한이 없어야 한다고 주장한다. 애초에 돈을 정당하게 가진 사람이 그 사람에게 자유롭게 준 것이라면 정부는 누구의 돈을 빼앗기 위해 개입해서는 안 된다. 따라서 아무도 돈을 훔쳐 체임벌린에게 주지 않는 한 정부는 체임벌린의 돈을 가져가서는 안 된다는 것이다. 부의 평등을 보장하려면 정부는 자유로운 거래를 막아야 한다. 노직은 이러한 엄격한 규제는 부당하다고 생각한다. 정부는 부의 재분배를 시도해서는 안 된다. 이는 대부분이 가난하고 소수만 부유한 사회처럼 매우 불평등한 사회라도 마찬가지이다.

79. '자유 지상주의'의 주장으로 가장 적절한 것은?

① 부의 재분배는 개인의 자유를 최대한 보장하는 것이다.
② 평등한 사회를 만들기 위해서는 자유를 보장해야 한다.
③ 자유의 가치는 경제 효용성이 극대화될 때 비로소 정당화된다.
④ 자유를 보장하고 불평등을 바로잡기 위해서는 정부가 개입해야 한다.
⑤ 결과적으로 불평등하고 비효율적이라고 하더라도 자유는 가장 소중한 가치이다.

80. 마을에 우물이 하나밖에 없다고 가정할 때 ㉠으로 적절하지 않은 것은?

① 우물에서 길어 올린 한 바가지 물로 빙수를 만들어 판다.
② 우물에서 길어 올린 한 바가지 물을 마시지 않고 버린다.
③ 친구가 새치기해서 나에게 물을 준 것을 알고 앞사람에게 양보한다.
④ 강압이나 도둑질 없이 자발적인 노력만으로 우물물을 모두 퍼 올린다.
⑤ 우물에서 길어 올린 한 바가지 물을 길어 올릴 시간이 없는 사람에게 강압이나 사기 없이 판다.

81. ⓒ을 경제 활동에 비유한 내용으로 적절하지 않은 것은?

	ⓒ	비유
①	기부금	부의 재분배
②	구단주	정부
③	농구 경기	노동
④	다른 선수들에게 돈(기부금)을 나누어 주기	세금 납부
⑤	다른 선수들에게 돈(기부금)을 나누어 주라는 명령	세금 부과

82. 체임벌린의 돈에 대한 질문과 그에 대한 노직의 대답으로 적절하지 않은 것은?

① 문: 체임벌린 혼자 경기를 한 것은 아니지 않은가?
답: 체임벌린은 입장료와 별개로 돈을 받은 것이다.

② 문: 체임벌린의 팬의 기부금이 훔친 돈일 수 있지 않은가?
답: 그래서 정당한 소유물에 한한다고 말했다.

③ 문: 체임벌린의 팬이 강압을 받아 돈을 기부한 것은 아닌가?
답: 그래서 소유물을 정당하게 이전해야 한다고 말했다.

④ 문: 다른 선수들도 그 돈이 절실하게 필요하지 않은가?
답: 필요하다고 해서 다른 사람의 돈을 강제로 빼앗는 것은 옳지 않다.

⑤ 문: 체임벌린도 기꺼이 다른 선수들에게 돈을 줄 수 있는 것 아닌가?
답: 자발적인 기부 역시 자유를 억압하는 것이다.

※ [83 ~ 84] 다음 글을 읽고 물음에 답하시오.

서울형 산후조리 경비 지원

2024년 9월부터 서울형 산후조리 경비 이용 장벽이 완화됩니다.

1. 산모 신생아 건강 관리 서비스, 산후조리 경비 구분 없이 허용 업종 범위 내에서 최대 100만 원 통합 사용이 가능합니다.
2. 산모 신생아 건강 관리 서비스 이용 시 본인 부담금 10% 결제 의무도 폐지됩니다.
3. 사용 기한은 자녀 출생일로부터 1년까지로 연장됩니다.

- 지원 대상: (자녀) 서울시 출생 등록 + (산모) 신청일 기준 서울시 거주
- 신청 기한: 출산일로부터 60일 이내
- 지원 내용: 출생아 1인당 산후조리 경비 이용권(100만 원)
- 지원 방법: 이용권 신청 시 등록한 카드사에 지급
  ※ 서울시와 협약된 카드사만 등록 가능(행복카드, 사랑카드, 희망카드)
- 사용처: 산모 신생아 관리 서비스 이용
  산후조리 경비 서비스 이용
  (의약품 및 건강식품 구매, 한약 조제, 산후 운동 수강)
  - 몸 건강: 요가, 필라테스, 체형 교정 등
  - 마음 건강: 산후 우울증 검사 및 상담
- 신청 방법: 온라인(www.abc.korea) 신청 또는 동 주민센터 방문 신청
  ※방문 시 본인 신분증과 인증을 위한 본인 명의의 휴대전화 또는 신용(체크)카드 소지 필요

83. 윗글에 대한 이해로 적절하지 <u>않은</u> 것은?

① 산후조리 경비는 출산일로부터 60일 안에 신청해야 한다.
② 산모 신생아 건강 관리 서비스 이용 시 10%를 본인이 결제해야 한다.
③ 산후조리 경비를 출생아 1인당 최대 100만 원까지 사용할 수 있다.
④ 서울시에서 출생을 등록하지 않은 자녀는 지원받을 수 없다.
⑤ 자녀 출생일로부터 1년까지 산후조리 경비를 사용할 수 있다.

84. 윗글에서 알 수 없는 내용은?

① 방문 시 준비물
② 동 주민센터 주소
③ 온라인 신청 사이트
④ 이용할 수 있는 서비스 유형
⑤ 서울시와 협약된 카드사 종류

※ [85 ~ 87] 다음 뉴스 보도를 읽고 물음에 답하시오.

당분간 큰 일교차…한낮 10도 안팎 '포근'	
장면1		한낮에 포근함이 감돌며 계절의 변화를 물씬 느낄 수 있는 하루였죠? 오늘 부산에서는 노란 산수유가 하나둘 꽃망울을 터뜨리며 봄의 시작을 알리기도 했습니다. ㉠ 볼에 닿는 공기도 마치 부드러운 솜털처럼 제법 부드러워졌습니다.
장면2		당분간 낮 기온이 10도 안팎까지 올라 포근하겠지만, 큰 일교차에 주의하셔야겠습니다. 밤사이 기온이 낮아지며 빙판길이 만들어지는 곳이 있으므로 도로 미끄럼 사고에 유의하시길 바랍니다. ㉡ 한낮에는 따스함이 감돌지만, 아침저녁에는 쌀쌀한 만큼 옷차림에 유의하셔야겠습니다.

장면3	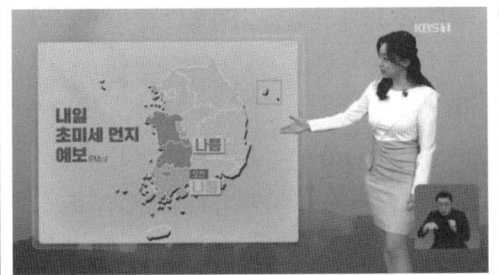	ⓒ 한편 오늘 밤부터 초미세 먼지의 영향으로 공기가 탁하겠습니다. 지금은 전국의 초미세 먼지 농도 '좋음'에서 '보통' 수준을 보이고 있지만 온화한 서풍을 타고 오후부터 서쪽 지역에는 국외 미세 먼지가 유입되겠습니다.
장면4		내일은 대기 정체로 오늘 쌓인 미세 먼지가 그대로 남는 곳이 있겠습니다. 충남, 광주, 전북 일 평균 초미세 먼지 농도는 '나쁨' 수준이 예상됩니다. ㉣ 호흡기 관리 잘하셔야겠고, 마스크 착용 잊지 마셔야겠습니다. 특히 밤사이 먼지와 안개가 뒤엉켜 가시거리가 짧은 곳이 있겠습니다.
장면5		내일 아침 부산이 영상 3도, 낮 기온이 영상 11도로 예상되고, 전주의 아침 기온 영하 2도, 낮 기온 영상 11도로 예상됩니다. 내일 군산의 아침 기온 영하 3도까지 떨어져 춥겠습니다. 다음 주에는 날이 더욱 포근해지겠고요, ㉤ 비 소식이 찾아오겠습니다. 날씨였습니다.

85. 뉴스 보도에 사용된 정보 제시 전략으로 적절하지 않은 것은?

① 장면1: 특정 지역의 개화 사진을 통해 계절 변화를 시각적으로 전달하고 있다.
② 장면2: 꺾은선 그래프를 통해 시청자가 일교차를 쉽게 파악하도록 돕고 있다.
③ 장면3: 위성 사진에서 색을 구분하여 유입될 초미세 먼지의 현황을 보여 주고 있다.
④ 장면4: 언급한 지역의 초미세 먼지의 농도를 수치로 비교하여 심각성을 드러내고 있다.
⑤ 장면5: 주요 지역의 기온을 지도에 표시하여 내일 날씨 정보를 종합하고 있다.

86. <보기>는 뉴스 보도를 본 시청자들의 반응이다. 이에 대한 이해로 적절하지 않은 것은?

―――< 보 기 >―――

시청자 게시판

└ 시청자1 낮 기온은 포근해도 밤에는 길이 얼 수도 있다고 하니 조심해야겠어요. 예보 덕분에 내일 아침 출근길에는 더 신경 써야겠다는 생각이 드네요.

└ 시청자2 미세 먼지가 서풍을 타고 들어온다고 하니, 결국 중국 쪽 대기 오염이 심각하다는 뜻이겠네요. 점점 발생 빈도가 늘어나는 것 같아 걱정됩니다.

└ 시청자3 예전에 공기 질에 영향을 미치는 요인 중 핵심은 대기의 흐름이라는 내용을 읽은 적이 있어요. 대기가 정체되면 미세 먼지가 쉽게 사라지지 않기에, 내일 서쪽 지역의 미세 먼지가 심한 것이죠.

└ 시청자4 미세 먼지 '나쁨' 수준이 어느 정도의 수치인지 감이 안 와요. 앞으로 미세 먼지 문제가 자주 발생할 텐데 예보할 때 등급별 미세 먼지 농도에 대한 설명을 보태 주면 좋겠어요.

└ 시청자5 지난번에도 비가 온다고 했는데 결국 흐리기만 했어요. 이번에도 실제로 비가 올지 모르겠네요.

① 시청자1: 기상 예보를 자신의 삶과 관련지어 유용하게 활용하고 있군.
② 시청자2: 예보 내용을 토대로 기상 현상이 나타나는 배경을 추론하고 있군.
③ 시청자3: 자신의 배경지식을 활용하여 예보 내용의 오류를 지적하고 있군.
④ 시청자4: 기상 예보에서 부족한 정보를 언급하며 개선 방향을 제안하고 있군.
⑤ 시청자5: 이전 기상 예보를 바탕으로 예보 내용에 의문을 제기하고 있군.

87. ㉠~㉤에 대한 설명으로 적절하지 않은 것은?

① ㉠: 직유법을 사용하여 봄 날씨로의 변화를 비유적으로 보도하고 있다.
② ㉡: 대조 표현을 사용하여 보도에서 다루는 일교차에 대한 전달을 강조하고 있다.
③ ㉢: 피동 표현을 사용하여 공기가 탁해지는 원인을 객관적으로 전달하고 있다.
④ ㉣: 조사를 생략하여 시청자에게 당부하는 내용을 간결하게 제시하고 있다.
⑤ ㉤: 일기 예보에서 주로 쓰이는 관습적 비유 표현을 사용하여 정보를 전달하고 있다.

※ [88 ~ 90] 다음 글을 읽고 물음에 답하시오.

행 복 시

수신 ㉠(전)4구역 주택 재개발 정비 사업 조합 설립 추진 위원회 귀하

제목 4구역 주택 재개발 정비 구역 해제 및 조합 설립 추진 위원회 취소 통보

1. '도시 및 주거환경정비법(이하 도정법)' 및 행복시의 '도시 및 주거환경정비조례'에 의거 행복시 고시 제1호로 4구역 주택 재개발 정비 구역을 해제함.
2. 이에 따라 정비 구역의 지정이 해제되는 경우 조합 설립 추진 위원회 승인을 취소하여야 하므로 행복시 고시 제2호로 4구역 주택 재개발 정비 사업 조합 설립 추진 위원회의 승인 취소를 고시함. (※ 관련 고시문은 우리 시 홈페이지 고시 공고란에 게재.)
3. 본 처분에 대하여 이의가 있을 경우
   - 행정 심판은 행정심판법 제27조(심판 청구의 기간)에 의거 처분이 있음을 알게 된 날부터 90일 이내에 청구하여야 함.
   - 취소 소송은 행정 소송법 제20조(제소 기간)에 의거 처분 등이 있음을 안 날부터 90일 이내에 제기하여야 함.
4. 도정법 제13조 제2항에 의거 정비 구역 지정 고시 후 조합 설립 추진 위원회를 구성하여 시장의 승인을 받아야 함.
   ※ 승인을 얻지 아니하고 법 제14조 제1항에 따른 추진 위원회 업무를 수행할 경우, 처벌 대상이 될 수 있음. 끝.

88. 윗글을 이해한 내용으로 가장 적절한 것은?

① 4구역은 원래 주택 재개발 정비 구역으로 지정되어 있었다.
② 취소 통보에 이의가 있을 경우 행복시 홈페이지에 신청하면 된다.
③ 취소 소송은 공문이 발송된 날로부터 90일 이내에 제기해야 한다.
④ 정비 구역의 조합 설립 추진 위원회는 구청장의 승인을 받아야 한다.
⑤ 정비 구역 지정이 해제되더라도 조합 설립 추진 위원회는 유지될 수 있다.

89. ㉠의 입장에서 윗글을 이해한 내용으로 적절하지 않은 것은?

① 정비 구역 해제 근거를 파악하려면 도정법과 행복시 조례를 모두 참고해야 한다.
② 승인 취소 관련 고시문은 행복시 홈페이지에 접속해서 확인할 수 있다.
③ 위원회의 승인 취소 처분을 받아들일 수 없다면 행정 소송을 할 수 있다.
④ 행정 심판 청구 기간과 취소 소송 제기 기간은 동일하지 않다.
⑤ 처분에 이의가 있더라도 위원회 활동을 계속할 수 없다.

90. 윗글에 추가로 제시되어야 할 정보로 적절하지 않은 것은?

① 행복시의 홈페이지 주소
② 주택 재개발 정비 구역이 해제된 사유
③ 문의 사항이 있을 경우 연락 가능한 연락처
④ 추진 위원회 업무를 지속할 경우 처벌의 법적 근거
⑤ 도시 및 주거환경정비법의 정비 구역 해제 관련 조항

[국어 문화] (91번~100번)

91. <보기>에서 설명하는 문학 작품은?

― < 보 기 > ―

　　정철이 25세 이후에 당쟁으로 정계를 물러나 이곳에서 살 때 김성원을 위하여 이 작품을 지었다고 하며, 당시의 문인 김성원이 세운 서하당(棲霞堂)·식영정(息影亭)을 중심으로 계절에 따라 변하는 경치와 김성원의 풍류를 예찬한 노래이다. 총 84절(행) 168구, 3·4조가 주축을 이루고 있는 가사 작품이다.

① 상춘곡　　② 관서별곡　　③ 사미인곡　　④ 성산별곡　　⑤ 속미인곡

92. <보기>에서 설명하는 문학 작품은?

― < 보 기 > ―

　　이청준 작가의 작품으로 동인문학상을 수상하였다. 이 작품은 6·25 전쟁 체험의 실존적 고통을 간직한 형과 절실한 체험도 없이 관념적 고통을 가지고 무기력하게 살고 있는 동생 '나'를 통해서, 인간 실존의 아픔의 근원과 그 극복 양상을 형상화하였다는 평가를 받는다. 이 작품의 제목은 죄책감으로 인해 일상적 삶을 포기하려는 정신적 상처를 가진 형과 자신의 아픔이나 환부의 원인조차 알지 못하는 동생을 각각 의미한다.

① 꽃과 뱀　　② 변사와 연극　　③ 전쟁과 악기　　④ 병신과 머저리　　⑤ 소문과 두려움

93. <보기>에서 설명하는 작가는?

― < 보 기 > ―

　　일제강점기 「나의 꿈을 엿보시겠습니까」, 「아직 촛불을 켤 때가 아닙니다」 등을 저술한 시인으로, 시작 활동은 1924년 4월 19일자 『조선일보』에 소적이라는 필명으로 「기우는 해」를 발표하면서 시작되었다. 1931년 『시문학』지에 시 「선물」을 발표하여 그 잡지의 동인이 되면서부터 본격적인 작품 활동을 전개하였고, 이 작품들을 모아 1939년 첫 시집 『촛불』에 이어 1947년에는 두 번째 시집 『슬픈 목가(牧歌)』를 간행하였다.

① 김광균　　② 김광섭　　③ 김상옥　　④ 노천명　　⑤ 신석정

94. <보기>는 일제 강점기 신문에 게재된 기사이다. 이에 대한 설명으로 적절하지 <u>않은</u> 것은?

―< 보 기 >―

개성(開城)서 초빙 공연
지방 인사들의 열렬한 희망으로 내오일(來五日) 중앙회관에서 공연

재동경 우리 음악가 협회원 일행의 음악단은 금번 본사 주최로 대구, 경성의 공연을 마추고 삼일 밤은 평양에서 최후의 공연을 필하고 일행은 일단 해산케 되엇는데 모처럼 다수 일행이 와서 평양까지 갓다가 그대로 해산케 됨은 섭섭타고 본사 개성 지국에서 일행을 개성까지 초빙하여 오일 밤 팔 시 개성 중앙회 중앙회관에서 대공연을 하게 되엿다. 개성으로서 이러한 성대한 대음악회를 개최하기는 실로 천재일우의 긔회라 각 방면에서 비상한 긔대를 가지고 잇다 한다.

― 『조선일보』 1935년 7월 5일자

① 음악단의 개성 공연은 처음부터 기획되어 있었다.
② 음악단은 대구, 경성, 평양에서 공연을 개최한 바 있다.
③ 음악단의 개성 공연은 신문사의 개성 지국에서 주도했다.
④ 음악 공연은 오일 밤에 개성 중앙회 중앙회관에서 열린다.
⑤ 개성에서 큰 규모의 음악회가 개최되는 것은 흔치 않은 일이다.

95. <보기>의 ㉠~㉤의 의미로 적절하지 <u>않은</u> 것은?

―< 보 기 >―

㉠<u>화설(話說)</u>, 대명(大明) 성화(成化) 연간에 형주 구계촌에 한 사람이 있으되, 성은 홍(洪)이요 이름은 무(武)라. 세대 명문거족(名門巨族)으로 소년 급제하여 벼슬이 이부시랑(吏部侍郞)에 있어 충효 강직하니, 천자(天子) 사랑하사 국사(國事)를 의논하시니, 만조백관이 다 시기하야 모함하여, 무죄히 ㉡<u>삭탈관직(削奪官職)</u>하고 고향에 돌아와 농업에 힘쓰니, 가세는 ㉢<u>요부(饒富)</u>하나 슬하에 일점혈육(一點血肉)이 없어 매일 설워하더라.
〈 중략 〉
이 때는 추구월 ㉣<u>망간(望間)</u>이라. 부인이 ㉤<u>시비(侍婢)</u>를 데리고 망월루에 올라 월색을 구경하더니 홀연 몸이 곤하여 난간에 의지하니, 비몽간에 선녀가 내려와 부인께 재배(再拜)하고 아뢰기를……

― 「홍계월전」

① ㉠: 고대 소설에서 이야기를 시작할 때 쓰는 말.
② ㉡: 죄를 짓고 벼슬을 스스로 그만둠.
③ ㉢: 살림이 넉넉하다.
④ ㉣: 음력 보름께.
⑤ ㉤: 곁에서 시중을 드는 계집종.

96. <보기>는 『훈민정음』 서문이다. <보기>에 대한 설명으로 적절하지 않은 것은?

< 보 기 >

ⓘ 나·랏:말쌋·미中듕國·귁·에달·아ⓛ文문字·쫑·와·로서르ᄉᆞᄆᆞᆺ·디아·니ᄒᆞᆯ·씨·이런젼·ᄎᆞ·로어·린百·빅姓·셩·이니르·고·져·홇·배이·셔·도ᄆᆞᄎᆞᆷ:내제·ᄠᅳ·들시·러펴·디:몯홇ⓒ·노·미하·니·라·내이·ᄅᆞᆯ爲·윙·ᄒᆞ·야:어엿·비너·겨·새·로·스·믈여·듧字·쫑·ᄅᆞᆯ밍·ᄀᆞ노·니:사ᄅᆞᆷ:마·다:ᄒᆡ·ᅇᅧ:수·ᄫᅵ니·겨·날·로ⓔ뿌·메便뼌安한·킈ᄒᆞ·고·져ᄒᆞᇙⓜᄯᆞᄅᆞ·미니·라

① ⓘ: 각 음절의 오른쪽에 점을 찍어 성조를 표시한다.
② ⓛ: 각 한자의 다음에 한글로 한자음을 표기한다.
③ ⓒ: 어절과 어절 사이를 붙여 쓴다.
④ ⓔ: 어법에 맞추어 적지 않고 소리 나는 대로 적는다.
⑤ ⓜ: 문장 부호를 사용하지 않는다.

97. <보기>는 북한의 표기 관련 규정이다. 표기가 규정에 맞지 않는 것은?

< 보 기 >

〈조선말규범집(2010)〉
제6항 한 형태부안에서 받침 ≪ㄴ, ㄹ, ㅁ, ㅇ≫ 다음의 소리가 된소리로 나는 경우에는 그것을 된소리로 적는다.

옳음	그름
례: 반짝반짝	반작반작
말씀	말슴
옴짝달싹	옴작달삭
뭉뚝하다	뭉둑하다

그러나 토에서는 ≪ㄹ≫ 뒤에서 된소리가 나더라도 된소리로 적지 않는다.

옳음	그름
례: ~ㄹ가	~ㄹ까
~ㄹ수록	~ㄹ쑤록
~ㄹ지라도	~ㄹ찌라도

① 갈게 ② 깜짝 ③ 벌써 ④ 갈쏘냐 ⑤ 할지니

98. <보기>를 바탕으로 할 때, 다음 수어가 나타내는 의미는?

<보 기>

수어는 손동작을 이용하는 언어이기 때문에 특정 단어의 손동작을 거꾸로 할 경우 반대의 뜻이 되기도 하며, 손동작의 방향에 따라서 시제를 표현할 수 있다. 예를 들어 오른 주먹의 검지를 어깨 뒤쪽을 향해 넘기는 동작은 '어제'를, 반대로 앞쪽을 향해 내미는 동작은 '내일'을 의미한다. 만일 동일한 동작에 중지를 함께 펴 동작한다면 전자에는 '전날', 후자에는 '다음날'의 의미가 추가된다.

① 그제 ② 오늘 ③ 모레 ④ 글피 ⑤ 지금

99. <보기>의 법률 문장에서 밑줄 친 부분의 의미로 가장 적절한 것은?

<보 기>

점유물이 점유자의 책임 있는 사유로 인하여 멸실 또는 훼손한 때에는 <u>악의</u>의 점유자는 그 손해의 전부를 배상하여야 하며 선의의 점유자는 이익이 현존하는 한도에서 배상하여야 한다. 소유의 의사가 없는 점유자는 선의인 경우에도 손해의 전부를 배상하여야 한다. (민법 제220조)

① 손해 배상 능력이 있는
② 일정한 사실 관계를 알고 있는
③ 상대방을 비난할 의도를 가지고 있는
④ 거래 관계를 현저하게 왜곡하고 있는
⑤ 선량한 관리자의 의무를 망각하려 하는

100. <보기>에서 드러나는 방송 언어의 특성으로 적절하지 않은 것은?

< 보 기 >

진행자: (신나는 배경 음악) 여러분, 오늘도 텐션 업! △△ 라디오의 진행자 ○○○입니다. 벌써 3월이 성큼 다가왔네요! 우리 새 학기를 앞둔 학생 여러분, 마음이 어떠세요? 설레기도 하고, 살짝 걱정도 되죠? 오늘 '0222'님이 이런 사연을 보내 주셨습니다. "고등학교에 입학하는 새내기입니다. 친구도 없고, 선생님도 낯설 것 같고… 잘 적응할 수 있을까요?" 에구… 맞아요, 새 학기마다 긴장이 되지요. 혹시 나만의 적응 꿀팁을 대방출해 줄 선배님이 있을까요? 사연이 소개된 분들께는 소정의 선물을 보내드려요.

① 간접 인용의 형식으로 청취자의 사연을 소개하고 있다.
② 질문을 던지며 방송의 흐름을 자연스럽게 이어가고 있다.
③ 특정 그룹의 청취자를 지칭하며 친밀감을 형성하고 있다.
④ 청취자의 고민에 공감하며 자연스럽게 화제를 이어가고 있다.
⑤ 신조어와 구어적 표현을 통해 친근한 분위기를 조성하고 있다.

KBS 한국어진흥원 국가공인 공식기출

제83회
2025. 2. 15. 시행

KBS 한국어능력시험

실제 시험처럼 풀어 보기 위한 준비 사항

1. OMR 답안지를 준비해 주세요. 문제집 맨 뒤에 OMR 답안지가 있습니다. ☐
2. KBS한국어능력시험은 연필로 마킹하니, 연필을 준비해 주세요. ☐
3. KBS한국어능력시험은 듣기·말하기 영역부터 시작합니다. 듣기 MP3를 들을 준비를 해 주세요. ☐

듣기 음성 바로 듣기

🎧 **제83회 KBS한국어능력시험 듣기.mp3**
해커스자격증(pass.hackers.com)에서 무료 다운로드
상단 메뉴 [KBS한국어/글쓰기 → 교재정보 → MP3 및 부가자료]

자동 채점 및 성적 분석
서비스 바로 이용하기

📋 **자동 채점 및 성적 분석 서비스**
∨ 모바일 OMR, 자동 채점, 예상 등급 조회 서비스
∨ 정답률 및 취약 유형 분석

시험 시간: 120분

목표 등급: _____급
시작 시간: _____시 _____분 ~ 종료 시간: _____시 _____분

2025. 2. 15.

성 명	
수험번호	
감독관 확인	

제83회
KBS한국어능력시험
(홀수형 문제지)

※ 수험번호 맨 끝자리 수가 홀수인 수험생용입니다.

KBS 한국방송

- 문제지와 답안지에 모두 성명, 수험 번호를 정확히 기입하십시오.
- 답안지와 함께 문제지를 반드시 제출하십시오.
- 본 시험지를 절취하는 것은 부정행위로 간주합니다.
- 본 시험의 내용을 무단으로 전재·복사·복제·출판·강의하는 행위와 인터넷 등을 통해 복원하는 행위는 저작권법에 저촉됩니다.

홀수형 문항(100문항)

※ 수험번호 맨 끝자리 수가 홀수인 수험생용입니다.

영 역	문항 번호
듣기·말하기	1 ~ 15
어휘	16 ~ 30
어법	31 ~ 45
쓰기	46 ~ 50
창안	51 ~ 60
읽기	61 ~ 90
국어 문화	91 ~ 100

[듣기·말하기] (1번~15번)

1. 그림에 대한 설명으로 적절하지 않은 것은?

   ① 선비의 맨발은 자유로운 정신을 드러내고 있다.
   ② 악기는 참다운 군자의 덕목을 드러내고 있다.
   ③ 청동 제기는 소박한 선비의 삶을 드러내고 있다.
   ④ 칼은 게으른 마음을 경계하는 자세를 드러내고 있다.
   ⑤ 포의는 관직에 나가지 않은 모습을 드러내고 있다.

2. 이 이야기의 교훈으로 가장 적절한 것은?

   ① 감정은 다스리기 어려움을 이해해야 한다.
   ② 자신의 감정을 이해하고 그대로 인정해야 한다.
   ③ 이성적 사고를 통해 자신의 모든 감정을 숨겨야 한다.
   ④ 부정적 감정을 자제하고 긍정적 감정을 끌어내야 한다.
   ⑤ 착한 일을 한 이를 격려하고 악한 일을 한 이를 징계해야 한다.

3. 강연의 내용과 일치하지 않는 것은?

   ① 냉면은 한국에 특화된 음식이다.
   ② 냉면은 지역에 상관없이 이름이 동일하다.
   ③ 함흥냉면은 질겨서 가위가 필요할 때도 있다.
   ④ 북쪽의 냉면에 필적하는 남쪽의 음식은 막국수이다.
   ⑤ 막국수의 이름은 메밀을 표백하는 과정에서 유래했다.

4. 방송을 듣고 이해한 내용으로 적절하지 않은 것은?

   ① 앤더슨은 가난과 인종 차별로 음악 학교에 입학하지 못했다.
   ② 앤더슨이 부른 영가에는 흑인 노예의 고통과 슬픔이 담겨 있다.
   ③ 흑인의 노래는 손뼉으로 반주를 하면서 리듬감이 두드러지게 되었다.
   ④ 흑인의 노래에는 다양한 지역의 민속 음악이 포함되어 있다.
   ⑤ 앤더슨이 빠뜨리지 않고 불렀던 〈깊은 강〉은 '노동요'에 해당한다.

5. 이 시의 주제로 가장 적절한 것은?

   ① 삶의 허무를 극복하는 삶의 자세
   ② 어려움을 인내할 줄 아는 삶의 자세
   ③ 생태계의 파괴를 성찰하는 삶의 자세
   ④ 헌신하고 베풀며 더불어 사는 삶의 자세
   ⑤ 자연의 섭리를 깨닫고 실천하는 삶의 자세

6. 전문가가 설명한 내용으로 가장 적절한 것은?

   ① AI의 욕망은 보상을 얻고자 하는 것이 아니다.
   ② AI는 보상 체계를 스스로 확장할 수 있다.
   ③ AI의 창의성은 대부분 인간이 부여한 것이다.
   ④ AI는 인간보다 전이 학습 능력이 뛰어나다.
   ⑤ AI는 적절한 외부 환경에 놓일 경우 창의성을 발전시킬 수 있다.

7. 진행자의 말하기 전략에 대한 설명으로 가장 적절한 것은?

   ① 전문가의 설명에 대해 자신의 경험 사례를 보충하고 있다.
   ② 대담 주제와 관련된 사례를 소개하며 이야기를 시작하고 있다.
   ③ 전문 용어에 대해 현실의 사례를 들어 설명하기를 요청하고 있다.
   ④ 대담의 객관성을 높이기 위해 통계 자료의 출처를 요구하고 있다.
   ⑤ 최근의 쟁점을 청취자에게 질문하며 사회적 의미를 부각하고 있다.

8. 대화를 통해 알 수 있는 등장인물의 생각으로 적절하지 않은 것은?

① 여자: 먹이를 주지 않아도 고양이가 사라지지는 않을 것이다.
② 여자: 고양이에게 먹이를 주어야 쓰레기를 뒤지지 않을 것이다.
③ 남자: 고양이로 인한 피해로 주민들이 불편을 겪고 있다.
④ 남자: 고양이 먹이를 주는 것과 고양이가 모이는 것은 관련이 없다.
⑤ 남자: 고양이 먹이를 주지 말자는 것이 생명을 경시하는 것은 아니다.

9. 인물들의 말하기 방식에 대한 설명으로 가장 적절한 것은?

① 남자: 법적 근거를 들며 상대방의 행동을 비판하고 있다.
② 남자: 개인적인 고통을 사례로 들어 상대방의 행동을 비판하고 있다.
③ 여자: 상대방의 주장을 수용하여 자신의 입장을 변경하고 있다.
④ 여자: 다른 사람의 말을 인용하여 상대방의 주장을 반박하고 있다.
⑤ 여자: 논쟁의 해결을 위한 제3자의 개입 가능성을 언급하고 있다.

10. 강연의 내용과 일치하지 않는 것은?

① 루브르 박물관은 프랑스 혁명을 계기로 대중에게 공개되었다.
② 루브르 박물관은 처음에 르네상스 양식의 궁전으로 건축되었다.
③ 루브르 박물관의 유리 피라미드는 디자인 선정 당시 많은 반대에 부딪혔다.
④ 루브르 박물관의 유리 피라미드는 입구이면서 동시에 자연 채광 통로의 역할을 한다.
⑤ 루브르 박물관에 있는 대표 작품으로는 레오나르도 다빈치의 「모나리자」를 들 수 있다.

11. 강연자의 말하기 방식에 대한 설명으로 가장 적절한 것은?

① 대상의 대표적인 작품을 나열하여 제시하고 있다.
② 용어의 개념을 설명하여 청중의 이해를 돕고 있다.
③ 통계적 수치를 인용하여 관람객 수의 변화를 제시하고 있다.
④ 강연의 순서를 제시하여 청중이 강연 내용을 예측하도록 하고 있다.
⑤ 질문의 방식을 활용하여 대상과 관련된 청중의 경험을 환기하고 있다.

12. 발표의 내용에 대한 이해로 적절하지 않은 것은?

① 지속적인 진화의 경쟁에 참여하지 않으면 도태된다.
② 붉은 여왕의 가설은 붉은 여왕의 달리기로 불리기도 한다.
③ 거울 나라는 앞서가고 싶으면 지금 뛰는 속도의 2배 이상으로 달려야 한다.
④ 거울 나라의 앨리스에 나오는 장면에서 붉은 여왕의 가설이 생겨났다.
⑤ 디지털 카메라를 발명한 회사의 사례는 환경에 적응하지 못한 경우이다.

13. 발표자가 사용한 말하기 전략으로 가장 적절한 것은?

① 발표의 마무리에서 청중의 구체적 행동을 촉구하고 있다.
② 설문 조사 자료를 활용하여 발표 내용을 뒷받침하고 있다.
③ 자신이 직접 주창한 내용을 소개하며 발표를 시작하고 있다.
④ 정의, 예시의 방법을 활용하여 발표의 내용을 설명하고 있다.
⑤ 전문가와의 인터뷰를 인용하여 발표 내용의 신뢰성을 높이고 있다.

14. 두 사람의 입장에 대한 이해로 적절하지 않은 것은?

① 밴드부 대표는 연주 소음에 유의하면서 활동해 왔다고 주장한다.
② 밴드부 대표는 마음껏 연주할 수 있는 환경을 원하고 있다고 주장한다.
③ 밴드부 대표는 도서부가 악기를 옮기는 것을 도와주어야 한다고 주장한다.
④ 도서부 대표는 밴드부의 소음으로 많은 학생들이 피해를 입고 있다고 주장한다.
⑤ 도서부 대표는 도서부가 활동 장소를 다른 곳으로 옮기는 것은 힘들다고 주장한다.

15. 두 사람의 갈등 해결 방식으로 가장 적절한 것은?

① 밴드부 대표는 도서부의 입장을 고려하여 전적으로 양보하기로 결정했다.
② 도서부 대표와 밴드부 대표는 도서부의 제안을 절충하며 합의를 모색하고 있다.
③ 도서부 대표와 밴드부 대표는 각자의 절충안을 제시하여 갈등을 해결하고 있다.
④ 도서부 대표와 밴드부 대표는 다른 부서들의 불만에 공동 대응하기로 합의하고 있다.
⑤ 도서부 대표는 밴드부의 연주 환경에 대한 하소연을 받아들여 자신의 주장을 수정했다.

[어휘] (16번~30번)

16. "성질이나 일 처리가 반듯하고 야무지다."를 의미하는 고유어는?

① 가만하다   ② 마뜩하다   ③ 말쑥하다
④ 칠칠하다   ⑤ 해사하다

17. 한자어의 사전적 뜻풀이로 적절하지 않은 것은?

① 도로(徒勞): 헛되이 수고함.
② 호우(好雨): 때를 맞추어 알맞게 오는 비.
③ 과문(寡聞): 보고 들은 것이 많아 지나침.
④ 차치(且置): 내버려 두고 문제 삼지 아니함.
⑤ 탱천(撐天): 하늘을 찌를 듯이 공중으로 높이 솟아오름.

18. 밑줄 친 고유어의 의미로 적절하지 않은 것은?

① 옷 솔기가 터져서 다시 꿰매야 했다. → 옷이나 이부자리 따위를 지을 때 두 폭을 맞대고 꿰맨 줄.
② 해거름이 되니 들판이 주황빛으로 물들었다. → 해가 서쪽으로 넘어가는 일. 또는 그런 때.
③ 보름이 지나고 나니 달빛이 이울기 시작했다. → 해나 달의 빛이 약해지거나 스러지다.
④ 그는 가풀막을 힘겹게 오르며 숨을 고르기도 했다. → 몹시 가파르게 비탈진 곳.
⑤ 너는 굼으로 가만히 있었으면 이 지경까지는 안 됐을 텐데. → 아무런 까닭이나 실속 없이.

19. 밑줄 친 한자어의 쓰임이 적절하지 않은 것은?

① 유명 연예인의 말 한마디가 사회에 큰 반향(反響)을 일으켰다.
② 공장은 명절을 맞은 직원들이 모두 철시(撤市)하여 텅 비어 있었다.
③ 눈으로 직접 보고도 믿기 힘든 희유(稀有)한 일이 계속 벌어지고 있다.
④ 이번 달에는 아버지께서 생활비와 함께 가외(加外)로 용돈을 더 주셨다.
⑤ 예전에는 친한 사이였지만 오랫동안 격조(隔阻)하여 알아보기 힘들었다.

20. <보기>의 밑줄 친 ㉠~㉢에 해당하는 한자로 올바르게 묶인 것은?

< 보 기 >
- 형님의 계획은 준비 부족으로 결국 ㉠무산되고 말았다.
- 그녀는 친구의 결혼식 ㉡사회를 맡기로 했다.
- 청년은 ㉢지적을 받자 화를 참지 못하고 나갔다.

	㉠	㉡	㉢
①	霧散	社會	指摘
②	霧散	司會	指摘
③	霧散	社會	指笛
④	無算	司會	指笛
⑤	無算	社會	指摘

21. 밑줄 친 고유어의 쓰임이 적절하지 않은 것은?

① 선배들은 어색해하는 신입생을 곰살맞게 대해 주었다.
② 그 직원은 일을 하는 솜씨가 늘차서 일을 빨리 끝냈다.
③ 그 아이는 예의를 지키지 않고 어른에게 무람없이 굴었다.
④ 아침까지 성기던 빗줄기가 오후 들면서는 아예 폭우로 바뀌었다.
⑤ 은은하게 들리는 자그러운 풍경 소리에 마음이 편안해짐을 느꼈다.

22. 밑줄 친 단어 중 나머지 넷과 다의어 관계에 있지 않은 것은?

① 해가 중천에 떴는데 아직 자니?
② 벽에 습기가 차서 도배지가 떴다.
③ 최근 며칠 여행 때문에 마음이 붕 떠 있다.
④ 그 돈은 받기 어려우니 이미 떴다고 생각해.
⑤ 사람들은 새로운 일거리를 찾아 고향을 떴다.

23. 두 단어의 의미 관계가 <보기>와 동일한 것은?

< 보 기 >
낯 – 얼굴

① 옷 – 단추
② 나이 – 연령
③ 운동 – 요가
④ 예술 – 문학
⑤ 진실 – 거짓

24. 밑줄 친 '보다'에 대응하는 한자어가 적절하지 않은 것은?

① 어제 친구와 영화를 보았다. → 감상(鑑賞)하다
② 하루 종일 업무를 보느라 너무 바빴다. → 수행(遂行)하다
③ 오늘은 토요일이라 오전에만 환자를 봅니다. → 진료(診療)하다
④ 요즘은 아기를 보느라 지쳐서 운동할 틈도 없다. → 관찰(觀察)하다
⑤ 손님이 오시면 주무실 잠자리를 봐 드려야 한다. → 준비(準備)하다

25. <보기>의 밑줄 친 단어와 의미상 가장 가까운 것은?

< 보 기 >
새해 아침에 눈이 소담하게 내렸다.

① 탐스럽게
② 아담하게
③ 깨끗하게
④ 고요하게
⑤ 다붓하게

26. 밑줄 친 속담의 사용이 문맥상 적절하지 않은 것은?

① 이러한 불경기에 사업을 확장하는 것은 섶을 지고 불로 들어가는 거야.
② 떡 본 김에 제사 지낸다고, 이렇게 모인 김에 다음 모임 날짜를 정합시다.
③ 사람 좋아 보이던 그가 사기꾼이었다니 '장옷 쓰고 엿 먹기'가 따로 없구나.
④ 평생 미운 짓만 하던 그도 쓸데가 있다니, 달밤에 삿갓 쓰고 나오는 격이다.
⑤ 물이 깊어야 고기가 모인다더니 동호회 회장을 잘 뽑아서 회원 수가 늘고 있다.

27. 밑줄 친 사자성어의 쓰임이 문맥상 적절하지 않은 것은?

① 결승에서 맞붙은 두 팀은 호각지세(互角之勢)의 경기를 펼쳤다.
② 친구끼리 서로 잘못을 떠넘기는 모습이 목불인견(目不忍見)이다.
③ 이 그림은 흠잡을 데 없는 천의무봉(天衣無縫)의 작품으로 유명하다.
④ 광활한 우주에 비하면 인간은 창해일속(滄海一粟)만도 못한 존재이다.
⑤ 주변의 도움으로 위기를 모면하였다니 경전하사(鯨戰蝦死)라 할 수 있다.

28. 밑줄 친 관용 표현의 쓰임이 적절하지 않은 것은?

① 내가 투자한 주식이 폭락하여 요즘 입이 쓰다.
② 동생은 입이 되어서 무엇이든지 잘 먹는 편이다.
③ 저녁을 적게 먹었더니 입이 궁금한데 뭐 먹을 거 없니?
④ 둘째는 입이 밭아서 좀처럼 먹지 않으니 살이 찌지 않는다.
⑤ 조카는 입이 여물어서 거래처 사람들의 신뢰를 한 몸에 받고 있다.

29. 밑줄 친 한자어를 맥락에 맞게 순화한 표현으로 바르지 않은 것은?

① 공사 중 비계가 도괴(倒壞)하지 않도록 튼튼하게 설치해라. → 무너지지
② 공원 환경을 정비하기 위해 식물을 보식(補植)할 계획이다. → 보충하여 심을
③ 상처를 방치하면 상처가 덧나서 반흔(瘢痕)이 남을 수 있다. → 흉터
④ 부불금(賦拂金)을 제때에 내지 않으면 가산세를 내게 될 수도 있다. → 이자
⑤ 건물을 지을 때는 골조(骨組) 공사를 끝낸 후에 외벽 공사에 들어간다. → 뼈대

30. 밑줄 친 표현을 다듬은 말로 적절하지 않은 것은?

① 우리 학교 교복은 상의와 하의가 모두 곤색(←kon[紺]色)이다. → 감색
② 생산성 향상을 위해서는 마더 팩토리(mother factory)를 구축해야 한다. → 초거대 공장
③ 이 화장품은 홍삼 엑기스(←ekisu)를 포함하고 있어 피부에 생기를 준다. → 진액
④ 게시판에 어그로(aggro)를 끄는 글을 올리면 강제로 탈퇴를 당할 수 있다. → 억지 주목
⑤ 디지털 시대의 흐름에 맞추어 레거시 미디어(legacy Media)의 변화가 필요하다. → 기존 매체

[어법] (31번 ~ 45번)

31. 밑줄 친 명사의 표기가 옳은 것은?

   ① 어머니는 홧병으로 몸져누우셨다.
   ② 잠자는 사자의 콧털을 건드리지 마라.
   ③ 어느새 날이 밝아 햇님이 방긋 웃는다.
   ④ 추석날 올해 수확한 햇쌀로 밥을 지었다.
   ⑤ 프로 야구 순위 다툼이 갈수록 안갯속이다.

32. 밑줄 친 부분의 표기가 옳지 않은 것은?

   ① 자투리 천으로 조각보를 만들었다.
   ② 새침데기 같던 친구가 알은척을 했다.
   ③ 올해는 돈벌이가 꽤나 짭짤한 편이다.
   ④ 철썩같이 믿던 친구에게 배신을 당했다.
   ⑤ 갑자기 떠나겠다니 무슨 생뚱맞은 소리냐?

33. 밑줄 친 부분의 표기가 옳은 것은?

   ① 돈을 너무 해프게 쓰지 마라.
   ② 친구에게 짖궂은 장난은 그만해라.
   ③ 나는 감정에 받쳐 서럽게 눈물을 흘렸다.
   ④ 친구에게 괜한 말을 해서 마음이 착찹하다.
   ⑤ 자루에 물건을 넣고 끈을 당겨 오무려 두어라.

34. 밑줄 친 보조 용언의 띄어쓰기가 옳지 않은 것은?

	원칙	허용
①	바빠서 먼저 가∨볼게.	바빠서 먼저 가볼게.
②	책을 마저 읽어∨버렸다.	책을 마저 읽어버렸다.
③	밖에는 날이 추운가∨보다.	밖에는 날이 추운가보다.
④	친구가 선물을 보내∨주었다.	친구가 선물을 보내주었다.
⑤	네가 만든 떡볶이가 먹을∨만하네.	네가 만든 떡볶이가 먹을만하네.

35. 밑줄 친 부분의 표기가 옳지 않은 것은?

① 친구는 겪은 일을 나지막이 말해 주었다.
② 정말 간절히 바라는 일은 이루어진다고 한다.
③ 우리 집은 일요일에 각자 방을 말끔히 청소한다.
④ 밤이 되자 마을의 분위기는 고즈넉이 가라앉았다.
⑤ 라디오 진행자는 청취자의 사연을 일일히 소개했다.

36. 문장 부호의 쓰임에 대한 설명이 올바르지 않은 것은?

	문장 부호	설명
①	쉼표(,)	공통 성분을 줄여 하나의 어구로 묶어 쓸 때 '가운뎃점' 대신 쓸 수 있다. 예 오늘부터 초, 중, 고등학교가 방학이다.
②	밑줄(_)	주의가 미쳐야 할 곳이나 중요한 부분을 특별히 드러내 보일 때 쓴다. 예 다음 중 한국어의 특징이 아닌 것은?
③	작은따옴표('')	예술 작품의 제목을 나타낼 때 '홑낫표' 대신 쓸 수 있다. 예 이 작품은 슈베르트가 작곡한 가곡 '송어'이다.
④	붙임표(-)	'기간'을 나타낼 때 '물결표' 대신 쓸 수 있다. 예 1월 1일-12월 31일
⑤	물결표(~)	이어지는 내용을 하나로 묶을 때 '붙임표' 대신 쓸 수 있다. 예 국어의 어순은 주어~목적어~서술어 순서이다.

37. 밑줄 친 부분이 표준어인 것은?

① 노인은 숫당나귀를 장터에서 사 왔다.
② 그는 친구의 결혼식에 부주금을 냈다.
③ 그는 남의 말곁을 채서 따지기 좋아한다.
④ 벌이에 맞지 않게 외제 차라니 영 어쭙잖다.
⑤ 저 녀석 우쭐대는 꼴이 눈꼴시려서 못 보겠네.

38. 다음은 문학 작품에 나타나는 방언이다. 대응하는 표준어가 적절하지 않은 것은?

① 성미가 급하지 않은 분이 왜 이리 깝치시오(→재촉하시오)?
② 내 곰뱅이(→몸뚱이) 성할 때 꼼작이는데 누가 머라 캐?
③ 곱쟁이(→곱절) 장사는 못해도 본전치기나마 술은 팔어야제잉.
④ 개주무리(→감기 몸살)인가배, 예사로 여겼디마는 영 갱신을 못하것다.
⑤ 기딜이(→구더기) 무서바서 장 못 담근다는 소리도 아직 들어보지 못했고.

39. 다음 중 단어의 표준 발음이 아닌 것은?

① 되감다[되감따/뒈감따]   ② 되밟다[되밥따/뒈밥따]   ③ 뜻있다[뜨딛따/뜨싣따]
④ 맛있다[마딛따/마싣따]   ⑤ 멋있다[머딛따/머싣따]

40. 밑줄 친 외래어의 표기가 올바르지 않은 것은?

① 이 사건은 미스터리(mystery)로 남아 있다.
② 성우가 특집 방송의 내레이션(narration)을 맡았다.
③ 아버지께 생신 선물로 가디건(cardigan)을 사 드렸다.
④ 이 곡의 클라이맥스(climax)는 웅장한 선율로 유명하다.
⑤ 이틀 밤을 새워 연구를 한 그는 녹다운(knockdown)이 되었다.

41. 국악 용어의 로마자 표기가 올바르지 않은 것은?

① 법고(Beopgo)   ② 뱃노래(Baennorae)   ③ 여민락(Yeominrak)
④ 영산회상(Yeongsanhoesang)   ⑤ 동래 학춤(Dongnae hakchum)

42. <보기>의 ㉠~㉤ 가운데 어법에 맞지 않는 문장은?

< 보 기 >

㉠조산대는 산맥을 형성하는 지각 작용이 있었거나 일어날 가능성이 큰 지역이다. ㉡지구 표면의 두꺼운 퇴적층이 지각 판의 경계에서 큰 횡압력을 받으면 습곡 및 단층 작용 등이 일어나 지각이 융기되어 산맥이 형성되는데 이를 조산 운동이라고 한다. ㉢현재까지도 조산 운동이 진행 중인 조산대는 지각이 불안정하여 지진, 화산 폭발 등 자연재해가 많이 발생한다. 대표적인 조산대로는 알프스·히말라야 조산대, 환태평양 조산대 등이 있다. ㉣환태평양 조산대는 마치 태평양을 둘러싸는 고리 모양의 띠를 이루고 있어 이런 이름이 붙었다. ㉤전 세계 지진의 약 90%가 여기에서 발생하며, 활화산의 약 75%가 이 화산대에 속해 있다.

① ㉠ ② ㉡ ③ ㉢ ④ ㉣ ⑤ ㉤

43. 밑줄 친 높임 표현에 대한 설명으로 적절하지 않은 것은?

① 어머니는 키가 작으시다. → '어머니'의 신체 일부를 높여 '어머니'를 간접적으로 높이고 있다.
② 어르신, 이쪽에 앉으십시오. → 청자를 높이면서 행동을 정중하게 권유하고 있다.
③ 벌써 한 해가 다 지나갔구려. → 청자가 화자보다 윗사람임을 드러낸다.
④ 삼촌께서 할머니를 모시고 오셨다. → 주어의 행위의 대상인 '할머니'를 높이고 있다.
⑤ 어두워지기 전에 어서 집으로 돌아가렴. → 청자가 화자보다 윗사람이 아님을 드러낸다.

44. 다음 중 중의적으로 해석되지 않는 문장은?

① 친구는 나보다 동생을 좋아한다.
② 동생은 울면서 떠나는 언니를 배웅했다.
③ 세 명의 사냥꾼이 함께 두 마리의 토끼를 잡았다.
④ 오늘 만나기로 한 친구의 동생을 학교에서 만났다.
⑤ 흰색 모자를 쓴 어머니와 딸이 손을 잡고 걸어간다.

45. 다음의 번역 투 문장을 수정한 것으로 적절하지 않은 것은?

① 연회장은 이 건물에 위치하고 있습니다. → 연회장은 이 건물에 자리 잡고 있습니다.
② 이 꽃은 영희에게 주어진 생일 선물이다. → 이 꽃은 영희가 받은 생일 선물이다.
③ 일찍 출발했음에도 불구하고 지각을 했다. → 일찍 출발했지만 지각을 했다.
④ 그는 현재 행정 업무를 담당하고 있는 중이다. → 그는 현재 행정 업무를 담당하고 있다.
⑤ 나에게 있어서 혼자만의 시간은 매우 소중하다. → 나에게 혼자만의 시간은 매우 소중하다.

[쓰기] (46번~50번)

※ [46~50] 다음은 '반려동물 보유세'를 주제로 작성한 초고이다. 제시된 물음에 답하시오.

반려동물을 키우는 사람들에게 매년 일정 금액의 세금을 ㉠ 증여하는 반려동물 보유세 도입 논의가 다시 한 번 여론의 도마에 올랐다. 농림축산식품부가 도입을 ㉡ 검토되는 것은 아니라고 선을 그었지만, 반려동물 양육 가구가 2020년 기준 300만 가구를 넘기면서 도입 가능성에 대한 관심이 뜨겁다.

반려동물 보유세 도입을 찬성하는 측의 첫 번째 논거는 국가 재정 부담이다. 국회 입법 조사처는 최근 '국가 이슈 분석 보고서'에서 재정 자립도가 낮은 지자체에서 동물 복지에 드는 재정을 충당하는 데 어려움이 있는 만큼 별도의 재원 마련 검토가 필요하다고 제안하였다. 유실·유기 동물 구조와 보호가 목적인 동물 보호 센터 예산은 2018년 200억 4,000만 원에서 2023년 373억 8,512만 원으로 5년 만에 2배 가까이 증가하였다. 반려동물 수가 당분간 계속 증가할 것이란 점에서 국민이 낸 세금에서 반려동물 정책 비용 부담이 커지는 것은 사실이다. 두 번째 논거는 반려동물 복지 향상이다. 보유세를 통해 거두어들인 재원을 반려동물 복지에 재투자할 수 있다는 것이다. 현재 유기 동물 문제나 동물 학대 문제가 심각한데 보유세로 ㉢ 재원을 마련되면 동물 보호소를 확충하고 유기견 문제를 해결하며, 반려동물 등록제를 더욱 철저히 시행할 수 있을 것으로 보고 있다.

반려동물 보유세 도입을 반대하는 측의 첫 번째 논거는 경제적 부담 가중이다. 이미 반려동물을 키우기 위해 들어가는 의료비, 사료비 등이 상당한데 여기에 보유세까지 내야 한다면 경제적인 부담이 더욱 커질 수 있다는 것이다. ㉣ 반면 저소득층이나 노년층 등 경제적으로 취약한 계층에게는 이러한 세금이 큰 부담으로 다가올 수 있다. 두 번째 논거는 유기 동물 문제 악화 가능성이다. 반려동물 보유세가 도입되면 소유자가 세금 부담을 견디지 못해 동물을 유기하거나 파양할 가능성이 높아질 수 있다는 것이다. 이로 인해 동물 보호소는 유기 동물로 포화 상태가 될 수 있으며 오히려 유기 문제가 더욱 심각해질 수 있다는 지적이 있다.

반려동물 보유세 도입은 반려동물 소유자의 사회적 책임을 강화하고, 공공 재원을 효율적으로 활용할 수 있는 좋은 제도적 장치가 될 수 있다. 그러나 이러한 세금은 ㉮ . 또한 유기 동물 문제가 심각해질 가능성도 있다. ㉺ 따라서 반려동물 보유세 도입을 위해서 소득에 따른 차등 부과, 저소득층에 대한 지원 대책 마련, 철저한 반려동물 등록제 시행 등 다각적인 보완책이 필요할 것이다.

46. 다음은 윗글을 쓰기 전에 떠올린 글쓰기 계획이다. 윗글에 반영된 것으로만 묶은 것은?

――― < 글쓰기 계획 > ―――

ㄱ. 질문으로 글을 시작하며 독자들의 관심을 끌어야겠어.
ㄴ. 재정 부담을 설명하기 위해 구체적인 수치를 제시해야겠어.
ㄷ. 서로 반대되는 견해에 대해 근거를 들어 양측의 입장을 설명해야겠어.
ㄹ. 시민들과의 인터뷰를 인용하여 유기 동물 문제의 심각성을 드러내야겠어.

① ㄱ, ㄴ ② ㄱ, ㄷ ③ ㄱ, ㄹ ④ ㄴ, ㄷ ⑤ ㄷ, ㄹ

47. 다음은 윗글을 수정·보완하기 위해 추가로 수집한 자료이다. 자료의 활용 방안으로 적절하지 않은 것은?

	자료 내용	유형
(가)	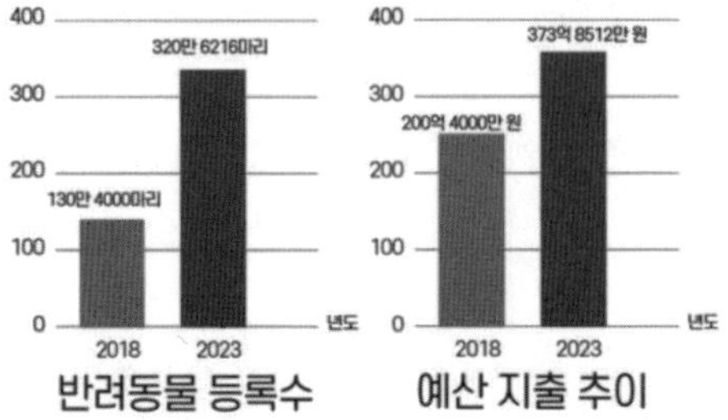 [2018년 130만 4000마리 → 2023년 320만 6216마리 반려동물 등록수 / 2018년 200억 4000만 원 → 2023년 373억 8512만 원 예산 지출 추이]	통계 자료
(나)	수의학 대학의 우 교수는 "반려동물 보유세 기본 취지는 생명을 책임지고 키운다는 문화의 정착"이라며 "세금을 동물 복지나 유기 방지 등에 사용한다면 긍정적이며 동물 배려의 폭을 넓히기 위해서라도 보유세를 도입해야 할 것"이라고 밝혔다.	전문가 인터뷰
(다)	반려동물 보유세 신설이 보호자의 비용 부담을 늘려 오히려 동물 유기를 늘릴 수 있다는 우려가 커지고 있다. 반려동물을 키우면서 적적함을 달래는 노인 인구가 많고 그중에는 취약 계층이 적지 않기 때문이다.	뉴스 기사
(라)	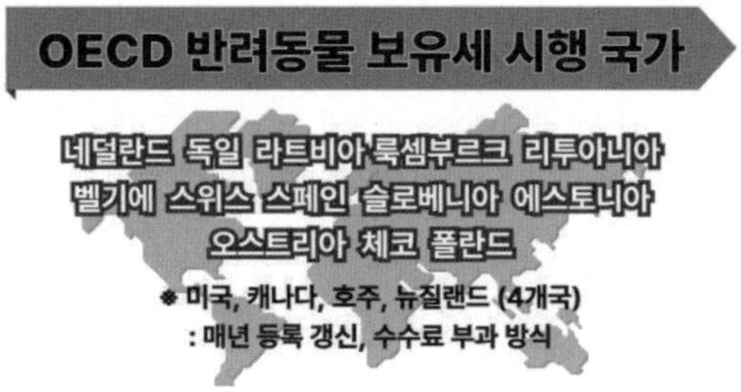 OECD 반려동물 보유세 시행 국가: 네덜란드, 독일, 라트비아, 룩셈부르크, 리투아니아, 벨기에, 스위스, 스페인, 슬로베니아, 에스토니아, 오스트리아, 체코, 폴란드 / 미국, 캐나다, 호주, 뉴질랜드 (4개국): 매년 등록 갱신, 수수료 부과 방식	조사 자료
(마)	동물복지문제연구소 '어웨어'가 지난 3월 발표한 '2023 동물 복지에 대한 국민 인식 조사' 보고서에서는 응답자의 71.1%가 '반려동물 보유세' 도입이 반려동물 양육자 책임 강화에 효과가 있을 것이라고 답했다.	연구 보고서

① (가)를 활용하여 반려동물 보유세의 도입이 논의되고 있는 배경 설명을 보충한다.
② (나)를 활용하여 반려동물 보유세의 도입을 찬성하는 측의 논거를 뒷받침한다.
③ (다)를 활용하여 반려동물 보유세 도입에 신중해야 한다는 내용을 보강한다.
④ (라)를 활용하여 반려동물 보유세를 시행하는 국가가 줄어들고 있는 이유를 추가한다.
⑤ (마)를 활용하여 반려동물 보유세 도입에 대한 국민 인식이 긍정적이라는 내용을 추가한다.

48. 다음은 윗글을 쓰기 전에 세웠던 글쓰기 개요이다. 윗글을 쓰는 과정에서 필자가 점검하여 반영한 내용으로 적절하지 않은 것은?

> ─── < 개 요 > ───
>
> Ⅰ. 반려동물 보유세 도입 논의
>   1. 반려동물 보유세의 도입 논란
>   2. 반려동물의 입양 절차
> Ⅱ. 반려동물 보유세 도입에 관한 찬성 측 입장
>   1. 국가 재정 부담
>   2. 유기 동물 문제 악화 가능성
> Ⅲ. 반려동물 보유세 도입에 관한 반대 측 입장
>   1. 경제적 부담 가중
>   2. 반려동물 복지 향상
> Ⅳ. 반려동물 보유세에 관한 관심 촉구
>   1. 반려동물 보유세 도입의 장단점
>   2. 다각적인 보완책 필요성 제언

① Ⅰ-2는 Ⅰ의 하위 항목에 어울리지 않으므로 삭제한다.
② Ⅱ-2는 Ⅲ을 뒷받침하는 내용이므로 Ⅲ의 하위 항목으로 이동한다.
③ Ⅲ-2는 상위 항목과의 연관성을 고려하여 Ⅱ의 하위 항목으로 이동한다.
④ Ⅳ는 전체 내용을 고려하여 '반려동물 보유세 도입의 장단점 및 제언'으로 수정한다.
⑤ Ⅳ-2는 내용의 흐름을 고려하여 '반려동물 보유세 시행의 현실적인 어려움'으로 교체한다.

49. 윗글의 ㉠~㉤을 고쳐 쓰기 위한 방안으로 적절하지 않은 것은?

① ㉠: 문맥상 단어의 쓰임이 적절하지 않으므로 '부과'로 수정한다.
② ㉡: 피동 표현이 적절하지 않으므로 '검토하는'으로 수정한다.
③ ㉢: 문맥상 조사의 쓰임이 적절하지 않으므로 '재원이'로 수정한다.
④ ㉣: 문맥상 부사의 쓰임이 적절하지 않으므로 '특히'로 수정한다.
⑤ ㉤: 앞뒤 맥락을 고려할 때 적절하지 않으므로 '하지만'으로 수정한다.

50. 글의 내용으로 미루어 볼 때, ㉮에 들어갈 내용으로 가장 적절한 것은?

① 유기 동물이 일으키는 여러 문제를 해결할 수 있다.
② 경제적으로 취약한 계층에게 큰 부담이 될 수 있다.
③ 반려동물 복지를 확대하기 위한 재원으로 쓰일 수 있다.
④ 필요한 동물 복지 재정을 충당하기에는 부족할 수 있다.
⑤ 반려동물 소유자의 양육비를 보조하는 데 도움을 줄 수 있다.

[창안] (51번~60번)

※ [51~53] 달리기와 인간의 삶을 유비(類比)하고자 한다. 다음 글을 읽고 물음에 답하시오.

만일 달리기를 한다면 어느 정도의 속도로 얼마나 달려야 하는가? 신체적인 능력은 사람에 따라 다르기에 속도와 시간은 훈련을 위한 정확한 지표가 아니다. 유산소 운동을 더 효율적으로 하기 위해 심박수 구간을 활용한 심박존 운동법이 있다. 심박존이란 자신의 최대 심박수를 일정 비율로 나눈 영역이며, 최대 심박수는 220에서 자신의 현재 나이를 뺀 값으로 계산한다. 심박존은 몸풀기 수준의 1영역에서부터 전력 질주에 해당하는 5영역까지 다섯 개의 영역으로 구분된다. 이 중 심폐지구력 향상에 효과적인 단계는 2영역이다. 아주 편하진 않지만 대화가 가능한 낮은 운동 강도를 장시간 지속하는 훈련으로 기초체력을 높이고 장거리 달리기 실력을 높여 준다. ㉠ 다만 이 영역에만 머물러 있다면 4~5영역과 같은 힘든 고강도의 훈련에서 얻을 수 있는 근력과 속도를 기르기 어렵기에 최대 심박수에 가까운 훈련을 겸해야 한다.

1영역 50~60% 2영역 60~70% 3영역 70~80% 4영역 80~90% 5영역 90~100%

한편 달리기에서 '러너스 하이'라는 개념은 미국의 심리학자가 처음 사용한 용어로 유산소 운동 중 발생하는 행복감과 도취감을 뜻한다. 달리기나 장시간의 신체 활동 중 피로가 사라지고 긍정적인 기분이 드는 현상이며, 러너스 하이를 경험한 사람들은 그 상태를 "하늘을 나는 느낌과 같다"라고 표현하기도 한다. ㉡ 심박수가 너무 낮거나 너무 높은 상태에서는 러너스하이를 경험하기 힘들며, 운동 강도가 점진적으로 상승할 때 러너스하이를 경험할 수 있다.

51. 심박존 영역을 학습 방법에 비유할 때, '2영역'의 특징으로 가장 적절한 것은?

① 수준이 비슷한 친구와 과제를 해결하게 한다.
② 충분히 풀 수 있는 과제를 반복하여 연습한다.
③ 짧은 시간 안에 최대한 많은 과제를 풀게 한다.
④ 과제 해결에 필요한 기초 개념을 훑어보게 한다.
⑤ 학생의 수준보다 어려운 도전적 과제를 제공한다.

52. 심박수를 삶의 태도에 비유할 때, <조건>에 맞는 교훈으로 가장 적절한 것은?

―< 조 건 >―
심박수 120을 지향하며 살아가는 30세 직장인에게, ㉠의 조언을 담을 것.

① 송충이는 솔잎을 먹어야 한다.
② 우물 안 개구리여도 자신이 행복하면 그만이다.
③ 쉬지 않고 걷는 거북이는 토끼를 이길 수 있다.
④ 뱁새가 황새를 이기는 전략은 준비된 꾸준함이다.
⑤ 땅속에서 나오지 않는 개구리는 봄날을 맞을 수 없다.

53. ⓒ을 고려한 운동 방식을 그래프로 나타낸 것으로 가장 적절한 것은? (단, x 시간 동안 운동했을 때의 강도가 y이다.)

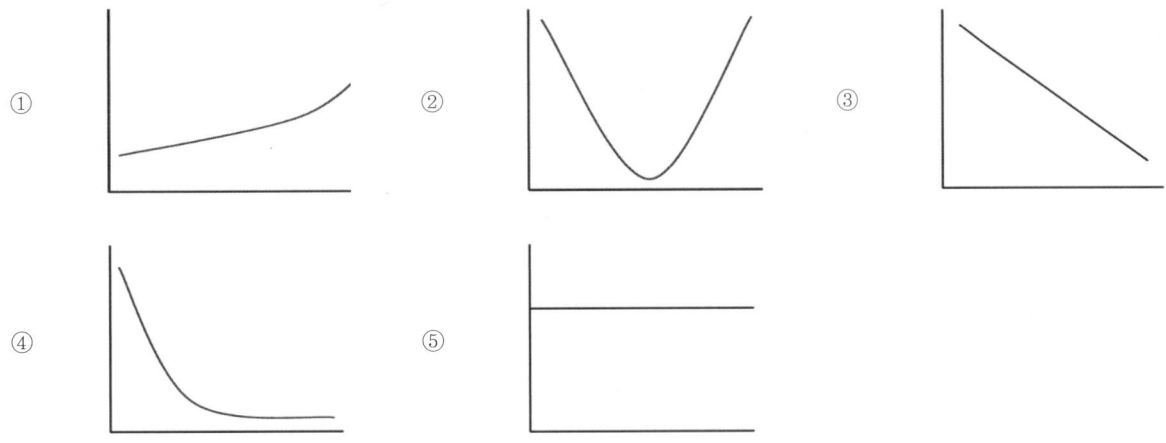

※ [54 ~ 56] 다음 그림을 보고 물음에 답하시오.

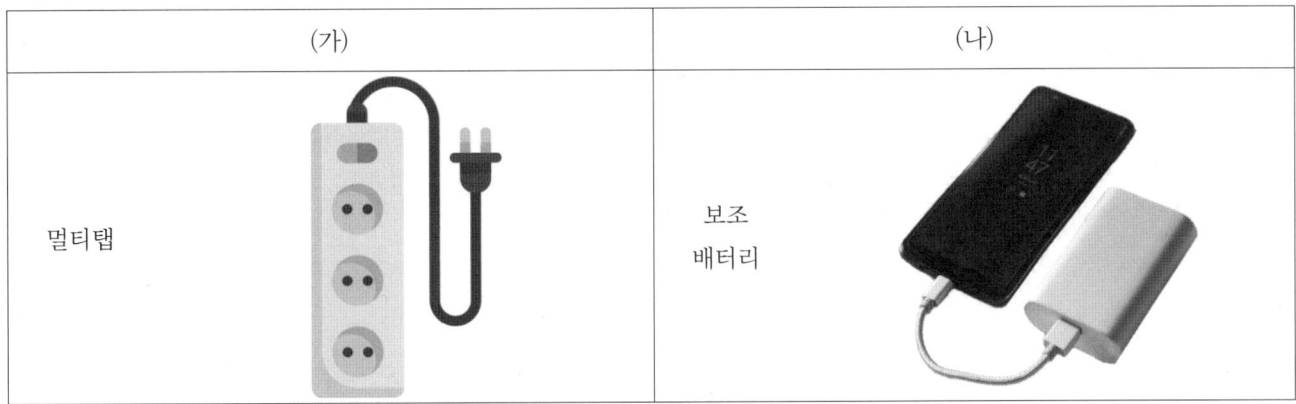

54. (가)와 (나)를 분석한 표의 내용으로 적절하지 않은 것은?

	(가)	(나)
목적	여러 전자기기에 전원을 공급함.	전자기기의 예비 전력을 준비함.
표현	하나의 콘센트에 여러 플러그를 연결할 수 있도록 함	ⓐ 미리 충전해 둔 배터리를 통해 전자기기에 전원을 공급함.
장점	ⓑ 다양한 과제를 동시에 수행함.	ⓒ 위기 상황에 대처 가능함.
단점	ⓓ 과제 수행의 순서를 바꾸기 어려움.	ⓔ 대처 가능한 시간에 한계가 있음.

① ⓐ ② ⓑ ③ ⓒ ④ ⓓ ⑤ ⓔ

55. (가)의 사용법을 업무 수행 방식에 유추한 내용으로 적절하지 않은 것은?

	(가)의 사용법	업무 수행 방식
①	권장 용량을 넘어서 사용하지 않기	자신의 한계를 넘지 않도록 업무 조정하기
②	노후한 멀티탭은 새것으로 교체하기	생산성이 낮은 업무 처리 방식 개선하기
③	사용하지 않을 때는 플러그 빼기	업무의 우선 순위를 정하여 수행하기
④	먼지가 쌓이지 않도록 청결하게 유지하기	업무 환경을 정리 및 정돈하기
⑤	전력을 많이 사용하는 기기는 멀티탭을 쓰지 말고 콘센트에 직접 연결하기	중요한 업무는 다른 업무들과 동시에 처리하기보다는 집중하여 단독 수행하기

56. (나)의 역할을 고려하여 <보기>의 ⓐ에 대비하기 위한 조언으로 가장 적절한 것은?

< 보 기 >

'토스트 아웃(Toast out)'은 번아웃 증후군의 이전 단계를 가리키는 말로 겉은 멀쩡해 보이지만 속은 까맣게 타기 직전인 토스트 빵에서 유래한 말이다. ⓐ 직장에서 주어진 업무를 무리 없이 수행하는 듯 보이지만 실상은 정신적·신체적 소진에 다다른 경우가 여기에 해당한다고 볼 수 있다.

① 믿을 수 있는 동료들과 서로 힘을 북돋워 주는 시간을 가져 보세요.
② 스트레스에 대처할 수 있는 행동 목록을 미리 만들고 수행해 보세요.
③ 가족, 친구 등 주위에 있는 사람들과 소통하며 감정을 공유해 보세요.
④ 업무 외에도 여가를 보낼 수 있는 다양한 취미 활동을 시작해 보세요.
⑤ 지금까지 해 왔던 일을 다양한 관점에서 성찰하고 보람과 의미를 찾아보세요.

※ [57 ~ 58] 다음 글을 읽고 물음에 답하시오.

디지털 미디어를 접하는 연령대가 점차 낮아짐에 따라 청소년들이 겪는 사이버 언어폭력 문제가 심각해지고 있다. 사이버 언어폭력은 비대면성과 익명성을 기반으로 하여 가해자가 죄책감을 느끼는 정도가 낮으며, 겉으로 쉽게 드러나지 않아 주위에서 피해 사실을 인지하기 어려우므로 특히 주의와 예방이 필요하다. 사이버 언어폭력 예방과 관련된 공익 광고의 표현 전략은 다음과 같다.

(가) 피해자가 느끼는 고통을 제시하며 폭력을 방관하지 말아야 함을 강조한다.
(나) 사이버 언어폭력의 폭력성과 사이버 언어폭력 예방을 위한 태도를 동시에 제시한다.
(다) 사이버 언어폭력이 심각한 범죄임을 강조하여 경각심을 준다.
(라) 사이버 공간에서 언어를 순화하지 않을 때 나타날 수 있는 부정적 결과를 제시한다.
(마) 발음은 유사하지만 뜻은 대조적인 단어를 활용하여 광고의 주제 의식을 강조한다.

57. 윗글의 (가)~(마)에 해당하는 광고 사례와 문구가 적절하지 <u>않은</u> 것은?

①
(가): 혼자서는 감당할 수 없는 무게입니다.

②
(나): 온라인 채팅, 배려하지 않으면 흉기입니다.

③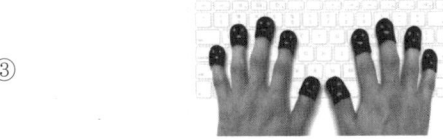
(다): 키보드 위 10명의 범죄자

④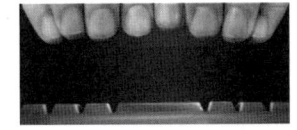
(라): 당신의 온라인 언어, 이제 교정하세요.

⑤
(마): 욕으로 쓰시겠습니까, 약으로 쓰시겠습니까?

58. <조건>을 반영하여 (나)의 유형에 해당하는 공익 광고 문구를 창안할 때 가장 적절한 것은?

― <조 건> ―
- 대조의 방식을 활용하여 내용을 강조할 것
- 청유문을 활용하여 표현 효과를 높일 것

① 메시지라는 칼로 사람을 베시겠습니까?
② 사이버 언어폭력, 이제는 외면하지 마세요.
③ 타자를 치시겠습니까, 사람의 마음을 치시겠습니까?
④ 지금 쓰는 댓글로 상대방의 마음에 멍을 남기지 맙시다.
⑤ 사람을 찌르는 댓글이 아니라 사람을 살리는 댓글을 씁시다.

※ [59 ~ 60] 다음 글을 읽고 물음에 답하시오.

우리 몸에 이물질이나 병원체가 침입하면 이에 대항하는 방어 작용이 일어나 우리 몸을 보호한다. 방어 작용은 감염 초기 광범위한 대상에 대해 신속하게 일어나는 비특이적 방어 작용과 특정 병원체를 인식하여 작용하는 특이적 방어 작용으로 구분할 수 있다. 비특이적 방어 작용에 필요한 정보는 인간이 선천적으로 가진 유전 정보에 포함되어 있으며, ㉠ 특이적 방어 작용에서는 후천적으로 경험한 병원체나 항원의 정보에 맞추어 다양한 항체를 생성한다.

처음 경험하는 항원에 대한 면역 반응을 1차 면역 반응이라고 하며, 한번 경험한 항원이 재침입하였을 때 일어나는 반응을 2차 면역 반응이라고 한다. 1차 면역 반응에서는 항원에 대한 정보가 없으므로 항원에 맞는 항체를 생성하는 데 시간이 걸리지만, 그 후에는 침입한 항원의 정보를 갖는 기억 세포가 형성된다. ㉡ 2차 면역 반응에서는 기억 세포가 항원을 인식하므로 항체 생성까지 걸리는 시간이 1차 면역 반응보다 짧고 면역 효율도 강하다.

59. 윗글의 ㉠과 <보기>를 종합할 때, '자아 형성'과 관련하여 이끌어 낼 수 있는 내용으로 가장 적절한 것은?

― <보 기> ―
우리는 마치 연극의 배우처럼 다양한 사회적 상황에 따라 다른 자아를 연출한다. 예를 들어, 우리는 친구들과의 모임에서는 유쾌하고 편안한 친구로서 행동하지만 직장에서는 전문적이고 성실한 직원의 역할을 수행한다. 즉, 자아는 고정된 실체가 아니라 유동적인 존재이다. 상황에 적합한 자아를 연출하는 것은 원활한 의사소통을 돕고 사회적 관계 유지에 기여한다.

① 자아는 사회적 상호 작용을 통해 변화할 수 있다.
② 자아는 선천적으로 타고나며 일생 동안 고정된다.
③ 자아는 타인에 대한 관찰과 모방을 통해 형성된다.
④ 자아는 개인이 스스로를 어떻게 규정하는지에 영향을 받는다.
⑤ 자아는 여러 차원으로 구성되며 각 차원은 상호 영향 관계에 있다.

60. 윗글의 ⓒ과 유사한 사례로 적절하지 않은 것은?

① 수학 문제를 풀 때 과거에 풀었던 유형의 문제를 더 쉽게 풀 수 있다.
② 스포츠 경기에서 상대했던 팀의 특성을 기억하여 적절한 전략을 세운다.
③ 컴퓨터에서 웹 사이트에 대한 정보를 저장하여 정보 처리 속도를 단축한다.
④ 특정 음식물을 섭취하고 복통을 경험한 이후에 그 음식을 먹지 않기로 결정한다.
⑤ 처음 찾아가는 장소보다 한 번 방문했던 장소에 갈 때 길을 빠르게 찾을 수 있다.

[읽기] (61번 ~ 90번)

※ [61 ~ 62] 다음 글을 읽고 물음에 답하시오.

지상(地上)에는
㉠ 아홉 켤레의 신발.
아니 현관에는 아니 들깐에는
아니 어느 시인의 가정에는
알 전등이 켜질 무렵을
문수(文數)가 다른 아홉 켤레의 신발을.

㉡ 내 신발은
십구문반(十九文半).
눈과 얼음의 길을 걸어,
그들 옆에 벗으면
육문삼(六文三)의 코가 납짝한
귀염둥아 귀염둥아
우리 막내둥아

미소하는
내 얼굴을 보아라
㉢ 얼음과 눈으로 벽(壁)을 짜올린
여기는
지상.
연민한 삶의 길이여.
내 신발은 십구문반(十九文半).

㉣ 아랫목에 모인
아홉 마리의 강아지야
강아지 같은 것들아.
굴욕과 굶주림과 추운 길을 걸어
㉤ 내가 왔다.
아버지가 왔다.
아니 십구문반(十九文半)의 신발이 왔다.
아니 지상에는
아버지라는 어설픈 것이
존재한다.
미소하는
내 얼굴을 보아라.

— 박목월,「가정(家庭)」

61. 윗글에 대한 설명으로 가장 적절한 것은?

① 직유법을 활용하여 자연 친화적 태도를 나타내고 있다.
② 유사한 문장 구조의 반복을 통해 운율을 형성하고 있다.
③ 계절의 순환을 통해 화자의 의지를 점층적으로 부각하고 있다.
④ 청유형 어미를 활용하여 긍정적 미래에 대한 지향을 강조하고 있다.
⑤ 공감각적 심상을 활용하여 시적 대상에 대한 정서의 변화를 나타내고 있다.

62. <보기>를 바탕으로 할 때, ㉠~㉤을 이해한 내용으로 적절하지 않은 것은?

< 보 기 >

이 작품은 가족에 대한 따뜻한 애정을 품고, 삶의 무게를 묵묵히 견디어 내는 아버지의 모습을 담담하게 표현한 작품이다. 시인은 힘겨운 현실 속에서도 가족을 위해 헌신하는 아버지의 모습을 통해 가족의 의미를 깊이 있게 그려내고 있다.

① ㉠: 시적 화자의 자녀의 수를 나타낸다.
② ㉡: 다른 수치와 대비하여 제시함으로써 가장으로서 견뎌야 하는 삶의 무게를 드러낸다.
③ ㉢: 사랑하는 가족을 만날 수 없는 '아버지'의 힘겨운 현실을 나타낸다.
④ ㉣: 가족에 대한 '아버지'의 따뜻한 애정이 드러난다.
⑤ ㉤: 반복을 통해 '아버지'가 느끼는 책임감을 드러낸다.

※ [63 ~ 65] 다음 글을 읽고 물음에 답하시오.

"대강 여기 계신 가네기상께도 말씀을 여쭈어 두었습니다마는 제 질녀가 요새 안동*서 건너와 있습죠. 그 조카사위 애로 말씀하면 어엿한 조선사람, 원적이 바루 경상남도 동래(東萊)올시다."

가네기(金城)란 안집 친구가 한 달 전까지 쓰던 창씨(創氏)거니와, ㉠홍규는 벌써 이 친구에게 듣고 하야시 조카딸 내외의 국적이 실상은 소문이나 추측과는 뒤바뀌어 버린 것이 의외이었다.

"그래 조카따님은 일본인이시구?"

"네. 그 애야 부모가 다아 분명히……"

하고 하야시는 웃어버린다.

"그런데 조카사위 되는 사람은 왜 어엿한 조선사람, 조선에 어엿한 원적을 두고 이때껏 일본사람 행세를 하여 왔더란 말씀요?"

홍규는 하야시의 흉내를 내어 '어엿한'이란 말에 두 번이나 힘을 주어 뇌었다. 그러나 그것은 결코 자조의 의미가 섞인 것은 아니었다.

"네. 별 복잡한 사정이 있는 건 아닙죠. 여남은 살 때 그 애 어른이 작고를 하니까 대를 물릴 자식도 아니오, 그 어린것을 큰댁네에게 맡기고 나설 사정도 못되어 나가사키[長崎]로 데려다가 외조부의 일본인 민적(民籍)에다 한때 방편으로 넣은 것이나 장성한 뒤에도 내내 그대로 행세를 해버린 거죠."

하고 말을 끊다가,

"이것은 우리끼리 말씀입니다마는 그때 시절에는 그편이 영 해롭지 않고 더구나 이런 데 나와서는 가봉(加俸)이니 배급(配給)이니 이로운 점이 없지 않아 있었거든요. 하하하"

하고, 그런 점은 관대히 보아달라는 뜻으로 웃어버린다.

홍규는 잠자코 말았다. 자식이 장성하면 제 겨레를 밝히려 들고 아비 성(性)을 따르려 들 것인데, 가봉 푼이나 일계(日系) 배급에 팔려서 제 아비 성도 찾으려 들지 않았더냐고 한마디 하고 싶지 않은 것이 아니나 그 대신에,

"그래 인제는 자기 성을 찾겠다나요?"

하고 물었다.

"세상이 이렇게 바뀌었으니까 찾으려 들겠죠. 다만 제 모(母)가 저기 있으니까 우선은 그리 가려 들지 모르죠마는…… 그러나 그놈의 원자탄(原子彈)에 어찌 되었는지, 이 지경이 되고 보니 나부터도 귀화해서 여기 신의주에서 안온히 살수만 있다면 이대로 주저앉고 싶습니다."

하고 하야시는 제 신세를 생각하면 어이가 없다는 듯이 또 하하하—하고 웃는다.

결국은 안동에 가는 길이 있거든 조카사위를 데려다 줄 수 없겠느냐는 청이다. 조카사위가 조선사람 교제도 없었거니와 조선인회(朝鮮人會)와는 연락이 닿지를 않고 보니, 별안간 조선사람이로라 하고 나설 수도 없는 터요, 섣불리 하다가는 조선사람에게 뭇매에 맞아 죽을지 모르겠다는 걱정이다. 조카딸을 보내자니 전같이 피난민 떼가 몰려다닐 때도 반 목숨은 내놓고 나서는 모험이거니와, 요행히 넘겨 놓아도 사지에 들여보내는 것이니 자식새끼 알 듯 제발 세 목숨을 살려주시오 하고 손이 발이 되도록 비는 것이다.

홍규는 눈을 내리깔고 어느 때까지 잠자코 앉았다. 하야시의 눈이 자기의 입만 바라보고 있는 것을 깨닫고 근실근실한 듯 거북하건마는 선뜻 대답이 아니 나왔다. 자기가 입 한번만 벌리면 조선인회의 피난민증명서를 얻어 주어서 당장으로 끌고 올 수 있는 자신이 있다거나, 정하면 누구누구를 끼고 통행증명서에 노서아 장교의 싸인 하나쯤 얻어 낼 수도 있으려니 하는 실제 문제보다도 이 일에 아랑곳을 하겠느냐 말겠느냐는 것을 생각하기에 시간이 걸렸다.

아내도 초조한 듯이 치어다 본다. 친구 내외도 치어다 본다. 모든 사람의 눈이 승낙을 하라고 재촉을 하는 것 같았다. 그러나 홍규는 점점 눈살이 찌푸려지지 않을 수 없었다. 왜 이런 거북한 청을 받게 되었나 하는 불쾌보다도 그 ㉡마쓰노라고 하는 청년이, 나는 마지 못해 창씨한 마쓰노가 아니오, 진짜 마쓰노요 하고 바로 서서는 어깨 짓을 하고 돌아서서는 속으로 고개를 움츠러뜨리며 살아왔을 그 꼴이 머리에 떠올라와서 불쾌한 것이었다.

그러나 홍규는 하는 수 없다는 듯이 입을 벌리고 말았다.

"어떻게 될지는 모르나, 내일 건너가 보죠. 어차피 남겨 두고 온 내 짐도 찾아와야 할 거니까 잘되면 그 길에 데려다 드리리다."

하야시는 이마가 다다미에 쓸려 벗겨지도록 몇 번을 엎드렸는지 몰랐다.

"무엇보다 애가 쓰이는 것은 동리에서나 친구들 사이나 대강 짐작들은 하는 모양이라는 것이거든요. 그러고 보니 조선 사람 편에서 미워할 것은 물론이요, 일본인 측에서도 탐탁히 여겨주지 않고 만인**도 좋아 않고……"

홍규는 그런 사정은 다 안다는 듯이 하야시의 말허리를 자르며, 자기 말을 잇달았다.

"그러기에 힘써보겠단 말이오. 그런 경우에 제일 무서운 것이 중국 사람이지마는 일본사람이면 일본사람으로서 끝끝내 버티고 일본인회에서 탐탁히 가꾸어 준다면 나 역시 아랑곳할 필요가 없겠지요. 허나 결국에는 내 종족 아닙니까! 그것도 정치적 의미로 소위 친일파니 민족반역자니 하면 난들 별도리 있겠느냐마는 이것이야 단순히 가정문제요 가정형편으로 자초부터 그리된 거니까 이 기회에 바루잡아 놓는 것이 좋겠죠."

*안동: 安東. 압록강 어귀에서 신의주와 마주 보고 있는 중국의 도시. (1965년 개칭하여 현재는 단둥[丹東]이라 부른다.)

**만인: 滿人. 만주 거주 중국인.

— 염상섭, 「해방의 아들」

63. 윗글의 서술상 특징으로 가장 적절한 것은?

① 인물의 외면과 내면의 모순을 드러내고 풍자한다.
② 서술자의 진술을 신뢰하기 어렵게 하여 혼란을 유발한다.
③ 인물의 언행과 심리를 교차하여 묘사함으로써 사건을 전개한다.
④ 대화로도 의구심이 풀리지 않은 채로 남아 사건에 신비감을 준다.
⑤ 서로 다른 입장의 등장인물 간 갈등을 심화하고 긴장감을 조성한다.

64. 윗글의 등장인물 ㉠, ㉡에 대한 이해로 가장 적절한 것은?

① ㉠은 이전까지 타국에서 머무른 적이 없다.
② ㉡의 아내는 ㉡의 의뢰대로 ㉠에게 도움을 청했다.
③ ㉠은 ㉡이 처숙부에게 의탁한 점을 못마땅하게 여겼다.
④ ㉠은 ㉡이 일본인이고 ㉡의 아내가 조선인이라고 생각했었다.
⑤ ㉡은 조선인 및 일본인으로서의 신분을 필요에 따라 바꿔 왔다.

65. <보기>의 내용을 참고하여 윗글을 비평한 것으로 적절하지 않은 것은?

< 보 기 >

「해방의 아들」은 부당했던 식민 지배와 광기 어린 태평양 전쟁이 종식됨과 동시에 일본인들이 한반도에서 물러가는 시기를 배경으로 창작되었다. 그런데 문제는 이 작품이 혼혈인으로서의 정체성을 지닌 존재에 투영된 다중성과 다양성을 소거한 채로 혈통적 민족주의로 복귀하는 일을 마땅한 것처럼 그린다는 점에 있다.

① 급여나 배급에서도 종족 차별이 이루어졌다는 것을 언급해서 혼혈인 등장인물의 과거 일본인 행세가 언짢게 보이도록 유도했군.
② 열세에 놓인 일본인에 관한 묘사는 해방 직후에 종족적 위계가 뒤집힌 상황을 반영한 것일 텐데 민족주의를 더 강화할 수도 있겠군.
③ 혼혈인의 정체성은 복잡할 법도 한데 이를 선택으로 고칠 수 있는 문제인 듯이 평면적으로 처리하는 건 자연스럽지 않을 수도 있겠군.
④ 성을 부계를 따라 바꾸는 것이 조선인으로 자기를 표명하는 일과 동궤로 여기는 모습은 혈통적 민족주의가 나타난 사례라고 할 수 있겠군.
⑤ 가정문제를 바로잡아 놓는 것이 좋겠다는 홍규의 말은 혈통적 민족주의를 추구함으로써 존재의 다양성을 구현할 수 있다는 전망을 내포하는군.

※ [66 ~ 68] 다음 글을 읽고 물음에 답하시오.

마을은 두 가지 속성을 내포하고 있다. 우선 지역 사회를 기반으로 사람들 사이의 관계가 형성되어 있어야 하고, 물리적으로는 개인의 공간과 공공의 공간 사이에 중간적 성격의 공간이 있어야 한다. 이러한 공간을 '사이 공간'이라 하는데, 이는 통행을 목적으로 하는 공간이라기보다 주민들 사이에 사적 관계를 형성하는 공동의 영역이라 할 수 있다. 이 두 가지가 오랫동안 지속될 때 한 장소에 오래 머물러 사는 '정주성'이 형성된다. 이것은 집을 짓고 선택하는 과정과 밀접한 관계가 있다.

과거에는 개인이 자기가 살 집의 입지를 선정하고, 목수와 상호 합의하여 집을 지었다. 오랜 시간에 걸쳐 집들이 하나하나 들어차면서 마을이 생겨나고 그 사이사이를 따라 길이 저절로 만들어졌다. 개인의 주거 공간을 한정하는 담과 담 사이에는 길과 공터가 있었다. 전통 주거지의 길은 큰길에서 안길이 뻗어 나가고 또 그 길에서 샛길이 뻗어 나가는 식이었다. 사람들은 길이 곧게 뻗은 것을 흉하게 여겼는데, 특히 집으로 들어오는 길은 곧바로 보이지 않도록 구부러진 형태로 되어 있어야 길하다고 여겼다. 또한 집이 큰길 옆에 있는 것 역시 꺼린 탓에 전통 마을의 집은 실핏줄처럼 얽힌 불규칙한 길을 따라 자연스레 자리하였다. 이런 까닭에 근대 이전의 전통 마을에는 항상 구부러지거나 꺾인 불규칙한 형태의 골목길이 존재했고, 도시를 포함한 전통 주거지의 가로 체계는 격자형(十자형)이 아닌 가지형(丁자형)으로 나타났다.

과거에는 개인이 생활을 하는 집과 일을 하는 장소가 멀리 떨어져 있지 않았다. 그렇기 때문에 사람들은 매일 두 공간 사이를 오가며 그곳에서 다양한 일을 경험했다. 개인의 집과 집 사이의 거리도 가까워서 이웃과 친밀한 사회적 관계를 형성할 수 있었다. 자신의 생활 반경인 집 주변과 그 사이사이에서 사람들과 마주치도록 구성된 공간을 '마을'이라 불렀던 것이다.

방에서 나오면 마당이 있고, 대문을 열면 골목길을 만나며, 길을 돌고 돌다 보면 그 동네의 중심부로 나갈 수 있었기 때문에 마을 안을 이동하다 보면 여러 경로를 자연스럽게 거칠 수밖에 없었다. 굳이 의도하지 않더라도 사람들의 만남과 모임이 곳곳에서 발생하였고, 그들 사이에서는 요즘 흔히 말하는 ㉠'커뮤니티'가 형성되었다. 집의 형태는 따로따로였지만 집 안팎을 살펴보면 모여 살 수 있는 구조였다.

반면 오늘날의 대표적인 주거 형태인 아파트는 전통의 주거 형태인 주택과는 다른 특징을 보인다. 아파트는 한 단위 세대를 층층이 쌓아서 배치하는 적층(積層)을 기본으로 한다. 하나의 건물 내에 수평적, 혹은 수직적으로 균일한 주거 공간이 밀집해 있고, 거기에 동질성을 지닌 거주자가 모여 사는 것이 현대의 한국식 공동 주택이 지닌 특징이라 할 수 있다.

이러한 공동 주택의 등장은 공동체적 관계를 변화시키는 중요한 원인을 제공했다. 공동 주택, 즉 아파트에는 '사이 공간'이 없다. 아파트에 사는 사람들은 공동의 현관을 통과한 후 승강기 홀이나 복도를 거쳐 각자의 개인 공간으로 들어간다. 그곳은 사생활을 최대한 보장하는 공간이다. 주택의 형태나 외관만 보면 모두 같은 공간에 사는 유사한 집단으로 보이지만, 그 안에서의 생활 모습은 공유할 만한 것이 거의 없다.

'사이 공간'이 없기 때문에 그곳에 사는 사람들은 아파트 단지라는 인위적 마을에서 상징적인 결속성만을 확보하고 있을 뿐 단지 내외의 사람들과 충분히 소통하지 못한다. 단지 내에는 단지를 구획하는 울타리, 보안과 감시를 위해 설치한 CCTV, 외부인을 통제하는 차단기, 비밀번호를 눌러야만 열 수 있는 견고한 출입문이 있을 뿐이다.

66. 전통 마을에 대한 이해로 적절하지 않은 것은?

① 곧은 길보다 구부러진 길을 선호했다.
② 거주자가 살 땅을 주도적으로 정했다.
③ 주거지와 일터가 서로 가까운 거리에 있었다.
④ 길의 복잡한 구조가 소원한 인간관계의 원인이 되었다.
⑤ 아파트와 달리 '사이 공간'이라는 공동의 영역이 존재했다.

67. ㉠의 사례로 가장 적절한 것은?

① 쌀값 안정 대책을 요구하는 온라인 서명 운동을 진행했다.
② 마을 사람들이 관광버스를 대절하여 설악산으로 단풍놀이를 떠났다.
③ 마을 한가운데 있는 마을 회관에서 정기 총회를 열어 마을 이장을 뽑는 선거를 실시했다.
④ 마을 옆을 지나가는 산업 도로 건설의 문제점에 대해서 민원을 제기하기 위해 대책 위원회를 구성하였다.
⑤ 일을 마치고 돌아오는 길에 만난 마을 사람들이 마을 회관에 들러 음료를 마시며 농사에 대한 이야기를 했다.

68. <보기>의 입장에서 윗글에 대한 반응으로 가장 적절한 것은?

< 보 기 >

보통 미디어에서는 아파트를 이야기할 때 회색 도시를 만드는 주범 혹은 비인간적인 주거 형태 등 좋지 않은 수식을 붙이잖아요. '우리 동네는 푸르고 좋은 곳인데.'라는 생각을 했습니다. 이 아파트가 성냥갑 아파트라고 비난받고 재건축으로 사라지면 억울할 것 같았어요. 이렇게 좋은 곳인데 기록으로 남지 않으면 몇 사람의 단편적인 기억을 제하고는 아무도 모르는 역사가 될 수 있잖아요. 푸른 나무만 많던 곳이 아니라 실제로 사람들이 어울려서 사는 좋은 동네였던 ○○아파트의 경우를 소개해서 경비 아저씨를 무시하거나 층간 소음으로 싸우는 등 아파트에 관한 선입견을 완화하고 싶었습니다.

① 아파트가 자연과 융합할 수 있다는 측면을 간과하고 있습니다.
② 아파트에 사는 사람이 아닌 건축 구조의 관점에서 비판하고 있습니다.
③ 아파트가 전통 주택에 비해 편리함을 준다는 측면을 간과하고 있습니다.
④ 재건축으로 사라질 위기에 처한 아파트를 어떻게 살릴 수 있을지에 대한 고민이 없습니다.
⑤ 아파트는 구조적으로 주변 환경과 조화롭게 어울릴 수 있는 공간이 아님을 간과하고 있습니다.

※ [69 ~ 72] 다음 글을 읽고 물음에 답하시오.

법률이 유효하게 국민에게 적용되기 위해서는 ㉠ 공포(公布)라는 절차가 필요하다. 공포의 권한은 대통령이 가지며, 대통령이 하지 않을 때에는 국회의장이 공포한다. 국회에서 의결된 법률안이 정부로 넘어오면 대통령은 15일 안에 국무회의의 심의를 거쳐 공포를 하여야 하고, 아니면 거부권 행사로 국회에 재의를 요청하여야 한다. 그 어느 것도 하지 않을 경우에는 15일이 만료되는 시점에 법률로 확정된다. 대통령이 이의서를 붙여 국회에 환부(還付)하여 재의를 요구한 때에는, 재적의원 과반수의 출석과 출석의원 3분의 2 이상의 찬성으로 재의결 하여 법률안을 법률로 확정할 수 있다. 그런데 이런 경우들은 어디까지나 법률로 확정되었다는 것이지 효력이 생겼다는 것은 아니다. 헌법상 "법률은 특별한 규정이 없는 한 공포한 날로부터 20일을 경과함으로써 효력을 발생한다."(헌법 제53조 제7항)라고 되어 있고, 이를 실현하는 '법령 등 공포에 관한 법률'에서는 "법령 등의 공포일 또는 공고일은 해당 법령 등을 게재한 관보 또는 신문이 발행된 날로 한다"(제12조)라고 한다.

공포란 공식적으로 널리 알린다는 의미이다. 전통적으로 널리 알리는 가장 일반적인 방법은 신문에 내는 것이었다. 실제로 국회의장이 법률을 공포하는 경우에는 2개 이상의 일간신문에 하도록 되어 있다.(법령 등 공포에 관한 법률 제 13조 제2항) 이는 예외적인 상황에서이다. 공적 방식의 이용이 방해되는 상황이라 비공식적 수단이라도 사용할 수 있는 길을 제시해 준 것이다. 대통령의 법률 공포는 관보에 하도록 되어 있다.

관보는 국민 일반에게 널리 알릴 사항을 게재하기 위해 발행하는 공식적인 국가기관지이다. 관보에 고시(告示)한다는 표현도 흔히 쓴다. 이제는 관보가 관공서에조차 잘 보이지 않는 신문이 되어서 과연 널리 알리는 효과가 있는지도 모르겠고 법령 정보 또한 관보로 확인하는 일은 거의 없는 실정이지만, 어쨌든 법률을 비롯한 법령은 관보에 실리는 것이 요건이다. 이는 또한 관보에 실린 그대로가 곧 법이라는 의미이기도 하다. 따라서 관보에 실린 법률의 조문들이 맞춤법에 어긋난 것이 있거나 띄어쓰기가 잘못된 것이 있더라도 그렇게 된 채로 법인 것이다. 마찬가지로 ㉡   , 개정되기 전까지는 그것이 공식적으로 사용해야 할 법령용어이다. 법에 실린 난해한 낱말이나 구절을 저 나름대로 친절하게 풀어 쓴 말로 바꾸어서 법조문이라고 인용한다면, 자의적으로 법을 왜곡하는 일이 된다.

민법은 단기4291년(1958) 2월 22일자 관보에 실려 공포되었다. 거기에 있는 민법의 문장들은 마치 구한말 국한문혼용체로 보일 지경이다. 근래에 제정, 개정되는 법령에서는 한자 표기를 하지 않는다. 부득이한 경우에도 괄호 안에 넣어 한글 용어 뒤에 붙인다. 뿐만 아니라 글월도 오늘날의 문법에 맞고 이해하기 좋은 말로 되어 있다. 그러다 보니 개정이 많은 민법에서는 조문들의 형식이 서로 일관되지 않기도 하는데, 아직은 어쩔 수 없는 일이다. 입법에서 국민이 이해할 수 있는 법령을 지향하는 노력은 계속되고 있다.

69. 윗글의 내용과 일치하지 않는 것은?

① 현재의 민법은 1958년에 공포된 것에서 출발한다.
② 관보는 국민에게 공포할 사항을 싣는 신문이라 할 수 있다.
③ 일반적으로 법률은 공포된 뒤 20일이 지나면 효력을 갖는다.
④ 대통령은 법률을 공포하기 앞서 국무회의 심의를 거쳐야 한다.
⑤ 법률안의 재의결에는 전체 국회의원 중 3분의 2의 찬성이 필요하다.

70. 윗글을 바탕으로 추론한 내용으로 가장 적절한 것은?

① 법률의 원문을 확인하는 기준은 관보에 실린 법률 그대로이다.
② 다른 매체가 발달함에 따라 관보에 고시되는 법령이 줄고 있다.
③ 주요 일간지는 국가의 공식적인 국민 홍보 도구로 인정되고 있다.
④ 표현이 잘못된 법조문을 공식적으로 인용할 때는 고쳐 표기하는 것이 원칙이다.
⑤ 현행 법령에 있는 한자들을 한글로 바꾼 것을 법령용어로 보는 것이 현재의 원칙이다.

71. ㉠에 대한 설명으로 가장 적절한 것은?

① 공포의 절차를 거치지 않은 법률은 아직 효력이 없는 것이 원칙이다.
② 일반적으로 법률의 공포는 2개 이상의 일간지에 게재하는 방식으로 한다.
③ 대통령이 법률안을 공포도 거부도 하지 않으면 국회에서 재의결하여 공포한다.
④ 국회의 재의결을 통해 법률이 확정되면 공포하지 않아도 법률의 효력이 발생한다.
⑤ 공포된 법률은 그 법률이 실린 관보의 발행일에 효력을 갖는 것이 헌법상의 원칙이다.

72. ⓒ에 들어갈 말로 가장 적절한 것은?

① 다의적으로 해석될 여지가 있도록 구절들이 연결되어 있더라도
② 미사여구로 말미암아 법조문답지 않은 형식을 보이고 있더라도
③ 이제는 뜻을 알 수 없을 만큼 잘 쓰이지 않는 낱말이 있더라도
④ 쉬운 단어를 잘 활용하여 국민의 이해를 돕도록 되어 있더라도
⑤ 조문의 구조가 문법상 맞지 않아 맥락이 잘 파악되지 않더라도

※ [73 ~ 75] 다음 글을 읽고 물음에 답하시오.

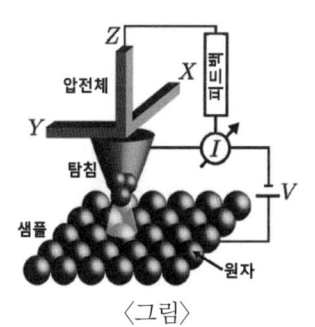
〈그림〉

㉠ STM은 원자 현미경 중 처음으로 개발되었으며 뒤에 개발된 AFM보다 좋은 분해능(分解能)을 가진다. 〈그림〉은 STM의 개략도이다. 탐침은 전기화학적 식각과 열처리 방법을 이용하여 가느다란 텅스텐 선의 끝부분을 매우 뾰족하게 하여 만들어지며 맨 끝에는 원자 한두 개만이 있게 된다. 비록 두 개의 탐침과 샘플 표면이 떨어져 있지만, 탐침을 진공 중에서 전도체나 반도체인 샘플 표면에 원자 한두 개 크기의 간격인 0.5nm 정도로 접근시키면 그 간격이 아주 작으므로, 탐침과 샘플 사이에 적당한 전압을 걸어주면 전자가 샘플 표면에서 튀어나와 탐침으로 이동하여 전류가 발생한다. 이와 같은 방식으로 전자가 튀어나오는 현상을 터널링이라 한다. 인가하는 전압이 클수록 터널링이 많이 일어나고 동일 전압에서는 STM의 탐침과 샘플 사이의 간격이 클수록 전자의 터널링 확률이 낮아져 전류가 급격히 줄어든다.

STM의 탐침은 압전체의 재질인데 압전체는 전압을 가하면 기계적 변형이 일어나는 물질로 전기를 가해 X, Y, Z 방향으로 탐침의 움직임을 조절할 수 있고, 방향 조절은 0.01nm 정도의 정밀도가 가능하다. 탐침을 통해 흐르는 전류가 일정하도록 압전체로 탐침의 높이를 조정하면서 좌우, 전후로 움직여 가면 탐침이 샘플 표면 위를 저공비행하듯이 따라간다. 이때 각각의 지점에서 탐침이 상하로 움직인 값을 컴퓨터로 처리하면 샘플의 표면 형상을 알 수 있다.

STM의 결점은 전기적으로 부도체인 샘플은 사용할 수 없다는 것과 진공이 필요한 것인데, 이를 해결하여 원자 현미경을 구현한 것이 ㉡ AFM이다. AFM은 텅스텐으로 만든 바늘 대신에 캔틸레버라고 불리는 작은 막대를 쓴다. 캔틸레버는 미세한 힘에 의해서도 아래위로 쉽게 휘도록 만들어진다. 캔틸레버 끝부분에는 뾰족한 탐침이 달려 있으며, 이 탐침의 끝부분은 STM의 탐침처럼 원자 몇 개 정도의 크기로 매우 첨예하다. 압전체를 이용하여 탐침을 샘플 가까이 접근시키면 탐침과 샘플 사이의 거리에 따라 인력이나 척력이 작용한다. AFM을 이용하여 표면을 관찰하는 방법은 크게 접촉식과 비접촉식으로 나뉜다. 접촉식 AFM은 탐침을 샘플 표면에 접촉하여 표면의 정보를 얻어 내며 작용하는 척력의 크기가 $1 \sim 10 \times 10^{-9}$N 정도로 아주 미세하지만, 캔틸레버 역시 아주 민감하여 그 힘의 작용으로 휘어지게 된다. 이 캔틸레버가 아래위로 휜 정도를 측정하기 위하여 레이저를 캔틸레버의 윗면에 비추고 여기서 반사된 광선의 각도를 레이저 검지기인 포토다이오드를 사용하여 측정하는데 휘는 각에 따라 광선이 도달하는 포토다이오드의 지점이 달라진다. 이렇게 하면 탐침 끝의 움직임을 0.01nm 정도까지 미세하게 측정할 수 있다. 탐침의 높이를 조절하여 캔틸레버가 일정하게 휘도록 유지하면 탐침 끝이 샘플 표면과 일정한 힘을 유지한 채 표면을 따라가도록 할 수 있으므로 STM의 경우와 같이 샘플 표면의 형상을 측정할 수 있다.

반면 비접촉식 AFM은 원자 간의 인력을 이용하는데 그 힘의 크기가 0.01×10^{-9}N 이하로 매우 작을 뿐만 아니라, 물리적인 접촉이 없으므로 손상이 우려되는 샘플을 측정하는 데 적합하다. 하지만, 인력이 너무 작아 캔틸레버가 휘는 각도를 직접 잴 수가 없다. 따라서 비접촉식 AFM은 캔틸레버를 고유 공명진동수 부근에서 진동시킨다. 탐침이 샘플 표면에 다가가면 탐침과 샘플 표면 사이의 거리 변화에 따라 인력이 변한다. 따라서 캔틸레버의 공명진동수와 진폭이 변하게 되는데 이러한 상호 관계를 이용하면 표면의 형상을 알 수 있다. AFM 원리의 기본이 되는 원자 간 상호작용으로 발생하는 힘들은 샘플의 전기적 성질과 상관없이 항상 존재하므로 샘플의 전기 전도도와 무관하게 높은 분해능으로 관찰할 수 있다.

73. 윗글을 읽고 대답할 수 있는 내용으로 적절하지 않은 것은?

① 터널링 현상이 일어나기 위한 조건은 무엇인가?
② 캔틸레버는 도체와 부도체 중 어떤 것이 쓰이는가?
③ 원자 현미경 중에서 제일 먼저 개발된 것은 무엇인가?
④ 압전체인 물체에 전압을 가하면 어떠한 현상이 발생하는가?
⑤ 접촉식과 비접촉식 AFM 중 이용되는 힘은 어느 방식에서 더 큰가?

74. ㉠과 ㉡에 대한 설명으로 적절하지 않은 것은?

① ㉠과 ㉡ 모두 원자 현미경에 속한다고 볼 수 있다.
② ㉠과 ㉡ 모두 탐침과 샘플의 거리를 조절하기 위해 압전체를 사용한다.
③ ㉠과 달리 ㉡에서는 샘플과 탐침이 서로 맞닿게 하는 경우가 있다.
④ ㉡과 달리 ㉠에서는 진공 조건에서만 표면을 관찰할 수 있다.
⑤ ㉡을 이용하여 표면의 형상을 볼 수 있는 샘플 모두는 ㉠에서도 관찰이 가능하다.

75. 윗글을 바탕으로 <보기>의 학생들의 반응 중 적절한 것을 모두 고른 것은?

< 보 기 >

미세한 표면을 관찰하기 위해 오른쪽 그림과 같은 장치를 이용하고자 한다. 샘플은 유기물 반도체 물질이기 때문에 손상이 쉬운 재질이다. 따라서 샘플과 탐침의 물리적인 접촉을 피해 표면을 관찰하려 한다. 이에 대한 학생들의 반응은 아래와 같다.

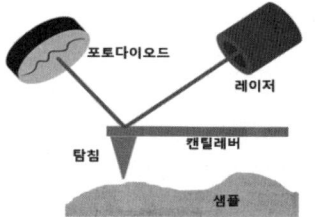

◉ 학생들의 반응
ㄱ. 샘플이 반도체이기 때문에 AFM뿐 아니라 STM으로도 샘플 표면 형상의 관찰이 가능하다.
ㄴ. 탐침과 샘플이 가까워지면 캔틸레버의 공명진동수가 바뀌어 탐침과 샘플 사이의 인력이 변한다.
ㄷ. 포토다이오드를 통하여 탐침이 휘는 정도를 측정하여 표면의 형상을 얻어낼 수 있다.
ㄹ. 샘플 표면의 원자와 탐침의 원자 사이의 서로 당기는 힘이 미치는 영향을 이용하여 샘플의 표면을 관찰하는 방식이다.

① ㄱ, ㄴ ② ㄱ, ㄹ ③ ㄴ, ㄷ ④ ㄴ, ㄹ ⑤ ㄷ, ㄹ

※ [76 ~ 78] 다음 글을 읽고 물음에 답하시오.

　　전통 묘기인 외줄타기를 보면 곡예사가 양팔을 접었다 폈다를 반복하면서 줄 위를 걷는다. 곡예사의 이러한 행위들은 줄 위에서 균형을 잡기 위한 것이다. 어떤 과학적 원리로 이를 설명할 수 있을까? 이는 관성 모멘트의 개념으로 설명할 수 있다.

　　관성 모멘트를 이해하기 위해 관성의 의미를 알아보자. 관성은 물체가 자신의 운동 상태를 유지하려는 특성을 표현한 용어이다. 즉 외부에서 힘이 작용하지 않으면 정지한 물체는 계속 정지해 있으려 하고, 운동하던 물체는 계속 등속도 운동을 한다는 것이다. 관성이 크다는 것은 운동 상태를 변화시키기 힘든 것이다. 물체에 힘을 가하면 속도가 변화한다. 속도의 변화율에 해당하는 가속도와 주어진 힘 사이에는 비례관계가 성립한다. 비례관계를 등호 관계로 만들어 주기 위해서 비례상수가 사용되는데, 힘과 가속도 관계의 비례상수가 관성 질량이다. 따라서 관성 질량은 힘의 크기와 그 힘에 의한 물체의 가속도의 비임을 알 수 있다. 즉 물체의 질량을 물체가 지닌 관성의 정도라 정의할 수 있다. 이것은 뉴턴의 운동 법칙이 질량을 힘, 질량, 가속도의 상관관계를 통해 정의한 것과 같은 의미이다. 예를 들어 같은 속도로 달리고 있을 때 질량이 큰 차가 작은 차에 비해 관성이 크기 때문에 물체의 속도 변화는 그만큼 어렵다. 이렇게 직선 운동일 경우와 같이 회전하는 물체도 회전 상태의 변화에 저항하는 성질이 있다. 이러한 성질을 나타내는 것이 관성 모멘트이다.

　　관성 모멘트는 직선 운동의 관성처럼 질량과 관련돼 있다. 그러나 관성 모멘트는 질량 자체보다 질량의 분포와 더 관련이 깊다. 회전 운동을 하는 질량이 m인 어떤 물체를 생각해 보자. 이때 물체는 크기가 아주 작고 질량이 m_i로 같은 미세한 알갱이들로 이루어졌다고 볼 수 있다. 이 알갱이 하나하나를 질점이라 하는데 모든 m_i의 합은 m이 되며, 이 질점 각각이 갖는 관성 모멘트의 합이 물체 전체의 관성 모멘트를 나타낸다. 관성 모멘트는 회전축으로부터의 거리 제곱에 회전체의 질량을 곱한 값이다. 따라서 질량이 같은 물체라도 질점의 분포가 다르면 관성 모멘트도 달라진다. 곡예사가 양팔을 펴는 행동은 곡예사의 질점 분포를 달리하며 곡예사의 회전 운동이 일어나지 않도록 하기 위함이다.

　　이러한 관성 모멘트의 개념은 각운동량 보존 개념으로 확장할 수 있다. 각속도는 단위 시간당 물체가 회전한 각을 의미하는데, 각운동량은 관성 모멘트와 각속도를 곱한 값이다. 각운동량 보존이란 회전 운동 중인 물체의 각운동량은 외부에서 회전에 영향을 주는 힘이 가해지지 않는 한 일정한 값으로 유지된다는 것이다. 회전 운동 이후 얼음판에 착지한 피겨 스케이팅 선수가 회전 속도를 줄이기 위해 양팔을 지면에 수평으로 뻗는 이유가 여기에 있다.

76. 윗글의 서술상 특징으로 가장 적절한 것은?

① 특정 개념을 제시한 후 대립하는 견해를 소개하고 있다.
② 특정 대상의 장단점을 비교하여 효용성을 드러내고 있다.
③ 특정 이론이 변화하는 과정을 통시적으로 보여 주고 있다.
④ 특정 상황을 설명할 수 있는 원리를 구체적으로 설명하고 있다.
⑤ 특정 원리에 대한 반박의 내용을 질문의 형식으로 도입하고 있다.

77. 윗글에서 추론한 내용으로 적절한 것을 <보기>에서 있는 대로 고른 것은?

< 보 기 >

ㄱ. 외줄을 타고 있는 곡예사는 그의 균형이 무너지려 할 때 팔을 접었다가 균형이 잡히면 팔을 다시 펼 것이다.
ㄴ. 같은 크기의 힘이 가해졌을 때 가속도가 클수록 물체의 관성 질량은 작다.
ㄷ. 타자가 야구 방망이로 스윙을 하고 있을 때 방망이의 각속도는 손으로 잡은 부위에서 멀어질수록 더 커질 것이다.

① ㄱ　　　② ㄴ　　　③ ㄷ　　　④ ㄱ, ㄹ　　　⑤ ㄴ, ㄷ

78. 윗글을 바탕으로 <보기>의 탐구 내용 중 적절한 것을 모두 고른 것은?

< 보 기 >

프리스타일 모터크로스(motorcross)는 오토바이 스포츠의 일종이다. 모터크로스 선수가 점프대를 이용하여 역회전을 2회 수행하며 착지하려 한다. 공중에서 회전하고 있는 동안 공기 저항 등에 의해 회전에 영향을 주는 힘은 무시하며 회전축은 변화하지 않는다.

◎ 탐구 내용
ㄱ. 모터크로스 선수가 회전하는 동안 몸을 회전축에서 더 멀리 편다면 목표한 역회전의 수에 미치지 못하겠군.
ㄴ. 공중에서 회전하고 있는 동안 오토바이의 회전축인 안장 부분의 질점이 손잡이 부분의 질점보다 각운동량이 더 크겠군.
ㄷ. 오토바이와 선수의 전체 각운동량은 공중에서 정점에 이르렀을 때가 최댓값을 보이겠군.
ㄹ. 등에 가방을 메고 같은 자세와 같은 각속도로 회전을 하고 있다면 오토바이와 선수 전체의 관성 모멘트는 가방을 메고 있을 때가 더 크겠군.

① ㄱ, ㄷ　　　② ㄱ, ㄹ　　　③ ㄴ, ㄷ　　　④ ㄴ, ㄹ　　　⑤ ㄷ, ㄹ

※ [79 ~ 82] 다음 글을 읽고 물음에 답하시오.

　날마다 새로운 기능과 디자인의 상품이 쏟아져 나오는 현대 사회에서 우리는 어떤 상품을 선택하고 구매해야 할까? 대부분의 소비는 가격과 품질에서 높은 만족을 얻을 수 있는 방향으로 결정된다. 이른바 '합리적 소비'를 추구하는 것이다. 그러나 최근에는 저개발국의 인권이나 환경 보호에 관심이 커지면서 '윤리적 소비'와 관련한 인식이 널리 퍼지고 있다. 윤리적 소비란 인간, 동물, 자연환경에 해를 끼치지 않고 윤리적으로 생산된 상품을 구매하는 것을 말한다.
　윤리적 소비는 더 나은 세상을 만들기 위한 정당한 권리 행사이다. 흔히 소비를 '시장 경제 시대의 투표'라고 표현한다. 현재 우리가 살고 있는 자본주의 사회에서는 소비자들의 선택에 따라 시장에서 공급되는 상품의 종류와 양이 달라진다. 소비자들은 특정 상품을 사거나 사지 않는 선택을 함으로써 자신이 추구하는 가치를 드러낼 수 있다. 우리가 가난한 아동들의 노동으로 만든 제품을 구매하지 않는 것은 노동자를 착취하는 행위에 반대하는 것이고, 친환경 제품을 구매하는 것은 환경 보호에 지지를 보내는 것이다.
　윤리적 소비는 세계의 빈곤 문제 해결에 기여한다. 세계 인권 선언 제23조에서는 "모든 사람은 차별 없이 동일한 노동을 하면 동일한 보수를 받을 권리가 있다."라고 규정하고 있다. 그러나 아직도 수많은 제삼 세계 노동자가 혹독한 노동을 하면서도 아주 적은 대가를 받는다. 그런데 우리가 노동자에게 공정한 노동의 대가를 지급한 제품을 구매하면, 그들의 빈곤을 완화하고 경제적 자립을 도울 수 있다.
　또한 윤리적 소비는 지구를 지키는 친환경 소비이다. 윤리적 소비자는 지역 농산물이나 유기농 식품을 구매할 뿐만 아니라, 동물 실험을 하거나 오염 물질을 배출하는 기업을 상대로 불매 운동을 벌이기도 한다. 이것은 지구를 더는 훼손하지 않고 다음 세대에 물려주기 위한 노력의 일환이다.
　생활이 달라져야 의식이 바뀌고, 소비가 바뀌어야 세상이 변한다. 세상은 더 나은 세상을 원한다는 말만으로 변하지 않는다. 윤리적 소비는 생산자와 소비자, 노동자와 기업, 지구와 인류의 공생을 위한 첫걸음이다. 어떻게 살[買] 것인가는 결국 어떻게 함께 살[生] 것인가의 다른 말이다.
　소비자의 의식 변화에 발맞춰 기업들도 윤리적 소비에 한발 더 다가서고 있다. 이제 공정 무역 초콜릿이나 커피를 판매하는 곳은 어렵지 않게 찾을 수 있다. '건강에 이롭지 않은 음료'로 눈총을 받아 온 한 탄산음료 회사는 최근 비용 부담을 감수하고 친환경 페트병을 사용해 이미지 반전에 성공했다. 미국의 한 신발 회사는 한 켤레를 팔 때마다 아프리카 등 어려운 나라에 한 켤레를 기부하는 '착한 경영'을 펼치고 있다. 이와 같은 움직임은 소비자들의 의식 변화로 이루어진 것이라서 더욱 값지다.

79. 윤리적 소비의 특징으로 적절하지 않은 것은?

① 비교적 최근에 주목받으며 퍼진 개념이다.
② 소비를 통해 세상을 개선하려는 권리 행위이다.
③ 가격과 품질에 대한 만족도가 우선시되는 행위이다.
④ 구매와 불매를 통해 생산자에 대한 지지와 반대를 표현한다.
⑤ 소비자의 요구를 생산자가 수용함으로써 상호 관련을 맺는 과정이다.

80. 윗글에서 추론할 수 있는 내용으로 적절하지 않은 것은?

① 개인의 소비 활동이 세상의 변화를 이끌 수 있다.
② 모든 노동자는 평등하고, 공정한 대우를 받아야 한다.
③ 소비자와 기업은 이익이 서로 상충하는 대립적 관계이다.
④ 현대 사회에서 소비 행위는 중요한 위치를 차지하고 있다.
⑤ 현재의 소비 행위는 다음 세대의 자연환경에 영향을 미친다.

81. 윗글의 내용을 고려할 때, <보기>의 ㉠, ㉡에 들어갈 사례로 적절하지 않은 것은?

─< 보 기 >─

- 빈곤 해결: (㉠)
- 친환경: (㉡)

① ㉠: 동물 실험
② ㉠: 신발 기부
③ ㉠: 공정 무역 커피
④ ㉡: 유기농 식품
⑤ ㉡: 지역 농산물

82. <보기>를 바탕으로 할 때 윗글에 대한 비판으로 가장 적절한 것은?

─< 보 기 >─

비판적 읽기를 위해서는 판단의 준거가 필요한데, 그 준거는 내용에 대한 준거와 형식·표현에 대한 준거로 나누어 볼 수 있다. 내용에 대한 준거로는 타당성, 공정성, 신뢰성이 있다. 타당성은 글에 나타난 내용이 합리적이며 옳은지에 대한 것이다. 공정성은 글의 주제, 필자의 관점과 태도와 관련하여 이것들이 객관적이고 균형 잡힌 시각을 갖추었는지에 대한 것이다. 신뢰성은 글의 내용이나 글에 사용된 자료가 믿을 만한지에 대한 것이다.

① 글쓴이가 소비자의 입장에서 글을 서술하였기에 타당성이 떨어진다.
② 글 전체의 내용이 일관되며 하나의 주제로 통일되므로 신뢰성이 있다.
③ 공정 무역 커피를 판매하는 곳이 실제로 제시되지 않아 공정성이 떨어진다.
④ 지역 농산물이 친환경적인 이유에 대한 설명이 누락되어 타당성이 떨어진다.
⑤ 지역 농산물이나 유기농 식품이 친환경 소비 개념을 뒷받침하고 있기에 공정성이 있다.

※ [83~84] 다음 글을 읽고 물음에 답하시오.

2025년 스포츠 강좌 이용권 신청 안내문

1. 지원 내용: 1인당 10만 5천 원 범위 내 스포츠 강좌 수강료 지원

   ※스포츠 강좌 이용권은 1년 단위로 매년 새로 신청해야 함.

2. 신청 기간: 2024. 11. 4.(월)~11. 22.(금)

3. 신청 대상
   - 지원 연령: 만 5~18세 유·청소년
   - 수급 자격: 기초 생활 수급 가구 및 차상위 계층(법정 한부모 지원 가구 포함)

4. 신청 방법
   - 온라인 신청: 스포츠 강좌 이용권 홈페이지(http://svoucher.kspo.or.kr) 접속
     - 상단 메뉴의 '개인 이용권 신청' 클릭하여 ⊙신청 정보 입력
   - 서면 신청: 관할 동 주민 센터 방문 및 신청서 작성

5. 신청 시 유의사항
   - 14세 미만 아동의 경우, 법정 대리인 또는 법정 대리인의 위임을 받은 사람이 신청
     ※신청 대상 자녀가 2명 이상인 경우, 해당 자녀 모두를 개별적으로 신청
   - 신청자별로 실제 주민등록상의 거주지 1곳의 이용권만 신청해야 함.
     ※타 거주 지역에 대해 신청할 경우 취소 처리됨.
   - 세대주가 외국인인 경우 시·군·구청에 방문하여 직접 신청(홈페이지 신청 불가)
   - 「스포츠꿈나무 특기장려금」, 「지역사회서비스 투자사」와 중복 지원 불가

6. 선정 결과 안내
   - 12월 2일까지 홈페이지 공지 사항 안내 및 신청 시 작성한 휴대 전화 번호로 개별 공지

7. 카드 발급 방법 안내
   - 온라인 발급: 이용권 선정 결과 발표 후 회원이 카드사 홈페이지에서 직접 신청
     ※선정 결과 발표 후 7일 이내에 회원이 카드를 신청하지 않는 경우에만 카드 회사에서 회원에게 안내 전화(본인 인증) 후 유선으로 카드 발급

83. 윗글에 대한 이해로 적절하지 않은 것은?

① 신청 대상 자녀가 3명일 때 신청 횟수는 총 3회가 되어야겠군.
② '스포츠꿈나무 특기장려금'에 지원한 사람은 중복 지원할 수 없겠군.
③ 이용권 카드는 결과 발표 후 7일 이내에 유선으로 신청해야 하는군.
④ 작년에 스포츠 강좌 이용권을 지원받았던 사람도 올해 신청할 수 있겠군.
⑤ 세대주가 외국인인 경우 온라인으로는 스포츠 강좌 이용권을 신청할 수 없겠군.

84. 윗글에서 확인할 수 있는 ㉠의 내용으로 옳지 않은 것은?

① 나이
② 휴대전화 번호
③ 수급 자격 정보
④ 홈페이지 아이디
⑤ 이용권 신청 지역

※ [85 ~ 87] 다음 뉴스 보도를 읽고 물음에 답하시오.

사라지는 붕어빵…"노점 허가제 논의를"	
장면1 	앵커: 요즘 같은 추위에 붕어빵처럼 따뜻한 길거리 간식이 인기를 끌고 있는데요. 그런데 붕어빵 가게는 대부분 불법 노점이어서 일정 조건을 충족하면 영업을 합법화하는 노점 허가제를 전국적으로 시행해야 한다는 목소리도 나오고 있습니다. 김OO 기자입니다.
장면2 	김 기자: 한 도심의 붕어빵 노점. 피어오르는 붕어빵 굽는 냄새를 맡고 손님들이 삼삼오오 모여듭니다. 학생들: "길거리에서 붕어빵을 자주 사 먹곤 했는데, 요즘 잘 안 보여서 보일 때마다 무조건 사 먹는 거 같아요."

장면3	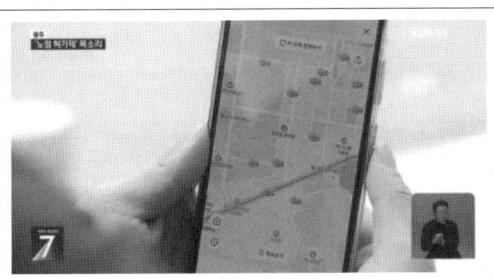	김 기자: 인기에 힘입어 주변에 붕어빵 파는 곳을 가리키는 '붕세권'이라는 말도 생겨날 정도입니다. 심지어 붕어빵 노점 위치를 알려 주는 애플리케이션도 등장했습니다. 실제로 붕어빵 지도 앱을 보고 찾아오는 사람들도 많습니다.
장면4		김 기자: 붕어빵 장사는 대부분 불법 노점입니다. 허가를 받지 않고 도로를 점용할 경우 현행법 위반이기 때문입니다. 단속에 적발될 경우 과태료가 부과될 수 있습니다. 구청 단속을 피해 자리를 옮기기도 하고, 아예 철거되는 경우도 부지기수입니다.
장면5	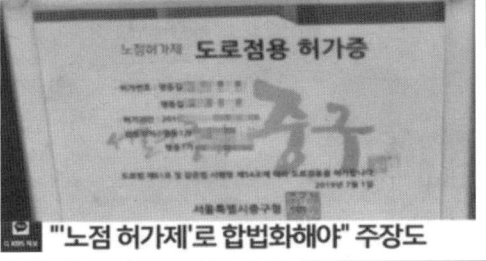	김 기자: '노점 허가제'란 일정 조건을 갖춘 노점을 대상으로 도로 점용료를 받고 허가증을 내주어 합법으로 영업할 수 있는 조건을 만들어 주는 제도입니다. 기존 상인과 노점상의 상생을 위해 서울시에선 2019년 도입해 시행 중입니다. 단속과 규제만으로 해결되지 않는다면, 상생을 위한 현실적인 대안이 필요해 보입니다.

85. 뉴스 보도에 사용된 정보 제시 전략으로 적절하지 않은 것은?

① 장면1: 보도의 주요 제재를 드러내기 위해 앵커 배경으로 '붕어빵' 사진을 제시한다.
② 장면2: 이어질 인터뷰를 위해 '붕어빵 노점'을 이용하는 학생들의 모습을 보여 준다.
③ 장면3: 보도에서 다루는 신조어 '붕세권'의 뜻을 풀이하는 사전 자료를 보여 준다.
④ 장면4: 보도에서 언급한 '불법 노점'의 현실을 자막과 영상을 통해 보여 준다.
⑤ 장면5: 기자가 설명하는 '노점 허가제'의 이해를 돕기 위해 '허가증' 사진을 제시한다.

86. <보기>는 뉴스 보도를 본 시청자들의 반응이다. 이에 대한 이해로 적절하지 않은 것은?

―< 보 기 >―

시청자 게시판

┗ **소비자** 붕어빵 지도 앱이 있으면 뭐 하나요. 마음먹고 찾아가도 노점이 이미 사라져 있더라고요. 보도 제목처럼 거리에서 붕어빵 사 먹기가 하늘의 별 따기예요.

┗ **노점상** 형편이 어려워져 붕어빵 장사를 시작했지만 수입보다 과태료를 더 낸 적도 있어요. 한철 장사이고 제 손님이 근처 가게도 이용할 수 있을 텐데…. 서로 이해해 주었으면 좋겠어요.

┗ **가게 상인** 먹고 살기 힘든 건 다 마찬가지죠. 누군 세금 내고 싶나요? 심지어 저희 디저트 가게는 인근에 붕어빵 노점이 문을 열면 매출이 20~30% 떨어져 버려요.

┗ **구청 관계자** 불법 노점에 대한 민원이 많아 단속에 나설 수밖에 없죠. 세금도 내지 않고, 도로 통행에 불편을 주고, 검증받지 않은 식품을 판다며 주변에서 민원이 많이 제기돼요.

┗ **○○시의원** 노점 허가제를 시행하더라도 주변 상권과의 상생을 위해 꼼꼼한 가이드라인이 필요합니다. 판매 장소, 품목, 운영 형태 등에 대해서 세부적인 논의가 필요합니다.

① 소비자: 보도 내용과 관련된 자신의 경험을 속담에 빗대며 공감하고 있다.
② 노점상: 보도의 마무리 언급처럼 단속보다는 상생이 필요함을 호소하고 있다.
③ 가게 상인: 불법 노점으로 인한 피해 상황을 수치로 제시하고 있다.
④ 구청 관계자: 보도에서 다룬 문제점을 요약하며 단속이 필요함을 강조하고 있다.
⑤ ○○시의원: 보도에서 핵심으로 다루는 제도 시행의 구체적인 방안을 고민하고 있다.

87. <보기>는 '노점 허가제를 도입해야 한다'는 논제에 대한 양측의 주장이다. ㄱ~ㄹ의 주장을 찬성 측과 반대 측으로 바르게 짝 지은 것은?

< 보 기 >

ㄱ. 노점상을 규제하려고 하기보다는 오히려 양성화해서 정당한 소득으로 인정해야 한다.
ㄴ. 일정 조건을 갖춘 노점에 허가증을 내어 주어야 하는데 일정 조건이라는 기준이 불명확하다. 불법에 예외를 두면 안 된다.
ㄷ. 도로 점용료를 받더라도 노점 수익에 대한 세금 부과의 문제가 해결되기 어려울 것이며, 이미 합법으로 운영하는 인근 가게 상인들에게 역차별이 된다.
ㄹ. ○○ 공원 포장마차 거리는 불법 노점상인데도 시민들이 즐겨 찾는 관광 명소가 되고 있다. 만일 허가증을 내주면 관광 명소의 더 큰 발전이 있을 것이다.

	찬성	반대
①	ㄱ, ㄴ	ㄷ, ㄹ
③	ㄴ, ㄷ	ㄱ, ㄹ
⑤	ㄷ, ㄹ	ㄱ, ㄴ

	찬성	반대
②	ㄱ, ㄹ	ㄴ, ㄷ
④	ㄴ, ㄹ	ㄱ, ㄷ

※ [88 ~ 90] 다음 글을 읽고 물음에 답하시오.

구직급여 (중앙부처 정책지원금)

고용보험 가입 근로자가 비자발적 사유로 이직하여 재취업 활동을 하는 기간에 구직급여 등을 지급함으로써 생활 안정 및 조속한 노동 시장 복귀를 지원한다.

1. 지원 대상:
   - 고용보험 적용 사업장에서 경영상 해고 등 비자발적으로 이직한 피보험자
   - 이직일 이전 18개월간 피보험 단위 기간 180일 이상 근무
   - 근로의 의사와 능력이 있음에도 불구하고 실업한 상태에서 적극적으로 재취업 활동을 하는 사람(일용 근로자의 경우 수급 자격 인정 신청일이 속한 달의 직전 달 초일부터 수급 자격 인정 신청일까지의 근로일 수의 합이 같은 기간 동안의 총 일수의 3분의 1 미만일 것)
   - 예술인: 이직일 이전 24개월간 피보험 단위 기간 9개월 이상(예술인으로서 3개월 이상)
   - 노무 제공자: 이직일 이전 24개월간 피보험 단위 기간 12개월 이상(노무 제공자로서 3개월 이상)

2. 신청: 이직 후 지체 없이 고용노동부 홈페이지 온라인 신청

3. 지원 내용: 이직일 다음 날부터 12개월 내 본인의 소정 급여일수 한도로 현금 지급
- 아래의 요건을 충족하는 경우 구직급여를 연장하여 지원
  - 훈련 연장 급여: 직업 능력 개발이 필요하다고 판단되어 직업안정기관장이 훈련을 지시한 수급 자격자에게 훈련을 받는 기간에 구직급여를 연장하여 지원
  - 개별 연장 급여: 취업이 특히 곤란하고 생활이 어려운 수급자 중 대통령령에 따른 지급 요건을 충족하는 자에게 최대 60일간 구직급여의 70%를 연장하여 지원
  - 특별 연장 급여: 대량 실업 사태 등 대통령령이 정한 사유 발생 시 최대 60일간 구직급여를 연장하여 지원
  * 자영업자, 예술인, 노무 제공자는 연장 급여가 지원되지 않음.

88. 윗글에 대한 이해로 적절하지 않은 것은?

① 과도한 직무로 스트레스를 받다가 자발적으로 퇴사한 경우라면 구직급여를 받을 수 없다.
② 이직일 이전 18개월간 피보험 단위 기간 200일 이상 근무한 경우 구직급여 요건에 해당한다.
③ 심각한 재정적 어려움을 겪는다면 취업 의사와 무관하게 지원 대상이다.
④ 구직급여는 이직 후 곧바로 신청할 수 있으며, 이직 다음 날부터 지급 가능하다.
⑤ 대량의 실업 사태가 발생할 경우 구직급여를 받던 사람들은 최대 60일간 연장해서 받을 수 있다.

89. 윗글과 관련하여 <보기>를 읽고 난 반응으로 적절하지 않은 것은?

< 보 기 >

오랫동안 예술가로 활동해 온 A는 2년간 일하던 직장에서 경영난을 이유로 정리 해고를 당했다. 다행히 해당 직장은 고용보험이 적용되었기 때문에 A는 정리 해고가 결정된 다음 날부터 구직급여에 대해 알아보기 시작했다. 생계가 막막해진 A의 입장에서 구직급여를 받지 못한다면 심각한 생활고에 시달릴 가능성이 높다.

① A는 정리 해고 대상자이므로 구직급여의 요건에 해당하겠군.
② A는 반드시 근로 의사를 증명해야 구직급여를 받을 수 있겠군.
③ A는 실업자가 된 날 바로 구직급여를 신청할 수 있겠군.
④ A는 구직급여 요건을 모두 충족한다면 현금으로 지원받겠군.
⑤ A는 취업이 안 되고 생활고에 시달리면 구직급여를 연장할 수 있겠군.

90. 윗글에서 추가로 제시되어야 할 정보로 적절하지 않은 것은?

① 지원 대상에 해당하는 근무일수
② 예술인의 예술 활동 증빙 자료
③ 구직급여 지원 선정 후 지급 방법
④ 적극적 재취업 활동에 대한 증명 방법
⑤ 구직급여의 구체적인 금액 또는 지원금 규모

[국어 문화] (91번~100번)

91. <보기>에서 설명하는 문학 작품은?

<보 기>

이 작품은 조선 선조 때 권호문이 지은 총 19수의 연시조 작품으로 벼슬길과 은거 생활의 갈등에서부터, 속세에 미련을 갖지 않고 강호의 풍류를 즐기며 살아가는 모습, 그리고 현실 세계를 초월한 자신의 모습을 그려 내고 있다.

① 어부가　　② 장진주사　　③ 강호사시가　　④ 도산십이곡　　⑤ 한거십팔곡

92. <보기>에서 설명하는 문학 작품은?

<보 기>

이 작품은 전상국이 지은 단편 소설로, 6·25 당시에 한 마을에서 일어난 살벌한 살육의 소용돌이에서 야기된 개인의 원한과 죄의식을 다루고 있다. 특히 개인의 내면에 숨은 욕망이 역사적 흐름과 맞물리면서 비극적 모습을 일으키는 양상을 극적으로 압축한 작품으로 평가받고 있다.

① 유예　　② 동행　　③ 아베의 가족　　④ 우상의 눈물　　⑤ 우리들의 날개

93. <보기>에서 설명하는 작가는?

<보 기>

1922년 홍사용, 현진건, 이상화, 박영희 등과 함께 「백조」 동인으로 활동하였다. 처음에는 감상과 낭만을 주조로 했으나, 차츰 당대의 현실 문제를 파헤친 사실주의 계열의 소설을 썼다. 주요 작품으로 「물레방아」, 「여이발사」, 「벙어리 삼룡이」 등이 있다.

① 김성한　　② 김소진　　③ 나도향　　④ 손창섭　　⑤ 윤흥길

94. <보기>는 일제 강점기에 게재된 신문 기사이다. 이에 대한 설명으로 적절하지 않은 것은?

─< 보 기 >─

구악(舊樂) 부흥의 이 장거(壯擧)! 흥보전도 가극화

조선성악연구회에서 가극 춘향전을 상연하야 만도의 인기를 끄은 뒤로 구악 부흥의 새로운 광명을 발견하고 드듸여 전래의 창극을 모조리 가극으로 고치기로 결심한 후 제이 차로는 흥보전을 가극화하야 방금 전 회원 총동원 아래 맹렬한 련습을 계속하야 가는 터로 천번과 가티 본사(本社) 학예부의 후원을 벌어서 오는 륙일부터 닷새 동안 시내 동양극장에서 공연키로 되엿다. 흥보전은 전번 가극 춘향전의 경험으로 미루어서 각색과 배역을 좀 더 신중히 하고 좀더 새롭게 하는 것은 물논이요 될 수 잇는 데까지 소리를 만히 넛는 동시 소리 업는 장면을 전연 업새여 가극의 기술로서도 적지 안흔 향상을 보이어 잇는 터라 금번 공연이 더욱 더 일반의 대환영을 밧게 될 것이라고 구든 자신을 가지고 잇는 모양이다. …… 이번 흥보전을 공연함에 임하야도 동회에서는 본보 독자를 우대하지 안 하서는 안되겟다고 생각하고 계상 계하를 통하야 각 이십 전씩을 할인키로 되얏다.

— 『조선일보』 1936년 11월 5일자

① 조선성악연구회는 조선일보 학예부의 후원을 받고 있다.
② 조선성악연구회의 새 창극은 6일부터 공연된다.
③ 조선성악연구회의 전 회원이 공연 연습에 매진하고 있다.
④ 이번 공연은 소리 없는 장면을 늘려 여운을 전할 예정이다.
⑤ 이번 공연은 『조선일보』 독자들에게 각 20전씩 할인한다.

95. <보기>의 ㉠~㉤의 의미로 적절하지 않은 것은?

─< 보 기 >─

"폐하 어찌 망령되게 허락하였습니까? 왕실은 미약하고 외적은 강성하니, 이는 자는 범을 찌름과 같고 드는 토끼를 놓침이라. 한낱 새알이 천근의 무게를 견디리까? 가련한 백성 목숨 백 리 사장(沙場) 외로운 혼이 되면 그것인들 아니 ㉠적악(積惡)이리오. 엎드려 바라옵건대 황상은 기병하지 마옵소서." 천자 그 말을 들으시고 여러 가지로 생각하던 차에, 한담과 일귀 일시에 ㉡합주하되, "유심의 말을 듯사오니 죽여도 애석하지 않으니, 오국 간신과 같은 무리로소이다. 대국을 저버리고 도적놈만 칭찬하여 개미 무리를 대국에 비하고 한낱 새알을 폐하에게 ㉢비하니, 일대의 간신이요 만고의 역적이라. 신 등은 ㉣저어하건대 유심의 말이 가달을 못 치게 하니 가달과 동심하여 ㉤내응이 된 듯하니 유심의 목을 먼저 베고 가달을 치사이다."

— 「유충렬전」

① ㉠: 남에게 악한 짓을 많이 함. ② ㉡: 한꺼번에 아뢰기를. ③ ㉢: 비유하니.
④ ㉣: 짐작하건대. ⑤ ㉤: 내부에서 몰래 적과 통함.

96. <보기>는 『훈민정음』 서문이다. ㉠~㉤과 현대국어의 대응으로 적절하지 않은 것은?

> 나랏 ㉠말쏨미 中國에 달아 文字와로 서르 ᄉᆞᄆᆞᆺ디 아니홀씨 이런 젼ᄎᆞ로 어린 百姓이 ㉡니르고져 홇 배 이셔도 ᄆᆞᄎᆞ내 제 ㉢ᄠᅳ들 시러 펴디 몯홇 노미 하니라 내 이를 爲ᄒᆞ야 어엿비 너겨 새로 스믈여듧 字를 밍ᄀᆞ노니 사ᄅᆞᆷ마다 ᄒᆡ여 수비 니겨 ㉣날로 ㉤ᄡᅮ메 便安킈 ᄒᆞ고져 홇 ᄯᆞᄅᆞ미니라.

① ㉠: 말쏨 〉 말씀
② ㉡: 니르다 〉 이르다
③ ㉢: ᄠᅳᆮ 〉 뜻
④ ㉣: 날로 〉 그대로
⑤ ㉤: ᄡᅳ다 〉 쓰다

97. <보기>는 북한의 조선말 규범집의 일부이다. 표기가 남과 북 모두 올바른 것은?

―――――< 보 기 >―――――

제11항
- 말줄기의 모음이 《ㅏ, ㅑ, ㅗ, ㅏ ㅡ, ㅗ ㅡ》인 경우에는 《아, 았》으로 적는다.
  (예) 막다 - 막아, 막았다   오다 - 와, 왔다   따르다 - 따라, 따랐다
- 말줄기의 모음이 《ㅣ, ㅐ, ㅔ, ㅚ, ㅟ, ㅢ》인 경우와 줄기가 《하》인 경우에는 《여, 였》으로 적는다.
  (예) 기다 - 기여, 기였다   개다 - 개여, 개였다   희다 - 희여, 희였다

	남	북
①	잡었다	잡았다
②	얇었다	얇았다
③	시었다	시었다
④	쥐었다	쥐였다
⑤	띄였다	띄였다

98. <보기>를 바탕으로 할 때 점자 표기가 적절하지 않은 것은?

< 보 기 >

[자음]

ㄱ	ㄷ	ㅇ	ㅈ	ㅍ
⠁	⠊	⠼	⠅	⠏

[모음]

ㅏ	ㅗ	ㅣ
⠣	⠥	⠕

※ 'ㅇ'이 첫소리 자리에 쓰일 때에는 표기하지 않는다.

※ 다음 글자들은 약자를 사용하여 적는다.

가	다	자	파
⠫	⠊	⠅	⠏

① 고가
② 오기
③ 파도
④ 도자기
⑤ 자포자기

99. 밑줄 친 부분을 이해하기 쉬운 표현으로 수정한 것으로 가장 적절한 것은?

< 보 기 >

이사가 그 임무를 <u>해태한</u> 때에는 그 이사는 법인에 대하여 연대하여 손해배상의 책임이 있다. (민법 제65조)

① 어떤 법률 행위를 할 기일 후에 의사를 표명한
② 어떤 법률 행위를 할 기일 전에 책임을 다하지 아니한
③ 어떤 법률 행위를 할 기일에 의사 표명을 하지 아니한
④ 어떤 법률 행위를 할 기일 전에 회의에 참석하지 아니한
⑤ 어떤 법률 행위를 할 기일을 이유 없이 넘겨 책임을 다하지 아니한

100. <보기>에서 드러나는 방송 언어의 특성으로 적절하지 않은 것은?

> < 보 기 >
>
> 교통 캐스터: 오늘도 미세먼지가 말썽인데요. 호흡기 건강 관리가 중요한 시기인 만큼 주행 중에는 내기 순환 모드를 이용하시는 게 좋겠습니다. 월요일답게 출근길 상황이 계속해서 어려워지고 있고 그중에서도 한 번에 길게 막히는 곳은 서해안선입니다. 수도권 제1순환선 구리 방향 이동은 괜찮지만 구리에서 판교 쪽으로 남양주에서 상일까지는 가다 서다를 반복합니다. 한편 중부선 하남 방향으로 그새 정체가 늘었고 이제는 서청주부터 9km 구간도 어렵겠습니다. 안전을 위해 전 좌석 안전띠 잘 매 주시고 졸리면 쉬었다 가시길 바라겠습니다. 고속도로 교통 방송이었습니다.

① 교통 정보 이외에 건강, 안전 등의 정보를 포함하여 전달한다.
② '막히다'를 반복하지 않고 해당 의미를 다양한 단어로 표현한다.
③ 구체적인 도로명과 방향을 언급하며 실시간 도로 상황을 알린다.
④ '내기 순환 모드'와 같은 자동차와 관련된 전문 용어를 사용한다.
⑤ 교통 상황을 속도감 있게 전달하기 위해 문장을 명사형으로 종결한다.

기출변형 모의고사

실제 시험처럼 풀어 보기 위한 준비 사항

1. OMR 답안지를 준비해 주세요. 문제집 맨 뒤에 OMR 답안지가 있습니다. □
2. KBS한국어능력시험은 연필로 마킹하니, 연필을 준비해 주세요. □
3. KBS한국어능력시험은 듣기·말하기 영역부터 시작합니다. 듣기 MP3를 들을 준비를 해 주세요. □

듣기 MP3 바로 듣기

🎧 **기출변형 모의고사 듣기.mp3**
해커스자격증(pass.hackers.com)에서 무료 다운로드
상단 메뉴 [KBS한국어/글쓰기 → 교재정보 → MP3 및 부가자료]

자동 채점 및 성적 분석
서비스 바로 이용하기

📋 **자동 채점 및 성적 분석 서비스**
∨ 모바일 OMR, 자동 채점, 예상 등급 조회 서비스
∨ 정답률 및 취약 유형 분석

시험 시간: 120분

목표 등급: _____ 급
시작 시간: _____ 시 _____ 분 ~ 종료 시간: _____ 시 _____ 분

성 명	
수 험 번 호	
감 독 관 확 인	

기출변형 모의고사

KBS 한국방송

- 문제지와 답안지에 모두 성명, 수험 번호를 정확히 기입하십시오.
- 답안지와 함께 문제지를 반드시 제출하십시오.
- 본 시험지를 절취하는 것은 부정행위로 간주합니다.
- 본 시험의 내용을 무단으로 전재·복사·복제·출판·강의하는 행위와 인터넷 등을 통해 복원하는 행위는 저작권법에 저촉됩니다.

KBS한국어능력시험 (100문항)

영역	문항 번호
듣기·말하기	1 ~ 15
어휘	16 ~ 30
어법	31 ~ 45
쓰기	46 ~ 50
창안	51 ~ 60
읽기	61 ~ 90
국어 문화	91 ~ 100

[듣기·말하기] (1번 ~ 15번)

1. 그림에 대한 설명으로 가장 적절한 것은?

   ① 1867년 살롱 전시에서 새로운 미술 기법으로 높은 평가를 받았다.
   ② 모든 인물의 모델은 같으나 표정에 차별을 두어 초상화적 요소를 강조했다.
   ③ 정원 풍경과 인물을 분리하여 각각을 독립적으로 감상할 수 있도록 구성했다.
   ④ 빛과 그림자를 대비하여 풍경의 활력을 부여하며 인상적인 분위기를 높이고 있다.
   ⑤ 작품에 묘사된 흰색 의상은 당시 귀족 계층의 사회적 지위를 표현하기 위한 상징적 장치였다.

2. 이야기에서 알 수 있는 교훈으로 적절한 것은?

   ① 명확한 원칙을 세워야 성공할 수 있다.
   ② 금전적 가치처럼 시간에도 가치가 있다.
   ③ 관대한 태도는 자신의 가치를 떨어뜨린다.
   ④ 타인의 비판을 적극적으로 수용해야 한다.
   ⑤ 경제적 이익보다는 사람 간의 관계가 중요하다.

3. 강연 내용에 대한 이해로 적절하지 <u>않은</u> 것은?

   ① T세포는 병원체를 기억하여 직접 제거한다.
   ② 선천성 면역은 특정 병원체에 맞춰진 방어 체계이다.
   ③ 면역 노화는 나이가 들면서 면역 기능이 저하되는 현상이다.
   ④ 충분한 수면과 규칙적인 운동은 면역 노화를 늦추는 데 도움이 된다.
   ⑤ 면역 체계의 과도한 반응은 알레르기나 자가 면역 질환을 일으킬 수 있다.

4. 방송 내용에 대한 이해로 적절하지 <u>않은</u> 것은?

① 쇼팽은 낭만주의 시대 피아노곡의 대가이다.
② '녹턴'은 쇼팽의 음악 세계를 알 수 있는 대표적인 작품이다.
③ 쇼팽이 창작한 '녹턴' 장르는 후에 존 필드의 작곡에 영향을 끼쳤다.
④ '녹턴'의 9번 작품 중 제2번은 단순한 가곡 형식이지만 깊은 감정을 표현한다.
⑤ '녹턴'의 9번 작품 중 제2번을 연주할 때, 왼손은 단순한 반주로 고요한 밤을 표현한다.

5. 이 시에서 파악할 수 있는 주제로 가장 적절한 것은?

① 우주의 영원성에 대한 고찰
② 자연의 신비로움에 대한 탐구
③ 잃어버린 이상에 대한 안타까움
④ 내면의 고독을 극복하기 위한 삶
⑤ 자연에서 느끼는 절대적 존재에 대한 동경

6. 전문가가 설명한 내용으로 가장 적절한 것은?

① 껍데기가 있는 음식은 전자레인지에 사용하면 안 된다.
② 전자레인지의 외부에서 발생하는 마이크로파는 암을 유발하지 않는다.
③ 전자레인지의 마이크로파는 이온화 방사선으로 분류되어 주의가 필요하다.
④ 플라스틱은 전자레인지에 넣으면 화학 물질이 나오므로 전자레인지에 사용할 수 없다.
⑤ 끓이는 조리보다 전자레인지 조리가 수용성 비타민이 더 보존되어 영양소 손실이 적다.

7. 진행자의 말하기 전략에 대한 설명으로 가장 적절한 것은?

① 대담을 시작하면서 자신의 경험 사례를 덧붙이고 있다.
② 대담의 객관성을 높이기 위해 실험의 출처를 질문하고 있다.
③ 청취자가 궁금해하는 내용을 정리하면서 설명을 요구하고 있다.
④ 청취자가 이해하기 어려운 용어의 정의를 설명하며 이해를 돕고 있다.
⑤ 청취자에게 질문을 건네며 대담의 주제를 환기하는 방식으로 마무리하고 있다.

8. 대화를 통해 알 수 있는 등장인물의 생각으로 적절하지 않은 것은?

① 여자: 어쩌다 한 번쯤은 실수해도 괜찮다고 생각한다.
② 여자: 분리배출의 실질적인 효과에 의문을 가지고 있다.
③ 남자: 개인의 행동이 전체에 영향을 미친다고 믿는다.
④ 남자: 분리배출이 환경 보호에 도움이 되므로 완벽하게 해야 한다.
⑤ 남자: 분리배출을 잘못한 것이 처음이 아닐 수도 있다고 의심하고 있다.

9. 인물들의 말하기 방식에 대한 설명으로 가장 적절한 것은?

① 남자: 자신의 과거 경험을 구체적으로 제시하여 주장을 강화하고 있다.
② 남자: 공동체 의식을 강조하며 상대방의 행동을 비판하고 있다.
③ 여자: 법적 사례를 들면서 남자의 의견에 반박하고 있다.
④ 여자: 갈등을 해결하기 위해 제3자의 의견을 요청하고 있다.
⑤ 여자: 반복적인 질문을 통해 상대방의 논리적 모순을 지적하고 있다.

10. 강연의 내용과 일치하지 않는 것은?

① 디지털 거리 두기는 행복 지수 향상에 도움이 된다.
② 스마트폰을 오래 사용하면 신체적 문제인 '텍스트 넥 증후군'을 앓을 수 있다.
③ 현대인들은 하루에 약 60회 정도 스마트폰을 확인하고, 4시간 정도 사용한다.
④ 취침 전에 블루라이트에 노출되면 멜라토닌의 분비를 촉진하여 수면을 방해한다.
⑤ 건강한 삶을 위해 의도적으로 디지털 기기 사용을 자제하거나 사용 습관을 점검해야 한다.

11. 강연자의 말하기에 대한 설명으로 적절하지 않은 것은?

① 강연에 사용된 용어를 설명하며 청중의 이해를 돕고 있다.
② 구체적인 수치와 연구 결과의 출처를 밝혀 주장의 신뢰성을 높이고 있다.
③ 강연 주제와 관련된 개인적 경험담을 공유하며 청중의 공감을 이끌어 내고 있다.
④ 일상에서 시도할 수 있는 디지털 거리 두기의 실천 방안을 다양하게 설명하고 있다.
⑤ 청중이 강연 내용을 자신의 생활에 적용해 보도록 유도하며 강연을 마무리하고 있다.

12. 발표의 내용에 대한 이해로 가장 적절한 것은?

① 무의식적 편향은 의식적인 노력을 통해 완전히 제거할 수 있다.
② 무의식적 편향은 경험과 학습보다 유전적인 영향을 많이 받는다.
③ 다양한 문화를 경험하는 것은 무의식적 편향을 강화시킬 수 있다.
④ '암묵적 연관 검사(IAT)'는 중요한 결정을 내릴 때 활용할 수 있는 도구이다.
⑤ 같은 증상이 있는 환자라도 의료인의 편향에 따라 치료 방침이 달라질 수 있다.

13. 발표자의 말하기 전략으로 적절하지 않은 것은?

① 편향과 관련된 구체적인 사례를 설명한다.
② 질문을 던지면서 청중의 관심을 유도한다.
③ 개념의 정의를 설명하며 청중의 이해를 돕는다.
④ 내용의 신뢰성을 높이기 위해 통계 수치를 인용한다.
⑤ 편향을 극복하는 방안을 소개하고 긍정적인 전망을 제시한다.

14. 두 사람의 입장에 대한 이해로 적절하지 않은 것은?

① 이장은 마을의 환경과 지역 문화를 보존해야 한다고 주장한다.
② 이장은 숙박 시설의 규모가 마을 가구 수에 비해 크다고 주장한다.
③ 이장은 프로젝트의 최종 의사 결정권은 마을 측에서 가져야 한다고 주장한다.
④ 대표는 프로젝트가 마을의 일자리 창출과 마을 수익 증대에 도움이 된다고 주장한다.
⑤ 대표는 성수기를 고려하여 평일과 주말의 관광객 수를 다르게 정해야 한다고 주장한다.

15. 두 사람의 갈등 해결 방식으로 가장 적절한 것은?

① 이장과 대표는 시범 사업 후 본격적으로 계약을 체결하기로 결정하였다.
② 이장은 수익 배분 구조를 고려하여 지역 주민을 우선적으로 고용해 달라는 의견을 철회하였다.
③ 이장은 지역 주민의 의견을 전달하며 수익 배분 구조에서는 협상의 여지가 없다고 주장하고 있다.
④ 대표는 이장이 제안한 마을 발전 기금 비율에 동의하면서 요구 사항을 덧붙여 합의점을 찾고 있다.
⑤ 대표는 관광객 수를 늘리는 조건으로 지역 농산물 구매를 유도하는 홍보를 강화하겠다고 제안하고 있다.

[어휘] (16번~30번)

16. "크고 연한 물건이 잘 드는 칼에 쉽게 자꾸 베어지는 소리. 또는 그 모양."이라는 의미의 고유어는?

① 곰실곰실　　② 다문다문　　③ 바득바득　　④ 새물새물　　⑤ 섬벅섬벅

17. 밑줄 친 한자어의 사전적 뜻풀이로 옳지 않은 것은?

① 그는 빈축(嚬蹙)을 살 만한 발언을 피하려고 노력했다. → 남을 비난하거나 미워함
② 이번 행사는 물경(勿驚) 천 명이 넘는 관객이 참여했다. → 어지간한 정도로 대충
③ 대형 마트와 동네 상점 간의 각축(角逐)이 심화되고 있다. → 경쟁에서 이기려고 서로 다툼
④ 정부는 항간(巷間)에 떠도는 경제 위기설을 강력히 부인했다. → 일반 사람들 사이
⑤ 국가 안보를 위협하는 적국의 책동(策動)에 대응하기 위한 정보 수집이 강화되었다. → 좋지 아니한 일을 몰래 꾸미어 시행함

18. 밑줄 친 고유어의 뜻으로 적절하지 않은 것은?

① 장거리 이동으로 차 안에 갇혀 맥쩍은 시간을 보냈다. → 심심하고 재미가 없다.
② 동호회 회원들은 모두 구순하게 지냈다. → 서로 사귀거나 지내는 데 사이가 좋아 화목하다.
③ 경쟁에서 이기기 위해 몰강스러운 전략을 구사했다. → 인정이 없이 억세며 성질이 악착같고 모질다.
④ 그는 산망스럽게 말하는 편이어서 직장에서 신뢰를 받지 못한다. → 어처구니없이 새삼스러운 데가 있다.
⑤ 노련한 상담사는 고객의 불만을 만수받이하며 해결책을 제시했다. → 아주 귀찮게 구는 말이나 행동을 싫증 내지 않고 잘 받아 주다.

19. 밑줄 친 한자어의 쓰임으로 적절하지 않은 것은?

① 내일 도서관 앞에서 친구와 조우(遭遇)하기로 약속했다.
② 제안서를 내밀자, 그는 일축(一蹴)하며 빠르게 돌아섰다.
③ 지난밤 집중 호우로 시내 곳곳에서 하천이 범람(汎濫)하였다.
④ 그는 실패의 원인을 친구에게 전가(轉嫁)하며 책임을 회피했다.
⑤ 그동안의 사업 실패로 회사는 심각한 질곡(桎梏)에 빠져 있었다.

20. <보기>의 밑줄 친 ㉠~㉢에 해당하는 한자 표기로 적절하게 묶인 것은?

―< 보 기 >―

- 그는 미술관에서 명화 ㉠감상을 즐겼다.
- 정부는 홍수 피해 지역에 대한 ㉡구제 정책을 발표했다.
- 원고의 오탈자를 바로잡으려고 ㉢교정을 꼼꼼하게 진행했다.

	㉠	㉡	㉢
①	感想	舊製	校正
②	感想	救濟	校正
③	感想	舊製	校庭
④	鑑賞	救濟	校正
⑤	鑑賞	救濟	校庭

21. 밑줄 친 고유어의 쓰임이 맥락상 적절하지 <u>않은</u> 것은?

① 이 식당은 방문할 때마다 손님이 많아서 <u>우세스럽다</u>.
② 요리사의 손놀림은 <u>늘차서</u> 어떤 재료든 금방 손질한다.
③ 그녀는 일이 막힐 때마다 우리에게 찾아와 <u>울력</u>을 청했다.
④ 그는 어려운 가정 형편에도 <u>낙낙한</u> 마음씨를 지니고 있었다.
⑤ 할머니는 마당에 널어둔 빨래를 <u>비설거지</u>하며 서둘러 챙겼다.

22. 밑줄 친 단어가 나머지 단어와 다의어 관계에 있지 <u>않은</u> 것은?

① 우산 위에 쌓인 눈을 <u>떨었다</u>.
② 그녀는 불안한 마음을 <u>떨고</u> 무대에 올랐다.
③ 사치스러운 생활로 모든 재산을 <u>떨어</u> 없앴다.
④ 손님들이 남은 재고를 모두 <u>떨어</u> 가길 바란다.
⑤ 그는 무서움에 <u>떨면서</u> 어두운 동굴로 들어갔다.

23. 두 단어의 의미 관계가 <보기>와 동일한 것은?

< 보 기 >
꽃 – 장미

① 높다 – 낮다　　　② 사람 – 인간　　　③ 나무 – 나뭇잎
④ 추석 – 한가위　　⑤ 포유류 – 고래

24. 밑줄 친 '풀다'에 대응하는 한자어로 가장 적절하지 않은 것은?

① 증거가 불충분하여 체포된 범인을 풀어 주었다. → 방면(放免)해
② 실종된 아이를 찾기 위해 지역 경찰을 풀었다. → 동원(動員)했다
③ 이 문제를 풀려면 반드시 공식을 암기해야 한다. → 해결(解決)하려면
④ 그는 긴장을 풀기 위해 천천히 호흡을 조절하였다. → 완화(緩和)하기
⑤ 컴퓨터의 암호를 쉽게 풀 수 없도록 수시로 변경해야 한다. → 해지(解止)할

25. <보기>의 밑줄 친 단어의 반의어로 가장 적절한 것은?

< 보 기 >
언니 방은 내 방보다 훨씬 너르다.

① 뜨다　　② 솔다　　③ 궁글다　　④ 성글다　　⑤ 실팍하다

26. 속담의 사용이 문맥상 적절하지 않은 것은?

① 가게 기둥에 입춘이라고 그는 분수에 맞지 않게 사치스럽게 생활하였다.
② 낯을 많이 가려 대화에 참여하지 못하고 개밥에 도토리처럼 앉아 있었다.
③ 비 온 뒤에 땅이 굳어진다는 말처럼 아무리 노력해도 운을 타고난 사람은 이길 수가 없다.
④ 음식의 가짓수는 많은데 내 입맛에 맞는 것은 하나도 없으니 눈은 풍년이나 입은 흉년이다.
⑤ 곧은 나무는 가운데 선다더니 우리 팀에서 가장 성실하고 기술이 좋은 선수가 주장으로 선출되었다.

27. 밑줄 친 한자 성어의 쓰임이 문맥상 적절하지 않은 것은?

① 망양보뢰(亡羊補牢)라더니 소중한 친구를 오해로 멀리하고 나니 관계를 되돌릴 수 없었다.
② 그는 일부 손해를 감수하는 고육지책(苦肉之策)을 선택하여 회사의 고비를 넘길 수 있었다.
③ 바쁜 도시 생활에서 벗어나 강변에서 살면서 강호지락(江湖之樂)의 진정한 의미를 깨달았다.
④ 연구원들은 절차탁마(切磋琢磨)의 정신으로 서로의 논문을 꼼꼼히 검토하며 학문적 수준을 높였다.
⑤ 방학이 되자 책은 읽지도 않고 방에서 게임만 하는 오빠의 모습이 마치 수불석권(手不釋卷)과 같다.

28. 밑줄 친 관용 표현의 쓰임으로 적절하지 않은 것은?

① 책이 여러 편집자의 손을 거쳐 출판되었다.
② 사업에 실패하자 동업자와 빠르게 손을 끊었다.
③ 어려웠던 일도 계속하다 보니 금방 손에 익었다.
④ 범죄에서 벗어나기 위해 손을 씻고 새 삶을 시작했다.
⑤ 그 문제는 과장이 아닌 부장과 손을 맺어야 해결할 수 있다.

29. 밑줄 친 부분을 순화한 것으로 적절하지 않은 것은?

① 만성 질환 환자는 장기간의 가료(加療)로 건강을 회복했다. → 치료
② 재단사는 고급 직물을 전문적으로 절취(切取)하여 맞춤복을 제작했다. → 잘라
③ 은행 대출 담당자는 연체된 고객에게 원리금 상환을 최고(催告)하였다. → 독촉
④ 직원들은 마감 기한을 맞추기 위해 매일 잔업(殘業)을 하고 있다. → 시간 외 일
⑤ 도로 설계 전문가는 노견(路肩)의 배수 시설을 개선하는 데 중점을 두었다. → 낡은 도로

30. 밑줄 친 부분을 다듬은 말로 적절하지 않은 것은?

① 고급 식당에서는 콜키지(→ 주류 반입비)를 엄격하게 관리했다.
② 정부는 탄소 발생량을 감소하기 위한 명확한 로드맵(→ 이행안)을 발표했다.
③ 농촌 지역의 케어 팜(→ 치유 농장)은 노인들의 사회적 고립 해소에 기여했다.
④ 급변하는 사회에 적응하려면 유연한 사고 방식을 지닌 제너럴리스트(→ 보편적 인재)가 되어야 한다.
⑤ 우리 회사는 혁신적인 파일럿 프로그램(→ 시험 프로그램)을 도입하여 신제품을 개발하는 데 힘을 썼다.

[어법] (31번~45번)

31. 밑줄 친 부분의 표기가 적절하지 않은 것은?

① 사흘날 아침에 편지가 도착했다.
② 그녀는 오라비를 따라 시골로 갔다.
③ 동생은 미닫이를 열고 소리를 크게 질렀다.
④ 얼룩빼기 고양이가 마당에 웅크리고 있었다.
⑤ 언니는 더펄이라서 지갑을 자주 잃어 버린다.

32. 밑줄 친 부분의 표기가 옳은 것은?

① 영화를 보노라고 밤을 새웠다.
② 부모로서 자녀의 교육에 많은 관심을 기울였다.
③ 어머니는 매일 약을 다려 아픈 형에게 먹이셨다.
④ 그녀는 시험 결과가 나올 때까지 마음을 조렸다.
⑤ 학교는 올해부터 소풍을 체육 대회로 가름하여 진행하기로 했다.

33. 밑줄 친 부분의 표기가 적절하지 않은 것은?

① 그녀의 머리카락이 너무 긺.
② 올해 경기 우승에 목숨을 내걺.
③ 동생의 전혀 다른 모습이 낯섦.
④ 아이가 넘어지자 큰 소리로 울음.
⑤ 바쁜 그가 친구에게 시간을 물음.

34. 밑줄 친 부분의 띄어쓰기가 적절한 것은?

① 구석∨구석 먼지를 털었다.
② 거리∨거리에 꽃향기가 가득했다.
③ 아이는 하루∨하루 빠르게 성장했다.
④ 지역∨지역을 돌아다니며 가게를 홍보했다.
⑤ 아이들은 사탕 하나∨하나를 조심스레 집어 먹었다.

35. 밑줄 친 부분의 표기가 적절한 것은?

① 어디가 아픈지 얼굴이 백짓장 같다.
② 윗층에 새로운 가족이 이사를 왔다.
③ 정해진 개수대로 사탕을 나누어 주었다.
④ 그가 월셋방에 들어와 산 지 1년이 넘었다.
⑤ 그 책에는 흥미로운 이야기거리가 가득했다.

36. 다음 문장 부호의 쓰임에 대한 설명이 옳지 않은 것은?

	문장 부호	설명
①	가운뎃점(·)	짝을 이루는 어구들 사이에 쓴다. 예 빨강·초록·파랑이 빛의 삼원색이다.
②	빗금(/)	대비되는 두 개 이상의 어구를 묶어 나타낼 때 그 사이에 쓴다. 예 금메달/은메달/동메달
③	중괄호({ })	괄호 안에 또 괄호를 쓸 필요가 있을 때 바깥쪽의 괄호로 쓴다. 예 이번 시험 기간{5. 13.(화)~5. 16.(금)}
④	물결표(~)	기간이나 거리 또는 범위를 나타낼 때 쓴다. 예 서울~천안 정도는 출퇴근이 가능하다.
⑤	겹낫표(『 』)	책의 제목이나 신문 이름 등을 나타낼 때 쓴다. 예 『훈민정음』은 1997년에 유네스코 세계 기록 유산으로 지정되었다.

37. 밑줄 친 말이 표준어가 아닌 것은?

① 아이들은 냇가에서 <u>자맥질</u>을 하며 놀았다.
② 농장에서 <u>숫돼지</u> 한 마리가 크게 울어댔다.
③ 점심시간이 진작 끝났다는 걸 <u>입때</u> 몰랐니?
④ 옷장 구석에 쓸모없는 <u>나부랭이</u>가 쌓여 있었다.
⑤ 할아버지는 채소밭의 <u>버러지</u>를 잡느라 바쁘셨다.

38. 다음은 문학 작품에 쓰인 방언이다. 밑줄 친 방언에 대응하는 표준어가 적절하지 않은 것은?

① 근처에서는 제일 <u>나찹고</u>(→ 낮고), 겸하여 작기도 하다.
② 이 <u>더우에</u>(→ 더위에) 시언허게 뒤두어두 이틀이 못가 착 쉴 텐데.
③ 그럼 내가 인제 내일이구 <u>모리구</u>(→ 모레고), 진고개 데리구 가서 반지 사주께!
④ 형보의 눈 하나 깜짝 않고 딱 버티고 앉아서 <u>따북따북</u>(→ 따닥따닥) 말을 뱉어놓다가.
⑤ 고관 누구는 배급물자를 돌려 빼먹었네, 어떤 학교 교장은 학교 돈을 암만을 <u>꼬아먹었네</u>(→ 속였네).

39. 다음 중 표준 발음이 적절하지 않은 것은?

① 국수[국쑤] ② 길가[길까] ③ 솜이불[소미불]
④ 뻗대다[뻗때다] ⑤ 등용문[등용문]

40. 밑줄 친 외래어 표기가 적절한 것은?

① 우리 회사 심볼(symbol)은 간단하다.
② 매장에 마네킨(mannequin)을 새로 들여놓았다.
③ 인공지능 로보트(robot)가 산업 분야에서 활용되고 있다.
④ 여름에는 통기성이 좋은 리넨(linen) 셔츠를 자주 입는다.
⑤ 사내 분위기 전환을 위해 레크레이션(recreation)을 진행했다.

41. 로마자 표기가 적절하지 않은 것은?

① 불고기(bulgogi) ② 볶음밥(bokkeumbap) ③ 계란말이(gyeranmari)
④ 콩나물국(kongnamulgguk) ⑤ 양념게장(yangnyeomgejang)

42. ㉠~㉤ 중 어법에 맞지 않는 문장은?

㉠ 고양이는 꾀주머니로 소문난 여우를 만나자 공손한 말씨로 여우를 칭찬하며 인사하였다. ㉡ 그러자 여우는 으쓱하며 뽐내는 소리로 고양이의 재주는 겨우 조그만 쥐나 잡아먹는 것이 아니냐고 비아냥거렸다. 이에 고양이는 나무를 잘 타는 재주밖에 없다며 부끄러워하였다. ㉢ 여우의 꾀주머니는 무슨 꾀든 언제든지 꺼낼 수 있다며 배를 쓰다듬으며 더욱 자랑하였다. ㉣ 그때 갑자기 무서운 사냥꾼과 사냥개가 여우와 고양이를 향해 달려왔고, 놀란 고양이는 나무 위로 재빨리 올라갔다. ㉤ 하지만 여우는 나무에 올라가는 재주가 없어 사냥꾼에게 잡히고 말았다.

① ㉠ ② ㉡ ③ ㉢ ④ ㉣ ⑤ ㉤

43. <보기>의 밑줄 친 표현과 동일한 상대 높임법이 사용된 문장으로 적절한 것은?

< 보 기 >

이보게, 오늘도 바쁘시오?

① 얼른 병원에 가보세요.
② 나랑 같은 것을 골랐구려.
③ 내일 눈이 내린다고 했나?
④ 우리 같이 영화 보러 가자.
⑤ 저는 이미 집에 도착했습니다.

44. 다음 중 중의적으로 해석되지 않는 문장으로 적절한 것은?

① 나는 마트에서 예쁜 친구의 동생을 보았다.
② 그는 지난주부터 엄마와 형을 매우 걱정했다.
③ 나는 휘파람을 불면서 걸어 오는 친구를 만났다.
④ 언니의 친한 친구가 나와 빨리 만나고 싶어 했다.
⑤ 그는 식당에 예약 손님이 다 오지 않아 초조했다.

45. 밑줄 친 번역 투의 문장을 잘못 고친 것은?

① 그 선수는 다쳤음에도 불구하고(→ 다쳤지만) 금메달을 땄다.
② 노인의 경우에는(→ 노인에 있어서는) 정기적인 건강검진이 필수이다.
③ 설문 조사에 많은 참여 있으시기 바랍니다(→ 많이 참여해 주십시오).
④ 좋은 교육은 미래 세대를 위한 투자에 다름 아니다(→ 투자와 다름없다).
⑤ 정부는 청년 실업 문제를 해결하려고 여러모로 노력하고 있는 중이다(→ 노력하고 있다).

[쓰기] (46번~50번)

※ [46~50] 다음은 '음식물 쓰레기의 문제와 감축 방안'을 주제로 작성한 초고이다. 제시된 물음에 답하시오.

　최근 우리나라의 음식물 쓰레기 문제가 심각한 사회 경제적 과제로 대두되고 있다. 환경부의 2023년 통계에 따르면, 연간 음식물 쓰레기 발생량은 총 481만 톤으로 집계되었다. 특히 가정에서 발생하는 음식물 쓰레기가 약 92%를 차지하고 있어 개인의 인식 개선이 시급한 상황이다. 부문별 음식물 쓰레기의 발생 현황을 살펴보면, 가정과 소형 음식점에서 전체의 약 70%가 발생하며 이어 대형 음식점에서 16%, 집단 급식소에서 10%, 유통 단계에서 4% 순으로 발생한다. 1인 가구와 맞벌이 가구의 증가, 배달 음식 문화의 확산 등이 음식물 쓰레기 증가의 주요 원인으로 ㉠ 분석되어지며, 연간 1인당 음식물 쓰레기 발생량은 평균 91kg에 달한다.

　이러한 음식물 쓰레기는 막대한 경제적 손실을 일으킨다. 음식물 쓰레기 처리에 드는 비용은 일일 20억대로 연간 8천 800억 원에 달한다. 환경적 측면에서도 음식물 쓰레기는 심각한 문제를 일으킨다. 음식물 쓰레기는 연간 약 886만 톤의 온실가스를 배출하며, 이는 탄소 배출량 감축을 위협하는 주요 요인 중 하나로 지목되고 있다. 매립된 음식물 쓰레기는 온실가스 중 메탄가스를 ㉡ 발생한다. 메탄가스는 이산화탄소보다 지구온난화에 더 직접적인 영향을 끼쳐, 지구온난화를 가속화하여 다양한 자연재해를 일으키는 원인으로 작용한다.

　이를 해결하기 위해 정부와 지방 자치 단체는 다양한 해결 방안을 모색하고 있다. 첫째, 음식물 쓰레기 종량제를 전면 시행하여 RFID 기반 시스템으로 배출량에 따른 수수료를 차등 ㉢ 부과하고 있다. 둘째, 자원 순환 정책으로 음식물 쓰레기를 사료, 퇴비, 바이오가스 등으로 재활용하고 있다. 셋째, 외식산업과 대형 유통업체의 규제를 강화하고 있다. 식품위생법을 개정하여 대형 프랜차이즈 업체와 대형 마트에 음식물 쓰레기 감량 책임을 부여하고, 미이행 시 과태료를 납부하도록 하고 있다. 넷째, 교육부와 환경부는 초중고에서 음식물 쓰레기 줄이기에 관한 교육 프로그램을 운영하고, 인공 지능과 빅데이터를 활용한 음식물 쓰레기 예측 시스템을 개발해 공공기관과 대형 건물에 보급하고 있다. 또한, 소비자 참여형 정책도 강화하고 있다. 음식물 쓰레기 줄이기의 성과 보상 제도를 도입하여 우수 실천 가정 및 업소에 포상금 지급, 마일리지 적립 등의 다양한 혜택을 제공하고 있다.

　이와 더불어 전문가들은 개인의 실천이 음식물 쓰레기 감축의 핵심임을 강조한다. 첫째, 장을 보기 전에는 냉장고를 확인해 필요한 음식만 구매해야 하며, 낱개 포장된 제품을 구입하는 것이 적절하다. 둘째, 음식물을 보관할 때는 한 끼 분량으로 나누어 보관하거나 투명한 용기에 보관하여 내용물을 쉽게 확인할 수 있도록 해야 한다. 셋째, 조리할 때는 식사량에 맞게 적정량만 조리하여 ㉣ 남은 잔반이 없도록 해야 한다. 넷째, 배달 음식을 주문할 때, 적정량만 주문하거나 먹지 않는 반찬은 요청하지 않아야 한다. 다섯째, 음식물 쓰레기가 발생하면 물기와 이물질을 최대한 제거하여 분리 배출해야 한다. 이처럼 개인의 실천으로도 음식물 쓰레기 감축이 가능하다.

　㉤ 특히 음식물 쓰레기 문제 해결을 위해서는 정부, 기업, 시민 사회의 통합적 접근이 무엇보다 중요하다. 개인의 작은 실천부터 국가 차원의 종합적인 정책까지 다각도로 접근해야 한다. 미래 세대를 위한 환경 보존과 자원 절약의 관점에서 음식물 쓰레기 감축은 시급히 해결해야 할 과제로 인식되고 있다.

46. <글쓰기 계획> 중 윗글에 반영된 내용만을 모두 고른 것은?

─────────── < 글쓰기 계획 > ───────────

ㄱ. 음식물 쓰레기로 손실된 경제적 규모를 구체적인 수치로 제시해야겠어.
ㄴ. 음식물 쓰레기의 발생 원인을 경제적, 사회적 측면으로 구분하여 설명해야겠어.
ㄷ. 음식물 쓰레기의 부정적 영향을 지구 환경과 인간의 건강 차원에서 제시해야겠어.
ㄹ. 음식물 쓰레기 문제에 대한 해외 선진국의 대응 사례를 우리나라와 비교해야겠어.
ㅁ. 음식물 쓰레기 문제를 해결할 수 있는 개인의 실천 방안을 구체적으로 제시해야겠어.

① ㄱ, ㄴ   ② ㄱ, ㅁ   ③ ㄴ, ㄷ   ④ ㄴ, ㅁ   ⑤ ㄷ, ㄹ

47. 다음은 윗글을 보완하기 위해 추가로 수집한 자료이다. 다음 자료를 활용할 방안으로 가장 적절하지 않은 것은?

구분	자료 유형	자료 내용
(가)	보고서	2012~2022년간 RFID 기반 음식물 쓰레기 종량제 시스템은 총 121,169대가 설치되었다. 시스템 도입 전후로 배출량을 비교한 결과, 세대별로 평균 36.5% 감축되었다.
(나)	인터뷰	맞춤형 식사 관리 애플리케이션에서 1인분을 기준으로 재료나 섭취량을 그램 수로 제시해 주고 있어요. 장을 볼 때 참고했더니 음식물 쓰레기 발생량이 훨씬 줄었습니다.
(다)	뉴스 보도	개인의 섭취량과 잔반량을 수치화하여 분석한 후, 인공 지능을 활용해 적절한 배식량을 제시해 주는 방식입니다. 객관적인 예측 결과로 재료비 절감은 물론 음식물 쓰레기 배출량도 감축할 수 있습니다.
(라)	홍보물	음식물 쓰레기 종량제 시스템을 기반으로 전년도 대비 배출량이 감소한 지역민에게는 지역 상품권으로 교환이 가능한 마일리지를 적립해 드립니다.
(마)	통계 자료	비가정부문 발생원별 음식물류 폐기물 분리 배출 현황 (단위: g) 숙박업 292 음식점업 1,100 교육기관 117 서비스업 94 업무 시설 16 시장·상가 83 생산·제조 42

① (가)를 활용해 지자체 차원의 해결안으로 RFID 기술 도입을 추가로 제시한다.
② (나)를 활용해 자신의 섭취량을 파악하는 개인적 차원의 구체적인 실천 방안으로 제시한다.
③ (다)를 활용해 인공 지능을 활용한 음식물 쓰레기 감축 해결안의 효과로 제시한다.
④ (라)를 활용해 소비자 참여형 정책을 구체적으로 소개한다.
⑤ (마)를 활용해 가정 외에서 배출되는 구체적인 음식물 쓰레기양을 제시한다.

48. 다음은 윗글을 쓰기 전에 세운 글쓰기 개요이다. 윗글을 쓰는 과정에서 필자가 점검하여 반영한 내용으로 적절하지 않은 것은?

<개 요>

Ⅰ. 음식물 쓰레기 발생 현황
  1. 연간 음식물 쓰레기 발생 현황
  2. 부문별 음식물 쓰레기 발생 현황
  3. 국가별 음식물 쓰레기 발생 현황
Ⅱ. 음식물 쓰레기의 문제점
  1. 나트륨의 과다 섭취로 성인병 증가
  2. 음식물 쓰레기 처리 비용에 따른 경제적 손실
  3. 온실가스 배출에 따른 지구온난화 가속화
Ⅲ. 음식물 쓰레기 감축을 위한 국가 차원의 대안
  1. 음식물 쓰레기를 활용한 자원 순환 정책
  2. 외식 산업 및 대형 유통업에 대한 규제 강화
  3. 교육 프로그램 운영 및 인공 지능 활용
  4. 소비자 참여형 정책 시행
Ⅳ. 음식물 쓰레기 감축을 위한 음식물 활용안
  1. 음식물 쓰레기 종량제 활용
  2. 음식물 구매 및 보관, 배출 방법
Ⅴ. 음식물 쓰레기 재활용을 위한 개인과 국가의 실천 촉구

① Ⅳ-1은 Ⅲ의 하위 항목이므로 Ⅲ으로 이동한다.
② Ⅱ-1은 상위 항목과 관련 없는 내용이므로 삭제한다.
③ 글의 맥락을 고려하여 Ⅰ-3과 Ⅰ-2의 순서를 교체한다.
④ Ⅳ는 하위 항목을 고려하여 '음식물 쓰레기 감축을 위한 개인 차원의 대안'으로 수정한다.
⑤ Ⅴ는 글의 주제를 고려해 '음식물 쓰레기 감축을 위한 개인과 국가의 실천 촉구'로 수정한다.

49. 윗글의 ㉠~㉤을 고쳐 쓴 방안으로 적절하지 않은 것은?

① ㉠: 이중 피동 표현이 사용되었으므로 '분석되며'로 수정한다.
② ㉡: 주어와 호응하도록 '발생시킨다'로 수정한다.
③ ㉢: 문장의 의미를 정확히 표현하기 위해 '부가하고'로 수정한다.
④ ㉣: 의미가 중복되지 않도록 '남은'을 삭제한다.
⑤ ㉤: 문단이 자연스럽게 이어지도록 '따라서'로 수정한다.

50. 윗글을 보완하기 위한 방안으로 가장 적절한 것은?

① 독자의 실천을 촉구하기 위해 자원 순환 기술에 대한 구체적 설명을 추가한다.

② 화제에 대한 독자의 공감을 유도하기 위해 메탄가스의 정의를 추가로 설명한다.

③ 문제의 심각성을 강조하기 위해 자연재해의 유형을 구체적으로 분류하여 제시한다.

④ 음식물 쓰레기 발생 근거의 객관성을 확보하기 위해 1인 가구의 소득을 구체적 수치로 제시한다.

⑤ 해결안의 실효성을 나타내기 위해 정부와 지방 자치 단체의 각 제도에 관한 성과를 추가로 제시한다.

[창안] (51번~60번)

※ [51 ~ 53] 꿀벌의 특징에서 인간의 삶을 유추하고자 한다. 다음 글을 읽고 물음에 답하시오.

꿀벌은 생존 활동에 최적인 신체 구조로 되어 있다. 꿀벌은 다섯 개의 눈을 가지고 있는데, 두 개의 겹눈과 세 개의 홑눈으로 구분된다. 겹눈은 대상을 중점적으로 인식하여 대상의 형태나 색을 파악하고, 홑눈은 빛의 강도를 감지하여 주변 변화를 중점적으로 파악한다. 이렇게 파악한 정보를 통합하여 인식함으로써 주변이 변화하여도 대상을 정확하게 파악할 수 있다. 또한 꿀벌의 날개는 앞날개와 뒷날개가 하나로 연결되어 고속으로 진동하기 때문에 강한 추진력으로 효율적인 비행이 가능하다.

꿀벌은 사회적 곤충으로 곤충 생태계에서 가장 큰 무리를 이루고 있다. 무리 내에서는 계층별, 연차별로 일정한 규칙 속에 조직적으로 분업이 이루어진다. 꿀벌이 태어난 직후부터 각 연차에 맞게 차례대로 업무가 분담된다. ㉠ 태어난 직후에는 애벌레에게 식량을 공급하는 일을 하고, ㉡ 생후 7일이 되면 방 청소, 집 짓기, 식량 분배, 꿀 받기 등의 내부적인 업무를 맡는다. 이후 ㉢ 생후 2~3주에는 벌집을 방어하는 업무를 하며, ㉣ 3주 이상이 지나면 물이나 꿀, 프로폴리스를 채집하는 등 외부적인 업무를 맡는다. 이처럼 연차별로 분업하는 이유는 연차에 따라 기억력이 다르기 때문이다. 따라서 이를 고려하여 ㉤ 내부에서 외부로 업무를 확장하여 업무를 분업한다.

꿀벌은 집단 내 의사소통 체계가 확립되어 있다. 꿀벌은 의사소통을 위해 다양한 형태로 몸을 움직이며 대화하는데, 보통 원 형태와 8자 형태를 나타낸다. 원 형태는 100m 이내에 대상이 있을 때 나타나고 그 이상의 거리에서는 8자 형태로 나타난다. 단순한 움직임의 형태 외에도 각도나 기울기의 차이 등으로 세부적인 정보를 전달한다. 꿀벌의 의사소통 체계를 연구한 결과, 1,500가지 이상의 춤 형태가 있으며 학습으로 춤을 습득한다는 것을 알게 되었다. ⓐ 다만, 태어난 후 일정 시기 전까지 집단 내에서 통용되는 춤의 방식을 학습해야 하며, 일정 시기가 지난 후에는 집단 내 의사소통에 문제를 겪을 수 있다고 밝혔다.

51. 꿀벌의 신체 구조를 기업 경쟁력에 비유할 때, '다섯 개의 눈'의 의미로 가장 적절한 것은?

① 타사 인수로 기업 규모 확대

② 조직 구성원 충원을 통한 생산력 증대

③ 수익성이 없는 부분의 투자 철회로 자금 확보

④ 국내외 시장 동향을 고려한 기업의 핵심 가치 추구

⑤ 다양한 가치관의 인재 등용으로 창의적 마케팅 기획

52. 일별의 업무를 직급별 업무에 비유할 때, ㉠~㉤의 내용으로 적절하지 않은 것은?

① ㉠: 사원은 인턴이 업무 환경에 적응할 수 있도록 기본적인 업무 지침을 제공할 수 있다.
② ㉡: 주임은 팀 내부의 반복적인 업무를 능숙하게 진행할 수 있다.
③ ㉢: 과장은 팀원들에게 안정적인 업무 환경을 지원해 줄 수 있다.
④ ㉣: 부장은 거래처와 계약을 성사하여 회사 내 자본에 영향을 미칠 수 있다.
⑤ ㉤: 성과에 따라 팀 내부에서 외부로 업무가 확장된다.

53. ⓐ를 <조건>에 맞는 문구로 표현할 때 가장 적절한 것은?

― < 조 건 > ―
'시간'과 '능력'의 의미를 포함하여 조언 형태로 표현할 것

① 능력을 향상하기 위해서는 시간을 많이 들여야 합니다.
② 개인마다 능력을 발휘하는 때가 다르니 조급해 하지 마세요.
③ 때를 놓치더라도 기회는 또 주어지니 능력을 기르고 있으세요.
④ 능력을 갖추려면 그에 적절한 시기가 있으니, 때를 놓치지 마세요.
⑤ 잘못된 능력 계발은 평생의 걸림돌이 될 수 있으니 고쳐야 합니다.

※ [54 ~ 56] 다음 그림을 보고 물음에 답하시오.

(가) 일반 운동화 	(나) 안전화 	(다) 축구화 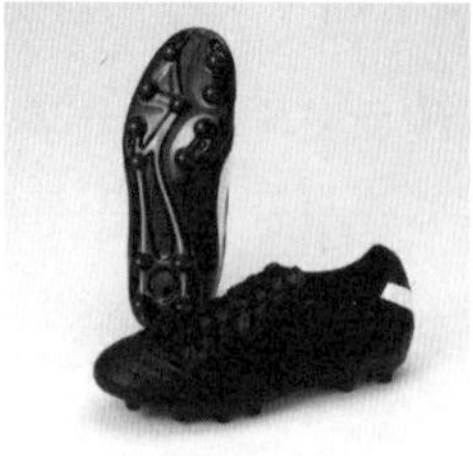

54. (가)를 (나), (다)로 바꾸었을 때 적절하지 않은 내용은?

	(나)	(다)
목적	㉠ 산업 현장에서 재해를 방지하기 위함	경량 소재와 징을 사용하여 민첩한 움직임을 가능하게 함
요점	㉡ 안전 중점	㉢ 성과 중점
핵심	㉣ 발생 가능한 사고를 고려하여 재질을 강화함	㉤ 다양한 상황에서 착용이 가능하도록 착탈의 편리성을 높임

① ㉠   ② ㉡   ③ ㉢   ④ ㉣   ⑤ ㉤

55. (나)를 인재상에 비유한 내용으로 가장 적절한 것은?

① 사회의 동향을 빠르게 파악할 수 있는 인재
② 새로운 시각으로 통념을 깨뜨릴 수 있는 인재
③ 조직과 개인의 동시 성장을 도모할 수 있는 인재
④ 한발 앞서 미래를 내다보고 계획할 수 있는 인재
⑤ 타인의 어려움에 공감하여 손을 내밀 수 있는 인재

56. (다)와 동일한 유형의 사례로 가장 적절하지 않은 것은?

① 세라믹 소재로 만든 세라믹 칼
② 오리의 물갈퀴 모양을 본뜬 오리발
③ 주변 소음 제거 기능을 추가한 헤드셋
④ 반도체 냉각 기술을 적용한 휴대용 선풍기
⑤ 공기 저항을 최소화한 유선형 모양의 봅슬레이 썰매

※ [57 ~ 58] 다음 그림을 보고 물음에 답하시오.

현대 사회의 변화로 에너지와 자원의 소비가 증가했다. 이로 인해 환경적 위기는 인류가 직면한 중대한 과제가 되었다. 이에 따라 물과 전기의 낭비, 일회용품의 과다 사용 등 시민들의 행동 변화를 유도하는 공익 광고가 활발히 만들어지고 있다. 이들 광고는 단순한 정보 전달을 넘어서 환경 감수성과 실천 의지를 끌어올리는 다양한 표현 기법을 적극 활용하고 있다.

㉠ 자원 절약 방안을 언어유희로 표현해 메시지를 전달한다.
㉡ 사용하지 않는 플러그는 뽑아 놓아야 한다는 실천 행동을 보여준다.
㉢ 작은 절약 행동이 사회 전체의 지속 가능성에 기여할 수 있음을 보여준다.
㉣ 일상에서 습관적으로 반복한 행동이 자원 낭비로 이어질 수 있음을 나타낸다.
㉤ 일회용품 대신 대체품을 사용하는 행동이 또 다른 낭비가 일어날 수 있음을 보여준다.

57. 윗글의 ㉠~㉤에 해당하는 광고 사례로 적절하지 않은 것은?

①
㉠ 에너지 위기, 내복약으로 처방해 보세요.

②
㉡ 비워야 피어나는 녹색 에너지

③
㉢ 위험한 건 지구가 아니라 인간이야.

④
㉣ 누르면 아파요.

⑤
㉤ 오늘은 어떤 텀블러를 쓸까?

58. <조건>을 반영하여 공익 광고 문구를 생성할 때 가장 적절한 것은?

― < 조 건 > ―
1. ⓜ의 주제를 내포하고 있는 공익 광고 문구를 표현할 것
2. 비유적 표현을 활용할 것

① 전기를 강물처럼 흐르게 두실 겁니까?
② 자원을 절약하는 마음, 하늘의 별처럼 빛이 납니다.
③ 환경을 살리려다 자원을 태우는 불씨가 되지 마세요.
④ 에코백을 많이 구매하는 것은 또 다른 자원 낭비입니다.
⑤ 한 방울의 물이 모여 바다가 되듯, 작은 절약이 큰 변화를 만듭니다.

※ [59 ~ 60] 다음 글을 읽고 물음에 답하시오.

> 단편 동화 『미운 오리 새끼』는 주인공 오리가 주변의 부정적 평가를 받으며 자아에 혼란을 겪는 이야기이다. 주인공 오리는 본래 '백조'이지만 어린 시절 주변 동물들이 자신을 '미운 오리'라고 부르며 괴롭히자 결국 '미운 오리 새끼'라는 낙인에 맞춰 부정적으로 자아를 규정하고 절망한다.
> 범죄학에서는 이처럼 부정적 평가가 자아를 부정적으로 만들고, 실제로 부정적 행동을 유발하는 현상을 ㉠ '낙인 효과'라고 명명했다. 이는 ⓐ 미운 오리 새끼처럼 사회가 특정인을 범죄자라고 낙인을 찍으면, 결국 특정인은 범죄를 짓게 된다는 것이다.

59. 윗글의 ㉠에서 유추할 수 있는 사례로 가장 적절하지 않은 것은?

① 부모가 자녀를 머리가 나쁘다고 지적하자 자녀가 학업을 회피하게 된 경우
② 회사가 지원 부서의 중요도를 무시하자 해당 부서 직원들의 능력이 저하된 경우
③ 친구들에게 발표 실력이 부족하다는 말을 듣자, 실제 발표 상황에서 실수한 경우
④ 교사가 특정 학생을 문제아로 규정하자 그 학생의 비행 행동이 증가하게 된 경우
⑤ 직업 선호도 검사 결과에서 사회적 성향이라는 결과가 나오자, 교사로 직업을 선택한 경우

60. 윗글의 ⓐ와 <보기>를 토대로, '고정 관념 탈피'와 관련해 이끌어 낼 수 있는 내용으로 가장 적절한 것은?

< 보 기 >

사람들은 종종 자신의 배경지식을 고정 관념으로 만들어 새로운 정보를 무시한 채 결정을 내리기도 한다. 이러한 결과로 결정의 오류가 발생할 수 있다. 이처럼 고정 관념의 함정에 빠지지 않기 위해서는 결정에 앞서 새로운 방향성을 탐구하는 것이 중요하다.

① 새로운 정보로 긍정적 자아를 형성해야 고정 관념에서 벗어날 수 있다.
② 배경지식보다 사회적으로 통용되는 정보를 중시해야 고정 관념에서 벗어날 수 있다.
③ 새로운 정보를 받아들일 수 있어야 고정 관념에서 벗어나 긍정적 결과를 가져올 수 있다.
④ 이성적 판단 능력을 갖추어야 고정 관념에서 벗어나 타인에게 피해를 주지 않을 수 있다.
⑤ 집단적 의사 결정보다 개인적 의사 결정이 우선시되어야 고정 관념에 기반한 결정을 피할 수 있다.

[읽기] (61번 ~ 90번)

※ [61 ~ 62] 다음 글을 읽고 물음에 답하시오.

까마득한 날에
하늘이 처음 열리고
어데 닭 우는 소리 들었으랴

모든 산맥들이
바다를 연모해 휘달릴 때도
차마 ㉠ 이곳을 범하든 못하였으리라

끊임없는 광음을
부지런한 계절이 피어선 지고
큰 강물이 비로소 길을 열었다

지금 ㉡ 눈 내리고
㉢ 매화 향기 홀로 아득하니
내 여기 가난한 노래의 ㉣ 씨를 뿌려라

다시 천고의 뒤에
백마 타고 오는 ㉤ 초인이 있어
이 광야에서 목 놓아 부르게 하리라

— 이육사, 「광야」

61. 윗글에 대한 설명으로 가장 적절한 것은?

① 이야기를 전달하는 어조로 담담하게 시를 전개하고 있다.
② 상징적 소재를 활용하여 몽환적인 분위기를 연출하고 있다.
③ 미래에서 과거로 거슬러 올라가는 역행적 구조를 보이고 있다.
④ 마지막 행에 종결 어미를 사용하지 않아 시적 여운을 남기고 있다.
⑤ 의인법을 활용해 광야의 광활한 이미지를 역동적으로 표현하고 있다.

62. ㉠~㉤에 대한 이해로 적절하지 않은 것은?

① ㉠: 화자가 신성하게 여기는 공간이다.
② ㉡: 화자의 이상에 고결성을 더해 주는 소재이다.
③ ㉢: 고난에 쓰러지지 않는 화자의 고고한 의지를 나타낸다.
④ ㉣: 이상을 실현하기 위한 화자의 노력과 희망을 의미한다.
⑤ ㉤: 화자의 이상을 실현해 줄 구원자이다.

※ [63 ~ 65] 다음 글을 읽고 물음에 답하시오.

새침하게 흐린 품이 눈이 올 듯하더니 눈은 아니 오고 ㉠얼다가 만 비가 추적추적 내리는 날이었다.
이날이야말로 동소문 안에서 인력거꾼 노릇을 하는 ⓐ김 첨지에게는 오래간만에도 닥친 운수 좋은 날이었다. 문안에 (거기도 문밖은 아니지만) 들어간답시는 앞집 마마님을 전찻길까지 모셔다 드린 것을 비롯으로 행여나 손님이 있을까 하고 정류장에서 어정어정하며 내리는 사람 하나하나에게 거의 비는 듯한 눈결을 보내고 있다가 마침내 교원인 듯한 양복쟁이를 동광학교(東光學校)까지 태워다 주기로 되었다.
첫 번에 삼십 전, 둘째 번에 오십 전 – 아침 댓바람에 그리 흉치 않은 일이었다. 그야말로 재수가 옴붙어서 근 열흘 동안 돈 구경도 못 한 김 첨지는 십전짜리 백동화 서 푼, 또는 다섯 푼이 찰깍 하고 손바닥에 떨어질 제 거의 눈물을 흘릴 만큼 기뻤다. 더구나 이날 이때에 이 팔십 전이라는 돈이 그에게 얼마나 유용한지 몰랐다. 컬컬한 목에 모주 한 잔도 적실 수 있거니와 그보다도 앓는 ⓑ아내에게 ㉡설렁탕 한 그릇도 사다 줄 수 있음이다.
그의 아내가 기침으로 쿨룩거리기는 벌써 달포가 넘었다. 조밥도 굶기를 먹다시피 하는 형편이니 물론 약 한 첩 써본 일이 없다. 구태여 쓰려면 못 쓸 바도 아니로되 그는 병이란 놈에게 약을 주어 보내면 재미를 붙여서 자꾸 온다는 자기의 ㉢신조(信條)에 어디까지 충실하였다. 따라서 의사에게 보인 적이 없으니 무슨 병인지는 알 수 없으되 반듯이 누워 가지고 일어나기는 새로 모로도 못 눕는 걸 보면 중증은 중증인 듯. 병이 이대도록 심해지기는 열흘 전에 조밥을 먹고 체한 때문이다. 그때도 김 첨지가 오래간만에 돈을 얻어서 좁쌀 한 되와 십 전짜리 나무 한 단을 사다 주었더니 김 첨지의 ㉣말에 의지하면 그 오라질 년이 천방지축으로 냄비에 대고 끓였다. 마음은 급하고 불길은 달지 않아 채 익지도 않은 것을 그 오라질년이 숟가락은 고만두고 손으로 움켜서 두 뺨에 주먹덩이 같은 혹이 불거지도록 누가 빼앗을 듯이 처박질하더니만 그날 저녁부터 가슴이 땡긴다, 배가 켕긴다고 눈을 흡뜨고 지랄병을 하였다. 그때 김 첨지는 열화와 같이 성을 내며,

"에이, 오라질년, 조랑복은 할 수가 없어, 못 먹어 병, 먹어서 병! 어쩌란 말이야! 왜 눈을 바루 뜨지 못해!"하고 앓는 이의 뺨을 한 번 후려갈겼다. 흡뜬 눈은 조금 바루어졌건만 이슬이 맺히었다. 김 첨지의 눈시울도 뜨끈뜨끈하였다.

이 환자가 그러고도 먹는 데는 물리지 않았다. 사흘 전부터 설렁탕 국물이 마시고 싶다고 남편을 졸랐다.

"이런 오라질 년! 조밥도 못 먹는 년이 설렁탕은. 또 처먹고 지랄병을 하게."라고, 야단을 쳐보았건만, 못 사주는 마음이 시원치는 않았다.

인제 설렁탕을 사줄 수도 있다. 앓는 어미 곁에서 배고파 보채는 개똥이(세살먹이)에게 죽을 사줄 수도 있다 – 팔십 전을 손에 쥔 김 첨지의 마음은 푼푼하였다.

그러나 그의 행운은 그걸로 그치지 않았다. 땀과 빗물이 섞여 흐르는 목덜미를 기름주머니가 다된 왜목 수건으로 닦으며, 그 학교 문을 돌아 나올 때였다. 뒤에서 "인력거!"하고 부르는 소리가 난다. 자기를 불러 멈춘 사람이 그 학교 학생인 줄 김 첨지는 한번 보고 짐작할 수 있었다. 그 학생은 다짜고짜로,

"남대문 정거장까지 얼마요."라고 물었다. 아마도 그 학교 기숙사에 있는 이로 동기방학을 이용하여 귀향하려 함이리라. 오늘 가기로 작정은 하였건만 비는 오고, 짐은 있고 해서 어찌할 줄 모르다가 마침 김 첨지를 보고 뛰어나왔음이리라. 그렇지 않으면 왜 구두를 채 신지 못해서 질질 끌고, 비록 고구라 양복일망정 노박이로 비를 맞으며 김 첨지를 뒤쫓아 나왔으랴.

"남대문 정거장까지 말씀입니까."하고 김 첨지는 잠깐 주저하였다. 그는 이 우중에 우장도 없이 그 먼 곳을 철벅거리고 가기가 싫었음일까? 처음 것 둘째 것으로 고만 만족하였음일까? 아니다 결코 아니다. 이상하게도 꼬리를 맞물고 덤비는 이 행운 앞에 조금 겁이 났음이다. 그리고 집을 나올 제 ⓜ 아내의 부탁이 마음이 켕기었다 – 앞집 마마님한테서 부르러 왔을 제 병인은 뼈만 남은 얼굴에 유일의 샘물 같은 유달리 크고 움푹한 눈에 애걸하는 빛을 띠우며,

"오늘은 나가지 말아요. 제발 덕분에 집에 붙어 있어요. 내가 이렇게 아픈데……."라고, 모기 소리같이 중얼거리고 숨을 걸그렁걸그렁하였다.

– 현진건, 「운수 좋은 날」

63. 윗글에서 알 수 있는 서술상의 특징으로 적절한 것은?

① 비속어를 사용하여 인물의 상황을 사실감 있게 드러낸다.
② 등장인물이 주인공을 관찰한 내용을 직접적으로 서술하고 있다.
③ 제3의 인물의 말을 인용하여 사건의 숨겨진 전말을 드러내고 있다.
④ 인물의 심리를 직접적으로 드러내어 갈등이 해소되는 과정을 보여주고 있다.
⑤ 하나의 이야기 속에 다른 이야기를 넣어 사건의 인과 관계를 드러내고 있다.

64. ㉠~㉤을 이해한 내용으로 적절하지 않은 것은?

① ㉠은 음침하고 우울한 배경을 조성하고 있다.
② ㉡은 주인공의 표면적 행위와 달리 아내를 사랑하는 심리를 보여주고 있다.
③ ㉢은 주인공이 자신의 비극적 처지를 비관하는 부정적 성격임을 암시하고 있다.
④ ㉣은 아내의 병이 악화된 계기를 가리키고 있다.
⑤ ㉤은 등장인물이 비극적 결말을 맞이할 수 있음을 암시하고 있다.

65. ⓐ, ⓑ에 대한 설명으로 가장 적절한 것은?

① ⓑ는 ⓐ의 책임감 있는 모습을 긍정하며 지지한다.
② ⓐ는 ⓑ가 자신과 달리 삶의 의지가 없다고 판단한다.
③ ⓐ는 지속되는 행운을 그대로 받아들이지 못하고 있다.
④ ⓐ는 행운이 자신의 성실함에서 비롯되었다고 생각한다.
⑤ ⓐ는 자신의 처지를 개선하기 위해 ⓑ의 소망을 무시한 채 살아간다.

※ [66 ~ 68] 다음 글을 읽고 물음에 답하시오.

홉스봄과 레인저는 오래된 것이라고 믿고 있는 전통의 대부분이 그리 멀지 않은 과거에 '발명'되었다고 주장한다. 예컨대 스코틀랜드 사람들은 킬트(kilt)를 입고 전통 의식을 치르며, 이를 대표적인 전통문화라고 믿는다. 그러나 킬트는 1707년에 스코틀랜드가 잉글랜드에 합병된 후, 이곳에 온 한 잉글랜드 사업가에 의해 불편한 기존의 의상을 대신하여 작업복으로 만들어진 것이다. 이후 킬트는 하층민을 중심으로 유행하였지만, 1745년의 반란 전까지만 해도 전통 의상으로 여겨지지 않았다. 반란 후, 영국 정부는 킬트를 입지 못하도록 했다. 그런데 일부가 몰래 집에서 킬트를 입기 시작했고, 킬트는 점차 전통 의상으로 여겨지게 되었다. 킬트의 독특한 체크무늬가 각 씨족의 상징으로 자리 잡은 것은, 1822년에 영국왕이 방문했을 때 성대한 환영 행사를 마련하면서 각 씨족장들에게 다른 무늬의 킬트를 입도록 종용하면서부터이다. 이때 채택된 독특한 체크무늬가 각 씨족을 대표하는 의상으로 자리를 잡게 되었다.

킬트의 사례는 전통이 특정 시기에 정치·사회적 목적을 달성하기 위해 만들어지기도 한다는 것을 보여 준다. 특히 근대 국가의 출현 이후 국가에 의한 ⊙'전통의 발명'은 체제를 확립하는 데 큰 역할을 담당하기도 하였다. 이 과정에서 전통은 그 전통이 생성되었던 시기를 넘어 아주 오래전부터 지속되어 온 것이라는 신화가 형성되었다. 그러나 전통은 특정한 시공간에 위치하는 사람들에 의해 생성되어 공유되는 것으로, 정치·사회·경제 등과 밀접한 관련을 맺으면서 시대마다 다양한 의미를 지니게 된다. 그러므로 전통을 특정한 사회 문화적 맥락으로부터 분리하여 ⓐ 신화화(神話化)하면 당시의 사회 문화를 총체적으로 이해할 수 없게 된다.

낯선 타(他) 문화를 통해 자기 문화를 좀 더 객관적으로 바라볼 수 있듯이, 과거의 문화를 또 다른 낯선 문화로 봄으로써 전통의 실체를 올바로 인식할 수 있게 된다. 이러한 관점은 신화화된 전통의 실체를 폭로하려는 데에 궁극적 목적이 있는 것이 아니다. 오히려 과거의 문화를 타 문화로 인식함으로써 신화 속에 묻혀 버린 당시의 사람들을 문화와 역사의 주체로 복원하여, 그들의 입장에서 전통의 사회 문화적 맥락과 의미를 새롭게 조명하려는 것이다. 더 나아가 이러한 관점을 통해 우리는 현대 사회에서 전통이 지니는 현재적 의미를 제대로 이해할 수 있을 것이다.

66. 윗글에 대한 주된 논지로 가장 적절한 것은?

① 킬트가 전통 의상으로 자리 잡은 유래를 설명한다.
② 전통문화가 집단 결속력을 유지하는 원리를 설명한다.
③ 홉스봄과 레인저가 주장한 전통문화 이론의 한계를 설명한다.
④ 통념과 달리 전통은 특정 목적을 위해 발명되었음을 설명한다.
⑤ 전통과 현대의 조화로 새로운 문화가 형성되는 과정을 설명한다.

67. 윗글의 ⓐ에 대한 이해로 적절하지 않은 것은?

① ⓐ로 만들어진 전통을 역사적 맥락에서 평가해야 전통의 실체를 파악할 수 있다.

② 전통은 만들어지기 오래전부터 존재해 지속되어 온 것이라는 관념이 ⓐ로 형성되었다.

③ ⓐ로 만들어진 전통을 연구하는 의의는 그 허구성을 파악하여 전통의 가치를 부정하는 데 있다.

④ 스코틀랜드의 전통 의상인 킬트를 정치적 맥락과 관련지어 이해하는 것은 ⓐ를 벗어나기 위함이다.

⑤ ⓐ로 형성된 전통을 비판적으로 바라보는 것은 당시 사람들을 역사와 문화의 주체로 복원하기 위함이다.

68. 윗글을 읽고 ㉠에 대한 반응으로 가장 적절한 것은?

① 준호: 우리나라 한복이 시대에 따라 디자인과 용도가 변화했다는 것은 원형을 훼손하는 발명이므로 전통문화가 발명될 때 지양해야 하는 방식이군.

② 민지: 전쟁 시기에 일본의 무사도 정신이 강조되었던 것은 본래의 전통적 가치가 재발견된 것이지, 특정 시대의 필요에 따라 재구성된 것으로 볼 수 없어.

③ 영호: 김장 문화가 유네스코 인류무형문화유산에 등재된 것은 그 전통이 오랫동안 변하지 않고 계승되어 왔기 때문이니, 앞으로도 원형 그대로 보존해야겠어.

④ 지원: 성년식이 현대 사회에서 의미가 약화된 것은 전통 의례의 본질적 가치가 훼손되었기 때문이므로, 과거의 형식을 복원해 새롭게 전통을 지속하는 것이 중요하겠어.

⑤ 민준: 하와이 훌라 춤이 19세기 미국 식민 지배 시기에 금지되었다가 20세기 관광산업 발전과 함께 부활하면서 원주민 정체성의 상징으로 새롭게 의미화된 과정은 전통의 사회문화적 맥락을 보여주는 사례로군.

※ [69 ~ 72] 다음 글을 읽고 물음에 답하시오.

　사무실의 방충망이 낡아서 파손되었다면 세입자와 사무실을 빌려 준 건물주 중 누가 고쳐야 할까? 이 경우, 민법전의 법조문에 의하면 임대인인 건물주가 수선할 의무를 진다. 그러나 사무실을 빌릴 때, 간단한 파손은 세입자가 스스로 해결한다는 내용을 계약서에 포함하는 경우도 있다. 이처럼 법률의 규정과 계약의 내용이 어긋날 때 어떤 것이 우선 적용되어야 하는가, 법적 불이익은 없는가 등의 문제가 발생한다.

　사법(私法)은 개인과 개인 사이의 재산, 가족 관계 등에 적용되는 법으로서 이 법의 영역에서는 '계약 자유의 원칙'이 적용된다. 계약의 구체적인 내용 결정 등은 당사자들 스스로 정할 수 있다는 것이다. 따라서 당사자들이 사법에 속하는 법률의 규정과 어긋난 내용으로 계약을 체결한 경우에 계약 내용이 우선 적용된다. 이처럼 법률상으로 규정되어 있더라도 당사자가 자유롭게 계약 내용을 정할 수 있는 법률 규정을 '임의 법규'라고 한다. 사법은 원칙적으로 임의 법규이므로, 사법으로 규정한 내용에 대해 당사자들이 계약으로 달리 정하지 않았다면 원칙적으로 법률의 규정이 적용된다. 위에서 본 임대인의 수선 의무 조항이 이에 해당한다.

　그러나 법률로 정해진 내용과 어긋나게 계약을 하면 당사자들에게 벌금이나 과태료 같은 법적 불이익이 있거나 계약의 효력이 부정되는 예외적인 경우도 있다. 우선, 체결된 계약 내용이 법률에 정해진 내용과 어긋날 때 법적 불이익이 있지만 계약의 효력 자체는 그대로 두는 경우가 있다. 이에 해당하는 법조문을 '단속 법규'라고 한다. 공인 중개사가 자신이 소유한 부동산을 고객에게 직접 파는 것을 금지하는 규정은 단속 법규에 해당한다. 따라서 이 규정을 위반하여 공인 중개사와 고객이 체결한 매매 계약의 경우 공인 중개사에게 벌금은 부과되지만 계약 자체는 유효이다. 이 경우 계약 내용에 따른 행동인 급부(給付)를 할 의무가 인정되어, 공인 중개사는 매물의 소유권을 넘겨주고 고객은 대금을 지급해야 하는 것이다.

　한편 체결된 계약 내용이 법률에 정해진 내용과 어긋날 때 법적 불이익이 있을 뿐 아니라 체결된 계약의 효력 자체도 인정되지 않아 급부 의무가 부정되는 경우가 있다. 이에 해당하는 법조문을 ㉠'강행 법규'라고 한다. 이 경우 계약 당사자들은 상대에게 급부를 하라고 요구할 수는 없다. 이미 급부를 이행하여 재산적 이익을 넘겨주었다면 이 이익은 '부당 이득'에 해당하기 때문에 반환을 요구할 수 있다. 즉 '부당 이득 반환 청구권'이 인정된다. 의사와 의사 아닌 사람의 의료 기관 동업을 금지하는 법률 규정은 강행 법규이다. 따라서 의사와 의사 아닌 사람이 체결한 동업 계약은 계약의 효력이 부정된다. 다만 계약에 따라 이미 동업 자금을 건넸다면 이 돈을 반환하라고 요구하는 것은 가능하다.

　그러나 강행 법규에 의해 계약의 효력이 부정되었을 때 부당 이득 반환 청구권이 인정되지 않는 경우도 있다. 급부의 내용이 위조지폐 제작처럼 비도덕적이거나 반사회적인 행동이라면, (㉡) 계약의 효력이 인정되지 않을 뿐 아니라 이미 넘겨준 이익을 돌려받을 권리도 부정되는 것이 원칙이다.

　국가가 개인 간의 계약에 개입하는 것은 국가 안보, 사회 질서, 공공복리 등의 정당한 입법 목적을 달성하기 위해서이다. 이 경우 계약의 자유를 제한하려면 필요한 만큼만 최소로 제한해야 한다는 '비례 원칙'이 적용된다. 이로 인해 국가가 계약 당사자들에게 미치는 영향이 다양하게 나타나는 것이다.

69. 윗글의 전개 방식으로 가장 적절한 것은?

① 다양한 법규를 제시하면서 각 법규의 도입 배경과 한계점을 제시하고 있다.
② 사례를 활용하여 관련 법규가 현실에서 적용되기 어려운 원인을 파악하고 있다.
③ 사법 체계를 다양한 관점에서 분석한 후 최선의 해결 방안을 제시하며 마무리하고 있다.
④ 시간의 흐름에 따라 법규의 변천 과정을 제시하여 법규 개정의 필요성에 대해 강조하고 있다.
⑤ 일상에서 발생할 수 있는 사례를 화두로 제시한 후 일정한 기준에 따라 관련 법규를 제시하고 있다.

70. 윗글에 대한 내용으로 적절한 것은?

① 국내에서 제정된 법률에는 '계약 자유 원칙'이 적용된다.
② 국가와 개인 사이의 재산과 관련한 법을 '사법'이라고 한다.
③ '단속 법규'는 법률과 계약 내용이 어긋날 때 급부 의무가 부정되는 법규이다.
④ 법률로 제정된 내용을 기반으로 추가적인 계약 내용을 정한 것을 '임의 법규'라고 한다.
⑤ 계약 자유 원칙을 제한하기 위해서 필요한 범위 내에서 최소로 제한하는 '비례 원칙'이 있다.

71. ㉠에 대한 내용으로 가장 적절한 것은?

① 입법 목적 달성을 위해 법률 규정과 다른 계약 내용도 인정하는 법규이다.
② 계약의 효력 여부와 상관없이 계약 당사자에게 급부 의무를 강제하는 법규이다.
③ 공공복리를 위해 상황에 따라 부당 이득 청구권의 적용 여부가 결정되는 법규이다.
④ 계약 체결 전, 법과 계약 내용 간의 상충이 일어날 때 해결안으로 적용할 수 있는 법규이다.
⑤ 사회 질서를 추구하는 계약 내용이라면 부당 이득에 해당되지 않으므로 법적 불이익에서 제외된다.

72. 문맥을 고려할 때 ㉡에 들어갈 말로 적절하지 않은 것은?

① 제 죄 남 안 준다고
② 죄지은 놈이 서 발을 못 간다고
③ 죄지은 놈 옆에 오면 방귀도 못 뀐다고
④ 자기가 저지른 일의 결과를 자기가 받는다고
⑤ 죄는 지은 데로 가고 물은 트는 데로 간다고

※ [73 ~ 75] 다음 글을 읽고 물음에 답하시오.

　식품 포장재, 세제 용기 등으로 사용되는 플라스틱은 생활에서 흔히 접할 수 있다. 플라스틱은 '성형할 수 있는, 거푸집으로 조형이 가능한'이라는 의미의 '플라스티코스'라는 그리스어에서 온 말로, 열과 압력으로 성형할 수 있는 고분자 화합물을 이른다.
　플라스틱은 단위체인 작은 분자가 수없이 반복 연결되는 중합을 통해 만들어진 거대 분자로 이루어져 있다. 단위체들은 공유 결합으로 연결되는데, 분자를 구성하는 원자들이 서로 전자를 공유하여 안정한 상태가 되는 결합을 공유 결합이라 한다. 두 원자가 각각 전자를 하나씩 내어놓아 그 두 개의 전자를 한 쌍으로 공유하면 단일 결합이라 하고, 두 쌍을 공유하면 이중 결합이라 한다. 공유 전자쌍이 많을수록 원자 간의 결합력은 강하다. 대부분의 원자는 가장 바깥 전자 껍질의 전자 수가 8개가 될 때 안정해진다. 탄소 원자는 가장 바깥 전자 껍질에 4개의 전자를 갖고 있어, 다른 원자들과 전자를 공유하여 안정해질 수 있으며 다양한 형태의 공유 결합이 가능하여 거대한 분자의 골격을 이룰 수 있다.
　플라스틱의 한 종류인 폴리에틸렌은 에틸렌 분자들이 서로 연결되는 중합 과정을 거쳐 만들어진다. 에틸렌은 두 개의 탄소 원자와 네 개의 수소 원자로 이루어지는데, 두 개의 탄소 원자가 서로 이중 결합을 하고 각각의 탄소 원자는 두 개의 수소 원자와 단일 결합을 한다. 탄소 원자 간의 이중 결합에서는 한 결합이 다른 하나보다 끊어지기 쉽다.
　에틸렌의 중합에는 여러 가지 방법이 있는데 그중에 하나는 과산화물 개시제를 사용하는 것이다. 열을 흡수한 과산화물 개시제는 가장 바깥 껍질에 7개의 전자가 있는 불안정한 상태의 원자를 가진 분자로 분해된다. 이 불안정한 원자는 안정해지기 위해 에틸렌이 가진 탄소의 이중 결합 중 더 약한 결합을 끊어 버리면서 에틸렌의 한쪽 탄소 원자와 전자를 공유하며 단일 결합한다. 그러면 다른 쪽 탄소 원자는 공유되지 못한, 홀로 남은 전자를 갖게 된다. 이 불안정한 탄소 원자는 같은 방식으로 다른 에틸렌 분자와 반응을 하게 되고, 이와 같은 반응이 이어지며 불안정해지는 탄소 원자가 계속 생성된다. 에틸렌 분자들이 결합하여 더해지면 이것들은 사슬 형태를 이루며, 이 사슬은 지속적으로 성장하고 사슬 끝에는 불안정한 탄소 원자가 존재하게 된다. 성장하는 두 사슬의 끝이 서로 만나 결합하여 안정한 상태가 되면 반복적인 반응이 멈추게 된다. 이 중합 과정을 거쳐 에틸렌 분자들은 폴리에틸렌이라는 고분자 화합물이 된다.
　플라스틱을 이루는 거대한 분자들은 길이가 길다. 그래서 사슬들이 일정한 방향으로 나란히 배열되어 있는 결정 영역은, 분자들 전체에서 기대할 수는 없지만 부분적으로 있을 수는 있다. 플라스틱에서 결정 영역이 차지하는 부분의 비율은 여러 조건에 따라 조절이 가능하고 물성에 영향을 미친다. 결정 영역이 많아질수록 플라스틱은 유연성이 낮아 충격에 약하고 가공성이 떨어지며 점점 불투명해지지만, 밀도가 높아져 단단해지고 화학 물질에 대한 민감성이 감소하며 열에 의해 잘 변형되지 않는다. 이런 성질을 활용하여 필요에 따라 다양한 종류의 플라스틱을 만들 수 있다.

73. 윗글에 사용된 내용 전개 방식으로 가장 적절한 것은?

① 플라스틱이 사용된 사례에서 플라스틱의 장단점을 설명하고 있다.
② 플라스틱의 어원을 설명하여 어원에서 알 수 있는 플라스틱의 한계를 제시하고 있다.
③ 플라스틱을 이루는 구성 요소를 분석하여 플라스틱이 만들어지는 과정을 설명하고 있다.
④ 고분자 화합물과 관련한 통념을 제시한 후 이를 반박하며 플라스틱의 특수성을 설명하고 있다.
⑤ 플라스틱의 종류를 일정 기준으로 분류하고 각 종류가 만들어진 과정의 차이점을 비교하고 있다.

74. 윗글에 대한 내용으로 가장 적절한 것은?

① 분자 형태가 커지면, 규칙적으로 배열된 결정이 나타날 수 없다.
② 원자의 안정 상태는 원자들이 서로 전자를 공유하는 횟수에 반비례한다.
③ 플라스틱은 온도에 영향을 받지 않는 특성 때문에 실생활에서 유용하게 사용된다.
④ 과산화물 개시제의 원자는 안정화를 위해 에틸렌의 탄소 원자 중 약한 결합력을 가진 원자와 결합한다.
⑤ 에틸렌의 원자 결합 형태에서, 탄소 원자끼리는 이중 결합을 하고, 탄소와 수소 원자끼리는 단일 결합을 한다.

75. 윗글에 대한 반응으로 적절한 것만을 <보기>에서 모두 고른 것은?

< 보 기 >

에틸렌의 중합으로 제조한 합성수지는 밀도 수치 0.94를 기준으로 기준보다 낮으면 LDPE(저밀도 폴리에틸렌), 높으면 HDPE(고밀도 폴리에틸렌)로 결정되며 이에 따라 실생활에서 활용되는 양상도 달라진다.

ㄱ. LDPE의 분자 구조는 HDPE보다 결정 영역의 비율이 낮겠군.
ㄴ. LDPE와 달리 HDPE의 분자 구조는 두 사슬의 끝에 있는 탄소 원자들이 결합한 형태로 구성되겠군.
ㄷ. LDPE는 HDPE보다 투명하고 유연성이 있는 재질이므로 가공성이 높아 실생활에서 식품 포장재로 사용되겠군.

① ㄱ   ② ㄴ   ③ ㄱ, ㄷ   ④ ㄴ, ㄷ   ⑤ ㄱ, ㄴ, ㄷ

※ [76 ~ 78] 다음 글을 읽고 물음에 답하시오.

온라인을 통한 통신, 금융, 상거래 등은 우리에게 편리함을 주지만 보안상의 문제도 안고 있는데, 이런 문제를 해결하기 위하여 암호 기술이 동원된다. 예를 들어 전자 화폐의 일종인 비트코인은 ⊙해시 함수를 이용하여 화폐 거래의 안전성을 유지한다. 해시 함수란 입력 데이터 x에 대응하는 하나의 결과 값을 일정한 길이의 문자열로 표시하는 수학적 함수이다. 그리고 입력 데이터 x에 대하여 해시 함수 H를 적용한 수식을 H(x)=k라 할 때, k를 ⓒ해시 값이라 한다. 이때 해시 값은 입력 데이터의 내용에 미세한 변화만 있어도 크게 달라진다. 현재 여러 해시 함수가 이용되고 있는데, 해시 값을 표시하는 문자열의 길이는 각 해시 함수마다 다를 수 있지만 특정 해시 함수에서의 그 길이는 고정되어 있다.

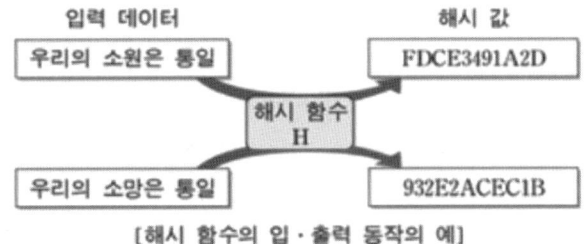

[해시 함수의 입·출력 동작의 예]

이러한 특성을 갖고 있기 때문에 해시 함수는 데이터의 내용이 변경되었는지 여부를 확인하는 데 이용된다. 가령, 상호 간에 동일한 해시 함수를 사용한다고 할 때, 전자 문서와 그 문서의 해시 값을 함께 전송하면 상대방은 수신한 전자 문서에 동일한 해시 함수를 적용하여 결과 값을 얻은 뒤 전송받은 해시 값과 비교함으로써 문서가 변경되었는지 확인할 수 있다.

그런데 해시 함수가 일방향성과 충돌회피성을 만족시키면 암호 기술로도 활용된다. 일방향성이란 주어진 해시 값에 대응하는 입력 데이터의 복원이 불가능하다는 것을 말한다. 특정 해시 값 k가 주어졌을 때 H(x)=k를 만족시키는 x를 계산하는 것이 매우 어렵다는 것이다. 그리고 충돌회피성이란 특정 해시 값을 갖는 서로 다른 데이터를 찾아내는 것이 현실적으로 불가능하다는 것을 의미한다. 서로 다른 데이터 x, y에 대해서 H(x)와 H(y)가 각각 도출한 값이 동일하면 이것을 충돌이라 하고, 이때의 x와 y를 충돌쌍이라 한다. 충돌회피성은 이러한 충돌쌍을 찾는 것이 현재 사용할 수 있는 모든 컴퓨터의 계산 능력을 동원하더라도 그것을 완료하기가 사실상 불가능하다는 것이다.

해시 함수는 온라인 경매에도 이용될 수 있다. 예를 들어 ○○ 온라인 경매 사이트에서 일방향성과 충돌회피성을 만족시키는 해시 함수 G가 모든 경매 참여자와 운영자에게 공개되어 있다고 하자. 이때 각 입찰 참여자는 자신의 입찰가를 감추기 위해 논스*의 해시 값과, 입찰가에 논스를 더한 것의 해시 값을 함께 게시판에 게시한다. 해시 값 게시 기한이 지난 후 각 참여자는 본인의 입찰가와 논스를 운영자에게 전송하고 운영자는 최고 입찰가를 제출한 사람을 낙찰자로 선정한다. 이로써 온라인 경매 진행 시 발생할 수 있는 다양한 보안상의 문제를 해결할 수 있다.

* 논스: 입찰가를 추측할 수 없게 하기 위해 입찰가에 더해지는 임의의 숫자

76. 윗글에 대한 내용으로 적절하지 않은 것은?

① 해시 값을 출력하는 데 이용하는 해시 함수는 다양하다.
② 해시 함수를 이용해 데이터 변경 여부를 확인할 수 있다.
③ 해시 함수는 도출된 결과 값을 문자열로 바꾸어 나타낸다.
④ 온라인에서 발생하는 보안 문제를 해시 함수를 활용해 해결할 수 있다.
⑤ 일방향성을 충족하는 해시 함수는 입력 데이터의 값을 계산하는 것이 수월하다.

77. ㉠과 ㉡에 대한 이해로 적절하지 않은 것은?

① ㉡은 입력된 데이터에 따라서 값이 달라질 것이다.
② 입력한 데이터가 달라도 ㉡이 동일하게 나타날 수 있다.
③ 하나의 ㉠에 여러 데이터를 입력해도 ㉡의 문자열 길이는 같을 것이다.
④ ㉠이 충돌회피성을 만족시키면 ㉡의 문자열 길이는 다르게 나타날 것이다.
⑤ 발송 과정에서 문서 내용이 변경되었다면 발신자와 수신자의 ㉡은 다르게 나타날 것이다.

78. 윗글을 바탕으로 <보기>를 이해한 내용으로 가장 적절한 것은?

< 보 기 >

해시 함수 X와 Y가 있다고 가정할 때, 아래 A, B의 입력값을 각 해시 함수에 적용한 결과는 다음과 같다.

구분	입력 데이터	해시 함수	해시 값
A	a	X	e
	b	Y	f
B	c	X	g
	d	Y	h

① a, b의 값이 동일하면 e, f의 값도 동일하다.
② a, c의 데이터 간 차이가 작다면 e, g 간의 차이도 작을 것이다.
③ b가 d보다 큰 수라면, f, h 중 f의 문자열 길이가 더 길 것이다.
④ a, c의 값이 동일하다면 서로 다른 논스를 더하더라도 e, g의 값은 동일할 것이다.
⑤ e, g의 값이 동일하여 a, c가 충돌쌍임을 밝혀냈다면, 해시 함수 X는 암호 기술에 활용할 수 없다.

※ [79 ~ 82] 다음 글을 읽고 물음에 답하시오.

　우리 삶에서 운이 작용해서 결과가 달라지는 일은 흔하다. 그러나 외적으로 드러나는 행위에 초점을 맞추는 '의무 윤리'든 행위의 기반이 되는 성품에 초점을 맞추는 '덕의 윤리'든, 도덕의 문제를 다루는 철학자들은 도덕적 평가가 운에 따라 달라져서는 안 된다고 생각한다. 이들의 생각처럼 도덕적 평가는 스스로가 통제할 수 있는 것에 대해서만 이루어져야 한다. 운은 자신의 의지에 따라 통제할 수 없어서, 운에 따라 누구는 도덕적이게 되고 누구는 아니게 되는 일은 공평하지 않기 때문이다.

　그런데 어떤 철학자들은 운에 따라 도덕적 평가가 달라지는 일이 실제로 일어난다고 주장하고, 그런 운을 '도덕적 운'이라고 부른다. 그들에 따르면 세 가지 종류의 도덕적 운이 거론된다. 첫째는 태생적 운이다. 우리의 행위는 성품에 의해 결정되며 이런 성품은 태어날 때 이미 결정되므로, 성품처럼 우리가 통제할 수 없는 요인이 도덕적 평가에 개입되는 불공평한 일이 일어난다는 것이다.

　둘째는 상황적 운이다. 똑같은 성품이더라도 어떤 상황에 처하느냐에 따라 그 성품이 발현되기도 하고 안 되기도 한다는 것이다. 가령 남의 것을 탐내는 성품을 똑같이 가졌는데 결핍된 상황에 처한 사람은 그 성품이 발현되는 반면에 풍족한 상황에 처한 사람은 그렇지 않다면, 전자만 비난하는 것은 공평하지 못하다는 것이다. 어떤 상황에 처하느냐는 통제할 수 없는 요인이기 때문이다.

　셋째는 우리가 통제할 수 없는 결과에 의해 도덕적 평가가 좌우되는 결과적 운이다. 어떤 화가가 자신의 예술적 이상을 달성하기 위해 가족을 버리고 멀리 떠났다고 해 보자. 이 경우 그가 화가로서 성공했을 때보다 실패했을 때 그의 무책임함을 더 비난하는 것을 '상식'으로 받아들이는 경우가 많다. 그러나 도덕적 운을 인정하는 철학자들은 그가 가족을 버릴 당시에는 예측할 수 없었던 결과에 의해 그의 행위를 달리 평가하는 것 역시 불공평하다고 생각한다.

　그들의 주장에 따라 도덕적 운의 존재를 인정하면 불공평한 평가만 할 수 있을 뿐인데, 이는 결국 도덕적 평가 자체가 불가능해짐을 의미한다. 도덕적 평가가 불가능한 대상은 강제나 무지와 같이 스스로가 통제할 수 없는 요인에 의해 결정되는 것에만 국한되어야 한다. 그런데 도덕적 운의 존재를 인정하면 그동안 도덕적 평가의 대상이었던 성품이나 행위에 대해 도덕적 평가를 내릴 수 없는 난점에 직면하게 되는 것이다.

(A) ┌─ 하지만 관점을 바꾸어 도덕적 운의 존재를 부정하고 도덕적 평가가 불가능한 경우를 강제나 무지에 의한 행위에 국한한다면 이와 같은 난점에서 벗어날 수 있다. 도덕적 운의 존재를 부정하기 위해서는 도덕적 운이라고 생각되는 예들이 실제로는 도덕적 운이 아님을 보여 주면 된다. 우선 행위는 성품과는 별개의 것이므로 태생적 운의 존재가 부정된다. 또한 나쁜 상황에서 나쁜 행위를 할 것이라는 추측만으로 어떤 사람을 폄하하는 일은 정당하지 못하므로 상황적 운의 존재도 부정된다. 끝으로 어떤 화가가 결과적으로 성공을 했든 안 했든 무책임함에 대해서는 똑같이 비난받아야 하므로 결과적 운의 존재도 부정된다. 실패한 화가를 더 비난하는 '상식'이 통용되는 것은
└─ 화가의 무책임한 행위가 그가 실패했을 때보다 성공했을 때 덜 부각되기 때문이다.

79. 윗글에 대한 적절한 내용을 모두 고른 것은?

< 보 기 >

ㄱ. 강제나 무지는 도덕적으로 평가가 불가능한 대상이다.
ㄴ. 누군가의 비도덕적인 행위는 결과적으로 실패한 상황에서 더 비난받기도 한다.
ㄷ. 도덕 문제를 다루는 철학자들 중 일부는 도덕적 운이 도덕적 평가에 영향을 준다고 주장한다.
ㄹ. 일부 철학자는 도덕적 운을 결과적 운, 상황적 운, 태생적 운으로 구분하며, 모두 통제할 수 없는 요인이라고 주장한다.

① ㄱ, ㄷ　　② ㄴ, ㄷ　　③ ㄱ, ㄴ, ㄹ　　④ ㄴ, ㄷ, ㄹ　　⑤ ㄱ, ㄴ, ㄷ, ㄹ

80. 윗글의 주제와 관련 있는 질문으로 가장 적절한 것은?

① 인생의 방향을 좌우하는 것은 통제할 수 없는 운인가?
② 부정적 상황을 극복한 사람은 도덕적 평가를 높게 받는가?
③ 도덕적 운에 영향을 받은 도덕적 평가 결과를 신뢰할 수 있는가?
④ 의무 윤리와 덕의 윤리 중 무엇이 도덕적 평가에 더 영향을 끼치는가?
⑤ 현실 세계와 이상 세계에서 도덕적 운이 작용하는 원리의 차이는 무엇인가?

81. 글쓴이가 [A]를 제시한 근거로 가장 적절한 것은?

① 상식을 기반으로 도덕적 평가가 이루어진다고 보았으므로
② 도덕적 운과 도덕적 평가는 함께 존재할 수 없다고 보았으므로
③ 다양한 관점에서 바라보아야 공평한 도덕적 평가가 가능하다고 보았으므로
④ '운'의 존재를 부정하는 방법은 현실에서도 통용되는 방법이라고 보았으므로
⑤ 인격적 측면의 문제는 본래부터 도덕적 평가가 어려운 부분이라고 여겼으므로

82. 윗글의 글쓴이를 A라고 하고 글쓴이와 반대 입장에 있는 사람을 B라고 할 때, 둘의 대화 내용 중 적절하지 않은 내용은?

① A: 추위에 떠는 사람에게 자신의 손난로를 건네는 사람은 도덕적인 사람입니까?
   B: 태생적인 성품으로 도덕성을 판단하는 것은 불공평합니다.
② A: 손난로를 건넨 행위와 성품은 별개입니다. 태생과는 무관하지요.
   B: 그렇다면 부정적인 상황일수록 도덕적으로 행동하기 어려울 수 있다고 생각하시나요?
③ A: 부정적인 상황이라고 무조건 부정적인 행위가 유발되리라는 것은 추측일 뿐입니다.
   B: 저는 상황에 따라 성품이 달라질 수 있다고 생각합니다.
④ A: 그렇다면 결과와 도덕적 평가의 관계는 어떻게 보시나요?
   B: 아직 일어나지 않은 일을 근거로 삼아 현재의 행위를 판단하는 것은 불공평합니다.
⑤ A: 공평한 도덕적 평가를 위해서 강제나 무지는 평가 대상에서 배제해야 합니다.
   B: A 님은 도덕적 운이 존재하지 않는다고 생각하시는군요.

※ [83 ~ 84] 다음 글을 읽고 물음에 답하시오.

○ ○ 구, 청년 월세 특별 지원

○○구에서는 2025년 12월까지 청년층의 주거비 부담을 완화하기 위해 청년 월세 특별 지원 사업을 실시합니다.

1. 부모와 별도 거주하는 만 19세~34세 무주택 청년에게 실제 납부하는 임대료 범위 내에서 월 최대 20만 원을 지원합니다.
2. 지원은 12개월간 최대 240만 원까지, 생애 1회 가능합니다.

- 지원 대상: 만 19세~34세 무주택 청년 중 아래 조건을 모두 충족하는 자
  - 임차보증금 5천만 원 이하 및 월세 60만 원 이하 주택의 월세 거주자
  - 청년독립가구 중위소득 60% 이하인 자
  - 청년독립가구 재산 1억 7백만 원 이하인 자
- 지원 내용: 월 최대 20만 원, 12개월간 최대 240만 원
- 신청 기간: 2025. 1. 1. ~ 2025. 12. 31.
- 신청 방법: 온라인(복지로 포털 http://www.bokjiro.go.kr) 신청 또는 주민등록상 주소지 관할 동 주민센터 방문 신청
- 제출 서류: 월세 지원 신청서, 소득·재산 신고서, 임대차계약 및 월세 이체 증빙서류 등

※ 월세가 60만 원을 초과하더라도 보증금 월세 환산액과 월세액을 합산해 70만 원 이하인 경우 지원 가능
※ 주택 소유자, 공공임대주택 거주자는 신청 불가

83. 윗글에 대한 이해로 적절하지 않은 것은?

① 청년 월세 특별 지원은 최대 1년간 받을 수 있다.
② 주택을 소유한 청년은 이 지원 대상에서 제외된다.
③ 월세가 65만 원이더라도 일정 조건을 충족하면 지원받을 수 있다.
④ 소득과 재산 조건 중 하나만 충족하면 월세 특별 지원을 받을 수 있다.
⑤ 월세 거주 청년이라도 부모와 함께 거주한다면 월세를 지원받을 수 없다.

84. 윗글에서 알 수 없는 내용은?

① 지원금 지급 방식
② 신청 시 필요한 서류
③ 지원 대상의 연령 제한
④ 지원받을 수 있는 총액
⑤ 온라인 신청 사이트 주소

※ [85 ~ 87] 다음 뉴스 보도를 읽고 물음에 답하시오.

[장면1]

앵커: ㉠최근 일과 휴가를 동시에 즐기는 제도가 국내 기업들 사이에서 새로운 근무 형태로 확산되고 있는데요. 코로나19 이후, 유연한 근무 환경이 자리 잡으면서 나타난 현장의 변화를 이○○ 기자가 취재했습니다.

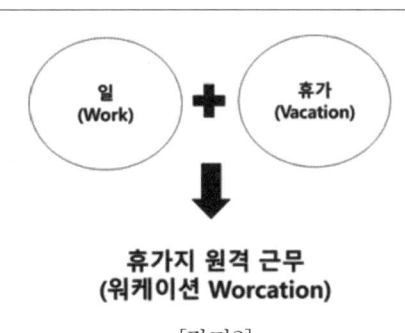 [장면2]	박 기자: ⓒ제주도의 한 바닷가 카페. 창문 밖의 경치를 배경으로 사진을 찍거나 조용히 풍경을 감상하며 여유를 누리는 여행객들이 보입니다. 그런데 여행객들 사이에서 노트북을 펴고 있는 사람들이 종종 보입니다. 이들은 노트북으로 업무를 보다가도 바다를 바라보며 휴식을 취하는 여유를 누립니다. 바로 '휴가지 원격 근무'라고도 불리는 '워케이션' 중인 직장인이었습니다. ⓒ'워케이션'은 '일'을 뜻하는 'work'와 '휴가'를 뜻하는 'vacation'을 결합한 말로 휴가지에서 휴가와 업무를 병행하는 일을 말합니다.
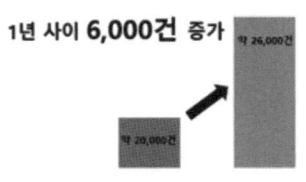 [장면3]	박 기자: 관련 상품 판매 수도 빠르게 성장 중입니다. 휴가지 원격 근무에 특화된 숙박 서비스가 생겼고, 현지 체험과 업무 공간을 결합한 묶음 상품도 인기를 끌면서 국내 워케이션 상품 판매 수가 1년 만에 약 6,000건 증가했습니다.
 [장면4]	휴가지 원격 근무자 김○○: 저는 분기별로 약 2주간 지방이나 해외에서 근무합니다. 자연 속에서 일하니 집중력과 창의력이 높아졌고, 저녁에는 현지 문화를 경험하며 일과 삶의 균형을 찾았어요. 덕분에 근무 환경에 대한 만족도가 매우 높습니다.
 [장면5]	박 기자: 전문가들은 휴가지 원격 근무가 일하는 방식의 대전환이라고 평가합니다. ⓔ다만, 모든 조직에 적합한 것은 아니므로, 기업들은 명확한 성과 측정 지표와 소통 체계 등의 방침이 필요하다고 덧붙였습니다. 재택근무에서 한 단계 더 진화한 형태로 주목받는 휴가지 원격 근무. ⓜ일과 휴가의 경계를 넘나드는 이 새로운 근무 형태가 우리 사회에 어떤 변화를 불러올지 앞으로의 발전 양상이 주목됩니다. 지금까지 박○○였습니다.

85. 뉴스 보도에 사용된 정보 제시 전략으로 적절하지 않은 것은?

① [장면1]: 보도 핵심 내용에 작은따옴표를 사용하여 시청자에게 보도 주제를 강조하고 있다.
② [장면2]: 보도의 핵심이 되는 용어를 시각 자료로 제시하여 시청자가 한눈에 파악할 수 있도록 한다.
③ [장면3]: 시각 자료의 글씨 크기를 다르게 하여 시청자에게 내용을 강조하고 있다.
④ [장면4]: 인터뷰 대상자가 발화한 내용을 자막으로 동일하게 제시하여 시청자의 이해에 도움을 주고 있다.
⑤ [장면5]: 보도 내용에 제시되지 않은 추가 정보를 자막으로 전달하여 보도 내용을 보완하고 있다.

86. <보기>는 뉴스 보도를 본 시청자들의 반응이다. <보기>에 대한 이해로 적절하지 않은 것은?

<보 기>

기업 CEO: 휴가지 원격 근무 제도를 저희 회사의 새로운 근무 형태로 고안해 봐야겠습니다. 직원들의 업무 효율을 높이기 위해 기업의 관리자들이 다양한 제도를 빠르게 파악해서 시도해 보는 태도가 필요한 것 같습니다.

호텔 관리인: 코로나19 전에 비해, 휴가지 원격 근무 고객이 많이 늘어나 저희 호텔도 비수기 객실 예약이 늘어났습니다. 이에 따라 와이파이 속도를 개선하고, 업무용 가구 비치 등의 전용 업무 공간도 확충할 계획입니다.

○○도 관광정책과장: 국민 여행 관련 설문 조사 기준, 휴가지 원격 근무 제도로 도내에서 약 82억 원의 매출을 달성한 것으로 추정됩니다. 이처럼 휴가지 원격 근무가 관광지의 비수기 타개책이 될 것으로 기대하고 있습니다.

공장 생산직 근로자: 이런 근무 형태는 사무직이나 가능한 이야기죠. 현장에서 근무해야 하는 제 직업에선 상상도 할 수 없는 일입니다. 일하는 방식의 변화가 새로운 갈등을 일으킬 수 있다는 점을 잊지 말아야 합니다.

회사원: 휴가지 원격 근무를 하다 보니 일과 삶의 공간이 모호해지기도 해요. 해외에 있는 팀원과는 시차 때문에 즉각적인 소통이 어렵기도 하고요. 고정 근무 시간을 정해서 소통 문제를 해결하는 것이 시급해 보입니다.

① '기업 CEO'는 관리자가 갖춰야 할 태도를 언급하며 제도를 도입하려는 의사를 표현하고 있다.
② '호텔 관리인'은 과거와 현재를 비교하며 향후 계획을 언급하고 있다.
③ '○○도 관광정책과장'은 설문 조사 결과를 근거로 제시하여 휴가지 원격 근무가 가져올 이점에 대해 기대하고 있다.
④ '공장 생산직 근로자'는 자신의 직무 특성을 언급하며 처우 개선을 요구하고 있다.
⑤ '회사원'은 자신의 경험을 바탕으로 휴가지 원격 근무 제도의 문제를 언급하며 해결 방안을 요구하고 있다.

87. ㉠~㉤에 대한 이해로 적절하지 않은 것은?

① ㉠: 비격식체를 사용하여 시청자에게 친근한 느낌을 주며 보도를 시작하고 있다.
② ㉡: 기자가 본 현장을 묘사하며 시청자에게 현장을 생동감 있게 전달하고 있다.
③ ㉢: 단어의 어원을 설명하여 시청자가 용어를 이해하는 데 도움을 주고 있다.
④ ㉣: 부사를 사용하여 시청자가 앞 내용과 다른 관점의 내용이 전개될 것을 예측할 수 있도록 하고 있다.
⑤ ㉤: 명령형 표현을 사용하여 시청자가 보도 주제에 지속적인 관심을 갖도록 요구하고 있다.

※ [88 ~ 90] 다음 글을 읽고 물음에 답하시오.

제106회 전국체육대회 제안서 평가 위원 모집 공고

제106회 전국체육대회의 성공적 개최를 위한 디자인과 품질의 공정하고 전문적인 심사를 위해 제안서를 평가하는 위원을 아래와 같이 모집합니다.

1. 모집 대상: 다음 자격 요건 중 하나 이상을 갖춘 자
   - 체육(체육학과, 스포츠산업학과 등) 또는 디자인(패션디자인, 산업디자인 등) 관련 전공 자
   - 스포츠 용품, 의류 등 관련 업계 종사자
   - 공공 또는 민간 부문 유사 심사 경험자
   - 체육단체 또는 관련 분야에서의 활동 경력자

2. 모집 인원: 7명

3. 모집 기간: 2025. 7. 10.(목) ~ 7. 17.(목) 18:00까지
   ※ 토요일 및 공휴일 접수 불가

4. 역할: 사업별 입찰 제안 공모에 따른 입찰 참가자의 제안서 평가

5. 접수 방법
   - 방문·우편 접수: ○○시 ○○로2길, 체육회관 2층 총무부 (☎02-123-1234)

6. 선정 방법
   - 선정 절차
   (1차) 서류 심사(신청자의 자격 요건 심사)
   (2차) 서류 심사 통과자 중 추첨
       ※ 공정성을 위해 추첨을 공개적으로 진행(장소: 체육회관 세미나실)
   - 선정 결과 통보: 선정된 위원에게 유선으로 개별 통보
       ※ 선정일 기준 3일 이내 연락 불능 시 탈락으로 간주하고 재추첨 예정
       (재추첨은 기존 서류 심사 통과자에 한하여 진행)

7. 제출 서류
   - 제안서 평가위원(후보자) 등록 신청서
   - 보안각서
   - 개인정보 수집·이용 동의서

88. 윗글을 이해한 내용으로 가장 적절한 것은?

① 평가 위원은 총 10명이 최종 선발된다.
② 방문 접수와 이메일 접수가 모두 가능하다.
③ 서류 심사를 통과해야 추첨 대상자가 된다.
④ 최종 선발 결과는 홈페이지를 통해 공지된다.
⑤ 체육 관련 전공자만 평가 위원으로 지원할 수 있다.

89. 윗글을 읽고 보인 반응으로 적절하지 않은 것은?

① 일요일에는 접수가 불가하니 미리 해 두어야겠군.
② 공정한 선발을 위해 추첨 과정을 공개적으로 진행하는군.
③ 신청서 외에 보안과 개인정보에 관한 서류도 작성해야 하는군.
④ 선정 결과가 나오면 일주일 이내에 수락 여부를 결정해야 하는군.
⑤ 재추첨은 신청을 다시 받지 않고 기존에 서류 통과자에 한하여 진행하는군.

90. 윗글에 추가로 제시되어야 할 정보로 가장 적절한 것은?

① 평가 위원의 업무
② 평가 위원 추첨 진행 일시
③ 체육 전공의 구체적인 종류
④ 이전 평가 위원의 활동 사례
⑤ 유사한 모집 공고와의 비교 정보

[국어 문화] (91번~100번)

91. <보기>에서 설명하는 문학 작품은?

―< 보 기 >―

조선 연산군 때 조위가 지은 유배 가사이다. 무오사화로 전라남도 순천에 유배된 상황을 천상에서 하계로 추방된 처지에 비유하여 억울한 심정을 읊은 것이다. 최초의 유배 가사로 알려져 있다.

① 만분가 ② 태평사 ③ 한중록 ④ 북천가 ⑤ 서포만필

92. <보기>에서 설명하는 문학 작품은?

―< 보 기 >―

염상섭이 지은 단편 소설로, 1921년 《개벽》에 연재되었다. 3·1 운동 전후 상황에서 가족의 죽음, 옥중 생활로 광인이 된 '김창억'의 이야기를 중심으로 좌절한 지식인의 모습을 그렸다. 암울한 식민지 현실을 투영한 작품으로, 우리나라 자연주의 소설의 효시로 평가받는다.

① 삼대 ② 만세전 ③ 두 파산 ④ 해바라기 ⑤ 표본실의 청개구리

93. <보기>에서 설명하는 작가는?

―< 보 기 >―

민족의식과 토착 정서를 담은 작품을 주로 창작하였고, 민중시를 정착시키는 데 선구적인 역할을 하였다. 특히 「금강」은 역사 속 사건을 바탕으로 현실의 깨달음을 준다는 점에서 주목받는다. 대표작은 「껍데기는 가라」, 「아사녀」 등이 있다.

① 김억 ② 김영랑 ③ 김춘수 ④ 박목월 ⑤ 신동엽

94. <보기>를 이해한 내용으로 적절하지 않은 것은?

―< 보 기 >―

극평 우수한 연기진 (하(下)) (고협중앙공연(高協中央公演)을 보고)

이번공연에 대해서 자세한점은 이야기할여유가 업거니와먼저 무대에서 느낀소감은 극단전원의 놀라운열정과 일치된통력은 상당히놉다櫻흔히흥행극방면의 연기자나 연출가들은신극의연기와 흥행극의 연기를구별하는것을 실혀하나 요점은 연기의사실력(寫實力)에 잇슴은이런기회에 다시말해둔다. 즉 배우가가진 수법이나 양식에마추어서가 아니다 히곡(戲曲)이표현하기를 요구하는 성격(性格)을 그대로동작과말로 옴기는것이다. 이점에서『고협』제군의연기는 흥행극의 구투를떠난것은즐거우나 훨신더 사실성의획득을 꾀해야할것이다. 이것이또한『극단고협』이발전해나가는데 가장중요한점인가한다.

웨그러냐하면『고협』은아직배우의극단임을 면치못하고 잇기 때문이다.

이번공연에서가장미약한부분이연출과 히곡이업다는점에 비추어서 더욱 그러하다.

〈후 략〉

― 『조선일보』, 1939.12.30.

① 고협의 연기진은 모두 공연에 엄청난 열정을 가지고 있다.
② 극단 고협이 발전하려면 연기의 사실성을 더 높여야 한다.
③ 극단 고협의 연출가가 경험이 많지 않아 공연의 연출이 미약하다.
④ 흥행극 방면의 연기자는 신극과 흥행극의 연기를 구별하는 것을 꺼려한다.
⑤ 연기의 사실력은 배우의 기교가 아니라 희곡에서 요구하는 성격을 표현하는 것이다.

95. <보기>의 ㉠~㉤의 의미로 적절하지 않은 것은?

―< 보 기 >―

셰월(歲月)이 여류(如流)ᄒ야 웅의 나희 십오셰라. 골격(骨格)이 웅쟝(雄壯)ᄒ고 긔운이 졀윤ᄒ더라. 일은 웅이 모친씌 쳥(請)ᄒ여 왈 소ᄌ 즉금 나희 십오셰요 이곳시 션경(仙境)이오니 히 ㉠살암즉ᄒ오나 남ᄌ 쳐셰ᄒᄆ 흔곳의셔 늘글 거시 안이옵고 신션도 두로 놀아 ㉡박남(博覽)ᄒ옵난니 쇼ᄌ 슬하을 잠간 ᄯ나 산박긔 나ᄀ 셰상을 ㉢귀경ᄒ고 황셩쇼식도 듯고ᄌᄒ나니 부인이 디경디칙왈 쳘이타향의 너는 날만 밋고 나는 너만 밋어 셔로 샹의ᄒ야 부지ᄒ거날 네 일신들 닉 슬하의 ㉣ᄯᅥᄂ 닉 엇지 너을 닉여 보닉고 일신들 이즐소냐. 네 어듸을 ᄀ량이면 ᄒᆞ지로 ᄒᆞ거시라. ㉤ᄎ후(此後)난 그런 ᄆᆞ음 두지 말나.

― 「조웅전」

① ㉠살암즉ᄒ오나: 사라질 만하나
② ㉡박남(博覽)ᄒ옵난니: 널리 본다고 하니
③ ㉢귀경ᄒ고: 구경하고
④ ㉣ᄯᅥᄂ: 떠나
⑤ ㉤ᄎ후(此後): 지금부터

96. ⊙~⑩에 대한 설명으로 적절하지 않은 것은?

<보 기>

나·랏:㉠말쓰미 ㉡中듕國·귁에달·아 文문字·쫑·와·로서르스뭇·디아·니홀·씨·이런젼·ᄎ·로 ㉢어·린百·빅姓·셩·이니르·고·져·홅·배이·셔·도ᄆᆞᄎᆞᆷ:내제·㉣ᄠᅳ·들시·러펴·디:몯홇·노·미하·니·라·내·이·를爲·윙·ᄒᆞ·야:어엿·비너·겨·새·로·스·믈여·듧字·쫑·ᄅᆞᆯ밍·ᄀᆞ노·니:사름:마·다·ᄒᆡ·ᅇᅧ:㉤수·ᄫᅵ니·겨·날·로·뿌·메便뼌安한·킈ᄒᆞ·고·져홇ᄯᆞᄅᆞ·미니·라

① ㉠: 한 음절의 종성을 다음 자의 초성으로 내려썼다.
② ㉡: '중국과'의 뜻으로 '에'는 음성 모음 뒤에 나타나는 부사격 조사의 형태이다.
③ ㉢: 현대 국어에서 '어리석은'의 뜻이다.
④ ㉣: 현대 국어와 달리 연서의 특징을 보인다.
⑤ ㉤: '어렵거나 힘들지 아니하게'라는 의미로 쓰였다.

97. <보기>를 바탕으로 할 때, 남한과 북한 사전의 단어 배열 순서가 올바르게 짝 지어진 것은?

<보 기>

초성 배열 순서

남	ㄱㄲㄴㄷㄸㄹㅁㅂㅃㅅㅆㅇㅈㅉㅊㅋㅌㅍㅎ
북	ㄱㄴㄷㄹㅁㅂㅅㅈㅊㅋㅌㅍㅎㄲㄸㅃㅆㅉㅇ

중성 배열 순서

남	ㅏㅐㅑㅒㅓㅔㅕㅖㅗㅘㅙㅚㅛㅜㅝㅞㅟㅠㅡㅢㅣ
북	ㅏㅑㅓㅕㅗㅛㅜㅠㅡㅣㅐㅒㅔㅖㅚㅟㅢㅘㅝㅙㅞ

	(남)	(북)
①	거미-개수-끄다-나비-우유	거미-개수-끄다-나비-우유
②	거미-개수-끄다-나비-우유	개수-거미-끄다-우유-나비
③	개수-거미-나비-우유-끄다	거미-개수-우유-나비-끄다
④	개수-끄다-거미-나비-우유	개수-거미-나비-우유-끄다
⑤	개수-거미-끄다-나비-우유	거미-개수-나비-끄다-우유

98. <보기>의 설명을 참고할 때, 제시된 수어가 나타내는 의미로 적절한 것은?

< 보 기 >

수어에서는 두 개의 수어를 결합하여 새로운 단어를 만드는 방식이 있다. 예를 들어 행동과 '집'을 나타내는 수어를 결합하여 특정 장소를 표현하는데, 대표적으로 [도서관]은 [읽다]와 [집]을 결합하여 표현한다.

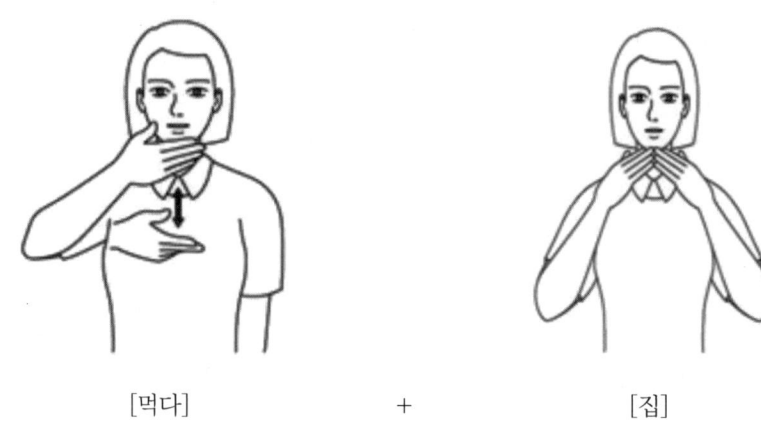

[먹다]　　　　　　+　　　　　　[집]

① 목장　　② 식당　　③ 꽃집　　④ 시장　　⑤ 기숙사

99. 밑줄 친 법률 용어의 뜻으로 적절하지 않은 것은?

① 계약서의 사위(→거짓) 기재로 법적 분쟁이 발생하였다.
② 공식 문서의 부본(→첨부물)을 기록실에 보관하기로 하였다.
③ 이사회는 신규 투자 계획을 이사진에게 부의하여(→회의에 부쳐) 최종 승인을 받았다.
④ 인수 대상 기업의 재무 상태와 경영 현황을 면밀히 실사(→실제 조사)했다.
⑤ 건축물 준공 후 관할 지자체로부터 적법성을 인증하는 필증(→확인증)을 발급받았다.

100. <보기>에서 드러나는 방송 언어의 특성으로 적절하지 않은 것은?

< 보 기 >

진행자: 안녕하세요! △△ FM '그린 세상' 진행자 ○○○입니다. 요즘 미세먼지와 플라스틱 쓰레기 문제가 심각하죠? 오늘은 환경 보호를 위한 작은 실천들을 이야기해 보려고 합니다. '환경지킴이' 님께서 보내 주신 사연을 소개할게요. "일회용품 사용을 줄이려 노력 중인데, 주변 사람들과 어떻게 함께 실천하면 좋을까요?" 오, 좋은 질문이에요! 음, 저는 일회용 컵 사용을 줄이기 위해 텀블러를 항상 가지고 다니고 있어요. 처음에는 자주 잊어버리기도 했지만, 이제는 자연스럽게 텀블러를 사용하게 되었어요. 여러분도 각자의 경험이나 아이디어가 있다면 사연 보내 주세요. 참여해 주신 분들께는 친환경 굿즈를 선물로 드릴게요!

① '오, 음'의 감탄사를 활용하고 있다.
② 비격식체를 사용하여 친근한 분위기를 조성하고 있다.
③ 비유적 표현을 활용해 내용을 다채롭게 전달하고 있다.
④ 청취자의 참여를 유도하며 쌍방향 소통을 지향하고 있다.
⑤ 진행자는 자신의 경험을 공유하며 청취자와 공감을 쌓고 있다.

KBS한국어능력시험 동영상강의·무료 학습자료 제공
pass.Hackers.com

KBS한국어능력시험 공식 기출문제집

전체 정답표
& OMR 답안지

전체 정답표

제85회

1	2	3	4	5	6	7	8	9	10
⑤	⑤	⑤	⑤	①	⑤	①	④	③	⑤
11	12	13	14	15	16	17	18	19	20
④	④	④	②	⑤	④	②	①	③	⑤
21	22	23	24	25	26	27	28	29	30
⑤	⑤	③	⑤	①	⑤	①	④	③	④
31	32	33	34	35	36	37	38	39	40
③	③	④	⑤	⑤	⑤	①	②	⑤	⑤
41	42	43	44	45	46	47	48	49	50
③	⑤	②	②	②	②	④	⑤	③	①
51	52	53	54	55	56	57	58	59	60
④	⑤	②	③	④	⑤	②	⑤	③	④
61	62	63	64	65	66	67	68	69	70
③	⑤	①	②	③	④	③	⑤	②	⑤
71	72	73	74	75	76	77	78	79	80
④	④	④	⑤	④	④	⑤	②	⑤	④
81	82	83	84	85	86	87	88	89	90
①	②	③	②	②	⑤	⑤	①	③	②
91	92	93	94	95	96	97	98	99	100
②	③	②	⑤	④	⑤	⑤	⑤	⑤	②

제84회

1	2	3	4	5	6	7	8	9	10
④	⑤	③	④	⑤	⑤	①	②	③	④
11	12	13	14	15	16	17	18	19	20
④	⑤	⑤	④	③	②	②	④	⑤	②
21	22	23	24	25	26	27	28	29	30
①	⑤	③	④	①	②	⑤	⑤	③	③
31	32	33	34	35	36	37	38	39	40
②	③	②	⑤	⑤	③	①	②	①	③
41	42	43	44	45	46	47	48	49	50
②	③	②	④	⑤	②	①	④	②	③
51	52	53	54	55	56	57	58	59	60
④	③	⑤	③	②	②	⑤	②	⑤	⑤
61	62	63	64	65	66	67	68	69	70
③	⑤	④	③	④	⑤	②	④	②	①
71	72	73	74	75	76	77	78	79	80
①	②	③	④	②	④	②	②	⑤	④
81	82	83	84	85	86	87	88	89	90
①	⑤	②	②	④	③	③	①	④	④
91	92	93	94	95	96	97	98	99	100
④	④	⑤	①	②	①	④	③	②	①

제83회

1	2	3	4	5	6	7	8	9	10
③	④	⑤	⑤	④	③	②	④	②	②
11	12	13	14	15	16	17	18	19	20
①	⑤	④	③	②	④	③	⑤	②	②
21	22	23	24	25	26	27	28	29	30
⑤	⑤	②	④	①	④	⑤	②	④	②
31	32	33	34	35	36	37	38	39	40
⑤	④	③	③	⑤	⑤	④	②	③	③
41	42	43	44	45	46	47	48	49	50
③	④	③	③	①	④	④	⑤	⑤	②
51	52	53	54	55	56	57	58	59	60
②	⑤	①	④	③	②	④	⑤	①	④
61	62	63	64	65	66	67	68	69	70
②	③	③	④	⑤	④	⑤	②	⑤	①
71	72	73	74	75	76	77	78	79	80
①	③	②	⑤	②	④	②	②	③	③
81	82	83	84	85	86	87	88	89	90
①	④	③	④	③	④	②	③	⑤	①
91	92	93	94	95	96	97	98	99	100
⑤	②	③	④	④	④	④	③	⑤	⑤

기출변형 모의고사

1	2	3	4	5	6	7	8	9	10
④	②	②	③	⑤	⑤	③	④	②	④
11	12	13	14	15	16	17	18	19	20
③	⑤	④	③	④	⑤	②	④	①	④
21	22	23	24	25	26	27	28	29	30
①	⑤	⑤	⑤	②	③	⑤	⑤	⑤	④
31	32	33	34	35	36	37	38	39	40
①	②	④	④	③	③	②	④	③	④
41	42	43	44	45	46	47	48	49	50
④	③	②	④	②	②	①	③	③	⑤
51	52	53	54	55	56	57	58	59	60
④	⑤	④	⑤	④	①	③	③	⑤	③
61	62	63	64	65	66	67	68	69	70
⑤	②	①	③	③	④	③	⑤	⑤	⑤
71	72	73	74	75	76	77	78	79	80
③	③	③	③	③	⑤	④	⑤	③	③
81	82	83	84	85	86	87	88	89	90
②	③	④	①	⑤	④	⑤	③	④	②
91	92	93	94	95	96	97	98	99	100
①	⑤	⑤	③	①	④	⑤	②	②	③

KBS 한국어능력시험 공식 기출문제집

2권 분석해설집

제85회 KBS한국어능력시험 · · · · · 2
- 정답 한눈에 보기
- 전 문항 유형&키워드 분석
- 기출 총평&목표 등급별 학습 전략
- 정답 및 해설

제84회 KBS한국어능력시험 · · · · · 42
- 정답 한눈에 보기
- 전 문항 유형&키워드 분석
- 기출 총평&목표 등급별 학습 전략
- 정답 및 해설

제83회 KBS한국어능력시험 · · · · · 82
- 정답 한눈에 보기
- 전 문항 유형&키워드 분석
- 기출 총평&목표 등급별 학습 전략
- 정답 및 해설

기출변형 모의고사 · · · · · 124
- 정답 한눈에 보기
- 정답 및 해설

[부록] 약점 잡는 오답노트 · · · · · 147

해커스

KBS 한국어진흥원
국가공인 공식기출

제85회
2025. 6. 15. 시행

KBS
한국어능력시험

- 정답 한눈에 보기
- 전 문항 유형&키워드 분석
- 기출 총평&목표 등급별 학습 전략
- 정답 및 해설

제85회 정답 한눈에 보기

자동 채점 및 성적 분석 서비스 ▶

듣기·말하기 (1~15번)	1	2	3	4	5	6	7	8	9	10
	⑤	⑤	⑤	⑤	①	⑤	①	④	③	⑤
	11	12	13	14	15					
	④	④	④	②	⑤					

어휘 (16~30번)	16	17	18	19	20	21	22	23	24	25
	④	②	①	③	⑤	⑤	⑤	③	⑤	①
	26	27	28	29	30					
	⑤	①	④	③	④					

어법 (31~45번)	31	32	33	34	35	36	37	38	39	40
	③	③	④	⑤	⑤	⑤	①	②	⑤	⑤
	41	42	43	44	45					
	③	⑤	②	②	②					

쓰기 (46~50번)	46	47	48	49	50					
	②	④	⑤	③	①					

창안 (51~60번)	51	52	53	54	55	56	57	58	59	60
	④	⑤	②	③	④	⑤	②	⑤	③	④

읽기 (61~90번)	61	62	63	64	65	66	67	68	69	70
	③	⑤	①	②	③	④	③	⑤	②	⑤
	71	72	73	74	75	76	77	78	79	80
	④	④	④	⑤	④	④	⑤	②	⑤	④
	81	82	83	84	85	86	87	88	89	90
	①	②	③	②	⑤	⑤	⑤	①	⑤	②

국어 문화 (91~100번)	91	92	93	94	95	96	97	98	99	100
	②	③	②	⑤	④	⑤	⑤	⑤	⑤	②

제85회 전 문항 유형&키워드 분석

확실히 맞힌 문제는 O, 맞혔으나 헷갈렸거나 찍은 문제는 △, 틀린 문제는 ×로 체크하세요. △, × 문제는 p.147의 [오답노트]에 정리하고, 복습하세요.

영역	번호	정답	채점 (O/△/×)	정답률	출제 유형	기출 키워드
듣기·말하기 O: ___개 △: ___개 ×: ___개	1	⑤		80.24%	내용 일치 여부 확인(그림)	외젠 들라크루아, '민중을 이끄는 자유의 여신'
	2	⑤		99.31%	주제 추론(이야기)	이솝우화, '백조를 부러워한 까마귀'
	3	⑤		93.64%	내용 일치 여부 확인(강연)	청사초롱
	4	⑤		74.47%	내용 일치 여부 확인(방송)	글렌 굴드, '골드베르크 변주곡'
	5	①		74.02%	주제 추론(시)	김승희, '그래도'
	6	⑤		88.53%	내용 일치 여부 확인(대담)	잘못된 과학 상식, '선풍기를 틀고 자면 사망할 수 있다'
	7	①		72.04%	말하기 방식 추론(대담)	
	8	④		98.70%	내용 일치 여부 확인(대화)	헬스클럽에서의 남녀의 대화
	9	③		67.40%	말하기 방식 추론(대화)	
	10	⑤		95.88%	내용 일치 여부 확인(강연)	일란성 쌍둥이와 이란성 쌍둥이, 후성 유전학
	11	④		74.05%	말하기 방식 추론(강연)	
	12	④		98.97%	내용 일치 여부 확인(발표)	자립준비청년
	13	④		95.53%	말하기 방식 추론(발표)	
	14	②		86.42%	내용 일치 여부 확인(협상)	구단 관계자와 선수 대리인의 협상
	15	⑤		87.77%	갈등 해결 방식 추론(협상)	
어휘 O: ___개 △: ___개 ×: ___개	16	④		25.80%	고유어의 사전적 의미	시위적거리다, 갈그랑거리다, 걸리적거리다, 버르적거리다, 우비적거리다
	17	②		18.36%	한자어의 사전적 의미	기함(氣陷), 어언(於焉), 격의(隔意), 맹점(盲點), 납량(納凉)
	18	①		33.27%	고유어의 문맥적 의미	겻불, 단박, 갈매, 개땅, 나이배기
	19	③		67.05%	한자어의 문맥적 의미	갈파(喝破), 기탄(忌憚), 만신창이(滿身瘡痍), 복마전(伏魔殿), 채산(採算)
	20	⑤		46.65%	한자어의 문맥적 의미(표기)	가망(可望/加望), 지망(志望/地望), 미망(迷妄/彌望)
	21	⑤		34.45%	혼동하기 쉬운 고유어	갈마들다, 내박치다, 꼭뒤, 가무리다, 대끼다
	22	⑤		82.45%	다의어와 동음이의어	되다
	23	③		91.75%	존댓말과 예사말의 관계	묻다-여쭈다/여쭙다, 먹다-잡수다, 보다-뵙다, 있다-계시다, 자다-주무시다
	24	⑤		59.05%	의미가 대응하는 고유어와 한자어	맞다-부합(符合)하다, 상응(相應)하다, 합치(合致)하다, 적중(的中)하다
	25	①		97.67%	반의 관계	무겁다-가볍다
	26	⑤		83.57%	속담	땅 넓은 줄을 모르고 하늘 높은 줄만 안다
	27	①		21.14%	사자성어	만불성설(萬不成說), 적반하장(賊反荷杖), 주마간산(走馬看山)
	28	④		86.20%	관용 표현	입이 높다, 입을 씻기다, 입이 짧다, 입이 궁금하다, 입이 마르다
	29	③		40.76%	한자어의 순화	기왕력(旣往歷)→과거 병력, 기실(其實)→사실은, 가사(假使)→설령
	30	④		63.91%	외래어의 순화	데이터 마이닝(data mining)→정보 채굴, 이니셔티브(initiative)→구상
어법 O: ___개 △: ___개 ×: ___개	31	③		1.08%	한글 맞춤법(소리에 관한 것)	함빡, 산듯하다, 문득, 감박, 건듯
	32	③		26.22%	한글 맞춤법(형태에 관한 것)	멀게(멀겋다), 하야네(하얗다), 허여면(허옇다), 누럴(누렇다), 까말(까맣다)
	33	④		34.91%	한글 맞춤법(형태에 관한 것)	붇다(불으면, 불어서), 붓다(부어, 부어서, 붓고)
	34	⑤		84.90%	한글 맞춤법(띄어쓰기)	베니스의∨상인, 섬진강, 태백산맥, 카스피해, 두시언해
	35	⑤		57.84%	한글 맞춤법(그 밖의 것)	끌쩍거리다, 깔짝거리다, 폴짝거리다, 꿈적거리다, 할짝거리다
	36	⑤		27.52%	한글 맞춤법(문장 부호)	홑화살괄호, 큰따옴표, 작은따옴표, 겹낫표, 홑낫표
	37	①		68.72%	표준어 사정 원칙	덕지덕지, 매스껍다, 부아, 박신거린다, 맛보기
	38	②		71.25%	표준어와 방언	홍보시고서-숭보시구서, 괜히-귀년시리, 무사-왜, 아무따나-함부로
	39	②		44.49%	표준 발음법	실소득[실소득], 갈등[갈뜽], 발달[발딸], 몰상식[몰쌍식], 불세출[불쎄출]
	40	⑤		41.44%	외래어 표기법	브로슈어(brochure), 보닛(bonnet), 컷(cut), 크루아상(croissant)
	41	③		50.70%	로마자 표기법	연희동(Yeonhuidong), 별내(Byeollae), 신문로(Sinmunno)
	42	⑤		48.98%	어법에 맞는 표현(문장 성분의 호응)	부사어가 생략된 문장
	43	②		22.96%	어법에 맞는 표현(상대 높임법)	하오체(-ㅂ시다, -는구려), 하게체(-세), 하십시오체(-십시오), 해요체(-어요)
	44	②		62.34%	어법에 맞는 표현(중의적 문장)	선생님께서 보고 싶은 학생이 많다(올바른 문장)
	45	②		74.71%	어법에 맞는 표현(번역 투 표현)	~에 다름 아니다→~와 다름없다, 필요로 하는→필요한
쓰기 O: ___개 △: ___개 ×: ___개	46	②		84.48%	글쓰기 계획	장애인 이동권
	47	④		62.88%	글쓰기 자료의 활용	
	48	⑤		85.02%	글쓰기 개요의 작성	
	49	③		95.11%	고쳐쓰기(단어)	
	50	①		97.45%	고쳐쓰기(문장)	

영역	번호	정답	채점 (O/△/×)	정답률	출제 유형	기출 키워드
창안 O: ___개 △: ___개 ×: ___개	51	④		92.93%	유비 추론을 활용한 내용 생성	
	52	⑤		83.48%	유비 추론을 활용한 내용 생성	황제펭귄의 특징
	53	②		93.13%	조건에 맞는 내용 생성	
	54	③		74.17%	그림을 활용한 내용 생성	(가) 가지치기, (나) 퇴고하기
	55	④		93.25%	그림 비판	
	56	⑤		98.45%	유비 추론을 활용한 내용 생성	
	57	②		97.13%	그림을 활용한 내용 생성	동물 유기 문제
	58	⑤		54.41%	그림을 활용한 내용 생성	
	59	③		97.74%	유비 추론을 활용한 내용 생성	반향실 효과
	60	④		92.59%	유비 추론을 활용한 내용 생성	
읽기 O: ___개 △: ___개 ×: ___개	61	③		56.67%	문학 텍스트 이해(시)	오은, '면접'
	62	⑤		55.34%	문학 텍스트 비판(시)	
	63	①		71.13%	문학 텍스트 이해(소설)	서수진, '코리아티처'
	64	②		85.12%	문학 텍스트 추론(소설)	
	65	③		42.43%	문학 텍스트 비판(소설)	
	66	④		91.70%	학술 텍스트 이해(인문)	불온한 것들의 존재론
	67	③		77.29%	학술 텍스트 추론(인문)	
	68	⑤		74.54%	학술 텍스트 비판(인문)	
	69	②		67.05%	학술 텍스트 이해(사회)	민사 소송의 필요성과 사회적 의의
	70	⑤		33.19%	학술 텍스트 추론(사회)	
	71	④		48.05%	학술 텍스트 추론(사회)	
	72	④		73.19%	학술 텍스트 비판(사회)	
	73	④		94.01%	학술 텍스트 이해(과학)	부력의 크기
	74	⑤		81.95%	학술 텍스트 추론(과학)	
	75	④		68.87%	학술 텍스트 비판(과학)	
	76	④		77.61%	학술 텍스트 이해(과학)	특수 상대성 이론
	77	⑤		59.10%	학술 텍스트 추론(과학)	
	78	②		72.60%	학술 텍스트 비판(과학)	
	79	⑤		52.84%	학술 텍스트 이해(인문)	설계 논증
	80	④		78.03%	학술 텍스트 추론(인문)	
	81	①		75.99%	학술 텍스트 추론(인문)	
	82	②		33.64%	학술 텍스트 비판(인문)	
	83	③		97.03%	실용 텍스트 이해(안내문)	2025학년도 학생 건강검진 안내
	84	②		96.96%	실용 텍스트 추론(안내문)	
	85	②		89.39%	실용 텍스트 이해(뉴스보도)	수면장애
	86	⑤		90.52%	실용 텍스트 비판(뉴스보도)	
	87	⑤		93.03%	실용 텍스트 추론(뉴스보도)	
	88	①		92.49%	실용 텍스트 이해(공고문)	서울시 대학생 놀이돌봄 인턴십 모집 공고
	89	③		94.01%	실용 텍스트 비판(공고문)	
	90	②		79.40%	실용 텍스트 추론(공고문)	
국어 문화 O: ___개 △: ___개 ×: ___개	91	②		58.83%	국문학(고전 문학 작품)	어부가, 강호사시가, 고산구곡가, 도산십이곡, 한거십팔곡
	92	③		35.82%	국문학(현대 문학 작품)	역마, 관촌수필, 무진기행, 삼포 가는 길, 서울 1964년 겨울
	93	②		44.91%	국문학(현대 문학 작가)	신석정, 유치환, 이상화, 이육사, 한용운
	94	⑤		41.86%	국어 생활(근대 신문 기사)	매일신보(1922년 1월 3일), 연극 관련 기사
	95	④		52.39%	국어 생활(고전 작품 어휘)	흥부전에 쓰인 어휘의 의미
	96	⑤		59.22%	국어학(중세 국어)	훈민정음에 나타난 중세 국어 표기법
	97	③		74.64%	국어 생활(남북한의 언어)	편안치 않다(남한)-편안치 않다(북한), 넉넉지 않다(남한)-넉넉치 않다(북한)
	98	⑤		75.15%	국어 생활(점자)	야유, 포용, 아버지, 우거지, 중앙
	99	⑤		72.58%	국어 생활(순화어)	계리하여야-회계 처리하여야
	100	②		75.74%	국어 생활(방송 언어)	라디오 방송 언어에 쓰인 특성

제85회 기출 총평&목표 등급별 학습 전략

기출 총평

응시 인원 | 총 4,073명이 응시하였으며, 상반기 시험 중 2번째로 높은 응시율을 기록했습니다. 전년 동월 대비, 응시자 수가 약 47.5% 증가한 것으로 보아 시험에 대한 관심과 수요가 증가하면서 등급 진입을 위한 경쟁이 심화되고 있는 것으로 보입니다.

난 이 도 | 최근 3개년 시험 경향을 미루어 볼 때, 제85회는 보통 수준의 난이도였고, 2025년 상반기 시험 중에서 정답률 30% 이하인 고난도 문제의 비중도 가장 적었습니다.

출제 변화 | 보통 쓰기 영역의 문제는 지문과 선택지를 일대일로 매칭하여 쉽게 정답을 고를 수 있으나, 이번 회차에는 정답으로 선택하기 전 '근거의 적절성과 타당성'을 한 번 더 검토해야 하는 유형이 출제되었습니다. 쓰기 문제에서도 함정을 통해 변별도를 높이려는 출제 의도가 엿보입니다.

◎ 다음 시험 대비 포인트
- 쓰기 영역에서 "정보 일치 = 정답"이라는 공식에 의존하지 마세요.
- 쓰기 빈칸 문제에서 선택지를 지문에 대입해 보고, 지문 맥락에서 적절한지 한 번 더 검토하세요.

나의 예상 등급

제85회 시험의 등급별 누적 비율에 따라 등급별 맞힌 개수를 환산했습니다. 나의 맞힌 개수를 등급 환산표에서 찾아, 예상 등급을 확인하세요. 목표 등급보다 예상 등급이 낮다면, [목표 등급에 따른 학습 전략]에서 목표 등급을 달성하는 기준을 확인하여 학습 계획을 세워 봅시다.

· 영역별 맞힌 개수

듣기·말하기	어휘	어법	쓰기	창안	읽기	국어 문화	총 개수
/ 15	/ 15	/ 15	/ 5	/ 10	/ 30	/ 10	/ 100

· 나의 예상 등급 확인

등급 환산표		제85회 등급 취득 현황	
등급	맞힌 개수	인원(비율%)	환산 점수
1급	91~100개	46 (1.13%)	830~990
2+급	85~90개	133 (3.27%)	785-845
2-급	80~84개	286 (7.02%)	735-800
3+급	76~79개	591 (14.51%)	675-750
3-급	72~75개	599 (14.71%)	625-690
4+급	66~71개	989 (24.28%)	535-640
4-급	62~65개	564 (13.85%)	465-550
무급	0~61개	865 (21.24%)	10-480

* 등급 환산표의 '맞힌 개수'는 해커스에서 실제 시험 응시자의 백분위 데이터를 기반으로 산출한 추정치로, 실제 시험 결과와는 다소 차이가 있을 수 있습니다. 따라서 본 수치는 학습자의 현재 수준을 진단하고, 보완이 필요한 영역을 점검하는 참고 자료로 활용하시기 바랍니다.

목표 등급에 따른 학습 전략

목표 등급별로 집중적으로 학습해야 하는 영역과 학습 전략을 확인한 후, 현재 나의 등급, 영역별 수준과 비교하며 나에게 맞는 학습 계획을 구체적으로 설계해 보세요.

현재 등급 → 목표 등급	집중 학습 영역	학습 전략
2+급 → 1급	어법 어휘 국어 문화	**최상위권일수록 고난도 어휘, 어법, 국어 문화 문제가 등급의 당락을 결정한다.** • 제85회에서 '한글 맞춤법' 문제와 '어휘의 사전적 의미'를 묻는 문제가 전체적으로 정답률이 낮았습니다. 특히 어법 31번 '한글 맞춤법' 문제는 정답률이 1%대로 매우 낮았습니다. 1등급을 달성하려면 '한글 맞춤법'이나 '한자어의 사전적 의미'처럼 정답률이 낮은 암기형 문제를 반드시 대비해야 합니다. • 응시자가 가장 많이 틀리는 어휘, 어법, 국어 문화 영역에서 변별도를 높일 수 있도록 40개 중 34개 이상 맞히는 것을 목표로 해야 합니다. [어휘·어법 암기노트]로 최신 기출과 최빈출 어휘, 어법부터 정리하고, PDF로 제공하는 [빈출 어휘·어법·국어 문화 총정리]로 심화 학습하여 세 영역을 완성합시다.
2-급 → 2+급	국어 문화 어법 읽기	**주요 영역에서 실수만 줄이고 국어 문화를 잡는다.** • 국어 문화는 이해로 풀 수 있는 문제가 꽤 많은 영역입니다. 제85회 국어 문화에서 정답률이 낮았던 94번은 읽으면서 쉽게 풀 수 있는 문제입니다. 따라서 옛한글 표기에 당황하지 말고 1분만 투자하여 지문을 읽는다면 쉽게 정답을 찾을 수 있습니다. • '어법'은 투자 대비 점수 효율이 좋은 영역이므로 한글 맞춤법, 표준어 규정의 원리와 빈출 표기 위주로 학습하여 어법에서 3개 이상 틀리지 않아야 합니다. 또한 출제 비중이 가장 많은 읽기 영역에 집중해 실수를 줄여야 합니다.
3+급 → 2-급	읽기 창안 국어 문화	**중상위권 도달을 위해 독해력을 끌어올려야 한다.** • 읽기 영역은 고난도 문제가 항상 따르지만, 출제 비중이 높은 만큼 여기에서 일정 점수를 확보해야 합니다. 제85회 70번, 71번은 정답률이 30~40%대로 낮은 편이었습니다. 최근 법과 관련된 사회 지문이 고난도로 출제되는 편이니 사회 지문 위주로 문제 풀이를 연습하여 읽기에서 24개 이상 맞히는 것을 목표로 합시다. • 창안 영역은 만점을, 국어 문화에서도 지문을 이해하여 푸는 문제는 모두 맞히는 것을 목표로 해야 안정적으로 2-급을 확보할 수 있습니다.
3-급 → 3+급	창안 쓰기 읽기	**안정적인 3+급을 위해선 쓰기, 창안 만점과 읽기 정확도는 필수이다.** • 창안은 읽기 다음으로 까다로워하는 영역입니다. 제85회 58번은 정답률이 50%대로 창안 영역에서 가장 어려운 문제였습니다. 58번처럼 그림과 지문의 공통점을 바탕으로 문구를 도출하는 문제는 제시된 조건을 빠짐없이 반영하는 것이 중요하므로 조건을 꼼꼼하게 따지며 풀어야 합니다. • 읽기 영역은 시험 전체에서 가장 많은 문항이 출제되는 분야이므로 3+급을 목표로 할 때, 30개 중 22개를 맞혀야 전체 기초를 다질 수 있습니다. 또한 쓰기도 5문제 만점을 목표로 해야 합니다. 따라서 쓰기나 읽기는 지문 유형별로 시간 기준을 정해 두고, 반드시 제한 시간 내에 푸는 연습을 해야 합니다. 쓰기나 읽기 실용문에서 시간을 줄이는 것이 전략입니다.
4+급~무급 → 3-급	듣기·말하기 쓰기 창안	**기본적인 영역에서 만점을 확보하는 것이 관건이다.** • 3-급은 합격선이 낮지 않은 편이니, 정답률이 높은 영역에서 실수 없이 정확하게 푸는 연습만 해도 충분히 점수를 확보할 수 있습니다. • 듣기·말하기와 쓰기는 기본 풀이 스킬만 익히면 실수 없이 빠르게 정답을 확보할 수 있으니, 해설에서 제시한 '이렇게 풀면 정답' 스킬을 적용해 봅시다. 이 영역에서 시간을 줄여 확보한 여유는, 정답률이 낮고 난도가 높은 읽기 영역에 투자하여 등급을 안정적으로 확보합시다.

제85회 정답 및 해설

듣기·말하기 (1번~15번)

★★★ = 난도 상
★★☆ = 난도 중
★☆☆ = 난도 하

회차별 평균 정답률

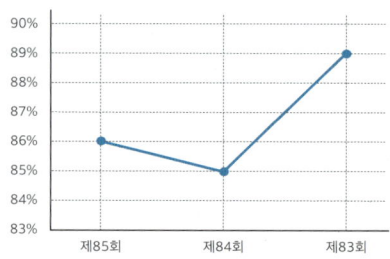

→ 제85회 듣기·말하기 평균 정답률은 약 86%로, 2025년 상반기 기출 중에서 보통 수준의 난이도였다. 15문제 중 '난이도 하'는 10문제, '난이도 중'은 5문제 출제됐고, '난이도 상' 문제는 없었다.

평가 요소별 문제 수 & 최다 출제 평가

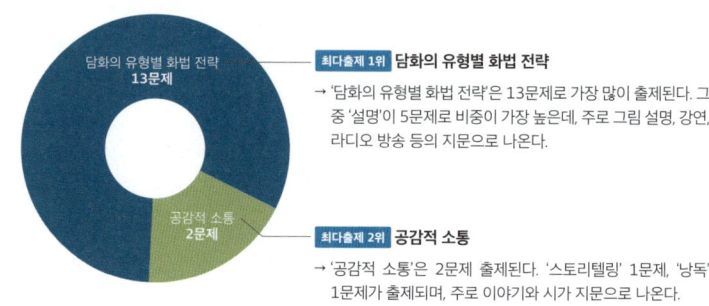

최다출제 1위 담화의 유형별 화법 전략
→ '담화의 유형별 화법 전략'은 13문제로 가장 많이 출제된다. 그 중 '설명'이 5문제로 비중이 가장 높은데, 주로 그림 설명, 강연, 라디오 방송 등의 지문으로 나온다.

최다출제 2위 공감적 소통
→ '공감적 소통'은 2문제 출제된다. '스토리텔링' 1문제, '낭독' 1문제가 출제되며, 주로 이야기와 시가 지문으로 나온다.

★☆☆

1 담화의 유형별 화법 전략 설명 정답 ⑤

| 정답선택률 | ① 16.60% | ② 0.37% | ③ 0.66% | ④ 2.11% | ⑤ 80.24% |

듣기대본

1번. 먼저 그림에 대한 설명을 들려 드립니다.

'민중을 이끄는 자유의 여신'은 19세기 프랑스 낭만주의 미술의 대표 화가인 외젠 들라크루아의 대표작입니다. 이 작품은 프랑스 부르봉 왕조의 왕인 샤를 10세가 ①입헌군주제를 거부하고 왕정 체제로 회귀하려는 움직임에 시민들이 반발하며 발생한 7월 혁명을 주제로 한 작품으로 파리에서 진격하고 있는 혁명군의 모습을 그린 것입니다.

중앙의 자유의 여신은 마리안느로 왼손에는 총을 들고 오른손에는 ③혁명의 상징인 삼색기를 휘날리며 민중을 이끌고 있습니다. 가슴을 크게 풀어헤친 모습으로 고개를 돌려 시민들을 바라보며 희생자들을 넘어 앞으로 나아가고 있는데, 이러한 모습은 ②고전 미술에서 우아하고 아름다움을 표방하는 여성상과 달리 힘차고 주도적인 모습으로 그려졌습니다.

여신이 바라보는 곳에 ④검은 실크 모자에 검은 정장 상의를 입고 총을 든 부르주아 남성이 있는데, 들라크루아 자신을 그려 넣은 것이라고 합니다. 그의 뒤에는 칼을 들고 셔츠를 풀어헤친 작업복 복장의 노동자가 있으며 여신의 발아래에는 혁명의 희생자들과 상처 입고 그녀를 바라보는 인물이 그려져 있어 혁명의 희생을 보여 줍니다. 화면 우측에는 자욱하게 피어올라오는 연기를 배경으로 양손에 총을 든 어린 소년이 있습니다. 이렇듯 ⑤다양한 계층의 인물을 그려냄으로써 '민중을 이끄는 자유의 여신'은 7월 혁명이 사회의 전반적인 지지를 받았음을 드러내고 있는 것입니다.

※ 출처: [최문영의 그림산책] 들라크루아 '민중을 이끄는 자유의 여신', 경기일보, 2023-04-10. https://www.kyeonggi.com/article/20230410580028

정답해설

⑤ 설명에 따르면 그림은 혁명에 참여한 다양한 계층을 배치하여 7월 혁명이 사회적 지지를 받은 점을 표현했다. 따라서 그림 속 인물 배치는 혁명에 참여한 다양한 계층의 연대를 시각화한 것이라는 설명은 적절하다.

오답분석

① 설명에 따르면 입헌군주제를 거부하고 왕정 체제로 돌아가려 하는 프랑스 왕조에 반발하는 시민들의 모습을 그렸다. 따라서 입헌군주제로 회귀하려는 움직임에 대한 시민의 반발을 담고 있다는 설명은 적절하지 않다.

② 설명에 따르면 마리안느는 고전 미술에서 표방하는 우아한 여성상과 달리 힘차고 주도적으로 그려졌다. 따라서 고전 미술이 표방하는 우아함을 강조했다는 설명은 적절하지 않다.

③ 설명에 따르면 삼색기를 든 마리안느는 민중을 이끄는 역동적인 모습을 보이며, 삼색기는 혁명을 상징한다. 따라서 삼색기의 정적인 이미지를 통해 혁명의 긴박함보다 평화를 강조했다는 설명은 적절하지 않다.

④ 설명에 따르면 그림 좌측에 정장을 입고 총을 들고 있는 남자는 작가 자신을 표현한 것이다. 따라서 칼을 든 작업복 차림의 노동자가 작가 자신이라는 설명은 적절하지 않다.

💡 **이렇게 풀면 정답**

듣기 내용은 선택지 순서대로 언급되지 않으므로 시험을 시작하는 안내 문구가 들릴 때 선지별 키워드에 미리 체크하고, 들리는 정보에 따라 선택지를 이동하며 실시간으로 정답을 판단한다.

예 ① 그림은 <u>입헌군주제로 회귀하려는 움직임에 대한 시민의 반발</u>을 담고 있다.
(키워드)

2 공감적 소통 스토리텔링 ★☆☆ 정답 ⑤

| 정답 선택률 | ① 0.05% | ② 0.02% | ③ 0.05% | ④ 0.56% | ⑤ 99.31% |

듣기대본

2번. 이번에는 이야기를 들려 드립니다.

백조를 본 까마귀는 자기도 백조처럼 깨끗하고 하얀 깃털을 가지고 싶어졌어요. 백조의 찬란한 흰색이 백조가 물에서 헤엄치며 목욕을 즐겨하기 때문이라 생각한 까마귀는 먹이가 풍부하던 자신이 살던 곳을 떠나, 호수와 못에서 살기로 했어요. 그리고 매일같이 깃털을 깨끗이 씻었어요. 그런데 아무리 씻어도 검은 깃털의 색은 변하지 않는 거예요. 결국 까마귀는 먹을 것이 없는 그곳에서 쇠약해져 죽고 말았답니다.

※ 출처: 이솝 우화

정답해설

⑤ 이야기에서 백조처럼 하얀 깃털을 가지고 싶은 까마귀는 자신에게 풍족한 환경을 떠나 매일 깃털을 씻었지만, 결국 죽고 만다. 즉, 본질을 바꾸고 싶어(까만 털을 흰 털로 바꾸고 싶음), 환경을 바꿨지만(살던 곳을 떠남), 결국 실패했다는 내용이다. 따라서 환경을 바꾼다고 본질까지 변한다는 것은 아니라는 주제가 가장 적절하다.

오답분석

① 이야기는 아무리 노력해도 본성을 바꿀 수 없다는 주제를 전달하고 있다. 따라서 여러 번하면 결국 바꿀 수 있다는 말인 '열 번 찍어 안 넘어가는 나무 없다'는 주제로 적절하지 않다.
② 청렴결백한 삶을 위해 노력해야 한다는 것과 까마귀의 이야기는 관련이 없으므로 주제로 적절하지 않다.
③ 백조와 까마귀의 관계는 친구 관계가 아니며, 배움의 대상으로 묘사되지 않았으므로 배울 점이 많은 친구를 가까이해야 한다는 것은 주제로 적절하지 않다.
④ 까마귀는 아무리 준비해도 달성할 수 없는 목표를 가지고 있으므로 목표를 달성하려면 준비가 철저해야 한다는 것은 주제로 적절하지 않다.

이렇게 풀면 정답

주인공의 행동과 이야기의 결말을 모두 포괄할 수 있는 선택지를 고른다.
예) 까마귀가 하얀 깃털을 원해 살던 곳을 떠났고, 결국 죽었다.
  (주인공)   (행동)   (결말)
→ 까마귀는 자신의 본질을 바꾸고 싶어 환경을 바꿨지만 실패했다. 즉, 환경을 바꿔도 본질을 바꾸기 어렵다.

3 담화의 유형별 화법 전략 설명 ★☆☆ 정답 ⑤

| 정답 선택률 | ① 0.15% | ② 0.15% | ③ 3.66% | ④ 2.41% | ⑤ 93.64% |

듣기대본

3번. 이번에는 강연을 들려 드립니다.

①청사초롱은 전통 혼례에서 사용하는 초롱이다. 초롱은 가는 대오리나 쇠로 통 모양의 뼈대를 만든 다음 그 겉에 종이나 헝겊을 씌워서 안에 촛불을 넣도록 만든 조명 기구이다. 초롱 위로 길게 손잡이가 있어 들고 다닐 수 있도록 고안되어 밤길을 다닐 때 길을 밝히는 용도로 쓰였다. 청사초롱은 초롱 중에서도 특별히 혼례 때 사용하도록 ②붉은색 바탕에 푸른색 단을 두른 비단을 씌운 초롱이다. ③청사초롱이 혼례식에 쓰이게 된 것은 조선 후기부터라고 전한다. 조선 초기에는 사대부와 서민들이 혼례 때 초를 사용하였는데 초가 귀하고 비싸 구하기 힘들자 이를 대신하여 대나무로 틀을 만들고 비단을 씌워 안에 기름등잔을 넣은 등롱을 고안하여 사용하기 시작하였다. 그러다 ③조선 후기에 들어 각종 초가 대량으로 생산되면서 등잔 대신 초를 넣은 초롱이 사용되었다고 한다.

한국의 전통 혼례에서 신랑은 혼례를 치르러 말을 타고 신붓집으로 가고 혼례를 치른 다음 신부는 신랑과 함께 가마를 타고 시댁으로 간다. 청사초롱은 이 혼례 때 신랑과 신부가 가는 길을 비추어 주던 도구이다. 요즘에는 이러한 모습을 보기 어렵지만 예물을 담은 함을 보낼 때 청사초롱을 볼 수 있다. ④함은 보통 해가 진 후 신랑 친구들이 전하는데 그중 한 명이 함을 지고 다른 이가 청사초롱을 들고 앞에 서서 어두운 길을 밝힌다. 신붓집에 다다르면 ⑤신부 측에서는 함과 청사초롱을 받은 후 청사초롱을 대문에 걸어 놓는다. 이 집에서 곧 혼례를 치를 것이라는 사실을 동네 사람들에게 알리게 되는 것이다.

※ 출처: 국립국어연구원, 『우리 문화 길라잡이』, 학고재, 2002.

정답해설

⑤ 강연에서 신붓집은 받은 청사초롱을 대문에 걸어 동네 사람들에게 혼례를 알렸다고 설명한다. 따라서 청사초롱이 신붓집의 집안에 불을 밝히는 용도로 사용했다는 이해는 적절하지 않다.

오답분석

① 강연에서 청사초롱은 전통 혼례에 사용된 조명 기구라고 설명하므로 적절하다.
② 강연에서 청사초롱은 붉은색 바탕에 푸른색 단을 두른 비단을 씌웠다고 설명하므로 적절하다.
③ 강연에서 청사초롱은 조선 후기부터 혼례식에 사용되었고, 각종 초가 대량 생산되면서 초롱이 사용되었다고 설명하므로 적절하다.
④ 강연에서 청사초롱은 신랑 친구들이 해가 진 후 함을 전하러 갈 때 길을 밝혔다고 설명하므로 적절하다.

이렇게 풀면 정답

선택지에서 요구하는 '색, 용도 시기'와 같은 정보의 유형을 미리 파악하고 해당 내용이 들리는 순간, 관련 선택지의 정·오답을 판별한다.

4 담화의 유형별 화법 전략 설명 ★★☆ 정답 ⑤

| 정답 선택률 | ① 3.85% | ② 1.10% | ③ 19.45% | ④ 1.13% | ⑤ 74.47% |

듣기대본

4번. 이번에는 라디오 방송의 일부를 들려 드립니다.

①<골드베르크 변주곡>을 오늘날처럼 많은 사람들이 즐길 수 있도록 유명하게 만든 것은 역시 캐나다의 피아니스트 글렌 굴드의 공적입니다. 굴드를 말할 때면 항상 '우리 시대의 가장 기인적인 피아니스트'란 말이 빠지지 않습니다. ②사실 그처럼 많은 화제를 불러일으키고 연주와 행동이 개성적인 피아니스트는 일찍이 없었기 때문입니다.

글렌 굴드(Glenn Gould, 1932-1982)는 캐나다의 토론토에서 태어났습니다. 어머니 역시 피아니스트였던 덕분에 세 살 때부터 피아노를 배웠으며, 열 살에 토론토 왕립음악원에 입학하고, ③열두 살에 졸업했습니다. 그리고 같은 해에 캐나다 사상 최연소의 나이로 왕립음악원 회원이 되었습니다.

그의 이름을 세계에 알린 것은 1955년 워싱턴에 이은 뉴욕 리사이틀이었습니다. 그의 연주는 미국 음악계에 센세이셔널한 반향을 불러일으켰습니다. ④미국 데뷔에서 연주한 곡이 바로 <골드베르크 변주곡>이었으며, 컬럼비아 레코드와 전속 계약을 하게 됩니다. 그 후 평생 그림자처럼 그를 따라다닌 곡이 바로 <골드베르크>였으며, 굴드와 <골드베르크>는 거의 동의어로 불리게 되었습니다.

굴드의 연주는 싱싱하고 생명력이 넘치는 것이 특징입니다. 반세기가 지난 지금 들어도 그의 녹음은 여전히 세련되고 마치 내 옆에서 피아노를 두드리듯이 신선한 향취가 살아 있습니다. 그를 더욱 유명하게 한 것은 남을 의식하지 않는 특이한 행동인데, ⑤특히 연주 도중에 여러 가지 신음 소리를 내거나 흥얼거리면서 음을 따라 부르는 것으로 유명합니다. 그는 드물게 목소리를 녹음한 피아니스트인 것입니다.

※ 출처: 박종호(2004), 『내가 사랑하는 클래식』, 시공사.

정답해설

⑤ 방송에서 굴드는 연주 도중에 음을 따라 부르거나 흥얼거려 목소리를 녹음했다고 설명한다. 하지만 피아노 연주에 가수의 목소리까지 녹음한 것은 아니므로 방송에 대한 이해로 적절하지 않은 것은 ⑤이다.

오답분석

① 방송에서 <골든베르크 변주곡>이 유명해진 것은 굴드의 공적이라고 설명하므로 적절하다.
② 방송에서 굴드는 개성적인 피아니스트라고 설명하므로 적절하다.
③ 방송에서 굴드는 열두 살에 최연소의 나이로 캐나다 왕립음악원 회원이 되었다고 설명하므로 적절하다.
④ 방송에서 굴드의 미국 데뷔 연주곡이 <골든베르크 변주곡>이었다고 설명하므로 적절하다.

이렇게 풀면 정답

선택지를 미리 읽으면서 방송의 주제와 집중해야 할 정보를 예측한 뒤, 해당 내용이 들리는 순간 관련 선택지의 정·오답을 판별한다.

★★☆

5 공감적 소통 낭독   정답 ①

| 정답 선택률 | ① 74.02% | ② 0.07% | ③ 13.14% | ④ 0.83% | ⑤ 11.81% |

듣기대본

5번. 이번에는 시 한 편을 들려 드립니다.

그 가장 서러운 것 속에 더 타오르는 찬란한 꿈
누구나 다 그런 섬에 살면서도
세상의 어느 지도에도 알려지지 않은 섬,
그래서 더 신비한 섬,
그래서 더 가꾸고 싶은 섬, 그래도

그대 가슴속의 따스한 미소와 장밋빛 체온
이글이글 사랑에 눈이 부신 영광의 함성

그래도라는 섬에서
그래도 부둥켜안고

그래도 손만 놓지 않는다면
언젠가 강을 다 건너 빛의 뗏목에 올라서리라,
어디엔가 걱정 근심 다 내려놓은 평화로운
그래도, 거기에서 만날 수 있으리라

※ 출처: 김승희(2012), 『그래도라는 섬이 있다』, 『희망이 외롭다』, 문학동네.

정답해설

① 이 시는 서로 안고, 손을 놓지 않으면 걱정이 없는 평화로운 섬(그래도)에서 만날 수 있겠다고 노래한다. 따라서 평화로운 섬(그래도)에서 만난다는 희망적인 태도를 드러내고 있으므로 주제로 가장 적절한 것은 ①이다.

오답분석

② 이 시는 '평화의 섬, 그래도'를 노래하고 있으므로 '절망적인 현실에 대한 비판과 풍자'는 주제로 적절하지 않다.
③ 이 시는 근심을 다 내려놓은 평화로운 장소를 지향하지만, 근심 없는 사회를 건설하려는 '의지'는 드러나지 않는다. 따라서 '근심 없는 사회를 건설하려는 의지'는 주제로 적절하지 않다.
④ 이 시는 서로 안고, 손을 놓지 않는다는 내용을 노래하지만, 소통이 부족하다거나 대상을 비판하는 내용은 없다. 따라서 '소통이 부재한 현대 사회에 대한 비판'은 주제로 적절하지 않다.
⑤ 이 시에는 '사랑하는 사람을 그리워하는 안타까운 마음'은 드러나 있지 않으므로 주제로 적절하지 않다.

이렇게 풀면 정답

선택지를 미리 읽고 어떤 감정이나 메시지를 들어야 할지 감을 잡은 뒤, 반복되는 시어와 감정을 나타내는 표현을 통해 주제를 추론한다.

★★★

6 담화의 유형별 화법 전략 공적 대화   정답 ⑤

| 정답 선택률 | ① 1.55% | ② 0.12% | ③ 0.56% | ④ 9.23% | ⑤ 88.53% |

듣기대본

이번에는 진행자와 전문가의 대담을 들려 드립니다. 6번은 듣기 문항, 7번은 말하기 문항입니다.

진행자: 오늘은 전문가를 모시고 청취자들께서 궁금해하는 일상생활의 과학 상식을 알아보는 시간입니다. 먼저 청취자들께서 이러한 질문을 해 주셨는데요? 7-①"선풍기를 틀고 자면 사망할 수 있다." 박사님, 이 말이 과학적으로 사실인가요?

전문가: 결론적으로 이 말은 사실이 아닙니다. 6-①이 말은 1960년대에 어느 신문에서 선풍기를 틀고 자면 체온 손실로 호흡이 곤란해지고 사망에 이를 수 있다는 기사가 실리면서 시작되었다고 합니다. 그런데 과학적으로는 근거가 없는 말입니다.

진행자: 과학적으로 근거가 없다는 것은 어떤 이유에서인가요?

전문가: 선풍기를 틀고 자다가 사망할 수 있는 이유로는 두 가지를 들 수 있습니다. 하나는 저체온증이고 다른 하나는 질식 가능성입니다. 6-②그런데 저체온증으로 사망하려면 체온이 30도 이하로 떨어져야 하는데 이는 선풍기 바람만으로는 불가능합니다. 선풍기를 틀고 실제로 실험한 결과에서도 저체온증 현상은 발생하지 않았습니다. 6-③오히려 선풍기에서 열이 발생하면서 실내 온도가 올라갔습니다.

진행자: 그러면 질식 가능성도 없는 건가요?

전문가: 6-⑤선풍기 바람을 얼굴에 바로 쐬면 진공 상태와 비슷해져서 숨쉬기가 어렵게 되고 호흡 곤란이 올 수 있을 거라 생각하기 쉽습니다. 그렇지만 선풍기 바람으로는 그 정도의 압력 차를 만들 수 없습니다. 만약 이런 일이 가능하다면 오토바이나 자전거를 타고 쌩쌩 달리는 사람들이 모두 숨을 쉬지 못해 사망하는 일이 일어났을 것입니다. 6-④선풍기로 인한 인명 사고로 알려진 것들은 아마 심장 질환, 뇌 질환이나 과음, 당뇨로 인한 저혈당이 원인이었을 것으로 생각됩니다.

진행자: 그렇군요. 이제는 선풍기에 대한 막연한 두려움은 버려도 될 것 같습니다. 일상생활에서 알고 싶은 과학 상식에 대해서 알아봤습니다. 오늘 말씀 감사합니다.

※ 출처: brunch story, 잘못된 과학 상식 TOP 8, https://brunch.co.kr/@shortjisik/45

정답해설

⑤ 전문가는 3번째 발언에서 선풍기 바람으로 호흡 곤란이 올 수 없다고 주장하며, 그와 비슷한 사례로 오토바이나 자전거를 타는 사람들을 들고 있다. 따라서 선풍기 바람과 오토바이 타기는 모두 호흡 곤란을 유발하지 않으므로 전문가가 설명한 내용으로 가장 적절한 것은 ⑤이다.

오답분석

① 전문가는 1번째 발언에서 '선풍기를 틀고 자면 사망할 수 있다'는 기사가 신문에 보도되면서 이러한 소문이 퍼졌다고 말한다. 따라서 '선풍기 사망 사고 소문'은 'TV 뉴스 보도'가 아닌 '신문 기사'에서 시작됐으므로 적절하지 않다.

② 전문가는 2번째 발언에서 선풍기 바람만으로 체온이 30도 이하로 떨어지기 어렵다고 말하므로 적절하지 않다.

③ 전문가는 2번째 발언에서 실험 결과, 선풍기를 틀수록 열이 생겨 실내 온도가 올라간다고 말하므로 적절하지 않다.

④ 전문가는 3번째 발언에서 선풍기 인명 사고로 알려진 것들의 진짜 원인은 선풍기가 아닌 심장이나 뇌 질환 또는 저혈당이었을 것이라고 말하며, 선풍기는 사고의 원인이 될 수 없다고 주장하고 있다. 또한 선풍기 바람과 건강의 관계는 대담에서 알 수 없다. 따라서 선풍기 바람을 오래 쐬면 저혈당 환자의 건강이 악화된다는 내용은 적절하지 않다.

이렇게 풀면 정답

- 문제 6~7번은 하나의 지문을 듣고 동시에 두 문제를 해결해야 한다. 따라서 두 문제 선택지를 빠르게 훑어 키워드에 체크한다.
- 문제 6번은 전문가의 말에만 집중하면 되므로, 전문가가 말할 땐 6번, 진행자가 말할 땐 7번으로, 번갈아 가면서 문제를 푼다.

7 담화의 유형별 화법 전략 공적 대화 정답 ①

| 정답선택률 | ① 72.04% | ② 6.38% | ③ 19.86% | ④ 0.79% | ⑤ 0.93% |

정답해설

① 진행자는 대담을 시작하며 "선풍기를 틀고 자면 사망할 수 있다."라는 주제를 소개하고 있으므로 진행자의 말하기 전략으로 가장 적절한 것은 ①이다.

오답분석

② 진행자는 개념에 대한 구체적 예시를 덧붙이고 있지 않으므로 적절하지 않다.

③ 진행자는 예외적 경우에 대해 질문하고 있지 않으므로 적절하지 않다.

④ 진행자는 통계 자료를 요청하고 있지 않으므로 적절하지 않다.

⑤ 진행자는 문제에 대한 생각을 불러일으키면서 관심과 참여를 당부하고 있지 않으므로 적절하지 않다.

이렇게 풀면 정답

두 문제를 동시에 풀 때 문제 6번에 집중하느라 문제 7번을 놓치는 경우가 많으므로 진행자가 말할 땐 바로 문제 7번의 선택지로 이동해야 한다. 키워드를 바로 못 찾을 때를 대비하여, '경험, 예시, 출처 요구'와 같이 진행자가 말하는 방식을 간략하게 메모해 두면 듣기가 끝난 뒤에도 정답을 찾을 수 있다.

8 담화의 유형별 화법 전략 사적 대화 정답 ④

| 정답선택률 | ① 0.12% | ② 0.15% | ③ 0.12% | ④ 98.70% | ⑤ 0.91% |

듣기대본

다음은 드라마의 일부분을 들려 드립니다. 8번은 듣기 문항, 9번은 말하기 문항입니다.

여자: (긴가민가한 듯) 여긴가? 클럽이?
남자: 아, 저 회원님, 혹시 등록하셨어요?
여자: (놀라며) 아이, 깜짝이야! 아이고, 죄송합니다. 죄송합니다.
남자: 부끄러워하지 마시고, 따라오세요. 상담해 드릴게요.
여자: 아니에요, 아닙니다! 괜찮아요. 8-①제가 오해를 한 것 같아요. (민망한 듯) 저는 진짜 전단지를 보고 새로 생긴 클럽인 줄 알았어요.
남자: 9-①클럽 맞습니다. 지방들의 지옥의 클럽, 헬스클럽! 하하하!
여자: (당황하며) 아…, 가보겠습니다.
남자: 인생을 바꾸고 싶어서 오신 것 아닙니까? 저는 압니다. 인생을 바꾸는 방법을.
여자: 인생을 바꿀 줄 안다고요?
남자: 1.5kg이 아령보다 작게 태어난 아이가 있었습니다. 사람들은 모두 말했죠. 그 몸으로 이 험난한 세상을 버틸 수 없을 것이라고. 8-②, 9-②모두가 포기한 약한 생명이었습니다. 하지만 운동은 모두가 포기한 그 생명도 강하게 만들었습니다.
여자: 아, 지금 본인 자랑한 거예요?
남자: 네. 살면서 우리가 바꿀 수 있는 게 있을까요? 연애, 직장, 인간관계, 내가 바꾸고 싶다고 바꿀 수 있는 게 있습니까?
여자: (작은 목소리로) 아니요….
남자: 8-④우리가 확실하게 바꿀 수 있는 것은 딱 하나. 우리 몸입니다. 뛰는 만큼, 드는 만큼 강해지는 우리 몸이요. 딱 3개월만 주시죠. 제가 바꿔드리겠습니다. 회원님의 인생.
여자: 9-④어떻게요? 3개월 만에 제 인생을 바꿀 수가 있다고요? 얼마인데요?
남자: 오백입니다.
여자: 8-③, 9-⑤오백이요? 하하하. 네, 안녕히 계세요.
남자: (강한 말투로) 더 이상 그런 몸으로 살면 안 됩니다. 지금 바꾸지 않으면…
여자: (화난 말투로 말을 가로채며) 9-③그런 몸이라뇨? 그러니까 내 인생을 바꾸고 싶으면 이 구린 몸뚱이부터 바꿔야 되고, 그러려면 오백을 내라 이거네요? 와, 당신의 외모지상주의적 사고가 더 구리네요!
남자: 저는 '외모 지상주의'가 아니라, '외몸 지상주의'입니다. 8-⑤우리의 몸은 우리의 삶을 이야기하고 이끌어 주니까요.

※ 출처: 24시 헬스클럽, KBS

정답해설

④ 남자는 7번째 발언에서 살면서 확실하게 바꿀 수 있는 것은 몸이라고 말한다. ④는 가장 적절한 내용이다.

오답분석

① 여자는 3번째 발언에서 새로 생긴 클럽인 줄 알았다며 오해했다고 말한다. 따라서 여자는 원래 헬스클럽에 방문할 의도가 없었으며, 인생을 바꾸기 위해 이 장소를 방문한 것도 아니므로 적절하지 않다.
② 여자는 운동이 약한 생명을 강하게 만든다고 말하지 않는다. 오히려 남자가 5번째 발언에서 이와 같이 말하고 있으므로 적절하지 않다.
③ 여자는 9번째 발언에서 '오백'이라는 비용에 놀라며 돌아가는 인사를 건넨다. 따라서 여자는 비용을 부담스러워하고 있으며, 헬스클럽에 등록하지 않았으므로 적절하지 않다.
⑤ 남자는 마지막 발언에서 건강한 몸이 삶을 이끌어 준다고 말한다. 따라서 남자가 삶의 가치와 방향을 결정한다고 믿는 것은 '건강한 정신'이 아닌 '건강한 몸'이므로 적절하지 않다.

💡 이렇게 풀면 정답

- 문제 8~9번은 대화를 듣고 두 인물이 '말한 내용'과 '말한 방식'을 동시에 판단해야 한다. 선택지에서 어떤 정보와 표현 방식을 들어야 할지 키워드를 체크한 후 등장인물의 말투 변화, 말하는 의도에 집중하여 정·오답을 판별한다.
- 빠르게 음성이 지나가므로 '남', '여'를 구분하고, 각 인물이 언급한 핵심 단어와 인물의 감정을 간략히 메모한다.

---

9 ★★☆ | 담화의 유형별 화법 전략 사적 대화 정답 ③

정답 선택률	① 0.76%	② 1.35%	③ 67.40%	④ 27.72%	⑤ 2.75%

정답해설

③ 여자는 3, 4, 9번째 발언에서 지속적으로 남자의 제안을 거절하고 있으나, 과거의 경험을 설명하고 있지는 않다. 따라서 말하기 방식으로 적절하지 않은 것은 ③이다.

오답분석

① 남자는 3번째 발언에서 '헬스클럽'을 '지방들의 지옥 클럽'으로 빗대면서 여자에게 운동을 권유하고 있으므로 적절하다.
② 남자는 5번째 발언에서 1.5kg보다 작게 태어난 아이가 운동으로 강해졌다는 본인의 경험을 이야기하며 여자에게 운동을 권유하고 있으므로 적절하다.
④ 남자가 7번째 발언에서 몸은 확실하게 바꿀 수 있다고 하자, 이에 여자는 관심을 가지며 인생을 바꾸는 데 드는 비용을 묻고 있다. 따라서 여자는 인생에서 바꿀 수 있는 것이 몸뿐이라는 남자의 말에 동의하고 있으므로 적절하다.
⑤ 여자는 5, 8, 9, 10번째 발언에서 남자의 바로 직전에 사용한 표현을 반복하며 되묻고 있으므로 적절하다.

---

10 ★★★ | 담화의 유형별 화법 전략 설명 정답 ⑤

정답 선택률	① 0.17%	② 0.10%	③ 2.90%	④ 0.91%	⑤ 95.88%

듣기대본

이번에는 강연을 들려 드립니다. 10번은 듣기 문항, 11번은 말하기 문항입니다.

일란성(identical), 이란성(fraternal) 쌍둥이 사이의 차이점과 유사점은 '유전'과 '환경'의 논쟁에 중요한 증거를 제공하고 있습니다. 10-①쌍둥이는 유전적, 환경적 영향의 복잡한 관계를 보여 주는 살아 있는 증거로서, 단순한 호기심을 넘어 인간 정체성의 본질과 우리가 서로 연결되는 방식에 대한 정보를 제공합니다. 10-②쌍둥이의 과학적 분류는 그들이 형성되는 방식에 따라 이루어지는데 일란성 쌍둥이는 하나의 수정란이 초기 발달 단계에서 둘로 분리되어 생성되며, 이란성 쌍둥이는 두 개의 서로 다른 난자가 각각 다른 정자에 의해 수정되어 생성됩니다. 10-③일란성 쌍둥이는 동일한 유전자를 100% 공유하는 반면, 10-④이란성 쌍둥이는 일반 형제자매처럼 약 50%의 유전자를 공유하기 때문에 일란성 쌍둥이의 성별은 같고 외형 및 신체 구조 그리고 사물이나 삶을 대하는 태도들이 매우 비슷한 반면, 이란성 쌍둥이의 성별은 말 그대로 예측 불가입니다. 그들의 외형은 매우 다를 수도 있으며 형제, 자매가 공유하는 정도의 유사성을 띠는 경우가 대부분입니다. 11-④쌍둥이 연구는 유전학과 환경의 상호작용을 이해하는 데 중요한 창구가 되어 왔습니다. 일란성 쌍둥이가 완전히 동일하지 않다는 사실은 '후성 유전학(epigenetics)'의 중요성을 뒷받침합니다. 10-⑤후성 유전학은 DNA 서열 자체는 변화하지 않지만, 환경 요인에 따라 유전자의 발현이 달라지는 현상을 연구하는 분야입니다. 관련 연구에 따르면, 일란성 쌍둥이도 나이가 들수록 후성 유전학적 차이가 증가하는 것으로 나타났고, 특히 분리되어 자란 쌍둥이는 함께 자란 쌍둥이보다 이러한 차이가 더 두드러진다고 보고되고 있습니다.

※ 출처: The Science Times, 「일란성 쌍둥이들은 텔레파시를 주고받을까?」

정답해설

⑤ 강연에서 '후성 유전학'에 따르면 일란성 쌍둥이도 나이가 들면서 유전자의 발현이 달라진다고 하였다. 따라서 '일란성 쌍둥이는 환경 요인에 따라 유전자의 발현이 달라지는 경우가 없다'는 내용은 적절하지 않다.

오답분석

① 강연에서 쌍둥이는 유전적, 환경적 영향의 복잡한 관계를 보여 준다고 하였으므로 적절하다.
② 강연에서 쌍둥이는 과학적으로 형성된 방식에 따라 일란성, 이란성으로 분류된다고 하였으므로 적절하다.
③ 강연에서 일란성 쌍둥이는 하나의 수정란이 둘로 분리되어 생성되는 것이고, 일란성 쌍둥이는 동일한 유전자를 100% 공유한다고 하였으므로 적절하다.
④ 강연에서 이란성 쌍둥이는 일반 형제자매와 같이 유전자를 약 50% 공유한다고 하였으므로 적절하다.

💡 이렇게 풀면 정답

문제 10번~11번의 선택지를 한 번에 훑고 키워드를 체크해야 한다. 특히 문제 10번은 강연의 세부 내용을 파악해야 하므로 선택지를 읽으며 강연의 주제와 들어야 할 핵심 정보를 예측한다.

11 담화의 유형별 화법 전략 설명   정답 ④

| 정답선택률 | ① 2.60% | ② 3.85% | ③ 18.93% | ④ 74.05% | ⑤ 0.49% |

정답해설
④ 강연에서 쌍둥이 연구를 예로 들면서 유전학과 환경의 관계를 보여 주는 후성 유전학을 설명하고 있다. 따라서 말하기 방식으로 가장 적절한 것은 ④이다.

오답분석
① 강연에서 역사적 사례에 대한 인용은 나타나지 않으므로 적절하지 않다.
② 강연에서 인간의 정체성이나 존재에 관한 철학적 문제를 다루고 있지 않으므로 적절하지 않다.
③ 강연에서 특정 유전학인 '후성 유전학'을 설명하고 있으나 해당 이론이 발달하는 과정에 대한 문제점을 설명하고 있지는 않으므로 적절하지 않다.
⑤ 강연에서 주제인 '쌍둥이'나 '유전학과 환경'에 대한 의미를 질문하고 있지 않으므로 적절하지 않다.

> **이렇게 풀면 정답**
> 문제 11번의 키워드는 '사례, 질문' 등의 말하기 방식 위주로 체크해 두고, 강연자가 "예를 들어 보면~", "한 연구에 따르면~"과 같은 말투를 쓴다면 곧바로 말하기 방식 단서로 체크한다.

12 담화의 유형별 화법 전략 발표   정답 ④

| 정답선택률 | ① 0.15% | ② 0.07% | ③ 0.32% | ④ 98.97% | ⑤ 0.49% |

듣기대본
이번에는 발표를 들려 드립니다. 12번은 듣기 문항, 13번은 말하기 문항입니다.

안녕하세요, 여러분. 제 소개를 시작으로 오늘의 이야기를 하려고 합니다. 13-①저는 어릴 때 큰 집에서 살았습니다. 커다란 이층집이었는데, 방은 12개였고 화장실도 4개나 있었습니다. 13-②눈치를 채신 분도 계시겠지만 이 공간은 제가 어릴 때 자란 보육원입니다. 보육원 친구들은 만 18살이 되면 보호시설을 떠나 홀로서기를 해야 하는데요, 12-③이처럼 아동보호시설이나 위탁 가정의 보호가 종료돼 홀로서기를 준비하는 청년을 '자립준비청년'이라고 합니다.

자립준비청년들은 이렇게 이야기합니다. "나는 부모에게서 보육원으로 한 번 버려졌고 보육원에서 세상으로 다시 한번 버려졌다." 13-③뉴스에 자립준비청년이 삶을 스스로 포기했다는 소식이 보도돼 한국 사회가 잠시 충격에 빠지기도 했습니다. 이런 소식이 자립준비청년이나 저에게는 특별하지 않습니다. 이와 같은 소식을 빈번히 접하기 때문이죠. 12-①최근에는 제가 보육원을 퇴소했을 때보다 정부의 경제적 지원이 많이 늘어났습니다. 하지만 돈으로 모든 문제들이 해결되는 건 아닙니다.

12-②세상에 나온 자립준비청년에게 가장 큰 어려움은 혼자라는 두려움입니다. 저 또한 보육원을 나와서 혼자라고 생각한 시간이 있었습니다. 12-④하지만 삶을 돌아보니 제게는 부모가 많았더라고요. 보육원에서는 선생님과 원장님이 계셨고, 자립하고 나서는 주위의 많은 분들이 아버지와 어머니의 역할을 해 주셨습니다. 그분들의 관심과 지지가 저를 이 자리까지 이끌었습니다. 저는 많은 자립준비청년들에게 이런 기회가 있었으면 좋겠습니다. 그래서 '사회적 가족 제도'라는 걸 제안 드리고 싶은데요, 입양이나 가정위탁은 그 가정에서 함께 사는 것이지만 12-⑤사회적 가족은 자립준비청년과 건강한 가정이 연결되어 지내는 것입니다. 연결된 가정에서 자립준비청년의 삶을 기대해 주고 기다려 주고, 자립준비청년이 조언을 얻어야 할 때 그 가정을 찾아가 자신의 삶을 나누는 관계를 형성하는 것이죠. 13-⑤홀로 살아가는 것처럼 보이는 나무도 땅과 바람과 물과 태양이 필요하듯이 자립준비청년들에게도 기댈 수 있는 존재, 즉 정서적인 안정감을 주는 관계와 지지가 필요합니다.

※ 출처
· [발표] 브라더스키퍼 김성민 대표 | 자립준비청년의 사회적 가족, SIT Conference, 행복나눔재단, 2022.12.02. https://www.youtube.com/watch?v=wtvJ7rRoCVA&t=245s
· 자립준비청년 잇단 죽음… "돈보단 믿을 만한 어른이 필요해요", KBS 2022.08.26. https://www.youtube.com/watch?v=9nNxQ0MHijo

정답해설
④ 발표에서 삶을 돌아보니 부모가 많았다고 하면서, 보육원의 선생님, 원장님이 부모의 역할을 해 주었다고 했다. 따라서 보육원 내에 아버지, 어머니의 역할을 해 주는 존재를 찾기 어렵다는 이해는 적절하지 않다.

오답분석
① 발표에서 자립준비청년에 대한 정부의 경제적 지원이 최근 많이 늘었다고 했으므로 적절하다.
② 발표에서 자립준비청년이 가장 어려워하는 것은 혼자라는 두려움이라고 했으므로 적절하다.
③ 발표에서 보호시설이나 위탁 가정의 보호가 끝나면서 독립을 준비하는 청년을 '자립준비청년'이라고 설명했으므로 적절하다.
⑤ 발표에서 자립준비청년과 건강한 가정이 연결되어 지내는 것을 사회적 가족이라고 설명했으므로 적절하다.

> **이렇게 풀면 정답**
> 문제 12번~13번의 선택지를 한 번에 훑고 키워드를 체크해야 한다. 특히 문제 12번은 발표의 세부 내용을 파악하는 것이므로 선택지를 읽으며 발표의 주제와 들어야 할 핵심 정보를 예측한다.

13 담화의 유형별 화법 전략 발표   정답 ④

| 정답선택률 | ① 1.20% | ② 1.10% | ③ 0.76% | ④ 95.53% | ⑤ 1.35% |

정답해설
④ 발표자는 '자립준비청년'의 어려움을 강조하고 있으나 전문가의 말을 인용하고 있지는 않다. 따라서 내용 구성 전략으로 적절하지 않은 것은 ④이다.

오답분석
① 발표자는 어릴 때 살았던 큰 집에 대해 이야기하며 발표를 시작하고 있다. 따라서 청중의 관심을 끌 만한 내용으로 발표를 시작하고 있으므로 적절하다.
② 발표자는 본인이 보육원 출신임을 밝히고 있다. 이를 통해 '자립준비청년'의 상황에 대한 설명에 신뢰도를 높여 발표 내용의 설득력을 강화하고 있으므로 적절하다.
③ 발표자는 '자립준비청년'의 문제 상황이 보도된 뉴스를 소개하며, 현재 사회에서 주목해야 할 문제임을 드러내고 있으므로 적절하다.
⑤ 발표자는 발표를 마무리하면서 '자립준비청년의 삶'을 '나무가 살아가는 것'에 비유하며 자립준비청년에 대한 관심을 촉구하고 있으므로 적절하다.

이렇게 풀면 정답

문제 13번은 '경험, 인용, 비유' 등의 발표 구성 방식과 '설득력, 시의성' 등의 전략이 선택지에 제시된다. 헷갈리는 표현이 있다면, 선택지를 빠르게 해석하여 풀이 속도를 높일 수 있도록 익혀 둔다.
- 시의성: 그 당시의 사정이나 사회적 요구에 들어맞는 성질
- 비유적 표현: '처럼, 같이' 등을 활용해 어떤 현상이나 사물을 다른 비슷한 현상이나 사물에 빗대어서 설명하는 것

★☆☆

14 담화의 유형별 화법 전략 협상, 중재   정답 ②

정답 선택률	① 0.42%	② 86.42%	③ 7.02%	④ 1.15%	⑤ 4.96%

듣기대본

끝으로 협상의 한 장면을 들려 드립니다. 14번은 듣기 문항, 15번은 말하기 문항입니다.

구단 관계자: 우리 구단과 송민재 선수의 재계약 협상을 시작하겠습니다. 14-①저희 구단은 지난 시즌 준우승을 이루는 데에 큰 활약을 한 송민재 선수와 재계약을 하고자 합니다. 연봉의 10% 인상과 2년 계약을 조건으로 제시합니다.

선수 대리인: 우리 송민재 선수도 구단에 대한 애정이 깊고, 현 팀에서 계속 뛰며 우승을 이뤄내고 싶은 열망이 있습니다. 15-①다만 선수의 헌신과 성과에 대해서는 정당한 보상이 있어야 한다고 생각합니다. 저희는 20%의 연봉 인상이 필요하다는 입장입니다.

구단 관계자: 선수의 헌신과 성과는 충분히 인정합니다. 다만 현재 전용 구장 공사가 진행 중이고 내년 시즌 전력 보강을 위한 영입 계약이 진행되고 있어 자금 여력이 충분하지 않은 상황입니다. 14-②선수에 대한 존중 차원에서 첫해의 연봉은 10%를 인상하고 차년에 현 연봉 기준의 5%를 추가 인상하는 조정안은 어떠한지요?

선수 대리인: 14-⑤환경 개선과 팀의 전력 보강은 우승을 위해 송민재 선수도 원하는 바이니 저희도 양보하겠습니다. 14-③하지만 우승을 위해 선수가 안정적으로 집중할 수 있도록 계약 기간을 4년으로 늘리기를 요청합니다. 또 리그 우승 시에는 송민재 선수의 유니폼 판매 수익금의 일부를 송민재 선수의 모교에 기부해 주시기 바랍니다. 14-④이러한 기부는 유소년 축구 발전에도 기여하고 구단의 이미지도 제고할 수 있을 것입니다.

구단 관계자: 저희가 제시한 조정안을 받아들이신다면 4년 계약도 받아들이겠습니다. 계약 기간 중 팀의 리그 우승 시 송민재 선수의 유니폼 판매 수익금의 10%를 송민재 선수의 모교에 기부하겠습니다.

선수 대리인: 감사합니다. 선수가 안정적으로 운동에 전념하면서 15-⑤우승을 위해 노력할 수 있을 것입니다.

구단 관계자: 좋습니다. 연봉과 계약 기간 그리고 기부에 관한 사항을 담은 계약서를 마련하겠습니다. 15-⑤다음 시즌 우승을 위한 선수의 활약을 기대하겠습니다.

정답해설

② 구단 관계자는 처음의 제안(연봉의 10% 인상, 2년 계약)을 수정하여, 2번째 발언에서 첫해 연봉 10% 인상, 차년에 현 연봉 기준의 5% 추가 인상을 제안한다. 따라서 첫해와 차년의 연봉 인상 비율이 다르므로 2년에 걸쳐 동일한 비율의 연봉 인상을 제안한다는 내용은 적절하지 않다.

오답분석

① 구단 관계자는 1번째 발언에서 지난 시즌 준우승을 이루는 데 활약한 선수의 성과를 인정해 재계약을 제안하고 있으므로 적절하다.

③ 선수 대리인은 2번째 발언에서 우승을 위해 계약 기간을 4년으로 늘려 선수가 안정적으로 집중하기를 제안하고 있다. 따라서 선수 대리인은 계약 기간을 연장하는 것이 팀 우승에 기여할 수 있다고 주장하므로 적절하다.

④ 선수 대리인은 2번째 발언에서 기부 활동이 구단의 이미지를 제고할 수 있다고 주장하므로 적절하다.

⑤ 선수 대리인은 2번째 발언에서 환경 개선과 팀의 전력 보강에 동의하고 있으므로 적절하다.

이렇게 풀면 정답

연봉이나 계약 조건을 다루는 협상문은 기간, 인상률, 조건 변경 시점 등에 함정이 숨어 있는 경우가 많으므로, 숫자와 조건의 변화에 주의하여 정·오답을 판별한다.

★☆☆

15 담화의 유형별 화법 전략 협상, 중재   정답 ⑤

정답 선택률	① 0.12%	② 0.71%	③ 10.97%	④ 0.42%	⑤ 87.77%

정답해설

⑤ 선수 대리인이 3번째 발언에서 우승을 위해 노력하겠다고 하자, 구단 관계자는 마지막 발언에서 다음 시즌 우승을 위한 선수의 활약을 기대한다고 말한다. 두 사람은 '우승'이라는 공동의 목표를 공유하면서 협상 전반에서 각자의 요구(연봉, 계약 기간)를 조정하며 양보하고 있다. 따라서 두 사람의 갈등 해결 방식으로 가장 적절한 것은 ⑤이다.

오답분석

① 선수 대리인은 1번째 발언에서 선수의 헌신과 성과에 대한 정당한 보상을 근거로 연봉 인상을 요구하고 있으나, '정신적 피해'는 언급하지 않았으므로 적절하지 않다.

② 구단 관계자는 2번째 발언에서 선수 대리인이 요구한 연봉 인상의 조정안을 제시하고 있으나 여러 대안의 장단점을 비교하고 있지 않으므로 적절하지 않다.

③ 구단 관계자는 마지막 발언에서 우승에 대한 기대감을 드러내고 있으나 우승을 전제로 입장을 양보하고 있지는 않으므로 적절하지 않다.

④ 구단 관계자와 선수 대리인 모두 협상의 결렬 가능성은 언급하지 않았으므로 적절하지 않다.

이렇게 풀면 정답

협상은 입장 고수, 양보, 절충이 반복되며 협상 내용이 계속 조정되므로 최종적인 합의 내용을 정확히 포착한다.

어휘(16번~30번)

회차별 평균 정답률

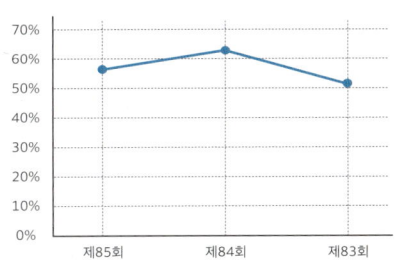

→ 제85회 어휘 평균 정답률은 약 57%로, 2025년 상반기 기출 중에서 보통 수준의 난이도였다. 15문제 중 '난이도 하'는 5문제, '난이도 중'은 5문제, '난이도 상'은 5문제 출제됐다.

평가 요소별 문제 수 & 최다 출제 평가

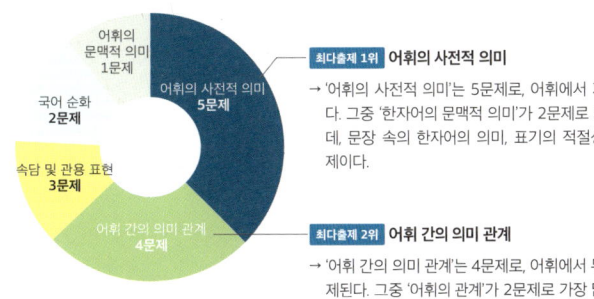

최다출제 1위 어휘의 사전적 의미
→ '어휘의 사전적 의미'는 5문제로, 어휘에서 가장 많이 출제된다. 그중 '한자어의 문맥적 의미'가 2문제로 가장 많이 나오는데, 문장 속 한자어의 의미, 표기의 적절성을 파악하는 문제이다.

최다출제 2위 어휘 간의 의미 관계
→ '어휘 간의 의미 관계'는 4문제로, 어휘에서 두 번째로 많이 출제된다. 그중 '어휘의 관계'가 2문제로 가장 많이 나오는데, 반의 관계와 같이 두 어휘의 관계성을 파악하는 문제이다.

---

16 어휘의 사전적 의미 — 고유어의 사전적 의미   정답 ④
★★★

정답 선택률	① 11.83%	② 0.52%	③ 35.11%	④ 25.8%	⑤ 26.42%

정답해설

④ '일을 힘들여 하지 아니하고 되는대로 천천히 하다.'라는 뜻의 고유어는 '시위적거리다'이다. 참고로 '시위적대다.'로 쓸 수도 있다.

오답분석

① '갈그랑거리다'는 '가래 따위가 목구멍에 걸려 숨 쉴 때마다 조금 거친 소리가 자꾸 나다.'라는 뜻이므로 적절하지 않다.
② '걸리적거리다'는 '거추장스럽게 자꾸 여기저기 걸리거나 닿다.'라는 뜻이므로 적절하지 않다.
③ '버르적거리다'는 '고통스러운 일이나 어려운 고비에서 벗어나려고 팔다리를 내저으며 큰 몸을 자꾸 움직이다.'라는 뜻이므로 적절하지 않다.

> 📘 예문으로 암기하는 '버르적거리다'
> 예 덫에 걸려 뒷다리를 버르적거리는 사슴

⑤ '우비적거리다'는 '틈이나 구멍 속을 자꾸 함부로 긁어 파내다.'라는 뜻이므로 적절하지 않다.

※ 출처: 국립국어원, 표준국어대사전(stdict.korean.go.kr)

> 🔁 **또 나올 기출개념**
> '-거리다' 관련 고유어
> • 게두덜거리다: 굵고 거친 목소리로 자꾸 불평을 늘어놓다.
> • 구시렁거리다: 못마땅하여 군소리를 듣기 싫도록 자꾸 하다.
> • 이기죽거리다: 자꾸 밉살스럽게 지껄이며 짓궂게 빈정거리다.

---

17 어휘의 사전적 의미 — 한자어의 사전적 의미   정답 ②
★★★

정답 선택률	① 7.19%	② 18.36%	③ 47.63%	④ 13.04%	⑤ 13.72%

정답해설

② '기함(氣陷)'은 '갑작스레 몹시 놀라거나 아프거나 하여 소리를 지르면서 넋을 잃음.'이라는 뜻이므로 적절하지 않다. '매우 화를 냄.'을 뜻하는 한자어는 '대로(大怒)'이다.

오답분석

① '어언(於焉)'은 '알지 못하는 동안에 어느덧.'을 뜻하므로 적절하다.
③ '격의(隔意)'는 '서로 터놓지 않는 속마음.'을 뜻하므로 적절하다.

> 📘 격의(隔意): 사이 막을 격(隔) + 뜻 의(意)
> 사이가 막혀 뜻을 전달할 수 없다는 의미로, 보통 서로 속마음을 털어 놓고 이야기할 때 '격의 없다'라고 표현한다.

④ '맹점(盲點)'은 '미처 생각이 미치지 못한, 모순되는 점이나 틈.'을 뜻하므로 적절하다.
⑤ '납량(納涼)'은 '여름철에 더위를 피하여 서늘한 기운을 느낌.'을 뜻하므로 적절하다.

※ 출처: 국립국어원, 표준국어대사전(stdict.korean.go.kr)

> 🔁 **또 나올 기출개념**
> 예문으로 암기하는 '기함(氣陷)'
> 예 참혹한 광경을 보자 여자들은 기함(氣陷)을 할 듯이 놀랐다.

18 어휘의 문맥적 의미 고유어의 문맥적 의미   정답 ①

| 정답 선택률 | ① 33.27% | ② 1.37% | ③ 21.16% | ④ 14.78% | ⑤ 29.39% |

정답해설
① '겻불'은 '겨를 태우는 불'을 뜻하므로 적절하지 않다. '얻어 쬐는 불'은 고유어 '곁불'이다.

오답분석
② '단박'은 '그 자리에서 바로를 이르는 말.'이므로 적절하다.
③ '갈매'는 '짙은 초록색.'을 뜻하므로 적절하다.
④ '개땅'은 '바닷물이 드나드는 땅.'을 뜻하므로 적절하다.
⑤ '나이배기'는 '겉보기보다 나이가 많은 사람을 낮잡아 이르는 말.'이므로 적절하다.

※ 출처: 국립국어원, 표준국어대사전(stdict.korean.go.kr)

또 나올 기출개념
'불' 관련 고유어
- 불잉걸: 불이 이글이글하게 핀 숯덩이.
- 단불: 한창 괄게 타오르는 불.

19 어휘의 문맥적 의미 한자어의 문맥적 의미   정답 ③

| 정답 선택률 | ① 12.23% | ② 2.19% | ③ 67.05% | ④ 8.79% | ⑤ 9.60% |

정답해설
③ 상대방이 원하는 바를 알아차렸다는 의미의 문장이므로, 문맥상 '큰 소리로 꾸짖어 기세를 눌러 버림.' 또는 '정당한 논리로 그릇된 주장을 깨뜨리고 진리를 밝힘.'을 뜻하는 '갈파(喝破)'를 쓰는 것은 적절하지 않다. 참고로, ③에는 '속내를 꿰뚫어 알아차림.'을 의미하는 '간파(看破)' 등을 쓰는 것이 적절하다.

오답분석
① 도움이 청할 일을 거리낌 없이 말해 보라는 의미의 문장이므로, 문맥상 '어렵게 여겨 꺼림.'을 뜻하는 '기탄(忌憚)'을 쓰는 것은 적절하다.
② 전쟁으로 인해 국가 경제가 엉망이 되었다는 의미의 문장이므로, 문맥상 '일이 아주 엉망이 됨을 비유적으로 이르는 말.'을 뜻하는 '만신창이(滿身瘡痍)'를 쓰는 것은 적절하다.
④ 업계에 불법적인 일이 자행하는 사람들이 많아졌다는 의미의 문장이므로, 문맥상 '비밀리에 나쁜 일을 꾸미는 무리들이 모이거나 활동하는 곳을 비유적으로 이르는 말.'을 뜻하는 '복마전(伏魔殿)'을 쓰는 것은 적절하다.
⑤ 공익에 기여하기 위해 하는 일이므로 계산을 할 필요가 없다는 의미의 문장이므로, 문맥상 '수입과 지출을 맞추어 계산함. 또는 그 계산 내용.'을 뜻하는 '채산(採算)'을 쓰는 것은 적절하다.

※ 출처
· 국립국어원, 표준국어대사전(stdict.korean.go.kr)
· KBS 시사기획 창 255회

또 나올 기출개념
예문으로 암기하는 '기탄(忌憚)'
예 그는 아무런 기탄(忌憚)이 없이 말을 이었다.

20 어휘의 문맥적 의미 한자어의 문맥적 의미   정답 ⑤

| 정답 선택률 | ① 3.31% | ② 13.33% | ③ 13.53% | ④ 23.13% | ⑤ 46.65% |

정답해설
⑤ 밑줄 친 ㉠~㉢에 해당하는 한자를 올바르게 묶은 것은 ⑤이다.
- ㉠ '될 만하거나 가능성이 있는 희망.'을 뜻하는 '가망'은 '可望'으로 표기한다.
- ㉡ '뜻을 두어 바람. 또는 그 뜻.'을 뜻하는 '지망'은 '志望'으로 표기한다.
- ㉢ '사리에 어두워 갈피를 잡지 못하고 헤맴. 또는 그런 상태.'를 뜻하는 '미망'은 '迷妄'으로 표기한다.

오답분석
- ㉠ 가망(加望): 조선 시대에, 벼슬아치를 추천할 때 삼망(三望)에 올리거나 삼망 외에 추가로 올리던 일.
- ㉡ 지망(地望): 지위와 명망을 아울러 이르는 말.
- ㉢ 미망(彌望): 멀리 넓게 바라봄. 또는 멀고 넓은 조망.

※ 출처: 국립국어원, 표준국어대사전(stdict.korean.go.kr)

또 나올 기출개념
훈음으로 구별하는 '미망(迷妄)'과 '미망(彌望)'
- 미망(迷妄): 미혹할 미(迷) + 허망할 망(妄) → 사리에 어두워 갈피를 잡지 못하고 헤맴. 또는 그런 상태.
- 미망(彌望): 두루 미(彌) + 바랄 망(望) → 멀리 넓게 바라봄. 또는 멀고 넓은 조망.

21 어휘의 문맥적 의미 혼동하기 쉬운 어휘의 구별   정답 ⑤

| 정답 선택률 | ① 11.24% | ② 14.73% | ③ 26.91% | ④ 12.40% | ⑤ 34.45% |

정답해설
⑤ '갈마들다'는 '서로 번갈아들다.'를 뜻하므로 '속으로 배어들다.'를 뜻하는 '스며들다'를 쓰는 것이 적절하다.

오답분석
① '내박치다'는 '힘껏 집어 내던지다.'를 뜻한다.
② '꼭뒤'는 '뒤통수의 한 가운데.'를 뜻한다.
③ '가무리다'는 '몰래 혼자 차지하거나 흔적도 없이 먹어 버리다.'를 뜻한다.
④ '대끼다'는 '어떤 일에 많이 시달리다.'를 뜻한다.

※ 출처: 국립국어원, 표준국어대사전(stdict.korean.go.kr)

또 나올 기출개념
예문으로 암기하는 '갈마들다'
예 · 낮과 밤이 갈마들다.
   · 희비가 갈마드는 인생.

22 어휘 간의 의미 관계 — 다의어와 동음이의어 정답 ⑤

정답선택률	① 2.14%	② 6.46%	③ 3.36%	④ 5.55%	⑤ 82.45%

정답해설
⑤ ⑤를 제외한 나머지는 모두 '되다⁴'의 뜻으로 다의어 관계이나, ⑤의 '되다'는 '되다²'로 '말, 되, 홉 따위로 가루, 곡식, 액체 따위의 분량을 헤아리다.'는 뜻이다. 따라서 ⑤의 '되다²'는 나머지와 다의어 관계에 있지 않다.

오답분석
① '줄 따위가 단단하고 팽팽하다'는 뜻의 '되다⁴'가 쓰였다.
② '반죽이나 밥 따위가 물기가 적어 빡빡하다'는 뜻의 '되다⁴'가 쓰였다.
③ '일이 힘에 벅차다'는 뜻의 '되다⁴'가 쓰였다.
④ '몹시 심하거나 모질다'는 뜻의 '되다⁴'가 쓰였다.

※ 출처: 국립국어원, 표준국어대사전(stdict.korean.go.kr)

또 나올 기출개념
동음이의어 '되다²'와 '되다³'
- 되다²: 말, 되, 홉 따위로 가루, 곡식, 액체 따위의 분량을 헤아리다.
- 되다³: 논밭을 다시 갈다.

23 어휘 간의 의미 관계 — 어휘의 관계 정답 ③

정답선택률	① 4.71%	② 2.16%	③ 91.75%	④ 0.79%	⑤ 0.54%

정답해설
③ '드리다'는 '주다'의 높임말로 <보기>에 제시된 두 단어의 의미 관계는 예사말과 높임말에 해당한다. ③에 제시된 '여쭈다'와 '여쭙다'는 모두 '묻다'의 높임말에 해당하므로, 두 단어의 의미 관계는 <보기>와 동일하지 않다. 따라서 답은 ③이다.

오답분석
① '잡수다'는 '먹다'의 높임말이므로 <보기>의 관계와 동일하다.
② '뵙다'는 '보다'의 높임말이므로 <보기>의 관계와 동일하다.
④ '계시다'는 '있다'의 높임말이므로 <보기>의 관계와 동일하다.
⑤ '주무시다'는 '자다'의 높임말이므로 <보기>의 관계와 동일하다.

※ 출처: 국립국어원, 표준국어대사전(stdict.korean.go.kr)

또 나올 기출개념
'데리다'와 '모시다'의 관계
- 데리다: 아랫사람이나 동물 따위를 자기 몸 가까이 있게 하다.
- 모시다: '데리다'의 높임말.

24 어휘 간의 의미 관계 — 고유어와 한자어 정답 ⑤

정답선택률	① 0.49%	② 34.91%	③ 5.23%	④ 0.29%	⑤ 59.05%

정답해설
⑤ 문맥상 '맞다'는 '시간이 흐름에 따라 오는 어떤 때를 대하다.'라는 뜻으로 쓰였다. '영접(迎接)하다'는 '손님을 맞아서 대접하다.'라는 뜻이므로 대응하는 한자어로 적절하지 않다.

오답분석
① 문맥상 '맞다'는 '어떤 행위나 내용이 일정한 기준이나 정도에 어긋나거나 벗어나지 아니하다.'라는 뜻으로 쓰였다. '부합(符合)하다'는 '부신(符信)이 꼭 들어맞듯 사물이나 현상이 서로 꼭 들어맞다.'라는 뜻이므로 대응하는 한자어로 적절하다.
② 문맥상 '맞다'는 '어떤 행동, 의견, 상황 따위가 다른 것과 서로 어긋나지 아니하고 어울리다.'라는 뜻으로 쓰였다. '상응(相應)하다'는 '서로 응하거나 어울리다.'라는 뜻이므로 대응하는 한자어로 적절하다.
③ 문맥상 '맞다'는 '말이나 생각 따위가 틀리지 아니하다.'라는 뜻으로 쓰였다. '합치(合致)하다'는 '의견이나 주장 따위가 서로 맞아 일치하다.'라는 뜻이므로 대응하는 한자어로 적절하다.
④ 문맥상 '맞다'는 '말이나 생각 따위가 틀리지 아니하다."라는 뜻으로 쓰였다. '적중(的中)하다'는 '예상, 가설, 계획 따위가 실현된 결과나 목표에 꼭 들어맞다.'라는 뜻이므로 대응하는 한자어로 적절하다.

※ 출처
- 국립국어원, 표준국어대사전(stdict.korean.go.kr)
- 서울대 국어교육연구소 편(2009), 『넓은품이 우리말 유의어 대사전』, 낱말 어휘정보처리연구소

또 나올 기출개념
예문으로 암기하는 '영접(迎接)'
예 • 어머니는 아버지의 직장 동료들 영접(迎接)에 정신이 없으셨다.
  • 어떤 손님이건 우리 집에 오신 분이라면 영접(迎接)을 소홀히 해선 안 된다.

25 어휘 간의 의미 관계 — 어휘의 관계 정답 ①

정답선택률	① 97.67%	② 0.37%	③ 0.83%	④ 0.74%	⑤ 0.37%

정답해설
① <보기>에 쓰인 '무겁다'는 '무게가 나가는 정도가 크다.'의 뜻이다. '가벼운 이불'의 '가볍다'는 '무게가 일반적인 것보다 적다.'로 쓰였으므로 '(가방이) 무겁다'의 반의어로 볼 수 있다.

오답분석
② '가볍게 앓다'에 쓰인 '가볍다'는 '병세나 상처 따위가 그다지 심하지 않다.'의 뜻이므로 이에 대한 반의어는 '정도가 지나치다.'를 뜻하는 '심하다.'이다.
③ '가볍게 이기다'에 쓰인 '가볍다'는 '다루기에 힘이 들지 않고 수월하다.'의 뜻이므로 이에 대한 반의어는 '하기가 까다로워 힘에 겹다.'를 뜻하는 '어렵다'이다.
④ '가볍게 치다'에 쓰인 '가볍다'는 '닿는 정도가 약하다.'의 뜻이므로 이에 대한 반의어는 '힘이 많다.'를 뜻하는 '세다' 또는 '기세나 형세 따위가 힘 있고 억세다.'를 뜻하는 '세차다' 이다.
⑤ '가벼운 운동'에 쓰인 '가볍다'는 '노력이나 부담 따위가 적다.'의 뜻이므로 이에 대한 반의어는 '힘이 쓰이는 면이 있다.'를 뜻하는 '힘들다'이다.

※ 출처: 국립국어원, 표준국어대사전(stdict.korean.go.kr)

> **또 나올 기출개념**
>
> '무게' 관련 반의어
> - 가중(加重): 부담이나 고통 따위를 더 크게 하거나 어려운 상태를 심해지게 함.
> - 경감(輕減): 부담이나 고통 따위를 덜어서 가볍게 함.

26 속담 및 관용 표현 속담   정답 ⑤

| 정답선택률 | ① 2.16% | ② 1.84% | ③ 10.51% | ④ 1.87% | ⑤ 83.57% |

정답해설

⑤ '땅 넓은 줄을 모르고 하늘 높은 줄만 안다.'는 키만 홀쭉하게 크고 마른 사람을 놀림조로 이르는 말이므로 제대로 알지도 못하면서 일을 하려고 하는 상황에 사용하기에 적절하지 않다.

오답분석

① '적도 모르고 가지 딴다.'는 적도 딸 줄 모르면서 가지를 따려 든다는 뜻으로, 기초적인 것도 모르면서 어려운 것을 하려 드는 것을 이르는 말이므로 적절하다.

② ③ ④ '맥도 모르고 침통 흔든다.', '잣눈도 모르고 조복 마른다.', '말똥도 모르고 마의 노릇한다.'는 모두 제대로 알지 못하면서 일을 하려고 함을 이르는 말이므로 적절하다.

※ 출처
· 국립국어원, 표준국어대사전(stdict.korean.go.kr)
· 국립국어원, 우리말샘(opendic.korean.go.kr)

> **또 나올 기출개념**
>
> '땅' 관련 속담
> - 땅내가 고소하다: 머지않아 죽게 될 것 같다는 말.
> - 굳은 땅에 물이 괸다: 헤프게 쓰지 않고 아끼는 사람이 재산을 모으게 됨을 비유적으로 이르는 말.

27 속담 및 관용 표현 고사성어 / 사자성어   정답 ①

| 정답선택률 | ① 21.14% | ② 0.20% | ③ 7.22% | ④ 41.39% | ⑤ 29.83% |

정답해설

① 만불성설(萬不成說)은 '말이 전혀 사리에 맞지 아니함.'의 의미이므로 문맥상 쓰임이 적절하지 않다.

오답분석

② 적반하장(賊反荷杖)은 '도둑이 도리어 매를 든다는 뜻으로, 잘못한 사람이 아무 잘못도 없는 사람을 나무람을 이르는 말.'이므로 문맥상 쓰임이 적절하다.

③ 주마간산(走馬看山)은 '말을 타고 달리며 산천을 구경한다는 뜻으로 자세히 살피지 아니하고 대충대충 보고 지나감을 이르는 말.'이므로 문맥상 쓰임이 적절하다.

④ 지록위마(指鹿爲馬)는 '모순된 것을 끝까지 우겨서 남을 속이려는 짓을 비유적으로 이르는 말.'이므로 문맥상 쓰임이 적절하다.

> 📙 지록위마(指鹿爲馬)의 유래
> 중국 진나라의 '조고'가 황제에게 '사슴[鹿]'을 바치며 '말[馬]'이라고 말한 데에서 유래한다.

⑤ 아전인수(我田引水)는 '자기 논에 물 대기라는 뜻으로, 자기에게만 이롭게 되도록 생각하거나 행동함을 이르는 말.'이므로 문맥상 쓰임이 적절하다.

※ 출처: 국립국어원, 표준국어대사전(stdict.korean.go.kr)

> **또 나올 기출개념**
>
> '말(馬)' 관련 한자 성어
> - 주마가편(走馬加鞭): 달리는 말에 채찍질한다는 뜻으로, 잘하는 사람을 더욱 장려함을 이르는 말.
> - 견마지로(犬馬之勞): 개나 말 정도의 하찮은 힘이라는 뜻으로, 윗사람에게 충성을 다하는 자신의 노력을 낮추어 이르는 말.

28 속담 및 관용 표현 관용 표현   정답 ④

| 정답선택률 | ① 1.94% | ② 0.15% | ③ 11.10% | ④ 86.20% | ⑤ 0.49% |

정답해설

④ '입이 높다'는 '보통 음식으로 만족하지 아니하고 맛있고 좋은 음식만을 바라는 버릇이 있다.'를 뜻하는 관용구이므로 아무 음식이나 잘 먹는다는 문맥에 적절하지 않다.

오답분석

① '입을 씻기다'는 '돈이나 물건 따위를 주어 자기에게 불리한 말을 못 하도록 하다.'를 뜻하므로 적절하다.

② '입이 짧다'는 '음식을 심하게 가리거나 적게 먹다.'를 뜻하므로 적절하다.

③ '입이 궁금하다'는 '배가 출출하여 무엇이 먹고 싶다.'를 뜻하므로 적절하다.

⑤ '입이 마르다'는 '다른 사람이나 물건에 대하여 거듭해서 말하다.'를 뜻하므로 적절하다.

※ 출처: 국립국어원, 표준국어대사전(stdict.korean.go.kr)

> **또 나올 기출개념**
>
> '얼굴' 관련 관용 표현
> - 눈에 어리다: 어떤 모습이 잊히지 않고 머릿속에 뚜렷하게 떠오르다.
> - 코가 세다: 남의 말을 잘 듣지 않고 고집이 세다.

29 국어 순화 한자어의 순화   정답 ③

| 정답선택률 | ① 13.01% | ② 4.35% | ③ 40.76% | ④ 29.86% | ⑤ 11.76% |

정답해설

③ '기왕력(旣往歷)'은 '과거에 앓았던 질병이나 상해의 종류 또는 경중과, 유전·선천병의 유무 따위에 관한 정보.'라는 뜻이므로 '과거의 행적'으로 바꾸어 쓰기에 적절하지 않다. 참고로, '기왕력(旣往歷)'은 '과거 병력'으로 순화할 수 있다.

오답분석

① '기실(其實)'은 '실제의 사정.'의 의미이므로 '사실'로 순화한 것은 적절하다.

② '가사(假使)'는 '가정하여 말하여.'의 의미이므로 '설령, 가령'으로 순화한 것은 적절하다.

④ '심방(尋訪)'은 '방문하여 찾아봄.'의 의미이므로 '방문 조사'로 순화한 것은 적절하다.
⑤ '이격(離隔)'은 '사이가 벌어짐. 또는 사이를 벌려 놓음'의 의미이므로 '떨어짐'으로 수정한 것은 적절하다.

※ 출처
· 국립국어원, 표준국어대사전(stdict.korean.go.kr)
· 국립국어원 누리집 '다듬은 말'(https://www.korean.go.kr/front/imprv/refineList.do?mn_id=158)

또 나올 기출개념

빈출 한자 순화어
- 고수부지(高水敷地) → 둔치: 큰물이 날 때만 물에 잠기는 하천 언저리의 터.
- 노견(路肩) → 갓길: 고속 도로나 자동차 전용 도로 따위에서 자동차가 달리는 도로 폭 밖의 가장자리 길.

30 국어 순화 외래어의 순화   정답 ④

| 정답선택률 | ① 15.69% | ② 8.99% | ③ 7.56% | ④ 63.91% | ⑤ 3.78% |

정답해설

④ '데이터 마이닝(data mining)'은 '대규모의 데이터베이스 안에서 일정한 규칙을 찾아내어 데이터를 분석하는 일'을 의미하므로 '정보 내면화'로 다듬는 것은 적절하지 않다. 참고로, '데이터 마이닝(daya mining)'은 '정보 채굴'로 다듬을 수 있다.

오답분석

① '이니셔티브(initiative)'는 '계획, 결단력, 주도권' 등을 뜻하는 영어로, '주도권, 선제권, 구상, 발의, 발의권'으로 다듬을 수 있다.
② '그린 스완(green swan)'은 '기후변화로 인한 경제의 파괴적 위기'를 의미하므로 '기후발 위기'로 다듬을 수 있다.
③ '파인 다이닝(fine-dining)'은 '격식을 갖춘 식사. 또는 그런 식사가 나오는 고급 식당'을 의미하므로 '고급 식사'로 다듬을 수 있다.
⑤ '카르텔(Kartell)'은 '특정 집단이나 기업들이 자신들의 경제적 이익을 보호하고 확대하며 증진하려고 서로 협력하고 경쟁을 제한하며 시장을 통제하는 행위 또는 그러한 집단'을 의미하므로 '기업연합, 담합, 담합 집단, 이권 공동체'로 다듬을 수 있다.

※ 출처
· 국립국어원, 표준국어대사전(stdict.korean.go.kr)
· 국립국어원 누리집 '다듬은 말'(https://www.korean.go.kr/front/imprv/refineList.do?mn_id=158)

또 나올 기출개념

빈출 외래어 순화어
- 레시피(recipe) → 조리법: 음식의 조리법을 뜻하는 요리 용어.
- 워킹 그룹(working group) → 실무단: 상위 조직에서 정한 주제나 목적에 따라 실제적으로 구체적인 일을 하는 모임.

어법 (31번~45번)

★★★ = 난도 상
★★☆ = 난도 중
★☆☆ = 난도 하
🔖 = 가장 헷갈리는 오답

회차별 평균 정답률

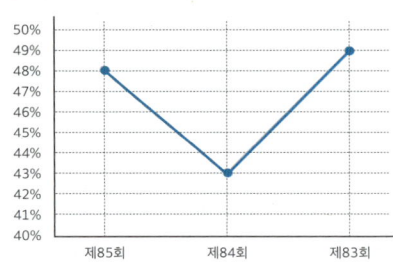

평가 요소별 문제 수 & 최다 출제 평가

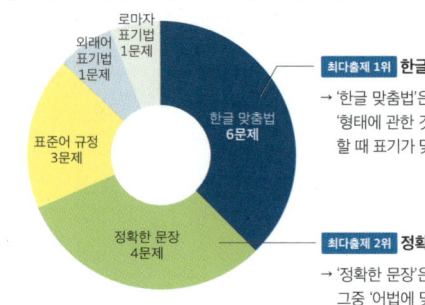

최다출제 1위 한글 맞춤법
→ '한글 맞춤법'은 6문제로, 어법에서 가장 많이 출제된다. 그중 '형태에 관한 것'이 2문제로 가장 많이 나오는데, 용언이 활용할 때 표기가 맞는지 파악하는 문제이다.

최다출제 2위 정확한 문장
→ '정확한 문장'은 4문제로, 어법에서 두 번째로 많이 출제된다. 그중 '어법에 맞는 표현'이 3문제로 가장 많이 나오는데, 문장의 높임 표현, 호응, 중의성을 파악하는 문제이다.

→ 제85회 어법 평균 정답률은 약 48%로, 2025년 상반기 기출 중에서 보통 수준의 난이도였다. 15문제 중 '난이도 하'는 1문제, '난이도 중'은 9문제, '난이도 상'은 5문제 출제됐다.

★★★ 31 한글 맞춤법 소리에 관한 것   정답 ③

| 정답 선택률 | ① 63.88% | ② 1.06% | ③ 1.08% | ④ 22.00% | ⑤ 11.88% |

정답해설

③ 함박(X)→함빡(O): '분량이 차고도 남도록 넉넉하게.'를 뜻하는 '함빡'은 한 단어 안에서 뚜렷한 까닭 없이 나는 된소리는 다음 음절의 첫소리를 된소리로 적는다는 규정에 따라 '함박'으로 적지 않고 '함빡'으로 적는다. 따라서 ③의 '함박'은 옳지 않은 표기이다. 참고로, '함박'은 '함박꽃나무의 꽃.'이나 '통나무의 속을 파서 큰 바가지같이 만든 그릇.'을 뜻하는 단어이다.

오답분석

① 산듯하다(O): '기분이나 느낌이 조금 깨끗하고 시원하다.'를 뜻하는 단어는 '산듯하다'이므로, ①의 '산듯하다'는 옳은 표기이다.

🔖 '산듯하다'와 '산뜻하다'
'산듯하다'와 '산뜻하다'는 둘 다 표준어이다.

② 문득(O): '생각이나 느낌 따위가 갑자기 떠오르는 모양.'을 뜻하는 단어는 '문득'이므로, ②의 '문득'은 옳은 표기이다.

④ 깜박(O): '기억이나 의식 따위가 잠깐 흐려지는 모양.'을 뜻하는 단어는 '깜박'이므로, ④의 '깜박'은 옳은 표기이다.

⑤ 건듯(O): '행동이나 상황 따위가 갑작스럽게 일어나거나 바뀌는 모양.'을 뜻하는 단어는 '건듯'이므로, ⑤의 '건듯'은 옳은 표기이다.

※ 출처
· 국립국어원, 표준국어대사전(stdict.korean.go.kr)
· 국립국어원(2018), 『한글 맞춤법, 표준어 규정 해설』

또 나올 기출개념

'ㄴ, ㄹ, ㅁ, ㅇ' 받침 뒤에서 나는 된소리 표기
'함빡[함빡]'과 같이 한 단어 내에서 뚜렷한 까닭 없이 나는 된소리는 다음 음절의 첫소리를 된소리로 적는다.

★★★ 32 한글 맞춤법 형태에 관한 것   정답 ③

| 정답 선택률 | ① 62.31% | ② 7.37% | ③ 26.22% | ④ 0.61% | ⑤ 3.36% |

정답해설

③ 멀개(X)→멀게(O): '깨끗하게 맑지 아니하고 약간 흐린 듯하다.'를 뜻하는 '멀겋다'의 어간 '멀겋-'에 어미 '-어'가 결합한 것이다. 이때 '멀겋다'는 모음으로 시작하는 어미와 결합할 때 어간의 끝 받침 'ㅎ'이 탈락하는 'ㅎ' 불규칙 활용 용언이므로 '멀게'로 활용한다. 따라서 밑줄 친 부분의 표기가 옳지 않은 것은 ③이다.

오답분석

① 하야네(O): '깨끗한 눈이나 밀가루와 같이 밝고 선명하게 희다.'를 뜻하는 '하얗다'의 어간 '하얗-'에 어미 '-네'가 결합한 것이다. 이때 '하얗다'는 '-네'가 결합할 때 어간의 끝 받침 'ㅎ'이 탈락할 수 있으므로 '하야네'로 활용할 수 있다.

🔖 하얗- + -네 → 하얗네[하얀네] / 하야네[하야네]
'ㅎ' 불규칙 용언과 어미 '-네'가 결합할 때는 어간 끝의 'ㅎ'이 유지되기도, 탈락하기도 한다.

② 허여면(O): '다소 탁하고 흐릿하게 희다.'를 뜻하는 '허옇다'의 어간 '허옇-'과 어미 '-으면'이 결합한 것이다. 이때 '허옇다'는 모음으로 시작하는 어미와 결합할 때 어간의 끝 받침 'ㅎ'이 탈락하는 'ㅎ' 불규칙 활용 용언이므로 '허여면'으로 활용한다.

④ 누럴(O): '익은 벼와 같이 다소 탁하고 어둡게 누르다.'를 뜻하는 '누렇다'의 어간 '누렇-'에 어미 '-을'이 결합한 것이다. 이때 '누렇다'는 모음으로 시작하는 어미와 결합할 때 어간의 끝 받침 'ㅎ'이 탈락하는 'ㅎ' 불규칙 활용 용언이므로 '누럴'로 활용한다.

⑤ 까말(O): '불빛이 전혀 없는 밤하늘과 같이 밝고 짙게 검다.'를 뜻하는 '까맣다'의 어간 '까맣-'에 어미 '-을'이 결합한 것이다. 이때 '까맣다'는 모음으로 시작하는 어미와 결합할 때 어간의 끝 받침 'ㅎ'이 탈락하는 'ㅎ' 불규칙 활용 용언이므로 '까말'로 활용한다.

※ 출처
· 국립국어원, 표준국어대사전(stdict.korean.go.kr)
· 국립국어원(2018), 『한글 맞춤법, 표준어 규정 해설』

또 나올 기출개념

'ㅎ' 불규칙 활용 용언

'ㅎ' 불규칙 활용 용언이란, '허영다'와 같이 어간 '허영-'에 '-오'와 같이 모음으로 시작하는 어미가 결합하면 'ㅎ'이 탈락하는 용언이다. 이러한 'ㅎ' 불규칙 용언은 'ㅎ'이 탈락하면 탈락한 대로 표기한다.
예) 동그랗다 → 동그래, 뿌옇다 → 뿌예

---

33 한글 맞춤법 형태에 관한 것 ★★★ 정답 ④

| 정답선택률 | ① 16.6% | ② 4.42% | ③ 17.28% | ④ 34.91% | ⑤ 26.64% |

정답해설

④ 불면(X)→불으면(O): '물에 젖어서 부피가 커지다.'를 뜻하는 '붇다'의 어간 '붇-'에 어미 '-으면'이 결합한 것이다. 이때 '붇다'는 모음으로 시작하는 어미와 결합할 때 어간의 끝 받침 'ㄷ'이 'ㄹ'로 바뀌는 'ㄷ' 불규칙 활용 용언이므로 '불으면'으로 활용한다. 따라서 밑줄 친 부분의 표기가 옳지 않은 것은 ④이다.

오답분석

① 부어(O): '성이 나서 뾰로통해지다.'를 뜻하는 '붓다'의 어간 '붓-'에 어미 '-어'가 결합한 것이다. 이때 '붓다'는 모음으로 시작하는 어미와 결합할 때 어간의 끝 받침 'ㅅ'이 탈락하는 'ㅅ' 불규칙 활용 용언이므로 '부어'로 활용한다.

② 부어서(O): '살가죽이나 어떤 기관이 부풀어 오르다.'를 뜻하는 '붓다'의 어간 '붓-'과 어미 '-어서'가 결합한 것이다. 이때 '붓다'는 모음으로 시작하는 어미와 결합할 때 어간의 끝 받침 'ㅅ'이 탈락하는 'ㅅ' 불규칙 활용 용언이므로 '부어서'로 활용한다.

③ 붓고(O): '살가죽이나 어떤 기관이 부풀어 오르다.'를 뜻하는 '붓다'의 어간 '붓-'과 어미 '-고'가 결합한 것으로, '붓고'로 활용한다.

⑤ 불어서(O): '분량이나 수효가 많아지다.'를 뜻하는 '붇다'의 어간 '붇-'에 어미 '-어서'가 결합한 것이다. '붇다'는 모음으로 시작하는 어미와 결합할 때 어간의 끝 받침 'ㄷ'이 'ㄹ'로 바뀌는 'ㄷ' 불규칙 활용 용언이므로 '불어서'로 활용한다.

※ 출처
· 국립국어원, 표준국어대사전(stdict.korean.go.kr)
· 국립국어원(2018), 『한글 맞춤법, 표준어 규정 해설』

또 나올 기출개념

혼동하기 쉬운 어휘 '붓다'와 '붇다'
- 붓다: 살가죽이나 어떤 기관이 부풀어 오르다.
  예) 얼굴이 붓다.
- 붇다: 물에 젖어서 부피가 커지다.
  예) 콩이 붇다.

---

34 한글 맞춤법 띄어쓰기 ★★★ 정답 ⑤

| 정답선택률 | ① 0.37% | ② 2.65% | ③ 7.22% | ④ 4.79% | ⑤ 84.9% |

정답해설

⑤ '베니스의 상인'은 서양의 고전 작품명으로 조사 '의'가 들어간 구의 형식이므로 단어별로 띄어 쓴다.

오답분석

① '섬진강'은 이미 굳어진 지명으로 고유명사이기 때문에 한 단어로 붙여 쓴다.
② '태백산맥'은 이미 굳어진 지명으로 고유명사이기 때문에 한 단어로 붙여 쓴다.
③ '카스피해'는 이미 굳어진 지명으로 고유명사이기 때문에 한 단어로 붙여 쓴다.
④ '두시언해'는 한자로 된 고전 책명이기 때문에 한 단어로 붙여 쓴다.

※ 출처
· 국립국어원, 표준국어대사전(stdict.korean.go.kr)
· 국립국어원(2018), 『한글 맞춤법, 표준어 규정 해설』

또 나올 기출개념

호칭어, 관직명의 띄어쓰기
성과 이름 뒤에 붙는 호칭어, 관직명은 띄어 쓴다.
예) 채영신 씨(호칭어), 이순신 장군(관직명)

---

35 한글 맞춤법 그 밖의 것 ★★☆ 정답 ⑤

| 정답선택률 | ① 7.37% | ② 1.18% | ③ 24.09% | ④ 9.48% | ⑤ 57.84% |

정답해설

⑤ 끌적거리면(X)→끌쩍거리면(O): '자꾸 긁어서 뜯거나 진집을 내다.'를 뜻하는 단어는 '끌쩍거리다'이므로 '끌쩍거리면'으로 표기해야 한다. 따라서 밑줄 친 부분의 표기가 옳지 않은 것은 ⑤이다.

오답분석

① 깔짝거리고(O): '작은 물건이나 일을 가지고 자꾸 만지작거리기만 하고 좀처럼 진전을 이루지 못하다.'를 뜻하는 단어는 '깔짝거리다'이므로 ①은 옳은 표기이다.
② 폴짝거리며(O): '작은 것이 세차고 가볍게 자꾸 뛰어오르다.'를 뜻하는 단어는 '폴짝거리다'이므로 ②는 옳은 표기이다.
③ 꿈적거리기(O): '몸이 둔하고 느리게 자꾸 움직이다. 또는 몸을 둔하고 느리게 자꾸 움직이다.'를 뜻하는 단어는 '꿈적거리다'이므로 ③은 옳은 표기이다.
④ 할짝거리며(O): '혀끝으로 잇따라 조금씩 가볍게 핥다.'를 뜻하는 단어는 '할짝거리다'이므로 ④는 옳은 표기이다.

※ 출처
· 국립국어원, 표준국어대사전(stdict.korean.go.kr)
· 국립국어원(2018), 『한글 맞춤법, 표준어 규정 해설』

또 나올 기출개념

소리대로 적는 표기
예) · 넓다 → 널따랗다, 널찍하다
· 짧다 → 짤따랗다

36 한글 맞춤법 문장부호 정답 ⑤

| 정답 선택률 | ① 56.13% | ② 9.55% | ③ 3.51% | ④ 3.14% | ⑤ 27.52% |

정답해설
⑤ 홑화살괄호(< >)는 홑낫표(「 」)와 같은 기능을 하며, 책의 제목이나 신문 이름 등을 나타낼 때 쓰는 문장 부호는 겹낫표(『 』)와 겹화살괄호(《 》)이므로 적절하지 않다.

오답분석
① 큰따옴표(" ")는 책의 제목이나 신문 이름 등을 나타낼 때 쓰므로 적절하다.

> 큰따옴표(" ")의 쓰임
> 예 • "어머니, 제가 가겠어요."
> • 나는 "어, 광훈이 아니냐?"하는 소리에 깜짝 놀랐다.
> • 우리나라의 최초의 민간 시문은 1896년에 창간된 "독립신문"이다.

② 작은따옴표(' ')는 그림이나 노래와 같은 예술 작품의 제목을 나타낼 때 쓰므로 적절하다.
③ 겹낫표(『 』)는 책의 제목이나 신문 이름 등을 나타낼 때 쓰므로 적절하다.
④ 홑낫표(「 」)는 소제목, 상호, 법률, 규정 등을 나타낼 때 쓰므로 적절하다.

※ 출처: 국립국어원, 「문장부호 해설」

또 나올 기출개념
문장 안에서 '책의 제목'이나 '신문 이름'을 나타내는 문장 부호

겹낫표 (『 』)	박경리의 『토지』는 대하 소설이다.
겹화살괄호 (《 》)	《만세보》는 1906년 창간되었다.
큰따옴표 (" ")	남궁억은 "황성신문"의 사장을 지낸 인물이다.

---

37 표준어 규정 발음 변화에 따른 표준어 정답 ①

| 정답 선택률 | ① 68.72% | ② 2.14% | ③ 18.39% | ④ 7.49% | ⑤ 3.17% |

정답해설
① '어지럽게 덧붙거나 겹쳐 있는 모양.'을 뜻하는 표준어는 '덕지덕지'이므로 적절하다.

오답분석
② '먹은 것이 되넘어 올 것같이 속이 울렁거리는 느낌이 있다.'는 뜻의 표준어는 '매스껍다'이므로 '매시껍다'는 적절하지 않다.
③ '노엽거나 분한 마음.'을 뜻하는 표준어는 '부아'이므로 '부화'는 적절하지 않다.
④ '사람이나 동물이 좁은 곳에 많이 모여 활발하게 움직이다.'는 뜻의 표준어는 '박신거리다'이므로 '박실거리다'는 적절하지 않다.
⑤ '맛을 보도록 조금 내놓은 음식'을 뜻하는 표준어는 '맛보기'이므로 '맛빼기'는 적절하지 않다.

※ 출처: 국립국어원, 표준국어대사전(stdict.korean.go.kr)

또 나올 기출개념
표기상 틀리기 쉬운 어휘 '곱빼기'
곱배기(×) → 곱빼기(○)

---

38 표준어 규정 어휘 선택의 변화에 따른 표준어 정답 ②

| 정답 선택률 | ① 0.64% | ② 71.25% | ③ 6.95% | ④ 9.55% | ⑤ 11.49% |

정답해설
② 당연히(×)→공연스레/괜히(○): '궈년시리'는 '까닭이나 실속이 없는 데가 있게.'라는 뜻으로, 이에 대응하는 표준어는 '까닭이나 실속이 없는 데가 있게.'를 뜻하는 '공연스레'나, '아무 까닭이나 실속이 없게.'를 뜻하는 '괜히'가 적절하다. 따라서 '궈년시리'에 대응하는 표준어가 '당연히'라는 ②는 적절하지 않다. 참고로, '당연히'는 '일의 앞뒤 사정을 놓고 볼 때 마땅히 그러하게.'를 뜻한다.

오답분석
① 흉보시고서(○): '숭보다'는 '남의 결점을 들어 말하다.'라는 뜻으로, 이에 대응하는 표준어는 '흉보다'가 적절하다.
③ 왜(○): '무사'는 '무슨 까닭으로. 또는 어째서.'라는 뜻으로, 이에 대응하는 표준어는 '왜'가 적절하다.
④ 함부로(○): '아무따나'는 '조심하거나 깊이 생각하지 아니하고 마음 내키는 대로 마구.'라는 뜻으로, 이에 대응하는 표준어는 '함부로'가 적절하다.
⑤ 모든/전부(○): '옴시레기'는 '일정한 수효나 양을 빠짐없이 다.'라는 뜻으로, 이에 대응하는 표준어는 '모든'이나 '전부'가 적절하다.

※ 출처: 국립국어원, 지역어 종합 정보 사이트(https://dialect.korean.go.kr/dialect/)

또 나올 기출개념
품사가 '부사'인 표준어와 방언의 대응

표준어	방언
깜박	깜뭇
도리어	뎁세
상당히	솔찬히

---

39 표준어 규정 표준 발음법 정답 ⑤

| 정답 선택률 | ① 2.73% | ② 3.12% | ③ 24.67% | ④ 24.85% | ⑤ 44.49% |

정답해설
⑤ 한자어에서 'ㄹ' 받침 뒤에 연결되는 'ㅅ'은 된소리로 발음하나, 일부 한자어는 예외적으로 'ㅅ'이 된소리로 발음되지 않는다. 한자어 '실소득(實所得)'은 'ㄹ' 받침 뒤에 'ㅅ'이 연결되지만 된소리로 발음하지 않는 예외 단어이므로 [실소득]으로 발음해야 한다.

오답분석
① 한자어에서 'ㄹ' 받침 뒤에 연결되는 'ㄷ'은 된소리로 발음한다. 한자어 '갈등(葛藤)'은 'ㄹ' 받침 뒤에 'ㄷ'이 연결되고 있으므로 [갈뜽]으로 발음해야 한다.
② 한자어에서 'ㄹ' 받침 뒤에 연결되는 'ㄷ'은 된소리로 발음한다. 한자어 '발달(發達)'은 'ㄹ' 받침 뒤에 'ㄷ'이 연결되고 있으므로 [발딸]로 발음해야 한다.
③ 한자어에서 'ㄹ' 받침 뒤에 연결되는 'ㅅ'은 된소리로 발음한다. 한자어 '몰상식(沒常識)'은 'ㄹ' 받침 뒤에 'ㅅ'이 연결되고 있으므로 [몰쌍식]으로 발음해야 한다.
④ 한자어에서 'ㄹ' 받침 뒤에 연결되는 'ㅅ'은 된소리로 발음한다. 한자어 '불세출(不世出)'은 'ㄹ' 받침 뒤에 'ㅅ'이 연결되고 있으므로 [불쎄출]로 발음해야 한다.

※ 출처
- 국립국어원, 우리말샘(opendic.korean.go.kr)
- 국립국어원(2018), 「한글 맞춤법, 표준어 규정 해설」

또 나올 기출개념

한자어의 된소리되기

- 한자어에서, 'ㄹ' 받침 뒤에 연결되는 'ㄷ, ㅅ, ㅈ'은 된소리로 발음한다.
  예) 갈등[갈뜽], 말살[말쌀], 물질[물찔], 몰상식[몰쌍식]
- 다만, 같은 한자가 겹쳐진 단어의 경우에는 된소리로 발음하지 않는다.
  예) 허허실실[허허실실](虛虛實實), 절절-하다[절절하다](切切-)

★★☆
40 외래어 표기법 외래어의 표기 정답 ⑤

| 정답 선택률 | ① 9.31% | ② 14.12% | ③ 16.50% | ④ 18.51% | ⑤ 41.44% |

정답해설

⑤ 브로슈어(O): '설명, 광고, 선전 따위를 위하여 만든 얇은 책자.'를 뜻하는 'brochure[brəʊʃə]'에서 [ʃ]는 '슈'로 표기한다. 따라서 '브로슈어'는 올바른 외래어 표기이다.

오답분석

① 본네트(X)→보닛(O): '자동차의 엔진이 있는 앞부분의 덮개.'를 뜻하는 'bonnet[bɒnɪt]'에서 [ɪ]는 '이'로 표기하며 짧은 모음 뒤에 오는 [t]는 받침으로 적는다. 따라서 올바른 외래어 표기는 '보닛'이다.

② 커트(X)→컷(O): '한 번의 연속 촬영으로 찍은 장면을 이르는 말.'을 뜻하는 'cut[kʌt]'에서 짧은 모음 뒤에 오는 [t]는 받침으로 적는다. 따라서 올바른 외래어 표기는 '컷'이다. 참고로, '전체에서 일부를 잘라내는 일. 또는 진행되던 일을 중간에서 차단하는 일.'을 뜻하는 'cut[kʌt]'는 관용적으로 굳어진 말인 '커트'로 표기한다.

③ 크로아상(X)→크루아상(O): '초승달 모양으로 만든 작은 빵.'을 뜻하는 'croissant[kʀwasɑ̃]'에서 [w]는 '우'로 적는다. 따라서 올바른 외래어 표기는 '크루아상'이다.

④ 비지니스(X)→비즈니스(O): '어떤 일을 일정한 목적과 계획을 가지고 짜임새 있게 지속적으로 경영함. 또는 그 일'을 뜻하는 'business[bɪznəs]'에서 자음 앞에 오는 [z]는 '즈'로 적는다. 따라서 '비즈니스'로 표기해야 한다.

※ 출처
- 국립국어원, 표준국어대사전(stdict.korean.go.kr)
- 문화체육관광부 고시 제2017-14호(2017. 3. 28.), 외래어 표기법, 국립국어원

또 나올 기출개념

빈출 외래어 표기

올바른 표기	잘못된 표기
렌터카(rent-a-car)	렌타카, 랜트카
리더십(leadership)	리더쉽, 리이더쉽
스태프(staff)	스탭, 스탶

★★☆
41 로마자 표기법 국어의 로마자 표기 정답 ③

| 정답 선택률 | ① 5.57% | ② 23.62% | ③ 50.70% | ④ 16.43% | ⑤ 3.44% |

정답해설

③ 연희동[연히동] Yeonhidong(X)→Yeonhuidong(O): 국어의 로마자 표기법에 따르면 'ㅢ'는 'ㅣ'로 소리 나더라도 'ui'로 적어야 한다. 따라서 '연희동'은 'Yeonhuidong'으로 표기해야 한다.

오답분석

① 별내[별래] Byeollae(O): 국어의 로마자 표기법에 따르면 자음 사이에서 동화 작용이 일어나는 경우에는 음운 변화의 결과를 표기에 반영하므로 '별내[별래]'는 'Byeollae'로 표기한다.

② 신문로[신문노] Sinmunno(O): 국어의 로마자 표기법에 따르면 자음 사이에서 동화 작용이 일어나는 경우에는 음운 변화의 결과를 표기에 반영하므로 '신문로[신문노]'는 'Sinmunno'로 표기한다.

④ 학여울[항녀울] Hangnyeoul(O): 국어의 로마자 표기법에 따르면 'ㄴ, ㄹ'이 덧나는 경우에는 음운 변화의 결과를 표기에 반영하므로 '학여울[항녀울]'은 'Hangnyeoul'로 표기한다.

⑤ 흑석동[흑썩똥] Heukseokdong(O): 국어의 로마자 표기법에 따르면 된소리되기는 표기에 반영하지 않으므로 '흑석동[흑썩똥]'은 'Heukseokdong'으로 표기한다.

※ 출처: 문화체육관광부 고시 제2014-42호(2014. 12. 5.), 국어의 로마자 표기법, 국립국어원

또 나올 기출개념

지역명과 관련된 로마자 표기

종로구(Jongno-gu), 청량리(Cheongnyangni), 강남대로(Gangnam-daero)

★★☆
42 정확한 문장 어법에 맞는 표현 정답 ⑤

| 정답 선택률 | ① 5.79% | ② 13.04% | ③ 8.52% | ④ 23.47% | ⑤ 48.98% |

정답해설

⑤ 인간은 자연을 지배하는 대상이 아니라 복종하는 대상으로(X)→인간은 자연을 지배하는 대상이 아니라 자연에 복종하는 대상으로(O): 서술어 '복종하는'과 호응하는 부사어가 생략된 문장이므로 '자연에'를 추가하여 고쳐 쓰는 것이 적절하다. 따라서 어법에 맞지 않은 문장은 ⑩이다.

※ 출처: 우리문화신문(2024. 11. 24.) 정운복의 아침시평

또 나올 기출개념

서술어에 호응하는 부사어가 생략된 문장

예) • 할아버지께서는 기분이 좋으셨는지 용돈을 주셨다. (X)
  → 할아버지께서는 기분이 좋으셨는지 우리들에게 용돈을 주셨다. (O)
• 인간은 환경을 지배하기도 하고, 때로는 순응하면서 산다. (X)
  → 인간은 환경을 지배하기도 하고, 때로는 환경에 순응하면서 한다. (O)

43 정확한 문장 어법에 맞는 표현 정답 ②

| 정답 선택률 | ① 31.75% | ② 22.96% | ③ 27.87% | ④ 13.82% | ⑤ 3.44% |

정답해설
② '-ㅂ시다'의 상대 높임법 등급은 '하오체'이다. 이와 동일한 상대 높임법 등급이 쓰인 것은 ②의 '-는구려'이다.

오답분석
① '-세'의 상대 높임법 등급은 '하게체'이다.

> 📑 하게체 '-세'
> 어떤 행동을 함께 하자는 뜻을 나타내는 청유형 종결어미
> 예 구경하러 가세

③ '-십시오'의 상대 높임법 등급은 '합쇼체(하십시오체)'이다.
④ '-어요'의 상대 높임법 등급은 '해요체'이다.
⑤ '-자'의 상대 높임법 등급은 '해라체'이다.

※ 출처
- 국립국어원, 우리말샘(opendic.korean.go.kr)
- 이관규(2002), 『학교 문법론』(개정판), 도서출판월인.

또 나올 기출개념
격식체 '하십시오체'의 종결어미

-ㅂ니까	예 몇 시에 오시렵니까?
-ㅂ지요	예 내일 갑지요.
-ㅂ니까	예 얼마나 기쁩니까?

45 정확한 문장 번역 투 표현 정답 ②

| 정답 선택률 | ① 8.62% | ② 74.71% | ③ 4.20% | ④ 5.33% | ⑤ 6.97% |

정답해설
② '~에 다름 아니다'는 일본어 '~に ほかならない'을 직역한 표현이며, 이를 고친 '~에 틀림없다'도 일본식 표현이다. '근무 태만 행위에 다름 아니다.'는 '~와 다름없다', '~가 틀림없다'를 사용하여 '근무 태만 행위와 다름없다', '근무 태만 행위가 틀림없다'와 같이 고치는 것이 옳다.

오답분석
① '~을 필요로 하다'는 영어 'need ~'를 직역한 표현이다. 따라서 '한 사람이 필요로 하는'을 '한 사람에게 필요한'으로 고친 것은 옳다.
③ '~을(를) 요하다'는 일본어 'よう(要)する'를 직역한 표현이다. 따라서 '주의를 요하는'을 '주의해야 하는'으로 고친 것은 옳다.
④ '~에 의하여'는 영어 'by ~'를 직역한 표현이다. 따라서 '김 씨가 순경에 의해 연행됐다'를 '김 씨를 순경이 연행했다'로 고친 것은 옳다.
⑤ '~이 요구되다'는 영어 'be required of'를 직역한 표현이다. 따라서 '책임자의 현명한 판단이 요구된다'를 '책임자가 현명하게 판단해야 한다'로 고친 것은 옳다.

※ 출처: 이수열(2014), 『이수열 선생님의 우리말 바로 쓰기』, 현암사.

또 나올 기출개념
번역 투 '~에 대하여/대한'
'~에 대하여/대한'은 영어 'about'을 우리말 그대로 옮긴 표현으로 '~은/는' 또는 '~을/를'로 고쳐쓸 수 있다.
예 향후 계획 등에 대하여 논의했다.(×) → 향후 계획 등을 논의했다.(○)

44 정확한 문장 어법에 맞는 표현 정답 ②

| 정답 선택률 | ① 1.55% | ② 62.34% | ③ 11.12% | ④ 18.63% | ⑤ 6.19% |

정답해설
② 서술어 '보고 싶다'의 주어(선생님)가 명확하므로 중의문이 아니다.

오답분석
① '학생이 다 출석하지 않았다.'는 '학생이 모두 결석했다.' 또는 '출석하지 않은 학생이 좀 있다.'로 해석될 수 있으므로 중의문이다.
③ '철수는 순희보다 영자를 더 좋아한다.'는 '철수가 순희를 좋아하는 것보다 영자를 더 좋아한다.' 또는 '철수와 순희는 영자를 좋아하는데, 철수가 더 좋아한다'로 해석될 수 있으므로 중의문이다.
④ '동생은 어떤 사람이든지 만나고 싶어 한다.'는 '동생은 누구를 막론하고 많은 사람을 만나고 싶어한다.' 또는 '어떤 사람이든지 동생을 만나고 싶어한다'로 해석될 수 있으므로 중의문이다.
⑤ '솔직하고 성실한 철수의 대답에 공감이 갔다.'는 관형어 '솔직하고 성실한'이 '철수'를 꾸밀 수도 있고 '대답'을 꾸밀 수도 있으므로 중의문이다.

※ 출처: 임지룡(1995), 『국어 의미론』, 탑출판사.

또 나올 기출개념
수량 표현 '모든'과 부정 표현에 의한 중의성
예 모든 아이들이 음악을 좋아하지 않는다.
→ 모든 아이들이 음악을 좋아하는 것은 아니다. (일부 아이들만 음악을 좋아한다.)
→ 아이들은 모두 음악을 좋아하지 않는다. (음악을 좋아하는 아이는 없다.)

쓰기(46번~50번)

회차별 평균 정답률

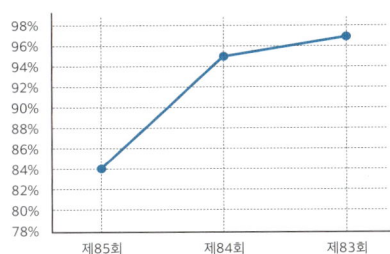

→ 제85회 쓰기 평균 정답률은 약 85%로, 2025년 상반기 기출 중에서 가장 어려웠다. 5문제 중 '난이도 하'는 4문제, '난이도 중'은 1문제 출제됐고, '난이도 상' 문제는 없었다.

평가 요소별 문제 수 & 최다 출제 평가

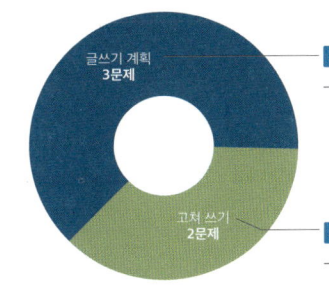

최다출제 1위 글쓰기 계획
→ '글쓰기 계획' 3문제는 '계획하기', '자료의 활용', '개요 작성'이 1문제씩 출제된다. 전체적인 평가 요소의 변화가 거의 없는 영역이다.

최다출제 2위 고쳐 쓰기
→ '고쳐 쓰기' 2문제는 '미시적 점검'과 '거시적 점검'이 1문제씩 출제된다. 단어 단위로 고쳐 쓰는 방법과 글 주제에 맞는 올바른 문장을 추가하는 방법을 찾는 문제이다.

---

46 글쓰기 계획 | 계획하기 ★☆☆ 정답 ②

| 정답선택률 | ① 1.77% | ② 84.48% | ③ 8.13% | ④ 2.19% | ⑤ 3.31% |

정답해설

② • ㄱ. 1문단 3번째 줄 '어떤 일이 벌어질까.', 3문단 1~2번째 줄 '이유는 무엇일까.' 등 묻고 답하는 방식을 활용하여 독자의 관심을 유도하고 있으므로 ㄱ은 적절하다.
• ㄷ. 1문단 2~3번째 줄에서 이동권이 사라진다는 문제 상황을 독자의 상황으로 가정하여 문제 해결의 필요성을 전달하고 있으므로 ㄷ은 적절하다.

오답분석

• ㄴ. 장애인 이동권을 보장해야 한다는 논지로 글이 진행되고 있으며 대비되는 견해는 제시되고 있지 않으므로 ㄴ은 적절하지 않다.
• ㄹ. 전문가의 주장을 직접 인용한 내용은 제시되지 않았으므로 ㄹ은 적절하지 않다. 참고로, 내용의 신뢰성을 높이는 방안으로 전문가의 견해를 인용하거나 출처를 밝히는 등의 방법이 있다.

※ 출처
· 2023 교통약자 이동편의 실태조사(국토교통부)
· 2023년 장애인 실태조사 결과(보건복지부)
· 기본권으로서의 장애인의 이동권(박창석)
· 불편한 기다림의 연속 '장애인콜택시' 제도적 개선 시급(복지뉴스)
· 장애인 특별교통수단·저상버스 지역간 격차 불균형 심각(복지뉴스)
· 숫자에 가려진 '장애인 이동권'…94% 승강기 설치하면 뭐합니까(한겨레)
· 연말까지 '1역사 1동선' 달성, 교통약자 위한 서울 만든다(웰페어뉴스)
· 장애인 이동권은 완성된 것일까(프레시안)
· 외출이 두렵다, 이동이 어렵다 [인포그래픽](시사인)
· 장애인이 외출하지 않은 이유, '딱 하나' 아니다(시사인)
· 휠체어 이용 장애인의 MBTI가 'J'로 끝나는 이유(시사인)

💡 **이렇게 풀면 정답**
지문을 먼저 분석할 필요 없이, <글쓰기 계획>에서 '묻고 답하는 방식, 대비되는 견해' 등의 쓰기 방식 키워드를 찾고, 해당 방식이 지문에 적용됐는지 빠르게 확인한다.

---

47 글쓰기 계획 | 자료의 활용 ★★☆ 정답 ④

| 정답선택률 | ① 1.20% | ② 17.31% | ③ 13.09% | ④ 62.88% | ⑤ 5.45% |

정답해설

④ 전남의 저상 버스 보급률은 충남의 저상 버스 보급률보다 낮으나, 전남의 배차 간격은 충남의 배차 간격보다 약 2배 정도 짧다. 또한 제주의 저상 버스 보급률과 인천의 저상 버스 보급률은 비슷하지만, 인천의 배차 간격이 제주의 배차 간격보다 약 2배 정도 짧다. 따라서 지역별 저상 버스 보급률이 배차 간격의 원인이라고 볼 수 없으므로 윗글에 추가할 수 있는 자료로 적절하지 않다.

오답분석

① (가)의 벨기에 OO 대학은 장애인 관련 편의 시설에 대한 정보를 홈페이지의 학교 건물 지도에 충분히 제공하여 정보 수용자의 탐색 비용을 줄여주었다. 따라서 이를 활용하여 교통 약자를 위한 편의 시설에 대한 정보를 충분히 제공하는 것도 이동권 증진에 도움이 될 수 있다는 내용을 추가하는 것은 적절하다.
② (나)에는 휠체어를 이용하는 장애인도 1층을 공유하여 인간다운 삶을 살 수 있도록 하는 내용이 담겨 있다. 따라서 이를 활용하여 이동권이 인간다운 삶을 위한 권리라는 내용을 뒷받침하는 것은 적절하다.
③ (다)에는 이동권 제한으로 인한 교육적 배제 때문에 당사자가 자살을 생각했다는 내용이 제시되어 있다. 따라서 이동권 제한이 당사자에게 심리적으로 큰 영향을 미친다는 내용을 추가하는 것은 적절하다.
⑤ (마)에는 휠체어를 이용하는 장애인이 느끼는 대중의 부정적인 인식에 대한 우려가 담겨 있다. 따라서 이를 활용하여 장애인 이동권에 대한 사회적 인식 전환의 필요성을 강조하는 내용을 뒷받침하는 것은 적절하다.

💡 **이렇게 풀면 정답**
<글쓰기 자료>와 선택지를 직접 비교해 정답을 찾을 수 있는 유형은, 먼저 지문을 읽기보다 <글쓰기 자료>와 선택지를 대응하는 것이 시간 절약에 효과적이다. 이때 자료와 선택지가 일치한다면, 지문과의 관련성을 확인해 최종 정답을 판단한다.

48 글쓰기 계획 개요 작성   정답 ⑤

| 정답 선택률 | ① 1.10% | ② 2.63% | ③ 6.65% | ④ 4.49% | ⑤ 85.02% |

정답해설
⑤ Ⅳ-3의 의미를 명확화할 필요는 있으나, 윗글에 '지하철 관리 인력 확보'에 대한 내용은 제시되지 않았으므로 이는 적절하지 않다.

오답분석
① Ⅰ-2는 '장애인 이동권'이라는 윗글의 주제와 관련이 없는 시민 이동권과 자동차 제한 정책에 대한 내용이므로 삭제하는 것이 적절하다.
② Ⅱ-1은 '이동권의 의미'를 다룬 Ⅰ과 관련성이 높으므로, Ⅰ의 하위 항목으로 이동하는 것이 적절하다.
③ Ⅲ은 문제를 해결하는 방안을 다루고, Ⅳ는 문제 발생 원인을 다루고 있으므로 글의 일반적인 '문제-해결' 구조를 고려할 때 Ⅲ과 Ⅳ의 순서를 교체하는 것이 적절하다.
④ Ⅳ의 하위 항목들은 문제 발생 원인에 대한 내용이며 문제 개선 방법에 대한 내용이 아니다. 따라서 Ⅳ는 '이동권 저해 요인'으로 수정하는 것이 적절하다.

💡 이렇게 풀면 정답
<개요>의 항목은 지문의 문단과 일대일로 대응된다. 즉, 개요 'Ⅰ.'의 내용은 지문의 1문단 내용이다. 따라서 <개요>의 항목을 각 문단과 비교하며 선택지를 소거하면서 빠르게 정답을 찾는다.

49 고쳐 쓰기 미시적 점검   정답 ③

| 정답 선택률 | ① 0.49% | ② 1.89% | ③ 95.11% | ④ 1.40% | ⑤ 1.03% |

정답해설
③ '한편'은 '두 가지 상황을 말할 때, 한 상황을 말한 다음, 다른 상황을 말할 때 쓰는 말.'이다. ⓒ 앞에서는 이동권 제한과 관련한 설문 조사 결과가 제시되고, ⓒ 뒤에서는 설문조사 결과를 분석한 내용이 이어지고 있다. 따라서 ⓒ의 앞뒤 내용이 공통적인 내용을 다루고 있으므로 '한편'으로 수정하는 것은 적절하지 않다. 참고로, 앞 내용을 뒤에서 이어받는 말인 '이처럼'을 유지하는 것이 적절하다.

오답분석
① '연결한다'는 자동사이므로 주어인 '이동은'과 호응하지 않는다. 따라서 피동 표현 '연결된다'로 수정하는 것은 적절하다.
② '치루다'는 표준어가 아니므로 '무슨 일을 겪어 내다.'를 뜻하는 표준어 '치르다'로 수정하는 것은 적절하다.
④ 주어진 문장에서 서술어 '겪는다'의 주체는 생략된 '이들(휠체어를 탄 이들)'이지 '인도, 경사로, 상황 등'이 아니다. '인도, 경사로, 상황 등'은 '이들(휠체어를 탄 이들)'이 어려움을 겪게 하는 원인이다. 따라서 사동 표현인 '겪게 한다'로 수정하는 것은 적절하다.
⑤ '용이하다'는 '어렵지 아니하고 매우 쉽다.'는 뜻으로 이미 '쉽다'는 의미가 내재해 있다. 따라서 '용이하다' 앞의 '쉽고'는 불필요하게 의미가 중복되는 단어이므로 삭제하는 것은 적절하다.

💡 이렇게 풀면 정답
'수정한 표현'을 '수정 전 문장'에 대입하여 문장의 의미와 뉘앙스, 문법이 모두 자연스러운지 검토한다.

50 고쳐 쓰기 거시적 점검   정답 ①

| 정답 선택률 | ① 97.45% | ② 0.47% | ③ 0.81% | ④ 0.81% | ⑤ 0.37% |

정답해설
① <보기>에는 장애인 이동권 문제가 해결될 경우, 장애인뿐만 아니라 노인, 임산부, 유아차 이용자 등 모든 교통 약자의 이동의 질이 향상되고 삶이 개선될 것이라는 내용이 제시되어 있다. 따라서 이는 문제 해결에 따른 사회적 파급 효과를 강조하는 것이라고 볼 수 있다.

오답분석
② <보기>에는 기존 정책의 한계를 제시하고 있지 않으므로 적절하지 않다.
③ <보기>에는 문제 상황이 지속될 경우 예상되는 전망이 아니라, 문제 상황이 해결될 경우 예상되는 긍정적 전망이 제시되어 있으므로 적절하지 않다.
④ <보기>에는 실현 가능한 문제 해결 방안이 구체적으로 제시되어 있지 않으므로 적절하지 않다.
⑤ <보기>에서 문제 해결을 위해서는 원인 파악이 시급하다는 내용을 제시하고 있지 않으므로 적절하지 않다.

💡 이렇게 풀면 정답
<보기>의 내용에서 정답이 유추되므로 지문을 다시 읽을 필요 없이, <보기>의 핵심 논지나 의도를 짚어 낸다.

창안 (51번~60번)

회차별 평균 정답률

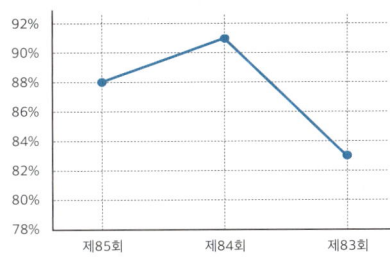

→ 제85회 창안 평균 정답률은 약 88%로, 2025년 상반기 기출 중에서 보통 수준의 난이도였다. 10문제 중 '난이도 하'는 8문제, '난이도 중'은 2문제 출제됐고, '난이도 상' 문제는 없었다.

평가 요소별 문제 수 & 최다 출제 평가

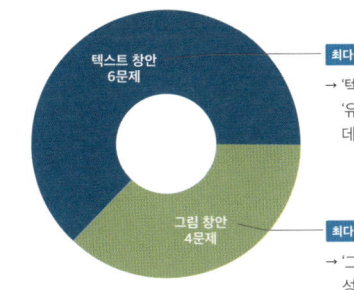

최다출제 1위 텍스트 창안
→ '텍스트 창안'은 6문제로, 창안에서 가장 많이 출제된다. 그중 '유비 추론을 활용한 내용 생성'이 5문제로 가장 많이 나오는데, 유사성을 추론하는 문제이다.

최다출제 2위 그림 창안
→ '그림 창안'은 4문제이며, 그중 '구체적 그림을 활용한 내용 생성'이 3문제 출제된다. 그림의 주제를 분석하고 두 그림의 특징을 대조하는 문제이다.

★☆☆ = 난도 하
★★☆ = 난도 중
★★★ = 난도 상

---

51 ★☆☆ 텍스트 창안 — 유비 추론을 활용한 내용 생성 정답 ④

정답 선택률	① 3.95%	② 0.86%	③ 0.37%	④ 92.93%	⑤ 1.87%

정답해설

④ [A]의 펭귄은 육지와 바다 모두에서 활동할 수 있게 신체가 발달하였고, <보기>의 겉씨식물은 추운 날씨에 물을 운반하기 위해 헛물관이 발달했다. 둘은 모두 환경에 대응할 수 있는 능력을 갖추고 있다는 공통점이 있으므로 공통적으로 이끌어 낼 수 있는 교훈으로 가장 적절한 것은 '주어진 환경에 적응하는 유연함'이라고 볼 수 있다.

오답분석

① [A]와 <보기> 모두 다른 대상들과 상호 의존하고 연대하는 특징은 제시되지 않았으므로 적절하지 않다.
② [A]와 <보기> 모두 시행착오를 겪고 성장한다는 특징은 제시되지 않았으므로 적절하지 않다.
③ [A]와 <보기> 모두 소통을 통해 갈등을 해결하는 내용은 제시되지 않으므로 적절하지 않다.
⑤ [A]와 <보기> 모두 다른 대상과 자신을 비교하는 내용은 제시되지 않으므로 적절하지 않다.

※ 출처: 아빠 황제펭귄들의 협력, https://youtu.be/z_ACeZV7skU?feature=shared

💡 **이렇게 풀면 정답**

[A] 부분과 <보기>만 빠르게 읽고, 주제를 추론한다. 이를 중심으로 공통점을 찾아 교훈을 도출한다.

예 • [A]: 펭귄은 물속, 육지 모두 활동하도록 신체 조건이 발달했다.
   • <보기>: 헛물관은 추위에도 물을 운반할 수 있다.
   → 환경(물속, 육지/추위)에 대응하는 능력

---

52 ★☆☆ 텍스트 창안 — 유비 추론을 활용한 내용 생성 정답 ⑤

정답 선택률	① 7.19%	② 0.56%	③ 4.35%	④ 4.35%	⑤ 83.48%

정답해설

⑤ 펭귄은 섣불리 바다에 들어갔다가는 천적인 바다표범이나 물개의 먹이가 될 수 있다. 하지만 먹이를 구하려면 바다에 뛰어들어야 하므로 어느 한 펭귄 개체가 먼저 바다에 뛰어들면 그 뒤를 이어 다른 펭귄들이 물속으로 뛰어든다. 이러한 펭귄의 특징을 통해 두려움 없이 도전하는 모습을 유추할 수 있다. 따라서 ㉠을 기업 경영 전략에 비유할 때, 이끌어 낼 수 있는 내용으로 가장 적절한 것은 ⑤이다.

오답분석

① 중요한 결정을 내릴 때 다수의 합의를 따르는 것은 두려움을 이겨낸 도전 정신과 관련 없으므로 적절하지 않다.
② 고충 해결을 위한 조직 내 소통 창구를 마련하는 것은 두려움을 이겨낸 도전 정신과 관련 없으므로 적절하지 않다.
③ 정확한 정보에 기초한 의사 결정을 내리는 것은 두려움을 이겨낸 도전 정신과 관련 없으므로 적절하지 않다.
④ 권한과 역할을 적절하게 배분하는 것은 두려움을 이겨낸 도전 정신과는 관련 없으므로 적절하지 않다.

💡 **이렇게 풀면 정답**

㉠의 핵심 내용을 먼저 파악하고, 이와 결이 비슷한 선택지를 찾는다.

예 ㉠: 천적의 먹이가 될 수 있음에도 바다에 뛰어든 펭귄을 따라 뛰어드는 펭귄들의 모습
→ ⑤ 기업의 성장(먹이)을 위해 실패를 두려워하지 않고 도전(뛰어드는 행동)하는 자세가 필요하다.

53 텍스트 창안 조건에 맞는 내용 생성   정답 ②

| 정답선택률 | ① 1.40% | ② 93.13% | ③ 0.32% | ④ 0.27% | ⑤ 4.84% |

정답해설
② ⓒ '황제펭귄'은 허들링이라는 방식으로 서로 도우며 추위 속에서 체온을 유지한다. 즉, 협동을 통해 시련을 버티는 것이다. 이러한 황제펭귄의 입장에서 조별 과제 대신 개인 과제를 하고 싶다고 하는 철수에게 할 수 있는 말은 협동하는 것의 장점을 얘기해 주는 것이다. 따라서 함께 가면 멀리 갈 수 있다는 내용이 조언으로 가장 적절하다.

오답분석
① 겸손과 경청의 태도를 갖춰야 한다는 조언은 협동의 장점과 관련 없으므로 적절하지 않다.
③ 불가능한 일을 욕심내지 말라는 조언은 협동의 장점과 관련 없으므로 적절하지 않다.
④ 타인을 좇는 태도가 아닌 타인을 이끄는 리더가 되라는 조언은 협동의 장점과 관련 없으므로 적절하지 않다.
⑤ 다양한 사람들이 모인다는 데서 협동이 태도가 드러나지만, 허들링의 장점은 넓은 시야를 갖는 것이 아닌 힘든 상황에서도 함께 오래 버틸 수 있다는 것이므로 적절하지 않다.

54 그림 창안 구체적 그림을 활용한 내용 생성   정답 ③

| 정답선택률 | ① 0.44% | ② 0.17% | ③ 74.17% | ④ 24.67% | ⑤ 0.39% |

정답해설
③ (가)와 (나)는 모두 시각적인 결과도 동반한다.

오답분석
① (가)는 식물 생장 과정에서 이루어지며, (나)는 언어를 표현하는 과정에서 이루어지므로 적절하다.
② (가)와 (나)의 목적은 각각 식물의 성장과 글의 완성도라는 결과물의 질적 향상이므로 적절하다.
④ (가)와 (나)는 모두 제거하기 전에 제거할 부분을 판단해야 한다. 따라서 제거한다는 외적인 활동 결과가 제거할 부분을 미리 판단하는 내적인 사고 과정을 포괄하고 있으므로 적절하다.
⑤ (가)와 (나)는 모두 현재 상태를 더 낫게 만들려는 조정 과정이므로 적절하다.

> **이렇게 풀면 정답**
> 주어진 그림이나 그림의 관계를 먼저 분석할 필요 없이, 선택지에 해석된 그림의 설명이 적절한지 아닌지만 판단한다.

55 그림 창안 시각 리터러시   정답 ④

| 정답선택률 | ① 1.25% | ② 0.15% | ③ 4.86% | ④ 93.25% | ⑤ 0.47% |

정답해설
④ '가지치기'는 불필요한 요소 제거라는 단일 기능에 한정된다면 '퇴고하기'는 내용을 추가하고 재구성하는 과정이 포함된 복합적 조정 과정이므로 ④는 적절하다.

오답분석
① 두 행위의 목적은 질을 향상해 결과를 바꾸는 것이므로, 과정 정리에 초점을 맞추었다고 보기 어렵다.
② '가지치기'와 '퇴고하기' 모두 제거와 수정이 필요한 부분을 선택하고 판단하는 사고 과정이 필요하다. 따라서 '퇴고하기'는 기계적으로 수정하면 된다는 설명은 적절하지 않다.
③ '퇴고하기'는 삭제하는 것에만 국한된 것이 아닌, 내용을 추가하고 수정하며 재구성하는 과정이 포함되므로 적절하지 않다.
⑤ 두 행위 모두 의도적이고 인위적으로 조정하는 행위이므로 적절하지 않다.

56 텍스트 창안 유비 추론을 활용한 내용 생성   정답 ⑤

| 정답선택률 | ① 0.52% | ② 0.56% | ③ 0.27% | ④ 0.17% | ⑤ 98.45% |

정답해설
⑤ 책상 정리를 통해 꼭 필요한 물건만 남기고 나머지를 버려 집중력을 높인 사례는 (가)의 가지치기처럼 불필요한 요소를 제거해 핵심 기능을 향상시키는 사례이므로 적절하다.

오답분석
① 조형의 일부를 덧붙인 것은 가지치기의 불필요한 부분을 제거하는 행위와 반대되는 추가의 사례이므로 적절하지 않다.
② 아이디어를 늘리는 것은 제거하는 행위가 아닌 생산하고 축적하는 사례이므로 적절하지 않다.
③ 중요한 내용을 강조하는 행위는 제거하는 행위와 관련 없는 사례이므로 적절하지 않다.
④ 아이디어를 모아 보관하는 행위는 제거하는 행위와 반대되는 축적하고 보존하는 사례이므로 적절하지 않다.

> **이렇게 풀면 정답**
> 그림의 주제를 정리할 필요 없이, 선택지의 키워드가 그림과 어울리는지만 판단한다. 이 경우 그림은 '가지치기'이므로 ①의 '덧붙여', ②의 '양을 늘려' 등은 그림과 관련 없음을 바로 알 수 있다.

57 그림 창안 구체적 그림을 활용한 내용 생성   정답 ②

| 정답선택률 | ① 0.91% | ② 97.13% | ③ 0.39% | ④ 0.20% | ⑤ 1.33% |

정답해설
② 기사는 동물 유기와 동물 학대에 대한 것이다. 그러나 ②는 반려동물과 산책할 때 목줄을 착용하는 것이 안전한 반려동물 문화임을 강조하는 사례이다. 따라서 기사 내용과 무관하므로 적절하지 않다.

오답분석
① "아직 주인"이라는 문구와 "주인님을 찾"는다는 광고 사례로, 책임감 있는 주인의식을 강조하고 있으므로 적절하다.
③ "한때 따뜻한 집이 있었"다는 문구와 홀로 앉아 있는 강아지의 모습이 담긴 광고 사례로, 동물 유기의 문제를 지적하고 있으므로 적절하다.
④ 버리지 말고 평생 함께하자는 문구와 홀로 앉아 있는 강아지의 모습이 담

긴 광고 사례로, 동물 유기 문제를 지적하고 책임감 있는 주인의식을 강조하고 있으므로 적절하다.

⑤ "버리지 마세요"라는 문구와 쓰레기통에 들어가 있는 강아지의 모습이 담긴 광고 사례로, 동물 유기의 문제를 지적하고 있으므로 적절하다.

※ 출처
· 반려견 2번 버린 비정한 주인..."인식칩은 사라져"(KBS뉴스, 2024년 1월 15일)
· 한국방송광고진흥공사, www.kobaco.co.kr
· 동물자유연대, animals.or.kr

💡 이렇게 풀면 정답

선택지의 내용만으로도 쉽게 정답을 찾을 수 있다. 만약 시간이 부족해 글을 읽을 시간이 없다면 선택지끼리 비교하여 이질적인 주제의 그림을 찾는다.

★★☆

58 그림 창안 구체적 그림을 활용한 내용 생성   정답 ⑤

| 정답
선택률 | ① 0.10% | ② 1.06% | ③ 36.58% | ④ 7.81% | ⑤ 54.41% |

정답해설

⑤ (가)와 (나)는 모두 올바른 반려동물 문화에 관한 포스터이다. 이 중 (가)는 반려동물을 일회용 비닐봉지처럼 여기고 가볍게 버리는 문제를 다루고 있고, (나)는 생명을 장난감처럼 생각하는 문제를 다루고 있다. 윗글에서도 반려견을 버리는 행위에 대해 다루고 있으므로 이 모두를 포괄하는 내용으로는 반려견을 쓸모 있을 때만 쓰고 버리거나 재미있는 장난감으로 생각하지 말고, 생명으로 존중해달라는 내용을 담은 ⑤가 가장 적절하다.

오답분석

① 반려동물을 생명으로 존중하자는 내용과 관련 없는 내용이므로 적절하지 않다.
② 사지 말고 입양하라는 것은 (가), (나)와 관련 없는 내용이므로 적절하지 않다.
③ 쓰고 버리는 일회용이 아니라는 것은 (가)에만 해당하는 내용이므로 적절하지 않다.
④ 장난감이 되었다는 내용은 (나)에만 해당하는 내용이므로 적절하지 않다.

※ 출처: 한국방송광고진흥공사, www.kobaco.co.kr

💡 이렇게 풀면 정답

'두 광고를 모두 포괄할 수 있는 문구'가 조건이므로, 각 그림의 특징을 단어로 정리하고, 선택지의 키워드와 비교한다.
예 · (가): 비닐 강아지 → 일회용품, 한 번 쓰고 버린다.
· (나): 인형뽑기 강아지 → 놀이 대상이다.

★☆☆

59 텍스트 창안 유비 추론을 활용한 내용 생성   정답 ③

| 정답
선택률 | ① 0.69% | ② 0.34% | ③ 97.74% | ④ 0.52% | ⑤ 0.69% |

정답해설

③ ㉠에서는 동일한 견해를 가진 사람들끼리 소통했을 때 편향된 사고가 강화되는 '반향실 효과'가 판단력을 흐려지게 하고 편향을 더 심화시킨다는 점을 설명하고 있다. <보기>에서는 실제로는 길이가 같은 두 개의 선분이 착시 현상으로 인해 길이가 다른 것처럼 보이는 사례가 제시되어

있다. 즉 ㉠과 <보기>는 자신이 옳다고 여기는 판단이 틀릴 수 있으므로 편향적인 사고에서 벗어나 비판적인 사고를 해야 한다는 내용을 공통적으로 담고 있다. 이를 바탕으로 유추할 수 있는 교훈은 내가 서 있는 곳만이 옳은 길이 아니라는 것을 인지해야 한다는 ③이다.

※ 출처
· 곽승욱 숙명여대 경영학부 교수, 「'끼리끼리' 폐쇄적 온라인 소통이 인식 오류 만든다」
· 「동아일보」 2020. 2. 19., https://www.donga.com/news/article/all/20200218/99767920/1

오답분석

① 직관으로 결정한다는 것은 편향적 사고를 벗어나 비판적 사고를 해야 한다는 내용과 관련 없으므로 적절하지 않다.
② 다수결 결정을 따르는 것은 비판적 사고를 하지 못한 행동이다. 따라서 편향적 사고를 벗어나 비판적 사고를 해야 한다는 내용과 반대되므로 적절하지 않다.
④ 근거 없이 처음이라는 이유만으로 처음의 결정을 고집하는 것은 비판적 사고를 하지 않는 행동이다. 따라서 비판적 사고를 해야 한다는 내용과 반대되므로 적절하지 않다.
⑤ 식견이 높은 사람에게 자문을 구하는 것과 편향적 사고를 벗어나 스스로 비판적 사고를 해야 한다는 내용과는 관련 없으므로 적절하지 않다.

💡 이렇게 풀면 정답

㉠의 요지와 그림의 주제를 정리하고, 둘에서 공통점을 찾는다. 그리고 각 선택지의 키워드가 공통점에 어울리는 내용인지 판단한다.
예 · ㉠: 편향된 사고는 정보에 대한 판단력을 떨어뜨린다.
· 그림: 두 선분의 길이는 같지만, 착시 효과로 인해 다르게 보인다.
→ 공통점: 내가 알고 있는 것이 사실과 다를 수 있다.

★☆☆

60 텍스트 창안 유비 추론을 활용한 내용 생성   정답 ④

| 정답
선택률 | ① 5.21% | ② 1.72% | ③ 0.27% | ④ 92.59% | ⑤ 0.17% |

정답해설

④ <보기>는 커뮤니티 운영자가 아무런 조치를 취하지 않음으로써 특정 의견만이 반복되고, 그와 다른 의견을 가진 사용자들이 이탈하게 된 상황을 보여 준다. 이는 반향실 효과의 전형적인 모습으로, 비슷한 의견만 지속적으로 노출될 때 사고의 균형이 무너지고 공동체의 다양성이 사라질 수 있음을 보여 준다. 이러한 반향실 효과를 막기 위해서는, 윗글에서 제시한 것처럼 운영자가 다양한 의견이 공존할 수 있도록 유도해야 한다. 따라서 가장 적절한 조언은 ④번이다.

오답분석

① 중립적인 내용만을 허용하는 방식은 논쟁 자체를 원천 차단해 의견의 다양성을 억압하는 방침이다. 이는 다양한 의견이 공존할 수 있도록 해야 한다는 윗글과 반대되는 방식이므로 ①은 적절하지 않다.
② 다수 입장을 중심으로 운영 방향을 정하는 방식은 소수 의견의 배제가 정당화되도록 하는 방침이다. 이로 인해 다양한 의견이 공존하지 못하게 되고 반향실 효과가 커질 수 있으므로 ②는 적절하지 않다.
③ <보기>에서 반향실 효과가 커진 문제가 발생한 원인은 커뮤니티 운영 원칙을 이용자의 자율에 맡기고 운영 개입을 최소화했기 때문이다. 따라서 ③은 적절하지 않다.
⑤ 표현의 자유를 지나치게 보장하면 왜곡된 정보나 과도한 편향이 조정되지 않고 유지될 수 있다. 이로 인해 반향실 효과가 커질 수 있으므로 ⑤는 적절하지 않다.

읽기(61번~90번)

★★★ = 난도 상
★★☆ = 난도 중
★☆☆ = 난도 하

회차별 평균 정답률

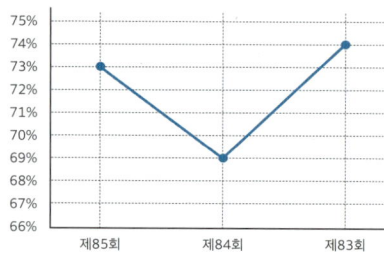

→ 제85회 읽기 평균 정답률은 약 73%로, 2025년 상반기 기출 3회분 중에서 보통 수준의 난이도였다. 30문제 중 '난이도 하'는 11문제, '난이도 중'은 17문제, '난이도 상'은 2문제 출제됐다.

평가 요소별 문제 수 & 최다 출제 평가

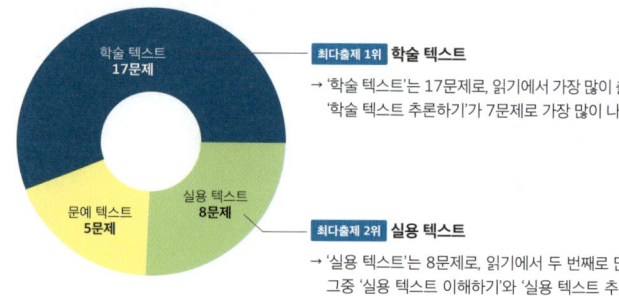

→ '학술 텍스트'는 17문제로, 읽기에서 가장 많이 출제된다. 그중 '학술 텍스트 추론하기'가 7문제로 가장 많이 나온다.

→ '실용 텍스트'는 8문제로, 읽기에서 두 번째로 많이 출제된다. 그중 '실용 텍스트 이해하기'와 '실용 텍스트 추론하기'가 2문제씩 나온다.

★★☆

61 문학 텍스트 문학 텍스트 이해하기   정답 ③

| 정답
선택률 | ① 0.44% | ② 0.88% | ③ 56.67% | ④ 24.97% | ⑤ 16.92% |

정답해설

③ 윗글은 면접시험에서 면접 평가자의 질문에 답을 하는 시적 화자의 모습을 그리고 있다. 화자는 이러한 상황을 부정적 현실로 보고 있는데, 이는 3~6연에서 면접 장소의 인상과 자신의 모습을 나타낸 부분에서 확인할 수 있다. 또한 마지막 7~8연에서 화자는 훗날 면접관으로서 똑같은 질문을 하기 위해, 눈사람처럼 녹거나 낙엽처럼 떨어지지 않았음을 결연한 어조로 표현하였다. 이를 통해 면접시험에서 떨어지지 않기 위해 답이 없는 질문에도 쉽게 물러서지 않았던 화자의 확고함을 엿볼 수 있다. 이러한 시적 화자의 결연한 어조는 문제적 상황이 개선의 여지가 없음을 전망하며, 면접에 대한 부정적인 인상을 강화한다. 따라서 결연한 어조를 통해 현실의 부정적 전망을 드러낸다는 설명이 가장 적절하다.

오답분석

① 4~5연에서 화자가 서 있음에도 불구하고 앉아 있는 면접관들보다 작다고 한 것과 가장 많이 떠들었음에도 오히려 귀가 아프다고 표현한 것은 역설에 해당한다. 그러나 윗글에서 감탄의 표현은 나타나지 않으므로 적절하지 않다.
② 활발한 움직임을 강조한 표현은 확인할 수 없으므로, 이를 강조하여 리듬감을 돋운다는 설명 또한 적절하지 않다.
④ 유사한 단어를 반복적으로 열거한 부분은 확인할 수 없으므로, 이러한 형식적 열거를 통해 특별히 주의를 불러일으킨다는 설명 또한 적절하지 않다.
⑤ 낙엽의 떨어짐(낙하), 눈사람의 녹음(융해) 등의 이미지가 환기되고 있기는 하나, 두 이미지를 서로 대조하거나 이를 통해 의식의 변화가 드러나지는 않으므로 적절하지 않다.

※ 출처: 오은(2013), 「면접」, 『(문학동네시인선 38) 우리는 분위기를 사랑해』 문학동네, 42쪽.

> **💡 이렇게 풀면 정답**
> 선택지의 '역설, 어조, 반복, 열거' 등의 표현 방식을 먼저 체크한 뒤, 지문에서 그 표현이 쓰였는지 확인하고, 쓰였다면 표현 효과까지 차례로 검토하며 판단한다. 표현 방식의 의미를 잘 모른다면, 지문에 그 표현 방식이 쓰였는지 확인할 수 없으므로 자주 나오는 표현 방식의 정의를 반드시 알아둔다.
> • 역설법: 표현 자체에 모순이 있지만, 속에 담긴 진실을 효과적으로 나타내는 수사법

★★☆

62 문학 텍스트 문학 텍스트 비판하기   정답 ⑤

| 정답
선택률 | ① 1.37% | ② 1.79% | ③ 1.96% | ④ 39.41% | ⑤ 55.34% |

정답해설

⑤ ⓜ은 6연에서 언급한 '낙엽(지상으로 떨어지게 되는 하나의 방향)'에 대응되는 표현이면서도 면접에서 떨어지지 않기 위해 애를 썼음을 보여 주는 중의적 표현이다. 이는 7연에서 그 의도를 밝힌 것처럼, 응시자인 화자에게 부정적으로 인식되는 면접 상황을 먼 미래에 본인이 평가자가 되어 반복하게 될 것을 예감하면서도 당장은 면접의 관습과 권위에 순응하였음을 의미한다. 따라서 ⓜ이 시적 화자가 부당한 상황에 맞섰음을 의미한다는 설명은 적절하지 않다.

오답분석

① '답이 없다'는 관용적 표현으로 어떤 문제가 해결될 수 있을 법한 실마리나 희망이 보이지 않을 때를 가리킬 때 종종 쓰인다. ㉠의 표현은 응시자가 구체적이고 개성적인 답변을 솔직하게 내놓기보다는 순응적인 자세로 일반적인 답을 내놓기를 요구받고 있음을 드러낸다. 또한 문제의 개선 없이 반복될 뿐인 면접시험에 대해 이러한 구어적 관용 표현을 사용함으로써, 희망이 보이지 않는 암담함을 암시하고 있으므로 적절하다.
② ㉡은 면접 자리에서 오가는 질문과 답변 사이에 권위가 균등하지 않고 비대칭적으로 놓여 있다는 사실을 응시자인 화자가 서 있는데도 앉아 있는 평가자들보다 작았다고 표현한 것이다. 이는 자세에 따른 크기와 다르게 권위의 무게가 상반됨을 역설적으로 드러낸 것이므로 적절하다.
③ ㉢은 면접의 분위기와 평가자로 인해 응시자가 괴로울 수밖에 없는 상황을 암시한다. 응시자가 답변하기 위해 많이 떠들었음에도 오히려 귀가 아팠다고 표현한 것은 평가받는 자리와 과정을 부정적으로 인식하고 마뜩하지 않음을 드러낸 것이므로 적절하다.
④ ㉣은 이름, 전공, 고향을 묻고 그에 대한 답변의 사실 여부를 따져 보지만 응시자의 구체적인 삶의 이력과 성격 등에는 실로 관심이 없는 면접 자리가 삼십여 년 뒤에도 시적 화자에 의해 반복될 것임을 짐작하게 한다. 이로써 시적 화자는 문제적 사안에 대해 스스로 불만을 품으면서도, 자신 또한 이의 해결을 유보하고 모면하는 태도를 보이므로 적절하다.

> **💡 이렇게 풀면 정답**
> ㉠~ⓜ의 앞뒤를 함께 읽으며 시구에 담긴 정황을 파악하고, 시어나 시구가 무엇을 상징하거나 비유하는지를 해석한다. 앞뒤 맥락을 통해 시구에 드러나는 감정을 정확히 파악해야 적절성을 판단할 수 있다.

63 문학 텍스트 — 문학 텍스트 이해하기   정답 ①

| 정답선택률 | ① 71.13% | ② 16.62% | ③ 2.14% | ④ 3.34% | ⑤ 6.53% |

정답해설
① 윗글은 주로 등장인물인 한희에게 초점을 맞춘 서술 방식을 활용하여, 서술자가 마치 한희의 입장에서 바라보고 생각하는 것처럼 표현하였다. 이러한 방식의 서술은 독자와 인물 간의 거리를 좁히고 독자가 인물에게 더욱 쉽게 공감하게 한다. 예를 들어 한희가 자신의 부모보다 제이콥이 주는 사랑이 더 크다고 느끼는 것이나 결혼에 대한 환상 같은 것은 없다고 생각하는 것, 영국의 대학에서 일하고 싶다면 적극 도와줄 거라는 제이콥의 말에 흔들리는 마음 등 독자가 한희의 시각에 몰입하여 그의 감정을 함께 느낄 수 있도록 유도하고 있으므로 적절하다.

오답분석
② 윗글의 후반부에서는 미래에 대한 환희의 상상을 일부 포함할 뿐, 서술자가 사건의 결말이나 결과를 예고하며 인물의 현재 행위에 대해 논평하는 부분은 확인할 수 없으므로 적절하지 않다.
③ 뱃속의 아기가 '무럭무럭' 자란다는 시각적 표현에 의태어가 쓰이긴 하였으나, 윗글에 의성어가 사용되지는 않았다. 따라서 독자의 청각을 자극한다는 설명은 적절하지 않다.
④ 한희와 제이콥이 가족을 이루고 함께 지내는 삶의 양상이 순행적으로 전개될 뿐, 사실들이 부분적으로 제시되거나 원인을 알 수 없는 사건이 제시되는 경우는 확인할 수 없다. 또한 이를 통해 의문을 점증시키는 내용도 드러나지 않으므로 적절하지 않다.
⑤ 대화문이 일부 활용되기는 하나, 대화문에서 언급되는 사건도 서사성이 없는 편이다. 따라서 대화 속에 삽입된 이야기가 전체 줄거리와 구조상의 대비를 유도한다는 설명은 적절하지 않다.

※ 출처: 서수진(2020), 『코리안 티처』, 한겨레출판, 214~217쪽

> **이렇게 풀면 정답**
> 지문을 읽기 전에 선택지에 제시된 '인물 시각 몰입, 사건 귀결, 논평, 의성어, 의태어' 등의 서술 방식의 키워드를 체크한 후, 지문에서 그 근거를 추적하면서 정·오답을 판별한다.

64 문학 텍스트 — 문학 텍스트 추론하기   정답 ②

| 정답선택률 | ① 1.33% | ② 85.12% | ③ 2.21% | ④ 2.80% | ⑤ 8.42% |

정답해설
② 윗글의 내용을 적절하게 이해한 것은 'ㄴ, ㅁ'이다.
- ㄴ: 윗글의 전반부에서 제이콥이 본국에서의 직장도 관두고 숙소도 귀국 항공편도 예약하지 않은 채 별안간 한국으로의 이주를 목적으로 방문했다는 정황이 확인된다. 또한 두 인물의 대화를 통해 이러한 제이콥의 결정이 매우 즉흥적이고 일방적이었음을 짐작할 수 있다. 따라서 ⓐ '제이콥'이 ⓑ '한희'에게 예고하지 않고 ⓒ '한국'으로의 이주를 결정했다는 ㄴ의 설명은 적절하다.
- ㅁ: 계약직 책임 강사로 일하는 ⓑ '한희'는 계약직으로서 육아로 인해 계약 연장을 보장받지 못하면, 생계가 곤란해질 것을 염려했기 때문에 아이를 갖자는 ⓐ '제이콥'의 제안을 거절해 왔다. 따라서 ㅁ의 설명은 적절하다.

오답분석
- ㄱ: 제이콥은 한희가 다듬어준 이력서로 한국어학당에 취직을 시도했지만 실패했으며, 한국에서의 첫 직장인 영어 학원에서 한국어를 사용하지 못하는 것을 불만족스러워하기도 했다. 이를 통해 ⓐ '제이콥'이 ⓒ '한국'에서 가진 직장을 ⓑ '한희'가 부러워했다고 보기는 어려우므로, ㄱ의 설명은 적절하지 않다.
- ㄷ: 한희는 외국 대학에서 전임 자리를 얻어 안정적으로 일하며 제이콥과 가정을 꾸리는 것을 상상해 보았다. 그러나 이는 상상일 뿐, 실제로 ⓑ '한희'가 ⓒ '한국'을 떠난 것은 아니다. 또한 한희와 제이콥은 혼인을 미룬 것이 아니라 하지 않기로 한 것이므로 ⓒ '한국'을 떠난 뒷날로 ⓐ '제이콥'과의 혼인을 미뤘다는 내용 또한 적절하지 않다.
- ㄹ: 제이콥의 갑작스러운 방문에 한희는 반가워하는 표현보다 숙소나 귀국 항공편에 대해 질문한다. 이를 통해 한희가 현실적인 문제를 중시하는 성격임을 확인할 수 있으므로, ⓑ '한희'가 ⓒ '한국'에서 재회한 ⓐ '제이콥'에 대해 반가움이 앞서 근심을 잊었다는 ㄹ의 설명은 적절하지 않다.

> **이렇게 풀면 정답**
> <보기>의 각 설명에서 주체(제이콥, 한희)가 누구인지, 감정이나 시점은 무엇인지 정확히 판단하고, 지문의 인물 심리, 말, 행동에서 근거를 찾아 <보기>의 설명과 맞는지 하나씩 대조한다. 설명에서 단 하나라도 지문과 틀린 해석이 있다면 소거한다.

65 문학 텍스트 — 문학 텍스트 비판하기   정답 ③

| 정답선택률 | ① 14.58% | ② 7.98% | ③ 42.43% | ④ 28.33% | ⑤ 6.48% |

정답해설
③ ⓒ '흔들렸다'는 한희의 생각에 변화가 생겼음을 의미한다. 한희는 아이를 갖고 싶어하는 제이콥의 제안을 거절해 왔으나, 한국을 떠나 영국에서 지금의 경력을 유지하여 대학의 전임 자리를 얻는다면 안정적으로 일하며 육아도 할 수 있을 것이라는 희망적인 생각을 하게 된 것이다. 따라서 직업과 경력을 포기하고서라도 아이를 가지고자 했다는 해석은 적절하지 않다.

오답분석
① ㉠ '선을 그었다'는 한국에 체류하기 위해 구한 영어 학원 일을 제이콥 스스로 '일시적인 일'이라고 규정한 표현이다. 이는 제이콥이 영어 학원 일에 만족하지 못한다는 뜻이며, 더 좋은 직장에 대한 기대와 향상심을 드러낸 것이므로 적절하다.
② ㉡ '생소한 것'은 타 문화에서 생활한 제이콥이 한희에게 들려주는 사랑 표현의 성격을 가리킨다. 한글 모음, 햇살 등에 비유한 언어들은 색다른 감각을 불러일으킴으로써, 한희가 제이콥의 애정 표현에 만족한다는 사실도 함께 드러내므로 적절하다.
④ ㉣ '낯설었다'는 제이콥과 영국으로 이주하여 아이를 키우며 안정적으로 살아가는 한희의 계획에 대해 별안간 감지하게 된 불안 혹은 의심을 의미한다. 따라서 한희 스스로 계획에 대한 실행 가능성에 의혹을 품고 은연중 불안해한다는 해석은 적절하다.
⑤ ㉤ '차갑고 물살이 센 강'은 뱃속 아이와 제이콥의 관계가 영어로 매개됨으로써, 거리감을 느끼게 된 한희의 심경을 드러낸다. 영어로 말하는 제이콥의 무성의한 톤, 그리고 제이콥과 아이의 말을 정확히 이해하지 못하는 자신의 모습 등 한희의 비관적 상상은 이러한 거리감의 이미지를 구체화한다. 희망적 계획을 세웠으나 영국에서의 더 나은 삶이 실현되지 않을 수도 있다는 현실 감각이 깨어나자, 현실과 희망 사이의 괴리감이 차가운 온도 감각으로 묘사된 것이라고도 해석할 수 있으므로 적절하다.

> **이렇게 풀면 정답**
>
> ㉠~㉤은 주로 실제 뜻이 숨어 있는 상징적, 은유적 표현이므로 인물의 내면 감정이나 상황 변화를 함께 고려해서 해석한다. ㉠~㉤이 포함된 문장이 '누구의 심리인가', '무엇에 대한 감정인가', '긍정인가 부정인가'를 모두 따져보고, 잘못 해석된 해석을 소거한다.

★★☆

66 학술 텍스트 | 학술 텍스트 이해하기 | 정답 ④

정답 선택률	① 4.35%	② 1.20%	③ 1.57%	④ 91.70%	⑤ 1.08%

정답해설

④ 6문단에서 '불온한 것들'로부터 유발되는 '불편함'과 '불안함'을 긍정할 수 있을 때 각성에 이를 수 있게 됨을 설명하고 있다. 이는 각성이 불온함에서 오는 '불편함'과 '불안함'을 인정하고 마주해야 도달할 수 있는 상태라는 것을 의미한다. 따라서 '불안함'과 '불편함'을 회피하여 도달할 수 있다는 ④의 설명은 '불온한 자들'을 통해 도달할 수 있는 '각성'의 특징으로 적절하지 않다.

오답분석

① 5문단에서 '약물'이나 '종교' 없이도 불온성을 통해 각성에 이를 수 있다는 기대를 드러내고 있다. 따라서 약물이나 특정 믿음에 의존하지 않는다는 ①은 '불온한 자들'을 통해 도달할 수 있는 '각성'의 특징으로 적절하다.

② 1문단에서 '각성'이 기존의 감각에서 보이지 않던 것을 느끼는 것이라고 설명하고 있다. 따라서 기존의 감각적 한계를 넘어선 인식을 가능하게 한다는 ②는 '불온한 자들'을 통해 도달할 수 있는 '각성'의 특징으로 적절하다.

③ 4문단에서 '불온한 자들'로 인한 세속적 각성은 먹거나, 믿거나, 들어오라는 등의 요구가 없이 이루어져야 한다고 설명하고 있다. 따라서 어떤 전제나 요구 없이 뜻하지 않은 세계를 보게 한다는 ③은 '불온한 자들'을 통해 도달할 수 있는 '각성'의 특징으로 적절하다.

⑤ 5문단에서 '불온한 자들'을 통해 '합일'의 엑스터시를 통하지 않고서도 감각적 각성에 이를 수 있을 것이라고 설명하고 있다. 따라서 '합일'의 엑스터시와 같은 특별한 상태를 필요로 하지 않는다는 ⑤는 '불온한 자들'을 통해 도달할 수 있는 '각성'의 특징으로 적절하다.

※ 출처: 이진경, 『불온한 것들의 존재론』, 휴머니스트, 2011, 37-39쪽.

> **이렇게 풀면 정답**
>
> • 지문을 읽기 전 반드시 선택지를 먼저 체크해 지문의 어떤 정보에 주목할지 파악한다.
> • 이해하기 유형은 지문과 선택지 표현이 비슷하므로 지문에서 단어를 찾아 내용 일치 여부를 확인한다.

★★☆

67 학술 텍스트 | 학술 텍스트 추론하기 | 정답 ③

정답 선택률	① 1.23%	② 17.11%	③ 77.29%	④ 2.26%	⑤ 1.96%

정답해설

③ 1문단을 통해 '불온한 것들'이 우리의 익숙한 감각 속으로 침입할 때 '감각적 각성'을 유발한다는 것을 알 수 있고, 4문단을 통해 '불온한 자들'이 우리의 경계 안으로 동의 없이 들어오는 것이 '세속적 각성'의 계기가 된다는 것을 알 수 있다. 따라서 '불온한 자들'이 익숙한 감각에 침입하여 '감각적 각성'을 유발하는 계기가 된다는 ③의 설명은 적절하다.

오답분석

① 1문단과 4문단을 통해 '불온한 자들'이 '감각적 각성'의 계기가 된다는 것을 알 수 있다. 따라서 '불온한 자들'이 '감각적 각성'을 방해하는 요소라는 ①의 설명은 적절하지 않다.

② 1문단과 4문단을 통해 '감각적 각성'이 '불온한 자들'로 인해 유발되는 현상임을 알 수 있다. 그러나 윗글에서 '감각적 각성'이 '불온한 자들'의 속성이라는 내용은 확인할 수 없으므로 ②의 설명은 적절하지 않다.

④ 6문단을 통해 '불온한 것들'을 긍정하고 그들에게 매혹될 때 '감각적 각성'에 이를 수 있음을 알 수 있으며, '감각적 각성'에 이르면 낡은 세계의 바깥을 볼 수 있음을 알 수 있다. 그러나 윗글에서 '감각적 각성'에 도달했을 때 '불온한 자들'의 위험성을 인지하고 피할 수 있게 된다는 내용은 확인할 수 없으므로 ④의 설명은 적절하지 않다.

⑤ 1문단과 4문단을 통해 '불온한 자들'은 '감각적 각성'을 유발하는 대상임을 알 수 있다. 따라서 '불온한 자들'과 '감각적 각성'이 독립적으로 발생하는 별개의 현상이라는 ⑤의 설명은 적절하지 않다.

★★☆

68 학술 텍스트 | 학술 텍스트 비판하기 | 정답 ⑤

정답 선택률	① 6.21%	② 12.23%	③ 2.23%	④ 4.64%	⑤ 74.54%

정답해설

⑤ 윗글은 약물이나 종교에 의한 각성이 특정한 조건과 전제가 있을 때에만 발현된다는 한계가 있음을 설명한 뒤, 이러한 각성과 '세속적 각성'이 구별되어야 함을 언급하고 있다. 이어서 '세속적 각성'은 약물적 각성이나 종교적 각성과 달리 특정한 조건이나 전제 없이 일상 속에서 침입해 오는 불온한 것들을 통해 자연스럽게 이루어진다는 점을 설명하고 있다. 따라서 윗글에서 '세속적 각성'을 강조하는 이유로 적절한 것은 ⑤이다.

오답분석

① 윗글은 '세속적 각성'이 발현되는 방식과 이를 통해 얻을 수 있는 효과에 대해 설명하고 있을 뿐이다. '세속적 각성'이 가장 쉽게 도달 가능하다는 내용은 확인할 수 없으므로 ①은 적절하지 않다.

② 윗글은 약물이나 종교에 의한 각성의 한계에 대해 설명하고 그것과 대비되는 '세속적 각성'의 특성을 설명하고 있을 뿐이다. '세속적 각성'이 약물적 각성이나 종교적 각성보다 강렬하고 신비로운 체험을 제공한다는 내용은 확인할 수 없으므로 ②는 적절하지 않다.

③ 6문단에서 '세속적 각성'은 낡은 세계의 바깥을 보게 할 것이라고 언급하고 있는데, 이는 세속적 각성을 통해 기존 세계와는 다른 새로운 세계를 발견할 수 있음을 의미한다. 따라서 기존의 사회 질서나 가치 체계를 공고히 하는 것에 기여한다는 내용은 '세속적 각성'을 통해 기대할 수 있는 효과와 상반되는 설명이므로 ③은 적절하지 않다.

④ 5문단에서 아찔한 불온성을 통해 '세속적 각성'에 도달할 수 있다고 설명하는데, 이는 감각적 혼란이 '세속적 각성'을 유발하는 과정 중 일부임을 의미한다. 또한 윗글에서 '세속적 각성'을 통해 감각적 혼란을 최소화하고 이성적 판단 능력을 극대화할 수 있다는 내용은 확인할 수 없으므로 ④는 적절하지 않다.

69 학술 텍스트 학술 텍스트 이해하기 정답 ②

| 정답선택률 | ① 6.41% | ② 67.05% | ③ 10.26% | ④ 5.77% | ⑤ 10.34% |

정답해설

② 1문단에서는 자력 구제를 허용하면 강자가 권리자를 이길 위험이 있다고 지적하고 있으므로 ②는 적절하다.

오답분석

① 2문단에서는 증거가 법관이 사실 관계를 확정하는 데에 기반이 되며, 이후 확정된 사실 관계에 법규범이 적용된다고 설명하고 있다. 즉 증거는 법규범이 적용되는 사실 관계를 구성하는 요소일 뿐, 적용될 법규범을 결정하는 것은 아니므로 ①은 적절하지 않다.

③ 3문단에서는 화해가 권리를 확정하려는 것이 아니라 분쟁의 해결에 중점을 두며, 권리자에게 권리 일부를 포기하도록 한다고 설명하고 있다. 따라서 화해가 실체적 권리관계의 실현에 주안점을 둔다는 ③은 적절하지 않다.

④ 5문단에서는 자유주의 사상이 지배적인 시기에 법원을 중립적 역할에 머무르도록 하려 했고, 이러한 원칙들이 오늘날도 유지된다고 설명하고 있다. 따라서 오늘날 법원에 중립적 역할이 요구되지 않는다는 ④는 적절하지 않다.

⑤ 3문단에서는 화해(=협상)는 민사 소송을 보완할 뿐 대체하지 못한다고 지적하고 있다. 따라서 민사상의 문제를 협상을 통해 해결하는 것이 이상적이라는 ⑤는 적절하지 않다.

※ 출처: Wolfgang Lüke, Zivilprozessrecht I(11. Aufl.), C.H.BECK, 2020, pp. 1-4

> **이렇게 풀면 정답**
>
> 법률이나 사회적 제도를 다루는 지문은 보통 '개념 정의-사례-입장 차이-판단 기준'의 구조로 전개된다. 따라서 지문에서 필요한 정보가 나올 때 빠르게 포착할 수 있도록 문제와 선택지에서 각 문항이 요구하는 핵심 쟁점이나 개념을 미리 확인한다.

70 학술 텍스트 학술 텍스트 추론하기 정답 ⑤

| 정답선택률 | ① 8.15% | ② 11.49% | ③ 23.45% | ④ 23.45% | ⑤ 33.19% |

정답해설

⑤ 2문단에서는 자력 구제를 금지시킴으로써 법적 보호를 독점한 국가에서는 국민들에게 권리를 실현할 수 있는 다른 수단을 제공해야 할 의무가 있으며, 이에 대한 결과로 국민들은 재판을 요구할 권리가 헌법상 보장된다고 설명한다. 즉 민사 소송은 국가의 배려가 아닌 의무이므로 ⑤의 설명은 적절하지 않다.

오답분석

① 2문단에서 민사 소송은 국가의 법정에서 권리를 확정하는 판결 절차와 그것을 이행하는 집행 절차로 구성된다고 설명하고 있으므로 민사 소송이 개인 사이의 권리를 확정하는 기능이 있다는 ①의 설명은 적절하다.

② 2문단에서 민사 소송 중 판결 절차에서 사실 관계를 확정한 뒤, 법규범을 그에 적용한다고 설명하고 있으므로 ②의 설명은 적절하다.

③ 5문단에서 민사 소송의 목적이 법적 평화를 조성하고 유지하는 역할을 강조하는 것이라고 보는 견해를 소개하면서, 그것이 소송의 여러 목적의 하나로서 강조되는 것이라 설명하고 있으므로 ③의 설명은 적절하다.

④ 4문단에서 법원의 판례가 성문법의 발전에 중요한 영향을 끼친다고 설명하고 있으므로 ④의 설명은 적절하다.

71 학술 텍스트 학술 텍스트 추론하기 정답 ④

| 정답선택률 | ① 12.67% | ② 11.91% | ③ 14.39% | ④ 48.05% | ⑤ 12.62% |

정답해설

④ 2문단에서 실체법의 규범을 사실 관계에 적용하는 것이 민사 소송의 분쟁 해결 방식 중 하나라고 설명하고 있다. 하지만 윗글에서 민사 소송이 실체법 규범 적용을 중시하는 것을 단점이라고 명시한 부분은 확인할 수 없다. 또한 3문단에서는 조정으로 민사 소송을 대체할 수 없다고 설명하고 있다. 따라서 실체법 규범 적용을 중시하는 민사 소송의 단점을 보완하기 위한 방안으로 조정의 활용이 제시된다는 ④는 적절하지 않은 추론이다.

오답분석

① 3문단에서 화해는 권리 확정이 아닌 분쟁 해결에 중점을 두기 때문에 민사 소송을 대체하지 못한다고 설명하고 있다. 따라서 ①은 적절한 추론이다.

② 3문단에서 화해는 상호 양보를 통해 분쟁을 해결하기 때문에 권리자에게 권리 일부를 포기하도록 한다고 설명하고 있다. 따라서 ②는 적절한 추론이다.

③ 2문단에서 자력 구제를 금지한 국가는 국민들에게 권리를 실현할 수 있는 수단을 제공할 의무가 있기 때문에 국가에게 법적 구제 실현을 요구할 수 있는 재판 청구권을 헌법상으로 보장한다고 설명하고 있다. 따라서 ③은 적절한 추론이다.

⑤ 4문단에서 채권자가 법원을 통해 채무자로부터 빚을 받아낼 가능성이 뚜렷하면 채무자들은 빚을 갚을 채비를 한다는 사례가 제시되어 있다. 이는 소송을 통해 권리 실현 가능성이 높을 경우 상대방의 자발적 의무 이행 동기가 강화된다는 것을 의미한다. 이를 고려하였을 때 개인(채권자)의 법적 권리가 소송으로 관철될 가능성이 낮으면 채무자의 자발적 의무 이행 동기는 약화될 수 있음을 추론할 수 있다. 따라서 ⑤는 적절한 추론이다.

72 학술 텍스트 학술 텍스트 비판하기 정답 ④

| 정답선택률 | ① 2.46% | ② 5.52% | ③ 11.83% | ④ 73.19% | ⑤ 6.80% |

정답해설

④ ⓒ '사회적 측면에 주목하는 주장'은 소송을 적극적으로 해결해야 하는 분쟁으로 보며, 타협의 방식으로 분쟁을 해결하는 것도 제안했다고 설명한다. 따라서 ⓒ이 조정으로 법적 평화를 회복하는 데에 반대했다는 ④는 적절하지 않은 설명이다.

오답분석

① ㉠ '자유주의 사상'이 지배적인 시기에는 실질적인 소송 진행을 당사자에게 맡겼으며, 그 원칙이 오늘날에도 이어진다고 설명한다. 따라서 ①은 적절한 설명이다.

② ㉡ '보수적인 입장'은 소송의 제일 중요한 목적을 객관적 민사법 질서를 확립하는 것으로 보았음을 설명하며, 이것이 현대 민사 소송의 여러 목적 가운데 한 측면이라고 서술한다. 따라서 ②는 적절한 설명이다.

③ ㉠ '자유주의 사상'이 지배적인 시기에는 소송을 개인적인 권리 투쟁으로 바라본 반면, ㉡ '보수적인 입장'은 소송이 사회 법 질서 확립을 위해 필요하다는 견해이다. 따라서 ③은 적절한 설명이다.

⑤ ㉠ '자유주의 사상'이 지배적인 시기에는 법원을 중립적인 지위에 머무르게 하고 개입을 최소화한 반면, ⓒ '사회적 측면에 주목하는 주장'에서는 소송을 적극적으로 해결해야 할 분쟁으로 본다. 즉 ⓒ은 분쟁 해결을 위

해서라면 법원의 적극적인 개입도 반대하지 않을 것임을 추론할 수 있으므로 ⑤는 적절한 설명이다.

73 학술 텍스트 — 학술 텍스트 이해하기 · 정답 ④

| 정답선택률 | ① 1.47% | ② 1.35% | ③ 1.87% | ④ 94.01% | ⑤ 1.10% |

정답해설

④ 2문단 끝에서 1~2번째 줄에서 밀어낸 물의 무게가 배의 무게와 같을 때 배가 물에 뜬다고 하였다. 따라서 배가 물에 뜨려면 밀어낸 물의 무게가 배의 무게보다 작아야 한다는 내용은 윗글에 대한 이해로 적절하지 않다.

오답분석

① 3문단 2~3번째 줄에서 잠긴 부피가 클수록 부력이 커진다고 하였다. 따라서 ①은 적절하다.

② 3문단 끝에서 1~2번째 줄에서 체지방률과 폐 안의 공기량에 따라 물에 뜨는 정도가 달라진다고 하였다. 따라서 ②는 적절하다.

③ 4문단에서 부력은 액체와 더불어 기체에도 작용한다고 하였으며, 모든 유체에서 일어나는 보편적인 물리 법칙이라고 하였다. 따라서 ③은 적절하다.

⑤ 4문단에서 부력은 기체에서도 작용한다고 설명하며, 그에 대한 예로 열기구가 상승하는 현상을 제시하고 있다. 이를 통해 열기구 상승 역시 부력에 의한 것임을 알 수 있다. 따라서 ⑤는 적절하다.

※ 출처
· Paul. Hewit지음(2010), 수학없는 물리 (11판), 교보문고.
· 박찬 외 (2021), 새로운 물리학의 세계(3판), 북스힐.
· David Halliday외 (2021), 일반물리학 (11판), 텍스트북스

이렇게 풀면 정답

과학 분야의 지문은 어려워 보이지만 선택지에 쓰인 표현이 지문에 그대로 제시된다. 선택지에 '부피, 체지방률, 부력' 등의 키워드만 골라 표시하고, 지문에서 그 단어가 나온 문장을 찾아 대조하여 정답을 빠르게 판별한다.

74 학술 텍스트 — 학술 텍스트 추론하기 · 정답 ⑤

| 정답선택률 | ① 1.06% | ② 2.97% | ③ 9.99% | ④ 3.88% | ⑤ 81.95% |

정답해설

⑤ 3문단에 따르면 부력은 '밀도 × 부피 × 중력 가속도'에 비례하므로, 같은 물체를 유체에 넣었을 때 밀도의 크기, 잠긴 부피의 크기, 중력 가속도가 클수록 부력도 커진다. 이때 ⑤는 밀도가 높고, 부피가 큰 물체를 완전히 잠기게 하였으므로, 물체가 받는 부력이 가장 크게 작용할 것이다.

오답분석

① 밀도와 부피가 작고, 부분만 잠겼으므로 ⑤보다 부력이 작게 작용할 것이다.

② 밀도는 높지만 부피가 작으므로 ⑤보다 부력이 작게 작용할 것이다.

③ 밀도와 부피는 크지만 부분만 잠겼으므로 ⑤보다 부력이 작게 작용할 것이다.

④ 부피가 크고 완전히 잠겼지만 밀도가 낮으므로 ⑤보다 부력이 작게 작용할 것이다.

이렇게 풀면 정답

조건을 묻는 문제는 지문에서 비례 관계나 구체적 수식을 빠르게 찾아 선택지의 조건에 대입하며 오답을 소거한다.

75 학술 텍스트 — 학술 텍스트 비판하기 · 정답 ④

| 정답선택률 | ① 2.82% | ② 1.45% | ③ 10.70% | ④ 68.87% | ⑤ 15.91% |

정답해설

④ · ㄱ: <보기>의 '탐구 내용'에서 물체가 식용유보다 물에서 더 많이 뜬다고 하였으므로, 물에서 작용한 부력이 식용유보다 더 크다고 볼 수 있다. 3문단 2~3번째 줄에 따르면 동일한 물체를 유체에 넣었을 때 밀도가 클수록 부력이 더 크게 작용한다. 따라서 물에서 작용한 부력이 더 컸으므로 '물이 식용유보다 밀도가 더 높다'는 해석은 적절하다.
· ㄷ: 부력은 유체의 밀도에 따라 달라지므로 '같은 물체라도 부력의 크기는 유체의 종류에 따라 달라진다'는 해석은 적절하다.

오답분석

· ㄴ: 1문단에 따르면 부력이란 물체를 위로 밀어 올리는 힘이고 <보기>의 '탐구 내용'에 따르면 물체가 식용유보다 물에서 더 많이 떠올랐다. 따라서 부력은 식용유보다 물에서 더 크게 작용하므로 '식용유에서 물체에 작용한 부력은 물에서보다 크다'는 해석은 적절하지 않다.

76 학술 텍스트 — 학술 텍스트 이해하기 · 정답 ④

| 정답선택률 | ① 6.43% | ② 4.93% | ③ 7.37% | ④ 77.61% | ⑤ 3.34% |

정답해설

④ 3문단 2번째 줄에서 특수 상대성 이론은 등속도 운동의 경우에만 적용이 가능하며, 가속 운동, 중력으로 인한 시공간 변화는 설명할 수 없다고 하였으므로, 중력이나 가속 운동까지 포괄적으로 설명한다는 내용은 적절하지 않다.

오답분석

① 2문단 1~2번째 줄에서 특수 상대성 이론의 첫 번째 전제에 의하면 모든 관성계에서는 물리 법칙이 동일하게 이루어진다고 하였으므로 ①의 설명은 적절하다.

② 2문단 4~6번째 줄에서 정지한 관측자가 빠르게 움직이는 대상을 볼 때, 시간이 더 느리게 가는 것처럼 보이는 현상을 '시간 지연' 현상이라고 설명하였으므로 ②의 설명은 적절하다.

③ 2문단 2~3번째 줄에서 특수 상대성 이론의 두 번째 전제에 의하면 진공 상태에서의 빛의 속도는 관측자나 광원의 운동 상태와 무관하게 언제나 동일하다고 하였으므로 ③의 설명은 적절하다.

⑤ 2문단 끝에서 1~2번째 줄에서 관측자의 기준에 따라 '정지' 상태와 '운동' 상태의 구분이 상대적으로 정해진다고 하였으므로 ⑤의 설명은 적절하다.

※ 출처
· Paul. Hewit지음(2010), 수학없는 물리 (11판), 교보문고.
· 박찬 외 (2021), 새로운 물리학의 세계(3판), 북스힐.
· David Halliday외 (2021), 일반물리학 (11판), 텍스트북스

77 학술 텍스트 — 학술 텍스트 추론하기 정답 ⑤

| 정답 선택률 | ① 17.53% | ② 5.28% | ③ 7.27% | ④ 10.51% | ⑤ 59.10% |

정답해설
⑤ 윗글에서는 쌍둥이 역설을 '사고실험'으로 소개하고 있을 뿐, '현실에서 실험적으로 검증된 과학적 사실'이라고 언급하고 있지는 않다. 따라서 ⑤는 ⓐ에 대한 설명으로 적절하지 않다.

오답분석
① 2문단 4~6번째 줄에서 '시간 지연'이란 정지한 관측자가 빠르게 움직이는 대상을 볼 때, 시간이 더 느리게 가는 것처럼 보이는 현상이라고 하였으므로 우주에서 빠르게 이동하는 쌍둥이의 시간이 지구에 남은 쌍둥이의 시간보다 느리게 흐를 것이라는 추론은 적절하다.
② 2문단 6~7번째 줄에서 '시간 지연'은 '쌍둥이 역설'과 같은 사고실험을 통해 알려져 있다고 하였으므로 '쌍둥이 역설'은 시간 지연 현상을 설명하기 위해 고안된 사고실험임을 알 수 있다.
③ 2문단 4~7번째 줄에서 특수 상대성 이론의 핵심 결과 중 하나가 '시간 지연'이며 '쌍둥이 역설'과 같은 사고실험으로 알려져 있다고 하였으므로 '쌍둥이 역설'이 특수 상대성 이론의 시간 개념을 설명하는 데 사용됨을 알 수 있다.
④ 2문단 6~8번째 줄에서 '쌍둥이 역설' 사고실험은 '시간 지연' 현상을 설명하는 사고실험으로 특수 상대성 이론의 핵심 결과를 보여준다고 하였으므로 '쌍둥이 역설'이 시간 지연 효과를 극단적으로 보여 주는 예시로 활용될 것임을 알 수 있다.

78 학술 텍스트 — 학술 텍스트 비판하기 정답 ②

| 정답 선택률 | ① 4.96% | ② 72.60% | ③ 14.66% | ④ 4.74% | ⑤ 2.70% |

정답해설
② • (가): 특수 상대성 이론의 '시간 지연' 현상에 따르면, 빠르게 움직이는 물체의 시계가 더 느린 것처럼 보이므로 '느리게'가 들어가야 한다.
• (나): 특수 상대성 이론의 '길이 수축' 현상에 따르면, 빠르게 움직이는 물체는 운동 방향으로 길이가 짧게 측정된다고 하였으므로 '짧게'가 들어가야 한다.

오답분석
① '시간 지연'은 빠르게 움직이는 물체의 시계가 더 느린 것처럼 보이는 것이므로 (가)는 '느리게'가 들어가야 하고, '길이 수축'은 빠르게 움직이는 물체의 길이가 짧아지는 현상이므로 (나)는 '짧게'가 들어가야 한다.
③ '길이 수축'은 빠르게 움직이는 물체의 길이가 짧아지는 현상이므로 (나)는 '짧게'가 들어가야 한다.
④ '시간 지연'은 빠르게 움직이는 물체의 시계가 더 느린 것처럼 보이는 것이므로 (가)는 '짧게'가 아닌 '느리게'가 들어가야 하고, '길이 수축'은 빠르게 움직이는 물체의 길이가 짧아지는 현상이므로 (나)는 '짧게'가 들어가야 한다.
⑤ '시간 지연'은 빠르게 움직이는 물체의 시계가 더 느린 것처럼 보이는 것이므로 (가)는 '길게'가 아닌 '느리게'가 들어가야 하고, '길이 수축'은 빠르게 움직이는 물체의 길이가 짧아지는 현상이므로 (나)는 '짧게'가 들어가야 한다.

79 학술 텍스트 — 학술 텍스트 이해하기 정답 ⑤

| 정답 선택률 | ① 9.75% | ② 18.27% | ③ 9.40% | ④ 9.40% | ⑤ 52.84% |

정답해설
⑤ 4문단 5~6번째 줄에서 만든 사람을 본 적이 없다는 점에서 '돌'이 '인간의 눈'과 더 비슷하다고 했으므로, '바닷가의 돌'과 '인간의 눈'은 모두 만든 사람을 본 사람이 없다는 점에서 유사성이 있다. 따라서 '바닷가의 돌과 달리 인간의 눈은 누가 만들었는지 본 사람이 없다'는 ⑤의 설명은 적절하지 않다.

오답분석
① 4문단 1번째 줄에서 '설계 논증'은 '시계'와 '인간의 눈'이 서로 유사하다는 점에서 비롯한 유비 논증이라고 설명하고 있으므로 '설계 논증은 유비 논증에 의존하고 있다'는 것을 알 수 있다. 따라서 ①은 윗글에 대한 이해로 적절하다.
② 5문단을 통해 '인간의 눈'이 진화의 산물임을 알 수 있다. 하지만 6문단 끝에서 1~3번째 줄에서 알 수 있듯이 '인간의 눈'은 완벽하지 않으며, 허점이 많다. 따라서 ②는 윗글에 대한 이해로 적절하다.
③ 4문단 2~4번째 줄에서 사소한 유사성에 근거한 유비 논증은 실패한다고 하였다. 따라서 ③은 윗글에 대한 이해로 적절하다.
④ 3문단 1번째 줄에서 신의 존재를 증명하는 논증을 '설계 논증'이라고 부른다고 하였다. 즉, '설계 논증은 신이 존재한다는 것을 입증하려는 논증'임을 알 수 있다. 따라서 ④는 윗글에 대한 이해로 적절하다.

※ 출처: 최훈(2015), 『라플라스의 악마, 철학을 묻다』, 뿌리와이파리, 346-351쪽

80 학술 텍스트 — 학술 텍스트 추론하기 정답 ④

| 정답 선택률 | ① 6.56% | ② 3.49% | ③ 7.10% | ④ 78.03% | ⑤ 4.59% |

정답해설
④ ⓐ 뒤 내용에 따르면 '설계 논증'에서의 ⓐ '인간과 자연의 설계자'는 바로 '신'이다. 이때 윗글에서 '신'을 수동적인 존재로 규정할 근거는 없으므로 ④는 ⓐ의 속성으로 적절하지 않다.

오답분석
① 6문단 3번째 줄에서 신이 세상을 만들었다고 주장하지만 신이 그 이후에 계속 존재하거나 세상에 관여한다는 점은 보장하지 못한다며 '설계 논증'을 비판하고 있다. 이는 신이 계속 존재한다고 보는 '설계 논증'을 비판하는 것이므로 ⓐ은 '영원'의 속성이 있음을 추론할 수 있다.
② 6문단 2번째 줄에서 설계자는 유일하지 않고 여럿일 수 있다며 '설계 논증'을 비판하고 있다. 이는 신이 유일하다고 보는 '설계 논증'을 비판하는 것이므로 ⓐ은 '유일'의 속성이 있음을 추론할 수 있다.
③ 3문단 2~3번째 줄에서 여러 부품으로 조작되는 시계를 설계하려면 지적이어야 한다면서, 인간과 자연을 설계한 존재(신)가 지적이라고 설명한다. 따라서 ⓐ은 '지적'의 속성이 있음을 추론할 수 있다.
⑤ 6문단 2번째 줄에서 설계자는 신처럼 초자연적 존재가 아닐 수 있다며 '설계 논증'을 비판하고 있다. 이는 신을 초자연적 존재로 보는 '설계 논증'을 비판하는 것이므로 ⓐ은 '초자연적'의 속성이 있음을 추론할 수 있다.

81 학술 텍스트 — 학술 텍스트 추론하기 정답 ①

| 정답
선택률 | ① 75.99% | ② 8.35% | ③ 4.08% | ④ 7.61% | ⑤ 3.51% |

정답해설
① 설계자는 '신', 시계는 '눈', 구성 요소는 '각막, 홍채 등'과 대응하므로 올바르게 짝 지어진 것은 ①이다.
- 설계자 - 신: 3문단 1~2번째 줄에서 시계의 설계자가 존재하는 것처럼 인간과 자연의 설계자가 있다고 하며, 그 설계자를 '신'으로 설명한다. 따라서 '설계자'에 대응하는 것은 '신'이다.
- 시계 - 눈: 4문단 1번째 줄에서 '설계 논증'은 '시계'와 '인간의 눈'의 유사성에 근거한 논증이라고 설명하므로 '시계'에 대응하는 것은 '눈'이다.
- 구성요소 - 각막, 홍채 등: 2문단에서 시계의 부품, 눈의 구성이 모두 복잡하고 정교하다고 하면서 시계와 눈의 유사성을 설명하고 있다. 따라서 '구성 요소'에 대응하는 것은 '각막, 홍채 등'이다.

오답분석
② 시계와 구성 요소는 올바르게 짝 지어졌으나, 설계자에 대응하는 대상이 적절하지 않다.
- 설계자 - 자연: '자연'은 설계자가 아니라, 설계자가 만든 대상이다.

③ 설계자는 올바르게 짝 지어졌으나, 시계, 구성 요소에 대응하는 대상이 뒤바뀌어 있으므로 적절하지 않다.

④ 설계자, 시계, 구성 요소 모두 잘못 짝 지어져 있으므로 적절하지 않다.
- 설계자 - 자연: '자연'은 설계자가 아니라, 설계자가 만든 대상이다.
- 시계 - 돌: 복잡성이 없으므로 시계와 유사성을 갖지 않는다.
- 구성 요소 - 동그란 모양: '구성 요소'는 어떤 대상을 복잡하고 정교하게 만드는 부품이다. 따라서 '동그란 모양'은 '구성 요소'에 대응하지 않는다.

⑤ 설계자, 시계, 구성 요소 모두 잘못 짝 지어져 있으므로 적절하지 않다.
- 설계자 - 바닷물: 3문단 4~5번째 줄에서 '돌'은 그냥 그 자리에 있는 것이지만 시계나 인간의 눈은 무언가의 목적이 있다고 말한다. '바닷물'은 '돌'을 동그랗게 만드는 주체이나, 목적성이 있다고 볼 수 없다.
- 시계 - 돌: 복잡성이 없으므로 시계와 유사성을 갖지 않는다.
- 구성 요소 - 동그란 모양: '구성 요소'는 어떤 대상을 복잡하고 정교하게 만드는 부품이다. 따라서 '동그란 모양'은 '구성 요소'에 대응하지 않는다.

82 학술 텍스트 — 학술 텍스트 비판하기 정답 ②

| 정답
선택률 | ① 14.80% | ② 33.64% | ③ 14.88% | ④ 8.30% | ⑤ 27.79% |

정답해설
② 4문단 4~5번째 줄을 통해 인간의 눈을 만든 존재를 그 누구도 본 적이 없음을 알 수 있다. 따라서 설계자를 본 자가 아무도 없어 존재 자체를 판단하기 어려우므로 설계한 자가 존재하지만 발견된 적은 없다는 비판은 적절하지 않다.

오답분석
① 6문단 1번째 줄에서 설계 논증을 인정하더라도 신의 존재를 증명할 수 없다고 비판하고 있다. 따라서 '누군가가 설계했다고 했는데 그런 존재는 없다'는 비판은 적절하다.

③ 6문단 4번째 줄에서 신의 설계는 완벽하지 않아 지적이지 않다고 비판하고 있다. 따라서 '설계자가 지적이라고 했는데 그리 지적이지 못하다'는 비판은 적절하다.

④ 6문단 2번째 줄에서 신은 유일하지 않고 여럿일 수 있다고 비판하고 있다. 따라서 '설계한 존재가 유일하다고 했는데 여러 명일 수 있다'는 비판은 적절하다.

⑤ 3문단 끝에서 1~2번째 줄에서 인간의 눈은 목적이 있다고 설명하나, 4문단 4~5번째 줄에서 인간의 눈을 만든 존재를 아무도 보지 못했다고 말한다. 따라서 '목적을 가지고 설계했다고 했는데 설계한 존재가 없다'는 비판은 적절하다.

> **이렇게 풀면 정답**
> - 보통 비판하기 문제는 세트 문제 중 마지막에 제시된다. 순서대로 푼다면 마지막 문제에서 지문 이해도가 가장 높으므로, 지문 전체를 다 읽지 말고 선택지의 키워드를 중심으로 지문을 스캔하면서 비판 가능 여부를 판단한다.
> - 사실 이 문제는 선택지끼리만 비교해도 정답을 찾을 수 있다. ①과 ⑤는 '설계한 존재가 없다'고 하나, ②는 '설계한 존재가 있다'고 인정하고 있으므로 논리적 모순을 눈치채면 정답을 찾을 수 있다. 만약 시간이 부족해 지문을 볼 시간이 없다면, 선택지 간의 논리를 비교한다.

83 실용 텍스트 — 실용 텍스트 이해하기 정답 ③

| 정답
선택률 | ① 0.25% | ② 0.69% | ③ 97.03% | ④ 0.98% | ⑤ 0.76% |

정답해설
③ '6. 기타 사항'에 "검사 전 8시간 금식"이라고 안내되어 있으므로 적절하다.

오답분석
① '1. 대상자'에 "졸업생, 수료생 미포함"이라고 안내되어 있으므로 적절하지 않다.

② '5. 지참물'에 "검진비는 무료임"이라고 안내되어 있으므로 적절하지 않다.

④ '6. 기타 사항'에 "2030 국가 무료 건강검진을 받은 경우 학생 건강검진 신청 불필요"라고 안내되어 있으므로 적절하지 않다.

⑤ '3. 기본 건강검진 항목'에 '심전도 검사'와 '위내시경 검사'는 없으므로 적절하지 않다.

※ 출처: 성균관대학교 2025학년도 학생 건강검진 안내문, https://www.skku.ac.kr/skku/campus/skk_comm/notice01.do?mode=view&articleNo=125007&article.offset=0&articleLimit=10&srSearchVal=%EA%B1%B4%EA%B0%95%EA%B2%80%EC%A7%84

> **이렇게 풀면 정답**
> 실용문은 보통 '1. 대상자'와 같이 항목명이 분류되어 있어 '대상, 비용'과 같은 선택지의 키워드를 빠르게 찾을 수 있다. 따라서 지문을 읽을 필요 없이, 선택지에서 설명하는 정보와 대응하는 항목을 찾아 일치 여부를 빠르게 판단한다.

84 실용 텍스트 | 실용 텍스트 추론하기 | 정답 ②

| 정답 선택률 | ① 0.29% | ② 96.96% | ③ 0.88% | ④ 0.93% | ⑤ 0.61% |

정답해설
② <보기>의 '(2) 문진표 작성/건강검진'에서 "사전 문진표 작성(온라인 작성 및 제출)"이라고 안내하고 있다. 따라서 문진표는 사전에 작성해야 하므로 검진 희망일에 병원을 방문하여 작성한다는 반응은 적절하지 않다.

오답분석
① <보기>의 '(1) 학내 포털 신청'에서 "학내 포털 로그인 → 건강센터 → '건강검진 신청' 클릭"이라고 안내하고 있으므로 적절한 반응이다.
③ <보기>의 '(1) 학내 포털 신청'에서 "검진 관련 정보를 문자/알림톡으로 발송할 예정이므로 연락 가능한 연락처 반드시 등록"이라고 안내하고 있으므로 적절한 반응이다.
④ <보기>의 '(2) 문진표 작성/건강검진'에서 "예약 일정 변경은 ○○병원 콜센터(1234-5678)에서만 가능"이라고 안내하고 있으므로 적절한 반응이다.
⑤ <보기>의 '(3) 결과 확인'에서 "건강센터에서 결과 상담 가능"이라고 안내하고 있으므로 적절한 반응이다.

85 실용 텍스트 | 실용 텍스트 이해하기 | 정답 ②

| 정답 선택률 | ① 1.15% | ② 89.39% | ③ 2.31% | ④ 4.91% | ⑤ 1.92% |

정답해설
② 장면2에는 수면 검사를 받는 환자의 모습이 등장하지만, 이는 불면증 치료 절차를 구체적으로 안내하려는 목적보다는 환자의 고통과 검사의 현장감 전달에 초점이 맞춰져 있다. 따라서 ②는 적절하지 않다.

오답분석
① 장면1은 '잠 못 드는 중년', '수면장애'와 같은 핵심어를 자막으로 제시하고 있다. 따라서 보도 주제를 시각적으로 강조하여 직관적으로 전달하고 있으므로 적절하다.
③ 장면3은 막대그래프를 활용해 중장년층 수면장애 환자의 증가 추세를 제시하고 있다. 이러한 시각 자료의 활용은 문제의 심각성을 환기하는 데 효과적이므로 적절하다.
④ 장면4는 실제 인터뷰 화면과 인터뷰 내용을 자막으로 제시하며, '음주 후 수면이 결국 음주량의 증가로 이어졌다'는 내용을 전달하고 있으므로 적절하다.
⑤ 장면5는 전문가의 인터뷰 내용을 자막으로 제시하며, 각성 효과 물질 피하기, 약물 치료, 햇볕 쬐기와 같은 수면장애의 해결 방안을 전달하고 있다. 따라서 전문가의 의견을 들어 신뢰도를 높여 설득력을 강화하고 있으므로 적절하다.

※ 출처: 「잠 못드는 중년…또 다른 고통 '수면장애'」, KBS 뉴스9, 2025. 4. 26., https://news.kbs.co.kr/news/pc/view/view.do?ncd=8238660

> **이렇게 풀면 정답**
> 뉴스 보도 문제는 한 지문으로 3문제를 풀지만, 처음부터 지문 전체를 분석할 필요는 없다. 따라서 각 문제에서 제시한 선택지와 관련된 부분만 빠르게 대조한다.

86 실용 텍스트 | 실용 텍스트 비판하기 | 정답 ⑤

| 정답 선택률 | ① 0.27% | ② 3.17% | ③ 4.27% | ④ 1.37% | ⑤ 90.52% |

정답해설
⑤ 시청자5는 자신이 수면 건강에 그다지 신경을 써 본 적이 없다고 언급하며 새로운 사실을 알게 되었다고 했으나, 개인적 반응을 하거나 수면 장애를 사회적 과제로 인식하고 있지 않으므로 적절하지 않은 반응이다.

오답분석
① 시청자1은 수면 장애에 관한 보도 내용을 계기로, 보도에 나오지 않은 의학 정보를 스스로 찾아 이해하고 있다. 이는 보도 내용을 확장적으로 이해하려는 태도이므로 적절한 반응이다.
② 시청자2는 자신의 가족 경험을 떠올리며, 불면증의 장기적 고통에 공감하고, 검사와 관리의 필요성을 인식하고 있으므로 적절한 반응이다.
③ 시청자3은 불면증 해결에 대한 약물 중심의 접근에 문제를 제기하며, 부작용에 대한 우려나 대안적 입장도 보도에 포함되어야 한다고 지적하고 있다. 이는 보도의 내용에 한계를 지적하고 추가 정보를 요구하는 것이므로 적절한 반응이다.
④ 시청자4는 보도에서 중장년 여성의 수면장애 비율이 높다는 정보에 주목하면서, 다른 연령층과 비교한 시각 자료가 부족했다는 점을 지적하고 있다. 이는 구체적인 정보를 요구하는 것이므로 적절한 반응이다.

87 실용 텍스트 | 실용 텍스트 추론하기 | 정답 ⑤

| 정답 선택률 | ① 0.69% | ② 0.81% | ③ 1.94% | ④ 3.00% | ⑤ 93.03% |

정답해설
⑤ ⑩에서 '있습니다'는 가능성을 나타내는 표현이므로, 특정 행동을 반드시 실천하도록 요구하는 명령 표현과는 거리가 멀다. 따라서 적절하지 않은 설명이다. 참고로, '-습니다'는 현재 계속되는 동작이나 상태를 있는 그대로 나타내는 종결 어미이다.

오답분석
① ㉠에 쓰인 의문문은 반문형으로, 시청자의 관심을 유도하는 효과적인 표현이므로 적절한 설명이다. 참고로, '반문'은 의문의 형식을 띠지만, 실제로는 질문의 의미보다는 특정 감정이나 의도를 나타낸다.
② ㉡에서 '여성입니다'는 현재형 종결 어미로, 현장성과 몰입감을 높이므로 적절한 설명이다.
③ ㉢의 '그러나'는 대조의 의미를 지닌 접속 부사로, '술을 마시면 잠에 들 것'이라는 기대와 '수면의 질이 저하됐다'는 실제 결과의 사이에서 반전을 강조하는 기능을 한다. 따라서 적절한 설명이다.
④ ㉣ '~으로 늘어나고 ~으로 늘어나고', '먹고 ~ 먹고'와 같은 유사 구문을 반복하여 음주 습관이 악화되는 모습을 보여 주고 있으므로 적절한 설명이다.

88 실용 텍스트 실용 텍스트 이해하기 정답 ①

| 정답
선택률 | ① 92.49% | ② 0.91% | ③ 1.67% | ④ 2.60% | ⑤ 1.84% |

정답해설

① '3. 모집 인원'에서 "7월 활동 50명, 8월 활동 50명(기간 선택, 중복 지원 가능)"이라고 공고하고 있으므로 지원자는 7월과 8월 활동에 모두 지원할 수 있다는 내용은 적절하다.

오답분석

② '5. 신청 방법'에서 "서울시 누리집의 지원 시스템에 등록"이라고 공고하고 있으므로 이메일로 참가 신청한다는 내용은 적절하지 않다.

③ '6. 신청 자격'에서 "서울 소재 대학교 학생 ~ 대학교 재학생·휴학생 및 졸업생 가능"이라고 공고하고 있으므로 서울 소재 대학교 졸업생은 지원할 수 없다는 내용은 적절하지 않다.

④ '7. 선발 절차'에서 "서류 심사 통과자 중 추첨하여 100명 선발"이라고 공고하고 있으므로 서류 심사를 통과하면 모두 인턴으로 선발된다는 내용은 적절하지 않다.

⑤ '7. 선발 절차'에서 "대학생 희망 지역(1순위, 2순위, 3순위) 및 거주지 등을 종합적으로 고려하여 배치"라고 공고하고 있으므로 대학생이 선착순으로 근무지를 선택할 수 있다는 내용은 적절하지 않다.

※ 출처: 서울시 누리집, "서울시 대학생 놀이돌봄 인턴십 참여자 모집 공고"

오답분석

① '8. 근로 임금'에 "시간당 11,779원('25년 생활 임금), 교통비 월 55,000원"과 같이 시간당 급여와 월 교통비가 이미 제시되어 있다. 따라서 추가로 제시되어야 할 정보로 적절하지 않다.

③ 윗글은 '서울시 대학생 놀이돌봄 인턴십 모집 공고'이므로 '서울시 누리집의 다른 모집 공고'는 추가로 제시되어야 할 정보로 적절하지 않다.

④ 윗글은 '놀이돌봄 인턴십'을 모집하는 공고이므로 '유사한 놀이돌봄 프로그램의 비교 정보'는 추가로 제시되어야 할 정보로 적절하지 않다.

⑤ 윗글은 '이전 인턴십 참여자의 만족도 조사 결과'와 큰 관련이 없으므로 추가로 제시되어야 할 정보로 적절하지 않다.

> **이렇게 풀면 정답**
>
> 추가로 제시되어야 할 정보를 찾는 문제는 선택지에 제시된 정보가 이미 지문에 있는 정보가 아닌지, 공고와 무관한 내용이 아닌지 확인하는 게 핵심이다. 따라서 공고 전체를 이해하려 애쓰기보다, '급여, 전공'과 같은 선택지의 키워드를 중심으로 관련 지문이 있는지 확인하며 적절성 여부를 판단한다.

89 실용 텍스트 실용 텍스트 비판하기 정답 ③

| 정답
선택률 | ① 0.49% | ② 3.31% | ③ 94.01% | ④ 1.33% | ⑤ 0.44% |

정답해설

③ '8. 근로 임금'에서 "교통비 월 55,000원"이라고 공고하고 있으므로 2개월 근무 시 총 교통비는 110,000원이다. 따라서 교통비가 총 100,000원이라는 반응은 적절하지 않다.

오답분석

① '1. 추진 기간'에서 "여름 방학 기간"이라고 공고하고 있으므로 학교 수업에 지장이 없겠다는 반응은 적절하다.

② '3. 모집 인원'에서 "기간 선택"이라고 공고하고 있으므로 일정에 맞춰 신청한다는 반응은 적절하다.

④ '6. 신청 자격'에서 "아동 관련 전공 우대"라고 공고하고 있으므로 유아 교육과가 유리하겠다는 반응은 적절하다.

⑤ '7. 선발 절차'에서 "최종 발표: 6월 중, 선발자 개별 문자 안내"라고 공고하고 있으므로 연락처를 정확히 입력하겠다는 반응은 적절하다.

90 실용 텍스트 실용 텍스트 추론하기 정답 ②

| 정답
선택률 | ① 6.19% | ② 79.40% | ③ 1.35% | ④ 2.28% | ⑤ 10.21% |

정답해설

② '6. 신청 자격'에는 "아동 관련 전공 우대"라고만 되어 있어 어떤 전공을 아동 관련 전공으로 인정해 주는지 알 수 없다. 따라서 구체적인 전공이 제시될 필요가 있으므로 추가로 제시되어야 할 정보로 가장 적절한 것은 ②이다.

국어 문화(91번~100번)

회차별 평균 정답률

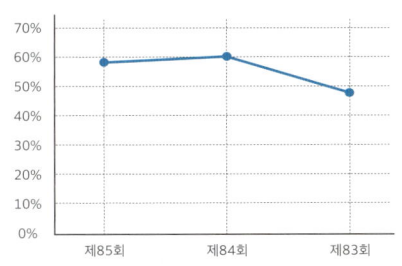

→ 제85회 국어 문화 평균 정답률은 약 59%로, 2025년 상반기 기출 중에서 보통 수준의 난이도였다. 10문제 중 '난이도 중'은 9문제, '난이도 상'은 1문제 출제됐고, '난이도 하' 문제는 없었다.

평가 요소별 문제 수 & 최다 출제 평가

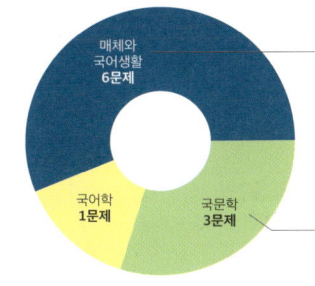

최다출제 1위 매체와 국어생활
→ '매체와 국어생활'은 6문제로, 국어 문화에서 가장 많이 출제된다. 그중 '국어생활'이 5문제로 가장 많이 나오는데, 근대 신문, 점자, 남북한 언어 등으로 여러 시대와 분야를 아우르는 다양한 주제가 출제된다.

최다출제 2위 국문학
→ '국문학'은 3문제로, 국어 문화에서 두 번째로 많이 출제된다. 그중 '한국 현대문학'이 2문제로 가장 많이 나오는데, 현대문학의 작품과 작가를 고르는 문제가 출제된다.

---

91 국문학 한국 고전문학 ★★☆ 정답 ②

| 정답 선택률 | ① 6.80% | ② 58.83% | ③ 5.99% | ④ 24.58% | ⑤ 3.22% |

정답해설

② <보기>의 작품은 「강호사시가」로 조선 세종 때 맹사성이 지은 최초의 연시조이다. 만년에 벼슬을 버리고 강호에 묻혀 사는 생활을 네 계절의 변화와 관련지어 노래한 것으로 강호가도의 선구적 작품이다. 따라서 <보기>에서 설명하는 작품은 ②이다.

오답분석

① 「어부가」는 『악장가사』에 실린 고려 속요로, 칠언 한시로 어부의 생활을 읊었으며, 모두 12장으로 되어 있는 작품으로 <보기>의 내용과 다르다.
③ 「고산구곡가」는 이이가 지은 연시조로 학문의 즐거움과 아름다운 자연을 예찬한 것으로 <보기>의 내용과 다르다.
④ 「도산십이곡」은 이황이 지은 연시조로 자연친화적 삶과 학문 수양에 대한 의지를 노래한 것으로 <보기>의 내용과 다르다.
⑤ 「한거십팔곡」은 권호문의 연시조로 속세에서 떠나 자연을 벗삼고 한가하게 지내는 고고한 생활을 읊었다. 작품에서 유교적 깨달음의 실천과 안빈낙도를 소망하고 있으므로 <보기>의 내용과 다르다.

※ 출처: 고창균 외(2019), 『해법문학 고전시가』, 천재교육

또 나올 기출개념

강호가도 작품 「면앙정가」
조선 중종 때 송순이 지은 가사. 작자가 만년에 고향인 전라남도 담양에 면앙정이라는 정자를 짓고 은거하면서 주위 자연의 아름다움과 자신의 심정을 읊은 작품.
* 강호가도: 조선 시대에, 은자(隱者)나 시인(詩人)들이 현실을 도피하여 자연을 벗삼아 지내면서 일으킨 시가 창작의 한 경향.

---

92 국문학 한국 현대문학 ★★★ 정답 ③

| 정답 선택률 | ① 4.15% | ② 1.82% | ③ 35.82% | ④ 11.69% | ⑤ 45.94% |

정답해설

③ <보기>의 작품은 김승옥이 지은 「무진기행」에 대한 설명으로 작품 속 '나'가 일상적이고 세속적인 서울을 떠나 추억의 공간인 '무진'이라는 곳에서 순수함을 찾고자 하나 결국 무진을 떠나 현실과 타협한 자신에게 부끄러움을 느끼는 내용을 담고 있다. 따라서 <보기>에서 설명하는 작품은 ③이다.

오답분석

① 「역마」는 김동리가 지은 단편 소설로, 한곳에 정착하지 못하고 끊임없이 떠돌아다녀야 하는 역마살이 든 아들과 그의 어머니의 노력을 통하여 운명에 순응하는 삶을 형상화하였다.
② 「관촌수필」은 이문구의 장편 연작 소설로, 근대화 과정에서 사라진 전통적인 농촌 공동체의 풍속과 농민의 순수함과 인정에 대한 회고, 아쉬움을 나타내는 내용이다.
④ 「삼포 가는 길」은 황석영의 단편 소설로, 산업화 시대를 배경으로 실향민이 고향인 '삼포'를 향해 가는 여정 속에서 현대인의 소외와 고독, 희망을 탐구하는 내용이다.
⑤ 「서울, 1964년 겨울」은 김승옥의 단편 소설로, 소시민으로 등장하는 세 명의 인물을 통해 현대 도시인의 고독과 무력감을 드러내는 내용이다.

> 「서울, 1964년 겨울」의 키워드
> 서울, 겨울, 우연히 만난 세 남자, 소시민, 소외, 방황

※ 출처
· 김윤식(2014), 『한국현대문학사』, 현대문학
· 고창균 외(2019), 『해법문학 현대문학』, 천재교육

또 나올 기출개념

빈출 작품 「역마」, 「삼포 가는 길」
• 「역마」: 화개장터를 배경으로 한곳에 정착하지 못하고 끊임없이 떠돌아다녀야 하는 '성기'와 그의 어머니 '옥화'의 이야기
• 「삼포 가는 길」: 부랑자 둘과 술집에서 도망친 여자가 만나 서로의 아픔을 이해하는 모습을 통해 가속화된 산업화로 고향을 잃은 소외된 존재를 그려낸 이야기

93 국문학 한국 현대문학 정답 ②

| 정답선택률 | ① 18.46% | ② 44.91% | ③ 17.14% | ④ 9.01% | ⑤ 9.85% |

정답해설
② 유치환은 1931년 '문예월간'을 통해 시 문단에 등장하였으며 남성적 어조로 생명에 대한 강인한 의지를 노래한 생명파 시인이다. 따라서 <보기>에서 설명하는 작가는 ②이다.

오답분석
① 신석정은 1931년 '시문학'지에 시를 발표하여 그 잡지의 동인이 되면서부터 본격적인 작품 활동을 전개하였다. 낭만주의 시를 많이 썼으며, 작품으로 「슬픈 목가(牧歌)」, 「촛불」, 「산의 서곡(序曲)」 따위가 있다.
③ 이상화는 1922년 '백조'에 시를 발표하면서 문단에 나왔으며 피압박 민족의 비애와 일제에 대한 강력한 저항의식을 다루었다. 작품으로 「나의 침실로」, 「빼앗긴 들에도 봄은 오는가」, 「태양의 노래」 따위가 있다.
④ 이육사는 「청포도」, 「절정」, 「광야」 등을 저술한 시인으로 1930년 '조선일보'에 시 작품을 발표하면서부터 시인으로서 활동을 시작했다.
⑤ 한용운은 3·1 운동 때의 민족 대표 33인 가운데 한 사람으로 「님의 침묵」 등을 저술한 대표적인 저항문학을 이끈 시인이다.

※ 출처
· 한국중앙연구원, 한국민족문화대백과사전
· 고창균 외(2019), 『해법문학 현대문학』, 천재교육

또 나올 기출개념
빈출 작가 '이육사'
동인지 『자오선』을 발간하고, 상징주의적이고도 웅장하고 막힘이 없는 시풍으로 일제 강점기의 민족의 비극과 의지를 노래하였다.

---

94 매체와 국어생활 국어생활 정답 ⑤

| 정답선택률 | ① 39.82% | ② 3.93% | ③ 9.80% | ④ 3.83% | ⑤ 41.86% |

정답해설
⑤ '일기가 다른 날보다 밍렬히 치위져서 차고 찬 미운 바람은 사람의 쌤을 갈겨 늬이는 그 치운 밤'을 참고하면, 찬 바람이 부는 추운 날씨였을 뿐 비가 오지는 않았음을 알 수 있으므로 적절하지 않다.

오답분석
① "활동사진관 단성사(團成社)에도 대단 만원이 되야 취미진진흔 것은 말흘 것 업시 박수갈치가 우레갓흔 즁에 이번브터 수진이 더욱 참신하며"에서 단성사에서는 새롭게 상영된 영화가 큰 호응을 얻었음을 알 수 있으므로 적절하다. 참고로 '활동사진'은 '영화'의 옛 용어이다.
② "구파 연극 광무대(光武臺)에도 상당히 관긱이 만허셔 륙빅여 명이 모힌 즁에 성황을 일우엇고"에서 광무대에는 600여 명 이상의 관객이 모여 성황을 이루었음을 알 수 있으므로 적절하다.
③ "남녀 관긱이 됴수 밀니듯 하야", "관주들도 모다 깃븐 빗치 얼골에 넘치엿더라"에서 남녀 관객이 몰렸고 극장 운영자들은 기뻐하는 모습을 보였음을 알 수 있으므로 적절하다.
④ "우미관(優美館) 기타 황금관 대정관 그 외에도 만원이 되야"에서 우미관, 황금관, 대정관 등 주요 극장들도 만원 사례를 기록했음을 알 수 있으므로 적절하다.

※ 출처: 대한민국 신문 아카이브, 「매일신보」 1922년 1월 3일자

이렇게 풀면 정답
선택지를 미리 읽고 지문에 키워드가 등장하면 선택지와 비교해 정·오답을 판별한다.

---

95 매체와 국어생활 국어생활 정답 ④

| 정답선택률 | ① 9.70% | ② 15.05% | ③ 20.50% | ④ 52.39% | ⑤ 1.72% |

정답해설
④ '로주'는 '노자(路資)'로 '먼 길을 떠나 오가는 데 드는 비용.'을 뜻한다. '집안 살림에 드는 비용'은 '가계비'의 뜻이므로 ㉣의 의미로 적절하지 않다.
[현대어 풀이]
흥보가 어찌나 좋은지 반말을 하던 사람이 별안간 존칭(尊稱)하여, "이방(吏房)님 다녀오겠소"하며 굽실굽실 인사하고, 노자(路資) 닷 냥 둘러차고 자기집으로 돌아오면서 노래를 하는데, '돈타령'을 하였다.

오답분석
① '웃지'는 '동작의 강도나 상태의 정도가 대단하게.'를 뜻하는 '어찌'를 강조하는 말인 '어찌나'를 말하므로 적절하다.
② '별안간'은 '갑작스럽고 아주 짧은 동안.'을 뜻하는 현대어 '별안간'과 동일하므로 적절하다.
③ '리방님'의 '리방'은 '조선 시대에, 각 지방 관아의 이방(吏房)에 속하여 인사·비서(祕書) 따위에 관한 일을 맡아보던 구실아치.'를 뜻하는 '이방'을 말하므로 적절하다.
⑤ '둘너추고'는 '몸에 둘러 매달려 있게 하다.'를 뜻하는 '둘러차고'를 말하므로 적절하다.

※ 출처: 김진영 외 편저(2003), 『흥부전 전집』, 3, 박이정.

또 나올 기출개념
「흥보가」 출제 어휘
· 개탁(開坼): 봉한 편지나 서류 따위를 뜯어보라는 뜻으로, 주로 손아랫사람에게 보내는 편지의 겉봉에 쓰는 말.
· 인홀불견(因忽不見): 언뜻 보이다가 갑자기 없어짐.

---

96 국어학 국어사 정답 ⑤

| 정답선택률 | ① 8.47% | ② 16.25% | ③ 9.23% | ④ 5.99% | ⑤ 59.22% |

정답해설
⑤ 현대 국어에서 'ㅸ'이 사라진 것은 맞지만 '쉬이'가 되므로 된소리되기 현상이 나타난 것은 아니다. 'ㅸ'은 사라지고 'ㅂ'이 모음화되는 불규칙 활용의 결과로 '쉬이'가 된다.

오답분석
① '니르고져'의 현대국어 표기는 '이르고자'이다. 현대국어에서는 'ㅣ' 계열 모음 앞에 오는 'ㄴ'이 탈락하는 두음법칙 현상이 나타나므로 적절하다.
② '배'의 현대국어 표기는 '바가'이다. 현대국어에서는 모음으로 끝나는 체언 뒤에 주격 조사 '가'가 오므로 적절하다. 참고로, 자음으로 끝나는 체언 뒤에는 주격 조사 '이'가 나타난다.
③ '뜨들'의 현대국어 표기는 '뜻을'이다. 현대국어에서는 단어의 첫머리에 둘 또는 그 이상의 자음이 연속해 나타나는 어두 자음군 표기가 사라지고 된소리 표기로 바뀌어 나타나므로 적절하다.

④ '펴디'의 현대국어 표기는 '펴지'이다. 현대국어에서는 'ㅣ' 계열 모음 앞에 오는 'ㄷ'이 'ㅈ'으로 바뀌어 나타나는 구개음화 현상이 나타나므로 적절하다.

※ 출처: 김민수(1958), 『주해훈민정음』 통문관.

또 나올 기출개념

두음 법칙
'ㅣ, ㅑ, ㅕ, ㅛ, ㅠ' 앞에 쓰인 'ㄹ', 'ㄴ'이 사라지거나, 'ㅏ, ㅗ, ㅜ, ㅡ, ㅐ, ㅔ, ㅚ' 앞에 쓰인 'ㄹ'이 'ㄴ'으로 교체되는 현상 예) 녀겨(여겨), 니겨(익혀)

---

97 매체와 국어생활 국어생활 정답 ⑤

| 정답선택률 | ① 1.40% | ② 2.77% | ③ 3.29% | ④ 17.28% | ⑤ 74.64% |

정답해설
⑤ '편안하다'에서 '편안하-'와 '-지'가 결합할 때 남한의 경우 '하'의 일부가 줄어 다음 음절의 첫소리가 거센소리가 되므로, '편안치'가 된다. 북한의 경우 '않다' 앞의 '하지'는 '치'로 적으므로 '편안치'가 된다. 따라서 남과 북 모두 '편안치'로 표기하므로 ⑤가 정답이다.

오답분석
① 북에서는 '않다' 앞에 오는 '하지'를 줄인 경우에는 '치'로 적으므로 '넉넉치'로 표기해야 한다.
② '섭섭하다'에서 '섭섭하-'와 '-지'가 결합하면 남에서는 '하'가 아주 줄어들어 '섭섭지'가 되고, 북에서는 '않다' 앞의 '하지'는 '치'로 적으므로 '섭섭치'로 표기한다.
③ '넉넉하다'에서 '넉넉하-'와 '-지'가 결합하면 남에서는 '하'가 아주 줄어들기 때문에 '넉넉지'로 표기해야 한다.
④ '서슴다'에서 '서슴-'과 '-지'가 결합하면 남과 북 모두 '서슴지'로 표기해야 한다. 참고로 '서슴하다'라는 말은 없으므로 '서슴치'라는 형태는 존재할 수 없다.

※ 출처: 국어사정위원회(2010), 『조선말규범집』 사회과학원 출판사

또 나올 기출개념

조선말규범집 제13항
말줄기의 끝소리마디 ≪하≫의 ≪ㅏ≫가 줄어들면서 다음에 온 토의 첫소리 자음이 거세게 될 때에는 거센소리로 적는다. 예) 다정하다(본말) - 다정타(준말)

---

98 매체와 국어생활 국어생활 정답 ⑤

| 정답선택률 | ① 6.19% | ② 10.46% | ③ 4.27% | ④ 3.09% | ⑤ 75.15% |

정답해설
⑤ <보기>에서 'ㅇ'을 받침으로 쓸 때는 ⠿로 표기한다고 하였다. 따라서 '중앙은 받침으로 오는 'ㅇ'이 두 번 나타나므로 ⠨⠚⠶⠣⠬ 이 옳은 표기이다.

※ 출처: 국립국어원(2020), 『한글 점자 규정 해설』 국립국어원

이렇게 풀면 정답
첫소리 'ㅇ'은 표기하지 않는다는 점과 약자로 표기하는 경우를 유의해야 한다.

---

99 매체와 국어생활 국어생활 정답 ⑤

| 정답선택률 | ① 1.08% | ② 2.21% | ③ 18.86% | ④ 4.49% | ⑤ 72.58% |

정답해설
⑤ '계리하다'는 '계산하여 정리하다.'라는 뜻으로 '회계 처리하다' 또는 '처리하다'로 바꾸어 쓸 수 있으므로 적절하다.

오답분석
① '가리다'는 '여럿 가운데서 하나를 구별하여 고르다.'라는 뜻이므로 바꿔 쓰기에 적절하지 않다.
② '올리다'는 '서류 따위를 윗사람이나 상급 기관에 제출하다.'라는 뜻이므로 바꿔 쓰기에 적절하지 않다.
③ '기록하다'는 '주로 후일에 남길 목적으로 어떤 사실을 적다.'라는 뜻이므로 바꿔 쓰기에 적절하지 않다.
④ '결제'는 '일을 처리하여 끝을 냄.'이라는 뜻이므로 바꿔 쓰기에 적절하지 않다.

※ 출처: 법제처(2024), 알기 쉬운 법령 정비기준(제10판.증보판)

또 나올 기출개념

'계산' 관련 순화어
• 산입하다 → 셈하여 넣다, 계산하여 넣다.
• 공제하다 → 빼다, 떼다

---

100 매체와 국어생활 매체 언어의 탐구 정답 ②

| 정답선택률 | ① 1.42% | ② 75.74% | ③ 3.41% | ④ 9.08% | ⑤ 9.48% |

정답해설
② 위 라디오 방송에서 다음에 나올 이야기를 미리 안내하는 담화 표지는 나타나 있지 않다. 인생의 고난을 이겨내면 성장할 것이라는 교훈을 '씨 글라스'에 비유하며 이야기를 전달하고 있고 오프닝 음악 이후에 청취자의 반응을 전달하고 있을 뿐이므로 적절하지 않다.

오답분석
① '초록', '주황' 등 다양한 색깔과 '동글동글', '빛나다'와 같은 시각적 이미지를 활용하여 생생하게 장면을 전달하고 있으므로 적절하다.
③ '어', '음', '네'는 감탄이나 특별한 의미를 나타내지 않는 간투사이므로 간투사가 사용되었다는 설명은 적절하다.
④ '노래가 나오셨습니다.', '100원이세요.'에서 '노래'와 '100원'은 높임의 대상이 아닌데 청취자를 향한 과도한 예의를 위해 높임표현을 잘못 사용하고 있으므로 잘못된 높임 표현을 사용하고 있다는 설명은 적절하다.
⑤ 공적인 라디오 방송에서는 '-습니다'와 같은 격식체를 사용하나, 청취자와의 친근함을 드러내기 위해 '-요'와 같은 비격식체를 혼용하여 사용하고 있으므로 적절하다.

※ 출처: KBS 2Radio(2023.08.22.), '유지원의 밤을 잊은 그대에게'

또 나올 기출개념

직접 인용 조사 '라고'
앞말이 직접 인용되는 말임을 나타내는 격 조사.
예) "와 오늘 첫 곡 제가 평소에도 즐겨 듣던 노래예요."라고 실시간 문자를 보내 주셨네요.

**KBS 한국어진흥원
국가공인 공식기출**

제84회
2025. 4. 20. 시행

KBS
한국어능력시험

- 정답 한눈에 보기
- 전 문항 유형&키워드 분석
- 기출 총평&목표 등급별 학습 전략
- 정답 및 해설

제84회 정답 한눈에 보기

자동 채점 및 성적 분석 서비스 ▶

듣기·말하기 (1~15번)

1	2	3	4	5	6	7	8	9	10
④	⑤	③	④	⑤	⑤	①	②	③	④
11	12	13	14	15					
④	⑤	⑤	④	③					

어휘 (16~30번)

16	17	18	19	20	21	22	23	24	25
②	②	④	⑤	②	①	⑤	③	④	①
26	27	28	29	30					
②	⑤	⑤	③	③					

어법 (31~45번)

31	32	33	34	35	36	37	38	39	40
②	③	②	⑤	⑤	③	①	③	①	③
41	42	43	44	45					
②	③	②	④	⑤					

쓰기 (46~50번)

46	47	48	49	50
②	①	④	②	③

창안 (51~60번)

51	52	53	54	55	56	57	58	59	60
④	③	⑤	③	②	②	⑤	②	⑤	⑤

읽기 (61~90번)

61	62	63	64	65	66	67	68	69	70
③	⑤	⑤	③	④	⑤	②	④	②	①
71	72	73	74	75	76	77	78	79	80
①	②	③	④	②	④	③	②	⑤	④
81	82	83	84	85	86	87	88	89	90
①	⑤	②	②	④	③	③	①	④	④

국어 문화 (91~100번)

91	92	93	94	95	96	97	98	99	100
④	④	⑤	①	②	①	④	③	②	①

제84회 전 문항 유형&키워드 분석

확실히 맞힌 문제는 ○, 맞혔으나 헷갈렸거나 찍은 문제는 △, 틀린 문제는 ×로 체크하세요. △, × 문제는 p.147의 [오답노트]에 정리하고, 복습하세요.

영역	번호	정답	채점 (○/△/×)	정답률	출제 유형	기출 키워드
듣기·말하기 ○: ___개 △: ___개 ×: ___개	1	④		62.68%	내용 일치 여부 확인(그림)	'팔준도첩'
	2	⑤		86.07%	주제 추론(이야기)	사고방식을 결정하는 언어
	3	③		95.07%	내용 일치 여부 확인(강연)	언어 모델의 발전
	4	④		96.34%	내용 일치 여부 확인(방송)	쇼팽, '폭포'
	5	⑤		91.76%	주제 추론(시)	허영자, '씨앗을 받으며'
	6	⑤		99.49%	내용 일치 여부 확인(대담)	SNS의 위험성
	7	①		86.53%	말하기 방식 추론(대담)	
	8	②		93.01%	내용 일치 여부 확인(대화)	안락사에 관한 남녀의 대화
	9	③		72.88%	말하기 방식 추론(대화)	
	10	④		98.09%	내용 일치 여부 확인(강연)	트라우마
	11	④		87.54%	말하기 방식 추론(강연)	
	12	⑤		95.81%	내용 일치 여부 확인(발표)	멜랑콜리
	13	⑤		43.34%	말하기 방식 추론(발표)	
	14	④		81.39%	내용 일치 여부 확인(협상)	두 학교의 '도서 축제' 관련 협상
	15	③		85.87%	갈등 해결 방식 추론(협상)	
어휘 ○: ___개 △: ___개 ×: ___개	16	②		66.70%	고유어의 사전적 의미	맵자하다, 가뭇없다, 파임내다, 생때같다, 한결같다
	17	②		44.03%	한자어의 사전적 의미	단장(斷腸), 정산(精算), 괴력(怪力), 무운(武運)
	18	④		47.43%	고유어의 문맥적 의미	결단, 뭉근하다, 함함하다, 보시기, 짬짜미
	19	⑤		52.49%	한자어의 문맥적 의미	역려(逆旅), 슬하(膝下), 노파심(老婆心), 무진장(無盡藏)
	20	②		62.10%	한자어의 문맥적 의미(표기)	이상(理想/異象), 전과(轉科/全科), 후기(後記/後期)
	21	①		40.04%	혼동하기 쉬운 고유어	거추없다, 사달, 켯속, 소, 달다
	22	⑤		57.24%	다의어와 동음이의어	죽다
	23	③		95.65%	상하 관계	기호품-커피, 탈것-가마
	24	④		96.42%	의미가 대응하는 고유어와 한자어	서다-담당(擔當)하다, 기립(起立)하다, 정지(停止)하다
	25	①		56.76%	유의 관계	보잘것없다-하찮다, 변변찮다, 볼품없다
	26	②		41.79%	속담	여름 하늘에 소낙비
	27	⑤		79.92%	사자성어	우공이산(愚公移山), 불치하문(不恥下問), 금란지계(金蘭之契)
	28	⑤		91.89%	관용 표현	배를 두드리다, 배가 등에 붙다, 배를 앓다, 배를 채우다
	29	③		10.73%	한자어의 순화	수의 시담(隨意示談)→가격 협의, 교부(交付)하다→내주다
	30	③		95.91%	외래어의 순화	노쇼(no show)→예약 부도, 바우처(voucher) 제도→이용권 제도
어법 ○: ___개 △: ___개 ×: ___개	31	②		22.98%	한글 맞춤법(소리에 관한 것)	쓱싹쓱싹, 싹둑싹둑, 쑥설쑥설, 쏙닥쏙닥, 쑥덕숙덕
	32	③		51.86%	한글 맞춤법(형태에 관한 것)	건넛마을, 별의별, 들입다, 질끈, 고갯짓
	33	②		30.02%	한글 맞춤법(형태에 관한 것)	자그맣다(자그매), 둥그렇다(둥그레), 좁다랗다(좁대래)
	34	⑤		35.49%	한글 맞춤법(띄어쓰기)	끝낼∨터이다(의존 명사 '터'), 기쁠데라니(-ㄹ데라니), 줄망정(-ㄹ망정)
	35	⑤		63.65%	한글 맞춤법(그 밖의 것)	맞히다/맞추다, 걷잡다, 겉잡다, 밭치다, 부치다
	36	⑤		14.64%	한글 맞춤법(문장 부호)	붙임표, 가운뎃점, 쉼표, 큰따옴표, 줄표
	37	①		2.92%	표준어 사정 원칙	엿길금, 가엾다, 가엾다, 고깔, 흩트리다
	38	③		8.36%	표준어와 방언	미우다-메우다, 가이방하다-비슷하다, 괄락괄락-벌컥벌컥
	39	①		40.67%	표준 발음법	굵직하다[국찌카다], 넓적하다[넙쩌카다], 늙수그레하다[늑쑤그레하다]
	40	③		69.09%	외래어 표기법	플래카드(placard), 킥보드(kick-board), 아웃렛(outlet)
	41	②		37.95%	로마자 표기법	백암산 Baegamsan, 덕룡산 Deongnyongsan, 설악산 Seoraksan
	42	③		42.22%	어법에 맞는 표현(문장 성분의 호응)	주어가 생략된 문장
	43	③		75.06%	어법에 맞는 표현(상대 높임법)	해체(-어), 하십시오체(-습니다, -ㅂ시오), 하오체(-구려, -오)
	44	④		72.32%	어법에 맞는 표현(중의적 문장)	선생님께서 학생들에게 책을 읽히셨다.(올바른 문장)
	45	⑤		74.20%	어법에 맞는 표현(번역 투 표현)	독자로 하여금→ 독자에게, 사건으로 인해→ 사건으로
쓰기 ○: ___개 △: ___개 ×: ___개	46	②		93.98%	글쓰기 계획	과도한 나트륨 섭취에 따른 문제와 해결 방안
	47	①		87.39%	글쓰기 자료의 활용	
	48	④		95.91%	글쓰기 개요의 작성	
	49	②		98.07%	고쳐쓰기(단어)	
	50	③		98.27%	고쳐쓰기(문장)	

영역	번호	정답	채점 (O/△/×)	정답률	출제 유형	기출 키워드
창안 O: ___개 △: ___개 ×: ___개	51	④		96.82%	유비 추론을 활용한 내용 생성	
	52	③		96.03%	유비 추론을 활용한 내용 생성	택배 배송 방식-직접 연결 방식, 거점 경유 방식
	53	⑤		99.24%	조건에 맞는 내용 생성	
	54	③		92.93%	그림을 활용한 내용 생성	(가) 고속도로의 색깔 선 (나) 고속도로 투명 방음벽의 새 그림
	55	②		98.75%	그림 비판	
	56	②		96.06%	유비 추론을 활용한 내용 생성	
	57	⑤		93.47%	그림을 활용한 내용 생성	과도한 스마트폰 사용의 문제
	58	②		78.65%	그림을 활용한 내용 생성	
	59	⑤		89.65%	유비 추론을 활용한 내용 생성	운영체제(OS)
	60	⑤		68.56%	유비 추론을 활용한 내용 생성	
읽기 O: ___개 △: ___개 ×: ___개	61	③		81.06%	문학 텍스트 이해(시)	나희덕, '뿌리로부터'
	62	⑤		95.40%	문학 텍스트 비판(시)	
	63	⑤		82.36%	문학 텍스트 이해(소설)	최명익, '심문(心紋)'
	64	③		53.28%	문학 텍스트 추론(소설)	
	65	④		88.33%	문학 텍스트 비판(소설)	
	66	⑤		72.60%	학술 텍스트 이해(인문)	디아스포라 논의
	67	②		66.75%	학술 텍스트 추론(인문)	
	68	④		77.63%	학술 텍스트 비판(인문)	
	69	②		47.84%	학술 텍스트 이해(사회)	조선 시대의 민사 절차
	70	①		75.11%	학술 텍스트 추론(사회)	
	71	①		50.56%	학술 텍스트 추론(사회)	
	72	②		58.24%	학술 텍스트 비판(사회)	
	73	③		43.80%	학술 텍스트 이해(과학)	식물군집의 천이
	74	④		78.52%	학술 텍스트 추론(과학)	
	75	②		62.13%	학술 텍스트 비판(과학)	
	76	④		52.16%	학술 텍스트 이해(과학)	지렛대 원리와 근육의 힘
	77	③		44.53%	학술 텍스트 추론(과학)	
	78	②		32.41%	학술 텍스트 비판(과학)	
	79	⑤		74.10%	학술 텍스트 이해(인문)	노직의 자유 지상주의
	80	④		38.15%	학술 텍스트 추론(인문)	
	81	①		69.04%	학술 텍스트 추론(인문)	
	82	⑤		79.23%	학술 텍스트 비판(인문)	
	83	②		94.92%	실용 텍스트 이해(안내문)	서울형 산후조리 경비 지원
	84	②		94.36%	실용 텍스트 추론(안내문)	
	85	④		89.17%	실용 텍스트 이해(뉴스보도)	당분간 큰 일교차…한낮 10도 안팎 '포근'
	86	③		95.25%	실용 텍스트 비판(뉴스보도)	
	87	③		75.65%	실용 텍스트 추론(뉴스보도)	
	88	①		88.31%	실용 텍스트 이해(공고문)	주택 재개발 정비 구역 해제 및 조합 설립 추진 위원회 취소 통보
	89	④		78.14%	실용 텍스트 비판(공고문)	
	90	④		45.45%	실용 텍스트 추론(공고문)	
국어 문화 O: ___개 △: ___개 ×: ___개	91	④		38.10%	국문학(고전 문학 작품)	성산별곡, 상춘곡, 관서별곡, 사미인곡, 속미인곡
	92	④		88.69%	국문학(현대 문학 작품)	병신과 머저리, 꽃과 뱀, 변사와 연극, 전쟁과 악기
	93	⑤		21.66%	국문학(현대 문학 작가)	신석정, 김광균, 김광섭, 김상옥, 노천명
	94	①		88.51%	국어 생활(근대 신문 기사)	조선일보(1935년 7월 5일), 공연 관련 기사
	95	②		71.28%	국어 생활(고전 작품 어휘)	홍계월전에 쓰인 어휘의 의미
	96	①		22.67%	국어학(중세 국어)	훈민정음에 나타난 중세 국어 표기법
	97	④		70.03%	국어 생활(남북한의 언어)	갈소냐(-ㄹ소냐), 갈게, 깜짝, 벌써, 할지니
	98	③		86.81%	국어 생활(수어)	모레, 그제, 오늘, 글피, 지금
	99	②		27.28%	국어 생활(순화어)	악의의-일정한 사실 관계를 알고 있는
	100	①		83.81%	국어 생활(방송 언어)	라디오 방송 언어에 쓰인 특성

제84회 기출 총평&목표 등급별 학습 전략

기출 총평

응시 인원 | 총 3,938명이 응시하였으며, 상반기 시험 중 가장 낮은 응시율을 기록했습니다. 전년 동월 대비, 응시자 수가 약 20% 증가한 것으로 보아 시험에 대한 관심과 수요가 증가하면서 등급 진입을 위한 경쟁이 심화되고 있는 것으로 보입니다.

난 이 도 | 최근 3개년 시험 경향을 미루어 볼 때, 제84회는 보통 수준의 난이도였습니다. 2025년 상반기 시험 중에서는 전체적으로 중간 정도의 난이도이나, 어법 영역의 난도가 매우 높았습니다.

출제 변화 | 이번 회차 어법 영역에서는 표준어 2문제가 모두 정답률이 한 자릿수에 그칠 정도로 까다로운 수준이었습니다. 그러나 한 문제의 정답은 2023년에 출제된 단어였고, 다른 한 문제의 정답은 표준어 규정에 명시된 단어였다는 점에서, 출제의 방향이 무작위가 아닌 규정과 기출 기반임을 보여 줍니다.

◎ 다음 시험 대비 포인트
- 어법 영역은 기출 조항, 개념을 먼저 암기합니다.
- 어법 영역에 자주 출제된 단어와 규정의 용례를 중심으로 암기하면 고난도 문항에도 대비할 수 있습니다.

나의 예상 등급

제84회 시험의 등급별 누적 비율에 따라 등급별 맞힌 개수를 환산했습니다. 나의 맞힌 개수를 등급 환산표에서 찾아, 예상 등급을 확인하세요. 목표 등급보다 예상 등급이 낮다면, [목표 등급에 따른 학습 전략]에서 목표 등급을 달성하는 기준을 확인하여 학습 계획을 세워 봅시다.

· 영역별 맞힌 개수

듣기·말하기	어휘	어법	쓰기	창안	읽기	국어 문화	총 개수
/ 15	/ 15	/ 15	/ 5	/ 10	/ 30	/ 10	/ 100

· 나의 예상 등급 확인

등급 환산표		제84회 등급 취득 현황	
등급	맞힌 개수	인원(비율%)	환산 점수
1급	92~100개	44 (1.12%)	830-990
2+급	86~91개	119 (3.02%)	785-845
2-급	82~85개	260 (6.61%)	735-800
3+급	76~81개	609 (15.48%)	675-750
3-급	72~75개	579 (14.72%)	625-690
4+급	65~71개	1,049 (26.56%)	535-640
4-급	62~64개	465 (11.82%)	465-550
무급	0~61개	813 (20.67%)	10-480

* 등급 환산표의 '맞힌 개수'는 해커스에서 실제 시험 응시자의 백분위 데이터를 기반으로 산출한 추정치로, 실제 시험 결과와는 다소 차이가 있을 수 있습니다. 따라서 본 수치는 학습자의 현재 수준을 진단하고, 보완이 필요한 영역을 점검하는 참고 자료로 활용하시기 바랍니다.

목표 등급에 따른 학습 전략

목표 등급별로 집중적으로 학습해야 하는 영역과 학습 전략을 확인한 후, 현재 나의 등급, 영역별 수준과 비교하며 나에게 맞는 학습 계획을 구체적으로 설계해 보세요.

현재 등급 → 목표 등급	집중 학습 영역	학습 전략
2+급 → 1급	어법 어휘 국어 문화	**최상위권일수록 고난도 어휘, 어법, 국어 문화 문제가 등급의 당락을 결정한다.** • 제84회에서 표준어 문제인 37번, 38번은 정답률이 10% 미만으로 매우 낮았습니다. 하지만 이 문제의 정답들은 이미 출제된 단어이거나 어문 규범에 제시된 단어이니, 변별력을 높이려면 어문 규범의 예시와 기출 단어는 반드시 암기해야 합니다. • 응시자가 가장 많이 틀리는 어휘, 어법, 국어 문화 영역에서 변별도를 높일 수 있도록 40개 중 34개 이상 맞히는 것을 목표로 해야 합니다. [어휘·어법 암기노트]로 최신 기출과 최빈출 어휘, 어법부터 정리하고, PDF로 제공하는 [빈출 어휘·어법·국어 문화 총정리]로 심화 학습하여 세 영역을 완성합시다.
2-급 → 2+급	국어 문화 어법 읽기	**주요 영역에서 실수만 줄이고 국어 문화를 잡는다.** • 국어 문화의 작가, 작품 문제는 한 번 출제된 개념으로 구성될 확률이 높습니다. 제84회 국어 문화에서 정답률이 낮았던 93번 작가 문제는 이전에 2번이나 기출 선택지로 제시된 작가가 정답이었습니다. 따라서 기출 작가와 작품 위주로 암기한다면 국어 문화에서 점수를 확보할 수 있습니다. • '어법'은 투자 대비 점수 효율이 좋은 영역이므로 한글 맞춤법, 표준어 규정의 원리와 빈출 표기 위주로 학습하여 어법에서 3개 이상 틀리지 않아야 합니다. 또한 출제 비중이 가장 많은 읽기 영역에 집중해 실수를 줄여야 합니다.
3+급 → 2-급	읽기 창안 국어 문화	**중상위권 도달을 위해 독해력을 끌어올려야 한다.** • 읽기 영역은 고난도 문제가 항상 따르지만, 출제 비중이 높은 만큼 여기에서 일정 점수를 확보해야 합니다. 제84회 읽기에서 가장 정답률이 낮았던 78번은 과학 지문의 원리를 구체적 상황에 적용하는 유형으로, 수험생들이 특히 어려워하는 문제입니다. 따라서 과학 지문에 등장하는 원리를 실생활 맥락에 적용하는 연습을 통해, 읽기 영역에서 최소 24개 이상 맞히는 것을 목표로 삼아야 합니다. • 창안 영역은 만점을, 국어 문화에서도 최소 6개 이상을 맞히는 것을 목표로 해야 안정적으로 2-급을 확보할 수 있습니다.
3-급 → 3+급	창안 쓰기 읽기	**안정적인 3+급을 위해선 쓰기, 창안 만점과 읽기 정확도는 필수이다.** • 창안은 읽기 다음으로 수험생들이 까다로워하는 영역입니다. 제84회 창안 영역은 전반적으로 쉬운 편이었으나, 60번 유추 문제는 정답률이 60%대로 낮았습니다. 유비 추론 문제는 지문 주제나 원리를 선택지에 정확히 반영하는 것이 핵심입니다. 따라서 지문과 선택지의 공통점을 연결하는 연습을 하여, 창안 영역에서 점수를 확보해야 합니다. • 읽기 영역은 시험 전체에서 가장 많은 문항이 출제되는 분야이므로 3+급을 목표로 할 때, 30개 중 22개를 맞혀야 전체 기초를 다질 수 있습니다. 또한 쓰기도 5문제 만점을 목표로 해야 합니다. 따라서 쓰기나 읽기는 지문 유형별로 시간 기준을 정해 두고, 반드시 제한 시간 내에 푸는 연습을 해야 합니다. 쓰기나 읽기 실용문에서 시간을 줄이는 것이 전략입니다.
4+급~무급 → 3-급	듣기·말하기 쓰기 창안	**기본적인 영역에서 만점을 확보하는 것이 관건이다.** • 3-급도 합격선이 낮지 않은 편이니, 정답률이 높은 세 영역에서 실수 없이 정확하게 푸는 연습만 해도 충분히 점수를 확보할 수 있습니다. • 듣기·말하기와 쓰기는 기본 풀이 스킬만 익히면 실수 없이 빠르게 정답을 확보할 수 있으니, 해설에서 제시한 '이렇게 풀면 정답' 스킬을 적용해 봅시다. 이 영역에서 시간을 줄여 확보한 여유는, 정답률이 낮고 난도가 높은 읽기 영역에 투자하여 등급을 안정적으로 확보합니다.

제84회 정답 및 해설

듣기·말하기 (1번~15번)

★★★ = 난도 상
★★☆ = 난도 중
★☆☆ = 난도 하

회차별 평균 정답률

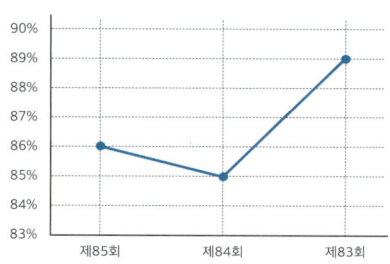

→ 제84회 듣기·말하기 평균 정답률은 약 85%로, 2025년 상반기 기출 3회분 중에서 가장 어려웠다. 15문제 중 '난이도 하'는 12문제, '난이도 중'은 3문제 출제됐고, '난이도 상' 문제는 없었다.

평가 요소별 문제 수 & 최다 출제 평가 요소

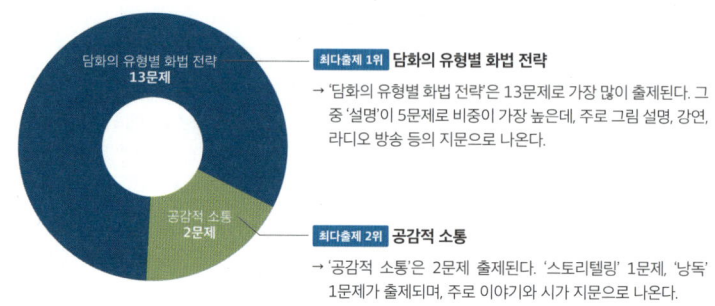

최다출제 1위 담화의 유형별 화법 전략
→ '담화의 유형별 화법 전략'은 13문제로 가장 많이 출제된다. 그 중 '설명'이 5문제로 비중이 가장 높은데, 주로 그림 설명, 강연, 라디오 방송 등의 지문으로 나온다.

최다출제 2위 공감적 소통
→ '공감적 소통'은 2문제 출제된다. '스토리텔링' 1문제, '낭독' 1문제가 출제되며, 주로 이야기와 시가 지문으로 나온다.

★★☆

1 담화의 유형별 화법 전략 설명   정답 ④

| 정답 선택률 | ① 1.22% | ② 3.53% | ③ 2.52% | ④ 62.68% | ⑤ 29.99% |

듣기대본

1번. 먼저 그림에 대한 설명을 들려 드립니다.

　지금 보시는 그림은 ①숙종이 도화서 화원에게 명하여 그리게 한 태조 이성계의 여덟 마리 말 그림인 '팔준도첩' 중 '응상백'입니다. 팔준은 이성계가 왕이 되기 전에 탔던 여덟 마리의 말인데, 그중 ②'응상백'은 제주산 말로 서리가 엉긴 것처럼 흰 백마여서 이런 이름이 붙여졌습니다. ②이성계가 강화도 위화도에서 '회군' 할 때 탔다는 말이 바로 이 응상백이라고 합니다.
　'팔준도첩'은 모두 풀밭을 배경으로 말을 화면에 꽉 차게 크게 그렸고 말 그림의 전통에 따라 대부분 옆모습입니다. ③화법은 구륵전채법(鉤勒塡彩法)이라고 해서 짙은 윤곽선으로 형태를 그리고 채색으로 형태를 채우는 기법인데 흰 호분 물감의 농도를 조절해 입체감을 줍니다. 팔준도의 말들은 비범하고 건강한 자태를 자랑하지만 ①전쟁터를 누비던 용맹한 군마의 이미지와는 다소 거리가 있는 우아한 모습입니다. ④그것은 태조의 공업을 칭송하려는 목적에 맞게 명마의 이상적 모습을 나타내려 했다는 점과 주문자인 숙종의 취향에 맞추어진 화원 화풍의 산물이라는 점 때문일 것입니다. 그런 중에도 이 ②⑤'응상백'은 준마의 위용과 더욱 거리가 있는데 고개를 늘어뜨리고 터벅터벅 어딘가로 가고 있는 모습은 회군의 고뇌를 투영시킨 것일지도 모르겠습니다. 위화도 회군으로부터 국가의 구조가 바뀌는 거대한 변화가 비롯되었지만 고려의 신하로서 '불충'의 고뇌가 없을 수 없었을 것입니다.

※ 출처: 「이인숙의 옛 그림 예찬」 숙종시대 화원, '팔준도첩' 중 '응상백(凝霜白), 매일신문, 2021.02.22. https://www.imaeil.com/page/view/2021021612553928459

정답해설

④ 설명에 따르면 '팔준도첩'은 태조의 공업을 칭송하려는 주문자 '숙종'의 취향을 반영하여 우아하고 이상적인 명마의 모습을 강조하였다. 따라서 '팔준도첩'은 정치적 의미를 내포한 작품이므로 가장 적절한 설명이다.

오답분석

① 설명에 따르면 '팔준도첩'은 '태조 이성계'가 아닌 '조선 숙종'이 도화서 화원에게 명하여 제작한 그림이다. 또한 그림 속의 말들은 용맹한 군마의 이미지와는 거리가 멀고 우아한 모습이라고 하였으므로 적절하지 않다.

② 설명에 따르면 '응상백'은 제주산 말이며, 이성계가 강화도 위화도에서 회군할 때 탔던 말은 맞다. 하지만 고개를 떨구고 걷는 모습은 준마의 위용과 거리가 멀다고 하였으므로 '용맹한 기운을 강조했다'는 설명은 적절하지 않다.

③ 설명에 따르면 '구륵전채법'은 짙은 윤곽선을 사용한 후 채색을 덧입혀 형태를 채우는 기법이다. 따라서 '윤곽선 없이 색의 번짐 효과를 활용했다'는 설명은 적절하지 않다.

⑤ 설명에 따르면 고개를 숙인 '응상백'의 모습은 위화도 회군을 앞둔 이성계의 고뇌를 투영한 것이다. 따라서 '고려 왕조의 쇠퇴를 안타까워하는 충신의 마음을 상징적으로 표현했다'는 설명은 적절하지 않다.

💡 **이렇게 풀면 정답**

듣기 내용은 선택지 순서대로 언급되지 않으므로 시험을 시작하는 안내 문구가 들릴 때 선지별 키워드에 미리 체크하고, 들리는 정보에 따라 선택지를 이동하며 실시간으로 정답을 판단한다. 특히 위 문제처럼 선택지의 근거가 설명 전반에 분산될 수 있으니, 일치 여부를 부분적으로 판단하며 끝까지 확인한다.

2 공감적 소통 스토리텔링 정답 ⑤

| 정답선택률 | ① 4.32% | ② 5.41% | ③ 2.41% | ④ 1.68% | ⑤ 86.07% |

듣기대본

2번. 이번에는 이야기를 들려 드립니다.

나는 어떤 외계 생명체와의 의사소통을 연구하며 그들의 언어를 배우게 되었다. 그 외계의 언어는 우리가 사용하는 언어와 근본적으로 달랐다. 그들은 시간을 선형적으로 인식하지 않고, 마치 과거와 미래를 동시에 바라보는 것처럼 말했다. 나는 처음에는 그들의 문장을 해석하는 것이 어려웠지만, 점차 익숙해지면서 언어를 받아들이는 방식이 변화하기 시작했다. 이전까지 나는 시간을 과거에서 미래로 흐르는 것으로만 생각했지만, 외계의 언어를 배우면서 미래 역시 이미 정해져 있으며, 현재와 연결되어 있다는 느낌을 받았다. 그리고 어느 순간부터는 나 자신도 과거와 미래를 동시에 인식하기 시작했다.

※ 출처: 테드 창, 김상훈 역(2020), "당신 인생의 이야기", 도서출판 엘리.

정답해설

⑤ 이야기는 '나'가 '외계 생명체'의 언어를 배우면서 사고방식이 변화했다는 내용이다. 즉, 언어는 단순한 의사소통 수단이 아니라 사람의 사고방식과 인식에도 영향을 미친다는 점을 강조하는 이야기이므로 주제로 가장 적절한 것은 ⑤이다.

오답분석

① 이야기에서 '나'가 '외계 생명체'와의 의사소통을 연구한 건 맞으나, 이 이야기의 핵심은 언어가 인간의 사고방식을 변화시킬 수 있다는 것이지, 기본적인 소통을 강조하고 있지는 않으므로 주제로 적절하지 않다.

② 이야기에서 '외계 생명체'의 언어는 과거와 미래를 동시에 바라본다고 하였고, '나' 또한 그렇게 인식하게 되었다고 했다. 따라서 '물리적인 시간과 언어의 시간 표현이 일치해야 한다'는 주제는 오히려 이야기와 반대되므로 적절하지 않다.

③ 이야기에서 '외계의 언어'는 인간이 사용하는 언어와 달랐다고 하였으므로 주제로 적절하지 않다.

④ 이야기에 '나'가 그들의 언어를 배우며 의사소통을 연구하는 과정이 나오지만, '언어를 완벽하게 익혀야 한다'는 점은 드러나지 않는다. 따라서 '외계 생명체와 소통하려면 그들의 언어를 완벽하게 익혀야 한다'는 주제로 적절하지 않다.

💡 이렇게 풀면 정답

주인공의 행동과 이야기의 결말을 모두 포괄할 수 있는 선택지를 고른다.

예) 나는 외계 생명체의 언어를 배우면서 기존의 사고방식이 변했다.
(주인공)   (행동)   (결말)

→ 새로운 언어를 배우면서 사고방식이 변했다. 즉, 언어는 사고방식에도 영향을 준다.

---

3 담화의 유형별 화법 전략 설명 정답 ③

| 정답선택률 | ① 0.48% | ② 1.22% | ③ 95.07% | ④ 2.64% | ⑤ 0.53% |

듣기대본

3번. 이번에는 강연을 들려 드립니다.

여러분, 안녕하세요! 오늘은 언어 모델이 어떻게 발전해 왔는지 이야기해 보려고 합니다. ①언어 모델은 컴퓨터가 인간의 언어를 이해하고 생성할 수 있도록 돕는 기술입니다. 이런 기술 덕분에 음성 비서, 자동 번역, 텍스트 자동 완성 같은 서비스가 가능해진 것이죠. 하지만 처음부터 이렇게 똑똑했던 것은 아닙니다. ②1980년대 이전, 언어 모델은 문법 규칙을 직접 입력하는 규칙 기반 모델을 사용했습니다. 하지만 언어는 단순한 규칙으로 설명하기 어려워 이 방식에는 한계가 있었습니다. ③1990년대 들어 통계적 방법이 도입되면서, 대량의 텍스트 데이터를 분석해 문장에서 어떤 단어가 자주 등장하는지를 계산하는 방식이 사용되었습니다. 이는 인간이 언어를 배울 때 주변의 말을 듣고 자연스럽게 익히는 과정과 비슷했습니다.

그리고 ③2000년대 이후, ④신경망(Neural Network) 기반 모델이 등장하면서 AI는 비약적으로 발전했습니다. 이 모델은 빈칸 채우기 방식으로 학습하며 ④비로소 문맥을 이해하고, 나아가 문장을 생성할 수 있는 능력을 갖추게 되었습니다. 이렇게 발전한 언어 모델이 바로 우리가 사용하는 생성형 AI의 핵심 기술입니다.

이미 ⑤AI는 감정을 이해하고, 창의적인 글을 쓰며, 특정 분야에서 전문가처럼 정보를 제공할 수 있는 수준까지 도달하고 있습니다. 이제 중요한 것은 이 강력한 기술을 우리가 어떻게 활용할 것인지입니다.

※ 출처: '티끌 모아' 다음에 올 말, 생성형 AI는 알고 있다 [인공지능 오디세이], 시사인, 2024.08.22. (https://www.sisain.co.kr/news/articleView.html?idxno=53740)

정답해설

③ 강연에서 1990년대에 문장에서 자주 등장하는 단어를 계산하는 방식이 사용되었다고 설명한다. 하지만 문맥을 이해할 수 있는 수준의 신경망 기반 모델은 2000년대 이후 등장했으므로 적절하지 않다.

오답분석

① 강연에서 언어 모델은 컴퓨터가 인간의 언어를 이해하고 생성하도록 돕는 기술이라고 설명하므로 적절하다.

② 강연에서 1980년대 이전에 규칙 기반 모델을 사용했지만, 언어가 단순하지 않아 한계가 있었다고 설명하므로 적절하다.

④ 강연에서 신경망 기반 모델은 빈칸 채우기 방식으로 학습하고 문맥을 이해하는 능력을 갖추었다고 설명하므로 적절하다.

⑤ 강연에서 AI는 창의적인 글을 쓰고 특정 분야의 전문가처럼 정보를 제공할 수준까지 발전했다고 설명하므로 적절하다.

💡 이렇게 풀면 정답

선택지에 '연도 정보'가 있다면, 이를 키워드로 체크하고 해당 내용이 들리는 순간, 관련 선택지의 정·오답을 판별한다.

4 담화의 유형별 화법 전략 설명   정답 ④

| 정답선택률 | ① 0.20% | ② 0.18% | ③ 0.20% | ④ 96.34% | ⑤ 3.05% |

듣기대본

4번. 이번에는 라디오 방송의 일부를 들려 드립니다.

안녕하세요, 클래식 음악을 사랑하는 청취자 여러분. 오늘은 쇼팽의 에튀드 중에서도 기교와 예술성이 절묘하게 결합된 작품 일명 '폭포'에 대해 이야기해 보겠습니다.

이 곡은 ①쇼팽이 1830년에서 1832년 사이에 작곡한 작품으로, 그의 첫 번째 에튀드 세트의 시작을 장식하는 곡입니다. 쇼팽은 당시 발전하던 피아노의 기교적 가능성을 탐구하면서, 연주자들이 단순한 기교 연습이 아닌 음악적 해석과 감정을 담아낼 수 있도록 이 곡을 작곡했습니다. ②이 곡의 별칭이 '폭포'인 이유도 바로 이 아르페지오의 흐름이 마치 폭포수가 쏟아지는 듯한 느낌을 주기 때문입니다.

(음악)

이 작품은 ③쇼팽과 리스트와의 교류 속에서도 중요한 의미를 가지고 있습니다. 쇼팽과 리스트는 서로의 연주 스타일과 작곡 기법에 많은 영향을 주고받았습니다. 한편, 이 곡이 작곡된 시기는 쇼팽에게도 중요한 전환점이었습니다. 당시 폴란드에서 11월 혁명이 발생하며 ④쇼팽은 고향을 떠나 파리로 이주하게 되는데요. 그의 음악에는 조국을 떠난 슬픔과 정서가 간접적으로 반영되었다고 평가되기도 합니다. 이러한 배경 속에서 탄생한 ⑤'폭포'는 피아노 연주 기술을 확장하는 동시에 감정적인 깊이까지 담아낸 작품으로, 지금까지도 많은 연주자들이 도전하는 곡으로 남아 있습니다.

※ 출처
· 쇼팽의 Op. 10 No. 1 in C Major "Waterfall" [클래식이야기], 한국클래식음악신문, 2024.09.24.(http://www.classicnews.co.kr/news/306127)
· 음악, https://www.youtube.com/watch?v=JRgQgr4-at8

정답해설

④ 방송에서 쇼팽이 파리로 이주하면서, 조국을 떠난 슬픔이 음악에 간접적으로 반영됐다고 설명한다. 따라서 '조국의 혼란한 상황을 직접적으로 표현했다'는 이해는 방송의 내용과 일치하지 않는다.

오답분석

① 방송에서 '폭포'는 쇼팽이 1830~1832년 사이에 작곡한 작품이며, 쇼팽의 첫 번째 에튀드 세트를 여는 곡이라고 설명하므로 방송의 내용과 일치한다.
② 방송에서 아르페지오가 폭포수가 쏟아지는 느낌을 주어 '폭포'라는 별칭이 생겼다고 설명하므로 방송의 내용과 일치한다.
③ 방송에서 쇼팽과 리스트는 교류하며 서로의 연주 기법과 작곡 방식에 큰 영향을 줬다고 설명하므로 방송의 내용과 일치한다.
⑤ 방송에서 '폭포'는 연주 기술과 깊이 있는 감정 표현까지 요구되는 작품이라고 설명하므로 방송의 내용과 일치한다.

💡 이렇게 풀면 정답

선택지를 미리 읽으면서 방송의 주제와 집중해야 할 정보를 예측한 뒤, 해당 내용이 들리는 순간 관련 선택지의 정·오답을 판별한다.

---

5 공감적 소통 낭독   정답 ⑤

| 정답선택률 | ① 1.45% | ② 1.68% | ③ 1.42% | ④ 3.63% | ⑤ 91.76% |

듣기대본

5번. 이번에는 시 한 편을 들려 드립니다.

가을 뜨락에
씨앗을 받으려니
두 손이 송구하다
모진 비바람에 부대끼며
머언 세월을 살아오신
반백(斑白)의 어머니, 가을 초목이여
나는
바쁘게 바쁘게
거리를 헤매고도

아무
얻은 것 없이
꺼멓게 때만 묻어 돌아왔는데

저리
알차고 여문 황금빛 생명을
당신은 마련하셨네
가을 뜨락에
젊음이 역사한 씨앗을 받으려니
도무지
두 손이 염치없다

※ 출처: 허영자(1971), 『친전』, 「씨앗을 받으며」, 문원사.

정답해설

⑤ 이 시는 가을에 초목의 씨앗을 받으면서, 초목과 달리 아무 결실을 맺지 못한 '나'를 반성하는 작품이다. 초목은 '모진 비바람'을 견디며 '황금빛 생명'을 마련했지만, '나'는 바쁘게 살면서 얻은 것 없다고 표현하고 있다. 따라서 이 시의 주제로 가장 적절한 것은 ⑤이다.

오답분석

① 이 시에는 '절망적인 현실에 대한 극복 의지'는 드러나지 않으므로 적절하지 않다.
② 이 시에는 '소외된 존재들에 대해 느끼는 연민'은 드러나지 않으므로 적절하지 않다.
③ 이 시에는 '현대의 물질 만능주의'나 그에 대한 비판은 드러나지 않으므로 적절하지 않다.
④ 이 시에는 '사랑하는 이와의 이별'이나 그에 대한 안타까움은 드러나지 않으므로 적절하지 않다.

💡 이렇게 풀면 정답

선택지를 미리 읽고 어떤 감정이나 메시지를 들어야 할지 감을 잡은 뒤, 반복되는 시어와 감정을 나타내는 표현을 통해 주제를 추론한다.

6 담화의 유형별 화법 전략 공적 대화   정답 ⑤

| 정답
선택률 | ① 0.05% | ② 0.08% | ③ 0.03% | ④ 0.33% | ⑤ 99.49% |

듣기대본

이번에는 진행자와 전문가의 대담을 들려 드립니다. 6번은 듣기 문항, 7번은 말하기 문항입니다.

진행자: 7-①우리는 하루 종일 스마트폰을 들고 삽니다. 7-⑤대부분의 생활이 SNS를 통해 소통되고 있는 세상이지만 SNS가 청소년들에게는 성인보다 훨씬 더 위험하다고 합니다. 오늘은 전문가를 모시고 'SNS가 청소년에게 미치는 악영향'에 대해 이야기를 나누어 보도록 하겠습니다. 7-④SNS가 청소년들에게 더 위험한 이유는 무엇인가요?

전문가: 반복적으로 하는 중독적 행위는 뇌의 전두엽에 영향을 미쳐서 집중력과 이해력, 기억력을 퇴화시킵니다. 6-⑤전두엽은 사춘기 무렵 완성되는데, 이때 SNS에 의존할 경우 전두엽이 제대로 성숙하지 못하고, 어른이 되어도 정상으로 되돌리기 어렵기 때문에 문제가 매우 심각합니다.

진행자: 청소년의 뇌가 성인의 뇌에 비해 중독에 취약한가요?

전문가: 네 맞습니다. 6-②뇌 속 자극 신호가 전달되는 현상에서 필요한 자극의 세기는 나이에 영향을 받습니다. 성인보다 청소년의 뇌는 작은 자극에도 민감하게 반응합니다. 따라서 청소년은 성인보다 자극을 추구하고 보상에 매달리는 중독 행동을 할 위험성이 높습니다.

진행자: SNS가 청소년의 정신 건강에 미치는 악영향은 어떤가요?

전문가: 6-③청소년들은 SNS를 보며 자신의 삶과 비교함으로써 자신이 초라해 보이고, 점점 자존감이 낮아지게 됩니다. 이는 우울과 불안으로 이어지기 쉽습니다. 이 외에도 과소비에 빠지거나, 지나치게 마른 몸을 동경해 무작정 굶는 일도 많습니다.

진행자: 7-②정말 걱정이네요. 7-③이렇듯 SNS가 청소년의 성장에 악영향을 미치고 있다는 점 때문에 청소년의 SNS 사용에 대한 규제가 필요하다는 목소리가 나오는데, 이에 대해서는 어떻게 생각하시나요?

전문가: 일정 수준의 보호 장치는 반드시 있어야 하지만 강압적인 규제나 전면 금지는 더 큰 유혹을 부를 수 있으므로, 6-①미디어 리터러시 교육을 통해 SNS 유해 콘텐츠를 비판적으로 수용하는 힘도 함께 길러주는 것이 어떨까 생각합니다. 6-④SNS 운영사는 청소년을 보호하기 위해서 자체적으로 검열을 강화해야 하고, 뿐만 아니라 학교·사회·가정 모든 영역에서 어른의 노력이 필수적입니다.

※ 출처: '청소년에게 '더 위험한' 소셜미디어', 유레카, 2025년 3월호, 17쪽-46쪽

정답해설

⑤ 전문가는 1번째 발언에서 사춘기 때 완성되는 전두엽이 제대로 발달하지 못하면 성인이 되어도 정상으로 되돌리기 어렵다고 설명한다. 따라서 '성인이 되면 정상으로 회복된다'는 이해는 적절하지 않다.

오답분석

① 전문가는 마지막 발언에서 미디어 리터러시 교육이 필요하다고 설명하고 있으므로 적절하다.

② 전문가는 2번째 발언에서 나이에 따라 뇌가 반응하는 자극의 세기가 다르며, 성인보다 청소년의 뇌가 작은 자극에 민감하게 반응한다고 설명하고 있으므로 적절하다.

③ 전문가는 3번째 발언에서 청소년들이 SNS를 보면서 우울과 불안이 생길 수 있다고 설명하고 있으므로 적절하다.

④ 전문가는 마지막 발언에서 SNS 운영사는 청소년을 보호하기 위해 자체적 검열을 강화해야 한다고 설명하고 있으므로 적절하다.

💡 이렇게 풀면 정답

- 문제 6~7번은 하나의 지문을 듣고 동시에 두 문제를 해결해야 한다. 따라서 두 문제 선택지를 빠르게 훑어 키워드에 체크한다.
- 문제 6번은 전문가의 말에만 집중하면 되므로, 전문가가 말할 땐 6번, 진행자가 말할 땐 7번으로, 번갈아 가면서 문제를 푼다.

7 담화의 유형별 화법 전략 공적 대화   정답 ①

| 정답
선택률 | ① 86.53% | ② 0.66% | ③ 1.17% | ④ 1.30% | ⑤ 10.29% |

정답해설

① 진행자는 대담을 시작하면서 SNS의 사용 세태를 설명하고 있으나, 'SNS'의 정의를 설명하고 있진 않으므로 적절하지 않다.

오답분석

② 진행자는 마지막 발언에서 'SNS가 청소년의 정신 건강에 미치는 악영향'에 대한 전문가의 설명을 듣고, 걱정이라며 청소년 정신 건강에 대한 우려를 표현하고 있으므로 적절하다.

③ 진행자는 마지막 발언에서 청소년 SNS 규제 대책이 필요하다는 사회적 요구에 대해 전문가의 의견을 구하고 있으므로 적절하다.

④ 진행자는 대담을 시작하면서 성인보다 청소년들에게 SNS가 더 위험한 이유에 대해 묻고 있으므로 적절하다.

⑤ 진행자는 대담을 시작하면서 친근한 주제인 스마트폰 사용과 SNS 소통에 대해 언급하면서 주제에 대한 관심을 불러일으키고 있으므로 적절하다.

💡 이렇게 풀면 정답

문제 6번에 집중하느라 문제 7번을 놓치는 경우가 많으므로 진행자가 말할 땐 문제 7번의 선택지로 바로 이동해야 한다. 특히 진행자의 첫 발언과 마지막 발언에 말하기 전략이 많이 등장하므로 이를 놓치지 않도록 주의한다.

8 담화의 유형별 화법 전략 사적 대화   정답 ②

| 정답
선택률 | ① 5.01% | ② 93.01% | ③ 1.14% | ④ 0.15% | ⑤ 0.56% |

듣기대본

다음은 대화의 일부를 들려 드립니다. 8번은 듣기 문항, 9번은 말하기 문항입니다.

여자: 교수님께서 생각하는 의사의 역할은 뭡니까?
남자: 8-③환자에게 가장 이로운 것이 무엇인지 판단하는 게 의사의 역할이라고 생각합니다.
여자: 생명에 이로운 결정이라... 거기에 안락사도 포함되는 거고요?
남자: 물론입니다.
여자: 죽음도 생명에 이로울 수 있다고 지금 말씀하시는 겁니까?
남자: 때로는 죽음이라는 결정도 생명에 이로울 수 있는 시대입니다.
여자: 8-④,⑤당신 말대로 생사의 경계가 흔들리는 지금 같은 시기에 9-⑤누군가한테 그 결정권을 쥐어 준다면, 그 결정권은 곧 권력이 되고, 권력은 이내 부패하고 남용되고 맙니다. 사람들의

목숨 줄을 손에 쥔 채로요. 그리고 그렇게 한 번 희생되어 죽은 생명은 절대 되돌아올 수가 없습니다.

남자: 생명에 이로운 결정이 항상 죽음인 것은 아닙니다. 다만 생과 사의 경계에서 환자에게 가장 이로운 것이 무엇인지 마지막까지 최선을 다해 고민하고 결정할 뿐입니다.

여자: 그 결정이 옳은지 아닌지는 법의 테두리 안에서 판단받을 일입니다.

남자: 8-①모두를 만족시킬 수 있는 법은 없습니다. 8-②모두를 만족시킬 수 있는 의료도 없듯이 법도 의료도 그 시대에 맞춰서 가장 우선이 되는 가치를 찾을 필요가 있다는 것입니다.

※ 출처: '의사 요한' 11화, SBS, 방송일(2019.08.23.), https://www.youtube.com/watch?v=MPOLZJe9Y8 (19:45-21:22)

정답해설

② 남자는 마지막 발언에서 법과 의료가 시대에 맞춰 변화해야 한다고 주장한다. 따라서 가장 적절한 것은 ②이다.

오답분석

① 남자는 마지막 발언에서 모두를 만족시킬 법은 없다면서, 법과 의료 모두 시대에 따라 가치가 변화한다고 주장하므로 '법의 판단에 우선해야 한다'는 내용은 적절하지 않다.

③ 남자는 1번째 발언에서 의사의 역할은 단순한 '생명 연장'이 아닌, '환자에게 가장 이로운 결정을 하는 것'이라고 주장하므로 적절하지 않다.

④ 여자는 4번째 발언에서 안락사가 허용되면 부패하고 남용될 수 있다고 우려하고 있으므로 '의료 시스템이 발전할 것'이라는 내용은 적절하지 않다.

⑤ 여자는 4번째 발언에서 누구에게든 생명을 결정하는 권한을 부여된다면 권력이 되어 부패하고 남용될 수 있다고 우려하고 있으므로 '의사가 그 권한을 가져야 한다'는 내용은 적절하지 않다.

💡 이렇게 풀면 정답

- 문제 8~9번은 대화를 듣고 인물이 '말한 내용'과 '말한 방식'을 동시에 판단해야 한다. 선택지에서 어떤 정보와 표현 방식을 들어야 할지 키워드를 체크한 후 등장인물의 말투 변화, 말하는 의도에 집중하여 정·오답을 판별한다.
- 빠르게 음성이 지나가므로 '남', '여'를 구분하고, 각 인물이 언급한 핵심 단어와 인물의 감정을 간략히 메모한다.

★★★
9 담화의 유형별 화법 전략 사적 대화   정답 ③

| 정답선택률 | ① 0.89% | ② 2.36% | ③ 67.40% | ④ 1.30% | ⑤ 22.52% |

정답해설

③ 여자는 4번째 발언에서 안락사가 허용되어 누군가에게 결정권을 준다면, 그것은 권력이 되고 결국 부패하고 남용될 것이라며 설명하고 있다. 따라서 안락사가 허용될 경우의 예상되는 문제를 들며 안락사의 위험성을 설명하고 있으므로 여자의 말하기 전략으로 가장 적절한 것은 ③이다.

오답분석

① 여자는 법적 사례를 언급하지 않았으므로 적절하지 않다.

② 여자는 남자의 의견을 수용하지 않고, '안락사의 위험성', '법의 테두리'를 강하게 주장하고 있으므로 적절하지 않다.

④ 여자는 감정적 호소를 최소화하기보다 강한 어조로 자신의 의견을 주장하고 있으며, 객관적인 자료도 언급하지 않았으므로 적절하지 않다.

⑤ 여자는 4번째 발언에서 안락사로 희생된 생명은 다시 돌아올 수 없다며 윤리적 문제를 우려하고 있으나, 질문을 반복하여 남자의 논리를 흐리고 있진 않으므로 적절하지 않다.

💡 이렇게 풀면 정답

대화를 나누는 두 사람의 말하기 전략을 동시에 파악하거나 한 사람의 전략을 파악하는 문제로 출제된다. 따라서 파악해야 하는 대상을 지시문에서 정확히 체크한다.

★★★
10 담화의 유형별 화법 전략 설명   정답 ④

| 정답선택률 | ① 0.18% | ② 0.53% | ③ 0.20% | ④ 98.09% | ⑤ 0.86% |

듣기대본

이번에는 강연을 들려 드립니다. 10번은 듣기 문항, 11번은 말하기 문항입니다.

사람은 큰 사고나 자연재해 등의 심각한 사건을 경험하게 되면 정신적으로 외상을 입을 수 있습니다. 이러한 심리적 외상이 흔히 말하는 '트라우마'입니다. 10-①④신체적, 정신적 위협이 되는 사건이나 상황이 트라우마의 원인이라면 '외상후스트레스장애'는 그 결과입니다. 10-②똑같이 충격적인 사고를 당해도 어떤 사람은 일정 시간이 지나고 필요한 도움을 받으면 회복되어 다시 일상생활로 돌아갈 수 있는 반면, 어떤 사람은 불안·우울감·무력감에서 벗어나지 못해 외상후스트레스장애로 이어지기도 합니다.

11-④미국 보스턴의과대학 정신의학과 교수 베셀 반 데어 콜크는 편도체를 화재경보기에 비유했습니다. 편도체는 감각 정보 중 위협을 감지하고 몸과 뇌에 신호를 보내 그것에 대처하는 역할을 합니다. 그런데 화재경보기가 화재 연기와 담배 연기를 구별하지 못하듯 편도체 역시 특정 자극이 생존에 위협이 되는지 아닌지를 구별하지 못하고 몸과 뇌에 똑같이 신호를 보냅니다. 10-③공황장애 환자들이 전혀 위험하지 않은 상황에서 식은땀을 흘리고 죽을 것 같은 공포를 느끼는 이유가 바로 여기에 있습니다. 편도체가 오작동해 사소한 자극도 위험 상황으로 인식해서 몸과 마음에 신호를 보내는 것입니다.

트라우마를 겪은 이들은 이전과 다른 신경계로 세상을 경험합니다. 그들은 내면의 혼돈을 억누르는 데 모든 에너지를 사용하기 때문에 평범한 일상 유지가 어렵습니다. 뇌가 본능적으로 일으키는 심리적 반응을 통제하려는 이 같은 시도는 10-④온갖 신체 증상을 유발해 섬유 근육통이나 만성피로, 기타 자가면역질환 등으로 나타날 수 있습니다.

10-⑤대형 재난을 겪은 피해자들의 트라우마는 단기간의 심리 지원이나 개인적인 노력으로 회복되기 어렵습니다. 트라우마에는 정해진 유효 기간이 없으므로 충분한 심리적 지원이 가능하도록 사회 시스템을 구축하는 방안이 우선되어야 합니다.

※ 출처: 전은애, '브레인트레이닝 트라우마에는 유효기간이 없다', 브레인, 2024년 6월호, 26쪽~28쪽

정답해설

④ 강연에서 트라우마의 결과로 '외상후스트레스장애'를 겪으며, 트라우마를 겪은 이들에게 온갖 신체적 증상이 나타난다고 설명하고 있다. 따라서 '신체적 증상을 동반하지 않는다'는 내용은 일치하지 않는다.

오답분석

① 강연에서 '외상후스트레스장애'가 트라우마의 결과라고 설명하므로 일치한다.

② 강연에서 같은 충격적 사건이라도 어떤 사람은 일상생활로 돌아가고, 어떤 사람은 '외상후스트레스장애'를 겪는다고 설명하므로 일치한다.

③ 강연에서 공황장애 환자들의 사례를 들어 편도체가 오작동하면 위험하지 않은 상황에서도 심한 공포를 느낄 수 있다고 설명하므로 일치한다.

⑤ 강연에서 대형 재난을 겪은 피해자들에게 충분한 심리적 지원이 가능하도록 사회 시스템을 구축하는 방안이 필요하다고 설명하므로 일치한다.

이렇게 풀면 정답

문제 10번~11번의 선택지를 한 번에 훑고 키워드를 체크해야 한다. 특히 문제 10번은 강연의 세부 내용을 파악해야 하므로 선택지를 읽으며 강연의 주제와 들어야 할 핵심 정보를 예측한다.

---

11 담화의 유형별 화법 전략 설명   정답 ④

| 정답선택률 | ① 0.99% | ② 0.58% | ③ 2.90% | ④ 87.54% | ⑤ 7.85% |

정답해설

④ 강연에서 정신의학과 교수 '베셀 반 데어 콜크'의 의견을 언급하고 있다. 이처럼 전문가의 의견을 인용하는 것은 강연의 신뢰성을 높이므로 말하기 방식에 대한 설명으로 가장 적절한 것은 ④이다.

오답분석

① 강연에서 청중이 들으면서 유의해야 할 점을 안내하고 있지 않으므로 적절하지 않다.
② 강연에서 구체적인 통계 수치를 활용하고 있지 않으므로 적절하지 않다.
③ 강연을 마무리하면서 강연자는 주제에 관한 해결 방안을 정리하고 있으나, 주요 내용을 요약하고 있진 않으므로 적절하지 않다.
⑤ 강연을 시작하면서 강연자는 '트라우마'의 정의를 설명하고 있으나, 구체적인 사회적 현상을 예로 들고 있진 않으므로 적절하지 않다.

이렇게 풀면 정답

문제 11번의 키워드는 '통계 수치, 요약, 전문가 의견 인용' 등의 말하기 방식 위주로 체크해 두고, 강연자가 구체적인 숫자나 전문가의 이름을 언급한다면 곧바로 말하기 방식 단서로 체크한다.

---

12 담화의 유형별 화법 전략 발표   정답 ⑤

| 정답선택률 | ① 0.74% | ② 0.38% | ③ 0.97% | ④ 2.03% | ⑤ 95.81% |

듣기대본

이번에는 발표를 들려 드립니다. 12번은 듣기 문항, 13번은 말하기 문항입니다.

　13-①여러분 멜랑콜리라는 말을 들어보셨나요? 13-④멜랑콜리는 고대 의학에서 출발한 단어로 오늘날에는 우울을 지칭할 때 그리고 예술계에서 많이 사용됩니다. 13-①그러면 현대 한국 사회와 멜랑콜리는 어떤 연관성이 있을까요? 사실 멜랑콜리와 사회의 관계는 양면적이라고 할 수 있습니다. 12-①,13-②멜랑콜리를 제거하고 낙관론을 주장하는 사회는 기만적인 전체주의적 국가의 성향을 띨 수 있으며, 다른 한편으로는 멜랑콜리를 무조건 긍정시할 경우 병든 현상이 만연한 사회가 도래할 수도 있습니다.

　그런데 12-②현대 사회에서는 멜랑콜리가 특히 심화될 위험이 큽니다. 무엇보다 생업과 관련된 일자리가 점차 축소되는 사회적 현상이 심화되고 있기 때문입니다. 이런 심각한 사회 현상과 함께 멜랑콜리도 다르게 인식되어야 합니다. 즉, 12-③,13-④전통적인 의미에서 엘리트이자 소수가 독점하는 멜랑콜리가 아니라 다수 개인이 모두 가질 수밖에 없는 '민주화된 기질로서의 멜랑콜리'가 도래한 것을 수용해야 한다는 겁니다.

　이런 상황에서 다시 한 번 강조하고 싶은 것은 병든 영혼, 암울한 세계, 삶의 허무 등으로 채색된 12-②,13-③멜랑콜리를 단순히 부정적인 심성이나 비정상적인 정신 상태로만 파악하는 시각은 한계를 갖는다는 것입니다. 12-④멜랑콜리의 이면에는 잘못 진행되는 사회적 상황을 비판적으로 바라보고 나아가 그런 상황을 전복하고 싶은 욕망이 숨어있습니다. 그런 점에서 12-⑤,13-③멜랑콜리를 예술적으로 형상화한 작품들을 단순히 병적인 현상으로 간주할 것이 아니라 사회철학적, 문화학적, 미학적 차원에서 꼼꼼히 살펴볼 필요가 있습니다.

※ 출처: 최문규(2017), 「감정의 인문학적 해부학」, 북코리아, 28~29쪽.

정답해설

⑤ 발표 마지막 부분에서 멜랑콜리의 예술적 형상화를 사회철학적, 문화학적, 미학적 차원에서 살펴볼 필요가 있다고 설명하고 있다. 따라서 멜랑콜리를 다양한 관점에서 접근해야 한다는 이해는 적절하다.

오답분석

① 발표에서 멜랑콜리와 사회의 양면성을 언급하며, 멜랑콜리를 억압하는 사회는 낙관론을 주장하는 전체주의적 국가의 성향을 띨 수 있다고 설명한다. 하지만 낙관론을 주장한다고 하여 긍정적인 분위기가 팽배해진다고 보기 어려우므로 적절하지 않다.
② 발표에서 현대 사회의 멜랑콜리는 심화될 위험이 크므로 이전과 다르게 인식해야 하며, 멜랑콜리를 비정상적인 정신 상태로 파악하는 시각은 한계가 있다고 주장하므로 적절하지 않다.
③ 발표에서 전통적으로 소수의 엘리트가 멜랑콜리를 독점했다고 하였으므로 엘리트와 대중의 구분 없이 멜랑콜리를 공유했다는 이해는 적절하지 않다.
④ 발표에서 멜랑콜리의 이면에는 부정적 사회를 비판하고, 이를 전복하고 싶은 욕망이 숨어있다고 하였으므로 적절하지 않다.

이렇게 풀면 정답

문제 12번~13번의 선택지를 한 번에 훑고 키워드를 체크해야 한다. 특히 문제 12번은 발표의 세부 내용을 파악하는 것이므로 선택지를 읽으며 발표의 주제와 들어야 할 핵심 정보를 예측한다.

---

13 담화의 유형별 화법 전략 발표   정답 ⑤

| 정답선택률 | ① 5.77% | ② 14.23% | ③ 24.43% | ④ 12.00% | ⑤ 43.34% |

정답해설

⑤ 발표자는 멜랑콜리에 대한 상황을 가정하고 있으나, 구체적인 사례를 제시하고 있지는 않다. 또한 멜랑콜리에 대한 관점이 변화해야 한다고 주장하나, 특정 문제를 해결하기 위한 태도를 취하고 있지 않으므로 적절하지 않다.

오답분석

① 발표자는 청중에게 질문하며 청중의 관심을 유도하고 있으므로 적절하다.
② 발표자는 멜랑콜리를 극도로 부정하거나 긍정하는 사회를 각각 가정하고 대조를 통해 둘의 차이점을 보여 주고 있으므로 적절하다.
③ 발표자는 멜랑콜리를 부정적인 심성이나 비정상적인 정신 상태로만 파악하는 시각에 반박하며, 다양한 관점에서 멜랑콜리를 살펴봐야 한다고 논지를 전개하고 있으므로 적절하다.

④ 발표자는 멜랑콜리가 쓰이는 분야와 멜랑콜리가 과거에 어떻게 여겨졌으며 오늘날 사회에서는 무엇이 달라졌는지를 설명하고 있다. 따라서 멜랑콜리의 달라진 점을 시간의 흐름에 따라 보여 주므로 적절하다.

> 💡 **이렇게 풀면 정답**
> 문제 13번은 '질문, 대조, 사례, 통시적' 등의 다양한 말하기 전략이 선택지에 제시된다. 헷갈리는 표현이 있다면, 선택지를 빠르게 해석하여 풀이 속도를 높일 수 있도록 익혀 둔다.
> - 통시적: 어떤 시기를 종적으로 바라보는 것. 즉, 시간의 흐름에 따라 어떤 대상이나 개념이 변화해 온 과정.

14 담화의 유형별 화법 전략 협상, 중재   정답 ④

정답 선택률	① 1.42%	② 3.33%	③ 9.74%	④ 81.39%	⑤ 3.99%

듣기대본

끝으로 협상의 한 장면을 들려 드립니다. 14번은 듣기 문항, 15번은 말하기 문항입니다.

대한고: 시청으로부터 예산 지원을 받는 이번 '도서 축제'는 저희 대한 고등학교에서 개최해야 한다고 생각합니다. 14-①저희는 그간 지역 축제를 여러 번 성공적으로 개최한 경험이 있습니다.

민국고: 이번 '도서 축제'는 저희 민국 고등학교에서 개최하는 것이 더 적합하다고 생각합니다. 14-④저희는 독서 교육에 관심을 두고 교내 독서 프로그램을 꾸준히 실행하고 있습니다.

대한고: 14-④저희 대한고는 평소 지역민, 지역 동문과의 교류가 많아 그 경험을 살릴 수 있고, 14-②학교 공간이 넓어서 행사 개최에 적합합니다. 게다가 개교 50주년 행사와 연계할 계획이어서 이번 '도서 축제' 개최에 대한 학내 구성원들의 열의가 대단합니다.

민국고: 14-⑤저희도 신설 학교이기에 학교의 인지도를 높이겠다는 구성원들의 의지가 강한 편입니다. 15-③그렇다면 각 학교의 목적에 맞게 필요한 행사를 나누어 '도서 축제'를 공동으로 개최하는 것은 어떨까요?

대한고: 공동 개최는 행사가 번거롭게 될 가능성이 있지만 일단 공동 개최를 논의할 필요는 있어 보입니다. 다만 저희는 공동 개최의 방식에 따라 수용 여부를 결정하겠습니다.

민국고: 약간의 우려 사항이 있지만, 두 학교가 가까이 있기 때문에 문제점들이 쉽게 해결될 것입니다. 시청에서도 공동 개최를 언급한 적이 있고 두 학교의 우의 증진이라는 명분도 얻을 수 있습니다.

대한고: 저희는 50주년이라는 큰 행사가 있어서 기념 공연이 포함된 폐막식을 중요하게 생각하고 있습니다. 14-③,15-④폐막식을 양보해 주신다면 공동 개최를 긍정적으로 검토할 수 있을 것 같습니다.

민국고: 15-①폐막식을 양보하는 방향으로 학교 구성원의 뜻을 모아 보겠습니다. 대신 저희도 학교 인지도를 높이기 위해 필요한 개막식을 꼭 개최하고 싶습니다. 15-⑤그 밖에 축제 공식 명칭, 개최 학교명 표기 순서, 체험 프로그램, 작가 초청 이야기 등은 학교 구성원의 의견을 좀 더 들어본 후에 추후 만남에서 결정하는 것은 어떨까요?

대한고: 15-①폐막식을 양보해 주신다면 개막식은 저희가 양보할 수 있습니다. 저희도 나머지 부분에 대해서 학교 구성원의 의견을 충분히 경청하고 다음 만남에서 최종 협의하도록 하겠습니다. 감사합니다.

민국고: 감사합니다.

※ 출처: 「고등학교 화법과 작문」(이도영 외 7인), '화법의 원리와 실제 - 의견 차이를 조정하는 토론과 협상', <창비>

정답해설

④ 민국고는 1번째 발언에서 독서 교육에 관심을 두고 꾸준히 독서 프로그램을 운영했다고 언급하나, 지역 사회와의 교류를 강조한 사람은 '대한고'이므로 적절하지 않다.

오답분석

① 대한고는 1번째 발언에서 지역 축제를 여러 번 성공적으로 개최했다고 언급하며 지역 축제 개최에 대한 풍부한 경험을 내세우고 있으므로 적절하다.

② 대한고는 2번째 발언에서 학교의 공간이 넓어 행사 개최에 적합하다며 공간적인 장점을 강조하고 있다. 또한 이어서 축제 개최에 대한 구성원들의 열의가 높다며 강한 의지를 강조하고 있으므로 적절하다.

③ 대한고는 4번째 발언에서 폐막식 주관을 전제로 공동 개최를 긍정적으로 검토해 보겠다고 하였으므로 적절하다.

⑤ 민국고는 2번째 발언에서 도서 축제 개최를 통해 신설 학교의 인지도를 향상하고 싶다고 하였으므로 적절하다.

> 💡 **이렇게 풀면 정답**
> 행사 개최의 주최와 조건을 다루는 협상문은 개최 장소, 양보 조건, 강점의 주체 등에 함정이 있는 경우가 많으므로, 조건을 내세우는 주체에 주의하여 정·오답을 판별한다.

15 담화의 유형별 화법 전략 협상, 중재   정답 ③

정답 선택률	① 5.41%	② 1.14%	③ 85.87%	④ 6.08%	⑤ 1.37%

정답해설

③ 민국고는 학교별 목적에 따라 행사를 나누고, '도서 축제'를 공동 개최할 것을 제안하고 있다. 따라서 민국고가 협상의 진전을 위해 절충적인 대안을 제시하고 있으므로 갈등 해결 방식으로 가장 적절한 것은 ③이다.

오답분석

① 자신의 양보(폐막식)로 상대방의 양보(개막식)를 이끌어 낸 쪽은 '민국고'이므로 적절하지 않다. 참고로, 대한고는 마지막 발언에서 폐막식을 양보해 준다면 개막식을 양보하겠다고 말한다.

② 대한고는 민국고의 축제 개최 목적에 대해 지지의 의사를 표현하지 않았으므로 적절하지 않다.

④ 상대방의 도서 축제 제안을 조건부로 수용(공동 개최를 논의하되, 공동 개최 방식에 따라 공동 개최 수용 여부를 결정)한 것은 민국고가 아니라 대한고이므로 적절하지 않다. 참고로, 대한고는 4번째 발언에서 폐막식을 양보해 준다면 공동 개최를 검토해 보겠다고 말한다.

⑤ 민국고는 4번째 발언에서 축제 공식 명칭, 개최 학교명 표기 순서 등 여러 제안을 묶어 추후 결정하자고 말한다. 따라서 담판의 형식으로 일괄 결정하고 있지 않으므로 적절하지 않다.

> 💡 **이렇게 풀면 정답**
> 협상은 입장 고수, 양보, 절충이 반복되며 협상 내용이 계속 조정되므로 최종적인 합의 내용을 정확히 포착한다.

어휘(16번~30번)

★★★ = 난도 상
★★☆ = 난도 중
★☆☆ = 난도 하
🟦 = 가장 헷갈리는 오답

회차별 평균 정답률

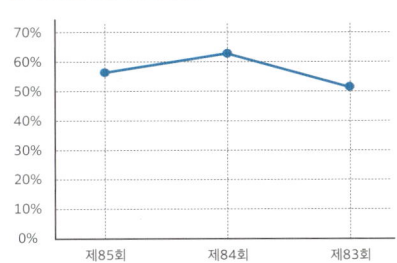

→ 제84회 어휘의 평균 정답률은 약 63%로, 2025년 상반기 기출 3회분 중에서 가장 쉬웠다. 15문제 중 '난이도 하'는 4문제, '난이도 중'은 10문제, '난이도 상'은 1문제 출제됐다.

평가 요소별 문제 수 & 최다 출제 평가 요소

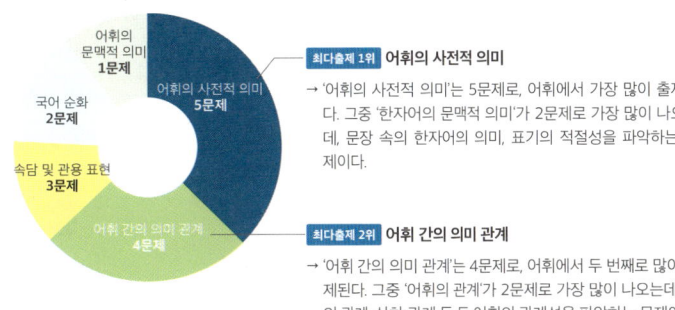

최다출제 1위 어휘의 사전적 의미
→ '어휘의 사전적 의미'는 5문제로, 어휘에서 가장 많이 출제된다. 그중 '한자어의 문맥적 의미'가 2문제로 가장 많이 나오는데, 문장 속의 한자어의 의미, 표기의 적절성을 파악하는 문제이다.

최다출제 2위 어휘 간의 의미 관계
→ '어휘 간의 의미 관계'는 4문제로, 어휘에서 두 번째로 많이 출제된다. 그중 '어휘의 관계'가 2문제로 가장 많이 나오는데, 유의 관계, 상하 관계 등 두 어휘의 관계성을 파악하는 문제이다.

★★☆
16 어휘의 사전적 의미 고유어의 사전적 의미   정답 ②

| 정답선택률 | ① 21.50% | ② 66.70% | ③ 3.74% | ④ 2.85% | ⑤ 5.06% |

정답해설
② '맵자하다'는 '모양이 제격에 어울려서 맞다.'를 뜻하는 고유어이므로 적절하다.

오답분석
① '가뭇없다'는 '보이던 것이 전혀 보이지 않아 찾을 곳이 감감하다.'를 뜻하는 고유어이므로 적절하지 않다.
③ '파임내다'는 '일치한 의논을 나중에 다른 소리를 하여 그르치게 하다.'를 뜻하는 고유어이므로 적절하지 않다.
④ '생때같다'는 '아무 탈 없이 멀쩡하다.', '공을 많이 들여 매우 소중하다.'를 뜻하는 고유어이므로 적절하지 않다.
⑤ '한결같다'는 '처음부터 끝까지 변함없이 꼭 같다.'를 뜻하는 고유어이므로 적절하지 않다.

※ 출처: 국립국어원, 표준국어대사전, stdict.korean.go.kr

또 나올 기출개념
'맵자하다'와 혼동하기 쉬운 고유어 '맵짜다'
• 음식의 맛이 맵고 짜다.
  예 새댁이 만든 음식은 모두 맵짰다.
• 성미가 사납고 독하다.
  예 여자는 사내를 맵짠 눈으로 흘겨보았다.

★★☆
17 어휘의 사전적 의미 한자어의 사전적 의미   정답 ②

| 정답선택률 | ① 20.67% | ② 44.03% | ③ 0.31% | ④ 17.01% | ⑤ 17.69% |

정답해설
② '단장(斷腸)'은 '몹시 슬퍼서 창자가 끊어지는 듯함.'을 뜻하므로 적절하지 않다. 참고로, '유대나 연관 관계를 끊음'을 이르는 말은 '단절(斷絕)'이다.

오답분석
① '정산(精算)'은 '정밀하게 계산함.'을 뜻하므로 적절하다.
③ '괴력(怪力)'은 '괴상할 정도로 뛰어나게 센 힘.'을 뜻하므로 적절하다.
④ '무운(武運)'은 '전쟁 따위에서 이기고 지는 운수.'를 뜻하므로 적절하다.
⑤ '탐닉(耽溺)'은 '어떤 일을 몹시 즐겨서 거기에 빠짐.'을 뜻하므로 적절하다.

※ 출처: 국립국어원, 표준국어대사전, stdict.korean.go.kr

또 나올 기출개념
예문으로 암기하는 '단장(斷腸)'
예 단장(斷腸)의 비애를 느끼다.
예 자식을 잃은 슬픔을 단장(斷腸)의 슬픔이라고 한다.

★★☆
18 어휘의 문맥적 의미 고유어의 문맥적 의미   정답 ④

| 정답선택률 | ① 4.25% | ② 16.90% | ③ 26.03% | ④ 47.43% | ⑤ 5.16% |

정답해설
④ '결딴'은 '어떤 일이나 물건 따위가 아주 망가져서 도무지 손을 쓸 수 없게 된 상태.'를 뜻하는 고유어이므로 적절하지 않다. 참고로, '결정적인 판단을 하거나 단정을 내림. 또는 그런 판단이나 단정.'을 의미하는 말은 한자어 '결단(決斷)'이다.

오답분석
① '뭉근하다'는 '세지 않은 불기운이 끊이지 않고 꾸준하다.'를 뜻하는 고유어이므로 적절하다.
② '함함하다'는 '털이 보드랍고 반지르르하다.'를 뜻하는 고유어이므로 적절하다.
③ '보시기'는 '김치나 깍두기 따위를 담는 반찬 그릇의 하나.'를 뜻하는 고유어이므로 적절하다.
⑤ '짬짜미'는 '남모르게 자기들끼리만 짜고 하는 약속이나 수작.'을 뜻하는 고유어이므로 적절하다.

※ 출처: 국립국어원, 표준국어대사전, stdict.korean.go.kr

> **또 나올 기출개념**
>
> 예문으로 암기하는 '결딴'
> 예 아이가 장난감을 집어 던져 결딴났다.
> 예 갑작스러운 태풍으로 야외 결혼식이 결딴났다.

> **또 나올 기출개념**
>
> '이상(理想)'과 '이상(異象)'
>
> | 이상(理想) | 다스릴 '이'(理) + 생각 '상'(想)
예 이상(理想)을 실현하다. |
> |---|---|
> | 이상(異象) | 다를 '이'(異) + 형상 '상'(象)
예 비가 오려는지 구름이 이상(異象)하다. |

19 어휘의 문맥적 의미 한자어의 문맥적 의미 정답 ⑤

정답 선택률	① 11.54%	② 2.82%	③ 29.54%	④ 3.36%	⑤ 52.49%

정답해설

⑤ '역려(逆旅)'는 '나그네를 맞이한다는 뜻으로, 여관을 이르는 말.'이다. 따라서 어긋난 인연을 의미하는 말로 쓰기에 적절하지 않다.

오답분석

① '슬하(膝下)'는 무릎의 아래라는 뜻으로 주로 부모의 보호를 받는 테두리 안을 이른다. 따라서 자식이 혼인을 한다는 문맥에서 쓰기에 적절하다.
② '노파심(老婆心)'은 '필요 이상으로 남의 일을 걱정하고 염려하는 마음.'을 뜻하므로 걱정이 되어 말을 해주는 문맥에서 쓰기에 적절하다.
③ '무진장(無盡藏)'은 '다함이 없이 굉장히 많음.'을 뜻하므로 바닷가에 작은 돌이 무수히 많다는 문맥에서 쓰기에 적절하다.
④ '거마비(車馬費)'는 '수레와 말을 타는 비용이라는 뜻으로, 교통비를 이르는 말.'이다. 따라서 먼 길을 온 사람에게 교통비를 주지 못해 죄송하다는 문맥에서 쓰기에 적절하다.

※ 출처: 국립국어원, 표준국어대사전, stdict.korean.go.kr

> **또 나올 기출개념**
>
> '逆(거스를 역)' 관련 한자어
> • 역정(逆情): 몹시 언짢거나 못마땅하여서 내는 성
> • 역설(逆說): 어떤 주의나 주장에 반대되는 이론이나 말
> • 역기능(逆機能): 본래 의도한 것과 반대로 작용하는 기능

20 어휘의 문맥적 의미 한자어의 문맥적 의미 정답 ②

정답 선택률	① 25.57%	② 62.10%	③ 7.73%	④ 1.63%	⑤ 2.75%

정답해설

② • ㉠'생각할 수 있는 범위 안에서 가장 완전하다고 여겨지는 상태.'를 뜻하는 '이상'은 '理想'이라고 적어야 하므로 적절하다.
  • ㉡'학과 따위를 옮김.'을 뜻하는 '전과'는 '轉科'라고 적어야 하므로 적절하다.
  • ㉢'일정 기간을 나누었을 때 맨 뒤 기간.'을 뜻하는 '후기'는 '後期'라고 적어야 하므로 적절하다.

오답분석

• ㉠'이상(異象)'은 '이상한 모양.'을 뜻하므로 문맥상 적절하지 않다.
• ㉡'전과(全科)'는 '학교에서 규정한 모든 교과 또는 학과'를 뜻하므로 문맥상 적절하지 않다.
• ㉢'후기(後記)'는 '본문 끝에 덧붙여 기록함. 또는 그런 글.'을 뜻하므로 문맥상 적절하지 않다.

※ 출처: 국립국어원, 표준국어대사전, stdict.korean.go.kr

21 어휘의 문맥적 의미 혼동하기 쉬운 어휘의 구별 정답 ①

정답 선택률	① 40.04%	② 5.29%	③ 26.72%	④ 1.02%	⑤ 26.77%

정답해설

① '거추없다'는 '하는 짓이 어울리지 않고 싱겁다.'는 뜻의 고유어로 문맥상 막대했다는 내용과 어울리지 않으므로 적절하지 않다.

오답분석

② '사달'은 '사고나 탈.'이라는 뜻의 고유어로 문맥상 가볍게 한 말이 큰 탈로 이어졌다는 내용과 어울리므로 적절하다.
③ '켯속'은 '일이 되어 가는 속사정.'이라는 뜻의 고유어로 문맥상 과장이 맞다고 우기는 상황에서 속사정을 모르겠다는 내용과 어울리므로 적절하다.
④ '소'는 '송편이나 만두 따위를 만들 때, 맛을 내기 위하여 익히기 전에 속에 넣는 여러 가지 재료.'를 뜻하는 고유어로, 문맥상 만두를 빚는 상황과 어울리므로 적절하다.
⑤ '달다'는 '안타깝거나 조마조마하여 마음이 몹시 조급해지다.'를 뜻하는 고유어로 문맥상 큰형이 돌아오지 않아 아버지의 마음이 조마조마한 상황과 어울리므로 적절하다.

※ 출처: 국립국어원, 표준국어대사전, stdict.korean.go.kr

> **또 나올 기출개념**
>
> 예문으로 암기하는 '사달'
> 예 일이 꺼림칙하게 되어 가더니만 결국 사달이 났다.
> 예 여행 중 여권을 분실하는 사달이 생겼다.

22 어휘 간의 의미 관계 다의어와 동음이의어 정답 ⑤

정답 선택률	① 13.96%	② 6.05%	③ 15.02%	④ 7.55%	⑤ 57.24%

정답해설

⑤ ①~④의 '죽다'는 '생명이 없어지거나 끊어지다.'의 의미에서 파생된 의미들로 '죽다¹'이 쓰였다. 반면 ⑤의 '죽다'는 '물체의 어느 부분이 꼿꼿하거나 날카롭지 못하고 가라앉거나 뭉툭한 상태가 되다.'를 뜻하는 '죽다²'가 쓰였으므로 나머지와 다의 관계가 아닌 동음이의 관계이다.

오답분석

① '대마가 죽다'의 '죽다'는 '경기나 놀이 따위에서, 상대편에게 잡혀 제 기능을 하지 못하다.'를 뜻하는 '죽다¹'이 쓰였다.
② '시계가 죽어'의 '죽다'는 '움직이던 물체가 멈추어 제 기능을 하지 못하다.'를 뜻하는 '죽다¹'이 쓰였다.

③ '성질이 많이 죽었다'의 '죽다'는 '성질이나 기운 따위가 꺾이다.'를 뜻하는 '죽다¹'이 쓰였다.
④ '죽은 법이 되었다'의 '죽다'는 '글이나 말 또는 어떤 현상의 효력 따위가 현실과 동떨어져 생동성을 잃다.'를 뜻하는 '죽다¹'이 쓰였다.

※ 출처
· 국립국어원, 표준국어대사전, stdict.korean.go.kr
· 국립국어원, 우리말샘, opendic.korean.go.kr

또 나올 기출개념
'죽다' 관련 어휘

의미 관계	관련 어휘
'죽다'의 높임말	돌아가다
'죽다'의 유의어	운명(殞命)하다
'죽다'의 반의어	살다

---

23 어휘 간의 의미 관계 — 어휘의 관계 정답 ③

★☆☆

| 정답선택률 | ① 1.73% | ② 0.92% | ③ 95.65% | ④ 0.38% | ⑤ 1.25% |

정답해설
③ '기호품'과 '커피'는 '기호품'이 '커피'의 상위어, '커피'가 '기호품'의 하위어인 상하 관계이다. '탈것'과 '가마'도 '탈것'이 '가마'의 상위어이고 '가마'가 '탈것'의 하위어이므로 <보기>와 같이 두 단어의 의미 관계가 상하 관계인 것은 ③이다.

오답분석
① '건물'과 '계단'은 '건물'이 '전체'이고, '계단'이 '부분'인 부분 관계이다.
② '채소'와 '남새'는 모두 '밭에서 기르는 농작물.'이라는 뜻이므로 두 어휘는 동의 관계이다.
④ '들보'와 '서까래'는 모두 '한옥'의 부분을 이루는 어휘이므로 상하 관계가 아니다.
⑤ '개똥벌레'와 '반딧불이'는 모두 '반딧불잇과의 딱정벌레.'를 말하므로 두 어휘는 동의 관계이다.

※ 출처: 국립국어원, 표준국어대사전, stdict.korean.go.kr

또 나올 기출개념
상하 관계 관련 어휘

상위어	하위어
국경일	삼일절, 한글날
포유류	고래, 늑대

---

24 어휘 간의 의미 관계 — 고유어와 한자어 정답 ④

★☆☆

| 정답선택률 | ① 1.12% | ② 0.41% | ③ 1.40% | ④ 96.42% | ⑤ 0.61% |

정답해설
④ '아이가 선 후로'의 '서다'는 '아이가 뱃속에 생기다.'라는 뜻이다. 따라서 '사람이 태어남'을 뜻하는 '탄생(誕生)'은 적절하지 않다. 참고로, '서다'와 대응하는 한자어로는 '아이나 새끼를 뱀.'을 뜻하는 '잉태(孕胎)'가 적절하다.

오답분석
① '주례를 서기로'의 '서다'는 '어떤 역할을 맡아서 하다.'라는 뜻이므로 '어떤 일을 맡다.'를 뜻하는 '담당(擔當)하다'가 적절하다.
② '모두 서서'의 '서다'는 '사람이나 동물이 발을 땅에 대고 다리를 쭉 뻗으며 몸을 곧게 하다.'라는 뜻이므로 '일어나서 서다.'를 뜻하는 '기립(起立)하다'가 적절하다.
③ '기계가 갑자기 서는 바람에'의 '서다'는 '물품을 생산하는 기계 따위가 작동이 멈추다.'라는 뜻이므로 '움직이고 있던 것이 멎거나 그치다. 또는 중도에서 멎거나 그치게 하다.'를 뜻하는 '정지(停止)하다'가 적절하다.
⑤ '조선이 선 이후로'의 '서다'는 '나라나 기관 따위가 처음으로 이루어지다.'라는 뜻이므로 '새로 나라가 세워지다. 또는 새로 나라를 세우다.'를 뜻하는 '개국(開國)하다'가 적절하다.

※ 출처
· 국립국어원, 표준국어대사전, stdict.korean.go.kr
· 서울대 국어교육연구소/낱말 어휘정보처리연구소 편(2009), 넓은풀이 우리말 유의어 대사전, 낱말 어휘정보처리연구소

또 나올 기출개념
빈출 고유어-한자어 대응 어휘

고유어	한자어
고치다	수정(修正)하다: 바로잡아 고치다.
	정정하다(訂正하다): 글자나 글 따위의 잘못을 고쳐서 바로잡다.

---

25 어휘 간의 의미 관계 — 어휘의 관계 정답 ①

★★☆

| 정답선택률 | ① 56.76% | ② 1.32% | ③ 6.74% | ④ 2.08% | ⑤ 32.82% |

정답해설
① <보기>의 '보잘것없다'는 '볼만한 가치가 없을 정도로 하찮다.'라는 뜻이다. '같잖다'는 '하는 짓이나 꼴이 제격에 맞지 않고 눈꼴사납다.'를 뜻하므로 '보잘것없다'와 바꾸어 쓰기에 적절하지 않다.

오답분석
② '하찮다'는 '그다지 훌륭하지 않다.'라는 뜻이므로 '보잘것없다'와 바꾸어 쓰기에 적절하다.
③ '변변찮다'는 '됨됨이나 생김새 따위가 어지간하지 못하다.'라는 뜻이므로 '보잘것없다'와 바꾸어 쓰기에 적절하다.
④ '볼품없다'는 '겉으로 드러나 보이는 모습이 초라하다.'라는 뜻이므로 '보잘것없다'와 바꾸어 쓰기에 적절하다.
⑤ '하잘것없다'는 '시시하여 해 볼 만한 것이 없다. 또는 대수롭지 아니하다.'라는 뜻으로 '보잘것없다'의 유의어이다. 따라서 '보잘것없다'와 바꾸어 쓰기에 적절하다.

※ 출처
· 국립국어원, 표준국어대사전, stdict.korean.go.kr
· 서울대 국어교육연구소/낱말 어휘정보처리연구소 편(2009), 넓은풀이 우리말 유의어 대사전, 낱말 어휘정보처리연구소

또 나올 기출개념
예문으로 암기하는 '보잘것없다', '같잖다'

예) 포장을 예쁘게 하니 보잘것없는 물건도 그럴듯해 보인다.
예) 중년의 나이이면서도 같잖은 말투를 쓰는 것을 보이니 눈살이 찌푸려졌다.

★★☆

26 속담 및 관용 표현 속담   정답 ②

| 정답
선택률 | ① 30.78% | ② 41.79% | ③ 6.41% | ④ 9.86% | ⑤ 11.01% |

정답해설
② '여름 하늘에 소낙비'는 흔히 있을 만한 일이니 조금도 놀랄 것이 없음을 비유적으로 이르는 말이므로 점잖은 사람이 불같이 화를 냈다는 문맥에서 쓰기에 적절하지 않다.

오답분석
① '곽란에 약 지으러 보내면 좋겠다'는 급히 서둘러야 할 경우에도 미련하여 행동이 민첩하지 못함을 비꼬는 말이므로 시험 보는 날 지각을 했다는 문맥에서 쓰기에 적절하다.
③ '칠팔월 수숫잎'은 성품이 약하여 마음을 잡지 못하고 번복하기를 잘하는 사람을 비유적으로 이르는 말이므로 팀장이 최종 결단을 내리지 못한다는 문맥에서 쓰기에 적절하다.
④ '새 잡아 잔치할 것을 소 잡아 잔치한다'는 어떤 일을 처음에 소홀히 하다가 나중에 큰 손해를 보게 됨을 비유적으로 이르는 말이므로 치통을 방치하다 발치하게 되었다는 문맥에서 쓰기에 적절하다.
⑤ '초라니 열은 보아도 능구렁이 하나는 못 본다'는 까불까불하고 경박한 사람보다 속이 의뭉한 사람이 같이 지내기에 더 어려움을 비유적으로 이르는 말로 속을 알 수 없는 친구에게 불편함을 느낀다는 문맥에서 쓰기에 적절하다.

※ 출처: 국립국어원, 표준국어대사전, stdict.korean.go.kr

또 나올 기출개념
'비' 관련 속담
- 가랑비에 옷 젖는 줄 모른다
  : 가늘게 내리는 비는 조금씩 젖어 들기 때문에 여간해서 옷이 젖는 줄을 깨닫지 못한다는 뜻으로, 아무리 사소한 것이라도 그것이 거듭되면 무시하지 못할 정도로 크게 됨을 비유적으로 이르는 말.
- 구름 없는 하늘에 비 올까
  : 필요한 조건 없이 결과가 이루어지는 법이 없음을 강조하여 이르는 말.
- 비 온 뒤에 땅이 굳어진다
  : 비에 젖어 질척거리던 흙도 마르면서 단단하게 굳어진다는 뜻으로, 어떤 시련을 겪은 뒤에 더 강해짐을 비유적으로 이르는 말.

★★☆

27 속담 및 관용 표현 고사성어 / 사자성어   정답 ⑤

| 정답
선택률 | ① 5.16% | ② 4.27% | ③ 1.86% | ④ 8.72% | ⑤ 79.92% |

정답해설
⑤ '우공이산(愚公移山)'은 우공이 산을 옮긴다는 뜻으로, 어떤 일이든 끊임없이 노력하면 반드시 이루어짐을 이르는 말이므로 불가능한 일은 포기하라는 문맥에서 쓰기에 적절하지 않다.

오답분석
① '불치하문(不恥下問)'은 손아랫사람이나 지위나 학식이 자기만 못한 사람에게 모르는 것을 묻는 일을 부끄러워하지 아니함을 이르는 말이므로 남에게 배울 때의 마음가짐을 이야기하는 문맥에서 쓰기에 적절하다.
② '금란지계(金蘭之契)'는 친구 사이의 매우 두터운 정을 이르는 말이므로 둘도 없는 친구 사이를 말하는 문맥에서 쓰기에 적절하다.

③ '쾌도난마(快刀亂麻)'는 잘 드는 칼로 마구 헝클어진 삼 가닥을 자른다는 뜻으로, 어지럽게 뒤얽힌 사물을 강력한 힘으로 명쾌하게 처리함을 이르는 말이다. 따라서 그동안의 문제를 해결했다는 문맥에서 쓰기에 적절하다.
④ '전전반측(輾轉反側)'은 누워서 몸을 이리저리 뒤척이며 잠을 이루지 못함을 이르는 말이므로 부모가 자식을 걱정한다는 문맥에서 쓰기에 적절하다.

※ 출처: 국립국어원, 표준국어대사전, stdict.korean.go.kr

또 나올 기출개념
빈출 한자성어
- 소탐대실(小貪大失): 작은 것을 탐하다가 큰 것을 잃음
- 부창부수(夫唱婦隨): 남편이 주장하고 아내가 이에 잘 따름. 또는 부부 사이의 그런 도리

★★☆

28 속담 및 관용 표현 관용 표현   정답 ⑤

| 정답
선택률 | ① 0.08% | ② 2.03% | ③ 5.72% | ④ 0.23% | ⑤ 91.89% |

정답해설
⑤ '배를 두드리다'는 '생활이 풍족하거나 살림살이가 윤택하여 안락하게 지내다.'라는 뜻이다. 따라서 급여를 받지 못해 어렵게 살고 있다는 문맥에서 쓰기에 적절하지 않다. 참고로, ⑤의 문맥에는 '양(量)에 아주 모자라게 먹거나 굶다.'를 뜻하는 '배를 곯다'가 쓰일 수 있다.

오답분석
① '배가 등에 붙다'는 '먹은 것이 없어서 배가 홀쭉하고 몹시 허기지다.'라는 뜻이므로 며칠 굶었다는 문맥에서 쓰기에 적절하다.
② '배를 앓다'는 '남 잘되는 것에 심술이 나서 속을 태우다.'라는 뜻이므로 옆집이 잘되는 것을 보고 있다는 문맥에서 쓰기에 적절하다.
③ '배에 기름이 끼다'는 '살림이 넉넉하여지다.'라는 뜻이므로 젊은 시절 고생 끝에 이제는 넉넉해 졌다는 문맥에서 쓰기에 적절하다.
④ '배를 채우다'는 '재물이나 이득을 많이 차지하여 사리사욕을 채우다.'라는 뜻이므로 정치인들이 공익보다 사익을 추구하는 데 급급하다는 문맥에서 쓰기에 적절하다.

※ 출처
- 국립국어원, 표준국어대사전, stdict.korean.go.kr
- 국립국어원, 우리말샘, opendic.korean.go.kr

또 나올 기출개념
예문으로 암기하는 '배를 두드리다'
- 어려운 시기를 이겨낸 우리 가족은 이제 배를 두드리며 세월 좋게 산다.

29 국어 순화 한자어의 순화 정답 ③

| 정답선택률 | ① 11.26% | ② 5.85% | ③ 10.73% | ④ 28.57% | ⑤ 43.26% |

정답해설

③ '수의(隨意)'는 '하고 싶은 대로의 제 마음이나 의지.'라는 뜻이고, '시담(示談)'은 법률적으로 '민사상의 분쟁을 재판 이외에 당사자 간에 해결하는 일. 또는 그 화해 계약'이라는 뜻이다. 따라서 '수의 시담(隨意示談)'은 당사자들이 협의한다는 뜻이므로 순화어는 '수의 계약'이 아니라 '가격 협의'이다.

오답분석

① '교부(交付)하다'는 '내어주다'를 뜻하므로 '교부(交付)할'을 '내줄'로 순화하는 것은 적절하다.
② '재가(裁可)'는 '안건을 결재하여 허가함'을 뜻하므로 '재가(裁可)하였다'를 '허가하였다'로 순화하는 것은 적절하다.
④ '미상불(未嘗不)'은 '아닌 게 아니라 과연'을 뜻하므로 '아닌 게 아니라'로 순화하는 것은 적절하다.
⑤ '환부(還付)'는 '도로 돌려줌'을 뜻하므로 '도로 돌려보냄'의 의미인 '반송(返送)'을 사용하여 '환부율(還付率)'을 '반송률'로 순화하는 것은 적절하다.

> 📑 '환부(還付)'와 '반송(返送)'에 쓰인 한자
> - '환부(還付)'는 돌아올 '환'(還), 줄 '부'(付)의 한자가 쓰여 '도로 돌려줌'의 뜻을 의미한다.
> - '반송(返送)'은 돌아올 '반'(返), 보낼 '송'(送)의 한자가 쓰여 '도로 돌려보냄'의 뜻을 의미한다.

※ 출처
- 국립국어원, 표준국어대사전, stdict.korean.go.kr
- 국립국어원, 우리말샘, opendic.korean.go.kr

또 나올 기출개념
예문으로 암기하는 '수의(隨意)'
예 휴가 기간 동안의 일정은 수의(隨意)로 계획해도 무방합니다.
예 계약서 내용 중 일부 조항은 당사자 간 수의(隨意)에 따라 변경 가능합니다.

30 국어 순화 외래어의 순화 정답 ③

| 정답선택률 | ① 1.58% | ② 0.20% | ③ 95.91% | ④ 0.58% | ⑤ 1.70% |

정답해설

③ '노쇼(no show)'는 예약을 하고 취소 연락 없이 나타나지 않는 행위를 이르는 말이므로 '환불'로 다듬는 것은 적절하지 않다. 참고로, '노쇼(no show)'를 다듬은 말은 '예약 부도'이다.

오답분석

① '레자'는 'leather'의 일본식 외래어로 '인조 가죽'으로 다듬는 것은 적절하다.
② '시그니처 아이템(signature item)'은 각 회사의 상징적인 뛰어난 특징을 나타내는 특정한 제품을 이르는 말로 '대표 상품'으로 다듬는 것은 적절하다.
④ '엑기스'는 'ekisu'의 일본식 외래어로 '진액, 농축액'으로 다듬는 것은 적절하다.

⑤ '바우처 제도(voucher 制度)'는 '일정한 조건을 갖춘 사람들에게 정부가 지불을 보증하는 증표, 서비스를 제공해 비용을 대신 지급하거나, 보조하는 제도'이다. 따라서 '상품권 제도, 이용권 제도'로 다듬는 것은 적절하다.

※ 출처: 국립국어원 누리집 '다듬은 말', https://www.korean.go.kr/front/imprv/refineList.do?mn_id=158

또 나올 기출개념
빈출 외래어 순화어

외래어	순화어
발레파킹(valet parking)	대리주차
어젠다(agenda)	의제
팁(tip)	도움말, 봉사료

어법(31번~45번)

★★★ = 난도 상
★★☆ = 난도 중
★☆☆ = 난도 하
🔖 = 가장 헷갈리는 오답

회차별 평균 정답률

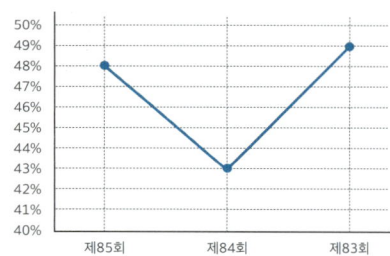

→ 제84회 어법 평균 정답률은 약 43%로, 2025년 상반기 기출 3회분 중에서 가장 어려웠다. 15문제 중 '난이도 중'은 8문제, '난이도 상'은 7문제 출제됐고, '난이도 하' 문제는 없었다.

평가 요소별 문제 수 & 최다 출제 평가 요소

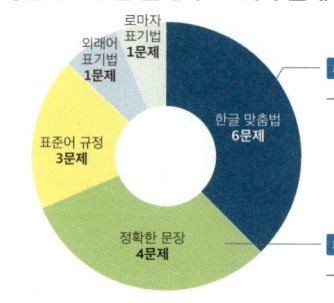

최다출제 1위 한글 맞춤법
→ '한글 맞춤법'은 6문제로, 어법에서 가장 많이 출제된다. 그중 '형태에 관한 것'이 2문제로 가장 많이 나오는데, 용언이 활용할 때 표기가 맞는지 파악하는 문제이다.

최다출제 2위 정확한 문장
→ '정확한 문장'은 4문제로, 어법에서 두 번째로 많이 출제된다. 그중 '어법에 맞는 표현'이 3문제로 가장 많이 나오는데, 문장의 높임 표현, 호응, 중의성을 파악하는 문제이다.

---

31 한글 맞춤법 소리에 관한 것 ★★★ 정답 ②

| 정답선택률 | ① 8.52% | ② 22.98% | ③ 19.95% | ④ 46.92% 🔖 | ⑤ 1.58% |

정답해설

② 쓱삭쓱삭(×)→쓱싹쓱싹(○): 한 단어 안에서 같은 음절이나 비슷한 음절이 겹쳐 나는 부분은 같은 글자로 적어야 한다. 따라서 '쓱삭쓱삭'이 아닌 '쓱싹쓱싹'으로 표기해야 한다.

오답분석

① 싹둑싹둑(○): 한 단어 안에서 뚜렷한 까닭 없이 나는 된소리는 다음 음절의 첫소리를 된소리로 적지만, 'ㄱ, ㅂ' 받침 뒤에서 나는 된소리는 같은 음절이나 비슷한 음절이 겹쳐 나는 경우가 아니면 된소리로 적지 않는다. 따라서 '싹둑싹둑'의 표기는 적절하다.

③ 쑥설쑥설(○): 한 단어 안에서 뚜렷한 까닭 없이 나는 된소리는 다음 음절의 첫소리를 된소리로 적지만, 'ㄱ, ㅂ' 받침 뒤에서 나는 된소리는 같은 음절이나 비슷한 음절이 겹쳐 나는 경우가 아니면 된소리로 적지 않는다. 따라서 '쑥설쑥설'의 표기는 적절하다.

④ 쏙닥쏙닥(○): 한 단어 안에서 뚜렷한 까닭 없이 나는 된소리는 다음 음절의 첫소리를 된소리로 적지만, 'ㄱ, ㅂ' 받침 뒤에서 나는 된소리는 같은 음절이나 비슷한 음절이 겹쳐 나는 경우가 아니면 된소리로 적지 않는다. 따라서 '쏙닥쏙닥'의 표기는 적절하다.

🔖 '속닥속닥'과 '쏙닥쏙닥'
'남이 알아듣지 못하도록 작은 목소리로 은밀하게 자꾸 이야기하는 소리'를 뜻하는 '속닥속닥'과 '쏙닥쏙닥'은 둘 다 표준어이다.

⑤ 쑥덕쑥덕(○): 한 단어 안에서 뚜렷한 까닭 없이 나는 된소리는 다음 음절의 첫소리를 된소리로 적지만, 'ㄱ, ㅂ' 받침 뒤에서 나는 된소리는 같은 음절이나 비슷한 음절이 겹쳐 나는 경우가 아니면 된소리로 적지 않는다. 따라서 '쑥덕쑥덕'의 표기는 적절하다.

※ 출처: 문화체육관광부 고시 제2017-12호(2017. 3. 28.), 한글 맞춤법, 국립국어원

또 나올 기출개념
한 단어 안에서 같은 음절, 비슷한 음절이 겹쳐 나는 소리의 표기
- 딱닥(×) → 딱딱(○)
- 똑닥똑닥(×) → 똑딱똑딱(○)
- 싹삭하다(×) → 싹싹하다(○)

---

32 한글 맞춤법 형태에 관한 것 ★★☆ 정답 ③

| 정답선택률 | ① 7.85% | ② 2.57% | ③ 51.86% | ④ 20.92% | ⑤ 16.62% |

정답해설

③ 들입다(○): '세차게 마구'의 뜻을 가진 [드립따]로 소리 나는 표준어는 '들입다'가 올바른 표기이다.

오답분석

① 건녀마을(×)→건넛마을(○): [건:너마을]로 소리 나는 표준어는 '건녀마을'이 아닌 '건넛마을'로 표기한다.

② 벼라별(×)→별의별(○): '보통과 다른 갖가지의'를 뜻하는 표준어는 [벼리별/벼레별]로 소리 나고, '벼라별'이 아닌 '별의별'로 표기한다.

④ 지끈(×)→질끈(○): '단단히 졸라매거나 동이는 모양'을 의미하는 표준어는 [질끈]으로 소리 나고, '지끈'이 아닌 '질끈'으로 표기한다.

⑤ 고개짓(×)→고갯짓(○): '고개를 흔들거나 끄덕이는 짓'을 의미하는 표준어는 [고개찓/고갣찓]으로 소리 나고, '고개짓'이 아닌 '고갯짓'으로 표기한다.

※ 출처
· 국립국어원, 표준국어대사전, stdict.korean.go.kr
· 국립국어원(2018), 『한글 맞춤법, 표준어 규정 해설』

또 나올 기출개념
표기상 틀리기 쉬운 어휘
- 뒤치닥거리(×) → 뒤치다꺼리(○)
- 막내동생(×) → 막냇동생(○)

---

33 한글 맞춤법 형태에 관한 것 ★★★ 정답 ②

| 정답선택률 | ① 21.68% | ② 30.02% | ③ 13.24% | ④ 3.97% | ⑤ 30.88% 🔖 |

정답해설

② 둥그래(×)→둥그레(○): '둥그렇다'의 어간 '둥그렇-'이 어미 '-어'와 결합하면 어간의 끝 'ㅎ'이 줄어들고 어미가 '-에'로 변한다. 따라서 '둥그레'로 활용하므로 '둥그래'라고 표기하는 것은 적절하지 않다. 참고로, '둥그렇다'는 '둥그러니, 둥그렇소'로도 활용한다.

오답분석

① 자그매(○): '자그맣다'의 어간 '자그맣-'이 어미 '-아'와 결합하면 어간의 끝 'ㅎ'이 줄어들고 어미가 '-애'로 변한다. 따라서 '자그매'는 올바른 표기이다. 참고로, '자그맣다'는 '자그마니, 자그맣소'로도 활용한다.

③ 좁다래(○): '좁다랗다'의 어간 '좁다랗-'이 어미 '-아'와 결합하면 어간의 끝 'ㅎ'이 줄어들고 어미가 '-애'로 변한다. 따라서, '좁다래'는 올바른 표기이다. 참고로, '좁다랗다'는 '좁다라니, 좁다랗소'로도 활용한다.

④ 새빨개(○): '새빨갛다'의 어간 '새빨갛-'이 어미 '-아'와 결합하면 어간의 끝 'ㅎ'이 줄어들고 어미가 '-애'로 변한다. 따라서, '새빨개'는 올바른 표기이다. 참고로, '새빨갛다'는 '새빨가니, 새빨갛소'로도 활용한다.

⑤ 기다래(○): '기다랗다'의 어간 '기다랗-'이 어미 '-아'와 결합하면 어간의 끝 'ㅎ'이 줄어들고 어미가 '-애'로 변한다. 따라서, '기다래'는 올바른 표기이다. 참고로, '기다랗다'는 '기다라니, 기다랗소'로도 활용한다.

> 📘 기다랗- + -아 → 기다래
> '기다랗다'는 'ㅎ' 불규칙 활용 용언이므로, 활용 시 '기다래', '기다라니'와 같이 적는다. 단, 어미 '-네'가 결합할 때는 'ㅎ'이 줄어들기도 하고 줄어들지 않기도 하므로 '기다라네', '기다랗네' 둘 다 가능하다.

※ 출처
- 국립국어원, 표준국어대사전, stdict.korean.go.kr
- 국립국어원(2018), 『한글 맞춤법, 표준어 규정 해설』

또 나올 기출개념
'ㅎ' 불규칙 활용 용언
어간 끝 받침 'ㅎ'이 모음으로 시작하는 어미 앞에서 탈락하고 어미도 변하는 용언이다.
예) • 하얗다: 하얗- + -아 → 하얘
    • 노랗다: 노랗- + -아 → 노래

---

34 한글 맞춤법 띄어쓰기 ★★★ 정답 ⑤

| 정답선택률 | ① 13.27% | ② 6.38% | ③ 32.13% | ④ 12.48% | ⑤ 35.49% |

정답해설
⑤ 끝낼∨터이다(○): '터이다'는 의존 명사 '터'에 '이다'가 결합한 말이다. 의존 명사는 앞말과 띄어 쓰므로 '끝낼∨터이다'와 같이 앞말과 '터'를 띄어 쓰는 것이 옳다.

오답분석
① 기쁠∨데라니(×)→기쁠데라니(○): '-ㄹ데라니'는 감탄의 뜻을 나타내는 혼잣말 투의 종결 어미이다. 어미는 어간과 붙여 쓰므로 '기쁠데라니'로 붙여 써야한다.

② 갈∨수록(×)→갈수록(○): '-ㄹ수록'은 앞 절 일의 어떤 정도가 그렇게 더하여 가는 것이, 뒤 절 일의 어떤 정도가 더하거나 덜하게 됨을 나타내는 연결 어미이다. 어미는 어간과 붙여 쓰므로 '갈수록'으로 붙여 써야 한다.

③ 줄∨망정(×)→줄망정(○): '-ㄹ망정'은 앞 절의 사실을 인정하고 뒤 절에 그와 대립되는 다른 사실을 이어 말할 때 쓰는 연결 어미이다. 어미는 어간과 붙여 쓰므로 '줄망정'으로 붙여 써야 한다.

④ 볼∨작시면(×)→볼작시면(○): '-ㄹ작시면'은 '그 동작을 한번 행하여 보면'의 뜻을 나타내는 연결 어미이다. 어미는 어간과 붙여 쓰므로 '볼작시면'으로 붙여 써야 한다.

※ 출처
- 국립국어원, 표준국어대사전, stdict.korean.go.kr
- 국립국어원(2018), 『한글 맞춤법, 표준어 규정 해설』

또 나올 기출개념
어미 '-ㄹ데라니'와 의존 명사 '데'의 띄어쓰기
어미는 앞말과 붙여 쓰고, 의존 명사는 앞말과 띄어 쓴다.
• -ㄹ데라니: 감탄의 뜻을 나타내는 혼잣말 투의 종결 어미.
  예) 이렇게 기쁠데라니!
• 데: '곳'이나 '장소'의 뜻을 나타내는 말.
  예) 그가 사는 데는 여기서 멀다.

---

35 한글 맞춤법 그 밖의 것 ★★☆ 정답 ⑤

| 정답선택률 | ① 1.17% | ② 2.03% | ③ 27.15% | ④ 5.77% | ⑤ 63.65% |

정답해설
⑤ '어떤 기준에 틀리거나 어긋남이 없이 조정하다.'를 뜻하는 말은 '맞추다'이므로 '맞춰서'로 써야 한다. 참고로, '맞히다'는 '문제에 대한 답을 틀리지 않게 하다.'를 뜻한다.

오답분석
① '한 방향으로 치우쳐 흘러가는 형세 따위를 붙들어 잡다'를 뜻하는 말은 '걷잡다'이므로 올바르다.

② '겉으로 보고 대강 짐작하여 헤아리다.'를 뜻하는 말은 '겉잡다'이므로 올바르다.

③ '구멍이 뚫린 물건 위에 국수나 야채 따위를 올려 물기를 빼다.'를 뜻하는 말은 '밭치다'이므로 올바르다.

④ '어떤 행사나 특별한 날에 즈음하여 어떤 의견을 나타내다.'를 뜻하는 말은 '부치다'이므로 올바르다.

※ 출처
- 국립국어원, 표준국어대사전, stdict.korean.go.kr
- 국립국어원(2018), 『한글 맞춤법, 표준어 규정 해설』

또 나올 기출개념
혼동하기 쉬운 어휘 '맞추다'와 '맞히다'
• 맞추다: 어떤 기준에 틀리거나 어긋남이 없이 조정하다.
  예) 시곗바늘을 5시에 맞추다.
• 맞히다: 문제에 대한 답을 틀리지 않게 하다. '맞다'의 사동사.
  예) 답을 정확하게 맞히면 상품을 드립니다.

---

36 한글 맞춤법 문장부호 ★★★ 정답 ③

| 정답선택률 | ① 1.88% | ② 11.51% | ③ 14.64% | ④ 56.74% | ⑤ 15.05% |

정답해설
③ 표제에 해당하는 항목을 열거하여 보이거나 표제에 대한 설명을 붙일 때 표제 다음에 쓰는 문장 부호는 쌍점(:)으로, '빛의 삼원색: 빨강, 초록, 파랑'과 같이 쓰므로 올바르지 않은 것은 ③이다. 참고로, 붙임표는 '서론-본론-결론'처럼 차례대로 이어지거나 '원-달러 환율'처럼 밀접한 관련이 있는 어구를 묶어서 나타낼 때 쓴다.

오답분석
① '3.1 운동'처럼 특정한 의미가 있는 날을 표시할 때 월과 일을 나타내는 아라비아 숫자 사이에는 마침표(.)를 쓰며, '3·1 운동'처럼 마침표 대신 가

가운뎃점(·)도 쓸 수 있다.
② 공통 성분을 줄여서 하나의 어구로 묶을 때는 '초·중·고등학교'처럼 가운뎃점(·)을 쓰며, '초, 중, 고등학교'와 같이 가운뎃점 대신 쉼표(,)를 쓸 수 있다.
④ 책의 제목이나 신문 이름 등을 나타낼 때는 『황성신문』처럼 겹낫표(『 』)나 ≪황성신문≫과 같이 겹화살괄호(≪ ≫)를 쓸 수 있다. 이들 대신에 '"황성신문"'처럼 큰따옴표(" ")도 쓸 수 있다.

> 📌 **책의 제목, 신문 이름을 나타내는 문장 부호**
> 문장 안에서 책의 제목이나 신문 이름 등을 나타낼 때는 그 앞뒤에 겹낫표나 겹화살괄호를 쓰는 것이 원칙이고 큰따옴표를 쓰는 것도 허용된다.

⑤ 문장 중간에 끼어든 어구의 앞뒤에는 '나는, 솔직히 말하면, 그를 만나고 싶지 않아.'처럼 쉼표(,)를 쓰며, 쉼표 대신에 '나는 ― 솔직히 말하면 ― 그를 만나고 싶지 않아.'와 같이 줄표(―)도 쓸 수 있다.

※ 출처: 국립국어원(2014), 「문장부호 해설」

또 나올 기출개념
'가운뎃점(·)'과 '쉼표(,)'

구분	설명
가운뎃점 (·)	• 열거할 어구들을 일정한 기준으로 묶어서 나타낼 때 쓴다. 예 민수·영희, 선미·준호가 서로 짝이 되어 윷놀이를 하였다. • 짝을 이루는 어구들 사이에 쓴다. 예 우리는 그 일의 참·거짓을 따질 겨를도 없었다.
쉼표 (,)	• 같은 자격의 어구를 열거할 때 그 사이에 쓴다. 예 근면, 검소, 협동은 우리 겨레의 미덕이다. • 짝을 지어 구별할 때 쓴다. 예 닭과 지네, 개와 고양이는 상극이다. • 문장의 연결 관계를 분명히 하고자 할 때 절과 절 사이에 쓴다. 예 콩 심은 데 콩 나고, 팥 심은 데 팥 난다.

---

37 표준어 규정 발음 변화에 따른 표준어 정답 ①

| 정답 선택률 | ① 2.92% | ② 11.74% | ③ 45.32% | ④ 10.50% | ⑤ 29.38% |

정답해설
① 엿길금/엿기름(○): '보리에 물을 부어 싹이 트게 한 다음에 말린 것'은 '엿길금' 또는 '엿기름'이라고 한다. 두 단어 모두 표준어 사정 원칙 제26항에 따라 표준어로 인정된다.

오답분석
② 가이없다(×)→가없다(○): '끝이 없다'라는 뜻을 나타내는 표준어는 '가없다'이며, '가이없다'는 비표준어이다.
③ 가열차다(×)→가열하다(○): '싸움이나 경기 따위가 가혹하고 격렬하다'라는 뜻을 나타내는 표준어는 '가열하다(苛烈하다)'이다. '가열차다'는 '가열하다'의 비표준어이다.

> 📌 **가열차다(×) → 가열하다(○)**
> '가열하다'의 의미로 '가열차다'를 쓰는 경우가 있으나 '가열하다'만 표준어로 삼고, '가열차다'는 버린다.

④ 꼬깔(×)→고깔(○): '무당 또는 농악대들이 머리에 쓰는, 위 끝이 뾰족하게 생긴 모자'를 이르는 표준어는 '고깔'이다. '꼬깔'은 비표준어이다.
⑤ 흐트리다(×)→흩트리다/흩뜨리다(○): '흩어지게 하다' 또는 '태도, 마음, 옷차림 따위를 바르게 하지 못하다'라는 뜻을 나타내는 표준어는 '흩트리다' 또는 '흩뜨리다'이다. '흐트리다'는 비표준어이다.

※ 출처
• 국립국어원, 표준국어대사전, stdict.korean.go.kr
• 국립국어원(2018), 「한글 맞춤법, 표준어 규정 해설」

또 나올 기출개념
복수 표준어
• 가엾다/가엽다: 마음이 아플 만큼 안되고 처연하다.
• 넝쿨/덩굴: 길게 뻗어 나가면서 다른 물건을 감기도 하고 땅바닥에 퍼지기도 하는 식물의 줄기.
• 마파람/앞바람: 뱃사람들의 은어로, '남풍'을 이르는 말.
• 살쾡이/삵: 고양잇과의 포유류.
• 우레/천둥: 벼락이나 번개가 칠 때에 대기가 요란하게 울림. 또는 그런 소리.

---

38 표준어 규정 어휘 선택의 변화에 따른 표준어 정답 ③

| 정답 선택률 | ① 38.13% | ② 3.69% | ③ 8.36% | ④ 27.63% | ⑤ 21.86% |

정답해설
③ 박목월의 「눌담」에 나오는 경상도 방언으로, '미우다'의 표준어는 '메우다'이므로 '다듬는'은 적절하지 않다.

오답분석
① 박경리의 「토지」에 나오는 경상도 방언으로, '가이방하다'의 표준어는 '비슷하다'이다.

> 📌 **표준어 '비슷하다'와 대응하는 방언**
> • 비젓하다: '비슷하다'의 전라도 방언
> • 비식하다: '비슷하다'의 경상도, 전라도 방언

② 이문구의 「산 너머 남촌」에 나오는 충청도 방언으로 '꽤구락지'의 표준어는 '개구리'이다.
④ 문충성의 「자청비」에 나오는 전라도 방언으로 '괄락괄락'의 표준어는 '벌컥벌컥'이다.
⑤ 이병천의 「모래내 모래톱」에 나오는 전라도 방언으로 '말짓'의 표준어는 '장난질, 장난'이다.

※ 출처: 국립국어원, 지역어 종합 정보 사이트, https://dialect.korean.go.kr/dialect

또 나올 기출개념
표준어와 방언
• 거의(표준어) – 거진(방언): 어느 한도에 매우 가까운 정도.
• 날래다(표준어) – 남싸다(방언): 사람이나 동물의 움직임이 나는 듯이 빠르다.

---

39 표준어 규정 표준 발음법 정답 ①

| 정답 선택률 | ① 40.67% | ② 3.89% | ③ 37.49% | ④ 5.11% | ⑤ 12.61% |

정답해설
① 굵직하고[국찌카고](○): 겹받침 'ㄺ'은 자음 앞에서 [ㄱ]으로 발음한다. '굵직하고'는 겹받침 'ㄺ'이 자음 'ㅈ' 앞에 위치하므로 [ㄱ]으로 발음해야 한다. 따라서 [국찌카고]는 표준 발음으로 적절하다.

오답분석

② 넓적하게[널쩌카게](×)→[넙쩌카게](○): 겹받침 'ㄼ'은 자음 앞에서 [ㄹ]로 발음하나, '넓-'의 경우 '넓적하다'에서는 [ㅂ]으로 발음한다. 따라서 '넓적하게'는 [널쩌카게]가 아닌 [넙쩌카게]로 발음해야 한다.

③ 굵다란[굴따란](×)→[국따란](○): 겹받침 'ㄺ'은 자음 앞에서 [ㄱ]으로 발음한다. '굵다란'은 겹받침 'ㄺ'이 자음 'ㄷ' 앞에 위치하므로 [ㄱ]으로 발음해야 한다. 따라서 '굵다란'은 [굴:따란]이 아닌 [국:따란]으로 발음해야 한다.

④ 넓죽한[널쭈칸](×)→[넙쭈칸](○): 겹받침 'ㄼ'은 자음 앞에서 [ㄹ]로 발음하나, '넓-'의 경우 '넓죽하다'에서는 [ㅂ]으로 발음한다. 따라서 '넓죽한'은 [널쭈칸]이 아닌 [넙쭈칸]으로 발음해야 한다.

⑤ 늙수그레한[늘쑤그레한]→[늑쑤그레한](○): 겹받침 'ㄺ'은 자음 앞에서 [ㄱ]으로 발음한다. '늙수그레한'은 겹받침 'ㄺ'이 자음 'ㅅ' 앞에 위치하므로 [ㄱ]으로 발음해야 한다. 따라서 '늙수그레한'은 [늘쑤그레한]이 아닌 [늑쑤그레한]으로 발음해야 한다.

※ 출처: 문화체육관광부 고시 제2017-12호(2017. 3. 28.), 한글 맞춤법, 국립국어원.

또 나올 기출개념

겹받침 'ㄺ'의 발음
겹받침 'ㄺ'은 어말 또는 자음 앞에서 각각 [ㄱ]으로 발음한다. 다만, 용언의 어간 말음 'ㄺ'은 'ㄱ' 앞에서 [ㄹ]로 발음한다.
예 맑다[막따], 맑게[말께]

---

40 외래어 표기법 외래어의 표기 정답 ③

| 정답선택률 | ① 1.02% | ② 18.86% | ③ 69.09% | ④ 2.77% | ⑤ 8.13% |

정답해설

③ 플랜카드(placard)(×)→플래카드(○): placard[plækɑːd]에서는 'ㄴ'으로 표기하는 'n'이 발음에 나타나지 않으므로 'ㄴ'을 표기하지 않는다. 또한 모음 [æ]는 '애'로 표기하고, 어중의 [l]은 모음 앞에 오면 'ㄹㄹ'로 표기하므로 '플랜카드'가 아닌 '플래카드'로 표기해야 적절하다.

오답분석

① 킥보드(kick-board)(○): 'kick-board[kɪk bɔːrd]'의 [ɪ]는 '이'로 표기하므로 '킥보드'로 표기하는 것은 적절하다.

② 아웃렛(outlet)(○): 'outlet[aʊtlet]'의 [t]는 자음 앞에서 'ㅅ'으로 표기하므로 '아웃렛'으로 표기하는 것은 적절하다.

④ 애프터서비스(after service)(○): 'after service[æftər sɜːvɪs]'의 [æ]는 '애'로 표기하므로 '애프터 서비스'로 표기하는 것은 적절하다.

⑤ 심포지엄(symposium)(○): symposium[sɪmˈpoʊziəm]'의 [ə]는 '어'로 표기하므로 '심포지엄'으로 표기하는 것은 적절하다.

※ 출처: 문화체육관광부 고시 제2017-14호(2017. 3. 28.), 외래어 표기법, 국립국어원.

또 나올 기출개념

'ㄹㄹ'로 표기하는 외래어
- 멜론(melon) [melən]
- 플루트(flute) [fluːt]
- 블라인드(blind) [blaɪnd]
- 필름(film) [fɪlm]

---

41 로마자 표기법 국어의 로마자 표기 정답 ②

| 정답선택률 | ① 33.40% | ② 37.95% | ③ 9.30% | ④ 5.95% | ⑤ 13.14% |

정답해설

② 백암산[배감산] Baegamsan(○): 국어의 로마자 표기법에서 가장 기본적인 원칙은 한국어의 철자가 아니라 한국어의 발음을 로마자로 옮기는 것이다. 따라서 '백암산'은 [배감산]으로 발음되므로 'Baegamsan'으로 표기하는 것은 적절하다.

오답분석

① 설악산[서락싼] Seolaksan(×)→Seoraksan(○): '설악산'은 [서락싼]으로 발음된다. 로마자 표기법에 따르면 'ㄹ'은 모음 앞에서 'r'로 표기하므로 'Seoraksan'으로 표기해야 한다. 참고로, 된소리되기는 표기에 반영하지 않으므로 [ㅆ]으로 발음되더라도 's'로만 표기한다.

③ 덕룡산[덩뇽산] Deongryongsan(×)→Deongnyongsan(○): '덕룡산'은 [덩뇽산]으로 발음된다. 로마자 표기법에 따르면 'ㄴ'은 'n'으로 표기하므로 'Deongnyongsan'으로 표기해야 한다.

④ 한라산[할라산] Halrasan(×)→Hallasan(○): '한라산'은 [할라산]으로 발음된다. 로마자 표기법에 따르면 'ㄹㄹ'은 'll'로 표기하므로 'Hallasan'으로 표기해야 한다.

⑤ 북한산[부칸산] Bukansan(×)→Bukhansan(○): '북한산'은 [부칸산]으로 발음된다. 로마자 표기법에 따르면 소리 나는 대로 표기해야 하나, '북한산'과 같은 체언에서는 'ㄱ, ㄷ, ㅂ' 뒤에 'ㅎ'이 올 때는 'ㅎ'을 밝혀 적어야 한다. '북한'에서 '한'의 'ㅎ'이 'ㄱ' 뒤에 오고 있으므로 'ㅎ'을 밝혀 적어 'Bukhansan'으로 표기해야 한다.

※ 출처: 문화체육관광부 고시 제2014-42호(2014. 12. 5.), 국어의 로마자 표기법, 국립국어원.

또 나올 기출개념

'ㅎ'을 밝혀 적는 로마자 표기
- 묵호[무코] Mukho
- 집현전[지편전] Jiphyeonjeon
- 식혜[시케/시켸] sikhye

---

42 정확한 문장 어법에 맞는 표현 정답 ③

| 정답선택률 | ① 2.31% | ② 7.83% | ③ 42.22% | ④ 19.57% | ⑤ 27.86% |

정답해설

③ ⓒ'된장찌개에는 특유의 구수한 향과 함께 맵고 짠 맛이 우러나 어떤 음식과도 잘 어울린다.'에서는 '어떤 음식과도 잘 어울린다'의 주어가 빠져 있으므로 '된장찌개는 특유의 구수한 향과 함께 맵고 짠 맛이 우러나 어떤 음식과도 잘 어울린다.'로 수정해야 한다.

※ 출처: 국립국어원(2018), 『한글 맞춤법, 표준어 규정 해설』.

또 나올 기출개념

서술어의 대응되는 주어가 생략된 경우
- 본격적인 공사가 언제 시작되고, 언제 개통될지 모른다. (×) → 본격적인 공사가 언제 시작되고, 언제 도로가 개통될지 모른다. (○)
- 이 신문은 독자층이 늘지 않고 제자리 상태에 머무르고 있다. (×) → 이 신문은 독자층이 늘지 않고 구독률이 제자리 상태에 머무르고 있다. (○)
- 우리는 한글을 만드신 것에 감사해야 한다. (×) → 우리는 세종대왕께서 한글을 만드신 것에 감사해야 한다. (○)

★★☆

43 정확한 문장   어법에 맞는 표현   정답 ②

| 정답
선택률 | ① 1.32% | ② 75.06% | ③ 15.61% | ④ 0.41% | ⑤ 7.45% |

정답해설

② '하셨어'에 쓰인 '-어'는 해체(반말) 문장에 쓰여 어떤 사실을 서술하거나 물음, 명령, 청유의 의미를 나타내는 종결 어미이다. 즉, 해체는 듣는 사람인 청자를 높이지 않는 뜻을 나타내는 비격식체의 종결형이다. 참고로, '하셨어'에 쓰인 선어말 어미 '-시-'와 조사 '께서'는 '선생님께서'에 쓰인 청자가 아니라 전화를 한 주체인 '선생님'을 높이고 있는 것이다. 따라서 정답은 ②이다.

오답분석

① '같습니다'의 '-습니다'는 하십시오체의 평서문에 쓰이는 종결 어미이다. 하십시오체는 상대 높임법 중 상대편을 가장 높이는 등급이므로 청자를 존대하는 표현이다.

③ '대단하구려'의 '-구려'는 하오체 문장에서 쓰여 감탄의 뜻을 나타내는 종결 어미이다. 하오체는 상대 높임법 중 두 번째로 상대편을 높이는 등급이므로 청자를 존대하는 표현이다.

④ '계십시오'의 '-ㅂ시오'는 하십시오체 문장에서 쓰여 정중한 명령의 뜻을 나타내는 종결 어미이다. 하십시오체는 상대 높임법 중 상대편을 가장 높이는 등급이므로 청자를 존대하는 표현이다.

⑤ '가오'의 '-오'는 하오체 문장에서 쓰여, 설명, 의문, 명령의 뜻을 나타내는 종결 어미이다. 상대 높임법 중 두 번째로 상대편을 높이는 등급이므로 청자를 존대하는 표현이다.

※ 출처
- 국립국어원, 표준국어대사전, stdict.korean.go.kr
- 이익섭·채완(2000), 『국어문법론 강의』, 학연사.
- 이익섭(2021), 『한국어 문법』, 서울대학교출판문화원.

또 나올 기출개념

비격식체 '해체'의 종결 어미

-아	예 참 좋은 사람이야.
-게	예 그럼 얘가 수재게?
-지	예 언제 오시지?
-더군	예 남편이 그동안에 많이 말랐더군.
-ㄹ까	예 그는 지금 무얼 할까?

★★☆

44 정확한 문장   어법에 맞는 표현   정답 ④

| 정답
선택률 | ① 13.29% | ② 9.79% | ③ 3.28% | ④ 72.32% | ⑤ 1.19% |

정답해설

④ 일반적인 사동문은 직접 사동의 해석과 간접 사동의 해석이 모두 가능하나, '선생님께서 학생들에게 책을 읽히셨다.'의 '읽히다'는 읽는 행위의 특성상 간접 사동으로만 해석된다. 즉, 책을 읽은 것은 학생들이고 학생들이 책을 읽도록 한 것이 선생님이라는 의미로만 해석되므로 중의적으로 해석되지 않는다.

오답분석

① '아직도 올 사람이 다 안 왔다.'는 '온 사람이 하나도 없다'라는 의미로 해석될 수도 있고 '사람이 오긴 왔는데 모두 온 것이 아니다'라는 의미로도 해석될 수 있는 중의적인 문장이다.

② '나는 동생보다 언니와 더 친하다.'는 '내가 동생과 친한 것보다 언니와 더 친하다'라는 의미로 해석될 수도 있고 '동생이 언니와 친한 것보다 내가 언니와 더 친하다'라는 의미로도 해석될 수 있는 중의적인 문장이다.

③ '시장에서 사과와 배 두 개를 샀다.'는 '사과와 배 각각 하나씩 총 두 개를 샀다'라는 의미, '시장에서 사과 두 개와 배 두 개를 샀다'라는 의미, '사과 한 개와 배 두 개를 샀다'라는 의미로도 해석될 수 있는 중의적인 문장이다.

⑤ '나는 철수와 영희의 결혼식에 참석했다.'는 '나는 철수와 함께 영희의 결혼식에 참석했다'는 의미, '나는 철수가 신랑이고 영희가 신부인 둘의 결혼식에 참석했다'는 의미, '나는 '철수의 결혼식'과 '영희의 결혼식'에 두 번 각각 참석했다'는 의미로도 해석될 수 있는 중의적 문장이다.

※ 출처: 남기심·고영근·유현경·최형용(2019), 『표준 국어문법론』, 한국문화사.

또 나올 기출개념

중의성을 해소하는 방법

- 시장에서 사과와 배 두 개를 샀다.
  → 시장에서 사과 한 개와 배 한 개를 샀다.
  → 시장에서 사과 두 개와 배 두 개를 샀다.
  → 시장에서 사과 한 개와 배 두 개를 샀다.
- 나는 철수와 영희의 결혼식에 참석했다.
  → 나는 철수와 함께 영희의 결혼식에 참석했다.
  → 나는 철수가 신랑이고 영희가 신부인 둘의 결혼식에 참석했다.
  → 나는 '철수의 결혼식'과 '영희의 결혼식'에 두 번 각각 참석했다.

★★☆

45 정확한 문장   번역 투 표현   정답 ⑤

| 정답
선택률 | ① 1.35% | ② 20.49% | ③ 1.60% | ④ 2.26% | ⑤ 74.20% |

정답해설

⑤ '~(으)로 하여금'은 한문의 사동 구문에 쓰이는 기능어 '使'를 직역한 번역 투 표현이며, 이를 고친 '~에/에게 있어'는 일본어 구문의 번역 투 표현이다. 따라서 '독자로 하여금'은 '독자에게'로 고쳐 써야 한다.

오답분석

① '위치하고 있다'는 영어 'be located in'의 번역 투 표현이므로, '있다'로 고칠 수 있으므로 적절하다.

② '~을/를 통해'는 영어 'through ~ing' 구문의 번역 투 표현이므로, '공부하는 것을 통해'는 '공부하는 것으로'로 고칠 수 있으므로 적절하다.

③ '~(으)로 인해'는 한문의 피동 구문에 쓰이는 기능어 '因'을 직역한 번역 투 표현이다. '사건으로 인해'는 '사건으로' 또는 '사건 때문에'로 고칠 수 있으므로 적절하다.

④ '사용되어졌다'는 피동 표현 '-되다'와 '-어지다'가 중복된 영어 번역 투 표현이므로, '사용되었다'로 고칠 수 있으므로 적절하다.

※ 출처: 국립국어연구원(1994), 『번역 문체의 역사적 연구』.

또 나올 기출개념

일본어 구문의 번역 투 표현

- 정치적 압박에 다름 아니다.(×) → 정치적 압박과 다름없다.(○)
- 아버지는 나에게 있어서 소중한 사람이다. (×) → 아버지는 나에게 소중한 사람이다.(○)

쓰기(46번~50번)

회차별 평균 정답률

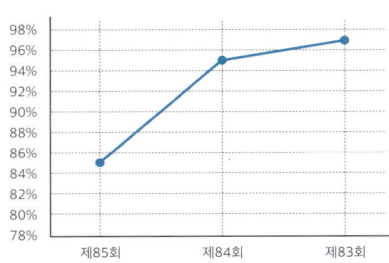

→ 제84회 쓰기 평균 정답률은 약 95%로, 2025년 상반기 기출 3회분 중에서 보통 수준의 난이도였다. 5문제 모두 '난이도 하' 문제였다.

평가 요소별 문제 수 & 최다 출제 평가 요소

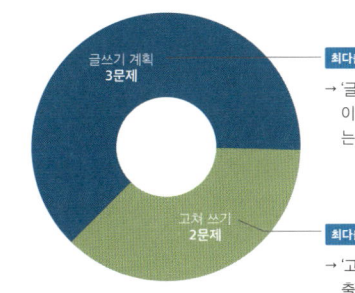

최다출제 1위 글쓰기 계획
→ '글쓰기 계획' 3문제는 '계획하기', '자료의 활용', '개요 작성'이 1문제씩 출제된다. 전체적인 평가 요소의 변화가 거의 없는 영역이다.

최다출제 2위 고쳐 쓰기
→ '고쳐 쓰기' 2문제는 '미시적 점검'과 '거시적 점검'이 1문제씩 출제된다. 단어 단위로 고쳐 쓰는 방법과 글 주제에 맞는 올바른 문장을 추가하는 방법을 찾는 문제이다.

★☆☆

46 글쓰기 계획 계획하기   정답 ②

| 정답선택률 | ① 0.36% | ② 93.98% | ③ 4.25% | ④ 0.28% | ⑤ 0.99% |

정답해설

② • ㄱ. '그렇다면 우리나라 국민은 나트륨을 얼마나 섭취하고 있을까?', '그렇다면 건강의 위험을 초래할 수 있는 나트륨 과다 섭취를 줄이기 위해서는 어떠한 노력이 필요할까?'와 같이 질문의 방식으로 앞으로 이어질 내용을 제시하고 있으므로 적절하다.
• ㄷ. '2022년 기준 우리나라 국민의 1인당 하루 평균 나트륨 섭취량은 3,074㎎으로 나타났다. 이는 세계 보건 기구(WHO) 권장량인 2,000㎎보다 약 1.5배 많은 수치이다.'와 같이 구체적 수치를 활용하여 우리나라 국민의 나트륨 섭취 실태를 제시하고 있으므로 적절하다.

오답분석

• ㄴ. 나트륨의 종류를 설명하고 있지 않으며, 분류의 방법도 사용하고 있지 않으므로 적절하지 않다.
• ㄹ. 1문단 끝에서 1~3번째 줄에서 나트륨 과다 섭취의 문제점에 대해 설명하고 있는 것은 맞다. 그러나 이를 강조하기 위해 전문가의 인터뷰 내용이 언급되지 않으며, 직접 인용하고 있지도 않으므로 적절하지 않다.

※ 출처
• 2018~2022년 우리나라 국민의 하루 평균 나트륨 섭취량 조사(식품의약품안전처, 2024)
• 일본은 나트륨 다이어트 中(농식품수출정보, 2020)

💡 **이렇게 풀면 정답**
지문을 먼저 분석할 필요 없이, <글쓰기 계획>에서 '질문, 분류, 수치, 전문가 인터뷰' 등의 쓰기 방식 키워드를 찾고, 해당 방식이 지문에 적용됐는지 빠르게 확인한다.

★☆☆

47 글쓰기 계획 자료의 활용   정답 ①

| 정답선택률 | ① 87.39% | ② 4.98% | ③ 4.86% | ④ 1.42% | ⑤ 1.22% |

정답해설

① (가)는 나트륨 과다 섭취를 줄이기 위한 사회적 노력이므로, 나트륨 과다 섭취를 줄이기 위한 개인적 노력을 구체화한다는 설명은 적절하지 않다.

오답분석

② (나)는 다른 나라의 1인 1일 평균 나트륨 섭취량을 보여 주는 자료이다. 따라서 이를 활용하여 나트륨 섭취의 문제가 세계적인 문제임을 강조한다는 설명은 적절하다.
③ (다)는 나트륨이 우리가 일상적으로 먹는 음식에 다량으로 함유되어 있음을 보여 주는 자료이다. 따라서 (다)를 활용하여 일상에서 섭취하는 국물을 적게 먹는 식습관 개선이 중요함을 강조한다는 설명은 적절하다.
④ (라)는 2018~2022년 우리나라의 1인 1일 평균 나트륨 섭취량 변화를 보여 주는 자료이다. 따라서 (라)를 활용하여 2018~2022년 우리나라 국민의 1인당 하루 평균 나트륨 섭취량이 권장량인 2,000㎎보다 높아 심각한 수준임을 강조한다는 설명은 적절하다.
⑤ (마)는 나트륨 과다 섭취를 줄이기 위한 일본의 사례를 보여 주는 자료이다. 따라서 (마)를 활용하여 나트륨 과다 섭취를 줄이기 위해 노력하고 있는 다른 나라의 사례를 추가한다는 설명은 적절하다.

💡 **이렇게 풀면 정답**
<글쓰기 자료>와 선택지를 직접 비교해 정답을 찾을 수 있는 유형은, 먼저 지문을 읽기보다 <글쓰기 자료>와 선택지를 대응하는 것이 시간 절약에 효과적이다. 이때 자료와 선택지가 일치한다면, 지문과의 관련성을 확인해 최종 정답을 판단한다.

48 글쓰기 계획 개요 작성　　정답 ④

| 정답 선택률 | ① 0.48% | ② 0.58% | ③ 1.53% | ④ 95.91% | ⑤ 1.37% |

정답해설
④ 윗글의 2문단에서 Ⅱ-2는 Ⅱ의 구체적인 내용임을 알 수 있다. 따라서 Ⅱ-2를 Ⅲ의 하위 항목으로 이동한다는 설명은 적절하지 않다.

오답분석
① 윗글의 1문단에서 Ⅰ-3은 글의 주제와 어울리지 않는 내용이므로 삭제하였음을 알 수 있다.
② 윗글의 1문단에서 Ⅱ-3은 상위 항목을 고려하여 Ⅰ의 하위 항목으로 이동하였음을 알 수 있다.
③ 윗글의 2문단에서 Ⅱ는 하위 항목을 포괄할 수 있도록 '우리나라의 나트륨 섭취 실태'로 수정하였음을 알 수 있다.
⑤ 윗글의 4문단에서 글의 맥락을 고려하여 Ⅳ-1과 Ⅳ-2의 순서를 바꾸어 서술하였음을 알 수 있다.

> **이렇게 풀면 정답**
> <개요>의 항목은 지문 문단과 일대일로 대응되므로 각 문단을 비교하며 선택지를 소거하면서 빠르게 정답을 찾는다.
> 예 개요 'Ⅰ.~Ⅳ.'의 내용은 각각 지문의 1~4문단 내용이다.

49 고쳐 쓰기 미시적 점검　　정답 ②

| 정답 선택률 | ① 0.46% | ② 98.07% | ③ 0.99% | ④ 0.13% | ⑤ 0.25% |

정답해설
② ㉡: 주어 '나트륨은'과 '세포의 삼투압을'이라는 목적어를 고려하였을 때 서술어로 자연스러운 것은 '유지하는'이다. 따라서 피동 표현인 '유지되는'으로 수정한다는 방안은 적절하지 않다.

오답분석
① ㉠: '비록'이라는 부사어와 서술어 '섭취한다면'의 호응이 맞지 않으므로 '만약'으로 수정한다는 방안은 적절하다. 참고로, '비록'은 '-ㄹ지라도', '-지마는'과 같은 어미가 붙는 용언과 함께 쓰인다.
③ ㉢: 문장 간의 병렬적인 연결을 고려하여 '그리고'로 수정한다는 방안은 적절하다.
④ ㉣: 앞서 까닭이나 근거를 제시하는 맥락을 고려하여 '있으므로'로 수정한다는 방안은 적절하다. 참고로, '하지만'은 서로 일치하지 않거나 상반되는 사실을 나타내는 두 문장을 이어줄 때 쓴다.
⑤ ㉤: '작다'는 '길이, 넓이, 부피 따위가 비교 대상이나 보통보다 덜하다.'의 의미이며, '적다'는 '수효나 분량, 정도가 일정한 기준에 미치지 못하다.'의 의미이다. 따라서 문장의 의미를 고려하여 '적게'로 수정한다는 방안은 적절하다.

> **이렇게 풀면 정답**
> '수정한 표현'을 '수정 전 문장'에 대입하여 문장의 호응, 문법, 의미가 모두 자연스러운지 검토한다.

50 고쳐 쓰기 거시적 점검　　정답 ③

| 정답 선택률 | ① 0.53% | ② 0.15% | ③ 98.27% | ④ 0.48% | ⑤ 0.38% |

정답해설
③ '이러한 개인적인 노력뿐만 아니라'와 앞뒤 맥락을 고려해 볼 때, 개인적 노력에 해당하는 내용이 ⓐ에 들어가야 한다. 따라서 '나트륨 섭취의 문제를 인식하고 식습관 개선을 실천하는 것이 중요하다.'는 개인적 노력에 해당하는 내용이므로 적절하다.

오답분석
① '이러한 개인적인 노력뿐만 아니라'와 앞뒤 맥락을 고려해 볼 때, '저염식품을 다양하게 개발하는 것이 필요하다.'는 사회적 측면의 노력이므로 적절하지 않다.
② '이러한 개인적인 노력뿐만 아니라'와 앞뒤 맥락을 고려해 볼 때, '우리나라 국민의 나트륨 섭취량에 대한 정확한 통계 분석이 요구된다.'는 사회적 측면의 노력이므로 적절하지 않다.
④ '이러한 개인적인 노력뿐만 아니라'와 앞뒤 맥락을 고려해 볼 때, '나트륨 과다 섭취가 건강에 미치는 영향에 대한 홍보를 활성화하는 것이 요구된다.'는 사회적 측면의 노력이므로 적절하지 않다.
⑤ '이러한 개인적인 노력뿐만 아니라'와 앞뒤 맥락을 고려해 볼 때, '나트륨을 대체할 수 있는 감미료 개발을 위한 국가 차원의 정책적 노력이 필요하다.'는 사회적 측면의 노력이므로 적절하지 않다.

> **이렇게 풀면 정답**
> 빈칸 문제는 앞뒤 내용이 정답의 실마리가 되므로, 선택지의 문장을 빈칸에 넣어 보고, 앞뒤 문맥에 맞는지 직관적으로 판단한다. 이때, 단지 자연스럽게 읽히면 되는 것이 아니라, 글 전체 흐름과 빈칸의 역할(앞 내용을 요약하는 자리, 해결 방안을 제시하는 자리인지 등)에 부합해야 한다.

창안(51번~60번)

회차별 평균 정답률

→ 제84회 창안 평균 정답률은 약 91%로, 2025년 상반기 기출 3회분 중에서 가장 쉬웠다. 10문제 중 '난이도 하'는 8문제, '난이도 중'은 2문제 출제됐고, '난이도 상' 문제는 없었다.

평가 요소별 문제 수 & 최다 출제 평가 요소

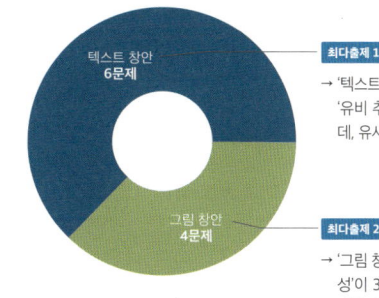

최다출제 1위 텍스트 창안
→ '텍스트 창안'은 6문제로, 창안에서 가장 많이 출제된다. 그중 '유비 추론을 활용한 내용 생성'이 5문제로 가장 많이 나오는데, 유사성을 추론하는 문제이다.

최다출제 2위 그림 창안
→ '그림 창안'은 4문제이며, 그중 '구체적 그림을 활용한 내용 생성'이 3문제 출제된다. 그림의 주제를 분석하고 두 그림의 특징을 대조하는 문제이다.

★☆☆

51 텍스트 창안 유비 추론을 활용한 내용 생성   정답 ④

| 정답
선택률 | ① 0.86% | ② 0.84% | ③ 1.02% | ④ 96.82% | ⑤ 0.38% |

정답해설

④ ㉠의 직접 연결 방식은 중간 거점을 거치지 않고 집하 센터에서 곧바로 배송 센터로 물건을 보내는 방식이다. 이를 학습 방식에 비유하면, 불필요한 과정 없이 필요한 정보를 직접 습득하여 빠르게 활용하는 학습법과 유사하다. 예를 들어, 강의를 듣거나 요약된 자료를 활용해 핵심 내용을 바로 익히는 학습 방식이 이에 해당한다. 이 방식은 학습 시간을 단축할 수 있지만, 정보의 구조적 정리가 부족할 수도 있다는 한계가 있다.

오답분석

① 거점 경유 방식에 가깝다. 기초 개념부터 학습하는 것은 모든 정보를 먼저 한곳에 모아 분류하고 정리하는 거점 경유 방식과 관련이 있다. 직접 연결 방식은 학습의 수준보다 전달 속도, 효율성과 관련이 있으므로 적절하지 않다.
② 거점 경유 방식에 가깝다. 거점 경유 방식은 정보를 한곳에 모아 분류하고 정리한 후 다시 전달하는 과정을 포함한다. 이는 학습 내용을 구조적으로 정리하는 과정과 유사하다.
③ 타인의 도움을 받아 지식을 보완하는 것은 협력 학습과 관련된 것이다. 따라서 직접 연결 방식은 타인과 함께 협업하여 배송하는 방식이 아니므로 적절하지 않다.
⑤ 공동의 목표를 설정하는 것은 협력 학습과 관련된 것으로 직접 연결 방식과 거리가 멀다. 직접 연결 방식은 개인이 빠르게 정보를 습득하는 데 초점을 맞추므로, 협력적 학습 태도 형성과는 관련성이 낮다.

💡 **이렇게 풀면 정답**

'물건:지식', '배송 방식:학습 방식'과 같이 비유 구조를 정확히 인식하고, 지문에 제시된 대상(물건, 배송 방식)의 특징을 중심으로 비유 대상(학습 방식)의 특징을 추론한다.

예 • 직접 연결 방식: 경로 짧아 빠름.
→ 선택지에서 '속도' 중심의 학습 방식 찾는다.

★☆☆

52 텍스트 창안 유비 추론을 활용한 내용 생성   정답 ③

| 정답
선택률 | ① 0.48% | ② 0.33% | ③ 96.03% | ④ 0.99% | ⑤ 2.03% |

정답해설

③ ㉡의 거점 경유 방식은 모든 정보를 한곳(거점)으로 모아 정리한 후, 다시 목적지별로 분류하여 배포하는 형태이다. 방송국은 여러 개별 뉴스 자료를 취합하여 분석하고, 핵심적인 내용을 정리한 후 대중에게 보도하는 과정을 거친다. 이 방식은 거점 경유 방식과 동일한 원리로 작동하므로 적절한 사례라고 할 수 있다.

오답분석

① 직접 연결 방식에 가깝다. 개별 사용자가 직접 자신의 정보를 확산시키는 방식이므로 ㉠ 직접 연결 방식에 가깝다.
② 상품 판매자가 고객에게 직접 정보를 전달하는 방식이므로 ㉠ 직접 연결 방식에 가깝다.
④ 기업이 정보를 취합하고 분류하는 중간 과정 없이 고객에게 직접 제공하는 방식이므로 ㉠ 직접 연결 방식에 가깝다.
⑤ 상점 정보를 중간 매개 없이 직접 주민들에게 배포하는 방식이므로 ㉠ 직접 연결 방식에 가깝다.

💡 **이렇게 풀면 정답**

두 대상 중 하나의 특성과 유사한 사례를 찾는 문제는 묻는 대상의 특성에 주목하여 정답을 고른다. ㉠, ㉡ 중 ㉡의 특성을 묻는 문제는 나머지 4개의 선택지가 ㉠의 특성으로 구성될 확률이 높다. 따라서 정답이 헷갈린다면, 나머지 선택지를 훑어보고 결이 다른 하나를 고른다.

53 텍스트 창안 조건에 맞는 내용 생성 정답 ⑤

| 정답
선택률 | ① 0.10% | ② 0.13% | ③ 0.15% | ④ 0.31% | ⑤ 99.24% |

정답해설
⑤ 택배 배송 방식을 갈등 해결 방식에 비유한다면, '㉠ 직접 연결 방식'은 당사자 간 직접 해결하는 방식과 유사하고, '㉡ 거점 경유 방식'은 중재자를 거쳐 해결하는 방식과 유사하다고 할 수 있다. 또한 지문의 마지막에서는 '두 방식을 유연하게 병행하는 지혜가 필요하다.'라는 언급이 되어 있다. 따라서 이 두 가지 방식을 종합적으로 고려한 갈등 해결 방식은 상황에 따라 직접 대화와 중재자의 개입을 적절히 활용하는 것이므로 ⑤가 적절하다.

오답분석
① 일상적 소통으로 갈등을 예방하는 것은 직접 해결(㉠)하거나 중재자가 개입(㉡)하는 방식을 모두 고려하지 않은 것이므로 적절하지 않다.

② 당사자 간 합의만을 강조하는 것은 직접 해결(㉠)만 고려하고 중재자의 개입(㉡)은 고려하지 않은 것이므로 적절하지 않다.

③ 시간이 해결해 줄 것이라는 생각은 직접 해결(㉠)이나 중재자의 개입(㉡)을 통한 적극적 해결 방식을 모두 고려하지 않은 것이므로 적절하지 않다.

④ 중재 기관을 중심으로 갈등을 해결하는 것은 중재자의 개입(㉡)만 고려하고 당사자 간 직접 해결(㉠)을 고려하지 않은 것이므로 적절하지 않다.

54 그림 창안 구체적 그림을 활용한 내용 생성 정답 ③

| 정답
선택률 | ① 0.05% | ② 0.23% | ③ 92.93% | ④ 4.47% | ⑤ 2.21% |

정답해설
③ 투명 방음벽에 새 그림을 그려 넣은 것은 조류가 투명 방음벽을 장애물로 인식하게 하여 비행 중 충돌을 막기 위함이다. 따라서 (나)의 핵심 목적은 조류의 충돌 방지이지, 투명 방음벽을 꾸며 고속도로의 주행 환경을 아름답게 개선하기 위한 심미적인 목적이 아니므로 적절하지 않다.

오답분석
① 고속도로 노면의 색깔 선은 운전자가 주행해야 할 차선마다 색깔을 구분하여 그려 놓아 주행 방향을 직관적으로 안내하므로 적절하다.

② 진출로 및 갈라지는 곳 등의 차선 혼란을 방지하여 주행 사고를 예방할 수 있으므로 적절하다.

④ '질서 유지를 위해 체계적인 사회적 지침을 마련할 필요가 있다'는 주장은 직관적인 안내를 제공하여 혼란을 방지하는 (가)의 목적에 부합하는 주장이므로 적절하다.

⑤ '공존을 위한 부수적인 사회적 장치 마련'의 주장은 기존 투명 방음벽에 새 그림을 추가하여 조류 충돌 방지의 효과를 내는 (나)의 목적에 부합하는 주장이므로 적절하다.

※ 출처
· (가): 네이버 블로그, https://blog.naver.com/bulls0ne/223773968898
· (나): 경남일보, https://www.gnnews.co.kr/news/articleView.html?idxno=342536

> **이렇게 풀면 정답**
> 그림을 분석한 표를 모두 다 검토하지 말고, 선택지의 문장이 그림과 논리적으로 어울리는지만 빠르게 확인하면 된다. 이때, 선택지로 제시되지 않은 '현상'이나 (나)의 특징은 올바른 설명이니 선택지를 판단할 수 있는 힌트가 된다.

55 그림 창안 시각 리터러시 정답 ②

| 정답
선택률 | ① 0.18% | ② 98.75% | ③ 0.48% | ④ 0.25% | ⑤ 0.20% |

정답해설
② 고속도로 색깔 선의 핵심 기능은 노면에 시각적 정보를 제공하여 운전자들이 직관적으로 색깔 선을 따를 수 있도록 하며, 의식적으로 특정 행동(주행 방향 조정, 차선 변경 등)을 하도록 유도하는 기능을 한다고 할 수 있다. ②의 발자국 스티커는 바닥의 시각적 정보를 이용해 사람들이 자연스럽게 줄을 서도록 유도하는 기능을 한다. 즉, 바닥에 표시된 시각적 안내를 통해 사람들의 행동을 의식적으로 조정할 수 있다는 점에서 (가)와 가장 유사한 기능을 하므로 ②가 적절하다.

오답분석
① 연예인 사진은 사람들의 흥미와 관심을 유도하는 광고적 요소이지, 사람들의 특정 행동을 유도하는 것이 아니므로 적절하지 않다.

③ 계단의 칼로리 표시는 계단 이용이라는 행동을 유도하는 기능을 한다는 점에서 유사하지만, 이는 사람들이 선택할 수 있는 심리적 동기를 주는 것일 뿐이다. 고속도로 색깔 선처럼 원하는 진행 방향을 안내하거나 특정 방향을 인식시켜 유도하는 기능은 없으므로 적절하지 않다.

④ 자동문은 사람이 다가왔을 때 기술적으로 자동 반응하는 방식이며 사람들의 특정 행동을 유도하는 것이 아니므로 적절하지 않다.

⑤ 온열 의자는 사람들에게 편의를 제공하는 것이지 시민들의 특정 행동을 유도하는 것이 아니므로 적절하지 않다.

> **이렇게 풀면 정답**
> 54번에서 (가)와 (나)를 모두 분석하였으니, 다시 그림을 분석할 필요 없이 앞 문제의 분석 표를 바탕으로 (가)의 특징이 드러나는 사례를 빠르게 찾는다.

56 텍스트 창안 유비 추론을 활용한 내용 생성 정답 ②

| 정답
선택률 | ① 0.43% | ② 96.06% | ③ 0.51% | ④ 2.21% | ⑤ 0.66% |

정답해설
② (나)는 고속도로 버드세이버이며, 이는 인간을 위한 편의 시설(방음벽)이 조류에게 예상치 못한 피해(충돌)를 초래할 수 있음을 알고 이를 방지하려는 환경 보호의 사례이다. 이를 통해 '인간 중심의 시설이 자연에 미치는 영향을 고려하고, 그에 따른 해결책을 마련하는 것이 중요하다.'는 시사점을 도출할 수 있다. 즉 편의 시설을 설계할 때 환경적 영향을 고려해야 한다는 점에서 ②가 가장 적절하다.

오답분석
① 방음벽의 목적은 소음 차단이고, 버드세이버의 핵심 기능은 조류 충돌 방지이다. (나)는 기능적 측면이 중심이 되는 사례이므로, 단순히 외형의 아름다움을 강조하는 내용과는 거리가 있어 적절하지 않다.

③ 버드세이버는 조류 보호를 위해 보완하는 해결책을 인간을 위한 편의 시설에 적용한 사례이므로 편의 시설을 아예 없애야 한다는 극단적인 주장은 적절하지 않다.

④ 버드세이버의 핵심 목적은 환경 보호(조류 충돌 방지)이며, 도시 이미지를 개선하는 것이 목적이 아니므로 적절하지 않다.

⑤ 버드세이버는 개인의 자발적 실천으로 설치된 사례가 아니며, 환경을 위한 제도적 지원으로 이루어진 사례라는 내용도 확인할 수 없으므로 적절하지 않다.

💡 **이렇게 풀면 정답**

54번에서 (가)와 (나)를 모두 분석하였으니, 다시 그림을 분석할 필요 없이 54번 문제의 분석 표를 바탕으로 (나)의 시사점을 빠르게 찾는다.

★☆☆
57 그림 창안   구체적 그림을 활용한 내용 생성   정답 ⑤

정답선택률	① 3.38%	② 1.02%	③ 0.64%	④ 1.32%	⑤ 93.47%

정답해설

⑤ 윗글은 과도한 스마트폰 사용으로 인한 문제점을 제시하고 있으나 ⑤는 불법 촬영을 경계하는 광고이므로 윗글의 사례로 적절하지 않다.

오답분석

① 일상에서 스마트폰을 과도하게 사용하고 있음을 보여 주는 광고이므로 윗글의 사례로 적절하다.
② 스마트폰을 '감옥'에 비유하여 스마트폰을 과도하게 사용하고 있음을 보여 주는 광고이므로 윗글의 사례로 적절하다.
③ 과도한 스마트폰 사용으로 대인관계에 문제가 발생할 수 있음을 보여 주는 광고이므로 윗글의 사례로 적절하다.
④ 운전 중 스마트폰을 사용하면 교통사고 발생 가능성이 증가한다는 문제를 보여 주는 광고이므로 윗글의 사례로 적절하다.

💡 **이렇게 풀면 정답**

지문의 주제로 쉽게 정답을 찾을 수 있다. 만약 시간이 부족해 글을 읽을 시간이 없다면 선택지만 비교하여 이질적인 주제의 그림을 찾는다.

★★☆
58 그림 창안   구체적 그림을 활용한 내용 생성   정답 ②

정답선택률	① 7.09%	② 78.65%	③ 0.33%	④ 13.04%	⑤ 0.69%

정답해설

② '스마트폰 안 개구리'는 스마트폰 속 세상에 갇혀 벗어날 수 없는 상황을 비유한 것으로 스마트폰에 과도하게 의존해 현실을 인식하지 못하는 윗글과 그림의 상황을 모두 포괄하고 있다. 또한 '개구리입니까?'와 같이 의문문 형태로 진술하고 있으므로 ②가 가장 적절하다.

오답분석

① 스마트폰 화면을 통해 예술 작품을 감상하는 현대인의 모습을 '무엇을 보고 있습니까?'와 같이 의문문으로 진술하고 있으나, 비유적 표현을 사용하거나 윗글에 나타난 스마트폰 사용으로 인한 문제점을 포괄하고 있지는 않으므로 적절하지 않다.
③ 윗글과 그림은 모두 스마트폰에 과도하게 의존하여 현실을 인식하지 못한다는 문제점을 제시하고 있으나, ③은 이러한 문제점을 포괄하고 있지 않으며 비유법, 의문문 모두 사용하고 있지 않으므로 적절하지 않다.
④ 스마트폰에 과도하게 의존하고 있다는 문제점을 포괄하고, '잡혀 있나요?'와 같이 의문문을 사용하고 있으나 비유법을 사용하고 있지 않으므로 적절하지 않다.
⑤ '스마트폰'에 '세상을 담는다'는 표현에서 비유법이 사용되고, 스마트폰으로는 현실을 인식하지 못한다는 문제를 간접적으로 드러내고 있다고 볼 수 있으나, 의문문을 사용하고 있지 않으므로 적절하지 않다.

★☆☆
59 텍스트 창안   유비 추론을 활용한 내용 생성   정답 ⑤

정답선택률	① 5.90%	② 0.41%	③ 1.14%	④ 2.80%	⑤ 89.65%

정답해설

⑤ 운영체제가 하드웨어와 소프트웨어가 원활하게 상호 작용할 수 있도록 돕고, 사용자가 복잡한 내부 구조를 몰라도 쉽게 컴퓨터를 사용할 수 있도록 하는 것처럼, 인체의 자율 신경계도 여러 기관을 자동으로 조절하여 우리가 신체의 작용을 인식하지 않아도 정상적으로 기능할 수 있도록 한다. 따라서 ㉠과 <보기> 모두 복잡한 시스템을 자동으로 조절하는 체계에 대해 설명하고 있으므로 정답은 ⑤이다.

오답분석

① 개별 요소가 협력해야 한다는 내용은 복잡한 시스템을 자동으로 조절하는 체계와 관련 없으므로 적절하지 않다.
② 외부 환경 변화에 적응하는 능력은 복잡한 시스템을 자동으로 조절하는 체계와 관련 없으므로 적절하지 않다.
③ 개별 요소들을 독립적으로 운영해야 한다는 내용은 복잡한 시스템을 자동으로 조절하는 체계와 관련 없으므로 적절하지 않다.
④ ㉠은 자원을 효율적으로 배분하는 특징도 제시되어 있으나, <보기>와의 공통적인 특징은 복잡한 시스템을 자동으로 조절하는 체계가 있다는 것이므로 효율적인 자원 활용을 위해 계획적인 배분이 필요하다는 내용은 적절하지 않다.

💡 **이렇게 풀면 정답**

㉠과 <보기>의 유사한 기능을 파악하고, 이 둘에 공통적으로 적용되는 선택지를 찾는다. 이때, 비교 대상의 각 역할과 기능에 주목한다.

예 • 운영체제: 사용자가 동작 방식을 몰라도 컴퓨터를 조작하게 해 준다.
    • 자율 신경계: 인간이 조절하지 않아도 정상적으로 장기가 기능하게 해 준다.
    → 공통점: 사용자가 조정하지 않아도 알아서 자동적으로 기능한다.

★★☆
60 텍스트 창안   유비 추론을 활용한 내용 생성   정답 ⑤

정답선택률	① 6.08%	② 3.08%	③ 13.83%	④ 8.29%	⑤ 68.56%

정답해설

⑤ 직원 복지 프로그램은 직원에게 동기를 부여할 수는 있지만, 이것이 회사를 운영하는 데 있어 부족한 점을 더 낫게 하거나 이전 정보를 최신 정보로 바꾸는 것을 가능하게는 하지 못하므로 적절하지 않다.

오답분석

① 프로그램과 사용자의 요구를 조정하는 것은 기업과 노동자 사이의 요구를 조정하는 것과 유사하므로 '요구 조정'을 '노사 간의 협상 절차'로 유추하는 것은 적절하다.
② 스케줄링 기법으로 작업을 배분하는 것은 직원들에게 업무를 나누어 맡기는 것과 유사하므로 '작업의 배분'을 '업무 분장'으로 유추하는 것은 적절하다.
③ 오류를 감지하는 것은 회사를 운영하며 감독하고 검사하는 과정과 유사하므로 '오류 감지'를 '감사 제도'로 유추하는 것은 적절하다.
④ 보안 시스템을 활용해 외부의 위협으로부터 시스템을 보호하는 것은 회사 운영 시 외부의 위협을 예방하기 위해 보안용 내부망을 사용하는 것과 유사하므로 '외부의 위협 보호'를 '보안용 내부망 사용'으로 유추하는 것은 적절하다.

읽기(61번~90번)

회차별 평균 정답률

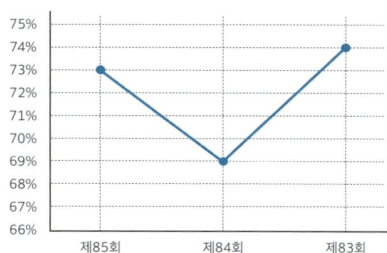

→ 제84회 읽기 평균 정답률은 약 69%로, 2025년 상반기 기출 3회분 중에서 가장 어려웠다. 30문제 중 '난이도 하'는 9문제, '난이도 중'은 19문제, '난이도 상'은 2문제 출제됐다.

평가 요소별 문제 수 & 최다 출제 평가 요소

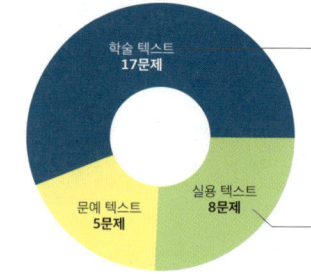

학술 텍스트 17문제
실용 텍스트 8문제
문예 텍스트 5문제

최다출제 1위 학술 텍스트
→ '학술 텍스트'는 17문제로, 읽기에서 가장 많이 출제된다. 그중 '학술 텍스트 추론하기'가 7문제로 가장 많이 나오는데, 지문에 드러나지 않은 정보나 의미를 유추하는 문제이다.

최다출제 2위 실용 텍스트
→ '실용 텍스트'는 8문제로, 읽기에서 두 번째로 많이 출제된다. 그중 '실용 텍스트 이해하기'와 '실용 텍스트 추론하기'가 2문제씩 나온다. 지문을 사실적으로 이해하거나 지문에 드러나지 않은 정보나 의미를 유추하는 문제이다.

---

61 ★☆☆ 문학 텍스트 — 문학 텍스트 이해하기 정답 ③

| 정답선택률 | ① 5.29% | ② 3.38% | ③ 81.06% | ④ 4.65% | ⑤ 5.44% |

정답해설

③ 청유형 종결 어미는 활용되고 있지 않으므로, 청자의 행동 변화를 유도하고 있다는 설명은 적절하지 않다. 참고로 윗글은 '~다는 것'과 같이 명사형으로 시행을 종결함으로써, 시적 상황을 강조하고 여운을 남긴다.

오답분석

① '~다는 것', '~ 수 있을 것 같은데'와 같이 유사한 문장 구조의 반복을 통해 운율을 형성하고 있으므로, 해당 진술은 윗글에 대한 설명으로 적절하다.
② '한때', '이제는'과 같이 과거와 현재를 대비하여 화자의 태도 변화를 드러내고 있으므로, 해당 진술은 윗글에 대한 설명으로 적절하다.
④ 5연에서는 의문의 형식을 활용하여, 청자에게 뿌리로부터 달아나는 것에 대한 질문을 건네고 있다. 이렇듯 의문 형식을 통해 청자에게 소재에 대한 관심을 환기하고 있으므로, 해당 진술은 윗글에 대한 설명으로 적절하다.
⑤ 2연에서 '줄기 → 가지 → 잎 → 꽃잎'으로 이어지는 연쇄적 표현을 활용하여 화자가 중시하게 된 대상(꽃잎)을 드러내고 있으므로, 해당 진술은 윗글에 대한 설명으로 적절하다.

※ 출처: 나희덕(2011), 『뿌리로부터』, 문예중앙

> **이렇게 풀면 정답**
> 선택지의 '반복, 대비, 청유형, 의문, 연쇄적'의 표현 방식을 먼저 체크한 뒤, 지문에서 그 표현이 쓰였는지 확인하고, 쓰였다면 표현 효과까지 차례대로 검토하며 판단한다. 표현 방식의 의미를 모른다면, 지문에 그 표현 방식이 쓰였는지 확인할 수 없으므로 자주 나오는 표현 방식의 정의를 반드시 알아둔다.
> • 청유형: 화자가 청자에게 같이 행동할 것을 요청하는 뜻을 나타내는 종결 어미로, '-자', '-자꾸나', '-세', '-읍시다' 등의 표기로 쓰인다.

---

62 ★☆☆ 문학 텍스트 — 문학 텍스트 비판하기 정답 ⑤

| 정답선택률 | ① 0.36% | ② 0.92% | ③ 1.68% | ④ 1.32% | ⑤ 95.40% |

정답해설

⑤ '뿌리의 신도'는 뿌리에 의지하며 살았던 화자의 과거 모습을 의미한다. <보기>에 따르면 화자는 뿌리로부터 벗어날수록 스스로 존재할 수 있다고 인식하므로 '뿌리의 신도'가 스스로 존재하는 화자의 변화된 모습을 의미한다는 내용은 적절하지 않다.

오답분석

① 3연에서 언제든 흩날릴 준비가 되어 있다는 표현에는 꽃잎과 같이 불안정하고 예측 불가능하지만 새로운 길로 나아가려는 화자의 마음이 드러난다. 따라서 해당 진술은 이 시를 감상한 내용으로 적절하다.
② 4연에서 뿌리로부터 멀어질수록 오히려 길이 보이기 시작한다는 표현은 존재의 근원인 뿌리로부터 벗어날수록 스스로 존재할 수 있다는 역설적 인식을 보여 준다. 따라서 해당 진술은 이 시를 감상한 내용으로 적절하다.
③ 4연에서 가지 끝의 이파리가 위태롭게 파닥인다는 표현은 존재의 근원인 뿌리에서 멀어진 상황으로, 불안정하고 예측 불가능한 상황을 보여 준다. 따라서 해당 진술은 이 시를 감상한 내용으로 적절하다.
④ 9연에서 화자는 뿌리로부터 온 존재들이었다가, 뿌리로부터 도망치는 발걸음들로 변화하려는 태도를 보인다. 따라서 해당 진술은 이 시를 감상한 내용으로 적절하다.

> **이렇게 풀면 정답**
> <보기>의 관점을 먼저 파악하고, 선택지의 시구가 시의 주제와 <보기>의 관점 모두에 맞게 해석됐는지 판단한다.

63 문학 텍스트 문학 텍스트 이해하기 정답 ⑤

| 정답
선택률 | ① 0.76% | ② 3.10% | ③ 3.43% | ④ 10.02% | ⑤ 82.36% |

정답해설
⑤ '나'가 기차 밖 풍경을 보고 있는 것은 맞지만, 윗글에서 승객들의 처지를 연민하고 있는 내용은 확인할 수 없다. 따라서 ⑤는 '나'의 상황을 이해한 것으로 적절하지 않다. 참고로 맞은편 품에 있는 열차 차창에 빈틈없이 나붙은 얼굴이 조난자 같이 보인다고 표현한 것은 승객의 처지를 연민하는 것이라기보다, '나'가 기차 바깥의 풍경을 부정적으로 인식한 것으로 설명할 수 있다.

오답분석
① 1문단에서 '나'는 창밖의 풍경을 캔버스 위의 한 폭의 그림인 것처럼 표현하고 있으므로 해당 진술은 적절하다.
② 1문단에서 '나'는 창밖의 풍경을 보면서 자신이 관찰한 내용을 언급하며 눈앞에 망상의 그림을 그린다고 표현하였다. 이는 창밖 풍경을 망상을 구성하는 요소들로 받아들인다는 의미이므로 해당 진술은 적절하다.
③ '나'의 눈에는 비질 자국 새로운 폼과 궤도도 모두 폐허 같고, 피스톤이 들먹거리는 차체도 폐물 같으며, 맞은편 열차의 차창에 빈틈없이 나붙은 얼굴까지도 조난자 같이 보인다고 하였다. 이는 '나'가 바깥 풍경을 부정적으로 인식한 것으로, 바라보는 객체들이 그렇게 보이는 것은 '나'의 심리가 그러하기 때문이다. 따라서 자신의 심리를 지나가는 풍경에 투영시키고 있다는 진술은 적절하다.
④ '나'는 '폐허', '폐물', '조난자' 등의 용어를 사용하여 풍경 속 객체를 부정적인 이미지로 받아들이고 있으므로 해당 진술은 적절하다.

※ 출처: 류보선 외(1995), 『한국소설문학대계 24』, 동아출판사, 72~119쪽.

> 💡 **이렇게 풀면 정답**
> 선택지에 제시된 '나'의 시각, 행동, 감정 등이 실제 지문과 일치하는지 하나씩 대조하며 적절성을 판단한다.

64 문학 텍스트 문학 텍스트 추론하기 정답 ③

| 정답
선택률 | ① 20.34% | ② 0.92% | ③ 53.28% | ④ 7.60% | ⑤ 17.51% |

정답해설
③ '나'는 자기 자신이 캔버스 위의 한 터치 같은 존재가 되는 것이 아닐까 생각하며 일종의 자책감에 빠지는데, 이때 '나'가 캔버스를 생각하게 된 것은 기차의 빠른 속도로 인해 객체들이 의미를 부여할 시간 없이 뒤로 지나가 버리기 때문이다. 윗글에서 '스피드', '스릴', '모험', '돌진' 등의 용어 등을 자주 사용하고 있는 데서 그 근거를 찾을 수 있다. 따라서 <보기>의 빈칸에 공통적으로 들어갈 말은 '속도감'이 가장 적절하다.

오답분석
① ② ④ ⑤ '나'는 달리는 기차에서 풍경을 바라보며 의식의 흐름에 따라 생각하고 있다. 이때 '해방감, 친근감, 소외감, 이질감'은 '나'가 기차 여행에서 느끼는 감정과 거리가 멀기에 빈칸에 들어갈 말로 적절하지 않다.

> 💡 **이렇게 풀면 정답**
> '소설의 배경'을 설명하는 <보기>의 빈칸에는 소설의 주제를 표현하는 핵심 단어가 들어갈 확률이 높다. 선택지는 모두 느낌을 설명하는 단어이므로 주인공의 심리적 상태를 드러내는 핵심 단어를 찾으면 된다.

65 문학 텍스트 문학 텍스트 비판하기 정답 ④

| 정답
선택률 | ① 1.17% | ② 1.83% | ③ 4.40% | ④ 88.33% | ⑤ 4.02% |

정답해설
④ 윗글에서 '나'는 재작년에 상처(喪妻)하고, 딸은 여학교 기숙사에 보냈다고 하였다. 따라서 ㉣의 가족 모두와 사별했다는 내용은 적절하지 않다.

오답분석
① 윗글에서 경찰은 '김명일' 이름 석 자만 박힌 '나'의 명함을 받아 들고 직업, 주소, '하얼빈'은 왜 가는지에 대해 물으며 수첩을 꺼내 들었다고 하였다. 따라서 ㉠은 내용상 적절하다.
② ③ 윗글에서 '나'는 경찰에게 직업과 주소가 없다고 답변하였으며, '나'의 답변을 듣고 난 경찰은 직업과 주소가 없을 수가 있냐는 듯이 반응하였다. 따라서 ㉡과 ㉢은 내용상 적절하다.
⑤ 윗글에서 '나'는 경찰의 질문에 옛 친구이자 실업가로 성공한 '이 군'이 하얼빈에 있다고 말하며, 하얼빈에 가는 이유에 대해 설명한다. 또한 그에게 배워 일정한 직업과 주소를 갖게 될지 모른다고 큰 포부를 지닌 듯이 답변했다고 하였으므로, ㉤은 내용상 적절하다.

> 💡 **이렇게 풀면 정답**
> (가)의 맥락과 <보기>의 대화를 비교하며, 사실 관계나 감정 흐름이 어긋나는 대사를 고른다.

66 학술 텍스트 학술 텍스트 이해하기 정답 ⑤

| 정답
선택률 | ① 10.70% | ② 1.53% | ③ 5.36% | ④ 9.46% | ⑤ 72.60% |

정답해설
⑤ 4문단을 통해 '단편화'와 '혼종성'은 디아스포라로 영향으로 새로운 형태의 정체성과 문화가 구성되는 것을 포착하기 위해 문화 비평가들이 사용하는 표현임을 알 수 있다. 즉 이주자의 정체성이 파편화되어 있고 혼종적이라는 것은 문화적 접근을 통해 관찰한 결과이다. 따라서 문화적 양상을 연구하는 것이 이주자의 정체성을 파편화하고 혼종적인 것으로 만든다는 ⑤는 적절하지 않다.

오답분석
① 1문단을 통해 '추방', '이산'을 의미하던 용어인 디아스포라가 모든 종류의 이주를 뜻하며 외연이 넓어졌음을 알 수 있다. 따라서 ①은 적절하다.
② 2문단을 통해 유형론은 임의성을 가지고 있으며, 유형을 분류하는 기준을 설정하기 어렵다는 점을 알 수 있다. 따라서 ②는 적절하다.
③ 5문단을 통해 글, 이미지, 물질 문화 등의 증거를 남기지 않는다면 디아스포라를 분석하기 어렵다는 점을 알 수 있다. 따라서 ③은 적절하다.
④ 3문단에서 전체 기준 중 일부만 충족하더라도 특정 유형으로 범주화된다면 다른 집단과의 유의미한 비교가 어렵다는 점을 알 수 있다. 따라서 ④는 적절하다.

※ 출처: 케냐 케니, 『디아스포라 이즈』, 최영석 역, 앨피, 2016, 9~10, 26~29쪽.

> 💡 **이렇게 풀면 정답**
> • 지문을 읽기 전 선택지를 먼저 체크해 지문의 어떤 정보에 주목할지 파악한다.
> • 이해하기 유형은 지문과 선택지 표현이 비슷하므로 지문에서 단어를 찾아 내용 일치 여부를 확인한다.

★★☆
67 학술 텍스트 학술 텍스트 추론하기   정답 ②

| 정답
선택률 | ① 4.25% | ② 66.75% | ③ 3.25% | ④ 21.96% | ⑤ 3.46% |

정답해설
② ⓐ는 유형론의 한계를 극복하기 위해 등장한 새로운 경향에 대한 설명이다. 이때 ⓐ의 앞에는 유형론적 접근에 의해 발생한 문제인 '개념상의 혼란'을 극복한다는 특성이 제시되어 있고, ⓐ의 뒤에는 정체성과 문화가 새로운 형태로 구성되는 방식에 집중한다는 특성을 설명하고 있다. 이를 고려했을 때 ⓐ에는 디아스포라를 개념화하거나 정의하는 것에 집중하지 않고 디아스포라로 인해 발생한 문화적 효과나 결과 등에 집중한다는 내용이 들어가야 한다. 따라서 ⓐ에 들어갈 말은 디아스포라가 어떤 방식으로 어떻게 의미를 만들어 내는지를 묻는다는 ②가 적절하다.

오답분석
① 디아스포라의 외연 확대로 발생한 여러 유형들을 다시 세세하게 분류하려는 것은 유형론적 접근 방식에 해당한다. 따라서 ①은 ⓐ에 들어갈 내용으로 적절하지 않다.
③ 디아스포라에 대해 공통의 역사적 사건과 집단적 실체를 바탕으로 정의 내리려고 하는 행위는 새로운 정체성이나 문화적 양상이 구성되는 방식과는 거리가 있다. 따라서 ③은 ⓐ에 들어갈 내용으로 적절하지 않다.
④ 5문단에서는 이주자들이 글을 읽고 쓸 줄 모르는 경우가 많았기 때문에 사회 지배층이 남긴 문서 자료를 바탕으로 디아스포라의 의미를 찾는 것은 한계가 있음을 설명하고 있다. 따라서 문헌과 기록에 근거해 활용한다는 ④는 ⓐ에 들어갈 내용으로 적절하지 않다.
⑤ 디아스포라로 인한 영향이나 결과보다 디아스포라가 발생한 기원에 집중해야 한다는 ⑤는 ⓐ에 들어갈 내용으로 적절하지 않다.

> 💡 **이렇게 풀면 정답**
> 빈칸 문제는 앞뒤에 있는 표현을 단서로 찾는다. 빈칸 뒤에는 '~과 달리'라는 상반된 내용이 등장하는 표지가 있으므로 이를 바탕으로 빈칸에 들어갈 내용을 찾고, 선택지를 빈칸에 대입하여 타당성을 판단한다.

★★☆
68 학술 텍스트 학술 텍스트 비판하기   정답 ④

| 정답
선택률 | ① 3.20% | ② 5.80% | ③ 10.42% | ④ 77.63% | ⑤ 2.69% |

정답해설
④ <보기>에서는 디아스포라가 민족주의를 강화하며 다양성을 단일성으로 환원하는 용도와 인간의 다양한 경험을 분석하고 구분하는 용도로 쓰일 수 있다고 설명한다. 이어서 이와 같이 두 가지 상반된 쓰임새가 있음을 염두에 두고 '뿌리(근원)'가 아닌 '길'을 탐색해야 한다고 제안한다. 또한 윗글의 6문단에서는 디아스포라 연구가 여러 차이가 있는 사람들을 조상(근원)이 같다는 이유로 하나로 유형화할 가능성이 있다는 문제를 지적하고 있다. 즉 <보기>와 윗글은 다양한 사람들을 하나로 동일시하는 것에 대해 비판적인 시각을 가져야 함을 공통적으로 주장한다. 이와 가장 유사한 태도는 이주민의 삶과 경험을 민족주의로 환원하는 시도와 거리를 두어야 한다는 ④이다.

오답분석
① 이주의 역사를 민족 집단 단위로 파악해야 한다는 것은 민족주의적인 관점을 바탕으로 차이를 없애고 다양한 대상을 동일시하는 접근 방식에 해당한다. 따라서 ①은 적절하지 않다.
② 이주자의 출신 민족과 국가에 본질적 정체성을 부여하는 것은 민족주의적인 관점을 바탕으로 차이를 없애고 다양한 대상을 동일시하는 접근 방식에 해당한다. 따라서 ②는 적절하지 않다.
③ 세계 각지에 퍼져 있는 이주자들을 기원을 바탕으로 분류하는 것은 민족주의적인 관점을 바탕으로 차이를 없애고 다양한 대상을 동일시하는 접근 방식에 해당한다. 따라서 ③은 적절하지 않다.
⑤ 일반적으로 디아스포라가 단지 고국으로 돌아가기를 희망한다고 단언하는 것은 전형적인 선입견이며 동시에 구체적 삶과 경험, 정체성이 다양하다는 것을 외면하고 무시하는 일이다. 따라서 ⑤는 적절하지 않다.

★★☆
69 학술 텍스트 학술 텍스트 이해하기   정답 ②

| 정답
선택률 | ① 12.38% | ② 47.84% | ③ 4.55% | ④ 16.34% | ⑤ 18.51% |

정답해설
② 4문단에 의하면 조선시대 법원이 직권으로 증거를 수집하는 일을 막지 않았고, 성실한 법관은 직접 사건을 조사하며 증거를 확보하기도 했다. 따라서 ②는 조선 시대 소송에 대한 설명으로 적절하다.

오답분석
① 2문단에 의하면 원고와 피고가 함께 시송다짐을 제출해야 심리가 개시되므로 ①은 적절하지 않다.
③ 4문단에 의하면 제출된 증거는 상대방에게 인정할 것인지 확인을 구했으므로 ③은 적절하지 않다.
④ 3~4문단에 의하면 당시의 법원도 당사자 신문 등 소송 지휘를 하였고 직권으로 증거 조사도 수행하였으므로 ④는 적절하지 않다.
⑤ 4~5문단에 의하면 판결 절차는 결송다짐이 있을 경우에 진행할 수 있었고, 결송다짐은 소송에 참여하는 양 당사자가 제출해야 했으므로 ⑤는 적절하지 않다.

> 💡 **이렇게 풀면 정답**
> '신청서 제출-심리 절차, 진실-법관 개입' 등과 같이 선택지에 제시된 연결되는 키워드에 체크하고, 지문에서 이를 설명하는 문장을 찾아 적절성을 판단한다. 특히 소송 과정을 설명하는 지문은 한 문장만으로 내용을 파악하기 어려우므로, 전후 문맥까지 함께 확인하며 키워드와 관련된 절차를 이해해야 한다.

★★☆
70 학술 텍스트 학술 텍스트 추론하기   정답 ①

| 정답
선택률 | ① 75.11% | ② 5.90% | ③ 8.24% | ④ 5.31% | ⑤ 5.06% |

정답해설
① 1문단에 의하면 현재의 소송은 당사자주의이지만 그 의미가 퇴색했다는 비판도 받고 있으며, 조선 시대의 소송은 지나치게 당사자에게 맡겨 놓은 듯한 생각을 유발한다. 또한 2문단에 의하면 원고가 소장을 제출하면 법원에서 어느정도 개입하여 심리 절차가 개시되는 오늘날과 달리, 조선시대에는 원고와 피고가 함께 심리 절차 개시를 신청해야 했다. 이를 고려했을 때 절차의 개시는 현재보다 조선 시대의 민사소송에서 더 당사자주의적인 면이 강함을 추론할 수 있다. 따라서 ①은 적절하지 않다.

오답분석

② 1문단에 의하면 현대의 소송은 당사자주의이지만 퇴색했다는 비판을 받는데, 이를 통해 현대의 소송이 당사자주의적이면서 직권주의적인 측면이 있음을 추론할 수 있다. 또한 4문단에 의하면 현대보다 당사자주의적인 면이 강한 조선 시대에도 법원이 직권으로 사건을 조사하고 증거를 확보하는 것을 금지하지 않았는데, 이를 통해 조선 시대의 소송도 당사자주의적이면서 직권주의적인 측면이 있음을 추론할 수 있다. 따라서 ②는 적절하다.

③ 5문단에 의하면 판결서의 마지막에는 집행 대상과 범위를 확정하는 화명을 수록하는데, 패소자가 판결대로 이행하지 않을 경우 화명에 수록된 내용에 맞춰 강제집행이 개시되기도 했다. 따라서 ③은 적절하다.

④ 3문단에 의하면 당사자주의가 강한 조선 시대의 소송에서도 법관이 당연히 당사자를 신문한다고 했다. 이를 통해 당사자주의가 조선 시대보다 약한 현재의 민사소송에서도 당사자를 신문하는 것을 허용함을 추론할 수 있다. 따라서 ④는 적절하다.

⑤ 1문단에 의하면 조선 시대의 소송이 현대의 소송보다 더 당사자주의적 경향이 강한데, 이로 미루어 보아 직권주의적 경향은 조선 시대의 소송보다 현대의 소송이 강한 것으로 추론할 수 있다. 따라서 ⑤는 적절하다.

★★☆

71 학술 텍스트 학술 텍스트 추론하기   정답 ①

정답 선택률	① 50.56%	② 2.52%	③ 6.99%	④ 13.90%	⑤ 25.70%

정답해설

① ㉠ '당사자주의'란 원고와 피고 등 당사자에게 소송 진행의 주도권을 부여하는 원칙이다. 조선의 판결에 법관의 신문이 기록되었다는 것은 법관이 신문을 진행했음을 의미하므로 '당사자주의'와 거리가 먼 사례이다. 따라서 ①은 ㉠에 해당하는 설명으로 보기 어렵다.

오답분석

② 절차 진행의 주도권을 당사자에게 준다는 정의에 부합하므로 ②는 ㉠에 해당하는 설명으로 볼 수 있다.

③ 집행 절차에서도 당사자가 스스로 판결의 이행을 서약하는 다짐을 제출하는 것이므로 ③은 ㉠에 해당하는 설명으로 볼 수 있다.

④ 당사자주의는 절차 진행의 주도권을 당사자에게 주는 제도로서 조선시대에 당사자의 신청으로 절차가 개시되는 예를 드는데, 판결의 신청인 결송다짐도 그 하나이므로 ④는 ㉠에 해당하는 설명으로 볼 수 있다.

⑤ 현대 민사소송은 당사자주의를 표방하므로 ⑤는 ㉠에 해당하는 설명으로 볼 수 있다.

★★☆

72 학술 텍스트 학술 텍스트 비판하기   정답 ②

정답 선택률	① 20.95%	② 58.24%	③ 8.54%	④ 9.86%	⑤ 2.06%

정답해설

② ㉡의 앞 문장에서 오늘날에는 기일에 출석하지 않는 당사자에게 불이익을 주는 방식으로 피고의 출석을 법원이 강제한다고 설명한다. ㉡이 포함되는 문장은 '이와 달리'라는 접속어를 사용하고 있으며, ㉡의 뒤에서 원고와 피고가 어렵사리 재판에 함께하게 되었다는 내용이 제시된다. 이를 고려했을 때 ㉡에 들어갈 말은 ② '피고를 법정으로 데려오는 것은 원고의 역할이었다'가 적절하다.

오답분석

① 오늘날의 제도와 상반되는 조선의 제도에 해당하는 내용이나, 원고가 피고를 데려와 함께 한다는 내용의 뒷 부분과 매끄럽게 연결되지 않는다. 따라서 ①은 적절하지 않다.

③ 2문단 첫 번째 문장에 의하면 소지는 오늘날의 소장과 같은 기능을 하므로 ③은 적절하지 않다.

④ 윗글에 의하면 법관이 사건을 심리하고 판결하므로 조선시대에도 재판은 법원이 담당하였음을 알 수 있다. 따라서 ④는 적절하지 않다.

⑤ 오늘날의 제도와 상반되지 않는 조선의 제도에 해당하는 내용이므로 ⑤는 적절하지 않다.

> **이렇게 풀면 정답**
>
> 빈칸 문제는 앞뒤에 있는 표현을 단서로 찾는다. 빈칸 앞에는 '이와 달리'라는 상반된 내용이 등장하는 표지가 있으므로, 앞에 있는 내용과 연결되면서 반대인 선택지를 찾고, 선택지를 빈칸에 대입하여 타당성을 판단한다.

★★☆

73 학술 텍스트 학술 텍스트 이해하기   정답 ③

정답 선택률	① 3.63%	② 8.69%	③ 43.80%	④ 4.98%	⑤ 38.43%

정답해설

③ 알래스카의 범람원에서 진행되는 천이가 사초과 목야지로부터 하층에 키가 낮은 관목이 있는 흰가문비나무림으로 진행되는 진행 천이를 포괄함을 설명하지만 이러한 천이가 일어나는 환경적 원인에 대해서는 구체적으로 밝히고 있지 않다. 따라서 ③은 윗글을 읽고 답을 찾을 수 없는 질문이다.

오답분석

① 1문단에 의하면 천이는 일시적 변화와 극단적으로 큰 규모의 시간을 배제하며, 주로 500~1,000년 이내의 기간을 다룬다. 따라서 ①은 윗글을 읽고 답을 찾을 수 있는 질문이다.

② 2문단에 의하면 생물 주도적 천이에서 환경 변화는 수관층 잎에 의한 햇빛 차단, 낙엽의 생산, 뿌리에 의한 토양 성분 흡수 등을 포함한다. 따라서 ②는 윗글을 읽고 답을 찾을 수 있는 질문이다.

④ 4문단에 의하면 크레오소트부시는 종자 생산이 많고, 종자가 바람에 의해 널리 분산된다는 특징이 있다. 따라서 ④는 윗글을 읽고 답을 찾을 수 있는 질문이다.

⑤ 4문단에 의하면 뿌리가 지표 가까이에 위치하는 선인장은 자신을 방어해 주던 관목이 제거됨에 따라 뿌리가 침식을 당하게 된다. 이를 고려하면 크레오소트부시의 존재가 선인장의 뿌리를 지키기 위한 조건 환경이 됨을 알 수 있다. 따라서 ⑤는 윗글을 읽고 답을 찾을 수 있는 질문이다.

※ 출처: Barbour 외(2015), 공주대 CK사업단 역, 『식물생태학(제3판)』.

> **이렇게 풀면 정답**
>
> 과학 지문에는 '원리', '학명', '사례' 등이 쓰이므로 선택지에 쓰인 표현이 지문에 그대로 제시된다. 따라서 '생물 주도적 천이', '알래스카 범람원', '텍사스 관목림'이 쓰인 문장을 찾아, 질문에 대한 직접적인 답변이 있는지 확인한다. 만약 직접적 언급이 없다면, 간접적으로 제시된 정보를 추론할 수 있을지 검토한다.

74 학술 텍스트 | 학술 텍스트 추론하기 | 정답 ④

| 정답선택률 | ① 1.40% | ② 9.46% | ③ 8.21% | ④ 78.52% | ⑤ 2.01% |

정답해설

④ <보기>에 제시된 천이는 장기간에 걸친 토양 풍화와 영양 염류 고갈에 의한 변화이다. 이는 식물 등 생물 자체에 의해 조절되지 않는 환경 주도적 요소의 영향에 의한 천이이므로, 환경 주도적 천이로 분류할 수 있다. 또한 식물의 키와 생물량의 수치가 더 낮아지는 오래된 사구의 천이 과정을 다루고 있으므로, 시간이 지남에 따라 생물량이 감소하는 퇴행 천이 유형으로 설명할 수 있다.

오답분석

① ② 생물에 의해 야기된 환경 변화는 <보기>에 제시되지 않으므로 '생물 주도적 천이'는 적절하지 않다.
③ 시간에 따라 다양성과 생물량이 증가하는 환경 변화는 <보기>에 제시되지 않으므로 '진행 천이'는 적절하지 않다.
⑤ 천이가 반복되는 환경 변화는 <보기>에 제시되지 않으므로 '순환 천이'는 적절하지 않다.

75 학술 텍스트 | 학술 텍스트 비판하기 | 정답 ②

| 정답선택률 | ① 15.63% | ② 62.13% | ③ 11.67% | ④ 5.64% | ⑤ 4.30% |

정답해설

② <보기>의 탐구 내용 중 적절한 것은 'ㄱ, ㄷ'이다.
ㄱ. <보기>에 따르면 C_4 식물은 수분이 제한된 동안에도 광합성을 위해 빛을 이용할 수 있는 능력이 향상되어 있고, 열과 수분 스트레스 지수가 높은 늦봄 이후의 시기(여름)에는 C_4 식물이 우점하게 된다. 이를 고려했을 때 C_4 식물은 열과 수분 스트레스 지수가 높은 여름 동안에도 광합성을 원활하게 할 수 있다.
ㄷ. 1문단에 따르면 식물군집에서 반복되는 계절적 패턴에 의한 일시적 변화는 천이로 간주하지 않는다. <보기>에 따르면 C_3 식물과 C_4 식물 간의 우점도 변화는 계절적 패턴에 의한 일시적 변화이므로 천이로 볼 수 없다.

오답분석

ㄴ. <보기>에 따르면 이른 봄에 우점하는 종은 C_3 식물이다. 이는 이른 봄에 C_3식물이 C_4식물보다 광합성을 활발하게 한다는 의미이며, 이산화탄소의 축적은 광합성 활동가 연관되므로 이른 봄에는 C_3 식물의 이산화탄소 축적량이 더 많을 것임을 추론할 수 있다. 따라서 이른 봄의 이산화탄소 축적량이 C_3식물보다 C_4식물이 많다는 탐구 내용은 적절하지 않다.
ㄹ. <보기>에 따르면 대부분의 해에 C_3 식물은 이른 봄에 우점하는 종이다. 즉, 다음 해 이른 봄에 C_3 식물은 다시 우점종이 될 수 있다. 따라서 C_3 식물이 다시 우점종이 되지 않을 것이라는 탐구 내용은 적절하지 않다.

💡 **이렇게 풀면 정답**

<보기>에서 설명하는 키워드를 체크하고, 이를 지문에서 찾아 지문과 <보기>가 연결되는 원리를 이해한다. 이후 각 탐구 내용에 연결되는 원리를 적용하여, 적절한 내용인지 판단한다.
예) <보기> '계절에 따른 식물의 우점도 변화' 체크 → 지문 1문단의 '우점종', '식물군집', '계절적 패턴'의 키워드 확인 → 탐구 내용 ㄱ~ㄹ 적용하여 판단

76 학술 텍스트 | 학술 텍스트 이해하기 | 정답 ④

| 정답선택률 | ① 3.66% | ② 6.00% | ③ 14.69% | ④ 52.16% | ⑤ 22.88% |

정답해설

④ 5문단에 따르면 이두근이 1초에 2cm로 짧아질 때 그에 연결된 신체 부위인 손은 1초에 14cm의 속도로 움직이며, 지렛대 효과로 인해 근육 자체가 짧아지는 것보다 그에 연결된 신체 부위가 더 빠르게 움직인다. 따라서 ④의 설명은 적절하다.

오답분석

① 5문단에 따르면 근육이 힘의 발생량 측면에서는 불리하지만 신체의 가동성 측면에서는 유리하다. 따라서 던지기 운동이 신체의 가동성보다 힘의 발생량 측면에서 유리하다는 ①의 설명은 적절하지 않다.
② 1문단에 따르면 <그림2>와 같이 추를 들어 올리는 동작을 하기 위해서 이두근은 아래팔의 뼈를 위로 당겨 힘이 위쪽으로 작용하도록 한다. 따라서 추를 들어 올리는 동작을 할 때 힘이 아래쪽으로 작용하도록 한다는 ②의 설명은 적절하지 않다.
③ 4문단에 따르면 <그림2>와 같이 추를 들어 올리는 상황에서 아래팔의 뼈는 팔꿈치를 축으로 하는 지레의 역할을 한다. 따라서 추를 들어 올리는 상황에서 아래팔의 뼈가 어깨 관절을 축으로 한다는 ③의 설명은 적절하지 않다.
⑤ 3문단에 따르면 15kg의 추를 들어 올릴 때와 같은 무게의 추를 가만히 들고 있을 때 이두근은 동일한 힘을 발휘한다. 따라서 추를 가만히 들고 있는 운동보다 추를 일정한 속도로 들어올리는 운동에 더 큰 힘이 필요하다는 ⑤의 설명은 적절하지 않다.

※ 출처: Cindy L. Stanfield(2022), 문자영 외 역, 『인체생리학 입문』, 바이오사이언스

77 학술 텍스트 | 학술 텍스트 추론하기 | 정답 ③

| 정답선택률 | ① 3.25% | ② 36.73% | ③ 44.53% | ④ 7.37% | ⑤ 7.32% |

정답해설

③ 3문단에 따르면 손과 이두근이 동일한 양의 일을 수행하기 때문에 손과 이두근의 힘은 $F_1*R_1 = F_2*R_2$ 또는 $F_2 = F_1*(R_1/R_2)$와 같은 관계식으로 나타낼 수 있다. <그림 1>에 주어진 값을 이용하여 15kg의 추를 손으로 들어 올릴 때 이두근은 '$F_2=15kg*(35cm/5cm)=105kg$'에 따라 '105kg'의 힘을 발휘함을 알 수 있다.

💡 **이렇게 풀면 정답**

과학 지문은 그림과 같이 제시되기도 하는데, 그림은 지문을 이해하는 용도이자 문제 풀이의 근거가 된다. 이 경우 그림에 수치가 제시되어 있으므로 계산 문제를 풀 땐, 지문과 그림 모두를 확인하여 관련 수식과 수치를 찾아야 한다.

78 학술 텍스트 학술 텍스트 비판하기 정답 ②

| 정답선택률 | ① 13.88% | ② 32.41% | ③ 17.18% | ④ 20.28% | ⑤ 15.46% |

정답해설
② <보기>의 탐구 내용 중 적절한 것은 'ㄱ, ㄹ'이다.
  ㄱ. 본문의 <그림>에서 팔꿈치 관절은 받침점, 이두근은 받침점에서 5cm 떨어져 있는 힘점, 추가 올려진 손은 받침점에서 35cm 떨어져 있는 작용점이다. 즉 본문의 <그림>은 힘점이 받침점과 작용점 사이에 있으므로 3종 지레의 사례에 해당한다. 따라서 ㄱ은 적절한 탐구 내용이다.
  ㄹ. 낚싯대는 손잡이를 받침점으로 하고 릴이나 낚시대를 당기는 부분은 힘점으로 활용하며 낚시 바늘은 작용점으로 활용한다. 즉, 낚시대는 힘점이 받침점과 작용점 사이 있으므로 3종 지레에 해당한다. 따라서 ㄹ은 적절한 탐구 내용이다. 참고로 낚시대는 힘의 측면에서 기계적으로 불리하지만 낚싯대를 약간만 움직여도 멀리 있는 물고기를 빠르게 낚을 수 있다.

오답분석
ㄴ. 발가락을 축으로 뒤꿈치를 들어 올리는 동작은 발가락을 받침점으로, 종아리 및 발목 근육을 힘점으로 활용하면서 발목을 작용점으로 사용하므로 2종 지레에 해당한다. 따라서 발끝으로 서 있는 동작이 1종 지레라는 ㄴ은 적절하지 않은 탐구 내용이다.

ㄷ. 짧은 멍키 스패너는 힘 작용점과 받침점(회전축) 사이의 거리가 짧기 때문에, 동일한 회전력을 얻기 위해 더 큰 힘을 필요로 하게 된다. 반면 긴 멍키 스패너는 길이가 길어서 작은 힘으로도 더 큰 회전력을 발생시킬 수 있다. 따라서 짧은 멍키 스패너보다 긴 멍키 스패너를 사용할 때 더 큰 힘을 주어야 한다는 ㄷ은 적절하지 않은 탐구 내용이다.

79 학술 텍스트 학술 텍스트 이해하기 정답 ⑤

| 정답선택률 | ① 3.94% | ② 11.26% | ③ 6.61% | ④ 3.46% | ⑤ 74.10% |

정답해설
⑤ 1문단 끝에서 1~2번째 줄에 의하면 노직은 '자유 지상주의'에 근거하여 부의 재분배를 통해 경제 효용성이 높아져도 자유라는 권리가 침해받아서는 안 된다고 하였다. 이는 사회 전체의 효용성보다 개인의 자유라는 권리가 우선시되어야 함을 의미한다. 이어서 4문단 끝에서 1~2번째 줄에서 노직은 정부가 부의 재분배를 해서는 안 된다고 언급하며, 대다수가 가난하고, 소수만이 부유한 사회처럼 불평등한 사회에서도 동일하다고 주장한다. 이는 사회의 불평등 정도가 심각하더라도, 소수가 쌓은 부가 정당하기만 하다면, 정부가 개입해 부를 재분배하는 것은 개인의 권리를 침해하는 것임을 의미한다. 즉 개인의 자유를 최대한 보장해야 한다는 것이다. 따라서 '자유 지상주의'의 주장으로 가장 적절한 것은 ⑤이다.

오답분석
① 1문단에서 '노직'은 정부가 부유층에게 세금을 부과해 부의 재분배를 통해 경제적 평등을 증진하고자 한다고 주장하며, 그러한 재분배를 통해 경제적 효용이 높아진다고 하더라도 개인의 자유를 침해해서는 안 됨을 강조한다. 이를 통해 '자유 지상주의'의 관점에서 '부의 재분배'는 개인의 자유를 최대한 보장하는 것이 아닌 침해하는 것임을 알 수 있다. 따라서 ①은 '자유 지상주의'의 주장으로 적절하지 않다.

② 4문단 끝에서 1~2번째 줄에서 '노직'은 정부가 부의 재분배를 해서는 안 되며, 불평등한 사회에서도 마찬가지라고 하였다. 이는 결국 개인의 자유를 최대한 보장하기 위한 것이다. 즉 '노직'이 추구한 것은 평등한 사회가 아닌 개인의 '자유'이다. 따라서 ②는 '자유 지상주의'의 주장으로 적절하지 않다.

③ 1문단 끝에서 1~2번째 줄에서 '노직'은 재분배를 통해 경제 효용성이 상승한다고 하더라도 개인의 자유를 침해해서는 안 된다고 강조했다. 즉 개인의 자유와 경제적 효용은 별개의 문제이다. 따라서 ③은 '자유 지상주의'의 주장으로 적절하지 않다.

④ 1문단 끝에서 1~2번째 줄에서 '노직'은 재분배를 통해 경제적 효용이 상승한다고 하더라도 개인의 자유를 침해해서는 안 된다고 강조했다. 즉 노직은 정부의 개입을 '침해'로 규정하는 것이다. 따라서 ④는 '자유 지상주의'의 주장으로 적절하지 않다.

※ 출처: 노직, 남경희 옮김(1997), 『아나키에서 유토피아로』, 문학과지성사

80 학술 텍스트 학술 텍스트 추론하기 정답 ④

| 정답선택률 | ① 2.69% | ② 15.63% | ③ 38.64% | ④ 38.15% | ⑤ 4.14% |

정답해설
④ 2문단의 첫 번째 조건에 의하면 그 누구도 소유하고 있지 않은 자연 세계를 일부 취득하는 것은 자유다. 단, 그것을 취득할 때, 다른 사람도 그것을 넉넉히 사용할 수 있도록 남겨두어야 한다는 '단서'가 달린다. 이때 ④는 그 누구도 소유하고 있지 않은 마을의 우물을 사용하면서, 그것을 다른 사람도 넉넉히 사용할 수 있도록 남겨 두어야 한다는 '단서'를 어겼다. 따라서 ㉠으로 적절하지 않다.

오답분석
① '우물 물을 한 바가지만 길어 올린 것'은 그 누구도 소유하지 않은 자연 세계를 일부 취득해 사용할 때, 다른 사람도 그것을 넉넉히 사용할 수 있도록 남겨 두어야 한다는 단서를 어기지 않은 것이다. 즉 첫 번째 방식을 적절히 사용했다. 또한 '그 물로 빙수를 만들어 판 것'은 자신이 소유하고 있는 것은 자신의 마음대로 사용해도 된다는 두 번째 방식을 사용한 것이다. 따라서 ㉠으로 적절하다.

② '우물 물을 한 바가지만 길어 올린 것'은 그 누구도 소유하지 않은 자연 세계를 일부 취득해 사용할 때 다른 사람도 그것을 넉넉히 사용할 수 있도록 남겨 두어야 한다는 단서를 어기지 않은 것이다. 즉 첫 번째 방식을 적절히 사용했다. 또한 '그 물을 마시지 않고 버린 것'은 자신이 소유하고 있는 것은 자신의 마음대로 사용해도 된다는 두 번째 방식을 사용한 것이다. 따라서 ㉠으로 적절하다.

③ '친구가 새치기를 해서 자신에게 물을 준 것을 알고 앞사람에게 양보한 것'은 최초의 점유 또는 자발적 이전에서 부당한 과정이 있어 바로잡은 것이다. 즉 세 번째 방식을 적절히 사용했다. 따라서 ㉠으로 적절하다.

> ③ 친구가 새치기해서 나에게 물을 준 것을 알고 앞사람에게 양보한다.
>   부당한 방식   바로잡는 과정
>   → ㉠'이 재산을 소유할 수 있는 방식' 중 세 번째 조건에 충족됨

⑤ '우물 물을 한 바가지만 길어 올린 것'은 그 누구도 소유하지 않은 자연 세계를 일부 취득해 사용할 때 다른 사람도 그것을 넉넉히 사용할 수 있도록 남겨 두어야 한다는 단서를 어기지 않은 것이다. 즉 첫 번째 방식을 적절히 사용했다. '그 물을 길어 올릴 시간이 없는 사람에게 강압이나 사기 없이 판 것'은 자신이 소유하고 있는 것은 자신의 마음대로 사용해도 된다는 두 번째 방식을 사용한 것이다. 따라서 ㉠으로 적절하다.

> **이렇게 풀면 정답**
> 지문 전체를 이해할 필요 없이, ⓒ과 관련 있는 지문만 이해하면 풀 수 있다. ⓒ 뒤에 바로 관련 내용이 제시되므로 그중 핵심 문장에만 밑줄을 긋고, 이를 조건으로 선택지에서 위배되는 내용이 없는지 판단한다.

81 학술 텍스트 학술 텍스트 추론하기 정답 ①

| 정답선택률 | ① 69.04% | ② 3.00% | ③ 7.12% | ④ 16.34% | ⑤ 3.76% |

정답해설
① 2문단 끝에서 1~3번째 줄에 의하면 자발적인 이전, 또는 자유로운 교환으로 얻게 된 소유물이라면 자신은 소유권에 절대적 권리를 갖게 된다. 이때 3문단에서 팬들의 '기부금'은 팬들이 정당하게 취득해 자발적으로 체임벌린에게 이전한 것이므로 '자유로운 교환으로 얻은 소유물'에 대한 비유이다.

오답분석
② 구단주는 돈을 다른 선수에게 나누어 줄 것을 명령한 사람이다. 이는 정부가 세금을 통해 부를 재분배하려는 것이다. 따라서 '구단주'는 '정부'에 대한 비유이다.
③ 체임벌린이 농구 경기를 통해 소득을 얻는 것은 노동을 통해 대가를 얻는 것과 같다. 따라서 '농구 경기'는 '노동'에 대한 비유이다.
④ 체임벌린이 기부로 받은 자신의 돈을 다른 선수들에게 나누어 주는 것은 세금을 납부하는 것과 같다. 따라서 '다른 선수들에게 돈(기부금)을 나누어 주기'는 '세금 납부'에 대한 비유이다.
⑤ 구단주가 체임벌린에게 그의 돈을 다른 선수들에게 나누어 주라고 명령하는 것은 정부가 세금을 부과하는 것과 같다. 따라서 '다른 선수들에게 돈(기부금)을 나누어 주라는 명령'은 '세금 부과'에 대한 비유이다.

82 학술 텍스트 학술 텍스트 비판하기 정답 ⑤

| 정답선택률 | ① 1.91% | ② 3.66% | ③ 9.76% | ④ 4.47% | ⑤ 79.23% |

정답해설
⑤ '노직'은 3문단 2~3번째 줄에서 정당하게 소유한 대상을 자발적으로 이전했다면 자신이 원하는 대로 돈을 쓸 수 있다고 하였다. 즉, 자신의 돈의 출처가 정당하고 자발적으로 이전된 것이라면 그것이 어떻게 쓰이든 상관없다는 것이다. '노직'이 비판하는 것은 1문단에서와 같이 정부가 세금을 강제로 걷어 다른 이들에게 분배하는 '부의 재분배'이다. 따라서 "체임벌린도 기꺼이 다른 선수들에게 돈을 줄 수 있는 것 아닌가?"라고 묻는다면 '노직'은 "나는 그것에 반대하지 않는다." 또는 "기부는 개인의 자유로운 선택이다."와 같이 답해야 한다. "자발적인 기부 역시 자유를 억압하는 것이다"는 '노직'의 주장과는 맞지 않는 대답이다.

오답분석
① 2문단 끝에서 2~3번째 줄에서 강압, 도둑질이 아닌 정당하게 얻은 것이고, 자발적 이전 또는 자유로운 교환으로 얻은 물건이라면 자신은 물건의 소유권에 절대적 권리를 갖는다고 하였다. 따라서 "체임벌린 혼자 경기를 한 것은 아니지 않은가?"라고 물었을 때, "체임벌린은 입장료와 별개로 돈을 받은 것이다."라고 답하는 것은 '노직'의 대답으로 적절하다.
② 2문단 끝에서 2~3번째 줄에서 강압, 도둑질이 아닌 정당하게 얻은 것이고, 자발적 이전 또는 자유로운 교환으로 얻은 물건이라면 자신은 물건의 소유권에 절대적 권리를 갖는다고 하였다. 따라서 "체임벌린의 팬이 기부금이 훔친 돈일 수 있지 않은가?"라고 물었을 때, "그래서 정당한 소유물에 한한다고 말했다."라고 답하는 것은 '노직'의 대답으로 적절하다.
③ 2문단 끝에서 2~3번째 줄에서 강압, 도둑질이 아닌 정당하게 얻은 것이고, 자발적 이전 또는 자유로운 교환으로 얻은 물건이라면 자신은 물건의 소유권에 절대적 권리를 갖는다고 하였다. 따라서 "체임벌린의 팬이 강압을 받아 돈을 기부한 것은 아닌가?"라고 물었을 때, "그래서 소유물을 정당하게 이전해야 한다고 말했다"라고 답하는 것은 '노직'의 대답으로 적절하다.
④ 1문단 끝에서 1~2번째 줄에서 재분배를 통해 경제적 효용이 상승한다고 하더라도 자유라는 권리를 침해해서는 안 된다고 하였다. 즉 다른 사람을 위해 자신의 돈을 빼앗는 것은 자유를 침해하는 행위이다. 따라서 "다른 선수들도 그 돈이 절실하게 필요하지 않은가?"라고 물었을 때, "필요하다고 해서 다른 사람의 돈을 강제로 빼앗는 것은 옳지 않다."라고 답하는 것은 '노직'의 대답으로 적절하다.

83 실용 텍스트 실용 텍스트 이해하기 정답 ②

| 정답선택률 | ① 0.69% | ② 94.92% | ③ 1.53% | ④ 1.47% | ⑤ 0.92% |

정답해설
② "2. 산모 신생아 건강 관리 서비스 이용 시 본인 부담금 10% 결제 의무도 폐지됩니다."라고 안내되어 있으므로 적절하지 않다.

오답분석
① "신청 기한: 출산일로부터 60일 이내"라고 안내되어 있으므로 적절하다.
③ "지원 내용: 출생아 1인당 산후조리 경비 이용권(100만 원)"이라고 안내되어 있으므로 적절하다.
④ "지원 대상: (자녀) 서울시 출생 등록"이라고 안내되어 있으므로 적절하다.
⑤ "3. 사용 기한은 자녀 출생일로부터 1년까지로 연장됩니다."라고 안내되어 있으므로 적절하다.

※ 출처: 서울시 누리집, https://news.seoul.go.kr/welfare/archives/564596

> **이렇게 풀면 정답**
> 실용 지문은 보통 '지원 대상', '신청 기한'과 같이 항목명이 분류되어 있어 '대상, 날짜'와 같은 선택지의 키워드를 빠르게 찾을 수 있다. 따라서 지문을 읽을 필요 없이, 선택지에서 설명하는 정보와 대응하는 항목을 찾아 일치 여부를 빠르게 판단한다.

84 실용 텍스트 실용 텍스트 추론하기 정답 ②

| 정답선택률 | ① 1.60% | ② 94.36% | ③ 1.35% | ④ 0.79% | ⑤ 1.42% |

정답해설
② '신청 방법'에 "동 주민센터 방문 신청"이라고 안내하고 있으나 동 주민센터의 구체적인 위치나 주소는 제시되지 않았으므로 윗글에서 알 수 없는 내용은 ②이다.

오답분석

① "방문 시 본인 신분증과 인증을 위한 본인 명의의 휴대전화 또는 신용(체크)카드 소지 필요"라고 안내하고 있으므로 방문 시 준비물은 알 수 있다.
③ "신청 방법: 온라인(www.abc.korea) 신청"이라고 안내하고 있으므로 온라인 신청 사이트는 알 수 있다.
④ "사용처: 산모 신생아 관리 서비스 이용, 산후조리 경비 서비스 이용"이라고 안내하고 있으므로 이용할 수 있는 서비스 유형은 알 수 있다.
⑤ "서울시와 협약된 카드사만 등록 가능(행복카드, 사랑카드, 희망카드)"이라고 안내하고 있으므로 서울시와 협약된 카드사 종류는 알 수 있다.

85 실용 텍스트 _실용 텍스트 이해하기_ 정답 ④

| 정답선택률 | ① 1.14% | ② 0.84% | ③ 6.05% | ④ 89.17% | ⑤ 2.31% |

정답해설

④ 장면4는 초미세 먼지 농도의 수준을 색으로 구분하여 보여 줌으로써 심각성을 드러내고 있다. 그러나 초미세 먼지의 농도를 구체적인 수치로 비교하고 있지는 않으므로, 정보 제시 전략으로 적절하지 않은 것은 ④이다.

오답분석

① 장면1은 부산 수영구에 개화한 노란 산수유 사진을 제시하며, 봄으로의 계절 변화를 시각적으로 전달하고 있으므로 적절하다.
② 장면2는 낮과 저녁의 기온을 꺾은선 그래프로 제시하며 시청자가 일교차를 쉽게 파악할 수 있도록 돕고 있으므로 적절하다.
③ 장면3은 위성 사진 왼쪽에 '나쁨' 수준을 나타내는 노란색 음영을 표시하여 초미세 먼지의 유입 현황을 보여 주고 있으므로 적절하다.
⑤ 장면4는 지도에 전국 주요 지역의 아침 저녁 기온을 제시하며 내일 날씨 정보를 종합적으로 보여 주고 있으므로 적절하다.

※ 출처: [뉴스9 날씨] 당분간 큰 일교차…한낮 10도 안팎 '포근', KBS 뉴스9, 2025.03.06 (https://news.kbs.co.kr/news/pc/view/view.do?ncd=8193861)

> **이렇게 풀면 정답**
> 뉴스 보도 문제는 한 지문으로 3문제를 풀지만, 처음부터 지문 전체를 분석할 필요는 없다. 따라서 각 문제에서 제시한 선택지와 관련된 부분만 빠르게 대조한다.

86 실용 텍스트 _실용 텍스트 비판하기_ 정답 ③

| 정답선택률 | ① 0.71% | ② 1.35% | ③ 95.25% | ④ 1.14% | ⑤ 1.04% |

정답해설

③ 장면 4에서 내일 대기 정체로 인해 오늘 쌓인 미세 먼지가 그대로 남는 곳이 있다고 예보하였다. 이에 시청자3은 공기 질과 대기의 흐름과의 관계에 대한 자신의 배경지식을 바탕으로, 내일 서쪽 지역의 미세 먼지가 심한 까닭을 심화하여 이해하고 있다. 따라서 예보 내용의 오류를 지적하고 있다는 반응은 적절하지 않다.

오답분석

① 시청자1은 도로 미끄럼 사고를 유의하라는 기상 예보를 바탕으로, 자신의 아침 출근길과 연결 짓고 있다. 따라서 기상 예보를 자신의 삶과 관련지어 유용하게 활용하고 있다는 반응은 적절하다.

② 시청자2는 서풍에서 유입되는 미세 먼지의 원인을 '중국 쪽 대기 오염'의 상황으로 추론하고 있다. 따라서 예보 내용을 토대로 기상 현상이 나타나는 배경을 추론하고 있다는 반응은 적절하다.
④ 시청자4는 미세 먼지의 '나쁨' 수준에 대한 구체적인 이해가 어렵다는 지점을 토로하며, 등급별 미세 먼지 농도를 다음 예보에 추가해 달라는 요청을 하고 있다. 따라서 기상 예보에서 부족한 정보를 언급하며 개선 방향을 제안하고 있다는 반응은 적절하다.
⑤ 시청자5는 지난 기상 예보는 틀렸다며, 예보 내용을 신뢰하지 못하고 의문을 제기하고 있으므로 적절하다.

87 실용 텍스트 _실용 텍스트 추론하기_ 정답 ③

| 정답선택률 | ① 6.56% | ② 1.25% | ③ 75.65% | ④ 5.47% | ⑤ 10.42% |

정답해설

③ ⓒ에는 피동 표현이 활용되지 않았으므로 적절하지 않다. 참고로, '피동 표현'은 '보이다', '업히다'와 같이 주체가 다른 힘에 의하여 움직임을 나타내는 표현이다.

오답분석

① ㉠은 "부드러운 솜털처럼"이라는 직유법을 사용하여 포근한 봄 날씨를 비유적으로 보도하고 있으므로 적절하다.
② ㉡은 '한낮'과 '아침저녁'의 온도 차이를 대조적으로 표현하여 일교차를 강조하고 있으므로 적절하다.
④ ㉣은 "호흡기(의) 관리(를) ~ 마스크(의) 착용(을)"과 같이 조사가 생략되어 있다. 따라서 조사의 생략으로 시청자에게 당부하는 내용을 간결하게 제시하고 있으므로 적절하다.
⑤ ㉤의 "비 소식이 찾아오겠습니다."는 일기예보에서 자주 쓰이는 관습적 표현으로, '비'가 '사람'처럼 찾아온다고 비유하고 있다. 따라서 관습적 비유 표현을 사용하여 정보를 전달하고 있으므로 적절하다.

88 실용 텍스트 _실용 텍스트 이해하기_ 정답 ①

| 정답선택률 | ① 88.31% | ② 1.86% | ③ 5.03% | ④ 2.54% | ⑤ 1.65% |

정답해설

① '제목'에서 "4구역 주택 재개발 정비 구역 해제"라고 하였으므로 4구역은 취소 통보 이전까지는 주택재개발 정비구역으로 지정되어 있었을 것이다. 따라서 가장 적절한 것은 ①이다.

오답분석

② '3.'에 따르면 처분에 이의가 있을 시 행정 심판을 청구하거나 취소 소송을 제기해야 한다. 따라서 행복시 홈페이지에 신청하면 된다는 내용은 적절하지 않다.
③ '3.'에 따르면 취소 소송은 처분 등이 있음을 안 날부터 90일 이내에 제기하여야 한다. 따라서 공문이 발송된 날로부터 90일 이내에 제기해야 한다는 내용은 적절하지 않다.
④ '4.'에 따르면 정비 구역 지정 고시 후 조합 설립 추진 위원회를 구성하려면 시장의 승인을 받아야 한다. 따라서 구청장의 승인을 받아야 한다는 내용은 적절하지 않다.

⑤ '2.'에 따르면 정비 구역의 지정이 해제되면, 조합 설립 추진 위원회의 승인은 취소된다. 따라서 조합 설립 추진 위원회가 유지될 수 있다는 내용은 적절하지 않다.

※ 출처: 창원시 공고문, https://blog.naver.com/amc3877/22104516522

> **이렇게 풀면 정답**
>
> 실용 지문은 보통 숫자나 항목명이 분류되어 있어 선택지의 키워드를 빠르게 찾을 수 있다. 따라서 지문을 읽을 필요 없이, 선택지에서 설명하는 정보와 대응하는 항목을 찾아 일치 여부를 빠르게 판단한다.

⑤ '1.'에서 '도정법'과 행복시의 '도시 및 주거환경정비조례'에 의거하여 정비 구역을 해제한다고 했으나 관련 조항은 밝히고 있지 않다. 따라서 ⑤는 제시되어야 할 정보로 적절하다.

> **이렇게 풀면 정답**
>
> 추가로 제시되어야 할 정보를 찾는 문제는 선택지에 제시된 정보가 이미 지문에 있는 정보가 아닌지, 지문과 무관한 내용이 아닌지만 확인하면 된다.

89 실용 텍스트 실용 텍스트 비판하기 정답 ④

정답 선택률	① 2.47%	② 1.53%	③ 5.16%	④ 78.14%	⑤ 12.02%

정답해설

④ ㉠은 윗글을 전달받은 위원회이다. 수신자의 입장에서 '3.'을 이해했을 때, 행정 심판과 취소 소송 모두 의거 처분이 있음을 안 날부터 90일 이내에 진행해야 한다. 따라서 두 기간이 동일하지 않다는 내용은 적절하지 않다.

오답분석

① '1.'에서 '도정법'과 행복시의 '도시 및 주거환경정비조례'에 근거하여 주택 재개발 정비 구역을 해제한다고 하였으므로 적절하다.
② '2.'에서 승인 취소 관련 고시문은 우리(행복) 시 홈페이지 고시 공고란에 게재한다고 하였으므로 적절하다.
③ '3.'에서 취소 처분에 이의가 있을 경우 행정 심판을 청구하거나 취소 소송을 제기할 수 있다고 하였으므로 적절하다.
⑤ 처분에 이의가 있을 경우 행정 심판 청구나 취소 소송 제기가 가능하나, '4.'에서 승인을 얻지 않고 추진 위원회 업무를 수행할 시 처벌 대상이 된다고 하였으므로 적절하다.

90 실용 텍스트 실용 텍스트 추론하기 정답 ④

정답 선택률	① 3.36%	② 22.11%	③ 8.59%	④ 45.45%	⑤ 19.60%

정답해설

④ '4.'에서 추진 위원회가 업무를 지속할 수 없는 이유에 대해 관련 조항을 이미 명시하고 있으므로 ④는 추가로 제시되어야 할 정보로 적절하지 않다.

오답분석

① '2.'에서 관련 고시문을 홈페이지에 게재한다고 하였으나 홈페이지 주소는 기재하지 않았으므로 이에 대한 추가 정보가 필요하다. 따라서 ①은 추가로 제시되어야 할 정보로 적절하다.
② 윗글의 제목은 "4구역 주택 재개발 정비 구역 해제 및 조합 설립 추진 위원회 취소 통보"이다. 조합 설립 추진 위원회는 정비 구역 해제에 따라 취소되었지만, '4구역 주택 재개발 정비 구역'이 해제된 사유는 언급되지 않았다. 따라서 ②는 추가로 제시되어야 할 정보로 적절하다.
③ 윗글과 같은 고시문은 일방적인 취소 통보로 구성되어 있으므로 관련 문의 사항이 있을 시 연락할 수 있는 방법을 기재해야 한다. 따라서 ③은 제시되어야 할 정보로 적절하다.

국어 문화(91번~100번)

회차별 평균 정답률

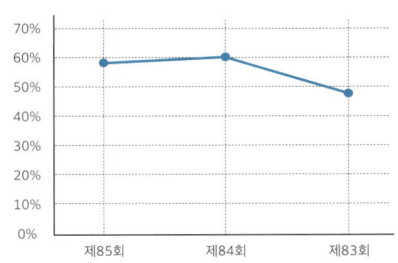

→ 제84회 국어 문화 평균 정답률은 약 60%로, 2025년 상반기 기출 3회분 중에서 가장 쉬웠다. 10문제 중 '난이도 하'는 4문제, '난이도 중'은 2문제, '난이도 상'은 4문제 출제됐다.

평가 요소별 문제 수 & 최다 출제 평가 요소

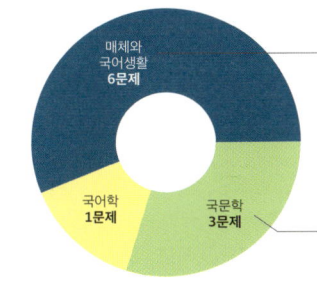

최다출제 1위 매체와 국어생활
→ '매체와 국어생활'은 6문제로, 국어 문화에서 가장 많이 출제된다. 그중 '국어생활'이 5문제로 가장 많이 나오는데, 근대 신문, 점자, 남북한 언어 등으로 여러 시대와 분야를 아우르는 다양한 주제가 출제된다.

최다출제 2위 국문학
→ '국문학'은 3문제로, 국어 문화에서 두 번째로 많이 출제된다. 그중 '한국 현대문학'이 2문제로 가장 많이 나오는데, 현대문학의 작품과 작가를 고르는 문제가 출제된다.

---

91 국문학 한국 고전문학 ★★★ 정답 ④

| 정답선택률 | ① 7.75% | ② 17.34% | ③ 28.44% | ④ 38.10% | ⑤ 7.63% |

정답해설
④ <보기>에서 설명하고 있는 작품은 「성산별곡」이다. 성산의 풍경과 서하당과 식영정을 중심으로, 사계절의 변화를 읊으면서 그 누각을 세운 김성원의 풍류를 칭송한 노래이다.

오답분석
① 「상춘곡」은 조선 성종 때 문인 정극인이 지은 가사로 우리나라 최초의 가사이다. 자연에 파묻힌 생활 속에서 봄날의 경치를 찬탄한 내용을 담았다.
② 「관서별곡」은 조선 명종 때 문인 백광홍이 지은 가사로, 평안도 지방의 자연 풍물을 두루 돌아보고 그 아름다움을 읊은 것이다.
③ 「사미인곡」은 조선 선조 때 정철이 지은 가사, 임금에 대한 그리운 정을 간곡하게 읊은 작품이다.
⑤ 「속미인곡」은 조선 선조 때 정철이 지은 가사로, 임금을 천상에서 인연이 있었던 연인으로 설정하고 그 임을 잃고 사모하는 여인의 심정을 두 선녀의 대화 형식으로 표현하였다. 이 작품은 「사미인곡」의 속편이다.

※ 출처
· 국립국어원, 표준국어대사전
· 한국학중앙연구원, 한국민족문화대백과사전

또 나올 기출개념
'정철' 관련 작품
· 「훈민가」: 16수의 시조로, 백성을 훈계하기 위하여 지었다.
· 「관동별곡」: 관동 팔경을 돌아보면서 선정을 베풀고자 하는 심정을 읊었다.

---

92 국문학 한국 현대문학 ★☆☆ 정답 ④

| 정답선택률 | ① 1.35% | ② 2.41% | ③ 5.82% | ④ 88.69% | ⑤ 0.94% |

정답해설
④ <보기>에서 설명하는 작품은 이청준의 「병신과 머저리」이다.

※ 출처: 한국학중앙연구원, 한국민족문화대백과사전

---

93 국문학 한국 현대문학 ★★★ 정답 ⑤

| 정답선택률 | ① 15.91% | ② 24.91% | ③ 24.30% | ④ 12.46% | ⑤ 21.66% |

정답해설
⑤ <보기>에서 설명하는 작가는 신석정이다. 낭만주의 시를 많이 썼으며, 주요 작품에는 「슬픈 목가(牧歌)」, 「촛불」, 「산의 서곡(序曲)」 등이 있다.

오답분석
① 김광균은 신석초, 서정주 등과 『자오선』, 『시인 부락』 등의 동인지에서 활약하였다. 온건하고 회화적인 시풍을 나타내 1930년대 모더니즘 계열의 대표적 시인으로 평가된다.
② 김광섭은 『해외 문학』, 『문예 월간』의 동인이었으며, 식민지 시대의 지성인이 겪는 고뇌를 표현하였다. 시집에는 『동경(憧憬)』, 『성북동 비둘기』 등이 있다.

> 📌 김광섭의 대표 작품 「성북동 비둘기」
> 채석장의 비둘기로 상징된 현대인이 기계문명에 의하여 점점 살벌해지고 속되게 변해가는 현실에서 순수한 자연과 평화가 발붙일 곳 없음을 개탄함으로써 평화로운 세계를 갈구함.

③ 김상옥은 시조 시인, 서예가, 서화가, 수필가이다. 시조 외에 동시·시 등 여러 분야에 뛰어난 재질을 발휘하였고, 섬세하고 영롱한 언어 구사가 특징이다. 시조집으로는 『고원의 곡』, 시집으로는 『이단의 시』 등이 있다.
④ 노천명은 일제강점기 『산호림』, 『창변』, 『별을 쳐다보며』 등을 저술한 시인으로, 친일반민족행위자이다.

※ 출처
· 국립국어원, 표준국어대사전
· 한국학중앙연구원, 한국민족문화대백과사전

또 나올 기출개념
빈출 작가 '김광균'
· 모더니즘 계열의 대표 시인으로, 감각적 이미지와 신선한 비유를 사용함
· 대표 작품: 「와사등」, 「기항지」, 「황혼가」, 「임진왜란」

94 매체와 국어생활 국어생활 ★☆☆ 정답 ①

| 정답
선택률 | ① 88.51% | ② 4.22% | ③ 4.14% | ④ 1.37% | ⑤ 1.09% |

정답해설
① <보기>는 <조선일보> 1935년 7월 5일자에 수록된 음악 공연을 소개하는 기사이다. '평양에서 최후의 공연을 필하고 일행은 일단 해산케 되엇는데 모처럼 다수 일행이 와서 평양까지 갓다가 그대로 해산케 됨은 섭섭타고 본사 개성 지국에서 일행을 개성까지 초빙하여'에서 개성 공연은 처음부터 기획된 공연이 아님을 알 수 있으므로 적절하지 않다.

오답분석
② '대구, 경성의 공연을 마추고 삼일 밤은 평양에서 최후의 공연을 필하고'에서 대구, 경성, 평양에서 공연을 했음을 알 수 있으므로 적절하다.
③ '본사 개성 지국에서 일행을 개성까지 초빙하여'에서 개성 공연을 신문사의 개성 지국에서 주도했음을 알 수 있으므로 적절하다.
④ '오일 밤 팔 시 개성 중앙회 중앙회관에서 대공연을 하게 되엿다.'에서 개성 공연의 시간과 장소를 알 수 있으므로 적절하다.
⑤ '개성으로서 이러한 성대한 대음악회를 개최하기는 실로 천재일우의 긔회라'에서 개성에서 큰 규모의 음악회가 개최되는 것은 흔치 않았음을 알 수 있으므로 적절하다. 참고로, '천재일우(千載一遇)'란 천 년 동안 단 한 번 만난다는 뜻으로, 좀처럼 만나기 어려운 좋은 기회를 이르는 말이다.

※ 출처: <조선일보> (1935.7.5)

> 💡 **이렇게 풀면 정답**
> 선택지의 키워드를 미리 확인해 두고, 키워드가 등장하면 지문과 선택지를 비교해 본다.

95 매체와 국어생활 국어생활 ★★☆ 정답 ②

| 정답
선택률 | ① 2.87% | ② 71.28% | ③ 9.33% | ④ 14.18% | ⑤ 1.68% |

정답해설
② ⓒ의 '삭탈관직(削奪官職)'은 '죄를 지은 자의 벼슬과 품계를 빼앗고 벼슬아치의 명부에서 그 이름을 지우던 일.'을 뜻하므로 '벼슬을 스스로 그만둠'이라는 내용은 적절하지 않다.

오답분석
① ㉠의 '화설(話說)'은 '고대 소설에서 이야기를 시작할 때 쓰는 말.'이므로 적절하다.
③ ㉢의 '요부(饒富)하다'는 '살림이 넉넉하다'의 뜻이므로 적절하다.
④ ㉣의 '망간(望間)'은 '음력 보름께.'를 뜻하므로 적절하다.
⑤ ㉤의 '시비(侍婢)'는 '곁에서 시중을 드는 계집종'을 말한다.

※ 출처: 홍계월전

> 🔄 **또 나올 기출개념**
> 고전 작품 관련 어휘
> • 연통(連通): 연락하거나 기별함. 또는 그런 통지.
> • 무도(無道)하다: 말이나 행동이 인간으로서 지켜야 할 도리에 어긋나서 막되다.

96 국어학 국어사 ★★★ 정답 ①

| 정답
선택률 | ① 22.67% | ② 4.73% | ③ 24.15% | ④ 32.59% | ⑤ 14.97% |

정답해설
① 『훈민정음』 언해본에서는 성조를 표시할 때 ㉠의 ':말'과 같이 각 음절의 오른쪽이 아닌 왼쪽에 점을 찍어 표시하므로 적절하지 않다.

오답분석
② 『훈민정음』 언해본에서는 ㉡의 '文문'과 같이 한자어의 경우, 각 한자의 다음에 한글로 한자음을 표기하므로 적절하다.
③ 『훈민정음』 언해본에서는 ㉢의 '·노·미하·니·라'와 같이 어절과 어절 사이를 띄어 쓰지 않고 붙여 쓴다. 참고로, 현행 한글 맞춤법에서는 '사람이ⅴ많으니라'와 같이 어절과 어절 사이를 띄어 쓴다.
④ '뿜에'는 동사 '쁘다'의 명사형 '뿜'에 부사격 조사 '에'가 결합한 말로 [뿌메]처럼 앞말인 명사형의 'ㅁ'이 뒷말의 첫소리로 연음되어 소리 나는데, 이 경우 『훈민정음』 언해본에서는 '뿜에'처럼 어법에 맞추어 적지 않고 ㉣의 '뿌메'처럼 소리 나는 대로 적는다.

> 🔖 **훈민정음의 표기법**
> • 연철 표기(이어적기): 한 음절의 종성을 다음 자의 초성으로 옮겨 씀
>   예 말쓰·미(말씀+이)

⑤ 『훈민정음』 언해본에서는 ㉤의 '뽀ᄅ·미니·라'에서 '라'로 끝맺음한 것과 같이 마침표(.), 쉼표(,) 등의 문장 부호를 일절 사용하지 않는다.

※ 출처: 이기문(2006), 『(신정판) 국어사개설』, 태학사.

> 🔄 **또 나올 기출개념**
> 중세 국어 표기 방법
> • 높임 대상을 표현할 때는 한 칸을 띄어 쓴다.
> • 'ㅏ, ㅗ'와 같은 양성 모음은 양성 모음끼리, 'ㅜ, ㅓ'와 같은 음성 모음은 음성 모음끼리 어울리는 모음조화 규칙에 따라 표기한다.

97 매체와 국어생활 국어생활 ★★☆ 정답 ④

| 정답
선택률 | ① 13.93% | ② 2.21% | ③ 5.24% | ④ 70.03% | ⑤ 7.75% |

정답해설
④ '갈쏘냐'는 어간 '가-'에 어미 '-ㄹ쏘냐'가 결합한 말로 'ㄹ' 뒤에서 된소리 [쏘]로 소리 난다. 그러나 <보기>에 따르면 'ㄹ' 뒤에서는 된소리가 나더라도 된소리로 적지 않으므로 '갈쏘냐'가 아닌 '갈소냐'로 표기해야 한다.

오답분석
① '갈게'는 어간 '가-'에 어미 '-ㄹ게'가 결합한 말로, 'ㄹ' 뒤에서 된소리 [께]로 소리 난다. 그러나 <보기>에 따르면 'ㄹ' 뒤에서는 된소리가 나더라도 된소리로 적지 않으므로 '갈게'로 표기하는 것은 적절하다.
② '깜짝'은 한 형태소 내부에서 'ㅁ' 다음의 소리가 된소리로 소리 나는 경우이므로 '깜짝'으로 표기하는 것은 적절하다.
③ '벌써'는 한 형태소 내부에서 'ㄹ' 다음의 소리가 된소리로 소리 나는 경우이므로 '벌써'로 표기하는 것은 적절하다.
⑤ '할지니'는 어간 '하-'에 어미 '-ㄹ지니'가 결합한 말로, 'ㄹ'뒤에서 된소리 [찌]로 소리 난다. 그러나 <보기>에 따르면 'ㄹ' 뒤에서는 된소리가 나더라도 된소리로 적지 않으므로 '할지니'로 표기하는 것은 적절하다.

※ 출처: 국어사정위원회(2010), 『조선말규범집』, 사회과학원 출판사

또 나올 기출개념

빈출 북한 어문 규범
- 제26항 한자말에서 모음 《ㅖ》가 들어있는 소리마디로는 《계》, 《례》, 《혜》, 《예》만을 인정한다.
  예) • 예의(남) - 예의(북)
      • 화폐(남) - 화페(북)

---

98 매체와 국어생활 국어생활 정답 ③

| 정답선택률 | ① 4.19% | ② 2.34% | ③ 86.81% | ④ 4.80% | ⑤ 1.17% |

정답해설
③ <보기>에 따르면 오른 주먹의 검지를 어깨 앞쪽을 향해 내미는 동작은 '내일'을 의미하고, 동일한 동작에 중지를 함께 펴 동작하면 '다음날'의 의미가 추가된다. 따라서 <보기>의 수어는 '내일'의 '다음날'인 '모레'를 의미한다.

오답분석

① 그제   ② 오늘

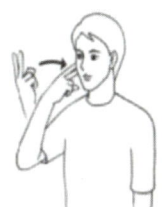   

④ 글피   ⑤ 지금

※ 출처: 국립국어원, 한국수어사전. https://sldict.korean.go.kr/front/main/main.do

---

99 매체와 국어생활 국어생활 정답 ②

| 정답선택률 | ① 6.43% | ② 27.28% | ③ 13.07% | ④ 13.22% | ⑤ 39.12% |

정답해설
② <보기>의 '악의'는 '일정한 사실을 알고 있다'라는 뜻이며 '사실을 알고 있다'는 것은 법률적으로 '법률 행위의 원인이 되는 내면적 사실 관계를 알고 있다'라는 의미로 해석되므로 정답은 ②이다.

오답분석
① '악의'는 '손해 배상 능력이 있는'의 뜻과 관련 없으므로 적절하지 않다.
③ '악의'는 '상대방을 비난할 의도를 가지고 있는'의 뜻과 관련 없으므로 적절하지 않다.
④ '악의'는 '거래 관계를 현저하게 왜곡하고 있는'의 뜻과 관련 없으므로 적절하지 않다.
⑤ 이 법률 문장에서 '악의'는 '선량한 관리자의 의무를 망각하려 하는'의 뜻과 관련 없으므로 적절하지 않다.

> **법률 용어에서의 '악의(惡意)'**
> 일반적으로 '악의'는 '나쁜 마음'이라는 뜻이므로 '착한 마음'을 뜻하는 '선의(善意)'와 반의어라고 생각해 ⑤를 고를 수 있다. 하지만 법률 용어에서 '악의'는 '법률관계의 발생·소멸·효력에 영향을 미칠 수 있는 어떤 사정을 알고 있는 것.'이라는 뜻으로 사용된다.

또 나올 기출개념

빈출 법률 용어 순화어
- 선의(善意): 자신의 행위가 법률관계의 발생, 소멸 및 그 효력에 영향을 미치는 사실을 모르는 일.
- 멸실(滅失): 물건이나 가옥 따위가 재난에 의하여 그 가치를 잃어버릴 정도로 심하게 파손됨. 또는 그런 일.

---

100 매체와 국어생활 매체 언어의 탐구 정답 ①

| 정답선택률 | ① 83.81% | ② 0.94% | ③ 6.41% | ④ 1.27% | ⑤ 6.84% |

정답해설
① 간접 인용이란 상대의 말을 자신의 입장으로 변형하여 표현하는 방법이다. 그러나 <보기>에서는 "고등학교에 입학하는 새내기입니다. 친구도 없고, 선생님도 낯설 것 같고… 잘 적응할 수 있을까요?"와 같이 청취자의 사연을 그대로 읽으며 전달하는 직접 인용의 형식을 사용하고 있으므로 적절하지 않다.

오답분석
② 진행자는 '마음이 어떠세요?', '혹시 나만의 적응 꿀팁을 대방출해 줄 선배님이 있을까요?' 등의 질문을 던지며 방송을 자연스럽게 진행하고 있으므로 적절하다.
③ 진행자는 '우리 새 학기를 앞둔 학생 여러분'이라고 특정 그룹(학생)을 '우리'로 직접 지칭하며 친근한 분위기를 만들고 있으므로 적절하다.
④ 진행자는 '에구… 맞아요, 새 학기마다 긴장이 되지요'라며 청취자 사연에 대한 공감과 함께 자연스럽게 화제를 이어가고 있으므로 적절하다.
⑤ 진행자는 '텐션 업!', '꿀팁' 등의 신조어와 해요체와 같은 구어체를 사용하여 친근한 방송 분위기를 조성하고 있으므로 적절하다.

또 나올 기출개념

방송 언어 표현 기법 및 효과
- 구체적 수치 사용 → 정확한 정보 전달, 객관적 전달
- 비슷한 문장 구조 반복 → 효과적 전달

**KBS 한국어진흥원
국가공인 공식기출**

제83회
2025. 2. 15. 시행

KBS
한국어능력시험

- 정답 한눈에 보기
- 전 문항 유형&키워드 분석
- 기출 총평&목표 등급별 학습 전략
- 정답 및 해설

제83회 정답 한눈에 보기

자동 채점 및 성적 분석 서비스 ▶

듣기·말하기 (1~15번)	1	2	3	4	5	6	7	8	9	10
	③	④	⑤	⑤	④	③	②	④	②	②
	11	12	13	14	15					
	①	⑤	④	③	②					

어휘 (16~30번)	16	17	18	19	20	21	22	23	24	25
	④	③	⑤	②	②	⑤	⑤	②	④	①
	26	27	28	29	30					
	④	⑤	②	④	②					

어법 (31~45번)	31	32	33	34	35	36	37	38	39	40
	⑤	④	③	③	⑤	⑤	④	②	③	③
	41	42	43	44	45					
	③	④	③	③	①					

쓰기 (46~50번)	46	47	48	49	50
	④	④	⑤	⑤	②

창안 (51~60번)	51	52	53	54	55	56	57	58	59	60
	②	⑤	①	④	③	②	④	⑤	①	④

읽기 (61~90번)	61	62	63	64	65	66	67	68	69	70
	②	③	③	④	⑤	④	⑤	②	⑤	①
	71	72	73	74	75	76	77	78	79	80
	①	③	②	⑤	④	④	②	④	④	③
	81	82	83	84	85	86	87	88	89	90
	①	④	④	④	③	④	②	③	⑤	①

국어 문화 (91~100번)	91	92	93	94	95	96	97	98	99	100
	⑤	②	③	④	④	④	④	③	⑤	⑤

제83회 전 문항 유형&키워드 분석

확실히 맞힌 문제는 ○, 맞혔으나 헷갈렸거나 찍은 문제는 △, 틀린 문제는 ×로 체크하세요. △, × 문제는 p.147의 [오답노트]에 정리하고, 복습하세요.

영역	번호	정답	채점 (○/△/×)	정답률	출제 유형	기출 키워드
듣기·말하기 ○:___개 △:___개 ×:___개	1	③		98.84%	내용 일치 여부 확인(그림)	김홍도, '포의풍류도'
	2	④		82.30%	교훈 추론(이야기)	체로키 인디언의 이야기(늑대 두 마리)
	3	⑤		94.50%	내용 일치 여부 확인(강연)	냉면의 유래
	4	⑤		96.43%	내용 일치 여부 확인(방송)	마리아 앤더슨, '깊은 강'
	5	④		97.36%	주제 추론(시)	이대흠, '동그라미'
	6	③		94.52%	내용 일치 여부 확인(대담)	사람과 AI가 갖는 욕망
	7	②		61.03%	말하기 방식 추론(대담)	
	8	④		98.27%	내용 일치 여부 확인(대화)	길고양이 돌봄에 관한 남녀의 대화
	9	②		96.39%	말하기 방식 추론(대화)	
	10	②		92.88%	내용 일치 여부 확인(강연)	루브르 박물관
	11	①		93.22%	말하기 방식 추론(강연)	
	12	⑤		78.24%	내용 일치 여부 확인(발표)	붉은 여왕의 가설
	13	④		86.71%	말하기 방식 추론(발표)	
	14	③		96.65%	내용 일치 여부 확인(협상)	도서부와 밴드부의 소음 관련 협상
	15	②		60.60%	갈등 해결 방식 추론(협상)	
어휘 ○:___개 △:___개 ×:___개	16	④		30.24%	고유어의 사전적 의미	칠칠하다, 가만하다, 마뜩하다, 말쑥하다, 해사하다
	17	③		30.00%	한자어의 사전적 의미	과문(寡聞), 도로(徒勞), 호우(好雨), 차치(且置), 탱천(撐天)
	18	⑤		84.76%	고유어의 문맥적 의미	국으로, 솔기, 해거름, 이울다, 가물막
	19	③		31.34%	한자어의 문맥적 의미	철시(撤市)하다, 반향(反響), 희유(稀有)하다, 격조(隔阻), 가외(加外)
	20	②		13.88%	한자어의 문맥적 의미(표기)	무산(霧散/無算), 사회(司會/社會), 지적(指摘/指笛)
	21	⑤		18.96%	혼동하기 쉬운 고유어	자그럽다, 곰살맞다, 늘차다, 무람없이, 성기다
	22	⑤		33.77%	다의어와 동음이의어	뜨다
	23	②		96.51%	유의 관계	낯-얼굴, 나이-연령
	24	④		96.00%	의미가 대응하는 고유어와 한자어	보다-감상(鑑賞)하다, 수행(遂行)하다, 진료(診療)하다, 준비(準備)하다
	25	①		7.21%	유의 관계	소담하다-탐스럽다
	26	④		90.18%	속담	달밤에 삿갓 쓰고 나온다
	27	⑤		63.37%	사자성어	경전하사(鯨戰蝦死), 호각지세(互角之勢), 목불인견(目不忍見)
	28	②		41.20%	관용 표현	입이 되다, 입이 쓰다, 입이 궁금하다, 입이 받다, 입이 여물다
	29	④		83.03%	한자어의 순화	부불금(賦拂金)→할부금, 도괴(倒壞)하다→넘어지다
	30	②		48.31%	외래어의 순화	마더 팩토리(mother factory)→핵심 공장, 어그로(aggro)→억지 주목
어법 ○:___개 △:___개 ×:___개	31	⑤		27.75%	한글 맞춤법(소리에 관한 것)	안갯속, 화병, 코털, 해님, 햅쌀
	32	④		21.80%	한글 맞춤법(형태에 관한 것)	철석같이, 자투리, 새침데기, 짭짤하다, 생뚱맞다
	33	③		45.95%	한글 맞춤법(형태에 관한 것)	받치다, 헤프다, 짓궂다, 착잡하다, 오므리다
	34	③		19.89%	한글 맞춤법(띄어쓰기)	추운가∨보다(본용언과 보조 용언의 띄어쓰기)
	35	⑤		74.97%	한글 맞춤법(그 밖의 것)	나지막이, 간절히, 말끔히, 고즈넉이, 일일이
	36	⑤		79.30%	한글 맞춤법(문장 부호)	물결표, 쉼표, 밑줄, 작은따옴표, 붙임표
	37	④		36.61%	표준어 사정 원칙	어쭙잖다, 수탉나귀, 부조금, 말곁, 눈꼴시다
	38	②		11.55%	표준어와 방언	곰뱅이-다리, 깝치다-재촉하다, 개주무리-감기 몸살
	39	③		32.11%	표준 발음법	뜻있다[뜨딛따], 되감다[되감따/뒈감따], 맛있다[마딛따/마싣따]
	40	③		48.22%	외래어 표기법	카디건(cardigan), 미스터리(mystery), 내레이션(narration)
	41	③		40.75%	로마자 표기법	여민락 Yeomillak, 법고 Beopgo, 뱃노래 Baennorae
	42	④		47.13%	어법에 맞는 표현(문장 성분의 호응)	부사어와 서술어의 호응
	43	③		91.17%	어법에 맞는 표현(상대 높임법)	하오체(-구려), 하십시오체(-ㅂ시오), 객체 높임법(모시다)
	44	③		79.68%	어법에 맞는 표현(중의적 문장)	세 명의 사냥꾼이 함께 두 마리의 토끼를 잡았다.(올바른 문장)
	45	①		78.75%	어법에 맞는 표현(번역 투 표현)	건물에 위치하고 있습니다→건물에 있습니다
쓰기 ○:___개 △:___개 ×:___개	46	④		98.23%	글쓰기 계획	반려동물 보유세
	47	①		98.19%	글쓰기 자료의 활용	
	48	⑤		96.47%	글쓰기 개요의 작성	
	49	①		96.83%	고쳐쓰기(단어)	
	50	②		97.54%	고쳐쓰기(문장)	

영역	번호	정답	채점 (O/△/×)	정답률	출제 유형	기출 키워드
창안 O: ___개 △: ___개 ×: ___개	51	②		88.70%	유비 추론을 활용한 내용 생성	달리기와 '러너스 하이'
	52	⑤		90.46%	유비 추론을 활용한 내용 생성	
	53	①		97.63%	조건에 맞는 내용 생성	
	54	④		97.14%	그림을 활용한 내용 생성	(가) 멀티탭 (나) 보조 배터리
	55	③		79.78%	그림 비판	
	56	②		63.51%	유비 추론을 활용한 내용 생성	
	57	④		86.73%	그림을 활용한 내용 생성	사이버 언어폭력 문제
	58	⑤		68.22%	그림을 활용한 내용 생성	
	59	①		75.30%	유비 추론을 활용한 내용 생성	반향실 효과
	60	④		81.98%	유비 추론을 활용한 내용 생성	
읽기 O: ___개 △: ___개 ×: ___개	61	②		93.99%	문학 텍스트 이해(시)	박목월, '가정(家庭)'
	62	③		82.89%	문학 텍스트 비판(시)	
	63	③		85.35%	문학 텍스트 이해(소설)	염상섭, '해방의 아들'
	64	④		27.74%	문학 텍스트 추론(소설)	
	65	⑤		74.85%	문학 텍스트 비판(소설)	
	66	④		96.75%	학술 텍스트 이해(인문)	전통 마을의 특성
	67	⑤		93.65%	학술 텍스트 추론(인문)	
	68	②		61.52%	학술 텍스트 비판(인문)	
	69	⑤		74.24%	학술 텍스트 추론(사회)	공포의 효력
	70	①		84.13%	학술 텍스트 추론(사회)	
	71	①		65.17%	학술 텍스트 비판(사회)	
	72	③		75.08%	학술 텍스트 추론(사회)	
	73	②		67.47%	학술 텍스트 이해(과학)	원자 현미경 STM과 AFM
	74	⑤		65.82%	학술 텍스트 추론(과학)	
	75	②		32.09%	학술 텍스트 비판(과학)	
	76	④		93.75%	학술 텍스트 이해(과학)	관성 모멘트
	77	②		18.86%	학술 텍스트 추론(과학)	
	78	②		55.02%	학술 텍스트 비판(과학)	
	79	③		94.32%	학술 텍스트 이해(인문)	윤리적 소비
	80	③		92.81%	학술 텍스트 추론(인문)	
	81	①		94.09%	학술 텍스트 추론(인문)	
	82	④		71.54%	학술 텍스트 비판(인문)	
	83	③		90.95%	실용 텍스트 이해(안내문)	2025년 스포츠 강좌 이용권 신청 안내문
	84	④		86.24%	실용 텍스트 추론(안내문)	
	85	①		91.66%	실용 텍스트 이해(뉴스보도)	사라지는 붕어빵…"노점 허가제 논의를"
	86	④		71.12%	실용 텍스트 비판(뉴스보도)	
	87	②		86.89%	실용 텍스트 추론(뉴스보도)	
	88	③		74.73%	실용 텍스트 이해(공고문)	구직급여 (중앙부처 정책지원금)
	89	⑤		61.03%	실용 텍스트 비판(공고문)	
	90	①		63.81%	실용 텍스트 추론(공고문)	
국어 문화 O: ___개 △: ___개 ×: ___개	91	⑤		18.86%	국문학(고전 문학 작품)	한거십팔곡, 어부가, 장진주사, 강호사시가, 도산십이곡
	92	②		11.93%	국문학(현대 문학 작품)	동행, 유예, 아베의 가족, 우상의 눈물, 우리들의 날개
	93	③		41.69%	국문학(현대 문학 작가)	나도향, 김성한, 김소진, 손창섭, 윤흥길
	94	④		84.82%	국어 생활(근대 신문 기사)	조선일보(1936년 11월 5일), 공연 관련 기사
	95	④		22.29%	국어 생활(고전 작품 어휘)	유충렬전에 쓰인 어휘의 의미
	96	④		37.35%	국어학(중세 국어)	훈민정음 표기와 현대 표기
	97	④		40.31%	국어 생활(남북한의 언어)	쥐었다(남한어)-쥐였다(북한어)
	98	③		73.98%	국어 생활(점자)	파도, 고가, 오기, 도자기, 자포자기
	99	⑤		53.66%	국어 생활(순화어)	해태한-기일을 이유 없이 넘겨 책임을 다하지 아니한
	100	⑤		91.17%	국어 생활(방송 언어)	교통 방송 언어에 쓰인 특성

제83회 기출 총평&목표 등급별 학습 전략

기출 총평

응시 인원 | 총 5,073명이 응시하였으며, 상반기 시험 중 가장 높은 응시율을 기록했습니다. 전년 동월 대비, 응시자 수가 약 28% 증가한 것으로 보아 시험에 대한 관심과 수요가 증가하면서 등급 진입을 위한 경쟁이 심화되고 있는 것으로 보입니다.

난 이 도 | 최근 3개년 시험 경향을 미루어 볼 때, 제83회는 난도가 높은 편으로 어려운 시험이었습니다. 2025년 상반기 시험 중에서도 가장 어려웠고, 특히 어휘 영역과 국어 문화 영역의 난도가 매우 높았습니다.

출제 변화 | 이번 회차 어휘 영역에서는 한자어 표기를 구분하는 문제가 특히 까다롭게 출제되었습니다. 보통은 익숙한 한자 표기가 포함되어 의미를 쉽게 유추할 수 있지만, 이번에는 생소한 한자가 사용되어 의미 구분이 어렵게 느껴졌을 수 있습니다. 따라서 자주 혼동되는 한자어를 중심으로 한자의 부수와 훈음을 함께 암기하는 학습이 필요합니다.

🎯 다음 시험 대비 포인트
- 어휘 영역은 자주 출제된 한자어를 중심으로 표기를 익혀 둡시다.
- 낯선 한자 출제를 대비하여 기출 한자어를 암기할 때 부수와 훈음을 활용한 의미 추론을 연습합시다.

나의 예상 등급

제83회 시험의 등급별 누적 비율에 따라 등급별 맞힌 개수를 환산했습니다. 나의 맞힌 개수를 등급 환산표에서 찾아, 예상 등급을 확인하세요. 목표 등급보다 예상 등급이 낮다면, [목표 등급에 따른 학습 전략]에서 목표 등급을 달성하는 기준을 확인하여 학습 계획을 세워 봅시다.

· 영역별 맞힌 개수

듣기·말하기	어휘	어법	쓰기	창안	읽기	국어 문화	총 개수
/ 15	/ 15	/ 15	/ 5	/ 10	/ 30	/ 10	/ 100

· 나의 예상 등급 확인

등급 환산표		제83회 등급 취득 현황	
등급	맞힌 개수	인원 (비율%)	환산 점수
1급	92~100개	44 (0.87%)	830-990
2+급	86~91개	139 (2.74%)	785-845
2-급	82~85개	299 (5.89%)	735-800
3+급	76~81개	828 (16.32%)	675-750
3-급	72~75개	757 (14.92%)	625-690
4+급	65~71개	1,382 (27.24%)	535-640
4-급	62~64개	605 (11.93%)	465-550
무급	0~61개	1,019 (20.09%)	10-480

* 등급 환산표의 '맞힌 개수'는 해커스에서 실제 시험 응시자의 백분위 데이터를 기반으로 산출한 추정치로, 실제 시험 결과와는 다소 차이가 있을 수 있습니다. 따라서 본 수치는 학습자의 현재 수준을 진단하고, 보완이 필요한 영역을 점검하는 참고 자료로 활용하시기 바랍니다.

목표 등급에 따른 학습 전략

목표 등급별로 집중적으로 학습해야 하는 영역과 학습 전략을 확인한 후, 현재 나의 등급, 영역별 수준과 비교하며 나에게 맞는 학습 계획을 구체적으로 설계해 보세요.

현재 등급 → 목표 등급	집중 학습 영역	학습 전략
2+급 → 1급	어법 어휘 국어 문화	**최상위권일수록 고난도 어휘, 어법, 국어 문화 문제가 등급의 당락을 결정한다.** • 제83회 34번 문제는 정답률이 낮았지만, 빈출 조항만 알고 있어도 해결할 수 있는 문제입니다. 어법 영역에서 높은 점수를 받기 위해서는 반복적으로 출제되는 조항들을 중심으로 적용 예시까지 함께 익혀 문제 적용력을 높여야 합니다. • 응시자가 가장 많이 틀리는 어휘, 어법, 국어 문화영역에서 변별도를 높일 수 있도록 40개 중 34개 이상 맞히는 것을 목표로 해야 합니다. [어휘·어법 암기노트]로 최신 기출과 최빈출 어휘, 어법부터 정리하고, PDF로 제공하는 [빈출 어휘·어법·국어 문화 총정리]로 심화 학습하여 세 영역을 완성합시다.
2-급 → 2+급	국어 문화 어법 읽기	**주요 영역에서 실수만 줄이고 국어 문화를 잡는다.** • 제83회 국어 문화 영역에서 정답률이 낮았던 고전 작품 문제는 정답으로 나온 작품이 다소 낯설 수 있었지만, 오답 선택지들은 모두 기출 작품이었습니다. 국어 문화 영역은 출제 폭이 넓지만, 기출 작품 중심으로 정리하고 자주 다뤄지는 핵심 특징을 암기한다면 보다 안정적으로 점수를 확보할 수 있습니다. • '어법'은 투자 대비 점수 효율이 좋은 영역이므로 한글 맞춤법, 표준어 규정의 원리와 빈출 표기 위주로 학습하여 어법에서 3개 이상 틀리지 않아야 합니다. 또한 출제 비중이 가장 많은 읽기 영역에 집중해 실수를 줄여야 합니다.
3+급 → 2-급	읽기 창안 국어 문화	**중상위권 도달을 위해 독해력을 끌어올려야 한다.** • 읽기 영역은 고난도 문제가 항상 따르지만, 출제 비중이 높은 만큼 안정적인 점수 확보가 필수입니다. 제83회 읽기에서는 현대 소설을 독해하는 64번의 정답률이 낮았는데, 이 유형은 인물의 심리와 배경을 함께 고려해야 하므로 인물의 입장과 감정선이 선택지에 옳게 제시됐는지 확인하는 것이 중요합니다. 문학 작품은 다른 지문보다 쉽게 읽히므로 실수하지 않도록 유의하여, 읽기 영역에서 최소 24개 이상 맞히는 것을 목표로 삼아야 합니다. • 창안 영역은 만점을, 국어 문화에서도 최소 6개 이상을 맞히는 것을 목표로 해야 안정적으로 2-급을 확보할 수 있습니다.
3-급 → 3+급	창안 쓰기 읽기	**안정적인 3+급을 위해선 쓰기, 창안 만점과 읽기 정확도는 필수이다.** • 창안은 읽기 다음으로 많은 수험생이 까다롭게 느끼는 영역입니다. 제83회 창안은 전반적으로 쉬운 편이었지만, 58번 조건에 맞는 문구를 고르는 문제는 정답률이 60%대로 낮았습니다. 이 유형은 조건에서 요구하는 표현 방식(예: 비유, 청유형)이 적용된 문구를 찾아내야 합니다. 따라서 자주 출제되는 표현법의 개념을 확실히 익혀 두어 창안 영역에서 안정적으로 점수를 확보합시다. • 읽기 영역은 시험 전체에서 가장 많은 문항이 출제되는 분야이므로 3+급을 목표로 할 때, 30개 중 22개를 맞혀야 전체 기초를 다질 수 있습니다. 또한 쓰기도 5문제 만점을 목표로 해야 합니다. 따라서 쓰기나 읽기 실용문에서 시간을 줄이는 것이 전략입니다.
4+급~무급 → 3-급	듣기·말하기 쓰기 창안	**기본적인 영역에서 만점을 확보하는 것이 관건이다.** • 3-급도 합격선이 낮지 않은 편이니, 정답률이 높은 세 영역에서 실수 없이 정확하게 푸는 연습만 해도 충분히 점수를 확보할 수 있습니다. • 듣기·말하기와 쓰기는 기본 풀이 스킬만 익히면 실수 없이 빠르게 정답을 확보할 수 있습니다. 해설에서 제시한 '이렇게 풀면 정답' 스킬을 적용해 보고 이 영역에서 시간을 줄여 확보한 여유는, 정답률이 낮고 난도가 높은 읽기 영역에 투자하여 등급을 안정적으로 확보합니다.

제83회 정답 및 해설

듣기·말하기(1번~15번)

★★★ = 난도 상
★★☆ = 난도 중
★☆☆ = 난도 하

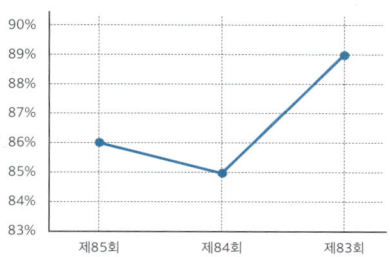

회차별 평균 정답률

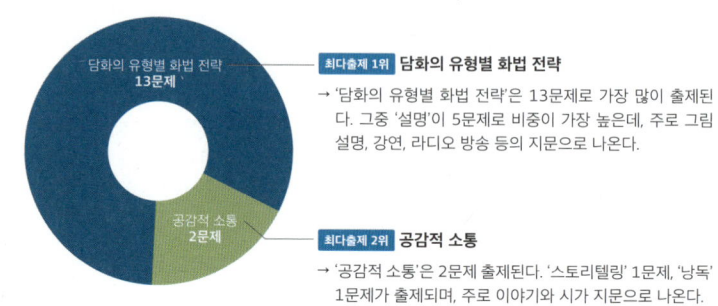

→ 제83회 듣기·말하기 평균 정답률은 약 89%로, 2025년 상반기 기출 3회분 중에서 가장 쉬웠다. 15문제 중 '난이도 하'는 12문제, '난이도 중'은 3문제 출제됐고, '난이도 상' 문제는 없었다.

평가 요소별 문제 수 & 최다 출제 평가 요소

최다출제 1위 담화의 유형별 화법 전략
→ '담화의 유형별 화법 전략'은 13문제로 가장 많이 출제된다. 그중 '설명'이 5문제로 비중이 가장 높은데, 주로 그림 설명, 강연, 라디오 방송 등의 지문으로 나온다.

최다출제 2위 공감적 소통
→ '공감적 소통'은 2문제 출제된다. '스토리텔링' 1문제, '낭독' 1문제가 출제되며, 주로 이야기와 시가 지문으로 나온다.

★☆☆

1 담화의 유형별 화법 전략 설명　　　정답 ③

| 정답
선택률 | ① 0.12% | ② 0.22% | ③ 98.84% | ④ 0.24% | ⑤ 0.55% |

듣기대본

1번. 먼저 그림에 대한 설명을 들려 드립니다.

　오늘은 단원 김홍도가 남긴 <포의풍류도>에 대해 말씀드리겠습니다. 그림 속의 선비는 여러 가지 물건을 통해 자신의 삶을 드러내고 있습니다. 먼저 선비가 맨발인 것이 눈에 띕니다. 조선 선비는 잠자는 경우가 아니면 버선을 종일 벗지 않는데 ①맨발로 있는 것은 그만큼 선비의 정신이 얽매임이 없다는 의미겠지요. 선비가 들고 있는 것은 당비파입니다. ②선비들은 시서뿐 아니라 음악을 즐길 줄 알아야 참다운 군자가 된다고 생각했다고 합니다. 왼쪽에 보면 천으로 싸 놓은 서책들이 있고, 서책 앞으로는 ③일부러 금이 가도록 만든 자기병과 청동으로 된 향로와 산호와 영지가 꽂힌 청동 제기가 보입니다. 모두 값비싼 골동품입니다. 바로 옆에 문방사우 중 하나인 붓과 벼루가 있네요. 선비의 발치에 놓인 것이 생황이라는 악기이고, 그 앞에 칼도 있습니다. ④칼은 자신의 게으른 마음을 경계함을 상징하는 것이어서 문인도 칼을 하나씩 집안에 두고 있습니다. 그림 속 시는 종이로 창을 만들고 흙으로 벽을 바른 곳에서 평생 삼베옷 입고 노래하고 읊조리겠다는 내용을 담고 있습니다. ⑤포의를 입고 산다는 말은 벼슬을 하지 않는다는 뜻입니다. 벼슬을 버린 자의 망중한을 잘 그리고 있는 그림입니다.

※ 출처
• 손철주(2012), 『속속들이 옛 그림 이야기』 자음과 모음
• 포의풍류도 by 김홍도, 출처: 공유마당, CC BY

정답해설

③ 설명에 따르면 산호와 영지가 꽂혀 있는 청동 제기는 자기병, 향로와 함께 값비싼 골동품에 해당한다. 따라서 청동 제기가 소박한 선비의 삶을 드러내고 있다는 ③의 설명은 적절하지 않다.

오답분석

① 설명에 따르면 선비가 맨발로 있는 것은 선비의 정신이 얽매임 없다는 의미이다. 따라서 선비의 맨발이 선비의 자유로운 정신을 드러낸다는 ①의 설명은 적절하다.

② 설명에 따르면 선비들은 시서뿐만 아니라 음악을 즐길 줄 알아야 진정한 군자가 된다고 생각했다. 따라서 악기가 참다운 군자의 덕목을 드러낸다는 ②의 설명은 적절하다.

④ 설명에 따르면 칼은 스스로의 게으른 마음을 경계하는 것을 상징한다. 따라서 칼이 게으른 마음을 경계하는 자세를 드러내고 있다는 ④의 설명은 적절하다.

⑤ 설명에 따르면 포의를 입고 산다는 말은 벼슬을 하지 않는 것을 상징한다. 따라서 포의가 관직에 나가지 않은 모습을 드러내고 있다는 ⑤의 설명은 적절하다.

💡 **이렇게 풀면 정답**

선택지의 키워드를 미리 체크하고, 키워드가 들리면 해당 선택지로 이동하여 적절성을 판단한다.

예) ③ 청동 제기는 소박한 선비의 삶을 드러내고 있다.
　　　　　　　　　(키워드)

★☆☆

2 공감적 소통 스토리텔링　　　정답 ④

| 정답
선택률 | ① 4.81% | ② 9.78% | ③ 0.16% | ④ 82.30% | ⑤ 2.88% |

듣기대본

2번. 이번에는 이야기를 들려 드립니다.

　어느 날 저녁 나이가 지긋한 체로키 인디언이 손자에게 싸움에 관한 이야기를 들려주었다. 모든 사람의 마음속에서 일어나는 싸움에 대한 얘기였다.

"아가야, 우리 마음속에는 늑대 두 마리가 싸우고 있단다. 하나는 사악한 늑대야. 두려움과 분노, 질투, 후회, 탐욕, 자기 연민, 죄책감, 회한, 우월감, 자존심 같은 것들이지. 이 늑대는 불안과 걱정, 불확실성, 우유부단함, 무기력함을 가져온단다. 다른 하나는 착한 늑대야. 기쁨과 평화, 희망, 겸손, 친절, 자비, 공감, 진심, 연민, 신념 같은 것들이지. 착한 늑대는 차분함, 확신, 자신감, 열정, 행동을 가져온단다."
손자는 잠깐 생각하더니 할아버지에게 물었다.
"어느 쪽 늑대가 이겨요?"
늙은 체로키 인디언이 답했다.
"네가 먹이를 주는 쪽이지."

※ 출처: 루이 초카(2018), 「최강의 멘탈」, 부키

정답해설

④ 부정적인 감정을 가져오는 사악한 늑대와 긍정적인 감정을 가져오는 착한 늑대와의 싸움에서 먹이를 주는 쪽이 이긴다는 이야기는 부정적 감정을 자제하고 긍정적인 감정을 끌어내기 위해 노력해야 함을 뜻한다. 따라서 ④가 가장 적절하다.

이렇게 풀면 정답

반복되는 단어와 결말에 집중하여 이야기의 주제를 추론한다.
- 예 • 반복되는 단어: 늑대(착한 늑대, 나쁜 늑대), 감정(긍정적 감정, 부정적 감정)
  → 감정의 갈등을 착한 늑대와 나쁜 늑대의 싸움에 비유한다.
- 결말: 내가 먹이를 주는 쪽의 늑대가 이긴다.
  → 내가 신경 쓰는 감정이 발현된다.

★☆☆

3 담화의 유형별 화법 전략 설명   정답 ⑤

| 정답선택률 | ① 2.21% | ② 2.52% | ③ 0.41% | ④ 0.34% | ⑤ 94.50% |

듣기대본

3번. 이번에는 강연을 들려 드립니다.

①냉면은 우리나라 음식입니다. 중국에도 '냉면', '양면'이 있지만 차게 해서 먹는 국수란 뜻일 뿐 우리처럼 특화된 음식이라고 할 수 없습니다. 일본에서도 메밀로 만든 면을 차게 먹기도 하지만 우리처럼 냉면에 열광하지 않습니다. ②냉면은 전국 어디서나 냉면이라고 똑같이 불립니다. 다만 두 종류의 냉면이 지역 혹은 만듦새에 따라 구별됩니다. 함경도식 냉면, 즉 함흥냉면은 비빔냉면으로 전분을 많이 섞어 가늘고 질기게 뽑아낸 면을 갖은양념을 한 장에 비벼 먹습니다. 평안도식 냉면, 즉 평양냉면은 물냉면으로 메밀을 조금 굵게 뽑아내어 동치미 육수나 고기 육수에 말아 먹습니다. ③함흥냉면은 면발이 질겨 가위로 미리 자르기도 하지만 평양냉면은 이로도 뚝뚝 끊어지니 가위질이 필요 없지요.
④북쪽에 냉면이 있다면 남쪽의 음식으로는 막국수가 있습니다. 막국수는 평양냉면과 마찬가지로 메밀을 주재료로 해서 만듭니다. 그런데 그 이름이 그리 고급스럽지는 않아 보입니다. ⑤'막'이 다른 말 앞에 붙으면 '거친', '품질이 낮은'의 뜻을 더하게 됩니다. 그러나 막국수는 품질이 낮은 국수는 아닙니다. 오늘날 우리가 먹는 표백한 순백색 밀가루보다 오히려 양분을 고스란히 담아 막 갈아서 뽑아낸 막국수가 건강에는 더 좋기 때문입니다.

※ 출처: 한성우(2016), 「우리 음식의 언어」, 어크로스

정답해설

⑤ 강연에 따르면 막국수의 이름은 메밀을 거칠게 가공하는 방식과 관련이 있어 보이므로 '표백하는 방식'에서 유래했다는 ⑤는 강연의 내용과 일치하지 않는다.

오답분석

① 강연에 따르면 냉면은 우리나라 음식이며, 중국의 냉면은 우리나라처럼 특화된 음식이 아니다. 따라서 냉면이 한국에 특화된 음식이라는 ①은 강연의 내용과 일치한다.

② 강연에 따르면 냉면은 전국 어디서나 똑같이 냉면이라고 불린다. 따라서 냉면이 지역에 상관없이 이름이 동일하다는 ②는 강연의 내용과 일치한다.

③ 강연에 따르면 함흥냉면은 면발이 질겨서 가위로 미리 잘라 먹기도 한다. 따라서 함흥냉면이 질겨서 가위가 필요할 때도 있다는 ③은 강연의 내용과 일치한다.

④ 강연에 따르면 북쪽에 냉면이 있다면 남쪽에는 막국수가 있다. 이는 북쪽 냉면의 위상과 남쪽 막국수의 위상이 엇비슷하다는 의미이므로 북쪽의 냉면에 필적하는 남쪽의 음식이 막국수라는 ④는 강연의 내용과 일치한다.

이렇게 풀면 정답

선택지를 통해 강연의 주제와 주의 깊게 들어야 할 정보의 유형을 미리 파악하고, 해당 내용이 들리는 순간 관련 선택지의 정·오답을 판별한다.

★☆☆

4 담화의 유형별 화법 전략 설명   정답 ⑤

| 정답선택률 | ① 0.51% | ② 0.45% | ③ 0.22% | ④ 2.31% | ⑤ 96.43% |

듣기대본

4번. 이번에는 라디오 방송의 일부를 들려 드립니다.

성악가 마리아 앤더슨은 흑인 빈민가에서 태어났다. ①그녀는 처음엔 가난 때문에, 나중에는 피부색 때문에 평생 한 번도 정식 음악 학교에 들어가지 못했다. 그런 여건 속에서도 그녀는 스물세 살 때 뉴욕 레비전 콩쿠르에서 우승의 영광을 차지했다. 우승자가 흑인 여성이라는 사실 때문에 뉴욕뿐 아니라 미국 전체가 떠들썩하였다.
흑인의 슬픔을 늘 잊지 않았던 그녀가 콘서트마다 꼭 부르는 곡이 흑인영가였다. ②그녀의 영가에는 흑인들의 잊을 수 없는 고통과 치유할 수 없는 슬픔이 담겨 있다. 흑인영가는 아프리카에서 미국으로 끌려온 흑인 노예들 사이에서 생겨난 독특한 성악이다. 하루의 고된 일과가 끝나면 노예들은 검은 피부의 예수를 그려 놓고 기도를 올렸으며, 히브리 노예들처럼 이 땅에서 못 이룬 구원이 사후에라도 이루어지기를 염원했다.
백인들이 최소한의 악기를 갖는 것도 금지했기 때문에, ③흑인들은 손뼉만을 유일한 반주로 삼아 노래를 불렀다. 그래서 흑인들의 노래는 유달리 리듬감이 강한 특징을 가지게 되었다. ④그들은 자신들의 먼 고향 아프리카의 노래에서 시작하여, 주위의 아시아와 서인도 그리고 아메리카의 민속 음악들도 모두 받아들였다.
흑인들의 노래는 일을 할 때 피로를 잊기 위해 불렀던 '노동요'와 종교적인 목적으로 불렀던 '종교요'의 두 종류로 나눌 수 있는데, ⑤이중 종교적 색채가 짙은 노래가 '흑인영가'이다. 원래는 반주가 없었지만 요즘은 피아노 반주와 함께 연주되는 경우가 많다.
흑인영가 중에서 앤더슨이 언제 어디서나 항상 빠뜨리지 않고 불렀던 곡이 바로 <깊은 강>이다. 깊은 강이란 바로 요단강을 일컫는다.

아주 단순한 가사이지만, 그녀의 콘트랄토 목소리를 통해서 흘러나오는 메시지는 강렬하다.
※ 출처: 박종호(2004), 『내가 사랑하는 클래식』, 시공사

정답해설
⑤ 방송에서 흑인영가는 종교적 색채가 짙은 종교요에 해당하며, 앤더슨이 항상 불렀던 <깊은 강>은 흑인영가에 해당한다고 설명한다. 따라서 <깊은 강>이 노동요에 해당한다는 ⑤는 적절하지 않다.

오답분석
① 방송에서 앤더슨은 처음에는 가난으로 인해, 이후에는 흑인이라는 이유로 정식 학교에 입학해 본 적이 없다고 설명한다. 따라서 앤더슨이 가난과 인종 차별로 음악 학교에 입학하지 못했다는 ①은 적절하다.
② 방송에서 앤더슨이 부른 흑인영가에는 흑인들의 고통과 슬픔이 담겨 있다고 설명한다. 따라서 ②는 적절하다.
③ 방송에서 흑인들은 손뼉을 유일한 반주로 삼아 노래를 불렀고, 그로 인해 흑인 노래는 리듬감이 강한 특징을 갖게 되었다고 설명한다. 따라서 ③은 적절하다.
④ 방송에서 흑인의 노래는 아프리카에서 출발하였으며, 아시아, 서인도, 아메리카의 민속 음악도 모두 수용했다고 설명한다. 따라서 흑인의 노래에 다양한 지역의 민속 음악이 포함되었다는 ④는 적절하다.

이렇게 풀면 정답
선택지를 미리 읽으면서 방송의 주제와 집중해야 할 정보를 예측한 뒤, 해당 내용이 들리는 순간 관련 선택지의 정·오답을 판별한다.

어머니는 모든 것을 둥글게 하는 버릇이 있다
※ 출처: 이대흠(2007), 「동그라미」, 『물 속의 불』, 천년의 시작

정답해설
④ 어머니는 'ㅇ'을 사용해 말하는 버릇을 가지고 있는데, 이는 둥글고 부드러운 느낌을 준다. 또한 어머니는 남한테 한 번도 해코지한 적이 없으며, 허리가 굽어져 한쪽이 뚫린 동그라미와 같은 모습이 되었음에도 자신의 것을 퍼주는 삶을 산다. 이렇게 이타적이고 헌신적인 어머니는 화자에게 항상 오순도순 살아갈 것을 당부하고 있다. 즉, 이 시는 어머니의 부드러운 말투와 이타적인 삶의 방식을 통해 헌신하고 베풀며 더불어 사는 삶의 중요성을 드러내고 있다. 따라서 답은 ④이다.

오답분석
① 어머니의 삶에서 삶의 허무를 극복하려는 모습을 발견하기는 어렵다.
② 어머니의 삶에서는 어려움을 인내하는 모습이 아니라 헌신적인 모습을 발견할 수 있다.
③ 어머니의 삶에서 생태계가 파괴된 현실을 비판하는 모습을 발견하기 어렵다.
⑤ 자연의 섭리를 깨닫고 실천하는 모습이 드러나지 않는다.

이렇게 풀면 정답
선택지를 미리 읽고 어떤 메시지에 집중해야 할지 감을 잡은 뒤, 반복되는 시어와 감정을 나타내는 표현을 통해 주제를 추론한다.
- 예
  - 반복되는 시어: 어머니
  - '어머니'의 특성: 남에게 해코지하지 않고, 가진 걸 퍼 주시고, 오순도순 살기를 원함
  → 이 시의 중심인물인 '어머니'는 베풀면서 더불어 사는 삶의 자세를 강조하고 있다.

---

5 공감적 소통 낭독 정답 ④

| 정답선택률 | ① 0.24% | ② 1.20% | ③ 0.06% | ④ 97.36% | ⑤ 1.06% |

듣기대본
5번. 이번에는 시 한 편을 들려 드립니다.

어머니는 말을 둥글게 하는 버릇이 있다

오느냐 가느냐라는 말이 어머니의 입을 거치면 옹가 강가가 되고 자느냐 사느냐라는 말은 장가 상가가 된다 나무의 잎도 그저 푸른 것만은 아니어서 밤낭구 잎은 푸르딩딩해지고 밭에서 일 하는 사람을 보면 일 항가 댕가 하기에 장가 가는가라는 말은 장가 강가가 되고 애기 낳는가라는 말은 아 낳가가 된다

강가 낭가 당가 랑가 망가가 수시로 사용되는 어머니의 말에는 한사코 ㅇ이 다른 것들을 떠받들고 있다

남한테 해코지 한 번 안 하고 살았다는 어머니
일생을 흙 속에서 산,

무장 허리가 굽어져 한쪽만 뚫린 동그라미 꼴이 된 몸으로
어머니는 아직도 당신이 가진 것을 퍼 주신다
머리가 발에 닿아 둥글어질 때까지
C자의 열린 구멍에서는 살리는 것들이 쏟아질 것이다

우리들의 받침인 어머니
어머니는 한사코
오순도순 살어라이 당부를 한다

---

6 담화의 유형별 화법 전략 공적 대화 정답 ③

| 정답선택률 | ① 0.57% | ② 1.64% | ③ 94.52% | ④ 0.71% | ⑤ 2.44% |

듣기대본
이번에는 진행자와 전문가의 대담을 들려 드립니다. 6번은 듣기 문항, 7번은 말하기 문항입니다.

진행자: 7-②영화 '바이센테니얼 맨'은 자유와 사랑에 대한 욕망을 가지고, 사람이 되고자 하는 AI 안드로이드의 이야기를 그렸습니다. 교수님, 사람과 AI가 갖는 욕망에는 어떤 차이가 있을까요?
전문가: 먼저 욕망이라는 개념을 정의해야 할 것 같아요. 사람의 경우, 신체적인 항상성을 유지하려는 본능적인 욕구가 가장 근본적이거든요.
진행자: 그렇다면 신체가 없는 AI에게 욕망이 없을까요?
전문가: 저는 AI도 다른 의미의 욕망은 있을 수 있다고 생각합니다. 바로 강화 학습을 통해 알 수 있는데요. 이는 동물에게 먹이를 주듯 보상을 제공함으로써 학습시키는 과정이에요. 동물들에게도 식욕이라는 욕망이 있듯 6-①AI도 보상을 얻고자 하는 욕망이 있을 수 있는 것이죠.
진행자: 보상을 얻고자 하는 욕망은 구체적으로 어떤 것인가요?
전문가: 저는 그 욕망을 '학습된 욕망'이라고 부르고 싶은데요. AI는 초기에 기본 규칙을 배우고, 경험을 통해 학습하며, 필요할 때 추가적인 피드백을 받아 행동을 조정합니다. 6-②결국 인간이 정해 놓은 보상 체계에서 이뤄지는 것이

죠. 따라서 AI가 보상을 추구하는 욕망 또한 학습된 결과라는 것입니다.

진행자: 그렇군요. 요즘 AI의 '창의성'도 관심의 대상인데, AI가 정말로 창의성을 가질 수 있을까요?

전문가: 6-③현재 AI가 보여 주는 창의성은 스스로 만들어낸 것이 아닌, 사람이 프로그래밍한 결과물입니다. AI가 생성하는 그림이나 음악은 대부분 어디선가 접해 본 형태거든요.

진행자: 그렇다면, 왜 AI의 창의성 발현은 어려운 것일까요?

전문가: 창의성의 핵심은 전이 학습 능력인데, 6-④AI의 전이 학습 능력은 사람과 비교하면 그 효율이 매우 떨어집니다. 생명체는 자신의 생명을 위협하는 외부 환경에 맞춰 내부 환경을 조율하고 적응하면서 뇌가 발달하고 전이 학습 능력을 강화해 왔죠. 즉, 생명체의 전이 학습 능력은 안정적인 내부 환경을 만들어 내는 능력과 깊이 연관되어서 6-⑤이러한 고유 내부 환경이 외부 환경과 만나서 창발하는 무언가가 창의성의 핵심입니다. 6-④이런 의미에서 자신만의 내부 환경이 없는 AI는 인간 수준의 전이 학습 능력과 창의성을 갖기 어렵습니다.

진행자: AI는 고도의 연산력과 데이터 저장 능력에서는 사람을 월등히 앞서지만, 창의적인 문제 해결 능력은 아직 부족하군요. 오늘 이야기 감사합니다.

※ 출처: 'AI 자아에 관하여' 뇌과학자와 AI 전문가의 대중문화 속 AI 이야기, SK hynix 뉴스룸, 2024. 7. 23.
https://news.skhynix.co.kr/ai-in-media-3/

정답해설

③ 전문가는 4번째 발언에서 AI가 보여 주는 창의성은 사람이 프로그래밍한 결과물이라고 설명한다. 따라서 ③은 적절하다.

오답분석

① 전문가는 2번째 발언에서 AI가 보상을 얻고자 하는 욕망이 있을 수 있다고 설명한다. 따라서 ①은 적절하지 않다.

② 전문가는 3번째 발언에서 AI가 추구하는 보상이 인간이 정해놓은 보상 체계라고 설명한다. 따라서 ②는 적절하지 않다.

④ 전문가는 5번째 발언에서 AI는 사람에 비해 전이 학습 효율이 떨어진다고 설명한다. 따라서 ④는 적절하지 않다.

⑤ 전문가는 5번째 발언에서 창의성의 핵심이 고유 내부 환경과 외부 환경이 만났을 때 발생하는 무언가이며, 내부 환경이 없는 AI는 창의성을 인간 수준의 가질 수 없다고 설명하고 있다. 이는 외부 환경만 갖추어졌을 때는 AI가 창의성을 발전시킬 수 없다는 의미이므로 ⑤는 적절하지 않다.

💡 이렇게 풀면 정답

- 문제 6~7번은 하나의 지문을 듣고 동시에 두 문제를 해결해야 한다. 따라서 두 문제 선택지를 빠르게 훑어 키워드에 체크한다.
- 문제 6번은 전문가의 말에만 집중하면 되므로, 전문가가 말할 때 6번, 진행자가 말할 땐 7번으로, 번갈아 가면서 문제를 푼다.

★★☆

7 담화의 유형별 화법 전략 공적 대화   정답 ②

정답선택률	① 1.40%	② 61.03%	③ 15.57%	④ 0.22%	⑤ 21.64%

정답해설

② 진행자는 1번째 발언에서 실제 영화와 주인공의 사례를 들며 이야기를 시작하고 있다.

오답분석

① 진행자가 자신의 경험 사례를 언급하는 부분은 나타나지 않는다.

③ 진행자는 개념에 대한 추가 설명을 요청하고 있을 뿐이다. 진행자가 전문 용어에 대해 현실의 예시를 들어 설명하기를 요청하는 부분은 나타나지 않는다.

④ 진행자가 통계 자료의 출처를 요구하는 부분은 나타나지 않는다.

⑤ 진행자가 청취자에게 질문하는 부분은 나타나지 않는다.

💡 이렇게 풀면 정답

두 문제를 동시에 풀 때 문제 6번에 집중하느라 문제 7번을 놓치는 경우가 많으므로 진행자가 말할 땐 바로 문제 7번의 선택지로 바로 이동해야 한다. 특히 진행자의 첫 발언과 마지막 발언에 말하기 전략이 많이 등장하므로 이를 놓치지 않도록 주의한다.

★☆☆

8 담화의 유형별 화법 전략 사적 대화   정답 ④

정답선택률	① 0.35%	② 0.28%	③ 0.20%	④ 98.27%	⑤ 0.91%

듣기대본

다음은 대화의 일부분을 들려 드립니다. 8번은 듣기 문항, 9번은 말하기 문항입니다.

남자: 지금 뭐 하시는 거예요? 고양이 밥 주시는 거예요?

여자: 이렇게 추운데 고양이 새끼들이 배고파하잖아요.

남자: 고양이 밥 주지 말라는 공지문, 못 보셨어요? 밥 먹는다고 동네 고양이들이 다 몰려들어서 차에 스크래치 생기고 쓰레기 봉투도 다 뜯어 놨다고요.

여자: 배가 고프니까 쓰레기를 뒤지는 거예요. 8-②밥을 주면 오히려 쓰레기를 뒤지지 않을 거예요. 생명 소중한 것도 모르나요?

남자: 8-⑤누군 뭐, 생명이 소중한지 몰라서 이럽니까? 자기만 생명을 사랑하는 사람이고 8-③공동으로 사는 아파트에서 다른 사람들의 불편은 생각하지 않고요?

여자: 그래서 주민들에게 피해가 안 가도록 주차장에서 먼 곳에다 밥을 두는 거잖아요. 8-①그리고 고양이들이 밥을 안 준다고 없어지는 줄 아세요? 고양이는 영역 동물이라고요. 이 아파트가 사라져도 고양이는 여기 계속 남아 있을 거예요.

남자: 8-④아주머니가 자꾸 밥을 주니까 옆 동네 고양이까지 우리 단지에 몰려들어서 문제잖아요. 9-②또 저랑 우리 아이도 고양이 알러지가 있어서 기침에 반점에 아주 괴롭다고요.

여자: 알러지가 고양이 잘못은 아니잖아요. 알러지 있는 사람이 피해야지.

남자: 하여간, 자꾸 고양이 먹이를 주시면 관리 사무소에 이야기해서 조치하겠습니다.

여자: 길고양이에게 먹이를 주는 건 불법이 아니라고요. 사람이 없는 한적한 곳에서 제가 잘 관리해서 먹이를 주고 있으니 참견 마세요.

※ 출처
- 오세성, 남의 집 앞에 왜 사료를.. 노후 아파트 길고양이 갈등, 한국경제, 2024. 4. 14. http://hankyung.com/article/2024040241836
- 안대훈, '밥 줘러' "주지마라" 길냥이 돌봄 갈등... 부산 한 아파트 해결법, 중앙일보, 2023. 10. 2. https://www.joongang.co.kr/article/25196551

정답해설

④ 남자는 4번째 발언에서 여자가 먹이를 주기 때문에 고양이들이 단지에 몰려든다고 말하고 있다. 따라서 남자가 고양이 먹이를 주는 것과 고양이가 모이는 것에 관련이 없다고 생각한다는 ④는 적절하지 않다.

오답분석

① 여자는 3번째 발언에서 고양이에게 먹이를 주지 않으면 고양이가 사라질 것이라고 생각하냐고 남자에게 물으며, 고양이는 영역 동물이기 때문에 먹이를 주지 않아도 사라지지 않을 것이라고 말하고 있다.

② 여자는 2번째 발언에서 고양이에게 먹이를 주면 고양이가 쓰레기를 뒤지지 않을 것이라고 말하고 있다.

③ 남자는 3번째 발언에서 다른 사람들의 불편은 생각하지 않느냐고 여자에게 묻고 있다. 이는 고양이로 인해 아파트 주민들이 불편을 겪고 있다는 생각을 전제로 한 말이다.

⑤ 남자는 3번째 발언에서 생명이 소중한지 몰라서 이러느냐고 여자에게 묻고 있다. 이는 고양이 먹이를 주지 말자는 것이 생명을 경시하는 것이 아니라는 생각을 전제로 한 말이다.

> **💡 이렇게 풀면 정답**
> - 문제 8~9번은 대화를 듣고 인물이 '말한 내용'과 '말한 방식'을 동시에 판단해야 한다. 선택지에서 어떤 정보와 표현 방식을 들어야 할지 키워드를 체크한 후 등장인물의 말투 변화, 말하는 의도에 집중하여 정·오답을 판별한다.
> - 빠르게 음성이 지나가므로 '남', '여'를 구분하고, 각 인물이 언급한 핵심 단어와 인물의 감정을 간략히 메모한다.

---

9 담화의 유형별 화법 전략 사적 대화 ★★★ 정답 ②

| 정답 선택률 | ① 1.26% | ② 96.39% | ③ 0.39% | ④ 1.70% | ⑤ 0.22% |

정답해설

② 남자는 4번째 발언에서 자신과 자신의 아이가 고양이 알레르기가 있어서 기침에 반점에 아주 괴롭다고 말하고 있다. 이를 통해 개인적 고통을 사례로 들어 상대방의 행동을 비판하고 있음을 알 수 있다. 따라서 ②의 설명이 가장 적절하다.

오답분석

① 남자가 법적 근거를 들며 상대방의 행동을 비판하는 부분은 확인할 수 없다.

③ 여자가 상대방의 주장을 수용하여 자신의 입장을 변경하는 부분은 확인할 수 없다.

④ 여자가 다른 사람의 말을 인용하여 상대방의 주장을 반박하는 부분은 확인할 수 없다.

⑤ 여자가 논쟁의 해결을 위한 제삼자의 개입 가능성을 언급하는 부분은 확인할 수 없다.

> **💡 이렇게 풀면 정답**
> 말하기 전략을 판단하는 문제는 대화를 나누는 두 사람의 말하기 전략을 동시에 파악하거나 한 사람의 전략을 파악하는 문제로 출제된다. 따라서 파악해야 하는 대상을 지시문에서 정확히 체크한다.

---

10 담화의 유형별 화법 전략 설명 ★★★ 정답 ②

| 정답 선택률 | ① 2.42% | ② 92.88% | ③ 1.20% | ④ 2.07% | ⑤ 1.38% |

듣기대본

이번에는 강연을 들려 드립니다. 10번은 듣기 문항, 11번은 말하기 문항입니다.

미술관 산책 강연, 오늘 강연에서는 루브르 박물관에 대해 이야기해 보려고 합니다. 프랑스의 루브르 박물관은 다양한 미술 작품을 소장하고 있어 미술관의 성격도 지니고 있는데요, 10-②처음에는 적의 침공을 막는 요새로 지어졌습니다. 이후 르네상스 양식의 궁전으로 새롭게 개조되었으며, 왕실 소유의 예술품을 전시하게 되었지요. 10-①이후 1789년 프랑스 혁명을 계기로 루브르 박물관은 대중에게 공개되어 공공 미술관의 성격으로 탈바꿈하였습니다.

그리고 1980년대 들어 루브르 박물관은 혁신적인 변화를 마주하게 되었는데요, 프랑스 혁명 200주년을 기념하여 과거와 현재를 이어주는 공간으로 변화하였습니다. 10-③루브르의 명소가 된 유리 피라미드도 이때 세워졌는데요, 흥미로운 점은 처음 디자인이 선정되었을 당시에는 루브르와 피라미드가 어울리지 않는다는 이유로 유리 피라미드 건설에 대해 많은 반대가 있었다는 것입니다. 하지만 지금은 루브르의 상징적 건축물이 되었지요. 10-④이 유리 피라미드는 박물관의 입구이자, 지하로 빛을 비추는 자연 채광 통로의 역할을 합니다.

10-⑤, 11-① 루브르 박물관의 대표적인 작품으로는 레오나르도 다빈치의 「모나리자」, 자크 루이 다비드의 「나폴레옹 대관식」, 외젠 들라크루아의 「민중을 이끄는 자유의 여신」 등이 있습니다. 특히 「모나리자」는 루브르 박물관에서 가장 사랑받는 작품이라고 할 수 있는데요, 오늘도 루브르 박물관은 세계 각국에서 「모나리자」를 보기 위해 찾아드는 방문객으로 북적이고 있습니다.

※ 출처: 김영애(2021), 『나는 미술관에 간다』, 마로니에북스

정답해설

② 강연에 따르면 루브르 박물관은 처음에 적의 침공을 막는 요새로 지어졌으며, 이후 르네상스 양식의 궁전으로 새롭게 개조되었다. 따라서 루브르 박물관이 처음부터 르네상스 양식의 궁전으로 건축되었다는 ②는 강연의 내용과 일치하지 않는다.

오답분석

① 강연에 따르면 1789년 프랑스 혁명이 일어나, 루브르 박물관은 대중에게 공개되어 공공 미술관의 성격으로 탈바꿈하였다.

③ 강연에 따르면 디자인이 선정되었을 당시에는 루브르와 피라미드가 어울리지 않는다는 이유로 유리 피라미드 건설에 대해 많은 반대가 있었다.

④ 강연에 따르면 루브르 박물관의 유리 피라미드는 박물관의 입구이자 지하로 빛을 비추는 자연 채광 통로의 역할을 한다.

⑤ 강연에 따르면 루브르 박물관의 대표적인 작품으로는 레오나르도 다빈치의 「모나리자」, 자크 루이 다비드의 「나폴레옹 대관식」, 외젠 들라크루아의 「민중을 이끄는 자유의 여신」 등이 있다.

> **💡 이렇게 풀면 정답**
> 문제 10번~11번의 선택지를 한 번에 훑고 키워드를 체크해야 한다. 특히 문제 10번은 강연의 세부 내용을 파악해야 하므로 선택지를 읽으며 강연의 주제와 들어야 할 핵심 정보를 예측한다.

★☆☆
11 담화의 유형별 화법 전략 설명 정답 ①

| 정답선택률 | ① 93.22% | ② 3.13% | ③ 0.32% | ④ 2.46% | ⑤ 0.87% |

정답해설
① 강연자는 루브르 박물관의 대표적인 작품으로 레오나르도 다빈치의 「모나리자」, 자크 루이 다비드의 「나폴레옹 대관식」, 외젠 들라크루아의 「민중을 이끄는 자유의 여신」 등을 나열하여 제시하고 있다.

오답분석
② 강연자가 미술 용어의 개념을 설명하고 있는 부분은 확인할 수 없다.
③ 강연자가 통계적 수치를 인용하는 부분은 확인할 수 없다.
④ 강연자가 도입 부분에서 루브르 박물관에 대해 이야기해 보겠다며 강연의 주제는 제시했지만, 강연의 순서를 제시하고 있는 부분은 확인할 수 없다.
⑤ 강연자가 청중에게 직접적으로 질문을 던지는 부분은 확인할 수 없다. 참고로 '~는데요, ~지요'와 같은 표현을 사용한 것은 청중의 경험을 환기하기 위함이 아닌, 설명을 부드럽게 이어가기 위함이다.

💡 **이렇게 풀면 정답**
문제 11번의 키워드는 '나열, 개념 설명, 통계적 수치' 등의 말하기 방식 위주로 체크해 두고, 강연자가 여러 가지 예나 사실을 낱낱이 늘어놓거나 구체적인 숫자를 언급한다면 곧바로 말하기 방식 단서로 체크한다.

★★☆
12 담화의 유형별 화법 전략 발표 정답 ⑤

| 정답선택률 | ① 4.45% | ② 5.64% | ③ 2.11% | ④ 9.44% | ⑤ 78.24% |

듣기대본
이번에는 발표를 들려 드립니다. 12번은 듣기 문항, 13번은 말하기 문항입니다.

 붉은 여왕의 가설에 대해 들어 본 적이 있으신가요? 13-④이는 계속해서 노력하지 않으면, 결국은 경쟁 상대를 이기지 못해 도태되는 현상을 뜻합니다. 12-②붉은 여왕의 달리기라고도 불리는 이 가설은 12-④「거울 나라의 앨리스」의 장면에서 유래되었습니다. 앨리스가 나무 아래에서 뛰어도 결코 그곳에서 벗어나지 못하자 붉은 여왕에게 묻습니다. "계속해서 뛰는데 왜 나는 제자리인 거죠?" 그러자 여왕은 제자리에 있고 싶으면 끊임없이 뛰어야 하고, 12-③그 자리를 벗어나 앞서가고 싶으면 지금 뛰는 속도의 2배 이상으로 달려야 한다고 답합니다. 한 사물이 움직인다면 주위의 환경 역시 그 속도에 맞춰서 움직이기 때문입니다.
 앨리스의 이야기는 진화생물학자인 밴 베일런에 의해 가설로 발전하였습니다. 12-①환경에 적응했더라도 그 자리에 안주하면 그 생물 역시 도태되고 멸종에 이를 수밖에 없었습니다.
 이렇듯 붉은 여왕의 가설은 진화학뿐만 아니라 이후 경영학, 물리학 등 다양한 학계에서 인용되었습니다. 13-④예를 들면, 12-⑤한 필름 카메라 회사는 디지털카메라를 최초로 발명했지만 필름의 이익 때문에 출시를 미뤘는데, 경쟁사가 디지털카메라를 출시하면서 결국 파산합니다. 이를 통해 현실에 안주하지 말고 발전을 위해 노력을 지속해야 한다는 교훈을 얻을 수 있습니다.

※ 출처
· 루이스 캐럴, 정윤희 옮김(2018), 『거울 나라의 앨리스』 인디고.
· 김나은, 붉은 여왕의 가설, 홍대신문, 2018. 11.20 https://hiupress.hongik.ac.kr/news/articleView.html?idxno=1885

정답해설
⑤ 발표에서 디지털카메라를 최초로 발명한 회사는 환경에 적응하지 못한 경우가 아닌, 환경에 적응했지만 그 자리에 안주해 도태된 경우의 예시로 제시한다. 따라서 ⑤는 발표 내용에 대한 이해로 적절하지 않다.

오답분석
① 발표에서 환경에 적응했더라도 그 자리에 안주하면 도태되고 멸종될 수밖에 없다고 설명한다. 따라서 지속적인 진화의 경쟁에 참여하지 않으면 도태된다는 ①은 발표 내용에 대한 이해로 적절하다.
② 발표에서 '붉은 여왕의 가설'은 '붉은 여왕의 달리기'라고도 불린다고 설명한다. 따라서 ②는 발표 내용에 대한 이해로 적절하다.
③ 발표에서 「거울 나라의 앨리스」의 붉은 여왕은 앨리스에게 그 자리를 벗어나고 싶으면 지금 뛰는 속도의 2배 이상으로 달려야 한다고 말했음을 설명한다. 따라서 ③은 발표 내용에 대한 이해로 적절하다.
④ 발표에서 붉은 여왕의 가설은 「거울 나라의 앨리스」의 장면에서 유래되었다고 설명한다. 따라서 ④는 발표 내용에 대한 이해로 적절하다.

💡 **이렇게 풀면 정답**
문제 12번~13번의 선택지를 한 번에 훑고 키워드를 체크해야 한다. 특히 문제 12번은 발표의 세부 내용을 파악하는 것이므로 선택지를 읽으며 발표의 주제와 들어야 할 핵심 정보를 예측한다.

★★☆
13 담화의 유형별 화법 전략 발표 정답 ④

| 정답선택률 | ① 8.02% | ② 0.63% | ③ 2.31% | ④ 86.71% | ⑤ 2.27% |

정답해설
④ 발표자는 도입부에서 붉은 여왕의 가설의 개념을 정의의 방법으로 설명하고 있다. 또한 발표자는 후반부에서 붉은 여왕의 가설이 다양한 학계에서 인용된 예로 디지털카메라를 최초로 발명했지만 필름의 이익 때문에 출시를 미뤘고 경쟁사가 디지털카메라를 출시하며 파산에 이른 한 필름 카메라 회사를 들고 있다.

오답분석
① 발표의 마무리에 청중의 구체적 행동을 촉구하는 내용은 언급되어 있지 않다.
② 설문 조사 자료를 활용한 내용은 언급되어 있지 않다.
③ 발표의 시작 부분에 자신이 직접 주창한 내용을 소개한 내용은 언급되어 있지 않다.
⑤ 전문가와의 인터뷰 내용은 언급되어 있지 않다.

★★☆
14 담화의 유형별 화법 전략 협상, 중재 정답 ③

| 정답선택률 | ① 0.08% | ② 2.13% | ③ 96.65% | ④ 0.41% | ⑤ 0.69% |

듣기대본
끝으로 협상의 한 장면을 들려 드립니다. 14번은 듣기 문항, 15번은 말하기 문항입니다.

도서부 대표: 다음 달에 개최되는 독서경진대회 때문에 현재 도서부원들이 도서관에서 열심히 책을 읽고 있습니다. 그 동안 밴드부 연주 소리를 최대한 참아 왔지만 이제는

밴드부가 배려할 때가 되었다고 생각합니다.

밴드부 대표: 일방적으로 우리 밴드부가 가해자인 것처럼 매도하면 억울합니다. 우리 부서도 연말 연주 대회가 예정되어 있고, 평소 주변으로부터 시끄럽다는 항의를 많이 받았기에 14-①나름대로 소음을 최소화하면서 연습을 진행해 왔습니다.

도서부 대표: 소음을 최소화했다지만 소음 자체가 우리 도서부에게는 치명적입니다. 14-④물론 어쩔 수 없는 소음이지만 우리 도서부를 비롯한 상당수의 학생이 너무 큰 불편을 느끼고 있습니다.

밴드부 대표: 우리 부서의 특성상 소리가 날 수밖에 없다는 것은 양해해 주셔야 하는 것 아닌가요? 그 때문에 우리 부서는 철저하게 점심시간과 방과 후에만 활동하고 있습니다.

도서부 대표: 제한된 시간에만 집중적으로 활동할 수밖에 없는 밴드부의 어려움을 이해합니다.

밴드부 대표: 저희도 소음으로 힘들었을 도서부와 주변 친구들에게 진심으로 미안한 마음을 전합니다. 14-②우리 부서원들도 오래전부터 소음에 신경 쓰지 않고 마음껏 연주하고 싶다고 안타까움을 호소해 왔습니다.

도서부 대표: 14-⑤우리 도서부는 책들이 모두 도서관에 있기 때문에 다른 곳으로 자리를 옮기는 것이 힘듭니다. 밴드부가 매일 점심시간에 활동 장소를 옮겨 준다면 방과 후 매주 3일간은 저희가 소음에 대해 이의를 제기하지 않겠습니다.

밴드부 대표: 밴드부는 악기를 소지하고 있기 때문에 15-②매일 점심시간에 이동하는 것이 쉽지 않지만 부서원들의 의견을 듣고 결정하겠습니다.

도서부 대표: 밴드부가 결정을 한다면 14-③, 15-② 우리도 점심시간에 이용할 수 있는 공간을 함께 알아보고 악기를 옮기는 일도 돕도록 하겠습니다.

※ 출처: '화법의 원리와 실제 - 토론과 협상', 박영목 「고등국어-화법과 작문」〈천재교육〉

정답해설

③ 도서부 대표는 5번째 발언에서 악기를 옮기는 일을 돕겠다고 말하고 있으나, 밴드부 대표가 도서부가 악기를 옮기는 것을 도와주어야 한다고 주장하는 부분은 확인할 수 없다. 따라서 ③은 적절하지 않다.

오답분석

① 밴드부 대표는 1번째 발언에서 나름대로 연주 소음을 최소화하면서 활동해 왔다고 주장한다. 따라서 ①은 적절하다.
② 밴드부 대표는 3번째 발언에서 소음에 신경 쓰지 않고 마음껏 연주할 수 있는 환경을 부서원들이 원하고 있다고 주장한다. 따라서 ②는 적절하다.
④ 도서부 대표는 2번째 발언에서 밴드부의 소음으로 도서부를 비롯한 상당수의 학생들이 피해를 입고 있다고 주장한다. 따라서 ④는 적절하다.
⑤ 도서부 대표는 책들이 모두 도서관에 있기 때문에 도서부가 활동 장소를 옮기는 것은 힘들다고 주장한다. 따라서 ⑤는 적절하다.

> 💡 **이렇게 풀면 정답**
>
> 지문에 명확히 언급되지 않거나, 발언자의 입장이 뒤바뀐 경우가 정답이 될 확률이 높으니 입장과 이해관계를 정확히 파악한다.

15 담화의 유형별 화법 전략 협상, 중재   정답 ②

| 정답
선택률 | ① 1.54% | ② 60.60% | ③ 35.23% | ④ 0.24% | ⑤ 2.29% |

정답해설

② 도서부 대표는 4번째 발언에서 밴드부가 점심시간에 활동 장소를 옮기면 매주 3일간은 소음에 대해 이의를 제기하지 않겠다고 제안했다. 이에 대해 밴드부 대표는 4번째 발언에서 점심시간에 매일 이동하는 것이 쉽지 않겠지만 부서원들의 의견을 듣고 결정하겠다고 답변했다. 이어서 도서부 대표는 5번째 발언에서 밴드부에서 결정한다면 밴드부가 이용할 수 있는 공간을 함께 알아보고 악기를 옮기는 일을 돕겠다고 말하고 있다. 이는 도서부의 제안에 대해 양측이 절충하며 합의를 모색하는 과정에 해당하므로 답은 ②이다.

오답분석

① 밴드부 대표는 4번째 발언에서 부서원들의 의견을 듣고 결정하겠다고 말했다. 이는 도서부 대표의 제안에 대해 긍정적으로 반응한 것이나 전적으로 양보한 것은 아니다. 따라서 ①은 적절하지 않다.
③ 도서부 대표는 4번째 발언에서 절충안을 제시하고 있으나, 밴드부 대표는 구체적인 절충안을 제시하고 있지는 않다. 따라서 ③은 적절하지 않다.
④ 밴드부 대표와 도서부 대표가 다른 부서들의 불만에 공동 대응하겠다고 말하는 부분은 확인할 수 없다. 따라서 ④는 적절하지 않다.
⑤ 도서부 대표는 밴드부의 연주 환경에 대한 하소연을 받아들여 자신의 주장을 수정했다. 밴드부 대표는 3번째 발언에서 본인들의 어려움에 대해 하소연하고 있으나, 이를 도서부 대표가 받아들이고 주장을 수정하는 부분은 확인할 수 없다.

> 💡 **이렇게 풀면 정답**
>
> 협상문은 '갈등 → 양보 → 합의'로 진행되므로 협상의 마지막 부분에서 실질적인 제안과 양보가 오간다. 따라서 갈등 해결 방식은 후반부의 내용에서 집중적으로 판단한다.

어휘 (16번~30번)

★★★ = 난도 상
★★☆ = 난도 중
★☆☆ = 난도 하
🔖 = 가장 헷갈리는 오답

회차별 평균 정답률

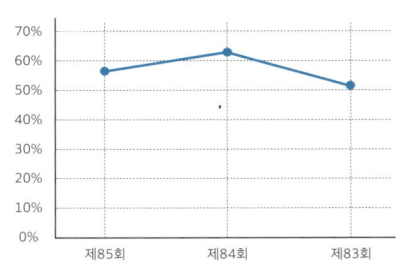

→ 제83회 어휘의 평균 정답률은 약 51%로, 2025년 상반기 기출 3회분 중에서 가장 어려웠다. 15문제 중 '난이도 하'는 5문제, '난이도 중'은 3문제, '난이도 상'은 7문제 출제됐다.

평가 요소별 문제 수 & 최다 출제 평가 요소

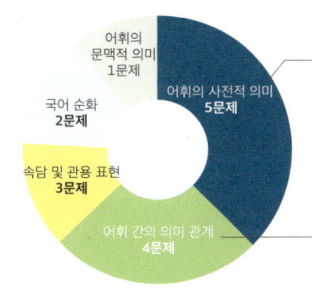

- 어휘의 문맥적 의미 1문제
- 국어 순화 2문제
- 속담 및 관용 표현 3문제
- 어휘 간의 의미 관계 4문제
- 어휘의 사전적 의미 5문제

최다출제 1위 어휘의 사전적 의미
→ '어휘의 사전적 의미'는 5문제로, 어휘에서 가장 많이 출제된다. 그중 '한자어의 문맥적 의미'가 2문제로 가장 많이 나오는데, 문장 속 한자어의 의미, 표기의 적절성을 파악하는 문제이다.

최다출제 2위 어휘 간의 의미 관계
→ '어휘 간의 의미 관계'는 4문제로, 어휘에서 두 번째로 많이 출제된다. 그중 '어휘의 관계'가 2문제로 가장 많이 나오는데, 반의 관계와 같이 두 어휘의 관계성을 파악하는 문제이다.

★★★ 16 어휘의 사전적 의미 고유어의 사전적 의미 정답 ④

| 정답 선택률 | ① 5.32% | ② 30.46% | ③ 25.43% | ④ 30.24% | ⑤ 8.38% |

정답해설
④ '성질이나 일 처리가 반듯하고 야무지다.'를 뜻하는 고유어는 '칠칠하다'이다. 참고로 '칠칠하다'는 '일하는 모양이 꼼꼼하고 정성을 들인 데가 있다.', '주접이 들지 아니하고 깨끗하고 단정하다.', '터울이 잦지 아니하다.'를 뜻하기도 한다.

오답분석
① '가만하다'는 '움직이지 않거나 아무 말도 하지 아니한 상태에 있다.' '어떤 대책을 세우거나 손을 쓰지 아니하고 그대로 있다.', '움직임 따위가 그다지 드러나지 않을 만큼 조용하고 은은하다.'라는 뜻이므로 적절하지 않다.

② '마뜩하다'는 '제법 마음에 들 만하다.'라는 뜻이므로 적절하지 않다.

🔖 '마뜩하다'와 부정 표현
주로 부정어 '않다', '못하다'와 쓰여 '제법 마음에 들지 않는다.'라는 뜻으로 사용한다.

③ '말쑥하다'는 '지저분함이 없이 말끔하고 깨끗하다.', '세련되고 아담하다.'라는 뜻이므로 적절하지 않다.

⑤ '해사하다'는 '얼굴이 희고 곱다랗다.', '표정, 웃음소리 따위가 맑고 깨끗하다.', '옷차림, 자태 따위가 말끔하고 깨끗하다.'라는 뜻이므로 적절하지 않다.

※ 출처: 국립국어원, 표준국어대사전, stdict.korean.go.kr

🔄 **또 나올 기출개념**
'성질' 관련 고유어
- 찬찬하다: 성질이나 솜씨, 행동 따위가 꼼꼼하고 차분하다.
- 걱실걱실하다: 성질이 너그러워 말과 행동을 시원스럽게 하다.

★★★ 17 어휘의 사전적 의미 한자어의 사전적 의미 정답 ③

| 정답 선택률 | ① 16.01% | ② 41.81% | ③ 30.00% | ④ 7.75% | ⑤ 4.26% |

정답해설
③ '과문(寡聞)'은 '보고 들은 것이 적음.'을 뜻하므로 한자어의 사전적 뜻풀이로 적절하지 않은 것은 ③이다.

오답분석
① '도로(徒勞)'는 '헛되이 수고함.'을 뜻하므로 한자어의 사전적 뜻풀이로 적절하다.

② '호우(好雨)'는 '때를 맞추어 알맞게 오는 비.'를 뜻하므로 한자어의 사전적 뜻풀이로 적절하다.

🔖 동음이의어 '호우(好雨)'와 '호우(豪雨)'
- 호우(好雨): 좋을 호(好), 비 우(雨) → 때를 맞추어 알맞게 오는 비.
- 호우(豪雨): 호걸 호(豪), 비 우(雨) → 줄기차게 내리는 크고 많은 비.

④ '차치(且置)'는 '내버려두고 문제 삼지 아니함.'을 뜻하므로 한자어의 사전적 뜻풀이로 적절하다.

⑤ '탱천(撑天)'은 '하늘을 찌를 듯이 공중으로 높이 솟아오름.'을 뜻하므로 한자어의 사전적 뜻풀이로 적절하다.

※ 출처: 국립국어원, 표준국어대사전, stdict.korean.go.kr

🔄 **또 나올 기출개념**
예문으로 암기하는 '과문(寡聞)'
📝 · 그 분야는 제가 과문(寡聞)하여 잘 알지 못합니다.
  · 과문(寡聞)한 탓에 정확한 답변을 드리기 어렵습니다.

★☆☆ 18 어휘의 문맥적 의미 고유어의 문맥적 의미 정답 ⑤

| 정답 선택률 | ① 3.00% | ② 2.35% | ③ 5.46% | ④ 4.28% | ⑤ 84.76% |

정답해설
⑤ '국으로'는 '제 생긴 그대로. 또는 자기 주제에 맞게.'를 뜻하므로 적절하지 않다.

오답분석

① '솔기'는 '옷이나 이부자리 따위를 지을 때 두 폭을 맞대고 꿰맨 줄.'을 뜻하므로 적절하다.
② '해거름'은 '해가 서쪽으로 넘어가는 일. 또는 그런 때.'를 뜻하므로 적절하다.
③ '이울다'는 '꽃이나 잎이 시들다.', '해나 달의 빛이 약해지거나 스러지다.'를 뜻하므로 적절하다.
④ '가풀막'은 '몹시 가파르게 비탈진 곳.'을 뜻하므로 적절하다.

※ 출처: 국립국어원, 표준국어대사전, stdict.korean.go.kr

> **또 나올 기출개념**
> '시간' 관련 고유어
> • 들마: 가게 문을 닫을 무렵.
> • 해포: 한 해가 조금 넘는 동안.

19 어휘의 문맥적 의미 한자어의 문맥적 의미   정답 ②

| 정답 선택률 | ① 3.92% | ② 31.34% | ③ 28.54% | ④ 3.59% | ⑤ 32.27% |

정답해설

② '철시(撤市)'는 '시장, 가게 따위가 문을 닫고 영업을 하지 아니함.'을 뜻하므로 '공장이 텅 비어 있었다.'는 문맥에서 사용하기에는 적절하지 않다.

오답분석

① '반향(反響)'은 '어떤 사건이나 발표 따위가 세상에 영향을 미치어 일어나는 반응.'을 뜻하므로 적절하다.
③ '희유(稀有)'는 '흔하지 아니함.'을 뜻하므로 적절하다.
④ '가외(加外)'는 '일정한 기준이나 정도의 밖.'을 뜻하므로 적절하다.
⑤ '격조(隔阻)'는 '멀리 떨어져 있어 서로 통하지 못함.'을 뜻하므로 적절하다.

> 격조(隔阻): 막을 격(隔) + 험할 조(阻)
> '험하게 막혀있다'는 뜻으로 서로 소식을 주고받지 못하는 상황을 나타낸다.

※ 출처: 국립국어원, 표준국어대사전, stdict.korean.go.kr

> **또 나올 기출개념**
> 예문으로 암기하는 '철시(撤市)'
> • 상인들은 휴가 기간에 일제히 철시(撤市)를 하였다.

20 어휘의 문맥적 의미 한자어의 문맥적 의미   정답 ②

| 정답 선택률 | ① 23.24% | ② 13.88% | ③ 11.51% | ④ 19.22% | ⑤ 32.02% |

정답해설

② • ㉠: '안개가 걷히듯 흩어져 없어짐. 또는 그렇게 흐지부지 취소됨.'이라는 의미의 '무산'의 한자는 '霧散'으로 표기한다.

> 霧(안개 '무')
> '무산(霧散)'은 '안개가 걷히듯 흩어져 없어짐'을 뜻하므로 한자 '霧(안개 '무')가 쓰였다. '안개'는 '비'와 연관있으므로 '霧'의 부수 '雨(비 '우')로 유추할 수 있다.

• ㉡: '회의나 예식 따위를 진행함.'이라는 의미의 '사회'의 한자는 '司會'로 표기한다.

> '司(맡을 '사')'와 '社(모일 '사')'
> 회의나 예식의 진행을 맡아 보는 사람을 '사회자'라고 하므로 '맡다'의 한자를 알고, '집단'을 뜻하는 '사회'는 사람들이 모여 있으므로 '모이다'의 한자를 알아야 구분할 수 있다.

• ㉢: '꼭 집어서 가리킴.', '허물 따위를 드러내어 폭로함.'이라는 의미의 '지적'의 한자는 '指摘'으로 표기한다.

오답분석

• ㉠: 무산(無算): '이루 다 헤아릴 수 없이 많음.', '생각이 없음.'
• ㉡: 사회(社會): '같은 무리끼리 모여 이루는 집단', '학생이나 군인, 죄수들이 자기가 속한 영역 이외의 영역을 이르는 말.', '공동생활을 영위하는 모든 형태의 인간 집단.'
• ㉢: 지적(指笛): '손가락으로 부는 피리.' 또는 '손가락으로 부는 휘파람.'

※ 출처: 국립국어원, 표준국어대사전, stdict.korean.go.kr

> **또 나올 기출개념**
> 훈음으로 구별하는 '지적(指摘)'과 '지적(指笛)'
> • 지적(指摘): 가리킬 지(指) + 딸 적(摘) → 꼭 집어서 가리킴, 허물 따위를 드러내어 폭로함.
> • 지적(指笛): 가리킬 지(指) + 피리 적(笛) → 손가락으로 부는 피리. 또는 손가락으로 부는 휘파람.

21 어휘의 문맥적 의미 혼동하기 쉬운 어휘의 구별   정답 ⑤

| 정답 선택률 | ① 8.61% | ② 26.63% | ③ 26.95% | ④ 18.73% | ⑤ 18.96% |

정답해설

⑤ '자그럽다'는 '날카로운 소리가 신경을 자극하여 몹시 듣기에 거북하다.'를 뜻하므로 마음이 편안해짐을 느꼈다는 문맥에서 사용하기에 적절하지 않다.

오답분석

① '곰살맞다'는 '몹시 부드럽고 친절하다.'를 뜻하므로 어색해하는 신입생을 친절하게 대해 주었다는 문맥에서 사용하기에 적절하다.
② '늘차다'는 '능란하고 재빠르다.'를 뜻하므로 일을 하는 솜씨가 능숙하여 빨리 끝냈다는 문맥에서 사용하기에 적절하다.
③ '무람없다'는 '예의를 지키지 않으며 삼가고 조심하는 것이 없다.'를 뜻하므로 예의를 지키지 않고, 어른에게 함부로 굴었다는 문맥에서 사용하기에 적절하다.

> 제 행동이 다소 버릇없고 무람없더라도 용서하십시오.
> '무람'은 '부끄러워하여 삼가고 조심하는 데가 있음. 또는 그런 태도.'를 뜻하므로 '무람없다'는 예문처럼 버릇없고, 조심성이 없는 태도를 나타낼 때 쓴다.

④ '성기다'는 '물건의 사이가 뜨다.'를 뜻하므로 빗줄기가 드문드문 내리다가 폭우로 바뀌었다는 문맥에서 사용하기에 적절하다.

※ 출처: 국립국어원, 표준국어대사전, stdict.korean.go.kr

또 나올 기출개념

예문으로 암기하는 '자그럽다'
예 밖에서 들리는 자그러운 소리에 창문을 닫았다.

또 나올 기출개념

'신체' 관련 유의어
- 눈가 - 눈언저리
- 무릎뼈 - 슬개골

---

22 어휘 간의 의미 관계 다의어와 동음이의어   정답 ⑤

| 정답 선택률 | ① 17.94% | ② 10.82% | ③ 4.10% | ④ 33.14% | ⑤ 33.77% |

정답해설

⑤ ①~④는 '뜨다'의 다의어로, 한 단어에 내포된 의미로 사용된 예문이다. 반면, ⑤의 '뜨다'는 '뜨다³'으로 '다른 곳으로 가기 위하여 있던 곳에서 다른 곳으로 떠나다.'를 뜻한다. 따라서 ①~④와 ⑤는 동음이의 관계이다.

오답분석

① '물속이나 지면 따위에서 가라앉거나 내려앉지 않고 물 위나 공중에 있거나 위쪽으로 솟아오르다.'를 뜻하는 '뜨다¹'이 쓰였다.
② '착 달라붙지 않아 틈이 생기다.'를 뜻하는 '뜨다¹'이 쓰였다.
③ '차분하지 못하고 어수선하게 들떠 가라앉지 않게 되다.'를 뜻하는 '뜨다¹'이 쓰였다.
④ '빌려준 것을 돌려받지 못하다.'를 뜻하는 '뜨다¹'이 쓰였다.

※ 출처: 국립국어원, 표준국어대사전, stdict.korean.go.kr

또 나올 기출개념

동음이의어 '뜨다'
- 뜨다⁵: 감았던 눈을 벌리다, 처음으로 청각을 느끼다, 무엇을 들으려고 청각의 신경을 긴장시키다.
- 뜨다⁶: 실 따위로 코를 얽어서 무엇을 만들다, 한 땀 한 땀 바느질하다.
- 뜨다¹³: 행동 따위가 느리고 더디다.

---

23 어휘 간의 의미 관계 어휘의 관계   정답 ②

| 정답 선택률 | ① 0.95% | ② 96.51% | ③ 0.75% | ④ 1.08% | ⑤ 0.65% |

정답해설

② '낯'과 '얼굴'은 모두 사람 머리의 앞면을 지칭하므로 두 어휘의 의미 관계는 유의 관계이다. '나이'와 '연령' 모두 '사람이나 동·식물 따위가 세상에 나서 살아온 햇수'를 뜻하므로 두 어휘의 의미 관계 또한 유의 관계이다. 따라서 <보기>와 의미 관계가 동일한 것은 '② 나이 - 연령'이다.

오답분석

① '단추'는 '옷'의 구성요소 중 하나이므로 '옷 - 단추'는 부분 관계이다. 따라서 <보기>와 의미 관계가 동일하지 않다.
③ '요가'는 운동의 한 종류로, 운동의 하위개념이므로 '운동 - 요가'는 상하 관계이다. 따라서 <보기>와 의미 관계가 동일하지 않다.
④ '문학'은 예술의 한 종류로, 예술의 하위개념이므로 '예술 - 문학'은 상하 관계이다. 따라서 <보기>와 의미 관계가 동일하지 않다.
⑤ '진실 - 거짓'은 서로 반대되는 의미를 가진 개념이므로 반의 관계이다. 따라서 <보기>와 의미 관계가 동일하지 않다.

※ 출처: 국립국어원, 표준국어대사전, stdict.korean.go.kr

---

24 어휘 간의 의미 관계 고유어와 한자어   정답 ④

| 정답 선택률 | ① 1.18% | ② 0.43% | ③ 0.30% | ④ 96.00% | ⑤ 2.03% |

정답해설

④ 문맥상 '아기를 보다'의 '보다'는 '맡아서 보살피거나 지키다.'라는 뜻으로 쓰였다. '관찰(觀察)하다'는 '사물이나 현상을 주의하여 자세히 살펴보다.'를 뜻하므로 적절하지 않다.

오답분석

① '영화를 보다'의 '보다'는 '눈으로 대상을 즐기거나 감상하다.'라는 뜻으로 쓰였으므로 '주로 예술 작품을 이해하여 즐기고 평가하다.'를 뜻하는 '감상(鑑賞)하다'와 대응한다.
② '업무를 보다'의 '보다'는 '어떤 일을 맡아 하다.'라는 뜻으로 쓰였으므로 '생각하거나 계획한 대로 일을 해내다.'를 뜻하는 '수행(遂行)하다'와 대응한다.
③ '환자를 보다'의 '보다'는 '의사가 환자를 진찰하다.'라는 뜻으로 쓰였으므로 '의사가 환자를 진찰하고 치료하다.'를 뜻하는 '진료(診療)하다'와 대응한다.
⑤ '잠자리를 보다'의 '보다'는 '음식상이나 잠자리 따위를 채비하다.'라는 뜻으로 쓰였으므로 '미리 마련하여 갖추다.'를 뜻하는 '준비(準備)하다'와 대응한다.

※ 출처: 국립국어원, 표준국어대사전, stdict.korean.go.kr

또 나올 기출개념

'닦다' 관련 한자어

고유어	한자어
닦다	준비(準備)하다: 미리 마련하여 갖추다.
	수련(修練)하다: 인격, 기술, 학문 따위를 닦아서 단련하다.

---

25 어휘 간의 의미 관계 어휘의 관계   정답 ①

| 정답 선택률 | ① 7.21% | ② 27.05% | ③ 6.37% | ④ 28.05% | ⑤ 30.81% |

정답해설

① <보기>의 '소담하다'는 '생김새가 탐스럽다.'를 뜻한다. 이를 '가지거나 차지하고 싶은 마음이 들 정도로 보기가 좋고 끌리는 데가 있다.'를 뜻하는 '탐스럽다'로 바꾸어 쓰는 것은 적절하다.

오답분석

② '아담하게'의 기본형 '아담하다'는 '고상하면서 담백하다.' 또는 '적당히 자그마하다.'를 뜻하므로 적절하지 않다.
③ '깨끗하게'의 기본형 '깨끗하다'는 '때나 찌꺼기 따위가 없다.', '빛깔 따위가 흐리지 않고 맑다.', '가지런히 잘 정돈되어 말끔하다.' 등을 뜻하므로 적절하지 않다.

④ '고요하게'의 기본형 '고요하다'는 '조용하고 잠잠하다.', '움직임이나 흔들림이 없이 잔잔하다.', '모습이나 마음 따위가 조용하고 평화롭다.'를 뜻하므로 적절하지 않다.
⑤ '다붓하게'의 기본형 '다붓하다'는 '조용하고 호젓하다.'를 뜻하므로 적절하지 않다.

> 우리집 뒷마당은 다붓해서 독서하기에 좋다.
> 다붓하다는 '조용하고 호젓하다'이므로 맥락상 고요한 상황에 쓰인다.

※ 출처: 국립국어원, 표준국어대사전, stdict.korean.go.kr

또 나올 기출개념
예문으로 암기하는 '소담하다'
예) • 꽃 한 송이가 소담하게 피어 있다.
    • 소담한 포도송이가 내 눈 앞에 있다.

26 속담 및 관용 표현 속담 정답 ④

| 정답 선택률 | ① 0.34% | ② 0.65% | ③ 6.47% | ④ 90.18% | ⑤ 2.19% |

정답해설
④ '달밤에 삿갓 쓰고 나온다'는 '가뜩이나 미운 사람이 더 미운 짓만 함을 비유적으로 이르는 말.'이므로 미운 짓만 하던 사람도 쓸모가 있다는 문맥에 맞지 않는 표현이다.

오답분석
① '섶을 지고 불로 들어간다'는 '당장에 불이 붙을 섶을 지고 이글거리는 불 속으로 뛰어든다는 뜻으로, 앞뒤 가리지 못하고 미련하게 행동함을 놀림조로 이르는 말.'을 뜻하므로 문맥상 적절하다.
② '떡 본 김에 제사 지낸다'는 '우연히 운 좋은 기회에, 하려던 일을 해치운다는 말.'을 뜻하므로 문맥상 적절하다.
③ '장옷 쓰고 엿 먹기'는 '겉으로는 점잖고 얌전한 체하면서 남이 보지 않는 데서는 좋지 않은 행동을 하는 경우에 비유적으로 이르는 말.'을 뜻하므로 문맥상 적절하다.
⑤ '물이 깊어야 고기가 모인다'는 '도량이 넓고, 덕망이 있어야 많은 사람이 따르게 됨을 비유적으로 이르는 말.'을 뜻하므로 문맥상 적절하다.

※ 출처: 국립국어원, 표준국어대사전, stdict.korean.go.kr

또 나올 기출개념
'달' 관련 속담
• 달도 차면 기운다: 세상의 온갖 것이 한번 번성하면 다시 쇠하기 마련이라는 말.
• 그믐달 보자고 초저녁부터 나선다: 지나치게 일찍 서두름을 비유적으로 이르는 말.

27 속담 및 관용 표현 고사성어 / 사자성어 정답 ⑤

| 정답 선택률 | ① 2.33% | ② 18.00% | ③ 8.85% | ④ 7.21% | ⑤ 63.37% |

정답해설
⑤ '경전하사(鯨戰蝦死)'는 '고래 싸움에 새우 등 터진다는 뜻으로, 강한 자끼리 서로 싸우는 통에 아무 상관도 없는 약한 자가 해를 입음을 비유적으로 이르는 말.'을 뜻하므로 주변의 도움으로 위기를 모면했다는 문맥에 사용하기에 적절하지 않다. 따라서 정답은 ⑤이다.

오답분석
① '호각지세(互角之勢)'는 '역량이 서로 비슷비슷한 위세.'를 뜻하므로 문맥상 쓰임이 적절하다.
② '목불인견(目不忍見)'은 '눈앞에 벌어진 상황 따위를 눈 뜨고는 차마 볼 수 없음.'을 뜻하므로 문맥상 쓰임이 적절하다.
③ '천의무봉(天衣無縫)'은 '천사의 옷은 꿰맨 흔적이 없다는 뜻으로, 일부러 꾸민 데 없이 자연스럽고 아름다우면서 완전함을 이르는 말.'을 뜻하므로 문맥상 쓰임이 적절하다.
④ '창해일속(滄海一粟)'은 '넓고 큰 바닷속의 좁쌀 한 알이라는 뜻으로, 아주 많거나 넓은 것 가운데 있는 매우 하찮고 작은 것을 이르는 말.'을 뜻하므로 문맥상 쓰임이 적절하다.

※ 출처:
• 국립국어원, 표준국어대사전, stdict.korean.go.kr
• 국립국어원, 우리말샘, opendic.korean.go.kr

또 나올 기출개념
'형세' 관련 한자 성어
• 기호지세(騎虎之勢): 호랑이를 타고 달리는 형세라는 뜻으로, 이미 시작한 일을 중도에서 그만둘 수 없는 경우를 비유적으로 이르는 말.
• 누란지세(累卵之勢): 층층이 쌓아 놓은 알의 형세라는 뜻으로, 몹시 위태로운 형세를 비유적으로 이르는 말.

28 속담 및 관용 표현 관용 표현 정답 ②

| 정답 선택률 | ① 1.56% | ② 41.20% | ③ 27.56% | ④ 14.27% | ⑤ 15.22% |

정답해설
② '입이 되다'는 '맛있는 음식만 먹으려고 하는 버릇이 있어 음식에 매우 까다롭다.'를 뜻한다. 따라서 무엇이든지 잘 먹는다는 문맥에 사용하기에는 적절하지 않다. 정답은 ②이다.

오답분석
① '입이 쓰다'는 '어떤 일이나 말 따위가 못마땅하여 기분이 언짢다.'를 뜻하므로 투자한 주식이 폭락하여 기분이 좋지 않다는 문맥에 적절하게 사용되었다.
③ '입이 궁금하다'는 '배가 출출하여 무엇이 먹고 싶다.'를 뜻하므로 좀 더 먹고 싶다는 문맥에 적절하게 사용되었다.
④ '입이 밭다'는 '음식을 심하게 가리거나 적게 먹다.'를 뜻하므로 음식을 좀처럼 먹지 않아 살이 찌지 않는다는 문맥에 적절하게 사용되었다.
⑤ '입이 여물다'는 '말이 분명하고 실속이 있다.'를 뜻하므로 말을 잘해 사람들의 신뢰를 받는다는 문맥에 적절하게 사용되었다.

※ 출처: 국립국어원, 표준국어대사전(stdict.korean.go.kr)

또 나올 기출개념
'입' 관련 관용 표현
• 입이 천 근 같다: 매우 입이 무겁다.
• 입을 맞추다: 서로의 말이 일치하도록 하다.

29 국어 순화 한자어의 순화 ★☆☆ 정답 ④

| 정답선택률 | ① 6.39% | ② 7.90% | ③ 1.75% | ④ 83.03% | ⑤ 0.81% |

정답해설
④ '부불(賦拂)'은 '여러 번으로 나누어 지불함.'을 뜻한다. 따라서 '부불금(賦拂金)'은 '여러 번 나누어 지불하는 돈'을 뜻하며, 국립국어원 국어심의회(2012)에서 '할부금'으로 순화하여 쓰도록 하였으므로, '부불금(賦拂金)'을 '이자'로 바꾸어 쓰는 것은 적절하지 않다.

오답분석
① '도괴(倒壞)'는 '넘어지거나 무너짐. 또는 넘어뜨리거나 무너뜨림.'을 뜻하며, '무너짐' 또는 '무너뜨림'으로 순화해야 한다. 따라서 '도괴(倒壞)하다'를 '무너지다'로 바꾸어 쓴 것은 문맥에 맞게 적절하게 순화한 것이다.
② '보식(補植)하다'는 '심은 식물이 죽거나 상한 자리에 보충하여 심다.'를 뜻하므로 '보충하여 심다'는 문맥에 맞게 적절하게 순화한 것이다.
③ '반흔(瘢痕)'은 '상처나 부스럼 따위가 다 나은 뒤에 남은 자국.'을 뜻하므로 '흉터'는 문맥에 맞게 적절하게 순화한 것이다.
⑤ '골조(骨組)'는 '건물 따위의 뼈대.', '건물 뼈대의 짜임새.'를 뜻하므로 '뼈대'는 문맥에 맞게 적절하게 순화한 것이다.

※ 출처
- 국립국어원, 표준국어대사전, stdict.korean.go.kr
- 국립국어원 누리집 '다듬은 말', https://www.korean.go.kr/front/imprv/refineList.do?mn_id=158
- 법제처(2024), 알기 쉬운 법령 정비기준(제10판,증보판), https://www.moleg.go.kr

또 나올 기출개념
'돈' 관련 순화어
- 가불(假拂) → 임시 지급: 과목(科目)이나 금액이 확정되지 않았을 때에, 뒤에 명세를 밝히기로 하고 임시로 지불함.
- 체납(滯納)하다 → 제때에 못(안) 내다: 세금 따위를 기한까지 내지 아니하고 미루다.

또 나올 기출개념
'온라인' 관련 순화어
- 소셜 커머스(social commerce) → 공동 할인 구매: 누리 소통망을 이용한 전자 상거래의 일종.
- 팝업 창(pop-up 窓) → 알림창: 특정 웹사이트에서 어떠한 내용을 표시하기 위해 갑자기 생성되는 새 창.

30 국어 순화 외래어의 순화 ★★☆ 정답 ②

| 정답선택률 | ① 28.05% | ② 48.31% | ③ 1.64% | ④ 4.40% | ⑤ 17.45% |

정답해설
② '마더 팩토리(mother factory)'는 '개발과 제조의 중심이 되는 공장'을 뜻하는 말로 '초거대 공장'으로 다듬는 것은 적절하지 않다. 참고로 '마더 팩토리(mother factory)'는 '핵심 공장'으로 다듬을 수 있다.

오답분석
① '곤색(kon[紺]色)'은 '어두운 남색.'을 뜻하는 '감색'으로 다듬을 수 있다.
③ '엑기스(ekisu)'는 'extract'에서 비롯된 일본식 외래어로 '재료를 진하게 또는 바짝 졸인 액체.'를 뜻하는 '진액'으로 다듬을 수 있다.
④ '어그로(aggro)'는 '관심을 끌고 분란을 일으키려고 인터넷 게시판 따위에 자극적인 내용의 글을 올리거나 악의적인 행동을 하는 일'을 뜻하는 외래어로 '억지 주목'으로 다듬을 수 있다.
⑤ '레거시 미디어(Legacy Media)'는 신문, TV, 라디오 등의 전통적인 매체를 의미하는 말로 '기존 매체'로 다듬을 수 있다.

※ 출처
- 국립국어원, 표준국어대사전, stdict.korean.go.kr
- 국립국어원 누리집 '다듬은 말', https://www.korean.go.kr/front/imprv/refineList.do?mn_id=158

어법(31번~45번)

회차별 평균 정답률

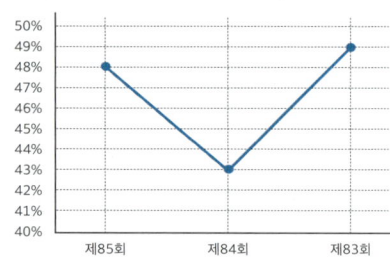

평가 요소별 문제 수 & 최다 출제 평가 요소

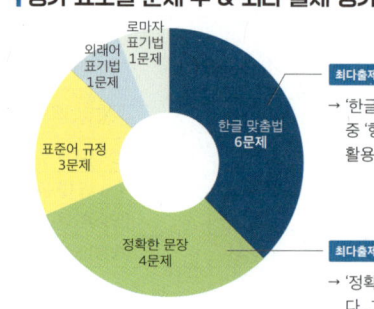

최다출제 1위 한글 맞춤법
→ '한글 맞춤법'은 6문제로, 어법에서 가장 많이 출제된다. 그 중 '형태에 관한 것'이 2문제로 가장 많이 나오는데, 용언이 활용할 때 표기가 맞는지 파악하는 문제이다.

최다출제 2위 정확한 문장
→ '정확한 문장'은 4문제로, 어법에서 두 번째로 많이 출제된다. 그 중 '어법에 맞는 표현'이 3문제로 가장 많이 나오는데, 문장의 높임 표현, 호응, 중의성을 파악하는 문제이다.

→ 제83회 어법 평균 정답률은 약 49%로, 2025년 상반기 기출 3회분 중에서 가장 쉬웠다. 15문제 중 '난이도 하'는 1문제, '난이도 중'은 8문제, '난이도 상'는 6문제 출제됐다.

---

31 한글 맞춤법 소리에 관한 것 ★★★ 정답 ⑤

정답 선택률	① 11.85%	② 11.75%	③ 17.03%	④ 31.48%	⑤ 27.75%

정답해설

⑤ 순우리말인 '안개 + 속'이 결합한 합성어로 앞말이 모음으로 끝나고, 뒷말의 첫소리가 된소리로 나서 [안:개쏙/안:갣쏙]으로 발음하므로 '안갯속'이 올바른 표기이다.

오답분석

① 두 음절로 된 한자어의 경우 곳간(庫間), 셋방(貰房), 숫자(數字), 찻간(車間), 툇간(退間), 횟수(回數)를 제외하고는 사이시옷이 들어가지 않는다. 따라서 '화병(火病)'은 사이시옷이 들어가지 않는다.

② '콧털'은 [코털]로 발음되며 된소리나 거센소리 앞에서는 사이시옷을 쓰지 않으므로 '콧털'이 아닌 '코털'로 적어야 한다.

③ '해님'은 명사 '해'에 접미사 '-님'이 결합한 파생어이므로 합성어가 아니다. 따라서 '햇님'이 아닌 '해님'으로 적어야 한다.

④ '당해에 난 쌀'을 뜻하는 순우리말인 '해+쌀'은 두 말이 어울릴 적에 'ㅂ' 소리가 덧나므로 '햅쌀'로 적어야 한다.

> 📌 햅쌀(○) ← 해+ㅂ+쌀
> '쌀'은 옛말에서 단어 첫머리에 'ㅂ'을 가지고 있었음
> 'ㅂ'이 탈락되지 않고, 오늘날까지 이어져 'ㅂ'소리가 덧나게 된 것

※ 출처
• 국립국어원, 표준국어대사전, stdict.korean.go.kr
• 국립국어원(2018), 『한글 맞춤법, 표준어 규정 해설』

또 나올 기출개념

순우리말 합성어에서 사이시옷이 들어가는 조건
• 앞말이 모음으로 끝남 + 뒷말의 첫소리가 된소리로 나는 것
  예 해(명사) + 볕(명사) → 햇볕[해뼏/핻뼏]
• 앞말이 모음으로 끝남 + 뒷말의 첫소리 'ㄴ, ㅁ' 앞에서 'ㄴ' 소리가 덧나는 것
  예 내(명사) + 물(명사) → 냇물[낸:물]
• 앞말이 모음으로 끝남 + 뒷말의 첫소리 모음 앞에서 'ㄴㄴ' 소리가 덧나는 것
  예 나무(명사) + 잎(명사) → 나뭇잎[나문닙]

---

32 한글 맞춤법 형태에 관한 것 ★★★ 정답 ④

정답 선택률	① 4.91%	② 39.98%	③ 27.42%	④ 21.80%	⑤ 5.74%

정답해설

④ '마음이나 의지, 약속 따위가 매우 굳고 단단하게.'의 뜻을 갖는 말은 '철석(鐵石)같이'로 표기해야 한다. '철썩'은 '아주 많은 양의 액체가 단단한 물체에 마구 부딪치는 소리. 또는 그 모양.'을 나타내는 부사 '철써덕'의 준말이다.

오답분석

① '남은 천 조각'을 의미하는 말은 '자투리'로 표기한다.

② '새침한 성격을 지닌 사람.'을 의미하는 말은 '새침데기'로 표기한다.

> 📌 새침데기(○) ← 새침 + -데기
> '그와 관련된 일을 하거나 그런 성질을 가진 사람'의 뜻을 더하는 접미사

③ '감칠맛이 있게 조금 짜다.'를 의미하는 말은 '짭짤하다'로 표기한다.

⑤ '하는 행동이나 말이 상황에 맞지 아니하고 매우 엉뚱하다.'를 의미하는 말은 '생뚱맞다'로 표기한다.

※ 출처
• 국립국어원, 표준국어대사전, stdict.korean.go.kr
• 국립국어원(2018), 『한글 맞춤법, 표준어 규정 해설』

또 나올 기출개념

혼동하기 쉬운 표기 '철썩' 과 '철석같이'

철썩	예 파도가 바위를 철썩 친다.
철석같이	예 나는 너를 철석같이 믿고 있었다.

---

33 한글 맞춤법 형태에 관한 것 ★★☆ 정답 ③

정답 선택률	① 10.09%	② 27.87%	③ 45.95%	④ 6.05%	⑤ 9.86%

정답해설

③ 받쳐(○): '화 따위의 심리적 작용이 강하게 일어나다'는 의미인 '받치다'의 어간 '받치-'에 어미 '-어'가 결합하여 준 것은 '받쳐'로 쓰는 것이 적절하다.

오답분석

① 해프게(X) → 헤프게(O): '물건이나 돈 따위를 아끼지 아니하고 함부로 쓰는 버릇이 있다'는 의미의 말은 '헤프다'이며, '헤프다'의 어간은 '헤프-'이므로 어미 '-게'와 결합할 때는 '헤프게'로 쓰는 것이 적절하다.

② 짖궂은(X) → 짓궂은(O): '장난스럽게 남을 괴롭고 귀찮게 하여 달갑지 아니하다'는 의미의 말은 '짓궂다'이며, '짓궂다'의 어간은 '짓궂-'이므로 어미 '-은'과 결합할 때는 '짓궂은'으로 쓰는 것이 적절하다.

④ 착찹하다(X) → 착잡하다(O): '갈피를 잡을 수 없이 뒤섞여 어수선하다'는 의미의 말은 '착잡하다'이다.

⑤ 오무려(X) → 오므려(O): '물건의 가장자리 끝을 한곳으로 모으다'는 의미의 말은 '오므리다'이며, '오므리다'의 어간은 '오므리-'이므로 어미 '-어'와 결합하여 줄었을 때는 '오므려'로 쓰는 것이 적절하다.

※ 출처
- 국립국어원, 표준국어대사전, stdict.korean.go.kr
- 국립국어원(2018), 「한글 맞춤법, 표준어 규정 해설」

또 나올 기출개념

혼동하기 쉬운 표기 '바치다', '받치다', '받히다'

바치다	예 나라를 위해 목숨을 바쳤다.
받치다	예 우산을 받치고 간다.
받히다	예 쇠뿔에 받혔다.

---

34 한글 맞춤법 띄어쓰기 ★★★ 정답 ③

| 정답 선택률 | ① 7.81% | ② 6.43% | ③ 19.89% | ④ 9.40% | ⑤ 56.34% |

정답해설

③ 보조 용언 앞에 '-ㄴ가' 등의 종결 어미가 있는 경우에는 보조 용언을 그 앞말에 붙여 쓸 수 없다. ③은 본용언이 '추우- + -ㄴ가'의 구성이므로 보조 용언 '보다'를 본용언에 붙여 쓰는 것이 허용되지 않는다. 따라서 '추운가∨보다'로 띄어 써야 한다.

오답분석

① 보조 용언은 띄어 씀을 원칙으로 하되, 경우에 따라 붙여 씀을 허용한다. 이에 따라 본용언 '가'와 보조 용언 '볼게'는 '가∨볼게'와 같이 띄어 쓰는 것이 원칙이나, '가볼게'와 같이 붙여 쓰는 것도 허용한다.

② 보조 용언은 띄어 씀을 원칙으로 하되, 경우에 따라 붙여 씀을 허용한다. '읽어버렸다'는 본용언 '읽' + '-아/-어' + 보조 용언 '버렸다'로 구성되었으므로 '읽어∨버렸다'와 같이 띄어 쓰는 것이 원칙이나, '읽어버렸다'와 같이 붙여 쓰는 것이 허용된다.

④ 보조 용언은 띄어 씀을 원칙으로 하되, 경우에 따라 붙여 씀을 허용한다. 이에 따라 본용언 '보내'와 보조 용언 '주었다'는 '보내∨주었다'와 같이 띄어 쓰는 것이 원칙이나, '보내주었다'와 같이 붙여 쓰는 것도 허용한다.

⑤ 보조 용언은 띄어 씀을 원칙으로 하되, 경우에 따라 붙여 씀을 허용한다. '먹을만하네'는 관형사형 '먹을' + 의존 명사 '만' + '-하네'로 구성되었으므로 '먹을∨만하네'와 같이 띄어 쓰는 것이 원칙이나, '먹을만하네'와 같이 붙여 쓰는 것이 허용된다.

> 먹을 만하네(O) / 먹을만하네(O)
> '만하다'는 용언 뒤에서 '-을 만하다'로 쓰이는 보조 형용사로 앞말과 띄어 쓰는 것이 원칙이나 붙여 씀도 허용한다.

※ 출처
- 국립국어원, 표준국어대사전, stdict.korean.go.kr
- 국립국어원(2018), 「한글 맞춤법, 표준어 규정 해설」

또 나올 기출개념

보조 용언의 띄어쓰기

- 보조 용언은 띄어 씀을 원칙으로 하되, 경우에 따라 붙여 씀도 허용함
  예 꺼져 간다(O) / 꺼져간다(O)
- 앞말에 조사가 붙거나 앞말이 합성 용언인 경우 그 뒤에 오는 보조 용언은 띄어 씀
  예 덤벼들어 보아라(O) / 덤벼들어보아라(×)

---

35 한글 맞춤법 그 밖의 것 ★★★ 정답 ⑤

| 정답 선택률 | ① 8.12% | ② 0.63% | ③ 6.74% | ④ 9.38% | ⑤ 74.97% |

정답해설

⑤ 일일히(X) → 일일이(O): '하나씩 하나씩'을 의미하는 말은 '일일이'가 옳은 표기이다.

오답분석

① '소리가 꽤 나직하게'를 의미하는 말은 '나지막이'로 표기한다.

② '마음속에서 우러나와 바라는 정도가 매우 절실하게'를 의미하는 말은 '간절히'로 표기한다.

③ '티 없이 맑고 환할 정도로 깨끗하게'를 의미하는 말은 '말끔히'로 표기한다.

④ '고요하고 아늑한 상태로'를 의미하는 말은 '고즈넉이'로 표기한다.

※ 출처
- 국립국어원, 표준국어대사전, stdict.korean.go.kr
- 국립국어원(2018), 「한글 맞춤법, 표준어 규정 해설」

또 나올 기출개념

부사의 끝음절 소리에 따른 표기

- 부사의 끝음절이 '이'로만 나는 것은 '-이'로 적음
  예 깨끗이, 버젓이, 틈틈이, 번번이
- 부사의 끝음절이 '히'로만 나거나 '이'나 '히'로 나는 것은 '-히'로 적음
  예 엄격히, 정확히, 고요히, 그득히

---

36 한글 맞춤법 문장부호 ★★☆ 정답 ⑤

| 정답 선택률 | ① 3.86% | ② 0.43% | ③ 8.77% | ④ 7.55% | ⑤ 79.30% |

정답해설

⑤ 이어지는 내용을 하나로 묶을 때 물결표를 붙임표를 대신해서 쓸 수 없다.

오답분석

① 공통 성분을 줄일 때 가운뎃점 대신에 쉼표를 쓸 수 있다.

② 특별히 드러낼 필요가 있는 부분에 밑줄을 쓸 수 있다.

③ 그림, 음악 등 예술 작품의 제목에 홑낫표 대신에 작은따옴표를 쓸 수 있다.

④ 기간을 나타낼 때는 물결표 대신에 붙임표를 쓸 수 있다.

※ 출처
- 국립국어원, 표준국어대사전(stdict.korean.go.kr)
- 국립국어원(2014), 「문장부호 해설」

또 나올 기출개념

작품 표기 관련 문장 부호

홑낫표(「 」)나 작은따옴표(' ') 외에도 홑화살괄호(< >)를 쓸 수 있다.
예 현행 <국어의 로마자 표기법>은 2000년에 고시된 것이다.

또 나올 기출개념

'구더기' 관련 비표준어

표준어	비표준어
구더기: 파리의 애벌레	구데기: '구더기'의 방언

37 표준어 규정 발음 변화에 따른 표준어 정답 ④

정답 선택률	① 10.90%	② 5.93%	③ 7.25%	④ 36.61%	⑤ 38.99%

정답해설

④ '비웃음을 살 만큼 언행이 분수에 넘치는 데가 있다.'는 의미의 표준어는 '어쭙잖다'이다. 참고로, '어쭙잖다'를 '어줍잖다'로 잘못 표기하지 않도록 주의해야 한다.

오답분석

① '당나귀의 수컷'을 의미하는 표준어는 '수탕나귀'이다.
② '부조로 내는 돈.'을 의미하는 표준어는 '부조금'이다.
③ '남이 말하는 옆에서 덩달아 참견하는 말.'을 의미하는 표준어는 '말곁'이다.
⑤ '하는 짓이 거슬리어 보기에 아니꼽다.'는 의미의 표준어는 '눈꼴시다'이다.

> '시리다'는 주로 '눈'과 쓰여 '빛이 강하여 바로 보기 어렵다.'라는 뜻을 나타낸다. 따라서 '눈꼴시리다'가 자연스럽다고 생각할 수 있으나, '눈꼴시리다'는 비표준어이며 '눈꼴시다', 또는 '눈꼴틀리다'로 써야 한다.

※ 출처
• 국립국어원, 표준국어대사전(stdict.korean.go.kr)
• 국립국어원(2018), 『한글 맞춤법, 표준어 규정 해설』

또 나올 기출개념

'수컷' 관련 표기

• '수-'로 표기하되 거센소리도 표기하는 경우: 수캉아지, 수캐, 수평아리
• '숫-'으로 표기하는 경우: 숫양, 숫염소, 숫쥐

38 표준어 규정 어휘 선택의 변화에 따른 표준어 정답 ②

정답 선택률	① 24.82%	② 11.55%	③ 20.22%	④ 33.90%	⑤ 9.17%

정답해설

② '곰뱅이'는 '다리'의 의미가 있는 방언이므로 '몸뚱이'라는 표현은 적절하지 않다.

오답분석

① '깝치다'는 '재촉하다'의 의미가 있는 경상도 방언이다.
③ '곱쟁이'는 '곱절'의 의미가 있는 방언이다.
④ '개주무리'는 '감기 몸살'의 의미가 있는 경상도 방언이다.

> '개주무리'의 다른 방언형
> 예 • 개주무리라더니 안색이 안 좋다.
> • 찬 음식만 먹었더니 결국 개주무리에 걸렸다.

⑤ '기덜이'는 '구더기'의 의미가 있는 방언이다.

※ 출처: 국립국어원, 지역어 종합 정보 사이트, https://dialect.korean.go.kr/dialect

39 표준어 규정 표준 발음법 정답 ③

정답 선택률	① 5.93%	② 33.75%	③ 32.11%	④ 7.77%	⑤ 19.81%

정답해설

③ '뜻있다'의 표준 발음은 [뜨딛따]만 인정된다.

오답분석

① '되감다'의 표준 발음은 [되감따/뒈감따]이다.
② '되밟다'의 표준 발음은 [되밥따/뒈밥따]이다.

> 'ㅚ'는 [ㅚ], [ㅞ]로 모두 발음할 수 있으므로 [되밥따/뒈밥따] 모두 표준 발음이다. 또한 '밟-'은 자음 앞에서 [밥]으로 발음해야 한다.

④ '맛있다'의 표준 발음은 [마딛따/마싣따]이다.
⑤ '멋있다'의 표준 발음은 [머딛따/머싣따]이다.

※ 출처
• 국립국어원, 표준국어대사전(stdict.korean.go.kr)
• 국립국어원(2018), 『한글 맞춤법, 표준어 규정 해설』

또 나올 기출개념

된소리되기가 일어나는 조건

• 받침 'ㄱ(ㄲ, ㅋ, ㄳ, ㄺ), ㄷ(ㅅ, ㅆ, ㅈ, ㅊ, ㅌ), ㅂ(ㅍ, ㄼ, ㄿ, ㅄ)' 뒤에 연결되는 'ㄱ, ㄷ, ㅂ, ㅅ, ㅈ'은 된소리로 발음함
  예 죽다[죽따], 받지[받찌], 굽고[굽꼬]
• 어간 받침 'ㄴ(ㄵ), ㅁ(ㄻ)' 뒤에 결합되는 어미의 첫소리 'ㄱ, ㄷ, ㅅ, ㅈ'은 된소리로 발음함
  예 신고[신ː꼬], 삼고[삼ː꼬], 앉고[안꼬], 닮고[담ː꼬]

40 외래어 표기법 외래어의 표기 정답 ③

정답 선택률	① 9.17%	② 26.08%	③ 48.22%	④ 10.35%	⑤ 6.01%

정답해설

③ 'cardigan'의 올바른 외래어 표기는 '카디건'이다.

오답분석

① 'mystery'의 올바른 외래어 표기는 '미스터리'이다. 참고로, '미스터리'를 '미스테리'로 잘못 표기하지 않도록 주의해야 한다.
② 'narration'의 올바른 외래어 표기는 '내레이션'이다. 참고로, '내레이션'을 '나레이션, 네레이션' 등으로 잘못 표기하지 않도록 주의해야 한다.
④ 'climax'의 올바른 외래어 표기는 '클라이맥스'이다. 참고로, '클라이맥스'를 '클라이막스' 등으로 잘못 표기하지 않도록 주의해야 한다.
⑤ 'knockdown'의 올바른 외래어 표기는 '녹다운'이다. 참고로, '녹다운'을 '넉다운, 노크다운' 등으로 잘못 표기하지 않도록 주의해야 한다.

※ 출처: 문화체육관광부 고시 제2017-14호(2017. 3. 28.), 외래어 표기법, 국립국어원

또 나올 기출개념
'ca' 표기 관련 외래어
카탈로그(catalog), 카스텔라(castela), 캐러멜(caramel)

41 로마자 표기법 국어의 로마자 표기 정답 ③

| 정답선택률 | ① 8.44% | ② 12.36% | ③ 40.75% | ④ 12.10% | ⑤ 26.18% |

정답해설
③ Yeominrak(X) → Yeomillak(O): '여민락'의 표준 발음은 [여ː밀락]이며, 'ㄹㄹ'은 'll'로 적어야 하므로 'Yeomillak'으로 적는다.

오답분석
① Beopgo(O): '법고'는 [법꼬]로 발음하지만, 된소리되기는 표기에 반영하지 않으므로 'Beopgo'로 적는다.
② Baennorae(O): '뱃노래'는 [밴노래]로 발음되며, 'ㄴ'이 덧날 때에는 변화의 결과를 표기에 반영해야 하므로 'Baennorae'로 적는다.
④ Yeongsanhoesang(O): 'ㅚ'는 'oe'로 적어야 하므로 '영산회상'은 'Yeongsanhoesang'으로 적는다.
⑤ Dongnae hakchum(O): '동래 학춤'은 [동내 학춤]으로 발음되며, 자음 사이에서 동화 작용이 일어날 때는 변화의 결과를 표기에 반영해야 하므로 'Dongnae hakchum'으로 적는다.

※ 출처
• 국립국어원, 표준국어대사전, stdict.korean.go.kr
• 문화체육관광부 고시 제2014-42호(2014. 12. 5.), 국어의 로마자 표기법, 국립국어원

또 나올 기출개념
'춤' 관련 로마자 표기
강령 탈춤(Gangnyeong talchum), 살풀이춤(Salpurichum)

42 정확한 문장 어법에 맞는 표현 정답 ④

| 정답선택률 | ① 9.11% | ② 16.34% | ③ 15.57% | ④ 47.13% | ⑤ 11.35% |

정답해설
④ 환태평양 조산대는 마치 태평양을 둘러싸는 고리 모양의 띠를 이루고 있어 이런 이름이 붙었다(X) → 환태평양 조산대는 마치 태평양을 둘러싸는 듯한 고리 모양의 띠를 이루고 있어 이런 이름이 붙었다(O): '마치'는 '처럼', '듯', '듯이' 등이 붙은 단어나 '같다', '양하다' 등과 함께 쓰는 것이 적절하나, ⓔ에는 '마치'와 호응하는 단어가 생략되어 있다. 따라서 정답은 ④이다.

※ 출처
• 국립국어원, 표준국어대사전, stdict.korean.go.kr
• 네이버 지식백과, 환태평양조산대, https://terms.naver.com/entry.naver?docId=1155483&cid=40942&categoryId=32204

또 나올 기출개념
부사어 '모름지기'와 서술어의 호응
'사리를 따져 보건대 마땅히, 또는 반드시'를 뜻하는 부사어 '모름지기'는 '-해야 한다'와 같은 서술어와 함께 사용해야 한다.
예 모름지기 학생은 학생다워야 한다.

43 정확한 문장 어법에 맞는 표현 정답 ③

| 정답선택률 | ① 2.74% | ② 0.99% | ③ 91.17% | ④ 3.33% | ⑤ 1.64% |

정답해설
③ '지나갔구려'의 '-구려'는 하오체 문장에서 쓰여 감탄의 뜻을 나타내는 종결 어미이다. 따라서 상대편을 보통으로 높이는 종결형이므로 청자가 화자보다 윗사람일 때 사용하는 표현이 아니다.

오답분석
① '작으시다'의 '-시-'는 문장의 주체를 높이는 선어말 어미로, ①에서는 '어머니'를 간접적으로 높이기 위해 '어머니'의 신체 일부인 '키'를 높이고 있다.
② '앉으십시오'의 '-ㅂ시오'는 '하십시오체' 문장에서 쓰여 정중한 명령이나 권유의 뜻을 나타내는 어미로, 청자를 높이는 상대 높임법에서 사용된다.
④ '모시고'의 기본형 '모시다'는 '데리다'의 높임말로, 주어의 행위가 미치는 대상인 '할머니'를 높이기 위해 사용되었다.
⑤ '돌아가렴'의 '-렴'은 '해라체' 문장에서 쓰여 부드러운 명령이나 허락을 나타내는 종결 어미로, 청자를 낮추는 상대 높임법에서 사용된다.

※ 출처
• 국립국어원, 표준국어대사전, stdict.korean.go.kr
• 이익섭·채완(2000), 『국어문법론 강의』, 학연사.
• 이익섭(2021), 『한국어 문법』, 서울대학교출판문화원.

또 나올 기출개념
격식체 '하오체'의 종결 어미

-소	예 그곳에는 내가 가겠소.
-으오	예 거기는 물이 얼마나 깊으오?
-다오	예 인삼은 몸에 좋다오.
-리다	예 내일이면 물건이 도착하리다.

44 정확한 문장 어법에 맞는 표현 정답 ③

| 정답선택률 | ① 8.16% | ② 1.18% | ③ 79.68% | ④ 7.25% | ⑤ 3.55% |

정답해설
③ 중의적으로 해석되는 문장이란 두 가지 이상의 뜻으로 해석되는 문장을 가리킨다. '세 명의 사냥꾼이 함께 두 마리의 토끼를 잡았다.'는 다른 뜻으로 해석되지 않으므로 중의문으로 볼 수 없다.

오답분석
① '친구가 나를 좋아하는 것보다 동생을 더 좋아한다.'의 뜻으로 해석될 수도 있고, '친구는 내가 동생을 좋아하는 것보다 더 동생을 좋아한다.'의 뜻으로도 해석될 수 있는 문장이다.
② '동생이 울면서 언니를 배웅했다.'의 뜻으로 해석될 수도 있고, '울면서 떠나는 언니를 동생이 배웅했다.'의 뜻으로 해석될 수 있는 문장이다.
④ 내가 만나기로 한 사람이 '친구'로 해석될 수도 있고, '친구의 동생'으로 해석될 수도 있는 문장이다.
⑤ '어머니만 흰색 모자를 쓴 채 딸의 손을 잡고 걸어간다.'의 뜻으로 해석될 수도 있고, '어머니와 딸이 모두 흰색 모자를 쓴 채 손을 잡고 걸어간다.'의 뜻으로도 해석될 수도 있는 문장이다.

※ 출처
• 이관규(2023), 『학교 문법론』, 역락.
• 이익섭·채완(2000), 국어문법론 강의, 학연사.
• 국립국어원, 표준국어대사전, stdict.korean.go.kr

또 나올 기출개념

부정 표현 관련 중의적 문장

예) 내가 김 대리를 과장으로 추천한 것은 아니었다.
- 김 대리를 과장으로 추천한 것은 내가 아니라 다른 사람임
- 나는 김 대리의 직급과 관련해 과장이 아닌 다른 직급을 추천했음
- 내가 대리로 추천한 사람은 김 대리가 아닌 다른 사람임

---

45 정확한 문장 번역 투 표현   정답 ①

정답선택률	① 78.51%	② 5.11%	③ 3.77%	④ 6.76%	⑤ 5.30%

정답해설

① '~에 위치하고 있다'는 영어 'be located in'의 번역 투 문장이다. '~에 있습니다'로 바꾸면 자연스러운 국어 문장이 된다.

오답분석

② '주어진'은 'be given'의 번역 투 문장이므로, '받은'으로 바꾸면 자연스러운 국어 문장이 된다.

③ '~했음에도 불구하고'는 'even though', 'although' 등의 번역 투 문장이므로, '~하였지만/했지만'으로 바꾸면 자연스러운 국어 문장이 된다.

④ '~하고 있는 중이다'는 'be -ing'의 번역 투 문장이므로, '~고 있다'로 바꾸면 자연스러운 국어 문장이 된다.

⑤ '~에게 있어서'는 일본어 번역 투 문장이므로, '~에게'로 바꾸면 자연스러운 국어 문장이 된다.

※ 출처
- 국립국어원(2022), (개정판) 한눈에 알아보는 공공언어 바로 쓰기.
- 국립국어원, 표준국어대사전, stdict.korean.go.kr

또 나올 기출개념

피동 표현 관련 번역 투

- by(~에 의해/의한)
  예) 이 우산은 장인에 의해 만들어졌다.(×) → 이 우산은 장인이 만들었다.(○)

쓰기 (46번~50번)

회차별 평균 정답률

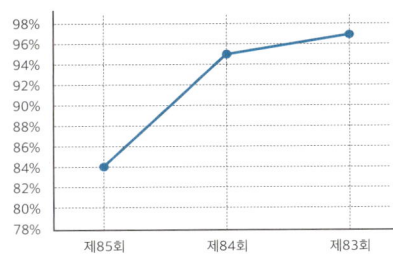

→ 제83회 쓰기 평균 정답률은 약 97%로, 2025년 상반기 기출 3회분 중에서 가장 쉬웠다. 5문제 모두 '난이도 하' 문제였다.

평가 요소별 문제 수 & 최다 출제 평가 요소

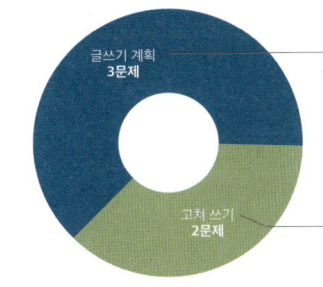

최다출제 1위 글쓰기 계획
→ '글쓰기 계획' 3문제는 '계획하기', '자료의 활용', '개요 작성'이 1문제씩 출제된다. 전체적인 평가 요소의 변화가 거의 없는 영역이다.

최다출제 2위 고쳐 쓰기
→ '고쳐 쓰기' 2문제는 '미시적 점검'과 '거시적 점검'이 1문제씩 출제된다. 단어 단위로 고쳐 쓰는 방법과 글 주제에 맞는 올바른 문장을 추가하는 방법을 찾는 문제이다.

---

46 글쓰기 계획 계획하기 ★☆☆ 정답 ④

| 정답 선택률 | ① 0.22% | ② 0.55% | ③ 0.32% | ④ 98.23% | ⑤ 0.63% |

정답해설

④ • ㄴ: 2문단에서 동물 보호 센터 예산이 증가했음을 구체적인 수치로 제시하고 있으므로 윗글에 반영된 내용이다.
 • ㄷ: 2문단에서는 반려동물 보유세 도입에 찬성하는 측의 입장을, 3문단에서는 반려동물 보유세 도입에 반대하는 측의 입장을 각각의 근거를 들어 설명하고 있으므로 윗글에 반영된 내용이다.

오답분석

• ㄱ: 1문단에서 질문으로 글을 시작하고 있지 않으므로 윗글에 반영되지 않은 내용이다.
• ㄹ: 윗글에서 시민들의 인터뷰를 인용하고 있지 않으므로 윗글에 반영되지 않은 내용이다.

※ 출처
• JTBC, 반려동물 보유세, 도입 필요할까?, 2024.09.27. https://n.news.naver.com/article/437/0000412076
• '개똥 치울 비용' 보유세 논란에, "세금 얼마든지 냅니다. 그런데", 파이낸셜뉴스, 2024.12.12. https://www.fnnews.com/news/202412061350197277

💡 **이렇게 풀면 정답**
지문을 먼저 분석할 필요 없이, <글쓰기 계획>에서 '질문, 구체적 수치, 반대되는 견해, 시민 인터뷰' 등의 쓰기 방식 키워드를 찾고, 해당 방식이 지문에 적용됐는지 빠르게 확인한다.

오답분석

① (가)는 반려동물 등록 수와 예산 지출이 증가하고 있음을 나타내는 통계 자료이다. 따라서 반려동물 보유세의 도입이 논의되고 있는 배경을 설명하기에 적절하다.
② (나)는 반려동물 보유세의 긍정적인 측면과 도입의 필요성에 대해 언급한 전문가의 인터뷰이다. 따라서 반려동물 보유세의 도입을 찬성하는 측의 논거를 뒷받침하기에 적절하다.
③ (다)는 반려동물 보유세 신설의 부정적인 측면을 다룬 뉴스기사이다. 따라서 반려동물 보유세 도입에 신중해야 한다는 내용을 보강하기에 적절하다.
⑤ (마)는 상당수가 반려동물 보유세 도입이 반려동물 양육자 책임 강화에 효과가 있을 것이라고 응답했다는 결과를 보여주는 국민 인식 조사 보고서이다. 따라서 반려동물 보유세 도입에 대한 국민 인식이 긍정적이라는 내용을 추가하기에 적절하다.

※ 출처
• JTBC, 반려동물 보유세, 도입 필요할까?, 2024.09.27. https://n.news.naver.com/article/437/0000412076
• 이데일리, '반려동물 보유세' 내야 한다 VS 아니다…전문가들 의견은?, 2024.10.05. https://www.edaily.co.kr/News/Read?newsId=01610486639049968&mediaCodeNo=257&OutLnkChk=Y
• 매일일보, 반려동물 보유세 도입 찬반논란 재점화, 2024.11.04 https://www.m-i.kr/news/articleView.html?idxno=1174936
• 파이낸셜 뉴스 '개똥 치울 비용' 보유세 논란에, "세금 얼마든지 냅니다. 그런데", 2024.12.12. https://www.fnnews.com/news/202412061350197277

💡 **이렇게 풀면 정답**
<글쓰기 자료>와 선택지를 직접 비교해 정답을 찾을 수 있는 유형은, 먼저 지문을 읽기보다 <글쓰기 자료>와 선택지를 대응하는 것이 시간 절약에 효과적이다. 이때 자료와 선택지가 일치한다면, 지문과의 관련성을 확인해 최종 정답을 판단한다.

---

47 글쓰기 계획 자료의 활용 ★☆☆ 정답 ④

| 정답 선택률 | ① 0.57% | ② 0.24% | ③ 0.57% | ④ 98.19% | ⑤ 0.39% |

정답해설

④ (라)는 OECD 국가 중 반려동물 보유세를 시행하는 국가를 조사한 자료로, (라) 자료만으로 반려동물 보유세를 시행하는 국가가 이전에 비해 줄어들었는지 확인할 수 없다. 따라서 반려동물 보유세를 시행하는 국가가 줄어들고 있는 이유를 추가하는 자료로 활용하기에 적절하지 않다.

48 글쓰기 계획 개요 작성 ★☆☆ 정답 ⑤

| 정답 선택률 | ① 0.37% | ② 1.01% | ③ 0.71% | ④ 1.40% | ⑤ 96.47% |

정답해설

⑤ 4문단에서는 반려동물 보유세 도입과 관련하여 소득에 따른 차등 부과, 저소득층에 대한 지원 대책 마련, 철저한 반려동물 등록제 시행 등 다각적인 보완책의 필요성을 제언하고 있다. 따라서 Ⅳ-2를 '반려동물 보유세 시행의 현실적인 어려움'으로 교체한다는 내용은 윗글에 반영되지 않

앉으므로 적절하지 않다.

> **오답분석**
> ① 1문단에 반려동물의 입양 절차가 제시되어 있지 않으므로 Ⅰ-2를 삭제한다는 내용이 반영되었음을 알 수 있다.
> ② 3문단에서 유기 동물 문제의 악화 가능성에 대한 내용이 제시되어 있으므로 Ⅱ-2를 Ⅲ의 하위 항목으로 이동한다는 내용이 반영되었음을 알 수 있다.
> ③ 2문단에 반려동물 복지 향상에 대한 내용이 제시되어 있으므로 Ⅲ-2를 Ⅱ의 하위 항목으로 이동한다는 내용이 반영되었음을 알 수 있다.
> ④ 4문단에 반려동물 보유세 도입의 긍정적인 측면과 부정적인 측면, 그리고 다각적인 보완책의 필요성을 제언하고 있으므로 '반려동물 보유세 도입의 장단점 및 제언'으로 수정한다는 내용이 반영되었음을 알 수 있다.

> 💡 **이렇게 풀면 정답**
> <개요>의 항목은 지문 문단과 일대일로 대응되므로 각 문단을 비교하며 선택지를 소거하면서 빠르게 정답을 찾는다.
> 예 개요 'Ⅰ.~Ⅳ.'의 내용은 각각 지문의 1~4문단 내용이다.

★★☆
49 고쳐 쓰기 미시적 점검   정답 ⑤

| 정답
선택률 | ① 0.30% | ② 0.34% | ③ 1.62% | ④ 0.85% | ⑤ 96.83% |

> **정답해설**
> ⑤ '하지만'은 서로 일치하지 않거나 상반되는 사실을 나타내는 두 문장을 이어 줄 때 쓰는 접속 부사이다. 따라서 유기 동물 문제가 심각해진다는 앞 문장을 원인으로 보완책이 필요하다는 결과를 뒤 문장에서 언급하고 있으므로, '하지만'으로 수정하는 것은 적절하지 않다. 참고로, 앞에서 말한 일이 뒤에서 말할 일의 원인, 이유, 근거가 됨을 나타내는 접속 부사인 '따라서'를 그대로 써야 한다.

> **오답분석**
> ① '증여'는 '물품 따위를 선물로 줌.'의 뜻이므로 세금을 내야 한다는 문맥상 적절하지 않다. 따라서 '세금이나 부담금 따위를 매기어 부담하게 함.'의 '부과'로 수정하는 것이 적절하다.
> ② 문맥상 주어인 '농림축산식품부'가 도입을 검토하는 것은 아니라고 하였으므로, 피동 표현 '검토되는'을 능동 표현 '검토하는'으로 수정하는 것이 적절하다.
> ③ 문맥상 뒤에 '마련되면'이라는 피동 표현이 쓰였으므로 이와 호응할 수 있게 '재원이'로 수정하는 것이 적절하다.
> ④ 문맥상 앞서 언급한 경제적 부담이 취약 계층에게 더 크게 다가갈 수 있다는 의미를 강조하기 위해서는 앞뒤 내용이 대조될 때 사용하는 '반면'을 보통과 다름을 뜻하는 '특히'로 수정하는 것이 적절하다.

> 💡 **이렇게 풀면 정답**
> '수정한 표현'을 '수정 전 문장'에 대입하여 문장의 호응, 문법, 의미가 모두 자연스러운지 검토한다.

★★☆
50 고쳐 쓰기 거시적 점검   정답 ②

| 정답
선택률 | ① 0.35% | ② 97.54% | ③ 0.51% | ④ 1.26% | ⑤ 0.28% |

> **정답해설**
> ② ㉮의 앞문장에서는 반려동물 보유세 도입에 대한 긍정적 측면이 제시되고 있고, ㉮가 포함된 문장은 앞의 내용과 뒤의 내용이 상반될 때 쓰는 접속 부사 '그러나'로 시작하고 있다. 따라서 내용상 흐름을 볼 때, 반려동물 보유세의 도입에 대한 부정적 측면이 제시되어야 하므로 반려동물 보유세가 경제적으로 취약한 계층에게는 부담이 될 수 있다는 부정적인 측면의 내용이 들어가는 것이 적절하다.

> **오답분석**
> ① 유기 동물 문제를 해결할 수 있다는 내용은 반려동물 보유세 도입에 대한 긍정적 측면의 내용이므로 적절하지 않다.
> ③ 반려동물 복지 확대를 위한 재원으로 쓸 수 있다는 내용은 반려동물 보유세 도입에 대한 긍정적 측면의 내용이므로 적절하지 않다.
> ④ 필요한 동물 복지 재정을 충당하기에는 부족하다는 내용은 부정적 내용이지만, 반려동물 보유세 도입으로 발생하는 부정적 측면의 문제도 아닐뿐더러 재정 충당이 부족할지는 확인할 수 없으므로 적절하지 않다.
> ⑤ 반려동물 소유자의 양육비를 보조할 수 있다는 내용은 반려동물 보유세 도입에 대한 긍정적 측면의 내용이므로 적절하지 않다.

> 💡 **이렇게 풀면 정답**
> 빈칸 문제는 앞뒤 내용이 정답의 실마리가 되므로, 선택지의 문장을 빈칸에 넣어 보고, 앞뒤 문맥에 맞는지 직관적으로 판단한다. 이때, 단지 자연스럽게 읽히면 되는 것이 아니라, 글 전체 흐름과 빈칸의 역할(앞 내용을 요약하는 자리, 해결 방안을 제시하는 자리인지 등)에 부합해야 한다.

창안(51번~60번)

★★★ = 난도 상
★★☆ = 난도 중
★☆☆ = 난도 하

회차별 평균 정답률

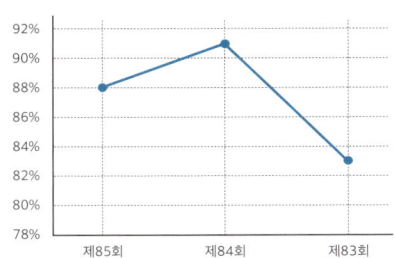

→ 제83회 창안 평균 정답률은 약 83%로, 2025년 상반기 기출 3회 분 중에서 가장 어려웠다. 10문제 중 '난이도 하'는 6문제, '난이도 중'은 4문제 출제됐고, '난이도 상' 문제는 없었다.

평가 요소별 문제 수 & 최다 출제 평가 요소

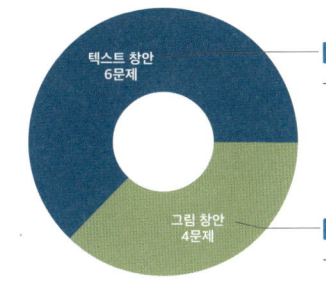

최다출제 1위 텍스트 창안
→ '텍스트 창안'은 6문제로, 창안에서 가장 많이 출제된다. 그 중 '유비 추론을 활용한 내용 생성'이 5문제로 가장 많이 나오는데, 유사성을 추론하는 문제이다.

최다출제 2위 그림 창안
→ '그림 창안'은 4문제이며, 그중 '구체적 그림을 활용한 내용 생성'이 3문제 출제된다. 그림의 주제를 분석하고 두 그림의 특징을 대조하는 문제이다.

---

51 ★☆☆ 텍스트 창안 — 유비 추론을 활용한 내용 생성   정답 ②

| 정답선택률 | ① 2.19% | ② 88.70% | ③ 0.93% | ④ 7.25% | ⑤ 0.85% |

정답해설

② 1문단에서 '2영역'은 아주 편하진 않지만 대화가 가능한 낮은 운동 강도를 장시간 지속하는 훈련이라고 설명하고 있다. 이는 ②에서 진술하는 충분히 풀 수 있는 과제를 반복하는 학습 방법에 빗댈 수 있다. 또한 이러한 학습을 통해 기본기를 다져나가는 것은, 기초 체력을 높이고 장거리 달리기 실력을 높여주는 훈련 효과와 유사하다고 할 수 있다.

오답분석

① 수준이 비슷한 친구와 과제를 해결하는 것은 낮은 운동 강도를 장시간 지속하는 '2영역'의 특징과 관련이 없는 학습 방법이다.
③ 짧은 시간 안에 최대한 많은 과제를 푸는 것은 '2영역'은 낮은 운동 강도를 장시간 지속하는 '2영역'의 특징과 관련이 없는 학습 방법이다.
④ 과제 해결에 필요한 기초 개념을 살피는 것은 '1영역'의 몸풀기와 비슷하다. '2영역'은 기초 개념을 다룬 문제를 풀어보며 기본기를 다지는 것과 유사하기에 기초 개념을 훑어보는 것은 '2영역'의 특징과 관련이 없는 학습 방법이다.
⑤ 학생의 수준보다 어려운 도전적 과제를 제공하는 것은 '4~5영역'의 고강도 훈련과 비슷하다. '2영역'은 대화가 가능한 낮은 운동 강도를 지속하는 것이기에 도전적 과제를 제공하는 것은 '2영역'의 특징과 관련이 없는 학습 방법이다.

※출처: GARMIN, https://www.garmin.co.kr/minisite/garmin-technology/health-science/heart-rate-monitoring/

💡 **이렇게 풀면 정답**

'심박존 영역 : 학습 방법'과 같이 비유 구조를 정확히 인식하고, 지문에 제시된 대상의 특징을 중심으로 비유 대상의 특징을 추론한다.
예) 2영역: 낮은 운동 강도를 장시간 지속하는 훈련
→ 운동 강도를 '과제 수준', 훈련 시간을 '학습 시간'으로 짝 지어서 파악한다.

---

52 ★☆☆ 텍스트 창안 — 유비 추론을 활용한 내용 생성   정답 ⑤

| 정답선택률 | ① 0.55% | ② 0.37% | ③ 4.79% | ④ 3.75% | ⑤ 90.46% |

정답해설

⑤ 1문단에 의하면 최대 심박수는 220에서 자신의 현재 나이를 뺀 값으로 계산한다. 이에 따르면 <조건>의 심박수 120을 지향하며 살아가는 30세 직장인은, 자신의 최대 심박수인 190의 64% 정도인 2 영역을 유지하며 살아가는 삶의 태도를 가지고 있다. 이때 ㉠에서는 2 영역은 장거리 달리기 실력을 위해 반드시 필요한 훈련 영역이지만 이 영역에만 머물러 있는다면 고강도 훈련에서 얻을 수 있는 근력과 속도를 기르기 어려움을 이야기하고 있다. 따라서 ㉠의 조언에 따라 최대 심박수에 가까운 고강도 훈련을 겸해야 한다는 교훈이 담긴 진술로는 ⑤의 "땅속에서 나오지 않는 개구리는 봄날을 맞을 수 없다."가 적절하다.

오답분석

① '송충이는 솔잎을 먹어야 한다'는 자기 분수에 맞게 처신하여야 함을 비유적으로 이르는 말이므로 ㉠의 조언에 부합하지 않는 교훈이다.
② '우물 안 개구리'는 넓은 세상의 형편을 알지 못하는 사람을 비유적으로 이르는 말이다. 따라서 '우물 안 개구리여도 자신이 행복하면 그만이다'는 세상의 형편을 알지 못하더라도 자신만 만족하면 된다는 의미이므로 ㉠의 조언과 반대되는 교훈이다.
③ ④ '쉬지 않고 걷는 거북이는 토끼를 이길 수 있다'와 '뱁새가 황새를 이기는 전략은 준비된 꾸준함이다'는 꾸준한 노력의 중요성을 강조하는 말이므로 ㉠의 조언에 부합하지 않는 교훈이다.

💡 **이렇게 풀면 정답**

㉠의 핵심 내용과 선택지에 제시된 조언의 핵심 내용을 연결한다.
예) · ㉠: 이 영역에 안주한다면, 더 높은 영역으로 갈 수 없다.
· ⑤ 땅속에서 나오지 않는 개구리는 봄날을 맞을 수 없다
→ 현재(영역, 땅속)에 머무른다면 성장의 기회(높은 영역, 봄날)는 없다.

53 텍스트 창안 조건에 맞는 내용 생성   정답 ①

| 정답 선택률 | ① 97.63% | ② 1.10% | ③ 0.41% | ④ 0.49% | ⑤ 0.26% |

정답해설

① ⓒ에서 러너스 하이는 심박수가 지나치게 낮거나 높은 상태에서는 경험하기 어려우며, 운동 강도가 점진적으로 상승할 때 경험할 수 있음을 설명하고 있다. 이때 시간이 지남에 따라 운동 강도가 점진적으로 상승하는 그래프는 ①이다.

오답분석

② ③ ④ ⑤ 모두 시간이 지남에 따라 운동 강도가 점진적으로 증가하는 그래프가 아니므로 ⓒ을 고려한 운동 방식을 나타낸 그래프로 적절하지 않다.

💡 **이렇게 풀면 정답**

ⓒ의 키워드를 그래프와 연관 짓는다.
예) ⓒ의 키워드: 점진적으로 상승

54 그림 창안 구체적 그림을 활용한 내용 생성   정답 ④

| 정답 선택률 | ① 0.16% | ② 0.55% | ③ 0.35% | ④ 97.14% | ⑤ 1.66% |

정답해설

④ ⓔ의 '과제 수행의 순서를 바꾸기 어려움.'은 여러 전자기기를 동시에 충전할 수 있는 장점이 있는 (가) '멀티탭'의 특성과 부합하지 않으므로 적절하지 않다. 따라서 답은 ④이다.

오답분석

① ⓐ의 '미리 충전해 둔 배터리를 통해 전자기기에 전원을 공급함'은 (나) '보조 배터리'의 특성과 부합하므로 적절하다.
② ⓑ의 '다양한 과제를 동시에 수행함'은 동시에 여러 플러그를 연결하여 충전하는 (가) '멀티탭'의 특성과 부합하므로 적절하다.
③ ⓒ의 '위기 상황에 대처 가능함'은 미리 충전하여 전자 기기의 방전 상황에 대비하는 (나) '보조 배터리'의 특성과 부합하므로 적절하다.
⑤ ⓓ의 '대처 가능한 시간에 한계가 있음'은 미리 충전하여 전자기기의 방전 상황에 대비하는 (나) '보조 배터리'의 특성과 부합하므로 적절하다.

※ 출처
• (가) www.flaction.com - power strip
• (나) www.pixabay.com - 보조 배터리

💡 **이렇게 풀면 정답**

그림을 분석한 표를 모두 다 검토하지 말고, 선택지의 문장이 그림과 논리적으로 어울리는지만 빠르게 확인하면 된다. 이때, 선택지로 제시되지 않은 '목적'이나 (가)의 표현은 올바른 설명이니 선택지를 판단할 수 있는 힌트가 된다.

55 그림 창안 시각 리터러시   정답 ③

| 정답 선택률 | ① 2.76% | ② 13.44% | ③ 79.78% | ④ 2.03% | ⑤ 1.77% |

정답해설

③ (가) 멀티탭의 사용법을 업무 수행 방식에 유추한다면, 멀티탭은 업무 수행자로, 멀티탭에 연결되는 복수의 플러그들은 업무로 이해할 수 있다. 이때 ③의 '사용하지 않을 때는 플러그 빼기'를 업무 수행 방식에 비유한다면 '업무 시간이 아닐 때는 충분한 휴식을 취하기' 정도로 이해할 수 있으며, '업무의 우선 순위를 정하여 수행하기'와는 관련성이 없다. 따라서 답은 ③이다.

오답분석

① '권장 용량을 넘어서 사용하지 않기'는 '자신의 한계를 넘지 않도록 업무 조정하기'로 이해할 수 있으므로 적절하다.
② '노후한 멀티탭은 새것으로 교체하기'는 '생산성이 낮은 업무 처리 방식 개선하기'로 이해할 수 있으므로 적절하다.
④ 멀티탭에 '먼지가 쌓이지 않도록 청결하게 유지하기'는 '업무 환경을 정리 및 정돈하기'로 이해할 수 있으므로 적절하다.
⑤ '전력을 많이 사용하는 기기는 멀티탭을 쓰지 말고 콘센트에 직접 연결하기'는 '중요한 업무는 다른 업무들과 동시에 처리하기보다는 집중하여 단독 수행하기'로 이해될 수 있으므로 적절하다.

56 텍스트 창안 유비 추론을 활용한 내용 생성   정답 ②

| 정답 선택률 | ① 14.74% | ② 63.51% | ③ 2.74% | ④ 17.70% | ⑤ 1.20% |

정답해설

② (나) 보조 배터리는 미리 충전해 두었다가 다른 전자기기가 방전되었을 때 충전을 돕는 역할을 한다. 이러한 특성을 고려했을 때 (나)로부터 미리 문제 해결 방안을 준비하면 위기 상황에 대처할 수 있다는 교훈을 도출할 수 있다. 이는 스트레스에 대처할 수 있는 행동 목록을 미리 만들고 수행한다는 ②의 조언 내용과 부합한다.

오답분석

① 믿을 수 있는 동료들과 서로 힘을 북돋워 주는 시간을 가져 보라는 조언 내용은 다양한 사람들과 연결되어 문제 상황을 해결하라는 의미로, (가) 멀티탭의 특징에 부합하므로 적절하지 않다.
③ 가족, 친구 등 주위에 있는 사람들과 소통하며 감정을 공유하라는 조언 내용은 다양한 사람들과 연결되어 문제 상황을 해결하라는 의미로, (가) 멀티탭의 특징에 부합하므로 적절하지 않다.
④ 업무 외에도 여가 시간에 할 수 있는 다양한 취미 활동을 시작하라는 조언은 다양한 분야의 활동을 동시에 시도하여 문제 상황을 해결하라는 의미로, (가) 멀티탭의 특징에 부합하므로 적절하지 않다.
⑤ 지금까지 해 왔던 일을 다양한 관점에서 성찰하고 보람과 의미를 찾으라는 조언은 업무에 다양한 의미를 부여하며 문제 상황을 해결하라는 것으로, (가)의 멀티탭의 특징에 부합하므로 적절하지 않다.

※ 출처: 안경진, "번아웃보다 위험하다고? 연말 직장인 노리는 '토스트아웃' 뭐길래", 서울경제, 2024. 12. 01. https://www.sedaily.com/NewsView/2DHY9RSJNF

💡 **이렇게 풀면 정답**

54번에서 그림을 모두 분석하였으니, 다시 그림을 분석할 필요 없이 앞 문제의 분석표를 바탕으로 (나)의 특징이 드러나는 사례를 빠르게 찾는다.

57 그림 창안 구체적 그림을 활용한 내용 생성   정답 ④

| 정답 선택률 | ① 2.03% | ② 7.71% | ③ 1.93% | ④ 86.73% | ⑤ 1.46% |

정답해설

④ (라)의 표현 전략은 사이버 공간에서 언어를 순화하지 않을 때 나타날 수 있는 부정적 결과를 제시하는 것이다. 이때 '당신의 온라인 언어, 이제 교정하세요'는 온라인 언어를 교정(순화)할 것을 제시하고 있지만, 온라인 언어를 순화하지 않았을 때 나타날 수 있는 부정적 결과는 제시하고 있지 않다. 따라서 정답은 ④이다.

오답분석

① (가)의 표현 전략은 피해자가 느끼는 고통을 제시하며 폭력을 방관하지 않아야 함을 강조하는 것이다. 이때 '혼자서는 감당할 수 없는 무게입니다'는 사이버 언어폭력의 고통이 매우 크고 타인의 도움이 필요하다는 내용을 동시에 제시하고 있다. 따라서 ①은 (가)에 해당하는 사례로 적절하다.

② (나)의 표현 전략은 사이버 언어폭력의 폭력성과 사이버 언어폭력 예방을 위한 태도를 동시에 제시하는 것이다. 이때 '온라인 채팅, 배려하지 않으면 흉기입니다'는 온라인 채팅이 흉기와 같은 폭력성을 가질 수 있다는 것과 동시에 타인을 배려하는 태도의 중요성을 제시하고 있다. 따라서 ②는 (나)에 해당하는 사례로 적절하다.

③ (다)의 표현 전략은 사이버 언어폭력이 심각한 범죄임을 강조하여 경각심을 주는 것이다. 이때 '키보드 위 10명의 범죄자'는 타자를 치는 손가락을 키보드 위의 범죄자로 표현하여 사이버 언어폭력이 심각한 언어 폭력임을 강조하고 있다. 따라서 ③은 (다)에 해당하는 사례로 적절하다.

⑤ (마)의 표현 전략은 발음은 유사하지만 대조적인 단어를 활용하여 광고의 주제 의식을 강조하는 것이다. 이때 '욕으로 쓰시겠습니까, 약으로 쓰시겠습니까'는 발음이 유사하지만 뜻이 대조적인 '욕'과 '약'이라는 단어를 활용하여 사이버 언어폭력 예방이라는 주제 의식을 강조하고 있다. 따라서 ⑤는 (라)에 해당하는 사례로 적절하다.

※ 출처
- 김진수, "시대 변화에 따른 학교폭력의 변화", 사이버 폭력, 전북도민일보, 2024.10.29. https://www.domin.co.kr/news/articleView.html?idxno=1489863
- 공익광고협의회, "보이지 않는 폭력1", 2015. (수상자: 문세림)
- 한국교원단체총연합회, "배려하지 않으면 채팅문자도 언어폭력의 흉기입니다", 2019. (수상자: 김영준)
- 공익광고협의회, "10인의 살인범", 2013.
- 공익광고협의회, "인터넷 언어 교정", 2007.
- 공익광고협의회, "잘 쓰면 약이 됩니다", 2014.

💡 **이렇게 풀면 정답**

지문이 짧고 이해하기 쉬워 지문 내용만으로도 쉽게 정답을 찾을 수 있다. 만약 시간이 부족해 글을 읽을 시간이 없다면 선택지만 비교하여 이질적인 주제의 그림을 찾는다.

58 그림 창안 구체적 그림을 활용한 내용 생성   정답 ⑤

| 정답 선택률 | ① 0.55% | ② 0.37% | ③ 30.10% | ④ 0.63% | ⑤ 68.22% |

정답해설

⑤ (나)와 <조건>을 고려했을 때, 정답은 사이버 언어폭력의 폭력성과 사이버 언어폭력 예방을 위한 태도를 동시에 제시하되, 대조의 방식과 청유문을 사용해야 한다. 이때 '사람을 찌르는 댓글이 아니라 사람을 살리는 댓글을 씁시다.'는 '사람을 찌르는 댓글'에서 사이버 언어폭력의 폭력성을, '사람을 살리는 댓글'에서 사이버 언어폭력 예방을 위해 취해야 하는 태도를 동시에 제시하고 있다. 또한 '찌르는 댓글'과 '살리는 댓글'에서 대조의 방식을 사용하고 있으며, '씁시다'에서 청유형 문장을 사용하고 있다. 따라서 답은 ⑤이다.

오답분석

① 메시지라는 칼로 사람을 벤다는 표현에서 사이버 언어폭력의 폭력성을 드러내고 있지만, 언어폭력 예방을 위한 태도를 제시하지 않았다. 또한 대조의 방법을 사용하지 않았으며, 청유문이 아닌 의문문을 사용하였으므로 ①은 적절하지 않다.

② '이제는 외면하지 마세요'라는 표현에서 언어폭력 예방을 위한 태도를 제시하고 있지만, 사이버 언어폭력의 폭력성을 드러내지 않았다. 또한 대조의 방법을 사용하지 않았으며, 청유문이 아닌 명령문을 사용하였으므로 ②는 적절하지 않다.

③ '사람의 마음을 치겠습니까?'라는 표현에서 사이버 언어폭력의 폭력성이 드러난다. 하지만 대조의 방법을 사용하지 않았으며 하지만 언어폭력 예방을 위한 태도를 제시하지 않았고, 청유문이 아닌 의문문을 사용하였으므로 ③은 적절하지 않다.

④ '마음에 멍을 남긴다'는 표현을 통해 사이버 언어폭력의 폭력성이 드러나고, '멍을 남기지 맙시다'라는 표현에서 언어폭력 예방을 위한 태도를 제시하고 있으며, '맙시다'에서 청유형 문장을 사용하고 있다. 하지만 대조의 방식을 활용하여 내용을 강조하지 않았으므로 ④는 적절하지 않다.

59 텍스트 창안 유비 추론을 활용한 내용 생성 정답 ①

| 정답
선택률 | ① 75.30% | ② 0.16% | ③ 3.96% | ④ 3.57% | ⑤ 16.91% |

정답해설

① ㉠은 후천적인 경험을 통해 병원체나 항원에 맞추어 다양한 항체를 생성하는 특이적 방어 적응에 대해 설명하고 있고, <보기>에서는 다양한 사회적 상황에 맞춰 자아를 연출하는 것에 대해 설명하고 있다. 즉 두 경우는 모두 외부 요소와의 상호작용을 통해 변화하고 적응하는 특징에 대해 이야기하고 있다. 이를 고려하였을 때 '자아 형성'과 관련하여 이끌어 낼 수 있는 내용은 ① '자아는 사회적 상호 작용을 통해 변화할 수 있다'이다.

오답분석

② 자아는 선천적으로 타고나며 일생 동안 변하지 않는다는 설명은, 자아가 후천적으로 형성됨을 주장하는 <보기>의 내용에 부합하지 않는다.
③ 자아는 타인에 대한 관찰과 모방을 통해 형성된다는 내용은 ㉠과 <보기>를 통해 이끌어낼 수 없다.
④ 자아는 개인이 스스로를 어떻게 규정하는지에 영향을 받는다는 설명은 ㉠과 <보기>를 통해 이끌어낼 수 없다.
⑤ 자아가 여러 차원으로 구성된다는 설명은 <보기>와 관련이 있으나, 각 차원은 상호 영향 관계에 있다는 설명은 ㉠과 <보기>를 통해 이끌어낼 수 없다.

※ 출처: 황인철(2024), 『어빙 고프만의 인문학 상호작용의례 톺아보기』, 루미너리북스

> **이렇게 풀면 정답**
> ㉠의 핵심 내용과 <보기>의 핵심 내용을 연결시켜 공통점을 찾아낸다.
> 예 • ㉠: 후천적 경험에 따라 다양한 항체 생성
>   • <보기>: 상황별로 다른 자아 연출
>   → 공통점: 경험과 환경에 따라 변하는 유동적 특성

60 텍스트 창안 유비 추론을 활용한 내용 생성 정답 ④

| 정답
선택률 | ① 0.30% | ② 1.24% | ③ 16.14% | ④ 81.98% | ⑤ 0.28% |

정답해설

④ ㉡은 면역 반응 중 2차 면역 반응에 대한 설명으로, 기억 세포의 작용으로 인해 면역 반응 시간이 짧고 면역 효율이 강하다는 내용이다. 이를 인간의 삶에 유추하면 예전에 경험한 내용에 대한 기억을 통해 이후의 문제를 더욱 효과적으로 해결할 수 있다는 내용을 도출할 수 있다. 이때 ④는 특정 음식물에 대한 부정적 기억이 그 대상에 대한 기피로 나타나는 상황을 설명하고 있는데, 이는 '경험과 기억'과는 연관되지만 '경험을 통한 문제의 효과적 해결'과는 관련성이 없다. 따라서 정답은 ④이다.

오답분석

① '수학 문제를 풀 때 과거에 풀었던 유형의 문제를 더 쉽게 풀 수 있는' 사례는 ㉡에서 제시하는 '경험 및 기억을 통한 문제의 효과적 해결'에 부합하는 사례이므로 적절하다.
② '스포츠 경기에서 상대했던 팀의 특성을 기억하여 적절한 전략을 세우는' 사례는 ㉡에서 제시하는 '경험 및 기억을 통한 문제의 효과적 해결'에 부합하는 사례이므로 적절하다.
③ '컴퓨터에서 웹 사이트에 대한 정보를 저장하여 정보 처리 속도를 단축'하는 사례는 ㉡에서 제시하는 '경험 및 기억을 통한 문제의 효과적 해결'에 부합하는 사례이므로 적절하다.
⑤ '처음 찾아가는 장소보다 한 번 방문했던 장소에 갈 때 길을 빠르게 찾는' 사례는 ㉡에서 제시하는 '경험 및 기억을 통한 문제의 효과적 해결'에 부합하는 사례이므로 적절하다.

> **이렇게 풀면 정답**
> 선택지에서 흐름과 다른 이질적인 내용을 찾는다. 나머지 선택지는 모두 기억과 경험을 통한 긍정적인 결과를 설명하는데, ④만 부정적인 결과이다.

읽기 (61번~90번)

★★★ = 난도 상
★★☆ = 난도 중
★☆☆ = 난도 하
🔖 = 가장 헷갈리는 오답

회차별 평균 정답률

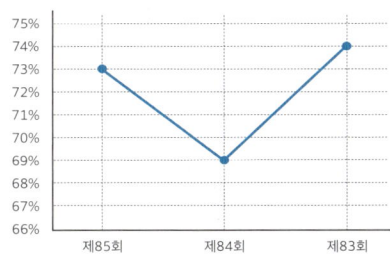

→ 제83회 읽기 평균 정답률은 약 74%로, 2025년 상반기 기출 3회분 중에서 가장 쉬웠다. 30문제 중 '난이도 하' 14문제, '난이도 중'은 13문제, '난이도 상'은 3문제 출제됐다.

평가 요소별 문제 수 & 최다 출제 평가 요소

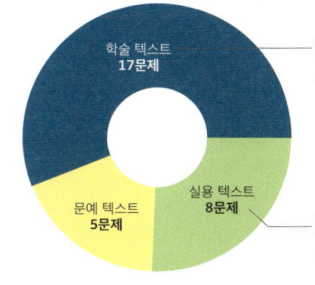

최다출제 1위 학술 텍스트
→ '학술 텍스트'는 17문제로, 읽기에서 가장 많이 출제된다. 그중 '학술 텍스트 추론하기'가 7문제로 가장 많이 나오는데, 지문에 드러나지 않은 정보나 의미를 유추하는 문제이다.

최다출제 2위 실용 텍스트
→ '실용 텍스트'는 8문제로, 읽기에서 두 번째로 많이 출제된다. 그중 '실용 텍스트 이해하기'와 '실용 텍스트 추론하기'가 2문제씩 나온다. 지문을 사실적으로 이해하거나 지문에 드러나지 않은 정보나 의미를 유추하는 문제이다.

★☆☆

61 | 문학 텍스트 | 문학 텍스트 이해하기 | 정답 ②

| 정답 선택률 | ① 0.87% | ② 93.99% | ③ 0.65% | ④ 1.06% | ⑤ 2.82% |

정답해설

② 1연 3~4행(~들깐에는, ~가정에는), 4연 2~3행(~강아지야, ~것들아), 4연 5~6행(~왔다) 등 유사한 문장 구조를 반복하여 운율을 형성하고 있으므로, 윗글에 대한 설명으로 적절하다.

오답분석

① 직유법을 활용하거나, 자연 친화적 태도를 나타내고 있지 않으므로 적절하지 않다.
③ 눈, 얼음, 추운 길 등의 겨울임을 암시하는 시어를 사용하여 가장으로서 화자의 고달픈 현실을 드러내고 있을 뿐, 계절의 순환이 드러나지는 않는다. 또한 마지막 4연 11~12행에서 가족을 사랑하는 마음으로 현실을 극복하고자 하는 화자의 의지를 엿볼 수 있으나, 계절의 순환을 통해 화자의 의지를 점층적으로 부각하고 있지는 않으므로 적절하지 않다.
④ 청유형 어미를 활용하거나, 긍정적 미래에 대한 지향을 강조하고 있지 않으므로 적절하지 않다.
⑤ 공감각적 심상을 활용하거나, 시적 대상인 가족에 대한 화자의 정서가 변화되지는 않는다. 참고로 화자의 정서가 '고달픔, 자기 연민'에서 '현실 극복 의지'로 변화한 것은 맞지만, 이는 시적 대상인 가족에 대한 사랑으로 화자가 극복 의지를 표현한 것일 뿐, 시적 대상에 대한 화자의 정서가 변화한 것이라고 볼 수 없다. 따라서 공감각적 심상을 활용하여 시적 대상에 대한 정서의 변화를 나타내고 있다는 설명은 적절하지 않다.

※ 출처: 나희덕(1994), 「가정(家庭)」, 『그 말이 잎을 물들였다』, 창작과 비평사

💡 **이렇게 풀면 정답**

- 선택지에서 '청유형, 공감각적 심상'과 같은 표현 방식을 먼저 체크한 뒤, 지문에서 그 표현이 쓰였는지 확인하고, 쓰였다면 표현 효과까지 차례대로 검토하며 판단한다.
- 표현 방식의 의미를 잘 모른다면, 지문에 그 표현 방식이 쓰였는지 확인할 수 없으므로 자주 나오는 표현 방식의 정의를 반드시 알아 둔다.
- 〖예〗 공감각적 심상: 어떤 하나의 감각이 다른 영역의 감각을 일으키는 일로, 예를 들어 소리를 들으면 빛깔이 느껴지는 것을 말한다.

★☆☆

62 | 문학 텍스트 | 문학 텍스트 비판하기 | 정답 ③

| 정답 선택률 | ① 0.69% | ② 5.95% | ③ 82.89% | ④ 0.57% | ⑤ 9.78% |

정답해설

③ 〈보기〉에서 이 작품은 가족에 대한 애정으로 삶의 무게를 견디는 아버지의 모습을 그려내고 있다고 설명한다. 이를 바탕으로 할 때 ⓒ은 가장으로서 느끼는 현실의 어려움을 나타내는 것일 뿐, 사랑하는 가족을 만날 수 없는 현실을 그린 것은 아니므로 해당 진술은 적절하지 않다.

오답분석

① 신발이 아홉 켤레라는 표현은 화자 자녀의 수가 아홉 명임을 나타내는 것이므로 적절하다.
② 십구문 반이라는 신발의 크기는 가장의 무게를 드러낸 표현이므로 적절하다.
④ 자녀를 아홉 마리의 강아지라고 부르는 표현에서 화자인 아버지의 애정을 느낄 수 있으므로 적절하다.
⑤ '~가 왔다'라는 반복적 표현을 통해 고달픈 현실을 견디고 돌아온 아버지의 책임감을 느낄 수 있으므로 적절하다.

💡 **이렇게 풀면 정답**

〈보기〉의 관점을 먼저 파악하고, 선택지의 시구가 시의 주제와 〈보기〉의 관점에 맞게 해석됐는지 판단한다.

★☆☆

63 | 문학 텍스트 | 문학 텍스트 이해하기 | 정답 ③

| 정답 선택률 | ① 4.16% | ② 1.70% | ③ 85.35% | ④ 3.21% | ⑤ 5.34% |

정답해설

③ 윗글은 대부분 하야시와 홍규의 대화로 이루어지며, 서술자는 이 두 인물의 대화 사이에 홍규의 내면 심리 묘사나 하야시 및 홍규의 행동 묘사를 제시함으로써 사건을 전개하고 있다. 이를 통해 홍규가 이내 마쓰노라는 청년을 데리러 국경을 건너가는 사건이 벌어지리라는 것을 암시한다. 따라서 인물의 언행과 심리를 교차하여 묘사함으로써 사건을 전개한다는 설명은 윗글의 서술상 특징으로 적절하다.

오답분석

① 윗글에서 조선인 부친을 둔 청년이 마쓰노라는 이름으로 살아왔다는 내용을 언급하며 인물의 외면과 내면을 묘사하고 있다. 그러나 이를 외면과 내면이 상충한 모순의 사례로 드러내거나, 풍자의 대상으로 삼고 있지는 않으므로 적절하지 않다.

② 인지 능력, 도덕성, 경험 부족 등 서술의 객관성과 정확성을 보장하지 못하여 서술자의 신뢰성을 의심하도록 만드는 요소나, 혼란을 유발하는 내용은 윗글에서 확인할 수 없으므로 적절하지 않다.

④ 조선인 부친을 둔 청년이 마쓰노라는 일본 이름으로 살아가게 되었고 일본인 아내와 결혼했다는 사실, 그 마쓰노가 안동에 남아 고립되어 있다는 사실 등이 하야시와 홍규의 대화를 통해서 밝혀진다. 따라서 대화로도 의구심이 풀리지 않은 채로 사건에 신비감을 준다는 설명은 적절하지 않다.

⑤ 하야시가 홍규에게 도움을 청하는 데서 두 사람의 입장이 구분되는 것은 사실이지만, 이로 인해 등장인물 간 갈등이 심화되었다고 보기는 어렵다. 더군다나 홍규는 마쓰노라는 청년을 떠올리며 잠깐 고민했을 뿐, 하야시의 청탁에 대해서는 대체로 원만하게 승낙하였으므로 긴장감을 조성한다는 설명 또한 적절하지 않다.

※ 출처: 염상섭(1987), 「해방의 아들」,「염상섭 전집 10 중기단편 1946~1953」, 민음사

💡 **이렇게 풀면 정답**

선택지에 제시된 '모순', '교차 묘사' 등의 키워드를 체크해 두고 작품을 읽으며 하나씩 소거한다.

---

64 문학 텍스트 — 문학 텍스트 추론하기 — 정답 ④

| 정답 선택률 | ① 3.51% | ② 4.20% | ③ 18.12% | ④ 27.74% | ⑤ 46.01% |

정답해설

④ 하야시의 해명에 따르면, 하야시의 질녀(조카)는 일본인이며 그녀의 남편(하야시의 조카사위) ⓒ'마쓰노'는 혼혈 조선인(부친이 조선인이고 모친은 일본인)이다. 윗글의 2문단에서 ㉠'홍규'는 이 사실을 가네기라는 안집 친구로부터 듣고 이미 알았는데 실상은 조카딸 내외의 국적이 소문이나 추측과는 뒤바뀌어 버린 것이라고 서술하고 있다. 즉 하야시의 해명을 듣기 전에 ㉠'홍규'는 ⓒ'마쓰노'가 일본인이고 그의 아내가 조선인이라고 짐작했던 것이므로, 해당 진술은 ㉠, ⓒ에 대한 이해로 가장 적절하다.

오답분석

① 홍규는 마쓰노를 데리러 안동에 가기로 작정하면서 남겨 두고 온 내 짐도 찾아와야 한다고 말한다. 이를 통해 그가 이전까지 중국의 안동 지역에서 지냈던 것을 짐작할 수 있으므로 ㉠'홍규'가 타국에서 머무른 적이 없다는 진술은 적절하지 않다.

② 홍규에게 마쓰노를 구해 달라고 도움을 청한 이는 ⓒ'마쓰노'의 아내가 아닌 하야시다. 또한 하야시가 자신의 뜻으로 도움을 청한 것인지 ⓒ'마쓰노'의 의뢰를 받은 것인지는 윗글을 통해 확인할 수 없다. 따라서 ⓒ'마쓰노'의 아내가 마쓰노의 의뢰대로 ㉠'홍규'에게 도움을 청했다는 진술은 적절하지 않다.

③ ㉠'홍규'가 ⓒ'마쓰노'에 대해 불쾌해 하며 못마땅하게 여긴 이유는, ⓒ'마쓰노'가 처숙부인 하야시에게 의탁했기 때문이 아니라 혼혈 조선인인 ⓒ'마쓰노'가 지금까지 일본인으로서 살아왔다는 것과 그것이 종족에 따른 위계질서에 따라 지위상의 편의를 누리기 위한 것이었을지도 모른다고 생각했기 때문이다. 따라서 ⓒ'마쓰노'가 처숙부에게 의탁한 점을 ㉠'홍규'가 못마땅하게 여겼다는 진술은 적절하지 않다.

⑤ 하야시의 진술대로라면 ⓒ'마쓰노'는 대략 열 살 이후 가정형편 탓에 외조부의 일본인 민적에 등록되어, 이후 줄곧 일본인으로서 살아왔음을 알 수 있다. 그가 편의에 따라 조선인과 일본인 신분을 오가면서 살아왔다고 판단할 수 있는 근거는 확인할 수 없으므로, 해당 진술은 적절하지 않다.

🔖 당시에는 일본인으로 사는 편이 이로운 점이 많았다는 언급 때문에 정답으로 혼동할 수 있으나, 이를 통해 신분을 바꿔 가며 살아왔음은 알 수 없다.

💡 **이렇게 풀면 정답**

㉠, ⓒ이 가리키는 인물의 행동, 감정 등이 실제 지문과 일치하는지 하나씩 대조하며 적절성을 판단한다.

---

65 문학 텍스트 — 문학 텍스트 비판하기 — 정답 ⑤

| 정답 선택률 | ① 2.98% | ② 5.40% | ③ 9.44% | ④ 6.90% | ⑤ 74.85% |

정답해설

⑤ 가정 문제를 바로잡아 놓는 것이 좋겠다는 홍규의 말은 문제를 혈통적 민족주의로 이끌어 축소시키는 현상이라고 볼 수 있다. 이는 존재의 다양성을 구현할 수 있다는 전망을 내포하는 것이 아니라 오히려 다중성과 다양성을 소거하는 현상으로 볼 수 있으므로, 윗글을 비평한 내용으로 적절하지 않다.

오답분석

① 하야시는 마쓰노가 만주에까지 와서 일본인으로 지내던 것에 대해, 가봉(加俸)이나 배급(配給)에 이로운 점이 없지 않아 있었다고 대수롭지 않게 말한다. 이는 전쟁 중에 일본인이 조선인들보다 더 많은 급여와 배급을 획득할 수 있었음을 짐작하게 한다. 이러한 언급은 마땅히 조선인이어야 할 마쓰노가 일본인 행세를 하며 득을 본 것처럼 느껴지게 하여, 민족주의적 관점을 가진 자들로 하여금 언짢게 보이도록 유도한 것이므로, 윗글을 비평한 내용으로 적절하다.

② <보기>의 내용을 참고하여 윗글의 내용을 파악하였을 때, 하야시가 마쓰노를 신의주로 빼 데려오려고 하는 것은 태평양 전쟁 종식 직후 조선인이나 중국인이 일본인에게 행사한 폭력에 다치거나 죽을지도 모른다는 걱정 때문이다. 이렇듯 열세에 놓인 일본인에 관한 묘사는 해방 직후에 종족 차별의 질서와 위계가 전도되었음을 보여 준다. 이러한 상황은 조선인으로서의 소속감과 정체성에 대해 긍정적으로 여기게 하고, 민족주의를 더 강화하게 만드는 조건에 해당하므로, 윗글을 비평한 내용으로 적절하다.

③ 윗글은 혼혈인인 마쓰노가 자신의 선택으로 정체성을 결정할 수 있는 문제인 듯이 다루고 있다. 이는 혼혈인의 복잡한 정체성에 대한 것을 납작한 평면으로 만들면서 혈통적 민족주의를 더욱 심화하는 계기로 볼 수 있으므로, 윗글을 비평한 내용으로 적절하다.

④ 홍규는 마쓰노의 부친이 조선인이므로 마쓰노 역시 어엿한 조선인이라고 판단하고 있다. 뿐만 아니라 마쓰노가 자기 부친의 성을 취함으로써 조선인의 정체성을 회복하는 게 일종의 순리인 듯이 여기며, 이제 마쓰노가 자기 성을 찾을 것인지를 묻거나, 이 기회에 바로잡아 놓는 것이 좋겠다고 말한다. 이는 성을 부계를 따라 바꾸는 것이 조선인으로 자기를 표명하는 일과 같은 궤로 여기는 혈통적 민족주의가 나타난 사례에 해당하므로, 윗글을 비평한 내용으로 적절하다.

💡 **이렇게 풀면 정답**

<보기>의 핵심 관점에 밑줄을 긋고, 선택지의 관점과 동일한지 일대일로 대응해 본다.
- <보기>: 혼혈인의 다양성을 소거한 채로 혈통적 민족주의로 복귀하는 일
  → 혈통적 민족주의로 복귀하는 것은 다양성을 소거하는 것이다.
- ⑤ 가정 문제를 바로잡아 놓는 것이 좋겠다는 홍규의 말은 혈통적 민족주의를 추구함으로써 존재의 다양성을 구현할 수 있다는 전망을 내포하는군.
  → <보기>의 관점과는 모순적인 내용이다.

★☆☆
66 학술 텍스트 학술 텍스트 이해하기   정답 ④

| 정답선택률 | ① 0.26% | ② 0.85% | ③ 1.34% | ④ 96.75% | ⑤ 0.71% |

정답해설

④ 2문단 끝에서 2~3번째 줄을 통해 전통 마을의 집이 복잡한 길 주변에 위치하고 있었음을 알 수 있으며, 3문단을 통해 길을 오가며, 이웃들과 자연스러운 만남을 가지며 친밀한 관계를 형성할 수 있었음을 알 수 있다. 따라서 길의 복잡한 구조가 소원한 인간관계의 원인이 되었다는 ④는 전통 마을에 대한 이해로 적절하지 않다.

오답분석

① 2문단 끝에서 3~4번째 줄을 통해 과거 사람들은 곧게 뻗은 길을 흉하게 생각하고, 구부러진 형태의 길을 길하게 생각했음을 알 수 있다.
② 2문단 1번째 줄을 통해 과거에는 자기가 살 곳을 자기가 정하였음을 알 수 있다. 따라서
③ 3문단 1번째 줄을 통해 과거에는 생활을 하는 집과 일을 하는 곳이 가까웠음을 알 수 있다
⑤ 2, 4문단을 통해 전통 마을마다 '공터', '마당', '골목길'이 있었으며, 이를 중심으로 마을 안을 이동하다 보면 자연스럽게 만남과 모임이 형성되었음을 알 수 있다. 반면 5, 6문단을 통해 아파트에는 '사이 공간'이 없음을 알 수 있다.

※ 출처: 전남일(2015), 『집』 돌베개, 281~299쪽

💡 **이렇게 풀면 정답**
- 지문을 읽기 전 반드시 선택지를 먼저 체크해 지문의 어떤 정보에 주목할지 파악한다.
- 이해하기 유형은 지문과 선택지 표현이 비슷하므로 지문에서 단어를 찾아 내용 일치 여부를 확인한다.

★☆☆
67 학술 텍스트 학술 텍스트 추론하기   정답 ⑤

| 정답선택률 | ① 2.23% | ② 0.87% | ③ 2.23% | ④ 0.97% | ⑤ 93.65% |

정답해설

⑤ 지시문의 '⑤ 커뮤니티'는 문맥상 마을 안에서 비의도적으로 자연스럽게 형성된 모임을 가리킨다. ⑤ 역시 마을 안에서 비의도적으로 자연스럽게 형성되어 교류하고 있으므로 ⑤의 사례로 가장 적절하다.

오답분석

① ①은 활동 공간이 온라인이며 목적성을 지닌 있는 모임이므로 ⑤의 사례로 적절하지 않다.
② ②는 관광을 위한 목적을 지닌 모임이며, 마을 안에서의 교류라고 할 수도 없으므로 ⑤의 사례로 적절하지 않다.
③ ③은 마을 안에서 형성되었으나, 정기 총회라는 목적을 지닌 모임이므로 ⑤의 사례로 적절하지 않다.
④ ④는 마을 안에서 형성되었으나, 민원 제기라는 특정 목적을 지닌 모임이므로 ⑤의 사례로 적절하지 않다.

★★☆
68 학술 텍스트 학술 텍스트 비판하기   정답 ②

| 정답선택률 | ① 22.69% | ② 61.52% | ③ 2.31% | ④ 4.20% | ⑤ 9.17% |

정답해설

② <보기>에서 인터뷰 응답자는 자신이 살았던 아파트에서의 인간적인 추억들을 떠올리며 이를 기록으로 남기고 싶어 한다. 이는 아파트라는 인위적 공간도 인간적인 교류와 정이 얼마든지 존재할 수 있는 곳임을 보여주는 사례로 볼 수 있다. 이러한 입장에서 윗글은 아파트가 지닌 소통 부재의 부정적 측면을 '사이 공간'의 부재를 예로 들어 건축 구조의 관점에서만 비판한 것으로 볼 수 있다.

오답분석

① <보기>에서 아파트 단지에 푸른 나무가 많았음은 알 수 있으나, 자연과의 융합을 언급하고 있지는 않으므로 윗글에 대한 반응으로 적절하지 않다.
③ <보기>는 아파트에도 인간적인 교류와 정이 존재할 수 있음을 언급할 뿐, 아파트의 편리함에 대해서는 언급하지 않고 있으므로 윗글에 대한 반응으로 적절하지 않다.
④ <보기>는 아파트의 보존보다는 인간적인 교류와 정이 있던 아파트를 기록하는 것에 초점을 두고 있으므로 윗글에 대한 반응으로 적절하지 않다.
⑤ <보기>에서 자기 동네가 푸르고 좋은 곳이었다고 언급하고 있으므로 윗글에 대한 반응으로 적절하지 않다.

★★☆
69 학술 텍스트 추론하기 사회 텍스트 읽기   정답 ⑤

| 정답선택률 | ① 4.57% | ② 10.64% | ③ 3.35% | ④ 6.92% | ⑤ 74.24% |

정답해설

⑤ 1문단 4~5번째 줄을 통해 법률안 재의결을 위해서는 재적의원 과반수가 출석해야 하며, 출석의원 3분의 2 이상이 찬성해야 함을 알 수 있다. 따라서, 법률안 재의결에 전체 국회의원 중 3분의 2의 찬성이 필요하다는 것은 윗글의 내용과 일치하지 않는다.

오답분석

① 4문단 1번째 줄을 통해 민법은 1958년 공포되었다고 하였음을 알 수 있다. 따라서 ①은 윗글의 내용과 일치한다.
② 2문단 1번째 줄을 통해 공포가 '공식적으로 널리 알림'을 의미함을 알 수 있다. 또한 3문단 1번째 줄을 통해 관보가 국민에게 '널리 알리기' 위해 발행하는 공식적인 기관지임을 알 수 있다. 따라서 관보가 국민에게 공포할 사항을 싣는 신문이라는 ②는 윗글의 내용과 일치한다.
③ 1문단 끝에서 3~4번째 줄을 통해 헌법상 법률은 특별한 규정이 없는 경우, 공포한 날로부터 20일이 지나야 효력이 발생함을 알 수 있다. 따라서 ③은 윗글의 내용과 일치한다.
④ 1문단 2~3번째 줄을 통해 국회에서 의결된 법률안이 정부로 넘어온 경우 대통령은 국무회의의 심의를 거친 후 공포를 해야 함을 알 수 있다. 따라서 ④는 윗글의 내용과 일치한다.

> **이렇게 풀면 정답**
> 숫자 키워드는 비교적 지문에서 쉽게 확인할 수 있으므로, 이를 먼저 찾아 정·오답을 빠르게 판별한다.

70 학술 텍스트 추론하기 · 사회 텍스트 읽기 — 정답 ①

| 정답선택률 | ① 84.13% | ② 4.30% | ③ 3.86% | ④ 2.07% | ⑤ 5.42% |

정답해설

① 3문단 4~5번째 줄에 의하면 관보에 실린 그 자체로 법이며, 관보에 실린 조문들의 맞춤법이나 띄어쓰기가 틀린 것이 있어도 그 자체로 법이다. 이를 통해 법률의 원문을 확인하는 기준은 관보에 실린 법률 그대로임을 추론할 수 있다.

오답분석

② 3문단 3~4번째 줄에 의하면 법령 정보를 관보로 확인하는 일은 거의 없지만, 법령은 관보에 실린다. 하지만 이를 통해 관보에 고시되는 법령이 줄고 있다는 내용은 추론할 수 없으므로 ②의 추론은 적절하지 않다.

③ 2문단 2~3번째 줄에 의하면 국회의장이 법률을 공포할 때는 2개 이상의 일간 신문에 공포하는데, 이는 예외적인 경우라고 하였다. 따라서 주요 일간지가 국가의 공식적인 국민 홍보 도구로 인정받고 있다는 추론은 적절하지 않다. 국가의 공식적인 국민 홍보 도구는 관보이다.

④ 3문단 4~6번째 줄에 의하면 관보에 실린 조문들의 맞춤법이나 띄어쓰기가 틀린 것이 있어도 그 자체로 법이라고 하였으며, 법이 개정되기 전까지는 해당 표현이 공식적인 법령용어라고 하였다. 따라서 표현이 잘못된 법조문을 공식적으로 인용할 때 고쳐 표기하는 것이 원칙이라는 추론은 적절하지 않다.

⑤ 3문단 끝에서 1~3번째 줄에 의하면 관보의 법령은 개정되기 전까지는 공식적인 법령용어이며, 어려운 말을 쉽게 풀어서 쓴 것도 법을 왜곡하는 것이라고 하였다. 따라서 현행 법령에 있는 한자들을 한글로 바꾼 것을 법령용어로 보는 것은 법을 왜곡하는 것이므로 그것이 현재의 원칙이라는 추론은 적절하지 않다.

> **이렇게 풀면 정답**
> 추론 문제는 선택지의 키워드를 체크한 후, 지문에서 해당 키워드의 앞뒤 맥락을 읽어 추론한다.

71 학술 텍스트 비판하기 · 사회 텍스트 읽기 — 정답 ①

| 정답선택률 | ① 65.17% | ② 14.82% | ③ 3.45% | ④ 4.06% | ⑤ 12.32% |

정답해설

① 1문단 1번째 줄에서 법률이 유효하려면 공포의 절차가 필요하다고 하였고, 1문단 끝에서 3~4번째 줄에서 법률이 효력을 가지려면 법률을 공포한 날로부터 20일이 경과되어야 한다고 하였다. 따라서 공포의 절차를 거치지 않은 법률은 효력이 없음을 알 수 있다.

오답분석

② 2문단 2~3번째 줄에서 2개 이상의 일간 신문에 법률을 공포하는 것은 국회의장이 공포를 하는 예외적 상황이라고 하였다. 따라서 일반적으로 법률의 공포를 2개 이상의 일간지에 게재하는 방식으로 한다는 설명은 적절하지 않다.

③ 1문단 3~4번째 줄에서 정부로 넘어온 법률안을 대통령이 공포도 하지 않고 거부권도 행사하지 않을 경우, 15일이 만료되는 시점에 법률로 확정된다고 하였다. 따라서 대통령이 법률안을 공포도 거부도 하지 않을 경우 국회에서 재의결하여 공포한다는 설명은 적절하지 않다.

④ 1문단 끝에서 3~4번째 줄에서 국회 재의결을 통해 법률이 확정되었다고 해서 효력이 생기는 것은 아니며, 법률은 공포한 날로부터 20일이 경과되어야 효력이 발생한다고 하였다. 따라서 국회의 재의결을 통해 법률이 확정되면 공포하지 않아도 법률의 효력이 발생한다는 설명은 적절하지 않다.

⑤ 2문단 끝에서 1번째 줄에서 대통령의 법률 공포는 관보에 하도록 되어 있다고 하였으며, 1문단 끝에서 3~4번째 줄에서 법률은 공포한 날로부터 20일이 경과되어야 발생한다고 하였다. 즉, 관보 발행일로부터 20일이 지나야 하는 것이다. 따라서 공포된 법률이 그 법률이 실린 관보의 발행일에 효력을 갖는 것이 헌법상의 원칙이라는 설명은 적절하지 않다.

72 학술 텍스트 추론하기 · 사회 텍스트 읽기 — 정답 ③

| 정답선택률 | ① 8.02% | ② 3.21% | ③ 75.08% | ④ 2.35% | ⑤ 11.20% |

정답해설

③ ㉡ 앞에는 관보에 실린 법률 조문들의 맞춤법, 띄어쓰기가 틀린 것이 있어도, 그것 자체로 법이라는 문법적 오류를 인정하는 내용이 제시되어 있고, ㉡이 포함된 문장에서는 개정이 되기 전까지는 그것이 공식적인 법령용어라는 내용이 제시되어 있다. 이어서 ㉡ 뒤에는 법에 실린 어려운 낱말, 구절을 쉽게 풀어 써 법조문으로 인용하면 그것은 법을 왜곡하는 것이라는 내용이 제시되어 있다. 따라서 ㉡에는 오류를 인정하는 내용이 제시되어야 하며, 그 용어가 법률용어임과 동시에, 난해한 용어라는 내용이 들어가야 함을 알 수 있으므로 ㉡에 들어갈 말로 가장 적절한 것은 ③이다.

오답분석

① 구절에 대해 언급하고 있으므로 '법령용어'에 상응하지 않는다. 따라서 ①은 ㉡에 들어갈 내용으로 적절하지 않다.

② 법조문의 형식에 대해 언급하고 있으므로 '법령용어'에 상응하지 않는다. 따라서 ②는 ㉡에 들어갈 내용으로 적절하지 않다.

④ ㉡에는 법률용어가 난해하다는 등의 내용이 들어가야 하므로 문맥상 어울리지 않는다. 따라서 ④는 ㉡에 들어갈 내용으로 적절하지 않다.

⑤ 조문의 구조에 대해 언급하고 있으므로 '법령용어'에 상응하지 않는다. 따라서 ⑤는 ㉡에 들어갈 내용으로 적절하지 않다.

73 학술 텍스트 · 학술 텍스트 이해하기 — 정답 ②

| 정답선택률 | ① 4.44% | ② 67.47% | ③ 7.55% | ④ 9.93% | ⑤ 10.09% |

정답해설

② 캔틸레버의 재질이 도체인지 부도체인지에 대한 내용은 윗글에 제시되어 있지 않으므로 ②는 윗글을 읽고 대답할 수 있는 내용으로 적절하지 않다.

오답분석

① 1문단 4~8번째 줄을 통해 전도체, 반도체에 탐침을 가까이 해 전압을 걸어주면 터널링이 일어남을 알 수 있으므로 ①은 글을 읽고 대답할 수 있는 내용으로 적절하다.

③ 1문단 1번째 줄을 통해 원자 현미경 중에서 제일 먼저 개발된 것은 STM임을 알 수 있으므로 ③은 윗글을 읽고 대답할 수 있는 내용으로 적절하다.

④ 2문단에 1번째 줄을 통해 압전체에 전압을 가하면 기계적 변형이 일어남을 알 수 있으므로 ④는 윗글을 읽고 대답할 수 있는 내용으로 적절하다.

⑤ 3문단 끝에서 6~7번째 줄과 4문단에 1번째 줄을 통해 접촉식 AFM은 1~10×10⁻⁹N 정도의 힘을 사용하고 비접촉식 AFM은 0.01×10⁻⁹N 이하의 힘을 사용함을 알 수 있다. 이를 통해 접촉식 AFM이 더 큰 힘을 사용함을 알 수 있으므로 ⑤는 윗글을 읽고 대답할 수 있는 내용으로 적절하다.

※ 출처: 양경득(2009), 나노 세계의 열쇠: 원자 현미경, 화학교육, 봄호, pp14~20.

이렇게 풀면 정답

하나의 지문으로 3~4문제를 풀어야 하므로 반복적으로 지문을 읽어야 한다. 따라서 주요 키워드에 서로 다른 기호를 사용해 표시하여 지문 구조를 빠르게 재확인한다.

다. 3문단을 통해 STM의 결점을 해결한 것이 AFM이므로 AFM 역시 반도체의 샘플 표면 형상을 관찰할 수 있다. 따라서 'ㄱ'은 학생들의 반응으로 적절하다.

- ㄹ. 오른쪽 그림은 비접촉식 AFM다. 4문단 끝에서 2~4번째 줄을 통해 비접촉식 AFM은 인력이 공명진동수와 진폭을 변화시키는 것을 측정하는 방식임을 알 수 있다. 따라서 'ㄹ'은 학생들의 반응으로 적절하다.

오답분석

- ㄴ. 4문단 3~4번째 줄을 통해 공명진동수가 바뀌어 탐침과 샘플 간의 인력이 변하는 것이 아니라 탐침과 샘플 간의 인력이 변하여 공명 진동수가 변하는 것임을 알 수 있다. 따라서 'ㄴ'은 학생들의 반응으로 적절하지 않다.
- ㄷ. 오른쪽 그림은 비접촉식 AFM이다. 비접촉식 AFM은 캔틸레버가 접촉하지 않아, 캔틸레버가 휘어지지 않으므로 포토다이오드를 통해 캔틸레버가 휘는 정도를 측정할 수 없다. 따라서 'ㄷ'은 학생들의 반응으로 적절하지 않다.

---

74 학술 텍스트 — 학술 텍스트 추론하기   정답 ⑤

| 정답선택률 | ① 1.66% | ② 10.35% | ③ 12.40% | ④ 9.28% | ⑤ 65.82% |

정답해설

⑤ 3문단 1번째 줄을 통해 ㉠ 'STM'은 부도체 샘플의 표면의 형상은 관찰할 수 없음을 알 수 있다. 반면 ㉡ 'AFM'의 경우 부도체 샘플의 표면 형상도 관찰할 수 있음을 알 수 있다. 따라서 ㉡ 'AFM'을 이용하여 표면의 형상을 볼 수 있는 샘플 모두는 ㉠ 'STM'에서도 관찰이 가능하다는 ⑤는 ㉠과 ㉡에 대한 설명으로 적절하지 않다.

오답분석

① 1문단 1번째 줄을 통해 ㉠ 'STM'이 처음 개발된 원자 현미경이며, 3문단 1~2번째 줄에서 STM의 결점을 해결한 원자 현미경이 ㉡ 'AFM'임을 알 수 있다. 따라서 ①은 ㉠과 ㉡에 대한 설명으로 적절하다.

② 2문단을 통해 ㉠ 'STM'이 탐침과 샘플의 거리를 조절하기 위해 참전체를 사용함을 알 수 있으며, 3문단 4~5번째 줄을 통해 ㉡ 'AFM' 또한 압전체를 통해 탐침과 샘플 사이의 거리를 조절함을 알 수 있다. 따라서 ②는 ㉠과 ㉡에 대한 설명으로 적절하다.

③ 1문단 6~9번째 줄을 통해 ㉠ 'STM'은 터널링을 통해 탐침과 샘플 사이에 일정한 거리를 유지함을 알 수 있다. 또한 2문단 3번째 줄에서 탐침이 샘플 위를 저공비행하는 것처럼 따라간다고 하였다. 이를 통해 ㉠ 'STM'은 샘플과 탐침이 맞닿는 경우가 없음을 알 수 있다. 반면 3문단 6번째 줄을 통해 접촉식 ㉡ 'AFM'은 탐침을 샘플에 맞닿게 해 샘플 표면의 정보를 획득하는 방식임을 알 수 있다. 따라서 ③은 ㉠과 ㉡에 대한 설명으로 적절하다.

④ 3문단 1~2번째 줄을 통해 ㉠ 'STM'의 한계 중 하나가 진공이 필요한 것이며, 그것을 개선한 것이 ㉡ 'ATM'임을 알 수 있다. 따라서 ④는 ㉠과 ㉡에 대한 설명으로 적절하다.

---

75 학술 텍스트 — 학술 텍스트 비판하기   정답 ②

| 정답선택률 | ① 20.11% | ② 32.09% | ③ 15.49% | ④ 23.00% | ⑤ 8.69% |

정답해설

② • ㄱ. 1문단 4~8번째 줄을 통해 반도체는 STM에서 터널링을 일으키기 위한 조건에 해당하므로 STM에서 샘플 표면 형상 관찰이 가능하

---

76 학술 텍스트 — 학술 텍스트 이해하기   정답 ④

| 정답선택률 | ① 1.06% | ② 1.12% | ③ 2.82% | ④ 93.75% | ⑤ 0.91% |

정답해설

④ 1문단에 특정 상황인 곡예사의 외줄타기 상황을 제시하고 2~4문단은 그와 관련된 관성 모멘트의 원리가 설명되어 있다. 따라서 윗글의 서술상 특징으로 가장 적절한 것은 ④이다.

오답분석

① 윗글에 특정 개념인 관성 모멘트가 제시되어 있으나 대립하는 견해에 관한 내용은 없다. 따라서 ①은 서술상 특징으로 적절하지 않다.

② 윗글에 특정 대상으로 볼 수 있는 관성 모멘트와 각운동량에 관한 내용이 있으나 장단점에 대한 언급은 없다. 따라서 ②는 서술상 특징으로 적절하지 않다.

③ 윗글에 각운동량과 관성 모멘트에 대한 이론이 제시되어 있으나 이 이론들이 시간의 흐름에 따라 어떻게 발전해 왔는지 통시적으로 보여주는 내용은 없다. 따라서 ③은 서술상 특징으로 적절하지 않다.

⑤ 윗글에 질문의 형식은 있으나 이는 특정 원리에 대한 반박이 아니라 독자의 관심을 유도하고 후속 설명을 도입하기 위한 수사적 질문이다. 따라서 ⑤는 서술상 특징으로 적절하지 않다.

※ 출처: 위키피디아, 관성모멘트, https://en.wikipedia.org/wiki/Moment_of_inertia

---

77 학술 텍스트 — 학술 텍스트 추론하기   정답 ②

| 정답선택률 | ① 15.16% | ② 18.86% | ③ 34.67% | ④ 8.79% | ⑤ 22.20% |

정답해설

② • ㄴ. 2문단 5~6번째 줄에 의하면 관성 질량은 힘의 크기와 그 힘에 의한 물체의 가속도의 비이다. 즉 '관성 질량 = 힘/가속도'이다. 따라서, 같은 크기의 힘이 가해졌을 때 가속도가 클수록 관성 질량이 작음을 추론할 수 있으므로 윗글에서 추론한 내용으로 적절한 것은 'ㄴ'이다.

오답분석

• ㄱ. 3문단 끝에서 1~2번째 줄에 의하면 곡예사가 양팔을 펴는 것은 질점의 분포를 다르게 하여 회전 운동이 일어나지 않게 하기 위함이다. 따

라서 외줄을 타고 있는 곡예사는 그의 균형이 무너지려 할 때, 양팔을 접는 것이 아니라, 양팔을 펴서 질점 분포를 달리해 회전 운동이 일어나지 않도록 해야 한다. 따라서 'ㄱ'의 추론은 적절하지 않다.

- ㄷ. 4문단 1~2번째 줄에 의하면 각속도는 단위 시간당 물체가 회전한 각을 의미한다. 따라서 야구 방망이가 회전하고 있을 때 회전하는 각은 지점에 상관없이 동일하므로 회전축을 제외한 모든 지점의 각속도는 동일하다. 따라서 'ㄷ'의 추론은 적절하지 않다.

> 📌 '각속도' = 단위 시간당 물체가 회전한 각
> 방망이가 회전할 때, 방망이의 손잡이부터 끝까지 모든 부분이 같은 시간에 같은 각도로 회전하는 것이므로 각속도의 변화는 없음을 알 수 있다.

💡 **이렇게 풀면 정답**
지문을 객관적인 근거로 삼고, 선택지에 제시된 상황에 적용해 본다.
<보기>에 제시된 3가지 상황을 보면, 모두 지문에서 언급된 핵심 단어들이 나타난다. 구체적 상황이 제시된 만큼, 일상 경험을 근거로 판단하지 말고, 지문의 내용을 근거로 핵심 단어가 있는 문단을 다시 읽어보면서 선택지에 제시된 상황을 판단해야 한다.

★★☆
78 학술 텍스트 학술 텍스트 비판하기   정답 ②

| 정답 선택률 | ① 10.92% | ② 55.02% | ③ 8.99% | ④ 12.30% | ⑤ 12.36% |

정답해설

② • ㄱ. 4문단 2~3번째 줄을 통해 각 운동량은 '관성 모멘트 × 각속도'이며 각운동량 보존은 회전하고 있는 물체에 대해 밖에서 회전에 영향을 주는 힘을 가하지 않으면 각 운동량이 일정하게 유지되는 것임을 알 수 있다. 이때 4문단 끝에서 1~2번째 줄을 통해 몸에서 회전축을 멀리하면 관성 모멘트가 커져 속도가 줄어듦을 알 수 있다. 따라서 모터크로스 선수가 회전하는 동안 몸을 회전축에서 더 멀리 편다면 회전 속도가 줄어들어 목표한 역회전 수인 2회에 미치지 못하게 될 것임을 추론할 수 있다.

• ㄹ. 3문단 끝에서 2~3번째 줄을 통해 관성 모멘트는 '회전축으로부터의 거리 제곱 × 회전체의 질량'임을 알 수 있다. 따라서 각속도가 일정하고 질량이 크므로, 오토바이와 선수 전체의 관성 모멘트는 가방을 메고 있을 때가 더 큼을 추론할 수 있다.

오답분석

- ㄴ. 4문단 2번째 줄을 통해 각운동량은 '관성 모멘트 × 각속도의 곱'임을 알 수 있으며, 3문단을 통해 관성 모멘트는 '회전축으로부터의 거리 제곱 회전체의 질량'임을 알 수 있다. 따라서 회전축에서 거리가 더 가까운 안장 부분의 질점이 손잡이 부분의 질점보다 각운동량이 더 작음을 추론할 수 있으므로 'ㄴ'의 추론은 적절하지 않다.

- ㄷ. 4문단 2~3번째 줄을 통해 회전하고 있는 물체는 밖에서 회전에 영향을 주는 힘을 가하지 않으면 각 운동량이 일정하게 유지됨을 알 수 있다. 따라서 공중에서 정점에 이르렀을 때나 정점에 이르지 않았을 때나 같은 값임을 추론할 수 있다. 따라서 'ㄷ'의 추론은 적절하지 않다.

💡 **이렇게 풀면 정답**
<보기>에서 설명하는 키워드를 체크하고, 이를 지문에서 찾아 지문과 <보기>가 연결되는 원리를 이해한다. 이후 각 탐구 내용에 연결되는 원리를 적용하여, 적절한 내용인지 판단한다.

★★☆
79 학술 텍스트 학술 텍스트 이해하기   정답 ③

| 정답 선택률 | ① 0.77% | ② 0.99% | ③ 94.32% | ④ 2.60% | ⑤ 1.01% |

정답해설

③ 1문단 2번째 줄을 통해 가격과 품질에서 높은 만족을 추구하는 것은 '합리적 소비'에 대한 설명이다. 이는 윤리적 소비와는 거리가 멀다. 따라서 ③은 윤리적 소비의 특징으로 적절하지 않다.

오답분석

① 1문단 3번째 줄을 통해 윤리적 소비와 관련된 인식이 널리 퍼지게 된 것이 최근의 일임을 알 수 있다. 따라서 윤리적 소비가 비교적 최근에 주목 받으며 퍼진 개념이라는 ①의 설명은 적절하다.

② 2문단 1번째 줄을 통해 윤리적 소비를 하는 것이 더 나은 세상으로 나아가기 위해 정당한 권리를 행사하는 것임을 알 수 있다. 따라서 윤리적 소비가 소비를 통해 세상을 개선하려는 권리 행위라는 ②의 설명은 적절하다.

④ 2문단 끝에서 1~3번째 줄을 통해 소비자는 아동 착취로 생산한 제품을 불매함으로써 그들을 착취하는 것에 대한 반대를 표현하고, 친환경 제품을 구매함으로써 환경 보호에 대한 지지를 표현할 수 있음을 알 수 있다. 따라서 구매와 불매를 통해 생산자에 대한 지지와 반대를 표현한다는 ④의 설명은 적절하다.

⑤ 5문단 2번째 줄을 통해 윤리적 소비는 생산자와 소비자의 공생을 위한 것임을 알 수 있다. 또한 6문단을 통해 소비자들의 의식 변화에 따라 기업들도 공정 무역 상품, 친환경 상품을 생산하고, 착한 경영을 펼치고 있음을 알 수 있다. 이는 윤리적 소비를 중심으로 소비자의 요구를 생산자가 수용함으로써 상호 관련을 맺는 과정이라 할 수 있다. 따라서 ⑤의 설명은 적절하다.

※ 출처: 최현숙(2012), 「착한 소비와 나쁜 소비」, 『소비자가 만드는 신문』

★★☆
80 학술 텍스트 학술 텍스트 추론하기   정답 ③

| 정답 선택률 | ① 0.97% | ② 2.72% | ③ 92.81% | ④ 1.89% | ⑤ 1.22% |

정답해설

③ 5문단 2번째 줄을 통해 윤리적 소비의 관점에서 생산자와 소비자는 공생 관계에 있음을 알 수 있다. 구체적으로 2문단에서와 같이 소비자는 제품 불매를 통해 기업에 반감을 표현하기도 하고, 구매를 통해 지지를 표현하기도 한다. 또한 6문단에서와 같이 기업은 소비자의 요구를 반영해, 그들의 요구에 맞는 제품을 생산한다. 이러한 관점에서 소비자와 기업은 이익이 서로 상충하는 대립적 관계가 아닌 서로 대등하게 상호작용하는 관계라고 할 수 있다.

오답분석

① 2문단 1번째 줄에서 윤리적 소비를 세상을 더 좋게 만들기 위한 정당한 권리 행사로 정의하거나, 5문단 1번째 줄에서 소비가 바뀌어야만 세상이 변할 수 있다는 표현함으로써 개인의 소비 활동이 세상의 변화를 이끌어 낼 수 있음을 강조하고 있다. 따라서 ①은 윗글에서 추론할 수 있는 내용으로 적절하다.

② 3문단 1~2번째 줄에서 모든 사람은 차별 없이 동일한 노동에 대한 동일한 보수를 받을 권리가 있다는 세계 인권 선언 제23조를 인용하고 있고, 3문단 끝에서 1~2번째 줄에서 노동자에게 공정한 대가를 지급한 제품을 구매해 그들을 도와야 한다고 언급함으로써, 모든 노동자가 평등하고 공정한 대우를 받아야 함을 시사하고 있다. 따라서 ②는 윗글에서 추론할 수 있는 내용으로 적절하다.

④ 1문단 1번째 줄에서 날마다 새 상품이 쏟아지는 현대 사회에서 어떤 상품을 구매해야 할지 묻는 방식을 통해 소비의 중요성을 제시하고 있으며, 2문단 1번째 줄에서 소비를 '시장 경제 시대의 투표'라고 표현함으로써 현대 사회에서 소비 행위가 중요한 위치를 차지하고 있음을 보여주고 있다. 따라서 ④는 윗글에서 추론할 수 있는 내용으로 적절하다.

⑤ 4문단 끝에서 1~2번째 줄에서 친환경 소비가 지구를 훼손하지 않고 다음 세대에 물려주기 위한 것임을 언급함으로써, 현재의 소비 행위가 다음 세대의 자연환경에 영향을 미침을 강조하고 있다. 따라서 ⑤는 윗글에서 추론할 수 있는 내용으로 적절하다.

81 학술 텍스트 학술 텍스트 추론하기   정답 ①

| 정답 선택률 | ① 94.09% | ② 1.71% | ③ 1.79% | ④ 1.34% | ⑤ 0.75% |

정답해설

① 4문단에 의하면 '동물 실험'을 하는 기업을 대상으로 불매 운동을 벌이기도 한다고 하였으므로, '동물 실험'은 윤리적 소비자가 비판하는 대상이며, '빈곤 해결'과는 관련이 없다. 따라서 '빈곤 해결'의 사례 ⊙으로 적절하지 않다.

오답분석

② 3문단 1번째 줄에 의하면 윤리적 소비는 빈곤 문제 해결에 기여한다. 6문단 끝에서 2~3번째 줄에는 미국의 한 신발 회사에서 신발 한 켤레를 팔 때마다 어려운 나라에 신발 한 켤레를 기부하는 '착한 경영'을 행하고 있다는 내용이 제시되어 있다. '신발 기부'는 윤리적 소비를 촉진하기 위한 기업의 경영 방침에 해당하므로, 빈곤 해결 사례로 적절하다.

③ 3문단 끝에서 1~2번째 줄에 의하면 노동자에게 공정한 노동의 대가를 제공한 제품을 구매를 하면, 노동자들의 빈곤 해결을 도울 수 있다고 하였다. '공정 무역 커피'는 그러한 제품 중 하나이므로 빈곤 해결 사례로 적절하다.

④ 4문단 1~2번째 줄에서 윤리적 소비자는 유기농 식품을 구매한다고 하였으므로, '유기농 식품'은 친환경 사례로 적절하다.

⑤ 4문단 1~2번째 줄에서 윤리적 소비자는 지역 농산물을 구매한다고 하였으므로, '지역 농산물'은 친환경 사례로 적절하다.

82 학술 텍스트 학술 텍스트 비판하기   정답 ④

| 정답 선택률 | ① 4.20% | ② 10.27% | ③ 3.41% | ④ 71.54% | ⑤ 10.11% |

정답해설

④ 타당성이란 글의 내용을 판단하기에 적절한 근거가 있는지에 대한 것으로 윗글에는 지역 농산물이 왜 친환경적인지에 대한 이유가 누락되어 있으므로 타당성이 떨어진다고 할 수 있다.

오답분석

① 윗글은 소비자의 입장에서만 글을 서술하였으므로, 타당성이 아닌 공정성이 떨어진다고 할 수 있다.

② 글 전체의 내용이 일관되며, 하나의 주제로 통일되는 것은 글의 통일성이 확보된 것이라고 할 수 있다.

③ 공정 무역 커피를 판매하는 곳이 실제로 제시되지 않았다는 것은 자료가 신뢰할 만하지 않은 것이므로 공정성이 아닌 신뢰성이 떨어진다고 할 수 있다.

⑤ 지역 농산물이나 유기농 식품이 친환경 소비 개념을 뒷받침한다는 것은 근거들이 주장을 합리적으로 뒷받침한다는 것이므로 공정성이 아닌 타당성이 있다고 할 수 있다.

> **이렇게 풀면 정답**
>
> 문제 풀이 속도를 높이기 위해 '타당성', '공정성', '신뢰성'을 높이는 방안을 알아 둔다.
> - 타당성: 주장과 근거가 밀접한 관련이 있고 논리적 연관성이 있어야 한다.
> - 공정성: 양측의 입장(장점, 단점)을 모두 제시해야 한다.
> - 신뢰성: 신뢰할 수 있는 자료의 출처를 기재한다.

83 실용 텍스트 실용 텍스트 이해하기   정답 ③

| 정답 선택률 | ① 0.79% | ② 1.81% | ③ 90.95% | ④ 3.06% | ⑤ 2.98% |

정답해설

③ '7. 카드 발급 방법 안내'에서 선정 결과 발표 후 7일 이내에 회원이 카드를 신청하지 않은 경우에만 카드 회사에서 회원에게 안내 전화 후 유선으로 카드 발급이 가능함을 설명하고 있다. 따라서 결과 발표 후 7일 이내에 유선으로 신청해야 한다는 설명은 적절하지 않다.

오답분석

① '5. 신청 시 유의사항' 1번째 항목에 신청 대상 자녀가 2명 이상인 경우, 해당 자녀 모두를 개별적으로 신청한다고 명시되어 있다. 따라서 신청 대상 자녀가 3명일 때 신청 횟수는 총 3회가 되어야 한다는 설명은 적절하다.

② '5. 신청 시 유의사항' 4번째 항목에서 해당 지원금은 '스포츠꿈나무 특기 장려금'과 중복 지원이 불가능함을 설명하고 있으므로 적절하다.

④ '1. 지원 내용'에서 스포츠 강좌 이용권은 1년 단위로 매년 새로 신청해야 함을 설명하고 있다. 따라서 작년에 스포츠 강좌 이용권을 지원받았던 사람이 올해도 지원받을 수 있다는 설명은 적절하다.

⑤ '5. 신청 시 유의사항' 3번째 항목에서 세대주가 외국인인 경우 홈페이지 신청이 불가하며, 시·군·구청에 방문하여 신청할 수 있다고 설명하고 있으므로 적절하다.

※ 출처
- 강동구청 홈페이지, 2025년 스포츠강좌이용권 추가 접수 안내, https://xn--gangdongv979a.go.kr/web/newportal/bbs/b_068/147556?cp=1&pageSize=20&sortOrder=BA_REGDATE&sortDirection=DESC&bcId=b_068&baCategory1=U0072&baNotice=false&baCommSelec=false&baOpenDay=true&baUse=true
- 스포츠 강좌 이용권 홈페이지, 홈-개인 이용권신청-개인 이용권신청, https://svoucher.kspo.or.kr/voucher/voucherSelectArea.do?menuNo=11&topMenuNo=3
- 스포츠 강좌 이용권 홈페이지, 홈-개인 이용권신청-신청안내, https://svoucher.kspo.or.kr/svoucher/main/contents.do?menuNo=12&topMenuNo=3

> **이렇게 풀면 정답**
>
> 실용 지문은 보통 '신청 기간', '신청 대상'과 같이 항목명이 분류되어 있어 '날짜, 대상'과 같은 선택지의 키워드를 빠르게 찾을 수 있다. 따라서 지문을 먼저 읽을 필요 없이, 선택지에서 설명하는 정보와 대응하는 항목을 찾아 일치 여부를 빠르게 판단한다.

84 실용 텍스트 실용 텍스트 추론하기   정답 ④

정답 선택률	① 0.39%	② 5.99%	③ 3.17%	④ 86.24%	⑤ 3.88%

정답해설
④ 윗글에서 지원자의 '홈페이지 아이디'를 요구하는 내용은 없으므로 ⊙의 내용으로 옳지 않다.

오답분석
① '3. 신청 대상'에서 지원 연령이 만 5~18세에 해당해야 함을 명시하고 있으므로, '나이'는 ⊙에 해당하는 것으로 옳다.
② '6. 선정 결과 안내'에서 신청 시 작성한 휴대전화 번호로 선정 결과를 개별 공지함을 제시하고 있으므로, '휴대전화 번호'는 ⊙에 해당하는 것으로 옳다.
③ '3. 신청 대상'에서 수급 자격을 '기초 생활 수급 가구 및 차상위 계층'으로 명시하고 있으므로, '수급 자격 정보'는 ⊙에 해당하는 것으로 옳다.
⑤ '5. 신청 시 유의사항' 2번째 항목에서 실제 주민등록상 거주지와 다른 지역의 이용권을 신청할 경우 신청 취소 처리됨을 명시하고 있으므로, '이용권 신청 지역'은 ⊙에 해당하는 것으로 옳다.

85 실용 텍스트 실용 텍스트 이해하기   정답 ③

정답 선택률	① 1.40%	② 1.60%	③ 91.66%	④ 3.57%	⑤ 1.40%

정답해설
③ 장면3에서 김 기자는 '붕세권'이라는 신조어와 붕어빵 지도 앱에 대해 설명하고 있다. 이때 붕어빵 지도 앱의 실제 화면을 사진 자료로 제시할 뿐, 신조어 '붕세권'의 뜻을 풀이하는 사전 자료를 보여 주고 있지는 않으므로 적절하지 않다.

오답분석
① 보도에서는 사라지는 붕어빵을 제재로 노점 허가제 논의에 대해 알리고 있다. 이에 장면1에서 주요 제재인 '붕어빵'을 드러내기 위해 앵커 배경으로 붕어빵 사진을 제시하고 있다는 진술은 적절하다.
② 장면2에서는 김 기자의 보도 이후 학생들 인터뷰가 이어지고 있다. 따라서 장면2에서 붕어빵 노점을 이용하는 학생들의 모습을 보여 준다는 진술은 적절하다.
④ 장면4에서는 붕어빵 장사가 대부분 불법 노점임을 말하며 적발되었을 때 과태료가 부과되거나 철거되는 현실 등을 설명하고 있다. 이때 '현행법 위반', '과태료 대상'이라는 자막과 함께 철거된 노점의 모습을 보여 주고 있으므로, 불법 노점의 현실을 자막과 영상을 통해 보여 준다는 진술은 적절하다.
⑤ 장면5에서 김 기자는 '노점 허가제' 제도의 정의를 설명하고 있다. 이때 기자가 설명하는 '노점 허가제'의 이해를 돕기 위해 이와 관련한 '도로점용 허가증' 사진을 보여 주고 있으므로 적절하다.

※ 출처
- KBS 뉴스, https://news.kbs.co.kr/news/pc/view/view.do?ncd=8135380
- KBS 뉴스, https://news.kbs.co.kr/news/pc/view/view.do?ncd=8135025

💡 **이렇게 풀면 정답**
틀린 그림을 찾는 것처럼 선택지 내용을 기준으로 장면을 하나씩 확인한다.

86 실용 텍스트 실용 텍스트 비판하기   정답 ④

정답 선택률	① 8.34%	② 7.25%	③ 3.00%	④ 71.12%	⑤ 9.78%

정답해설
④ 보도에서는 사라지는 붕어빵 노점의 현실과 상생을 위한 현실적 대안의 필요성에 대해 제시할 뿐, 불법 노점에 대한 문제점을 구체적으로 언급하고 있지 않다. 따라서 구청 관계자의 반응에서 보도에서 다룬 문제점을 요약한다는 진술은 적절하지 않다. 또한 구청 관계자는 주변 민원으로 인해 단속에 나설 수밖에 없는 현실을 객관적으로 이야기할 뿐, 단속이 필요함을 강조하고 있지는 않으므로 적절하지 않다.

오답분석
① 보도에서 언급한 붕어빵 지도 앱을 보고 찾아가도 노점이 사라져 있던 자신의 경험을 '하늘의 별 따기'라는 속담에 빗대어 공감하고 있으므로 적절하다.
② 보도의 마무리에 '단속과 규제만으로 해결되지 않는다면, 상생을 위한 현실적인 대안이 필요해 보입니다.'라는 멘트처럼 노점상 역시 단속보다는 주변 상인과의 상생이 필요함을 호소하고 있으므로 적절하다.
③ 인근 붕어빵 노점으로 인해 디저트 가게의 매출이 하락한다는 사실을 구체적인 수치(20~30%)를 근거로 들어 제시하고 있으므로 적절하다.
⑤ OO시의원은 노점 허가제의 시행을 위해선 꼼꼼한 가이드라인과 세부적인 논의가 필요함을 언급하고 있다. 따라서 보도에서 핵심으로 다루는 '노점 허가제' 제도 시행의 구체적인 방안을 고민하고 있다는 진술은 적절하지 않다.

💡 **이렇게 풀면 정답**
<보기>, 선택지, 보도 내용 순서로 검증하되, 보도 내용까지 확인할 필요가 없는 선택지는 빠르게 소거한다.

87 실용 텍스트 실용 텍스트 추론하기   정답 ②

정답 선택률	① 1.12%	② 86.89%	③ 3.65%	④ 5.56%	⑤ 2.19%

정답해설
② 찬성 측은 'ㄱ, ㄹ'이며, 반대 측은 'ㄴ, ㄷ'이다.
- ㄱ: 노점상을 규제하기보다는 '노점 허가제'와 같은 제도로 양성화하여 합법화해야 한다는 주장이므로 찬성 측에 해당한다.
- ㄴ: 노점 허가증 발급의 기준이 불명확하다는 현실적인 어려움을 들며, 불법에 예외를 두면 안 된다는 입장이므로 반대 측에 해당한다.
- ㄷ: 노점 수익에 대한 세금 부과의 문제 해결이 어려울 것이라고 말하며, 노점에 대한 허가는 이미 합법적으로 운영하는 인근 가게 상인들에게 오히려 역차별이 된다는 입장이므로 반대 측에 해당한다.
- ㄹ: 관광 명소가 된 노점 운영의 사례를 들며, 노점 허가제가 관광 명소의 더 큰 발전에 긍정적 영향을 미칠 수 있다는 입장이므로 찬성 측에 해당한다.

💡 **이렇게 풀면 정답**
<보기>의 각 주장에 '긍정', '부정' 키워드를 표시해 주장의 방향을 파악한다.
예 ㄱ. 정당한 소득으로 인정(긍정)
    ㄴ. 일정한 조건이라는 기준이 불명확(부정)
    ㄷ. 문제가 해결되기 어려울 것, 인근 가게 상인들에게 역차별이 된다.(부정)
    ㄹ. 허가증을 내 주면 관광 명소의 더 큰 발전(긍정)

88 실용 텍스트 _실용 텍스트 이해하기_   정답 ③

| 정답
선택률 | ① 5.20% | ② 13.72% | ③ 74.73% | ④ 4.18% | ⑤ 1.60% |

정답해설

③ '1. 지원 대상' 3번째 항목에 따르면, 구직급여의 지원 대상은 근로의 의사와 능력이 있으며 적극적으로 재취업 활동을 하는 사람에 해당한다. 따라서 심각한 재정적 어려움을 겪는다고 해서 취업 의사와 무관하게 구직급여의 지원 대상이라는 것은 적절하지 않다.

오답분석

① '1. 지원 대상' 1번째 항목에 따르면, 구직급여는 경영상 해고 등 비자발적 사유로 이직한 경우에 신청할 수 있다. 따라서 과도한 직무 스트레스로 인해 자발적으로 퇴사한 경우 구직급여를 받을 수 없으므로 적절하다.

② '1. 지원 대상' 2번째 항목에 따르면, 이직일 이전 18개월간 피보험 단위기간 180일 이상 근무했을 때 구직급여를 지원받을 수 있는데, 200일 이상 근무한 경우 구직급여 신청 요건에 해당하므로 적절하다.

④ '2. 신청'에 구직급여는 이직(離職) 후 지체 없이 신청할 수 있다고 명시되어 있다. 또한 '3. 지원 내용'에 이직일 다음 날부터 받을 수 있다고 제시되어 있으므로 적절하다.

⑤ '3. 지원 내용'에서 '특별 연장 급여' 관련 내용에 대량 실업 사태 등 대통령령이 정한 사유가 발생할 경우 최대 60일간 구직급여를 연장해서 지원한다고 명시되어 있으므로 적절하다.

※ 출처: 구직급여, https://search.naver.com/search.naver?where=nexearch&sm=tab_etc&mra=bjFK&p-kid=7358os=317023098&x_nqx=%7B%22theme%22%3A%22public_policy%22%2C%22pkid%22%3A%22735%22%2C%22os%22%3A2231702309%22%7D&qvt=0&query=%EA%B5%AC%EC%A7%81%EA%B8%89%EC%97%AC

💡 **이렇게 풀면 정답**

실용 지문은 보통 숫자나 항목명이 분류되어 있어 선택지의 키워드를 빠르게 찾을 수 있다. 따라서 지문을 읽을 필요 없이, 선택지에서 설명하는 정보와 대응하는 항목을 찾아 일치 여부를 빠르게 판단한다.

89 실용 텍스트 _실용 텍스트 비판하기_   정답 ⑤

| 정답
선택률 | ① 1.46% | ② 16.79% | ③ 15.57% | ④ 4.49% | ⑤ 61.03% |

정답해설

⑤ '3. 지원 내용'에서 구직급여 연장 요건을 보면 자영업자, 예술인, 노무 제공자는 연장 급여가 지원되지 않는다. 즉 예술가인 A는 취업 여부 및 생활고와 무관하게 구직급여를 받더라도 연장할 수 없다. 따라서 A가 취업이 안 되고 생활고에 시달리면 구직급여를 연장할 수 있다는 반응은 적절하지 않다.

오답분석

① '1. 지원 대상' 1번째 항목에 따르면, 구직급여는 경영상 해고 등 비자발적 사유로 이직한 경우에 신청할 수 있다. 정리해고 대상자인 A는 구직급여의 요건에 해당하므로 적절하다.

② '1. 지원 대상' 3번째 항목에 따르면, 구직급여의 지원 대상은 근로의 의사와 능력이 있으며 적극적으로 재취업 활동을 하는 사람에 해당한다. 따라서 근로 의사를 증명해야 구직급여를 받을 수 있다는 반응은 적절하다.

③ '2. 신청'에 구직급여는 이직(離職) 후 지체 없이 신청하도록 안내되어 있다. 따라서 실업자가 된 날 바로 신청할 수 있으므로 적절하다.

④ '3. 지원 내용'에 구직급여는 현금으로 지급된다고 안내되어 있으므로 적절하다.

90 실용 텍스트 _실용 텍스트 추론하기_   정답 ①

| 정답
선택률 | ① 63.81% | ② 8.85% | ③ 16.72% | ④ 4.67% | ⑤ 5.16% |

정답해설

① 구직급여의 지원 대상 요건을 충족하는 피보험 단위기간 근무 일수는 '1. 지원 대상'에서 확인할 수 있으므로, 추가로 제시되어야 할 정보로 적절하지 않다.

오답분석

② '1. 지원 대상' 4번째 항목에 따르면, 예술인의 경우 이직일 이전 24개월간 피보험 단위 기간 9개월 이상이면서 동시에 예술인으로서 3개월 이상이라는 조건에 해당해야 한다. 따라서 예술 활동 증빙에 대한 정보가 필요하므로 적절하다.

③ '3. 지원 내용'에 구직급여가 현금으로 지급된다는 것은 알 수 있으나, 현금의 지급 방법에 대한 구체적인 정보가 필요하므로 적절하다.

④ '1. 지원 대상' 3번째 항목에서는 재취업 활동을 하는 사람을 구직급여의 대상자로 규정하고 있다. 따라서 재취업 활동을 증명할 방법에 대한 정보가 필요하므로 적절하다.

⑤ 윗글에는 구직급여의 구체적인 금액 또는 지원금 규모에 대한 정보가 누락되어 있으므로 적절하다.

💡 **이렇게 풀면 정답**

추가로 제시되어야 할 정보를 찾는 문제는 선택지에 제시된 정보가 이미 지문에 있는 정보가 아닌지, 지문과 무관한 내용이 아닌지만 확인하면 된다.

국어 문화(91번~100번)

회차별 평균 정답률

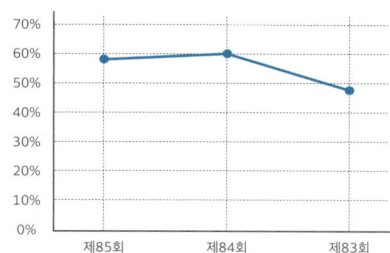

→ 제83회 국어 문화 평균 정답률은 약 48%로, 2025년 상반기 기출 3회분 중에서 가장 어려웠다. 10문제 중 '난이도 하'는 2문제, '난이도 중'은 4문제, '난이도 상'은 4문제 출제됐다.

평가 요소별 문제 수 & 최다 출제 평가 요소

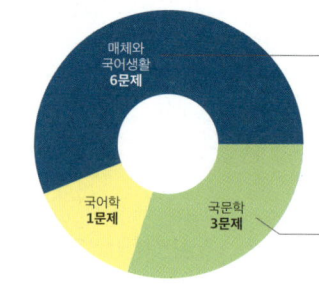

최다출제 1위 매체와 국어생활
→ '매체와 국어생활'은 6문제로, 국어 문화에서 가장 많이 출제된다. 그중 '국어생활'이 5문제로 가장 많이 나오는데, 근대 신문, 점자, 남북한 언어 등으로 여러 시대와 분야를 아우르는 다양한 주제가 출제된다.

최다출제 2위 국문학
→ '국문학'은 3문제로, 국어 문화에서 두 번째로 많이 출제된다. 그중 '한국 현대문학'이 2문제로 가장 많이 나오는데, 현대문학의 작품과 작가를 고르는 문제가 출제된다.

---

91 ★★★ 국문학 한국 고전문학 — 정답 ⑤

| 정답 선택률 | ① 5.34% | ② 5.16% | ③ 63.39% | ④ 6.58% | ⑤ 18.86% |

정답해설

⑤ 「한거십팔곡」은 조선 선조 때, 권호문이 지은 연시조이며, 벼슬길과 은거 생활의 갈등에서부터, 속세에 미련을 갖지 않고, 강호의 풍류를 즐기며 살아가는 담담한 심회를 적어 내려간 작품이다.

오답분석

① 「어부가」는 조선 중종 때 이현보가 지은 연시조이며 자연에 은거하는 어부의 생활을 노래한 작품이다.
② 「장진주사」는 조선 중기 때 정철이 지은 사설시조로, 권주가이다. 참고로, 이백의 「장진주」에서 영향을 받은 작품이다.
③ 「강호사시가」는 조선 세종 때 맹사성이 지은 연시조로, 만년에 벼슬을 버리고, 강호에 묻혀 사는 생활을 네 계절의 변화와 관련지어 노래한 것으로, 모두 4수로 되어 있다.

> 「강호사시가」의 키워드
> 각 수는 '강호(江湖)'로 시작하고, '역군은(亦君恩)이샷다'로 끝남

④ 「도산십이곡」은 조선 명종 때 이황이 지은 연시조이며 안동에 도산 서원을 세우고, 학문에 열중하면서 사물을 대할 때 일어나는 감흥과 수양의 경지를 읊은 작품이다. 12곡으로 되어 있으며 전 6곡은 언지(言志), 후 6곡은 언학(言學)이라 하였다.

> **또 나올 기출개념**
> '어부' 관련 고전 시가 「어부사시사」
> 윤선도가 지은 연시조로 강촌에서 자연과 더불어 살아가는 어부의 생활을 노래한 작품이다. 춘·하·추·동 각 10수씩 모두 40수로 되어 있다.

---

92 ★★★ 국문학 한국 현대문학 — 정답 ②

| 정답 선택률 | ① 25.55% | ② 11.93% | ③ 13.94% | ④ 25.39% | ⑤ 22.61% |

정답해설

② 「동행」은 전상국의 단편 소설로, 전쟁이 남긴 상처와 그에 대한 인간적인 연민을 담고 있는 작품이다. 눈 덮인 어두운 밤길을 폐결핵에 걸려 있는 한 형사와, 살인자로서 죄책감과 원한에 사로잡혀 살아온 최억구가 동행하는 길을 따라 이야기가 전개된다.

오답분석

① 「유예」는 오상원의 단편 소설로, 주인공이 포로가 되어 사망하기 직전의 한 시간 동안 일어나는 의식의 흐름을 다룬 작품이다.

> 「유예」의 핵심 키워드
> 수색대, 남쪽으로 난 길, 흰 눈 위의 발자국, 포로가 되자 살아있는 생명 체임을 자각

③ 「아베의 가족」은 전상국의 중편 소설로, 한국전쟁의 상처를 상징하는 '아베'라는 인물을 통해 전쟁으로 첨예화되었던 분단의 모순을 보여주는 작품이다.
④ 「우상의 눈물」은 전상국의 단편 소설로, '물리적이고 표면적이며 불법적인 폭력'과 '치밀하고 합법적인 폭력'과의 대립을 다룬 작품이다.
⑤ 「우리들의 날개」는 전상국의 단편 소설로, 인간 본연의 감정에 대한 회복, 가족 이데올로기의 모순을 탐구한 작품이다.

> **또 나올 기출개념**
> 한국 전쟁 관련 현대 소설
> • 「수난이대」: 하근찬의 단편 소설, 일제강점기에 징용으로 끌려가 한쪽 팔을 잃은 아버지와 한국 전쟁에 참전하였다가 한쪽 다리를 잃은 아들의 고통과 극복 의지를 다룸
> • 「사수」: 전광용의 단편 소설로 극한 상황 속에서의 친구 간의 미묘한 경쟁 심리와 심리적 갈등 속에서도 빛나는 깊이 있는 우정의 확인을 모색한 작품

93 국문학 한국 현대문학 정답 ③

| 정답 선택률 | ① 11.89% | ② 12.40% | ③ 41.69% | ④ 21.33% | ⑤ 11.99% |

정답해설
③ 나도향의 소설은 내면을 중요시하는 낭만주의적인 욕망과 그런 욕망이 사회 속에서 드러내는 행태에 대한 객관적 묘사와 관찰을 동시에 보여주었으며, 주요 작품으로는 「물레방아」, 「여이발사」, 「벙어리 삼룡이」 등이 있다.

오답분석
① 김성한은 전후 세대 작가군의 한 사람으로서 전쟁에 따라 외면적으로 드러난 가치의 문제에 몰두한 작품을 썼으며 주요 작품으로는 「바비도」, 「오 분간」 등이 있다.
② 김소진은 사회 변화의 소용돌이에 떠밀려 사회 주변부에 자리 잡은 사람들의 일상을 담담한 어조로 형상화한 작품들을 남겼으며, 주요 작품으로는 「쥐잡기」, 「자전거 도둑」 등이 있다.
④ 손창섭은 비정상적인 인물들의 비정상적인 삶을 통해 인간성이 말살된 사회에 대한 조롱과 정상적인 삶에 대한 희구를 사실적 필치로 그려 냈으며 주요 작품으로는 「인간 동물원」, 「잉여 인간」 등이 있다.
⑤ 윤흥길은 독특한 리얼리즘 기법으로 시대의 모순을 드러내고, 산업화와 소외의 문제에 대한 비판적인 인식을 표현한 작가이며 주요 작품으로는 「장마」, 「아홉 켤레의 구두로 남은 사내」 등이 있다.

또 나올 기출개념
'김성한', '손창섭'의 현대 소설
- 김성한: 「임진왜란」, 「이성계」
- 손창섭: 「비 오는 날」, 「혈서」

94 매체와 국어생활 국어생활 정답 ④

| 정답 선택률 | ① 3.51% | ② 5.56% | ③ 4.20% | ④ 84.82% | ⑤ 1.36% |

정답해설
④ "될 수 잇는 데까지 소리를 만히 넛는 동시 소리 업는 장면을 전연 업새여 가극의 기법으로서도 적지 안흔 향상을 보이어 잇는 터라"에서 이번 공연에서는 소리 없는 장면을 줄인다는 점을 알 수 있다.

오답분석
① "천번과 가티 본사(本社) 학예부의 후원을 별어서"에서 조선성악연구회가 조선일보 학예부의 후원을 받고 있음을 알 수 있다.
② "오는 륙일부터 닷새 동안 시내 동양극장에서 공연키로 되엿다."에서 조선성악연구회의 새 창극이 6일부터 공연된다는 점을 알 수 있다.
③ "전 회원 총동원 아래 맹렬한 련습을 계속하야 가는 터로"에서 조선성악연구회의 전 회원이 공연 연습에 매진하고 있음을 알 수 있다.
⑤ "동회에서는 본보 독자를 우대하지 안 하서는 안되겟다고 생각하고 게상 게하를 통하야 각 이십 전식을 할인키로 되얏다."에서 조선일보 독자들에게 표값을 각 20전씩 할인한다는 점을 알 수 있다.

※ 출처: 네이버 뉴스 라이브러리, https://newslibrary.naver.com/

이렇게 풀면 정답
선택지 키워드를 미리 확인하고 키워드가 등장하면 선택지와 일대일 비교해 적절성을 판단한다.

95 매체와 국어생활 국어생활 정답 ④

| 정답 선택률 | ① 46.48% | ② 10.03% | ③ 13.03% | ④ 22.29% | ⑤ 7.47% |

정답해설
④ ㉣의 '저어하건대'는 '염려하거나 두려워하다.'의 뜻이다.

오답분석
① ㉠의 '적악(積惡)'은 '남에게 악한 짓을 많이 함.'의 뜻이다.

> 적악(積惡) = 쌓을 '적'(積) + 악할 '악'(惡)
> '악(惡)'은 '인간의 도덕적 기준에 어긋나 나쁨. 또는 그런 짓'이라는 뜻으로 부정적 상황에 사용한다.

② ㉡의 '합주하되'는 '한꺼번에 아뢰기를.'의 뜻이다.
③ ㉢의 '비하니'는 '비유하니.'의 뜻이다.
⑤ ㉤의 '내응'은 '내부에서 몰래 적과 통함. 또는 적의 내부에서 몰래 아군과 통함.'의 뜻이다.

※ 출처: 유충렬전

또 나올 기출개념
부정적 뜻 관련 고전 작품 어휘
- 앙화(殃禍): 어떤 일로 인하여 생기는 재난.
- 쇠진(衰盡): 점점 쇠퇴하여 바닥이 남.

96 국어학 국어사 정답 ④

| 정답 선택률 | ① 36.01% | ② 11.08% | ③ 11.02% | ④ 37.35% | ⑤ 4.04% |

정답해설
④ ㉣ '날로'는 '날마다'의 뜻이므로 현대국어 '그대로'와 대응한다는 것은 적절하지 않다.

오답분석
① ㉠ '말ᄊᆞ미'는 체언 '말ᄊᆞᆷ'에 주격 조사 '이'가 결합한 말이다. 이때, 체언 '말ᄊᆞᆷ'의 'ㆍ'는 현대국어에서 'ㅡ'로 변화하였다. 따라서 '말ᄊᆞᆷ'은 현대국어 '말씀'에 대응하므로 적절하다.
② ㉡ '니르고져'는 용언 어간 '니르-'에 연결 어미 '-고져'가 결합한 말이다. 이때, 용언 '니르다'의 '니'는 현대국어에서 모음 'ㅣ' 앞에 쓰인 'ㄴ'이 사라지는 두음 법칙이 적용되어 '이'로 표기한다. 따라서 '니르다'는 현대국어 '이르다'에 대응하므로 적절하다.
③ ㉢ '뜨들'은 체언 '뜯'에 목적격 조사 '을'이 결합한 말이다. 이때, '뜯'의 'ㄸ'은 현대 국어에서 된소리 'ㄸ'으로 표기한다. 따라서 '뜯'은 현대국어 '뜻'에 대응하므로 적절하다.
⑤ ㉤ '뿌메'는 용언 어간 '쓰-'에 명사형 어미 '-움'과 부사격 조사 '에'가 차례대로 결합한 말이다. 이때, '쓰다'의 'ㅄ'은 현대 국어에서 된소리 'ㅆ'으로 표기하므로 '쓰다'로 표기한다. 따라서 '쓰다'는 현대국어 '쓰다'에 대응하므로 적절하다.

※ 출처: 이승희·이병기·이지영(2017), 「국어사 자료 강독」, 사회평론아카데미.

또 나올 기출개념
중세 문법에서 주격조사의 쓰임

주격 조사	실현 환경
이	자음으로 끝나는 체언 뒤 예 말쏘미(말씀+이)
ㅣ	'ㅣ'나 반모음 'ㅣ' 이외의 모음으로 끝나는 체언 뒤 예 부톄(부터+ㅣ)
∅	'ㅣ'나 반모음 'ㅣ'로 끝나는 체언 뒤 예 불휘(불휘+∅)

★★☆
97 매체와 국어생활 국어생활   정답 ④

| 정답
선택률 | ① 5.64% | ② 4.06% | ③ 7.08% | ④ 40.31% | ⑤ 42.18% |

정답해설
④ (남)에서는 어간의 끝음절 모음이 'ㅏ, ㅗ' 외의 모음일 때는 어미를 '-어'로 적는다. 따라서 '쥐었다'의 어간 '쥐-'의 끝음절 모음은 'ㅟ'이므로 어미 '-어'가 결합하여 '쥐었다'로 표기한다. 반면 (북)에서는 <보기>의 조선말 규범집 제11항에 따라 말줄기의 모음이 'ㅟ'인 경우에는 '엿'으로 적는다고 하였으므로 '쥐였다'로 표기한다. 따라서 정답은 ④이다.

오답분석
① '잡았다'는 어간 '잡-'의 모음이 'ㅏ'이므로 (남)과 (북) 모두 '잡았다'로 표기해야 한다. 따라서 (남)의 '잡었다' 표기는 옳지 않다.
② '얇았다'는 어간 '얇-'의 모음이 'ㅏ'이므로 (남)과 (북) 모두 '얇았다'로 표기해야 한다. 따라서 (남)의 '얇었다' 표기는 옳지 않다.
③ '시었다'는 어간 '시-'의 모음이 'ㅣ'이므로 (남)은 '시었다'로 표기하나 (북)은 '시였다'로 표기해야 한다. 따라서 (북)의 '시었다'는 옳지 않다.
⑤ '띄었다'는 어간 '띄-'의 모음이 'ㅢ'이므로 (남)은 '띄었다'로 표기하나 (북)은 '띄였다'로 표기해야 한다. 따라서 (남)의 '띄였다'는 옳지 않다.

> **'뜨이다'의 준말 '띄다'**
> '띄다'는 '뜨이다'의 준말이다. 이때, 어간 '뜨-'에 어미 '-이어'가 결합하면, 모음이 줄어들면서 '띄어'로 표기할 수도 있고, '뜨여'로 표기할 수도 있다.

※ 출처
- 문화체육관광부 고시 제2017-12호(2017. 3. 28.), 한글 맞춤법, 국립국어원.
- 국어사정위원회(2010), 「조선말규범집」, 사회과학원 출판사

또 나올 기출개념
조선말 규범집 제11항 관련 표기

구분	남	북
베다	베어 (베-+-어)	베여 (베-+-여)
피다	피어 (피-+-어)	피여 (피-+-여)

★★☆
98 매체와 국어생활 국어생활   정답 ③

| 정답
선택률 | ① 2.33% | ② 5.93% | ③ 73.98% | ④ 8.24% | ⑤ 8.71% |

정답해설
③ '파도'의 '파'는 <보기>의 약자로 표기할 수 있으므로 '파', 'ㄷ', 'ㅗ'로 표기되어야 한다. 그러나 ③에서는 'ㅍ', 'ㅏ', 'ㄷ', 'ㅗ'로 표기하고 있으므로 적절하지 않다.

오답분석
① '고가'는 'ㄱ', 'ㅗ', '가'로 표기하므로 적절하다.
② '오기'는 'ㅇ'은 첫소리이므로 생략하고 'ㅗ', 'ㄱ', 'ㅣ'로 표기하므로 적절하다.
④ '도자기'는 'ㄷ', 'ㅗ', '자', 'ㄱ', 'ㅣ'로 표기하므로 적절하다.
⑤ '자포자기'는 '자', 'ㅍ', 'ㅗ', '자', 'ㄱ', 'ㅣ'로 표기하므로 적절하다.

※ 출처: 문화체육관광부(2004), 「[개정] 한국 점자 규정」.

> **💡 이렇게 풀면 정답**
> <보기>에 따라 자음, 모음 각각 적절한 표기만 찾으면 된다. 다만, 첫소리 'ㅇ'은 표기하지 않는다는 점과 약자로 표기하는 경우는 유의해야 한다.

★★☆
99 매체와 국어생활 국어생활   정답 ⑤

| 정답
선택률 | ① 1.58% | ② 37.81% | ③ 4.53% | ④ 1.66% | ⑤ 53.66% |

정답해설
⑤ '해태'의 법률적 뜻은 '어떤 법률 행위를 할 기일을 이유 없이 넘겨 책임을 다하지 아니하는 일.'이므로 가장 적절한 표현은 ⑤이다.

오답분석
① 의사를 표명했다는 표현은 책임을 다하지 않았다는 표현과 관련 없으므로 적절하지 않다.
② 기일 후가 아닌 기일 전에 책임을 다하지 않았다고 하였으므로 적절하지 않다.
③ 기일에 의사 표명을 하지 않았다는 표현은 기일을 넘겨 책임을 다하지 않았다는 표현과 관련 없으므로 적절하지 않다.
④ 기일 전에 회의에 참석하지 않았다는 표현은 기일을 넘겨 책임을 다하지 않았다는 표현과 관련 없으므로 적절하지 않다.

※ 출처: 민법

또 나올 기출개념
'날짜' 관련 법률 용어
기산일에 소급하다: 계산의 기준이 되는 첫날로 거슬러 올라가다.
- 기산일: 일정한 동안의 날수를 계산할 때 첫날로 잡는 날.
- 소급: 과거에까지 거슬러 올라가서 미치게 함.

100 매체와 국어생활 매체 언어의 탐구   정답 ⑤

| 정답
선택률 | ① 1.01% | ② 1.30% | ③ 1.81% | ④ 3.82% | ⑤ 91.17% |

정답해설
⑤ <보기>에서는 '좋겠습니다', '서해안선입니다', '반복합니다'와 같이 명사형이 아닌 종결 어미로 문장을 끝내고 있으므로 명사형으로 종결한다는 설명은 적절하지 않다. 참고로, <보기>는 2개 이상의 절이 겹쳐진 겹문장이 사용되고 있고, 긴 호흡의 이어진 문장 구조가 반복되고 있다. 이는 많은 교통 정보를 짧은 시간 내에 전달하기 위한 교통 라디오의 특징이다.

오답분석
① <보기>에서 교통 정보 이외에 '호흡기 건강 관리'와 같은 건강 정보를, '전 좌석 안전띠', '졸음운전 주의'와 같은 안전 등의 정보를 포함하여 전달하고 있으므로 적절하다.
② '막히다'라는 표현 대신, '어려워지고 있다', '가다 서다를 반복하다', '정체가 늘었다' 등으로 바꾸어 다양하게 표현하고 있으므로 적절하다.
③ '서해안선', '수도권 제1순환선', '중부선' 등의 구체적인 도로명과 '구리 방향', '하남 방향'과 같은 방향을 언급하며 실시간 도로 상황을 알리고 있으므로 적절하다.
④ 미세먼지로 오염된 바깥 공기가 차 안으로 유입되지 않도록 하는 '내기 순환 모드'와 같은 자동차와 관련된 전문 용어를 사용하고 있으므로 적절하다.

또 나올 기출개념
방송 언어에서의 비격식체 종결 어미
방송은 공적인 상황이므로 격식체를 사용하나, '해체', '해요체'의 비격식체 종결 어미를 사용하면 '친근함'을 표현할 수 있다.

기출변형
모의고사

정답 한눈에 보기
정답 및 해설

정답 한눈에 보기

자동 채점 및 성적 분석 서비스 ▶

듣기·말하기 (1~15번)	1	2	3	4	5	6	7	8	9	10
	④	②	②	③	⑤	⑤	③	④	②	④
	11	12	13	14	15					
	③	⑤	④	③	④					

어휘 (16~30번)	16	17	18	19	20	21	22	23	24	25
	⑤	②	④	①	④	①	⑤	⑤	⑤	②
	26	27	28	29	30					
	③	⑤	⑤	⑤	④					

어법 (31~45번)	31	32	33	34	35	36	37	38	39	40
	①	②	④	④	③	③	②	④	③	④
	41	42	43	44	45					
	④	③	②	④	②					

쓰기 (46~50번)	46	47	48	49	50
	②	①	③	③	⑤

창안 (51~60번)	51	52	53	54	55	56	57	58	59	60
	④	⑤	④	⑤	④	①	③	③	⑤	③

읽기 (61~90번)	61	62	63	64	65	66	67	68	69	70
	⑤	②	①	③	③	④	③	⑤	⑤	⑤
	71	72	73	74	75	76	77	78	79	80
	③	③	③	⑤	⑤	④	⑤	⑤	⑤	③
	81	82	83	84	85	86	87	88	89	90
	②	③	④	①	⑤	④	⑤	③	④	②

국어 문화 (91~100번)	91	92	93	94	95	96	97	98	99	100
	①	⑤	⑤	③	①	④	⑤	②	②	③

정답 및 해설

1 담화의 유형별 화법 전략 설명   정답 ④

듣기대본

1번. 먼저 그림에 대한 설명을 들려 드립니다.

'빌 다브레 정원에 있는 여인들'은 19세기 프랑스 인상주의 미술의 선구자인 클로드 모네의 초기 대표작입니다. 이 작품은 모네가 1866년 파리 근교의 정원에서 본격적인 큰 회화 작업을 시작하면서 제작한 것으로, 전통적인 풍경화와 인물화의 경계를 새롭게 탐구한 작품입니다.

화면 중앙에는 나무 한 그루가 자리 잡고 있으며, 그 주변에 ⑤흰색 드레스를 입은 여인들이 배치되어 있습니다. 왼쪽에는 줄무늬 드레스를 입은 여성과 꽃다발을 든 여성이 서 있고, 바닥에는 하얀 드레스를 입고 양산을 든 여성이 앉아 있습니다. 오른쪽에는 도트 무늬 흰 드레스를 입은 여성이 정원 길을 걸어가는 모습이 보입니다. 모네는 햇빛과 그림자의 대비를 통해 정원의 생생한 분위기를 표현했습니다. ④하얀 드레스에 반사되는 햇빛의 화사함과 회색빛의 나무 그림자가 대조되어 풍경에 생동감과 깊이를 더하며 풍경에서 느껴지는 인상을 효과적으로 표현하고 있습니다. 그리고 ③하얀 의상의 아름다움을 중앙의 나무, 작은 길, 초록과 갈색 조화를 이루는 배경과 견고하게 연결시켰습니다.

신기하게도 ②그림 속 모든 여인들은 모두 한 명의 모델로 그려졌는데, 그 모델은 바로 모네의 연인인 카미유입니다. 인물들의 얼굴이 모호하게 표현되어 있는데 이는 모네가 초상화보다 빛과 색채의 변화에 더 관심을 두었음을 보여 줍니다.

이 작품은 ①1867년에 살롱에 출품되었으나 당시 심사 위원들은 모네의 터치가 충분하지 않고 부주의하다며 비판했습니다. 그러나 역설적으로 이 작품에서 비판받던 요소들이 후에 인상주의의 핵심 가치로 인정받게 되었습니다.

정답해설

④ "하얀 드레스에 반사되는 햇빛의 화사함과 회색빛의 나무 그림자가 대조되어 풍경에 생동감과 깊이를 더하며 풍경에서 느껴지는 인상을 효과적으로 표현하고 있습니다."라고 하였으므로 ④가 가장 적절한 설명이다.

오답분석

① "1867년에 살롱에 출품되었으나 당시 심사 위원들은 모네의 터치가 충분하지 않고 부주의하다며 비판했습니다."라고 설명하고 있으므로 높은 평가를 받았다는 설명은 적절하지 않다.
② "그림 속 모든 여인들은 모두 한 명의 모델로 그려졌는데, 그 모델은 바로 모네의 연인인 카미유입니다. 인물들의 얼굴이 모호하게 표현되어 있는데 이는 모네가 초상화보다 빛과 색채의 변화에 더 관심을 두었음을 보여 줍니다."라고 설명하고 있다. 따라서 모네가 표정에 차별을 두어 초상화적 요소를 강조했다는 내용은 설명과 상반된다.
③ "하얀 의상의 아름다움을 중앙의 나무, 작은 길, 초록과 갈색 조화를 이루는 배경과 견고하게 연결시켰습니다."라고 설명하고 있으므로 정원 풍경과 인물을 분리했다는 설명은 적절하지 않다.
⑤ "흰색 드레스를 입은 여인들이 배치되어 있습니다."에서 흰색 드레스에 대한 언급이 있지만, 이것이 귀족 계층의 사회적 지위를 표현하기 위한 상징적 장치라는 내용은 없으므로 적절하지 않다.

2 공감적 소통 스토리텔링   정답 ②

듣기대본

2번. 이번에는 이야기를 들려 드립니다.

벤저민 프랭클린은 젊은 시절 인쇄소와 서점을 운영하고 있었습니다. 어느 날 한 손님이 서점에 와서 1원짜리 헌책을 75전에 팔라고 점원에게 계속 요구했습니다. 점원이 정해진 가격으로만 팔 수 있다고 설명했지만, 도리어 손님은 주인을 불러 달라고 요청했습니다. 인쇄 공장에서 일하던 프랭클린이 나타나자, 손님은 책을 25전만 할인해 달라고 요청했습니다. 그러나 프랭클린은 놀랍게도 1원 20전에 팔겠다고 답했습니다. 깜짝 놀란 손님이 항의하자, 프랭클린은 가격을 1원 40전으로 더 올렸습니다. 손님이 화를 내며 자신을 조롱하냐고 묻자, 프랭클린은 태연하게 대답했습니다. "②얼른 사시지 않고 오래 끄신 만큼 시간의 손해가 납니다. 그 시간값은 누가 냅니까? 남에게 손해를 끼치면서 가격은 깎으려고 하시니 옳지 않습니다. 이제는 1원 50전 아니면 팔 수 없습니다."라고 대답하였습니다. 손님은 이 말을 듣고 깊이 감명을 받아 귀중한 교훈을 배웠다고 말하며, 1원 50전을 내고 책을 사 갔습니다.

정답해설

② 이야기에서 벤저민 프랭클린은 책의 가격을 깎으려고 흥정하는 손님에게 시간을 끌면서 발생하는 시간의 손해를 금전적 가치로 환산하여 보여주었다. 따라서 금전적 가치처럼 시간에도 가치가 있다는 교훈을 추론할 수 있으므로 정답은 ②이다.

3 담화의 유형별 화법 전략 설명   정답 ②

듣기대본

3번. 이번에는 강연을 들려 드립니다.

우리 몸의 면역 체계는 외부 침입자로부터 우리를 보호하는 복잡한 방어 시스템입니다. 면역 체계는 크게 선천성 면역과 적응 면역으로 나눌 수 있습니다. ②선천성 면역은 우리가 태어날 때부터 가지고 있는 일반적인 방어 기제로, 피부와 점막 같은 물리적 장벽과 호중구, 대식 세포와 같은 세포들이 포함됩니다. 이들은 침입자를 빠르게 인식하여 제거하지만, 특정 병원체에 맞춰진 방어 기제는 아닙니다. 반면 적응 면역은 T세포와 B세포가 주축이 되는 면역 체계입니다. ①그중 T세포는 특정 병원체에 대한 기억을 형성하여 감염된 세포를 직접 제거합니다. 흥미로운 점은 면역 체계가 과거에 만난 병원체를 기억하기 때문에, 재감염 시 더 빠르고 강력하게 반응한다는 것입니다. ⑤하지만 면역 체계가 과도하게 반응하면 알레르기나 자가 면역 질환이 발생할 수 있습니다. 자가 면역 질환은 면역 체계가 실수로 자신의 세포를 외부 침입자로 인식할 때 발생합니다. ③또한 나이가 들면 면역 체계의 기능이 저하되는데, 이를 '면역 노화'라고 합니다. ④면역 노화를 늦추기 위해서는 충분한 수면과 건강한 식습관이 중요하며, 규칙적으로 운동하는 것도 매우 중요합니다.

정답해설

② "선천성 면역은 우리가 태어날 때부터 가지고 있는 일반적인 방어 기제로, ~ 특정 병원체에 맞춰진 방어 기제는 아닙니다."에서 선천성 면역은 특정 병원체에 맞춰진 방어 체계가 아님을 알 수 있으므로 적절하지 않다.

오답분석

① "그중 T세포는 특정 병원체에 대한 기억을 형성하여 감염된 세포를 직접 제거합니다."에서 알 수 있다.
③ "또한 나이가 들면 면역 체계의 기능이 저하되는데, 이를 '면역 노화'라고 합니다."에서 알 수 있다.
④ "면역 노화를 늦추기 위해서는 충분한 수면과 ~ 규칙적으로 운동하는 것도 매우 중요합니다."에서 알 수 있다.
⑤ "하지만 면역 체계가 과도하게 반응하면 알레르기나 자가 면역 질환이 발생할 수 있습니다."에서 알 수 있다.

4 담화의 유형별 화법 전략 설명   정답 ③

듣기대본

4번. 이번에는 라디오 방송의 일부를 들려 드립니다.

　오늘은 피아노의 시인으로 불리는 쇼팽과 그의 대표작 중 하나인 '녹턴'의 9번 작품 중 제2번을 소개해 드리겠습니다. ①폴란드에서 태어나 프랑스 파리에서 활동한 쇼팽은 낭만주의 시대를 대표하는 작곡가로 피아노곡의 음악사에 불멸의 발자국을 남겼습니다. 그의 음악은 기교적 화려함보다는 섬세한 감정과 시적인 아름다움을 표현한 것이 특징입니다.
　쇼팽의 '녹턴'은 밤의 분위기를 음악으로 표현한 서정적인 작품들로 이루어져 있습니다. 특히 '녹턴'의 9번 작품 중 제2번은 쇼팽의 녹턴 중에서도 가장 널리 사랑받는 곡으로, 아름다운 선율과 부드러운 화성이 완벽하게 어우러진 걸작입니다.
　④이 곡은 단순한 가곡 형식을 취하고 있지만, 그 안에 담긴 감정의 깊이는 절대 단순하지 않습니다. 오른손의 서정적인 선율은 마치 밤하늘의 별빛처럼 아름답게 빛나며, ⑤왼손의 단순한 반주는 고요한 밤의 정적을 표현합니다. 특히 이 곡의 마지막 부분에서 나타나는 선율은 쇼팽 특유의 섬세한 감성이 절정에 달하는 순간으로, 약간의 극적인 변화를 보여주다가 다시 처음의 고요하고 아름다운 선율로 돌아옵니다.
　③원래 '녹턴'이라는 장르는 아일랜드의 작곡가 존 필드가 창작한 장르이지만 쇼팽은 이를 자신만의 독특한 스타일로 발전시켰습니다. 그의 '녹턴'은 단순한 곡을 넘어 인간의 가장 깊고 미묘한 감정을 표현하는 음악적 산문시가 되었습니다. ②이 작품은 오늘날까지도 피아니스트들이 가장 사랑하는 음악이며, 클래식 음악을 처음 접하는 사람들에게도 쇼팽의 음악 세계를 소개하는 완벽한 입문곡의 역할을 하고 있습니다. 39세라는 짧은 생애에도 불구하고 쇼팽이 남긴 음악적 유산은 오늘날까지 우리의 마음을 깊이 움직이는 감동을 선사합니다.

정답해설

③ "원래 '녹턴'이라는 장르는 아일랜드의 작곡가 존 필드가 창작한 장르이지만 쇼팽은 이를 자신만의 독특한 스타일로 발전시켰습니다."에서 '녹턴' 장르는 쇼팽이 아닌 존 필드가 창작했음을 알 수 있으므로 적절하지 않다.

오답분석

① 쇼팽은 낭만주의 시대를 대표하는 작곡가이며 피아노곡의 음악사를 대표함을 알 수 있다.
② "이 작품은 ~ 쇼팽의 음악 세계를 소개하는 완벽한 입문곡의 역할을 하고 있습니다."에서 알 수 있다.
④ "이 곡은 단순한 가곡 형식을 취하고 있지만, 그 안에 담긴 감정의 깊이는 절대 단순하지 않습니다."에서 알 수 있다.
⑤ "왼손의 단순한 반주는 고요한 밤의 정적을 표현합니다."에서 알 수 있다.

5 공감적 소통 낭독   정답 ⑤

듣기대본

5번. 이번에는 시 한 편을 들려 드립니다.

　바람도 없는 공중에 수직의 파문을 내이며, 고요히 떨어지는 ⑤오동잎은 누구의 발자취입니까.
　지리한 장마 끝에 서풍에 몰려가는 무서운 검은 구름의 터진 틈으로, 언뜻언뜻 보이는 ⓐ푸른 하늘은 누구의 얼굴입니까.
　꽃도 없는 깊은 나무에 푸른 이끼를 거쳐서, 옛 탑 위의 고요한 하늘을 스치는 알 수 없는 ⓑ향기는 누구의 입김입니까.
　근원은 알지 못할 곳에서 나서, 돌부리를 울리고 가늘게 흐르는 ⓒ작은 시내는 굽이굽이 누구의 노래입니까.
　연꽃 같은 발꿈치로 가이없는 바다를 밟고, 옥 같은 손으로 끝없는 하늘을 만지면서, 떨어지는 해를 곱게 단장하는 ⓓ저녁놀은 누구의 시(詩)입니까.
　타고 남은 재가 다시 기름이 됩니다. ⓔ그칠 줄 모르고 타는 나의 가슴은 누구의 밤을 지키는 약한 등불입니까.
　　　　　　　　　　　　　　　　　　　　한용운, 「알 수 없어요」

정답해설

⑤ 이 시는 '오동잎', '푸른 하늘', '향기', '작은 시내', '저녁놀'과 같은 자연 현상에서 '임'을 느끼고 있다. 이때 '임'의 정체는 오로지 자연 현상에서만 파악할 수 있는 절대적 존재이다. 6행 '그칠 줄 모르고 타는 나의 가슴은 누구의 밤을 지키는 약한 등불입니까?'에서 화자는 절대자로 표상되는 '임'의 모습을 볼 수 있을 때까지 '등불'을 밝히겠다는 의지를 보인다. 따라서 화자가 절대자를 동경하며 의지적인 태도를 보이고 있으므로 정답은 ⑤이다.

6 담화의 유형별 화법 전략 공적 대화   정답 ⑤

듣기대본

이번에는 진행자와 전문가의 대담을 들려 드립니다. 6번은 듣기 문항, 7번은 말하기 문항입니다.

진행자: 오늘은 일상생활 속 과학 상식을 알아보는 시간입니다. 전자레인지로 데운 음식이 암을 유발한다는 말이 사실인지 확인해 보겠습니다. 교수님, 이 말이 과학적으로 사실인가요?
전문가: 이 말은 과학적으로 입증되지 않은 오해입니다. 전자레인지는 마이크로파라는 전자기파를 이용해 음식 속 수분 분자를 진동시켜 열을 발생시키는 원리로 작동합니다. 이 과정에서 음식에 방사능이나 유해 물질이 생기지 않습니다.
진행자: 그런데 전자레인지가 방출하는 전자파가 인체에 해롭다는 말도 있는데요?
전문가: ⁶⁻③전자레인지에서 발생하는 마이크로파는 이온화 방사선이 아닙니다. 이온화 방사선은 DNA를 직접 손상시켜 암을 유발할 수 있지만, 전자레인지의 마이크로파는 그런 성질이 없습니다. 또한 ⁶⁻②제대로 작동하는 전자레인지라면 내부에서 발생하는 마이크로파가 외부로 새어 나갈 수 없습니다.

진행자: 그렇다면 전자레인지로 음식을 데울 때 플라스틱 용기를 사용해도 괜찮을까요?
전문가: 6-④일반 플라스틱 용기는 고온에서 화학 물질이 용출될 수 있으므로 주의해야 합니다. '전자레인지 사용 가능' 표시가 있는 플라스틱 용기를 사용해야 합니다.
진행자: 전자레인지 사용 시 특별히 주의해야 할 점이 있을까요? 그리고 7-③전자레인지 조리 시 음식의 영양소가 파괴되냐는 질문이 많이 들어오는데, 이 점도 답변 부탁드립니다.
전문가: 먼저 금속 재질의 용기는 절대 사용하면 안 됩니다. 전자레인지 내부에서 불꽃이 발생하고 화재의 위험이 있습니다. 6-①계란처럼 껍데기가 있는 음식은 구멍을 내거나 껍데기를 제거한 후 가열해야 합니다. 그리고 6-⑤전자레인지는 오히려 영양소 보존에 유리한 면이 있습니다. 물에 담가 끓이는 것보다 수용성 비타민 손실이 적기 때문입니다.
진행자: 그렇군요. 오늘 전자레인지에 대한 여러 오해를 해소해 주셨네요. 교수님, 말씀 감사합니다.

정답해설
⑤ "전자레인지는 오히려 영양소 보존에 유리한 면이 있습니다. 물에 담가 끓이는 것보다 수용성 비타민 손실이 적기 때문입니다."라고 전문가가 명확히 설명했으므로 ⑤가 적절하다.

오답분석
① "계란처럼 껍데기가 있는 음식은 구멍을 내거나 껍데기를 제거한 후 가열해야 합니다."라고 했으므로 껍데기가 있는 음식을 전자레인지에 사용할 수 없다는 것은 아니다.
② "제대로 작동하는 전자레인지라면 내부에서 발생하는 마이크로파가 외부로 새어 나갈 수 없습니다."라고 했으므로 전자레인지의 마이크로파는 외부가 아닌 내부에서 발생한다.
③ "전자레인지에서 발생하는 마이크로파는 이온화 방사선이 아닙니다."라고 명확히 언급했으므로 대담 내용과 반대이다.
④ "일반 플라스틱 용기는 고온에서 화학 물질이 용출될 수 있으므로 주의해야 합니다. '전자레인지 사용 가능' 표시가 있는 플라스틱 용기를 사용해야 합니다."라고 했으므로 플라스틱을 사용할 수 없다는 설명은 적절하지 않다.

7 담화의 유형별 화법 전략 공적 대화 정답 ③

정답해설
③ 진행자는 "전자레인지 조리 시 음식의 영양소가 파괴되냐는 질문이 많이 들어오는데, 이 점도 답변 부탁드립니다."와 같이 청취자들이 궁금해하는 내용을 정리하면서 전문가에게 설명을 요구하고 있다.

오답분석
① 진행자는 대담을 시작하면서 자신의 개인적인 경험을 언급하지 않았다.
② 실험에 대한 언급은 없으며, 실험의 출처를 요청하고 있지 않다.
④ 진행자가 청취자를 위해 어려운 용어를 정의하거나 설명하는 부분은 대담에 없다.
⑤ 진행자는 대담을 마무리하며 청취자에게 질문을 건네고 있지 않다.

8 담화의 유형별 화법 전략 사적 대화 정답 ④

듣기대본
다음은 대화의 일부분을 들려 드립니다. 8번은 듣기 문항, 9번은 말하기 문항입니다.

남자: 이게 뭐예요? 음식물이 왜 이렇게 분리배출통에 섞여 있어요?
여자: 아, 제가 방금 버렸는데… 어제 피곤해서 대충 섞어 놨나 봐요. 죄송해요.
남자: 이렇게 대충 버리면 다른 사람들이 고생한다는 것 모르세요? 8-④분리배출을 제대로 하지 않으면 재활용률이 떨어지고 환경에도 안 좋다고요.
여자: 바쁘고 피곤해서 일일이 분리하는 게 너무 귀찮았어요. 8-①한 번쯤은 괜찮지 않나요? 다음부터는 잘할게요.
남자: 8-⑤한 번이라니요. 이번이 처음 맞나요? 지난주에도 비슷한 문제가 있었거든요. 9-①분리배출은 모두의 책임이에요.
여자: 아니, 제가 분리배출을 안 한다는 게 아니라 8-①가끔 실수할 수도 있잖아요. 너무 완벽하게만 하라고 하시면 부담스러워요.
남자: 8-④완벽하라는 게 아니라 최소한의 기본은 지키라는 거예요. 9-②누구는 시간 들여서 열심히 분리하는데, 귀찮다는 이유로 안 하면 불공평하잖아요.
여자: 너무 예민하게 반응하시는 것 같은데요. 저도 보통은 잘 분리해서 버려요. 그리고 8-②분리배출이 실제로 얼마나 효과가 있는지도 의문이에요. 어차피 대부분 섞여서 처리된다고 들었어요.
남자: 그런 식으로 생각하면 아무도 노력하지 않게 되죠. 작은 실천이 모여야 변화가 생기는 거예요. 8-③한 사람의 행동이 전체에 영향을 미친다는 걸 알아야 해요.
여자: 알겠어요. 제가 잘못했네요. 다음부터는 신경 쓸게요. 하지만 이렇게 비난만 하시면 오히려 역효과가 날 수도 있다는 거 아세요?

정답해설
④ 남자는 "분리배출을 제대로 하지 않으면 재활용률이 떨어지고 환경에도 안 좋다고요."라며 환경 보호 측면을 언급하지만, "완벽하라는 게 아니라 최소한의 기본은 지키라는 거예요."라고 말하고 있다. 따라서 남자는 '완벽함'이 아닌 '기본적인 분리배출'을 강조하고 있으므로 완벽하게 해야 한다는 생각은 적절하지 않다.

오답분석
① 여자는 "한 번쯤은 괜찮지 않나요?", "가끔 실수할 수도 있잖아요."라고 말하며 실수를 용인하는 태도를 보이고 있다.
② 여자는 "분리배출이 실제로 얼마나 효과가 있는지도 의문이에요."라며 분리배출의 실질적인 효과에 의문을 품고 있다.
③ 남자는 "한 사람의 행동이 전체에 영향을 미친다는 걸 알아야 해요."라고 말하고 있다.
⑤ 남자는 "한 번이라니요. 이번이 처음 맞나요? 지난주에도 비슷한 문제가 있었거든요."라고 의심을 표현하고 있다.

9 담화의 유형별 화법 전략 사적 대화   정답 ②

정답해설
② 남자는 "분리배출은 모두의 책임이에요.", "누구는 시간 들여서 열심히 분리하는데, 귀찮다는 이유로 안 하면 불공평하잖아요."라며 공동체 의식을 강조하면서 여자의 행동을 비판하고 있다.

오답분석
① 남자가 자신의 과거 경험을 구체적으로 제시하는 부분은 없다.
③ 여자는 법적 사례를 언급하지 않았다.
④ 여자는 제3자의 의견을 요청하지 않았다.
⑤ 여자는 반복적인 질문을 하지 않았고, 논리적 모순을 지적하고 있지도 않다.

10 담화의 유형별 화법 전략 설명   정답 ④

듣기대본

이번에는 강연을 들려 드립니다. 10번은 듣기 문항, 11번은 말하기 문항입니다.

'디지털 거리 두기'에 대해 들어본 적 있으신가요? 11-①'디지털 거리 두기'란 일정 기간 디지털 기기와 온라인 활동을 의도적으로 멀리하는 행위를 말합니다. 11-②최근 실시한 조사 결과에 따르면, 10-③현대인들이 하루 평균 스마트폰을 확인하는 횟수는 약 60회에 달하며, 일평균 스마트폰 사용 시간은 4시간에 이른다고 합니다.
디지털 기기의 과도한 사용은 여러 건강 문제를 일으킵니다. 10-②고개를 숙여 장시간 스마트폰을 이용하게 되면 11-①'텍스트 넥(Text neck) 증후군'을 앓을 수 있습니다. 이는 목에 압력이 가해져 목의 통증을 유발하는 증상인데요. 심한 경우, 목 디스크로 이어지기도 합니다. 그리고 10-④취침 전, 블루라이트에 노출되면 수면을 돕는 멜라토닌의 분비가 억제되어 수면의 질이 저하되면서 수면 장애의 문제가 발생합니다.
스마트폰 사용으로 여러 건강 문제가 발생하면서 '디지털 거리 두기'가 떠오르고 있습니다. '디지털 거리 두기'의 효과는 연구로 입증되고 있습니다. 10-①, 11-②미국 국립과학원 회보에 따르면 10-①한 연구진은 2주간 참가자들의 스마트폰 사용을 중단시켰고, 이후 참가자들의 집중력, 수면의 질, 행복 지수가 개선되었다고 밝혔습니다. 이렇게 디지털 기기를 잠시 멀리하는 것만으로도 집중력과 생산성이 향상될 수 있습니다.
11-④'디지털 거리 두기'의 실천 방법으로는 '디지털 일몰제'를 시행하여 10-⑤취침 1~2시간 전에는 디지털 기기 사용을 중단하거나, 주말 하루를 '노 스크린 데이'로 지정하는 방법이 있습니다. 또한 스마트폰 사용 시간을 추적하는 앱을 활용하여 자신의 디지털 습관을 점검하는 것도 도움이 됩니다. 11-⑤현대인의 건강한 일상을 위해서, 잠시라도 디지털 세상에서 벗어나 자신만의 시간을 가지는 것은 어떨까요?

정답해설
④ "취침 전, 블루라이트에 노출되면 수면을 돕는 멜라토닌의 분비가 억제되어 수면의 질이 저하되면서 수면 장애의 문제가 발생합니다."라고 하였으므로, 취침 전 블루라이트 노출이 멜라토닌 분비를 촉진한다는 내용은 적절하지 않다.

오답분석
① "한 연구진은 2주간 참가자들의 스마트폰 사용을 중단시켰고, 이후 참가자들의 집중력, 수면의 질, 행복 지수가 개선되었다고"라고 하였으므로 적절하다.

② "고개를 숙여 장시간 스마트폰을 이용하게 되면 '텍스트 넥(Text neck) 증후군'을 앓을 수 있습니다. 이는 목에 압력이 가해져 목의 통증을 유발하는 증상"이라고 하였으므로 적절하다.
③ "현대인들이 하루 평균 스마트폰을 확인하는 횟수는 약 60회에 달하며, 일평균 스마트폰 사용 시간은 4시간에 이른다고 합니다."라고 하였으므로 적절하다.
⑤ "취침 1~2시간 전에는 디지털 기기 사용을 중단하거나, ~ 자신의 디지털 습관을 점검하는 것도 도움이 됩니다. 현대인의 건강한 일상을 위해서, 잠시라도 디지털 세상에서 벗어나"라고 하였으므로 적절하다.

11 담화의 유형별 화법 전략 설명   정답 ③

정답해설
③ 강연자가 자신의 개인적인 경험담을 공유하는 내용은 없으므로, 이를 통해 청중의 공감을 이끌어 내고 있다는 설명은 적절하지 않다.

오답분석
① "'디지털 거리 두기'란 일정 기간 디지털 기기와 온라인 활동을 의도적으로 멀리하는 행위를 말합니다.", "'텍스트 넥(Text neck) 증후군'을 ~ 목에 압력이 가해져 목의 통증을 유발하는 증상인데요."라고 용어를 설명하며 청중의 이해를 돕고 있으므로 적절하다.
② "최근 실시한 조사 결과에 따르면, ~ 횟수는 약 60회에 달하며, 일평균 스마트폰 사용 시간은 4시간에 이른다고 합니다.", "미국 국립과학원 회보에 따르면 ~ 집중력, 수면의 질, 행복 지수가 개선되었다고 밝혔습니다."라며 구체적 수치와 연구 결과의 출처를 밝혀 주장의 신뢰성을 높이고 있으므로 적절하다.
④ "'디지털 거리 두기'의 실천 방법으로는 '디지털 일몰제' ~ '노 스크린 데이'로 ~ 스마트폰 사용 시간을 추적하는 앱을 활용하여"라며 일상에서 실천할 수 있는 다양한 방법을 제시하고 있으므로 적절하다.
⑤ "현대인의 건강한 일상을 위해서, 잠시라도 디지털 세상에서 벗어나 자신만의 시간을 가지는 것은 어떨까요?"라며 강연 주제인 '디지털 거리 두기'의 실천을 권유하며 강연을 마무리하고 있으므로 적절하다.

12 담화의 유형별 화법 전략 발표   정답 ⑤

듣기대본

이번에는 발표를 들려 드립니다. 12번은 듣기 문항, 13번은 말하기 문항입니다.

13-②여러분, '무의식적 편향'이라는 개념을 들어 보셨나요? 13-③무의식적 편향이란 우리가 인식하지 못하는 사이에 특정 개인이나 집단에 대해 갖게 되는 고정관념이나 선입견을 말합니다. 오늘 저는 이 무의식적 편향의 영향과 극복 방법에 관해 이야기하고자 합니다.
12-②무의식적 편향은 인간의 뇌가 정보를 효율적으로 처리하기 위해 발달시킨 인지적 지름길입니다. 우리의 뇌는 과거 경험과 학습을 토대로 빠른 판단을 내리기 위해 자동적으로 특정 연관성을 만들어 내며, 이 과정은 대부분 무의식적으로 일어납니다.
무의식적 편향의 주요 형태로는 확증 편향과 후광 효과가 있습니다. 확증 편향은 자신의 기존 신념을 지지하는 정보만 선택적으로 수용하는 경향이며, 후광 효과는 한 사람의 긍정적 특성이 평가에도 영향을 미치는 현상입니다.
이러한 편향은 사회적으로 중대한 결과를 초래할 수 있습니다. 13-①채용 과정에서 특정 성별이나 인종에 대한 편향이 작용하면 공정한 기회가 박탈될 수 있으며, 12-⑤의료 현장에서는 동일한 증상을 호소하는 환자도 의료인의 편향에 따라 다른 치료 방침이 적용될 수 있습니다.
　13-⑤무의식적 편향을 극복하는 방법으로는 첫째, 자신의 편향을 인식해야 합니다. 이때 앤서니 그린월드가 개발한 12-④'암묵적 연관 검사(IAT)'를 이용하여 본인이 인식하지 못하는 무의식적 태도나 편향을 측정할 수 있습니다. 둘째, 12-③다양한 배경의 사람들과 교류하며 다른 문화를 이해하는 것이 중요합니다. 셋째, 중요한 결정을 내릴 때는 구조화된 의사결정 프로세스를 활용하여 편향의 영향을 최소화할 수 있습니다.
　12-①무의식적 편향은 완전히 제거하기 어렵지만, 13-⑤그 존재를 인식하고 적극적으로 대응한다면 보다 공정하고 포용적인 사회로 나아갈 수 있을 것입니다.

정답해설
⑤ "의료 현장에서는 동일한 증상을 호소하는 환자도 의료인의 편향에 따라 다른 치료 방침이 적용될 수 있습니다."라고 했으므로 적절하다.

오답분석
① "무의식적 편향은 완전히 제거하기 어렵지만"이라고 했으므로 완전히 제거할 수 있다는 내용은 적절하지 않다.
② "무의식적 편향은 ~ 우리의 뇌는 과거 경험과 학습을 토대로 빠른 판단을 내리기 위해 자동적으로 특정 연관성을 만들어 내며"라고 했으므로 무의식적 편향이 경험과 학습의 영향을 받는다는 점을 알 수 있다. 하지만 유전적인 영향은 언급되지 않았으므로 적절하지 않다.
③ "무의식적 편향을 극복하는 방법으로는 ~ 다양한 배경의 사람들과 교류하며 다른 문화를 이해하는 것이 중요합니다."라고 했으므로 다양한 문화 경험은 편향을 약화시키는 요인이다.
④ "'암묵적 연관 검사(IAT)'를 이용하여 본인이 인식하지 못하는 무의식적 태도나 편향을 측정할 수 있습니다."라고 했으므로 암묵적 연관 검사는 중요한 결정을 내릴 때 활용하는 도구가 아니다.

13 담화의 유형별 화법 전략 발표 정답 ④

정답해설
④ 발표 내용에서 내용의 신뢰성을 높이기 위해 통계 수치를 인용한 부분은 찾을 수 없으므로 적절하지 않다.

오답분석
① "채용 과정에서 특정 성별이나 인종에 대한 편향이 작용하면 공정한 기회가 박탈될 수 있으며" 등과 같이 편향과 관련된 구체적인 사례를 제시하고 있다.
② "여러분, '무의식적 편향'이라는 개념을 들어 보셨나요?"와 같이 질문하며 청중의 관심을 유도하고 있다.
③ "무의식적 편향이란 우리가 인식하지 못하는 사이에 특정 개인이나 집단에 대해 갖게 되는 고정관념이나 선입견을 말합니다."와 같이 개념의 정의를 명확히 설명하여 청중의 이해를 돕고 있다.
⑤ 무의식적 편향 극복을 위한 방법을 소개하고, "그 존재를 인식하고 적극적으로 대응한다면 보다 공정하고 포용적인 사회로 나아갈 수 있을 것입니다."라며 긍정적 전망을 제시하고 있다.

14 담화의 유형별 화법 전략 협상, 중재 정답 ③

듣기대본
협상의 한 장면을 들려 드립니다. 14번은 듣기 문항, 15번은 말하기 문항입니다.

대표: 이장님, 안녕하세요. 저희 그린투어가 제안한 '청정 체험 마을' 프로젝트는 마을의 자연환경과 전통문화를 바탕으로 한 관광 프로그램으로, 도시민들에게 큰 인기를 끌 것입니다.
이장: 네, 대표님. 저희 마을이 관광지로서 잠재력이 있다는 점은 인정합니다만, 15-③주민들 사이에서는 여러 우려가 있습니다. 대규모 관광객 유입으로 14-①환경 오염, 지역 문화 훼손, 주민 생활 침해 등의 문제가 발생하는 것은 허용할 수 없습니다.
대표: 네, 저희 프로젝트는 환경을 보존하면서 지속 가능한 관광을 지향합니다. 현재 계획은 숙박 시설 50실, 식당, 체험장, 그리고 지역 특산품 판매장으로 구성되어 있습니다. 14-④일자리 창출을 비롯해 마을의 경제성을 높일 수 있을 것이라 확신합니다.
이장: 14-②숙박 시설 50실은 마을 규모에 비해 너무 큽니다. 그리고 수익 배분 구조도 명확히 알고 싶습니다.
대표: 숙박 시설을 30실로 축소하는 것은 어떨까요? 수익 배분은 총수익의 30%를 마을 발전 기금으로 지원할 예정이며, 20%는 고용된 지역 주민에게 환원될 것입니다.
이장: 30실로 시작하고, 관광객 수를 일 100명 이하로 제한한 후, 점진적으로 확장하는 방안은 어떨까요? 그리고 15-④마을 발전 기금 비율은 40%로 상향하고, 14-③주민들도 프로젝트 의사 결정에 참여하면 좋겠습니다.
대표: 15-④제안한 내용은 동의하나 14-③최종 결정권은 저희 회사 쪽에서 갖겠습니다. 14-⑤또한 성수기를 고려하여, 평일 100명, 주말 150명으로 조정해 주시길 바랍니다.
이장: 알겠습니다. 15-①다음 만남에서 협의된 조건으로 계약서를 작성하도록 하죠.

정답해설
③ 이장이 "주민들도 프로젝트 의사 결정에 참여하면 좋겠습니다."라며 의사 결정에 참여할 것을 요구하자, 대표가 "최종 결정권은 저희 회사 쪽에서 갖겠습니다."라고 하였다. 이에 이장은 동의하였으므로 이장이 마을 측에서 최종 의사 결정권을 갖기를 주장했다는 설명은 적절하지 않다.

오답분석
① 이장은 "환경 오염, 지역 문화 훼손, 주민 생활 침해 등의 문제가 발생하는 것은 허용할 수 없습니다."라며 환경과 지역 문화의 보존을 주장하고 있다.
② 이장은 "숙박 시설 50실은 마을 규모에 비해 너무 큽니다."라고 주장하고 있다.
④ 대표는 "일자리 창출을 비롯해 마을의 경제성을 높일 수 있을 것이라 확신합니다."라고 주장하고 있다.
⑤ 대표는 "성수기를 고려하여, 평일 100명, 주말 150명으로 조정해 주시길 바랍니다."라고 주장하고 있다.

15 담화의 유형별 화법 전략 협상, 중재 정답 ④

정답해설
④ 이장이 "마을 발전 기금 비율은 40%로 상향하고,"라고 하자, 대표는 "제안한 내용은 동의하나 최종 결정권은 저희 회사 쪽에서 갖겠습니다. 또한 성수기를 고려하여, 평일 100명, 주말 150명으로 조정해 주시길 바랍니다."라며 요구 사항을 덧붙여 합의를 요구하고 있다.

오답분석

① 이장이 "다음 만남에서 협의된 조건으로 계약서를 작성하도록 하죠."라며 계약을 체결하기로 했으나, 시범 사업에 대한 논의는 언급되지 않았으므로 적절하지 않다.
② 이장은 지역 주민을 우선적으로 고용해 달라는 의견을 내지 않았으며, 이에 대한 철회도 없으므로 적절하지 않다.
③ 이장은 "주민들 사이에서는 여러 우려가 있습니다."라며 지역 주민의 의견을 전달하고 있다. 하지만 수익 배분 구조에 대해 협상의 여지가 없다는 주장은 언급되지 않았으므로 적절하지 않다.
⑤ 대표는 주말의 관광객 수를 늘리자고 요구하고 있으나, 지역 농산물 구매를 유도하는 홍보를 강화하겠다는 제안은 언급하지 않았으므로 적절하지 않다.

16 어휘의 사전적 의미 고유어의 사전적 의미 정답 ⑤

정답해설
⑤ '크고 연한 물건이 잘 드는 칼에 쉽게 자꾸 베어지는 소리. 또는 그 모양.'을 뜻하는 고유어는 '섬벅섬벅'이다.

오답분석
① 곰실곰실: 작은 벌레 따위가 한데 어우러져 조금씩 자꾸 굼뜨게 움직이는 모양.
② 다문다문: 1. 시간적으로 잦지 아니하고 좀 드문 모양. 2. 공간적으로 배지 아니하고 사이가 좀 드문 모양.
③ 바득바득: 1. 악지를 부려 자꾸 우기거나 조르는 모양. 2. 악착스럽게 애쓰는 모양.
④ 새물새물: 1. 입술을 약간 샐그러뜨리며 소리 없이 자꾸 웃는 모양. 2. 한데 어울리지 아니하고 자꾸 능청스럽게 구는 모양.

17 어휘의 사전적 의미 한자어의 사전적 의미 정답 ②

정답해설
② '물경(勿驚)'은 '놀라지 마라' 또는 '놀랍게도'의 뜻으로 엄청난 것을 말할 때에 미리 내세우는 말이다.

18 어휘의 사전적 의미 고유어의 사전적 의미 정답 ④

정답해설
④ 고유어 '산망스럽다'는 '말이나 행동이 경망하고 좀스러운 데가 있다.'를 뜻하므로 고유어의 뜻이 적절하지 않은 것은 ④이다. 참고로, '어처구니없이 새삼스러운 데가 있다.'는 고유어 '새퉁스럽다'의 의미이다.

19 어휘의 문맥적 의미 한자어의 문맥적 의미 정답 ①

정답해설
① 문맥상 친구와 미리 도서관에서 만나기로 약속했다는 의미이므로, '우연히 서로 만남.'을 뜻하는 '조우(遭遇)'를 쓰는 것은 적절하지 않다.

오답분석
② 문맥상 제안서를 거절당했다는 의미이므로, '제안이나 부탁 따위를 단번에 거절하거나 물리침.'을 뜻하는 '일축(一蹴)'을 쓰는 것은 적절하다.
③ 문맥상 비가 많이 내려 하천의 물이 넘쳤다는 의미이므로, '큰물이 흘러넘침.'을 뜻하는 '범람(汎濫)'을 쓰는 것은 적절하다.
④ 문맥상 실패의 책임을 친구에게 넘겼다는 의미이므로, '잘못이나 책임을 다른 사람에게 넘겨씌움.'을 뜻하는 '전가(轉嫁)'를 쓰는 것은 적절하다.
⑤ 문맥상 사업의 실패로 회사가 어려워졌다는 의미이므로, '몹시 속박하여 자유를 가질 수 없는 고통의 상태를 비유적으로 이르는 말.'인 '질곡(桎梏)'을 쓰는 것은 적절하다.

20 어휘의 문맥적 의미 한자어의 문맥적 의미 정답 ④

정답해설
④ ㉠~㉢에 해당하는 한자 표기가 적절하게 묶인 것은 ④이다.
- ㉠은 '주로 예술 작품을 이해하여 즐기고 평가함.'의 뜻을 가진 '감상'이므로 '鑑賞'이 적절하다. 참고로, '感想'은 '마음속에서 일어나는 느낌이나 생각.'을 뜻하는 '감상'이다.
- ㉡은 '자연적인 재해나 사회적인 피해를 당하여 어려운 처지에 있는 사람을 도와줌.'의 뜻을 가진 '구제'이므로 '救濟'가 적절하다. 참고로, '舊製'는 '옛적에 만듦. 또는 그런 물건.'을 뜻하는 '구제'이다.
- ㉢은 '교정쇄와 원고를 대조하여 오자, 오식, 배열, 색 따위를 바르게 고침.'의 뜻을 가진 '교정'이므로 '校正'이 적절하다. 참고로, '校庭'은 '학교의 마당이나 운동장.'을 뜻하는 '교정'이다.

21 어휘의 문맥적 의미 혼동하기 쉬운 어휘의 구별 정답 ①

정답해설
① 문맥상 식당에 손님이 너무 많은 상황을 의미하므로, '남에게 놀림과 비웃음을 받을 듯하다.'를 뜻하는 '우세스럽다'를 쓰는 것은 적절하지 않다.

오답분석
② 문맥상 능수능란한 손놀림으로 재빠르게 재료를 손질한다는 의미이므로, '능란하고 재빠르다.'를 뜻하는 '늘차다'를 쓰는 것은 적절하다.
③ 문맥상 그녀는 문제가 생길 때마다 우리에게 도움을 요청한다는 의미이므로, '여러 사람이 힘을 합하여 일함. 또는 그런 힘.'을 뜻하는 '울력'을 쓰는 것은 적절하다.
④ 문맥상 어려운 상황에서도 넓은 마음씨를 가지고 있다는 의미이므로, '마음이 넓고 조금 여유가 있다.'를 뜻하는 '낙낙하다'를 쓰는 것은 적절하다.
⑤ 문맥상 비가 오기 전에 빨래를 치워둔다는 의미이므로, '비가 오려고 하거나 올 때, 비에 맞으면 안 되는 물건을 치우거나 덮다.'를 뜻하는 '비설거지하다'를 쓰는 것은 적절하다.

22 어휘 간의 의미 관계 다의어와 동음이의어 정답 ⑤

정답해설
⑤ 나머지는 '떨다²'의 용례로 다의 관계에 있으나, ⑤는 '떨다¹'의 용례이므로 나머지 단어와 동음이의 관계에 있다.
- 그는 무서움에 떨면서 어두운 동굴로 들어갔다: 이때 '떨다'는 '몹시 추워하거나 두려워하다.'를 뜻한다.

오답분석
① 우산 위에 쌓인 눈을 떨었다: 이때 '떨다'는 '달려 있거나 붙어 있는 것을 쳐서 떼어 내다.'를 뜻한다.
② 그녀는 불안한 마음을 떨고 무대에 올랐다: 이때 '떨다'는 '언짢은 생각 따위를 없애다.'를 뜻한다.

③ 사치스러운 생활로 모든 재산을 떨어 없앴다: 이때 '떨다'는 '돈이나 물건을 있는 대로 써서 없애다.'를 뜻한다.
④ 손님들이 남은 재고를 모두 떨어 가길 바란다: 이때 '떨다'는 '팔다 남은 것을 모두 팔아 버리거나 사다.'를 뜻한다.

23 어휘 간의 의미 관계 어휘의 관계   정답 ⑤

정답해설
⑤ <보기>의 '꽃'과 '장미'는 상하 관계에 있는 어휘로, 이와 동일한 의미 관계를 지니는 것은 ⑤이다. 상하 관계는 한 단어의 의미가 다른 단어의 의미를 포함하는 것이다. '장미'는 '꽃'의 일종이므로 '꽃'이 '장미'의 의미를 포함하고, '고래'는 '포유류'의 일종이므로 '포유류'가 '고래'의 의미를 포함한다.

오답분석
① '높다'와 '낮다'는 뜻이 서로 정반대되는 관계에 있는 말이므로 두 어휘는 반의 관계에 있다.
② '사람'과 '인간'은 둘 다 '생각을 하고 언어를 사용하며, 도구를 만들어 쓰고 사회를 이루어 사는 동물.'을 의미하므로 뜻이 같은 동의 관계에 있다.
③ '나뭇잎'은 '나무'의 부분이 되므로 두 어휘는 부분 관계에 있다.
④ '추석'과 '한가위'는 둘 다 우리나라 명절의 하나인 음력 팔월 보름날을 의미하므로 뜻이 같은 동의 관계에 있다.

24 어휘 간의 의미 관계 고유어와 한자어   정답 ⑤

정답해설
⑤ 문맥상 컴퓨터의 암호를 쉽게 알아낼 수 없도록 비밀번호를 자주 바꿔야 한다는 뜻이다. 여기서 '풀다'는 '모르거나 복잡한 문제 따위를 알아내거나 해결하다.'를 뜻하며, '해지하다(解止하다)'는 '계약 당사자 한쪽의 의사 표시에 의하여 계약에 기초한 법률관계를 말소하다.'를 뜻한다. 따라서 두 단어의 뜻은 대응하지 않으므로 적절하지 않다.

오답분석
① 풀어 → 방면(放免)해: 문맥상 붙잡은 범인을 놓아주었다는 뜻이다. 여기서 '풀다'는 '금지되거나 제한된 것을 할 수 있도록 터놓다.'를 뜻하고, '방면하다(放免하다)'는 '붙잡아 가두어 두었던 사람을 놓아주다.'를 뜻한다. 둘 다 억압된 상태에서 자유로운 상태로 만들어 준다는 의미를 지니므로 '방면하다(放免하다)'는 '풀다'에 대응하는 한자어로 적절하다.
② 풀었다 → 동원(動員)했다: 문맥상 아이를 찾기 위해 지역 경찰까지 나섰다는 뜻이다. 여기서 '풀다'는 '사람을 동원하다.'를 뜻하므로 '동원하다(動員하다)'는 '풀다'에 대응하는 한자어로 적절하다.
③ 풀려면 → 해결(解決)하려면: 문맥상 문제의 답을 알아내려면 공식을 외워야 한다는 뜻이다. 여기서 '풀다'는 '모르거나 복잡한 문제 따위를 알아내거나 해결하다.'를 뜻하므로 '해결하다(解決하다)'는 '풀다'에 대응하는 한자어로 적절하다.
④ 풀기 → 완화(緩和)하기: 문맥상 긴장된 상태를 진정시키기 위해 호흡을 조절했다는 뜻이다. 여기서 '풀다'는 '긴장된 상태를 부드럽게 하다.'를 뜻하고, '완화하다(緩和하다)'는 '긴장된 상태나 급박한 것을 느슨하게 하다.'를 뜻한다. 따라서 '완화하다(緩和하다)'는 '풀다'에 대응하는 한자어로 적절하다.

25 어휘 간의 의미 관계 어휘의 관계   정답 ②

정답해설
② <보기>의 '너르다'는 '공간이 두루 다 넓다.'를 뜻하며, '솔다'는 '공간이 좁다.'를 뜻한다. 두 어휘는 반의 관계에 있으므로 답은 ②이다.

오답분석
① 뜨다: 행동 따위가 느리고 더디다.
③ 궁글다: 착 달라붙어 있어야 할 물건이 들떠서 속이 비다.
④ 성글다: 물건의 사이가 뜨다.
⑤ 실팍하다: 사람이나 물건 따위가 보기에 매우 실하다.

26 속담 및 관용 표현 속담   정답 ③

정답해설
③ 문맥상 성공에 노력보다 운이 더 많이 작용한다는 의미이다. '비 온 뒤에 땅이 굳어진다'는 어떤 시련을 겪은 뒤에 더 강해짐을 비유적으로 이르는 말로, 노력을 부정하는 상황에는 어울리지 않는 속담이므로 적절하지 않다.

오답분석
① 문맥상 그는 자기의 분수에 비해 사치스럽게 생활한다는 의미이다. '가게 기둥에 입춘'은 제격에 맞지 않음을 비유적으로 이르는 말이므로 문맥상 쓰임이 적절하다.
② 문맥상 낯을 가려 대화에 끼지 못하고 앉아 있었다는 의미이다. '개밥에 도토리'는 따돌림을 받아서 여럿의 축에 끼지 못하는 사람을 비유적으로 이르는 말이므로 문맥상 쓰임이 적절하다.
④ 문맥상 많은 음식 중에서 자신의 입맛에 맞는 음식은 없다는 의미이다. '눈은 풍년이나 입은 흉년이다'는 눈에 보이는 것은 많아도 정작 먹을 것은 없음을 비유적으로 이르는 말이므로 문맥상 쓰임이 적절하다.
⑤ 문맥상 우리 팀에서 가장 훌륭한 사람이 주장으로 뽑혔다는 의미이다. '곧은 나무는 가운데 선다'는 재간 있고 훌륭한 사람을 기둥으로 내세우게 됨을 이르는 말이므로 문맥상 쓰임이 적절하다.

27 속담 및 관용 표현 고사성어 / 사자성어   정답 ⑤

정답해설
⑤ 문맥상 오빠는 방학이 되자 공부하지 않고 놀기만 한다는 의미이다. '수불석권(手不釋卷)'은 '손에서 책을 놓지 아니하고 늘 글을 읽음.'을 뜻하므로 문맥상 쓰임이 적절하지 않다.

오답분석
① 문맥상 이미 끝난 관계를 다시 되돌릴 수 없다는 의미이다. '망양보뢰(亡羊補牢)'는 이미 어떤 일을 실패한 뒤에 뉘우쳐도 아무 소용이 없음을 이르는 말이므로 문맥상 쓰임이 적절하다.
② 문맥상 일부 손해를 입더라도 위기에서 벗어날 방법을 선택했다는 의미이다. '고육지책(苦肉之策)'은 어려운 상태를 벗어나기 위해 어쩔 수 없이 꾸며 내는 계책을 이르는 말이므로 문맥상 쓰임이 적절하다.
③ 문맥상 도시에서 벗어나 자연과 가까워졌다는 의미이다. '강호지락(江湖之樂)'은 '자연을 벗 삼아 누리는 즐거움.'을 뜻하므로 문맥상 쓰임이 적절하다.
④ 문맥상 연구원들이 서로의 논문까지 검토하며 학문에 정진했다는 의미이다. '절차탁마(切磋琢磨)'는 부지런히 학문과 덕행을 닦음을 이르는 말이므로 문맥상 쓰임이 적절하다.

28 속담 및 관용 표현 관용 표현   정답 ⑤

정답해설

⑤ 문맥상 문제 해결을 위해서는 부장과 관계를 맺어야 한다는 의미이므로, '할 일이 있는데도 아무 일도 안 하고 그냥 있다.'를 뜻하는 '손을 맺다'를 쓰는 것은 적절하지 않다.

오답분석

① 문맥상 편집자들의 노력으로 책이 출판되었다는 의미이므로, '어떤 사람의 노력으로 손질되다.'를 뜻하는 '손을 거치다'를 쓰는 것은 적절하다.
② 문맥상 사업 실패로 동업자와 관계를 끊었다는 의미이므로, '교제나 거래 따위를 중단하다.'를 뜻하는 '손을 끊다'를 쓰는 것은 적절하다.
③ 문맥상 어려운 일이 금방 익숙해졌다는 의미이므로, '일이 손에 익숙해지다.'를 뜻하는 '손에 익다'를 쓰는 것은 적절하다.
④ 문맥상 나쁜 일을 그만둔다는 의미이므로, '부정적인 일이나 찜찜한 일에 대하여 관계를 청산하다.'를 뜻하는 '손을 씻다'를 쓰는 것은 적절하다.

29 국어 순화 한자어의 순화   정답 ⑤

정답해설

⑤ '노견(路肩)'은 '고속 도로나 자동차 전용 도로 따위에서 자동차가 달리는 도로 폭 밖의 가장자리 길.'을 뜻하는 '갓길'로 순화해야 한다.

오답분석

① '가료(加療)'는 '병이나 상처 따위를 잘 다스려 낫게 함.'을 뜻하므로 '치료'로 순화할 수 있다.
② '절취(切取)'는 '잘라 냄.'을 뜻하므로 '절취하여'는 '잘라'로 순화할 수 있다.
③ '최고(催告)'는 '재촉하는 뜻을 알림.'을 뜻하므로 '독촉'으로 순화할 수 있다.
④ '잔업(殘業)'은 '정해진 노동 시간이 끝난 뒤에 하는 노동.'이라는 뜻이므로 '시간 외 일'로 순화할 수 있다.

30 국어 순화 외래어의 순화   정답 ④

정답해설

④ '제너럴리스트(generalist)'는 '모든 분야에 대하여 상당한 지식과 경험을 가진 사람.'을 뜻하므로 '다방면 인재'로 순화해야 한다.

오답분석

① '콜키지(corkage)'는 '호텔이나 음식점에서 고객이 가지고 온 주류를 마실 수 있도록 하는 대가로 받는 요금.'을 뜻하므로 '주류 반입비'로 순화할 수 있다.
② '로드 맵(road map)'은 '실제로 행하는 절차.'를 뜻하므로 '이행안'으로 순화할 수 있다.
③ '케어 팜(care farm)'은 '농장이나 텃밭 등을 운영함으로써 심리적·사회적·신체적 건강을 회복하거나 증진하도록 하는 것. 또는 그런 시설.'을 뜻하므로 '치유 농장'으로 순화할 수 있다.
⑤ '파일럿 프로그램(pilot program)'은 '본격적인 일을 하기 전에 시험 삼아 해 보는 프로그램.'이라는 뜻이므로 '시험 프로그램'으로 순화할 수 있다.

31 한글 맞춤법 소리에 관한 것   정답 ①

정답해설

① 사흘날(×) → 사흗날(○): 끝소리가 'ㄹ'인 말과 딴 말이 어울릴 적에 'ㄹ' 소리가 'ㄷ' 소리로 나는 것은 'ㄷ'으로 적어야 한다는 한글 맞춤법 제29항에 따라 '사흘날'이 아닌 '사흗날'로 적는다.

오답분석

② 오라비(○): '여자의 남자 형제를 두루 이르는 말'인 '오라비'는 어원이 분명하지 않은 합성어는 원형을 밝히어 적지 않는다는 한글 맞춤법 제27항 [붙임 2]에 따라 '오라비'로 적는다.
③ 미닫이(○): '문이나 창 따위를 옆으로 밀어서 열고 닫는 방식. 또는 그런 방식의 문이나 창을 통틀어 이르는 말.'은 '미닫이'로 적는다. 참고로, 한글 맞춤법 제19항에 따라, 어간에 '-이'가 붙어서 명사가 된 것은 어간의 원형을 밝히어 적는다.
④ 얼룩빼기(○): '겉이 얼룩얼룩한 동물이나 물건.'을 뜻하는 말은 '얼룩빼기'로 적는다. 참고로, 한글 맞춤법 제54항에 따라 '-배기/-빼기'가 혼동될 때 다른 형태소 뒤에서 [빼기]로 발음되는 것은 '빼기'로 적는다.
⑤ 더펄이(○): '성미가 침착하지 못하고 덜렁대는 사람.'은 '더펄이'로 적는다. 참고로, 한글 맞춤법 제23항에 따라 '-거리다'가 붙는 어근에 '-이'가 붙어서 명사가 된 것은 원형을 밝히어 적는다.

32 한글 맞춤법 형태에 관한 것   정답 ②

정답해설

② 부모로서(○): '로서'는 지위나 신분 또는 자격을 나타내는 격 조사이므로 '부모로서'로 표기하는 것은 적절하다. 참고로, '로써'는 어떤 물건의 재료나 원료를 나타내는 격 조사이다.

오답분석

① 보노라고(×) → 보느라고(○): 문맥상 영화를 봐서 잠을 못 잤다는 의미이므로 자기 나름대로 꽤 노력했음을 나타내는 연결 어미 '-노라고'의 표기는 적절하지 않다. 이때는 앞 절의 사태가 뒤 절의 사태에 목적이나 원인이 됨을 나타내는 연결 어미인 '-느라고'를 사용하는 것이 적절하다.
③ 다려(×) → 달여(○): '다리다'는 '옷이나 천 따위의 주름이나 구김을 펴고 줄을 세우기 위하여 다리미나 인두로 문지르다.'를 뜻하므로 '다려'의 표기는 적절하지 않다. 이때는 '약재 따위에 물을 부어 우러나도록 끓이다.'를 뜻하는 '달이다'를 사용해 '달여'로 표기하는 것이 적절하다.
④ 조렸다(×) → 졸였다(○): '조리다'는 '양념을 한 고기나 생선, 채소 따위를 국물에 넣고 바짝 끓여서 양념이 배어들게 하다.'를 뜻하므로 '조렸다'로 표기하는 것은 적절하지 않다. 이때는 '속을 태우다시피 초조해하다.'를 뜻하는 '졸이다'를 사용해 '졸였다'로 표기하는 것이 적절하다.
⑤ 가름하여(×) → 갈음하여(○): '가름'은 '쪼개거나 나누어 따로따로 되게 하는 일.'을 뜻하므로 '가름하여'로 표기하는 것은 적절하지 않다. 이때는 '다른 것으로 바꾸어 대신함.'을 뜻하는 '갈음'을 사용해 '갈음하여'로 표기하는 것이 적절하다.

33 한글 맞춤법 형태에 관한 것   정답 ④

정답해설

④ 울음(×) → 욺(○): '울다'의 어간은 '울-'이다. 어간 받침이 'ㄹ'인 경우에는 명사형 어미로 '-ㅁ'이 결합하여 '욺'으로 써야 한다. 따라서 어간 '울-'에 접미사 '-음'이 결합한 '울음'은 명사 '울음'을 의미하므로 적절하지 않다.

오답분석

① 긺(○): '길다'의 어간 '길-'은 어간 받침이 'ㄹ'이므로 명사형 어미 '-ㅁ'이 결합해 '긺'으로 표기한다.
② 내걺(○): '내걸다'의 어간 '내걸-'은 어간 받침이 'ㄹ'이므로 명사형 어미 '-ㅁ'이 결합해 '내걺'으로 표기한다.
③ 낯섦(○): '낯설다'의 어간 '낯설-'은 어간 받침이 'ㄹ'이므로 명사형 어미 '-ㅁ'이 결합해 '낯섦'으로 표기한다.
⑤ 물음(○): '묻다'의 어간 '묻-'은 어간 받침이 'ㄷ'이므로 명사형 어미 '-음'이 결합해 '물음'으로 표기한다. 참고로, 어간 받침 'ㄷ'이 모음으로 시작하는 어미 앞에서 'ㄹ'로 변하므로 '묻-' 형태가 '물-'로 변한다.

34 한글 맞춤법 띄어쓰기 정답 ④

정답해설

④ 지역∨지역(○): '지역 지역'은 한 단어가 아니므로 '지역∨지역'으로 띄어 쓰는 것이 적절하다.

오답분석

① 구석∨구석(×) → 구석구석(○): '구석구석'은 '이 구석 저 구석.'을 뜻하는 한 단어이므로 '구석구석'으로 붙여 써야 한다.
② 거리∨거리(×) → 거리거리(○): '거리거리'는 '여러 길거리. 또는 각각의 길거리.'를 뜻하는 한 단어이므로 '거리거리'로 붙여 써야 한다.
③ 하루∨하루(×) → 하루하루(○): '하루하루'는 '하루가 지날 때마다.'를 뜻하는 한 단어이므로 '하루하루'로 붙여 써야 한다.
⑤ 하나∨하나(×) → 하나하나(○): '하나하나'는 '어떠한 것을 이루는 낱낱의 대상.'을 뜻하는 한 단어이므로 '하나하나'로 붙여 써야 한다.

35 한글 맞춤법 그 밖의 것 정답 ③

정답해설

③ 개수(○): 한글 맞춤법 제30항에 따르면 고유어가 포함된 합성어에서 사이시옷이 나타나므로 한자어 '개(個)'와 '수(數)'가 결합한 합성어 '개수(個數)'는 사이시옷 없이 '개수'로 표기한다. 참고로, 한자어 중 '곳간(庫間), 셋방(貰房), 숫자(數字), 찻간(車間), 툇간(退間), 횟수(回數)'만 사이시옷을 받쳐 적는다.

오답분석

① 백짓장(×) → 백지장(○): '백지장'은 '백지(白紙)'와 '장(張)'이 결합한 한자어 합성어이므로 '백지장'으로 표기한다.
② 윗층(×) → 위층(○): 한글 맞춤법 제30항에 따르면 사이시옷이 들어가려면 고유어가 포함된 합성어이면서 뒷말의 첫소리가 된소리로 나야 한다. '위층'은 순우리말 '위'와 한자어 '층(層)'이 결합한 합성어이지만 뒷말의 첫소리 '층'이 된소리로 발음되지 않으므로 '위층'으로 표기한다.
④ 월셋방(×) → 월세방(○): '월세방'은 '월세(月貰)'와 '방(房)'이 결합한 한자어 합성어이므로 '월세방'으로 표기한다.
⑤ 이야기거리(×) → 이야깃거리(○): '이야깃거리'는 순우리말 '이야기'와 '거리'가 결합한 합성어이고, 뒷말의 첫소리가 [이야기꺼리/이야긴꺼리]처럼 된소리로 발음되므로 '이야깃거리'로 표기한다.

36 한글 맞춤법 문장부호 정답 ③

정답해설

③ 괄호 안에 또 괄호를 쓸 필요가 있을 때 바깥쪽의 괄호로 쓰는 문장 부호는 대괄호([ ])로, '이번 시험 기간[5. 13.(화)~5. 16.(금)]'과 같이 쓴다. 따라서 올바르지 않은 것은 ③이다. 중괄호는 같은 범주에 속하는 여러 요소를 세로로 묶어서 보일 때나 열거된 항목 중 어느 하나가 자유롭게 선택될 수 있음을 보일 때 쓴다.

오답분석

① '빨강·초록·파랑'처럼 짝을 이루는 어구들 사이에 가운뎃점을 쓰며, 쉼표를 쓸 수도 있다.
② '금메달/은메달/동메달'과 같이 대비되는 두 개 이상의 어구를 묶어 나타낼 때 빗금을 쓴다.
④ '서울~천안'과 같이 기간이나 거리 또는 범위를 나타낼 때 물결표를 쓰며, 붙임표를 쓸 수도 있다.
⑤ 『훈민정음』과 같이 책의 제목이나 신문 이름 등을 나타낼 때 겹낫표를 쓰며, 큰따옴표를 쓸 수도 있다.

37 표준어 규정 발음 변화에 따른 표준어 정답 ②

정답해설

② 숫돼지(×) → 수퇘지(○): 표준어 규정 제7항에 따라 '돼지'에 수컷을 이르는 접두사가 결합할 때는 접두사 '수-'가 결합하고, [다만 1]에 따라 접두사 '수-' 다음에서 나는 거센소리를 인정하여 '수퇘지'를 표준어로 삼으므로 적절하지 않다.

오답분석

① 자맥질(○): 물속에서 팔다리를 놀리며 떴다 잠겼다 하는 짓.
③ 입때(○): 지금까지. 또는 아직까지.
④ 나부랭이(○): 종이나 헝겊 따위의 자질구레한 오라기.
⑤ 버러지(○): 곤충을 비롯하여 기생충과 같은 하등 동물을 통틀어 이르는 말.

38 표준어 규정 어휘 선택의 변화에 따른 표준어 정답 ④

정답해설

④ 전남 지역에서 사용하는 방언 '따북따북(따복따복)'에 대응하는 표준어는 '차곡차곡'이므로 ④는 적절하지 않다.
- 따닥따닥: 자그마한 것들이 한곳에 많이 붙어 있는 모양.
- 차곡차곡: 말이나 행동 따위를 아주 찬찬하게 순서에 따라 조리 있게 하는 모양.

오답분석

① 전남 지역에서 사용하는 방언 '나찹다'에 대응하는 표준어는 '낮다'이므로 적절하다.
② 강원, 경남, 경북, 전남 지역에서 사용하는 방언 '더우'에 대응하는 표준어는 '더위'이므로 적절하다.
③ 경상, 전라 등의 지역에서 사용하는 방언 '모리'에 대응하는 표준어는 '모레'이므로 적절하다.
⑤ 전라 지역에서 사용하는 방언 '꼬아먹다'에 대응하는 표준어는 '속이다'이므로 적절하다.

39 표준어 규정 표준 발음법   정답 ③

정답해설

③ 솜이불[소미불](×) → [솜:니불](○): 표준 발음법 제29항에 따르면 합성어에서 앞 단어의 끝이 자음이고 뒤 단어의 첫음절이 '이'인 경우에는 'ㄴ' 음을 첨가하여 [니]로 발음한다. '솜이불'은 자음 'ㅁ'으로 끝나는 앞 단어 '솜'과 첫음절이 '이'로 시작하는 뒤 단어 '이불'이 결합한 합성어이므로 'ㄴ'을 첨가하여 [솜:니불]로 발음해야 한다.

오답분석

① 국수[국쑤](○): 표준 발음법 제23항에 따르면 받침 'ㄱ' 뒤에 연결되는 'ㅅ'은 된소리로 발음한다. 따라서 '국수'는 [국쑤]로 발음한다.

② 길가[길까](○): 표준 발음법 제28항에 따르면 관형격 기능을 지니는 사이시옷이 있어야 할 합성어는 뒤 단어의 첫소리를 된소리로 발음하므로 [길까]가 적절하다. 참고로, 앞의 명사가 뒤의 명사의 시간, 장소, 용도, 기원과 같은 의미를 나타낼 때 '관형격 기능'을 지닌다고 할 수 있으며, '길가'는 장소의 의미가 있어 경음화(된소리되기)가 일어난 예이다.

④ 뻗대다[뻗때다](○): 표준 발음법 제23항에 따르면 받침 'ㄷ' 뒤에 연결되는 'ㄷ'은 된소리로 발음한다. 따라서 '뻗대다'는 [뻗때다]로 발음한다.

⑤ 등용문[등용문](○): 표준 발음법 제29항에 따르면 합성어에서 앞 단어의 끝이 자음이고 뒤 단어의 첫음절이 '요'인 경우에는 'ㄴ' 음을 첨가하여 [뇨]로 발음한다. 다만, '등용문'은 'ㄴ'이 첨가되는 것을 표준 발음으로 인정하지 않으므로 [등용문]으로 발음한다.

40 외래어 표기법 외래어의 표기   정답 ④

정답해설

④ 리넨(linen)(○): 외래어 표기법에 따라 이미 굳어진 외래어는 관용에 따라 표기할 수 있으며, 표준국어대사전에 '리넨'으로 등재되어 있으므로 '리넨'이 적절한 표기이다.

오답분석

① 심볼(symbol)(×) → 심벌(○): 외래어 표기법 제2장에 따라 'symbol[sɪmbəl]'의 [ə]는 '어'로 적으므로 '심벌'이 적절한 표기이다.

② 마네킨(mannequin)(×) → 마네킹(○): 외래어 표기법에 따라 이미 굳어진 외래어는 관용에 따라 표기할 수 있으며, 표준국어대사전에 '마네킹'으로 등재되어 있으므로 '마네킹'이 적절한 표기이다.

③ 로보트(robot)(×) → 로봇(○): 외래어 표기법 제3장 제1절 제1항에 따라 짧은 모음의 다음에 오는 [t]는 받침 'ㅅ'으로 적으므로 '로봇'이 적절한 표기이다.

⑤ 레크레이션(recreation)(×) → 레크리에이션(○): 외래어 표기법 제2장에 따라 'recreation[rekriˈeɪʃən]'의 [i]는 '이'로 적고, [e]는 [에]로 적으므로 '레크리에이션'이 적절한 표기이다.

41 로마자 표기법 국어의 로마자 표기   정답 ④

정답해설

④ 콩나물국[콩나물꾹] kongnamulgguk(×) → kongnamulguk(○): 로마자 표기법 제3장 제1항 [붙임]에 따라 된소리되기는 표기에 반영하지 않으므로 [꾹]의 [ㄲ]은 모음 앞에 오는 'ㄱ'과 동일하게 'g'로 표기한다.

오답분석

① 불고기[불고기] bulgogi(○): 로마자 표기법 제2장 제2항 [붙임 1]에 따라 'ㄱ'은 모음 앞에서 'g'로 표기하고, [붙임 2]에 따라 'ㄹ'은 자음 앞에서 'l'로 표기하므로 적절하다.

② 볶음밥[보끔밥] bokkeumbap(○): 로마자 표기법 제2장 제2항에 따라 'ㄲ'은 'kk'로 표기하므로 적절하다.

③ 계란말이[계:란마리/게:란마리] gyeranmari(○): 로마자 표기법 제2장 제2항 [붙임 2]에 따라 'ㄹ'은 모음 앞에서 'r'로 표기하므로 적절하다. 참고로, 계란말이는 원칙적으로 [계:란마리]로 발음하고 [게:란마리]의 발음도 허용하나 국어의 로마자 표기는 원칙적 발음을 따라야 한다.

⑤ 양념게장[양념게장] yangnyeomgejang(○): 로마자 표기법 제2장 제1항에 따라 'ㅕ'는 'yeo'로 표기하므로 적절하다.

42 정확한 문장 어법에 맞는 표현   정답 ③

정답해설

③ ⓒ의 주어인 '여우의 꾀주머니는'은 서술어 '꺼낼 수 있다며', '쓰다듬으며', '자랑하였다'와 호응하지 않는다. 주어와 서술어가 호응하려면 '여우는 꾀주머니에서 무슨 꾀든 언제든지 꺼낼 수 있다며 배를 쓰다듬으며 더욱 자랑하였다'와 같이 주어를 '여우는'으로 수정해야 한다. 따라서 어법에 맞지 않는 문장은 ③이다.

43 정확한 문장 어법에 맞는 표현   정답 ②

정답해설

② <보기>의 밑줄 친 '바쁘시오'의 '-오'는 '하오체' 종결 어미이다. ② '골랐구려'의 '-구려'도 '하오체' 종결 어미이므로 정답은 ②이다.

오답분석

① '가보세요'의 '-어요'는 '해요체' 종결 어미이다.

③ '했나'의 '-나'는 '하게체' 종결 어미이다. 참고로, '-나'는 '하게체'의 의문형 종결 어미 '-는가'의 줄임말 형태이다.

④ '가자'의 '-자'는 '해라체'의 종결 어미이다.

⑤ '도착했습니다'의 '-습니다'는 '하십시오체' 종결 어미이다.

44 정확한 문장 어법에 맞는 표현   정답 ④

정답해설

④ '언니의 친한 친구가 나와 빨리 만나고 싶어 했다.'는 중의적으로 해석되지 않는 올바른 문장이므로 정답은 ④이다.

오답분석

① '예쁜'이 수식하는 대상이 누구인지에 따라 '친구가 예쁘다', '친구의 동생이 예쁘다'의 뜻으로 해석될 수 있으므로 중의적으로 해석되는 문장이다.

② '그'가 '엄마'와 둘이서 '형'을 걱정한 것인지, '그'가 혼자 '엄마'와 '형'을 걱정한 것인지 명확하지 않으므로 중의적으로 해석되는 문장이다.

③ '휘파람을 불면서'와 호응하는 대상에 따라 '나는 휘파람을 불다', '친구가 휘파람을 불면서 걸어 오다'의 뜻으로 해석될 수 있으므로 중의적으로 해석되는 문장이다.

⑤ 부정 표현 '-지 않아'와 수량 표현 '다'의 관계에 따라 '예약 손님이 하나도 오지 않았다', '예약 손님이 일부만 오고, 전체가 오지는 않았다'의 뜻으로 해석될 수 있으므로 중의적으로 해석되는 문장이다.

45 정확한 문장 | 번역 투 표현 | 정답 ②

정답해설

② '~의 경우에는'은 일본어 표현을 직역한 번역 투 표현이다. '~의 경우에는'을 쓰지 않고 '노인은'으로 바꾸어 써도 문장의 뜻을 충분히 전달할 수 있다. 참고로, '~에 있어서'는 일본어 표현을 직역한 번역 투이므로 ②는 잘못 고친 표현이다.

오답분석

① '~에도 불구하고'는 영어 'in spite of'를 직역한 번역 투 표현이므로 '-지만' 등의 우리말 표현으로 바꾸어 쓰는 것이 자연스럽다.
③ '있으시기 바랍니다'는 일본어 표현을 직역한 번역 투 표현이므로 '~해 주십시오' 등의 문맥에 맞는 우리말 표현으로 바꾸어 쓰는 것이 자연스럽다.
④ '~에 다름 아니다'는 일본어 표현을 직역한 번역 투 표현이므로 '~와 다름없다' 등의 문맥에 맞는 우리말 표현으로 바꾸어 쓰는 것이 자연스럽다.
⑤ '~하고 있는 중이다'는 영어 '~ing'를 직역한 번역 투 표현이므로 '~하고 있다' 등의 우리말 표현으로 바꾸어 쓰는 것이 자연스럽다.

46 글쓰기 계획 | 계획하기 | 정답 ②

정답해설

- ㄱ: 2문단 1~2번째 줄 "음식물 쓰레기 처리에 드는 비용은 일일 20억 대로 연간 8천 800억 원에 달한다."에서 경제적 손실 규모를 구체적인 수치로 제시했으므로 적절하다.
- ㅁ: 5문단에서 개인이 일상에서 실천할 수 있는 방안을 구체적으로 제시했으므로 적절하다.

오답분석

- ㄴ: 1문단 4~5번째 줄 "1인 가구와 맞벌이 가구의 증가, 배달 음식 문화의 확산 등이 음식물 쓰레기 증가의 주요 원인으로 분석되어지며"에서 음식물 쓰레기 발생 원인을 사회적 측면에서 제시했으나 경제적 측면의 원인은 제시하지 않았으므로 적절하지 않다.
- ㄷ: 2문단에서 음식물 쓰레기로 발생하는 경제적 손실과 환경적 피해를 제시했다. 그러나 인간의 건강과 관련된 부정적 영향은 제시하지 않았으므로 적절하지 않다.
- ㄹ: 윗글에서 해외 선진국의 대응 사례는 제시하지 않았으므로 적절하지 않다.

47 글쓰기 계획 | 자료의 활용 | 정답 ①

정답해설

① 3문단 1~2번째 줄 "음식물 쓰레기 종량제를 전면 시행하여 RFID 기반 시스템으로 배출량에 따른 수수료를 차등 부과하고 있다."에 따르면 RFID 기반의 음식물 쓰레기 종량제 제도는 이미 시행하고 있다. 따라서 이 내용을 추가로 제시하는 방안은 적절하지 않다.

오답분석

② 4문단 3~4번째 줄 "조리할 때는 식사량에 맞게 적정량만 조리하여 ~ 배달 음식을 주문할 때, 적정량만 주문하거나"에서 적정량의 음식을 섭취해 잔반을 만들지 않는 대안을 제시하고 있다. (나)는 자신의 섭취량을 파악할 수 있는 방법이므로 윗글의 대안을 보완하기에 적절하다.
③ 3문단 끝에서 3~4번째 줄 "인공 지능과 빅데이터를 활용한 음식물 쓰레기 예측 시스템을 개발해 공공기관과 대형 건물에 보급하고 있다."에 따르면 인공 지능을 음식물 쓰레기 감축 대안으로 활용하고 있다. (다)는 대안의 효과로 재료비 절감과 음식물 쓰레기 감축을 제시하고 있으므로 적절하다.
④ 3문단 끝에서 1~3번째 줄 "소비자 참여형 정책도 ~ 마일리지 적립 등의 다양한 혜택을 제공하고 있다."에서 마일리지 적립 제도를 소비자 참여형 정책으로 소개하고 있으므로 (라)를 활용해 '마일리지 적립'에 관해 구체적으로 설명할 수 있다.
⑤ 1문단에서는 부문별 음식물 쓰레기의 발생 비중을 제시하고 있다. (마)는 가정 외에서 발생하는 음식물 쓰레기양을 그램 수로 제시하고 있으므로 구체적인 음식물 쓰레기양을 추가로 설명할 수 있다.

※ 출처: KOSIS(환경부, 전국폐기물통계조사, 발생원별 음식물류폐기물 분리배출현황), 2025.01.24.

48 글쓰기 계획 | 개요 작성 | 정답 ③

정답해설

③ Ⅰ-3은 글에서 제시되지 않은 내용이므로 삭제해야 하며, 글에 제시된 '1인당 음식물 쓰레기 발생 현황'으로 수정해야 하므로 적절하지 않다.

오답분석

① Ⅳ-1은 개인이 아닌 정부와 지자체 차원에서 시행하는 정책이므로 Ⅲ의 하위 항목으로 이동하는 것이 적절하다.
② Ⅱ-1은 윗글에서 언급되지 않은 내용이므로 삭제하는 것이 적절하다.
④ '음식물 활용안'은 Ⅳ의 하위 항목을 포괄하는 내용이 아니므로 Ⅲ을 고려하여 '음식물 쓰레기 감축을 위한 개인 차원의 대안'으로 수정하는 것이 적절하다.
⑤ 윗글은 음식물 쓰레기 감축을 위한 국가와 개인 차원의 노력을 촉구하는 글이다. 따라서 '음식물 쓰레기 재활용'이 아닌 '음식물 쓰레기 감축'을 위한 개인과 국가의 실천 촉구로 수정하는 것이 적절하다.

49 고쳐쓰기 | 미시적 점검 | 정답 ③

정답해설

③ '부가하다'는 '주된 것에 덧붙이다.'의 의미이며 '부과하다'는 '세금이나 부담금 따위를 매기어 부담하게 하다.'의 의미이다. 윗글에서는 음식물 쓰레기 배출량에 따라 수수료를 매겨 부담하도록 하므로 '부과하다'가 정확한 표현이다. 따라서 ③은 적절하지 않다.

오답분석

① '분석되어지며'는 피동 접사 '-되다'와 피동 표현 '-어지다'가 결합한 이중 피동 표현이므로 피동 접사 '-되다'만을 쓴 '분석되며'로 수정하는 것이 적절하다.
② ⓒ과 호응하는 주어는 '매립된 음식물 쓰레기는'이며 주어가 목적어인 '메탄가스를'을 발생하도록 하는 것이므로 사동 접미사 '-시키다'를 결합한 '발생시킨다'로 수정하는 것이 적절하다.
④ '잔반'은 '먹고 남은 음식.'을 뜻하므로 '남다'라는 뜻을 이미 포함하고 있다. 따라서 중복된 표현인 '남은'을 삭제하는 것이 적절하다.
⑤ ⓜ의 뒤에 이어지는 내용은 음식물 쓰레기 문제는 국가와 개인이 함께 해결해야 한다는 내용이다. ⓜ의 앞에서는 국가와 개인 차원에서 음식물 쓰레기 문제를 해결할 수 있는 방안을 제시하고 있으므로 앞의 내용이 뒤의 내용의 원인임을 나타내는 '따라서'로 수정하는 것이 적절하다.

50 고쳐쓰기 | 거시적 점검 | 정답 ⑤

정답해설

⑤ 각 방안의 성과를 추가로 제시하여 3문단에 제시된 정부와 지방 자치 단체의 음식물 쓰레기 감축 방안의 실효를 나타낼 수 있으므로 글을 보완하는 방법으로 적절하다.

오답분석

① 자원 순환 기술은 4문단에 제시된 정부와 지방 자치 단체 차원의 대안이 므로 독자 개인의 실천을 촉구하는 것과는 관련 없으므로 적절하지 않다.
② 윗글의 화제는 음식물 쓰레기이다. 따라서 메탄가스의 정의를 설명하는 것은 글의 화제인 음식물 쓰레기 문제에 공감을 유도하는 것과는 관련 없 으므로 적절하지 않다.
③ 윗글은 음식물 쓰레기 문제와 감축 방안을 다루고 있다. 자연재해는 음 식물 쓰레기로 발생하는 문제이지만, 자연재해를 구체적으로 분류하는 것은 글의 주제에서 벗어나므로 적절하지 않다.
④ 구체적 수치를 제공하는 것은 글의 객관성을 높일 수 있지만, 1인 가구의 소득을 제시하는 것은 음식물 쓰레기의 발생과 관련 없으므로 적절하지 않다.

51 텍스트 창안 유비 추론을 활용한 내용 생성 정답 ④

정답해설

④ 1문단에서 꿀벌은 '다섯 개의 눈'으로 변화 속에서도 대상을 정확히 파악할 수 있음을 알 수 있다. 이를 기업 경쟁력에 비유하면 시장의 변화를 정확히 파악하여 그에 따라 대처한다는 내용을 이끌어 낼 수 있다. 따라서 ④가 가장 적절하다.
[관련 지문 인용] 겹눈은 대상을 중점적으로 인식하여 대상의 형태나 색을 파악하고, 홑눈은 빛의 강도를 감지하여 주변 변화를 중점적으로 파악한다. 이렇게 파악한 정보를 통합하여 인식함으로써 주변이 변화하여도 대상을 정확하게 파악할 수 있다.

오답분석

① ② ③ ⑤ 글에서 유추할 수 없는 내용이므로 적절하지 않다.

52 텍스트 창안 유비 추론을 활용한 내용 생성 정답 ⑤

정답해설

⑤ 2문단에서 꿀벌은 연차에 따라 기억력이 다르므로 연차가 높을수록 내부에서 외부로 업무가 확장됨을 알 수 있다. 따라서 성과에 따라 업무가 확장된다는 내용은 적절하지 않다.
[관련 지문 인용] 이처럼 연차별로 분업하는 이유는 연차에 따라 기억력이 다르기 때문이다. 따라서 이를 고려하여 내부에서 외부로 업무를 확장하여 업무를 분업한다.

오답분석

① 유충에게 먹이를 공급하는 것은 유충이 성장할 수 있도록 기본적인 요소를 제공하는 것이므로 인재를 육성하기 위해 인턴에게 기본적인 업무 지침을 제공하는 것은 적절한 비유이다.
② 생후 7일의 일벌은 벌통 내부의 다양한 일을 도맡아 하므로 주임이 팀 내부의 일을 능숙하게 할 수 있다는 것은 적절한 비유이다.
③ 생후 2~3주의 일벌은 벌집을 안정적으로 보호하는 일을 도맡아 하므로 과장이 팀 내부의 안정적인 환경을 지원하는 것은 적절한 비유이다.
④ 3주 이상의 일벌은 외부에서 자원을 확보하는 일을 도맡아 하므로 부장이 외부 거래처와의 계약으로 자본을 확보하는 것은 적절한 비유이다.

53 텍스트 창안 조건에 맞는 내용 생성 정답 ④

정답해설

④ ⓐ는 의사소통 방법을 학습하는 시기를 놓치면 사회적 의사소통 능력을 갖추기 어렵다는 내용이다. 따라서 적절한 시기에 능력을 갖추도록 때를 놓치지 말아야 함을 조언하는 ④가 적절하다.

54 그림 창안 구체적 그림을 활용한 내용 생성 정답 ⑤

정답해설

⑤ (다)는 축구를 할 때 신는 신발로 착용하는 때가 명확하다. 따라서 운동 능력 향상에 도움을 주는 핵심 기능을 가지고 있어야 하므로 적절하지 않다.

오답분석

① ㉠: 안전화는 산업 현장에서 일어날 수 있는 재해로부터 신체를 보호하기 위한 신발이므로 적절하다.
② ㉡: 산업 현장에서 발을 보호하기 위해 안전을 중점으로 신발의 기능을 변형하였으므로 적절하다.
③ ㉢: 일반 운동화에서 운동 능력을 향상하여 성과를 내기 위한 기능에 중점을 두어 변형하였으므로 적절하다.
④ ㉣: 산업 현장에서 발생할 수 있는 사고를 고려하여 신발의 내구성을 강화하였으므로 적절하다.

※ 출처
• 0879_디자인에셋(픽셀아트)_가상공간_의류_신발_03 by 주식회사 아이티앤, 출처 공유마당, CC BY
• 축구화 by 국립국어원, 출처 국립국어원, CC BY-SA

55 그림 창안 시각 리터러시 정답 ④

정답해설

④ (나)는 사고를 방지하기 위해 신는 신발이다. 따라서 (나)에서 미래를 예상하고 대비하는 능력을 갖춘 인재를 유추할 수 있으므로 ④가 적절하다.

오답분석

① 사회의 동향을 빠르게 파악하는 것은 현재 일어난 일을 파악하는 것이므로 적절하지 않다.
② ③ ⑤ '새로운 시각', '조직과 개인의 동시 성장', '공감과 도움'은 미래를 대비하는 것과 관련 없으므로 적절하지 않다.

56 그림 창안 유비 추론을 활용한 내용 생성 정답 ①

정답해설

① (다)는 축구 경기력을 증대하기 위해 신는 신발로, 성과 향상을 중점에 둔다. 세라믹 칼은 성과를 향상하기보다는 개인의 안전을 중점으로 한 사례이므로 적절하지 않다.

오답분석

② 수영 속도를 향상하기 위한 사례이므로 적절하다.
③ 주변 소음을 차단하여 소리를 잘 전달하기 위한 사례이므로 적절하다.
④ 선풍기 바람의 온도를 더 낮추기 위한 사례이므로 적절하다.
⑤ 저항을 최소화하여 빠른 속도를 내기 위한 사례이므로 적절하다.

57 그림 창안 구체적 그림을 활용한 내용 생성 정답 ③

정답해설

③ ③은 '위험한 건 지구가 아니라 인간이야'라는 직접적인 표현으로 환경오염으로 인류가 위기를 겪을 수 있다는 경각심을 불러일으키고 있다. 따라서 ㉢의 작은 절약 행동이 사회 전체의 지속 가능성에 기여할 수 있음을 보여주는 사례가 아니므로 적절하지 않다.

오답분석

① '바르거나 주사하는 것이 아니라 먹어서 병을 치료하는 약.'을 뜻하는 '내복약'을 에너지 위기를 극복하기 위해 '내복'을 입자는 의미로 사용하였다. 이는 '내복'이라는 동음이의어를 사용한 언어유희 표현이므로 ㉠의 사례에 적절하다.

② '비워야 피어나는 녹색 에너지'라는 표현에서 콘센트를 뽑아야 에너지 절약이 가능함을 표현하고 있다. 따라서 콘센트를 뽑자는 실천 행동을 보여주고 있으므로 ㉡의 사례에 적절하다.

④ '누르면 아파요'라는 표현에서 무심코 일상에서 반복한 행위가 에너지 낭비를 유발할 수 있음을 표현하고 있다. 따라서 ㉣의 사례로 적절하다.

⑤ '오늘은 어떤 텀블러를 쓸까?', '텀블러는 하나면 충분합니다'라는 표현에서 일회용 컵 대신 사용하는 텀블러가 오히려 다양한 텀블러 구매로 새로운 자원 낭비 원인이 될 수 있음을 표현하고 있으므로 ㉤의 사례로 적절하다.

※ 출처: 한국방송광고진흥공사, https://www.kobaco.co.kr

58 그림 창안 구체적 그림을 활용한 내용 생성   정답 ③

정답해설

③ ㉢은 환경을 살리려고 한 행동이 도리어 자원 낭비를 일으킨다는 의미를 내포하고 있으며 자원 낭비를 일으키는 행동을 '불씨'에 비유하고 있으므로 적절하다.

오답분석

① '강물처럼'에서 비유적 표현을 사용하고 있으나 ㉢의 주제를 내포하고 있지 않으므로 적절하지 않다.

② '하늘의 별처럼'에서 비유적 표현을 사용하고 있으나 ㉢의 주제를 내포하고 있지 않으므로 적절하지 않다.

④ 일회용 비닐봉지나 쇼핑백을 사용하지 않기 위해 에코백을 대체품으로 사용하지만, 오히려 에코백을 많이 구매함으로써 또 다른 자원 낭비가 될 수 있다는 내용이므로 ㉢의 주제를 내포하고 있다. 하지만 비유적 표현을 활용하지 않았으므로 적절하지 않다.

⑤ '바다가 되듯'에서 비유적 표현을 사용하고 있으나 ㉢의 주제를 내포하고 있지 않으므로 적절하지 않다.

59 텍스트 창안 유비 추론을 활용한 내용 생성   정답 ⑤

정답해설

⑤ ㉠은 부정적 평가가 실제로 부정적 결과를 일으키는 현상이다. ⑤는 검사 결과가 그에 맞는 직업 선택을 하도록 유도한 것으로, 부정적 상황은 아니므로 가장 적절하지 않다.

오답분석

① '머리가 나쁘다'라는 부정적 평가가 '학업을 회피'하는 부정적 결과를 일으켰으므로 적절하다.

② '중요도를 무시'하는 부정적 평가가 '능력을 저하'하는 부정적 결과를 일으켰으므로 적절하다.

③ '발표 실력이 부족하다'라는 부정적 평가가 '실제 발표 상황에서 실수'하는 부정적 결과를 일으켰으므로 적절하다.

④ '문제아'라는 부정적 평가가 '비행 행동 증가'라는 부정적 결과를 일으켰으므로 적절하다.

60 텍스트 창안 유비 추론을 활용한 내용 생성   정답 ③

정답해설

③ ⓐ와 <보기>의 내용 모두 낙인과 같은 고정 관념으로 일어나는 부정적 결과를 보여주고 있다. 이를 '고정 관념 탈피'와 관련지을 때, <보기>에서 새로운 방향성을 탐구해야 함을 제시하고 있으므로 새로운 정보를 받아들여야 긍정적 결과가 일어날 수 있다는 내용이 적절하다. 따라서 정답은 ③이다.

오답분석

① ④ ⑤ '긍정적 자아 형성', '이성적 판단 능력', '개인적 의사 결정'은 <보기>에서 제시한 '새로운 방향성 탐구'와 관련 없으므로 적절하지 않다.

② ⓐ에서 사회적으로 낙인을 찍는 행위가 제시되고 있으므로, 사회적으로 통용되는 정보를 중시한다는 내용은 적절하지 않다.

61 문학 텍스트 문학 텍스트 이해하기   정답 ⑤

정답해설

⑤ 2연의 '모든 산맥들이 바다를 연모해 휘달릴 때도'와 같이 산맥을 의인화하여 넓고 트인 광야의 이미지를 더욱 역동적으로 나타내고 있으므로 적절한 설명이다.

오답분석

① '뿌려라', '하리라'와 같은 어미를 활용한 강렬한 어조로 시를 전개하고 있으므로 적절하지 않은 설명이다.

② '눈', '매화 향기', '씨' 등의 다양한 상징적 소재를 활용하고 있으나 이를 통해 현실이 아닌, 꿈과 같은 분위기를 연출하고 있지 않으므로 적절하지 않은 설명이다.

③ 1연 '까마득한 날에'는 과거를, 4연 '지금'은 현재를, 5연 '천고의 뒤에'는 미래를 나타내므로 역행적 구조가 아닌 '과거-현재-미래'의 순행적 구조를 보이고 있다.

④ 마지막 행은 종결 어미 '-리라'를 사용하여 '하리라'로 끝나므로 적절하지 않은 설명이다. 참고로, 종결 어미를 사용하지 않고 시를 끝맺으면 강한 여운을 남길 수 있다.

62 문학 텍스트 문학 텍스트 비판하기   정답 ②

정답해설

② ㉡ '눈'은 화자가 처한 암담한 현실과 고통을 의미하므로 ②는 적절하지 않은 설명이다. 참고로, 윗글은 우리 민족의 터전을 상징하는 '광야'를 바탕으로, 일제에 빼앗긴 우리의 터전을 되찾자는 조국 광복의 염원을 노래하고 있다. 따라서 '눈'은 일제 강점기의 고난과 시련을 의미한다.

오답분석

① ㉠ 이곳: '이곳'은 우리 민족의 터전인 '광야'를 의미한다. 화자는 '차마 이곳을 범하던 못하였으리라'라고 하며 광야의 신성성을 드러내고 있으므로 적절한 설명이다.

③ ㉢ 매화 향기: '눈(시련) 내리고 매화 향기 홀로 아득하니'와 같이 '매화 향기'는 힘든 상황 속에서도 향을 피우고 있으므로 이는 현실을 극복하려는 화자의 의지를 상징한다.

④ ㉣ 씨: '씨'는 생명의 근원이다. 따라서 고난 속에서도 씨를 뿌리는 행위는 시련을 이겨내고 더 나은 미래로 나아가기 위한 화자의 노력과 희망을 상징하므로 적절한 설명이다.

⑤ ㉤ 초인: '백마 타고 오는 초인'은 신성한 존재로 묘사되었으므로 화자의 염원을 이뤄 주는 구원적인 존재를 상징한다.

63 문학 텍스트 — 문학 텍스트 이해하기   정답 ①

정답해설
① 김 첨지는 아내에게 "이런 오라질 년! 조밥도 못 먹는 년이 설렁탕은. 또 처먹고 지랄병을 하게"와 같은 비속어를 사용하고 있다. 이는 가난으로 굶주리는 김 첨지 가족의 비극적인 상황을 더욱 직접적이고 사실적으로 드러내는 역할을 하므로 적절하다.

오답분석
② 윗글의 주인공은 김 첨지이며, 등장인물이 김 첨지를 관찰하여 서술하고 있지 않으므로 적절하지 않다.
③ 윗글에서 제3의 인물의 말을 인용한 부분은 없으며, 이를 통해 사건의 숨겨진 전말도 드러나고 있지 않으므로 적절하지 않다.
④ 인물의 심리가 작품에 직접적으로 드러나고 있으나, 일을 나가려는 김 첨지와 이를 만류하는 아내 사이의 갈등이 해소되는 과정은 드러나지 않으므로 적절하지 않다.
[관련 지문 인용] 김 첨지는 십전짜리 백동화 서 푼, 또는 다섯 푼이 찰깍 하고 손바닥에 떨어질 제 거의 눈물을 흘릴 만큼 기뻤었다
⑤ 하나의 이야기 안에 다른 이야기를 넣어 전개되는 구성은 액자식 구성이다. 윗글은 액자식 구성이 아니며 이를 통해 인과 관계 또한 드러나지 않으므로 적절하지 않다.

64 문학 텍스트 — 문학 텍스트 추론하기   정답 ③

정답해설
③ ⓒ은 오히려 약을 쓰면 병이 심해진다는 김 첨지의 굳은 신념이다. 이는 김 첨지의 고지식한 성격을 드러내는 부분이므로 비극적 처지를 비관하는 부정적 성격이라는 추론은 적절하지 않다.

오답분석
① ⊙은 겨울비가 내리는 날씨를 묘사하고 있다. 이는 작품의 전반적인 분위기를 음울하고 어둡게 형성하고 있다. 참고로, 작품 전체를 고려하였을 때는 아내가 죽음을 맞이하는 비극적 결말을 암시하기도 한다.
② ⓒ은 아내가 먹고 싶어 하는 음식으로, 아내를 모질게 대하는 표면적인 행위와 달리 설렁탕을 사려는 김 첨지의 심리를 통해 김 첨지가 아내를 사랑하고 있음을 알 수 있으므로 적절하다.
④ ⓔ은 아내가 굶주림에 밥을 급하게 먹어 체하게 된 내용으로, 이로 인해 아내의 병이 악화되었으므로 적절한 설명이다.
⑤ ⓜ은 자신의 죽음을 예감한 아내가 일을 나가려는 김 첨지를 붙드는 내용이다. 이는 아내가 쓸쓸히 죽음을 맞이하는 비극적 결말을 암시하므로 적절한 설명이다.

65 문학 텍스트 — 문학 텍스트 비판하기   정답 ③

정답해설
③ ⓐ '김 첨지'는 앞집 마마님, 양복쟁이에 이어 학생까지 손님으로 맞이하여 오랜만에 돈을 벌 수 있었지만 "이 행운 앞에 조금 겁이 났음이다"에서 행운을 그대로 받아들이지 못하고 불안을 느끼고 있다.

오답분석
① ⓐ '김 첨지'가 비 오는 날에도 인력거를 끌며 일을 하는 모습에서 가장으로서 책임감이 있다고 추론할 수 있으나, 이러한 모습을 ⓑ '아내'가 긍정하고 지지하는지는 알 수 없으므로 적절하지 않다.
② ⓐ '김 첨지'가 돈을 벌기 위해 애를 쓰는 모습에서 삶의 의지가 있다고 추론할 수 있으나, 그가 ⓑ '아내'의 삶의 의지를 판단하는 내용은 본문에 제시되지 않았으므로 적절하지 않다.
④ "이날이야말로 동소문 안에서 인력거꾼 노릇을 하는 김 첨지에게는 오래간만에도 닥친 운수 좋은 날이었다."와 "비는 오고, 짐은 있고 해서 어찌할 줄 모르다가 마침 김 첨지를 보고 뛰어나왔음이리라."에서 날씨 덕에 ⓐ '김 첨지'의 행운이 지속되고 있음을 추론할 수 있다. 하지만 ⓐ '김 첨지'가 자신의 성실함이 행운을 가져왔다고 생각하는 내용은 본문에 제시되지 않았으므로 적절하지 않다.
⑤ ⓐ '김 첨지'는 가난한 처지이므로 열심히 일하며 살아간다고 추론할 수 있다. 하지만 "인제 설렁탕을 사줄 수도 있다."라고 하며 설렁탕을 먹고 싶다는 아내의 소원을 들어주려 하므로 아내의 소망을 무시한 채 살아간다는 설명은 적절하지 않다.

66 학술 텍스트 — 학술 텍스트 이해하기   정답 ④

정답해설
④ 윗글의 핵심 내용은 1문단 1번째 줄의 "전통의 대부분이 그리 멀지 않은 과거에 발명되었다"라는 것이다. 또한 "전통이 특정 시기에 정치·사회적 목적을 달성하기 위해 만들어지기도 한다."라고 명시적으로 언급하고 있다. 즉, '전통'이라고 믿어지는 것들이 사실은 특정 시기, 특정 목적을 위해 발명되었음을 스코틀랜드 킬트의 사례를 통해 설명하고 있으므로 윗글의 주된 논지는 ④이다.

오답분석
① 1문단에서 전통 의상이 아니던 킬트가 1822년 영국 왕 방문 이후로 각 씨족을 상징하는 전통 의상이 되었음을 설명하고 있지만, 이는 윗글의 주된 논지가 아니므로 적절하지 않다.
② ③ ⑤ 윗글에 제시되지 않은 내용이므로 적절하지 않다.

67 학술 텍스트 — 학술 텍스트 추론하기   정답 ③

정답해설
③ 3문단 2~3번째 줄에서 "이러한 관점은 신화화된 전통의 실체를 폭로하려는 데에 궁극적 목적이 있는 것이 아니다."라고 밝히고 있으며, 오히려 전통을 연구하는 의의는 "그들의 입장에서 전통의 사회 문화적 맥락과 의미를 새롭게 조명하려는 것"이라고 설명하고 있다. 따라서 ③은 윗글과 반대되는 주장을 하고 있으므로 적절하지 않다.

오답분석
① 2문단 3~4번째 줄에서 "전통은 ~ 정치·사회·경제 등과 밀접한 관련을 맺으면서 시대마다 다양한 의미를 지니게 된다."라며, 역사적 맥락 속에서 전통을 조명해야 함을 강조하고 있으므로 적절하다.
② 2문단 2~3번째 줄에서 "이 과정에서 전통은 그 전통이 생성되었던 시기를 넘어 아주 오래전부터 지속되어 온 것이라는 신화가 형성되었다."라고 직접적으로 언급하고 있으므로 적절하다.
④ 윗글은 전통을 특정 사회문화적 맥락에서 이해해야 신화화를 벗어날 수 있다고 주장하며, 킬트가 전통 의상이 된 과정을 정치적 상황과 관련지어 설명하고 있으므로 적절하다.
⑤ 3문단 2~3번째 줄에서 "과거의 문화를 타 문화로 인식함으로써 신화 속에 묻혀 버린 당시의 사람들을 문화와 역사의 주체로 복원하여"라고 언급하였으므로 적절하다.

68 학술 텍스트 학술 텍스트 비판하기   정답 ⑤

정답해설

⑤ 2문단에서 "전통은 특정한 시공간에 위치하는 사람들에 의해 생성되어 공유되는 것으로, 정치·사회·경제 등과 밀접한 관련을 맺으면서 시대마다 다양한 의미를 지니게 된다."라고 하였다. 따라서 하와이 훌라 춤이 금지되었다가 관광산업의 발전(사회적 맥락)으로 부활하면서 원주민 정체성(새로운 의미)을 상징하게 된 것은 윗글의 관점을 반영한 반응이다.

오답분석

① 윗글에서 전통의 변화를 부정적인 '원형 훼손'으로 보는 관점은 제시되지 않았다. 오히려 전통은 시대에 따라 다양한 의미를 지닌다고 설명하며 변화를 자연스러운 과정으로 보고 있다. 따라서 변화를 지양해야 한다는 반응은 적절하지 않다.
② 특정 시대의 필요 요건과 무관하다는 반응은 "전통은 특정 시기에 정치·사회적 목적을 달성하기 위해 만들어지기도 한다."라는 윗글의 관점과 상반되므로 적절하지 않다.
③ 윗글은 전통이 시대적 맥락에 따라 새로운 의미를 갖는다는 입장이므로 오랫동안 지속된 전통을 그대로 받아들인다는 반응은 적절하지 않다.
④ 윗글은 전통이 시대적 맥락에 따라 새로운 의미를 갖는다는 입장이므로 전통에 본질적 가치를 중요시하며 과거 형식의 복원을 강조하는 반응은 적절하지 않다.

69 학술 텍스트 학술 텍스트 이해하기   정답 ⑤

정답해설

⑤ 1문단에서 일상에서 발생 가능한 건물 수선의 사례를 제시한 후 법률 규정과 계약 내용의 적용 순서, 법적 불이익 등의 문제가 발생함을 제기한다. 그 후 법적 불이익 여부와 계약 효력 여부를 기준으로 사례와 관련된 법규를 제시하므로 적절하다.

오답분석

① 2, 3, 4문단에서 각각 '임의 법규', '단속 법규', '강행 법규' 등을 설명하나, 각 법규가 나타난 이유나 문제점은 제시하지 않으므로 적절하지 않다.
② 3, 4, 5문단에서 법규와 관련 있는 실례를 들었으나 법규의 현실성은 다루지 않으므로 적절하지 않다.
③ 사법 체계와 관한 여러 의견을 제시하지 않으며 최선의 해결책을 도출하는 구조가 아니므로 적절하지 않다.
④ 법규의 변천 과정이나 법규 개정의 필요성을 언급하지 않으므로 적절하지 않다.

70 학술 텍스트 학술 텍스트 이해하기   정답 ⑤

정답해설

⑤ 6문단 2번째 줄 "계약의 자유를 제한하려면 필요한 만큼만 최소로 제한해야 한다는 '비례 원칙'"에서 알 수 있으므로 적절하다.

오답분석

① ② 2문단 1~2번째 줄 "사법(私法)은 개인과 개인 사이의 재산, 가족 관계 등에 적용되는 법으로서 이 법의 영역에서는 '계약 자유의 원칙'이 적용된다."에서 사법은 개인과 개인 사이에서 적용되는 법임을 알 수 있으며 계약 자유 원칙은 사법에만 적용됨을 알 수 있으므로 적절하지 않다.
③ 3문단 끝에서 1~2번째 줄 "이 경우 계약 내용에 따른 행동인 급부(給付)를 할 의무가 인정되어"에서 단속 법규에서 급부 의무가 인정됨을 알 수 있으므로 적절하지 않다.
④ 2문단 2~4번째 줄에서 당사자들이 법률이 제정되어 있더라도 법률 내용과 관련 없이 자유롭게 계약 내용을 정할 수 있도록 하는 법을 '임의 법규'라고 함을 알 수 있다. 따라서 법률로 제정된 내용을 기반으로 추가적인 계약 내용을 정한다는 내용은 적절하지 않다.

71 학술 텍스트 학술 텍스트 추론하기   정답 ③

정답해설

③ 4문단 3~4번째 줄에서 강행 법규는 계약 내용의 효력이 없으므로 넘겨준 이익에 대해서 부당 이득 청구권을 요구할 수 있다고 하였다. 하지만 5문단에서 급부 내용이 도덕적, 사회적으로 옳지 못한 내용이라면 부당 이득 반환 청구권이 인정되지 않는다고 하였으므로 적절하다.

오답분석

① 6문단에서 개인 간 계약에 법규를 제정하는 것은 공공복리를 실현하는 등의 정당한 입법 목적을 달성하기 위해서임을 알 수 있으나 4문단 1~2번째 줄에 따르면 강행 법규는 법률 규정과 다른 계약 내용의 효력 자체를 인정하지 않는 법규이므로 적절하지 않다.
② 4문단 1~2번째 줄 "체결된 계약의 효력 자체도 인정되지 않아 급부 의무가 부정되는 경우가 있다. 이에 해당하는 법조문을 '강행 법규'라고 한다."에 따르면 급부 의무가 계약의 효력과 상관없다는 설명은 적절하지 않다.
④ 4문단 1번째 줄 "한편 체결된 계약 내용이 법률에 정해진 내용과 어긋날 때"에 따르면 체결 전이 아니라 체결된 내용을 대상으로 하고 있으므로 적절하지 않다.
⑤ 윗글에서 계약 내용의 사회 질서 추구 여부에 따라 법적 불이익에서 제외되는지는 알 수 없으므로 적절하지 않다.

72 학술 텍스트 학술 텍스트 비판하기   정답 ③

정답해설

③ ⓒ의 앞뒤 문맥을 고려했을 때, 비도덕적인 계약은 계약 효력이 사라지고 넘겨준 이익도 돌려받지 못함을 알 수 있다. 따라서 문맥상 비도덕적 계약의 당사자는 자신이 비도덕적인 일을 한 것에 대한 마땅한 결과를 받는다는 내용이므로 아무 잘못도 없지만 괜히 의심을 받게 될까 봐 조심한다는 말인 ③은 적절하지 않다.

오답분석

① '제 죄 남 안 준다'는 자기가 지은 죄에 대하여는 반드시 제가 벌을 받게 된다는 말이므로 문맥상 적절하다.
② '죄지은 놈이 서 발을 못 간다'는 죄를 지으면 반드시 벌을 받게 된다는 말이므로 문맥상 적절하다.
④ '자업자득'을 뜻하는 '자기가 저지른 일의 결과를 자기가 받는다'는 문맥상 적절하다.
⑤ '죄는 지은 데로 가고 물은 트는 데로 간다'는 죄를 지으면 벌을 받고 덕을 쌓으면 복을 받는다는 말이므로 문맥상 적절하다.

73 학술 텍스트 학술 텍스트 이해하기   정답 ③

정답해설

③ 3문단에서 플라스틱의 한 종류인 '폴리에틸렌'을 이루는 구성 요소를 '탄소', '수소'로 분석하고 있으며, 4문단에서 이들이 결합하여 '폴리에틸렌'으로 만들어지는 과정을 설명하고 있으므로 적절하다.

오답분석

① 1문단에서 '식품 포장재', '세제 용기'를 플라스틱이 사용된 사례로 들고 있지만 플라스틱의 장점과 단점은 제시하지 않았으므로 적절하지 않다.
② 1문단 1~2번째 줄 "플라스틱은 '성형할 수 있는, 거푸집으로 조형이 가능한'이라는 의미의 '플라스티코스'라는 그리스어에서 온 말로"에서 어원을 설명하고 있지만, 어원과 관련해 플라스틱의 한계점을 제시하고 있지는 않으므로 적절하지 않다.
④ 고분자 화합물과 관련한 통념과 플라스틱의 특수성은 윗글에서 제시되지 않았으므로 적절하지 않다.
⑤ 3문단에서 플라스틱의 한 종류인 폴리에틸렌을 설명하고 있지만, 다른 종류의 플라스틱은 제시되지 않았으므로 적절하지 않다.

74 학술 텍스트 학술 텍스트 추론하기 정답 ⑤

정답해설

⑤ 3문단에서 에틸렌의 탄소 원자들은 서로 이중 결합을 하고, 탄소 원자와 수소 원자는 단일 결합을 한다고 하였으므로 적절하다.

오답분석

① 플라스틱은 중합 과정을 거치면서 형성된 거대 분자로 이루어져 있다. 5문단 1~2번째 줄에서 플라스틱의 거대 분자는 길이가 길기 때문에 분자 전체에서 나란히 배열되는 결정 형태가 나타나지는 않지만 부분적으로는 있을 수 있다고 했으므로 적절하지 않다.
② 2문단 4번째 줄에서 원자들이 다른 원자들과 전자를 공유하는 공유 결합으로 안정 상태가 되며, 공유 전자쌍이 많을수록 결합력이 강하다고 하였으므로 적절하지 않다.
③ 1문단 2~3번째 줄 '열과 압력으로 성형할 수 있는 고분자 화합물을 이른다.'에서 플라스틱은 열에 영향을 받을 수 있음을 알 수 있으므로 적절하지 않다.
④ 4문단 2~4번째 줄에서 과산화물 개시제의 불안정한 원자는 에틸렌의 탄소 원자 중 약한 결합을 끊고, 한쪽 탄소 원자와 단일 결합하므로 적절하지 않다.

75 학술 텍스트 학술 텍스트 비판하기 정답 ③

정답해설

- ㄱ: <보기>에서 LDPE의 밀도 수치는 HDPE보다 낮음을 알 수 있고, 윗글의 5문단에서 결정 영역이 많아질수록 밀도가 높아짐을 알 수 있다. 따라서 밀도 수치가 낮은 LDPE는 결정 영역의 비율이 낮을 것이므로 적절하다.
  [관련 지문 인용] 결정 영역이 많아질수록 ~ 밀도가 높아져
- ㄷ: <보기>에서 LDPE의 밀도 수치는 HDPE보다 낮음을 알 수 있고, 윗글의 5문단에서 밀도가 높은 플라스틱의 특성을 알 수 있다. 따라서 LDPE는 HDPE보다 유연성, 투명성, 가공성이 높은 물질임을 추론할 수 있으며, 이 특성으로 실생활에서 활용하는 식품 포장에 쓰는 비닐 막의 소재임을 추론할 수 있다.
  [관련 지문 인용] 결정 영역이 많아질수록 플라스틱은 유연성이 낮아 충격에 약하고 가공성이 떨어지며 점점 불투명해지지만,

오답분석

- ㄴ: 4문단의 에틸렌 중합 과정에서, 사슬 끝에 있는 불안정한 탄소 원자가 서로 결합하여 안정된 상태가 되어야 폴리에틸렌이 만들어짐을 알 수 있다. LDPE, HDPE 모두 에틸렌 중합으로 제조된 폴리에틸렌이므로 LDPE에도 해당하는 내용이다.
  [관련 지문 인용] 사슬 끝에는 불안정한 탄소 원자가 존재하게 된다. 성장하는 두 사슬의 끝이 서로 만나 결합하여 안정한 상태가 되면

76 학술 텍스트 학술 텍스트 이해하기 정답 ⑤

정답해설

⑤ 3문단에 따르면 일방향성은 "주어진 해시 값에 대응하는 입력 데이터의 복원이 불가능하다는 것"이므로 일방향성을 충족하는 해시 함수와 데이터를 계산하는 것은 어려운 일이다. 따라서 ⑤는 일방향성의 특성과 반대되는 설명이므로 적절하지 않다.

오답분석

① 1문단 끝에서 2번째 줄 "현재 여러 해시 함수가 이용되고 있는데"에서 알 수 있다.
② 2문단 1번째 줄 "해시 함수는 데이터의 내용이 변경되었는지 여부를 확인하는 데 이용된다."에서 알 수 있다.
③ 1문단 3번째 줄 "해시 함수란 입력 데이터 x에 대응하는 하나의 결과 값을 일정한 길이의 문자열로 표시하는 수학적 함수이다."에서 알 수 있다.
④ 1문단의 "온라인을 통한 통신, 금융, 상거래 등은 우리에게 편리함을 주지만 보안상의 문제도 안고 있는데, ~ 해시 함수를 이용하여 화폐 거래의 안전성을 유지한다."에서 알 수 있다.

77 학술 텍스트 학술 텍스트 추론하기 정답 ④

정답해설

④ 3문단 3~4번째 줄 "충돌회피성이란 특정 해시 값을 갖는 서로 다른 데이터를 찾아내는 것이 현실적으로 불가능하다는 것을 의미한다."에서 충돌회피성과 문자열 길이의 관계는 제시되지 않았으므로 윗글에서 알 수 없는 내용이다.

오답분석

① 1문단 4~5번째 줄 "이때 해시 값은 입력 데이터의 내용에 미세한 변화만 있어도 크게 달라진다."에서 데이터에 따라 ⓒ '해시 값'이 달라짐을 알 수 있다.
② 3문단에서 "서로 다른 데이터 x, y에 대해서 H(x)와 H(y)가 각각 도출한 값이 동일하면 이것을 충돌"이라고 하였으므로 입력 데이터가 달라도 ⓒ '해시 값'이 동일할 수 있다.
③ 1문단 끝에서 1~2번째 줄 "해시 값을 표시하는 문자열의 길이는 ~ 특정 해시 함수에서의 그 길이는 고정되어 있다."에 따르면 특정 해시 함수에서는 ⓒ '해시 값'의 문자열이 항상 동일할 것이다.
⑤ 2문단에서 상호 간에 동일한 해시 함수를 사용하여, 발신자가 전자 문서와 해시 값을 수신자에게 함께 보낸 후 수신자가 해당 해시 값이 발신자의 해시 값과 맞는지 비교하여 문서 변경 여부를 알 수 있다고 설명하고 있다. 따라서 문서 내용이 변경되었다면 발신자와 수신자의 해시 값이 다를 것이다.

78 학술 텍스트 학술 텍스트 비판하기 정답 ⑤

정답해설

⑤ 3문단에 따르면 서로 다른 데이터 값을 하나의 해시 함수에 적용하여 도출된 해시 값이 동일하다면, 두 데이터 값이 충돌하여 암호 기술로 활용할 수 없다. 따라서 해시 함수 X에 입력한 데이터가 다르지만 해시 값이 동일하다면 입력 데이터 a, c는 충돌쌍이므로 해시 함수 X는 암호 기술로 활용하기 어렵다.
[관련 지문 인용]
- 그런데 해시 함수가 일방향성과 충돌회피성을 만족시키면 암호 기술로도 활용된다.
- 서로 다른 데이터 x, y에 대해서 H(x)와 H(y)가 각각 도출한 값이 동일하면 이것을 충돌이라 하고, 이때의 x와 y를 충돌쌍이라 한다.

[오답분석]

① 입력 데이터의 값이 동일하더라도 해시 함수가 X, Y로 다르므로 도출되는 해시 값 e, f는 다를 것이다.
② 1문단 끝에서 2~3번째 줄 "이때 해시 값은 입력 데이터의 내용에 미세한 변화만 있어도 크게 달라진다."에 따르면 입력 데이터에 따라 해시 값이 달라짐을 알 수 있지만, 입력 데이터 간의 차이에 따라 해시 값 차이도 일정하게 변하는지는 알 수 없다.
③ 1문단 끝에서 1~2번째 줄 "해시 값을 표시하는 문자열의 길이는 각 해시 함수마다 다를 수 있지만 특정 해시 함수에서의 그 길이는 고정되어 있다."에서 b, d를 입력한 해시 함수는 Y로 같기 때문에 문자열 길이는 동일할 것이므로 적절하지 않다.
④ 논스는 입찰가를 추측하지 못하게 입찰가에 더해지는 임의의 숫자이다. 따라서 동일한 입력 데이터값에 서로 다른 논스를 입력한다면 해시 값 e, g도 다르게 나타날 것이므로 적절하지 않다.

79 학술 텍스트 학술 텍스트 이해하기 정답 ⑤

[정답해설]

- ㄱ: 5문단 2번째 줄 "도덕적 평가가 불가능한 대상은 강제나 무지와 같이"에서 강제나 무지는 도덕적 평가가 불가능함을 알 수 있다.
- ㄴ: 4문단 2~3번째 줄 "성공했을 때보다 실패했을 때 그의 무책임함을 더 비난하는 것을 '상식'으로 받아들이는 경우가 많다."에서 알 수 있다.
- ㄷ: 2문단 1번째 줄 "어떤 철학자들은 운에 따라 도덕적 평가가 달라지는 일이 실제로 일어난다고 주장하고"에서 알 수 있다.
- ㄹ: 2~4문단에서 세 가지의 도덕적 운을 설명하고 있으며 모두 통제할 수 없는 요인임을 언급하고 있으므로 적절하다.
  [관련 지문 인용]
  - 성품처럼 우리가 통제할 수 없는 요인이 도덕적 평가에 개입되는 불공평한 일이 일어난다는 것이다.
  - 어떤 상황에 처하느냐는 통제할 수 없는 요인이기 때문이다.
  - 셋째는 우리가 통제할 수 없는 결과에 의해 도덕적 평가가 좌우되는 결과적 운이다.

80 학술 텍스트 학술 텍스트 추론하기 정답 ③

[정답해설]

③ 윗글은 '도덕적 운'과 '도덕적 평가'와 관련한 내용으로, 도덕적 운의 존재 여부에 따라 도덕적 평가가 달라질 수 있음을 설명하며, 도덕적 운이 존재하면 평가가 불공평해진다고 주장하고 있다. 따라서 윗글의 주제는 도덕적 평가의 신뢰성을 위해 도덕적 운을 배제해야 한다는 것이므로 ③이 가장 적절하다.

[오답분석]

① 윗글에서 운이 인생을 좌우한다는 내용은 언급되지 않았다.
② 4문단에 제시된 가족을 버리고 떠난 화가를 부정적 상황에 처한 사람이라고 볼 수 있으나, 화가가 부정적 상황을 극복했는지 알 수 없으며, 6문단에서 결과가 어떻든 무책임에 대해서는 똑같이 비난받아야 한다고 설명하므로 주제와 관련 없는 질문이다.
④ 1문단에 '의무 윤리'와 '덕의 윤리'가 언급되지만, 둘 중 어떤 것이 도덕적 평가에 영향을 미치는지는 알 수 없다.
⑤ 윗글에서 현실 세계와 이상 세계의 도덕적 운의 작용 원리는 언급되지 않았다.

81 학술 텍스트 학술 텍스트 추론하기 정답 ②

[정답해설]

② 5문단에서 글쓴이는 도덕적 운의 존재를 인정하면 도덕적 평가가 불가능하다고 주장하며 통제가 불가능한 태생적 운, 상황적 운, 결과적 운의 존재를 부정해야만 도덕적 평가가 가능하다고 언급하고 있다. 따라서 도덕적 운과 도덕적 평가는 양립할 수 없다는 점을 전제로, [A]에서 도덕적 운을 부정할 수 있는 방안을 제시하고 있다.
  [관련 지문 인용] 그들의 주장에 따라 도덕적 운의 존재를 인정하면 불공평한 평가만 할 수 있을 뿐인데, 이는 결국 도덕적 평가 자체가 불가능해짐을 의미한다.

[오답분석]

① 도덕적 평가가 상식을 기반으로 한다는 점은 언급되지 않았으며, 이는 도덕적 운의 존재를 부정하려는 글쓴이의 주장과도 관련 없으므로 적절하지 않다.
③ 다양한 관점으로 도덕적 평가를 하는 것은 윗글과 관련 없으므로 적절하지 않다.
④ [A]에서 '도덕적 운'의 종류에 따라 부정하는 방안을 제시하고 있지만, 이 방안이 현실에서 쓰이는 방안인지는 언급되지 않았으며 글쓴이가 [A]를 제시한 이유와도 관련 없으므로 적절하지 않다.
⑤ 인격적 측면의 문제를 도덕적으로 평가할 수 없다는 점은 언급되지 않았으며 글쓴이가 [A]를 제시한 이유와도 관련 없다.

82 학술 텍스트 학술 텍스트 비판하기 정답 ③

[정답해설]

③ 글쓴이인 A는 6문단에서 도덕적 운의 존재를 부정하는 입장이며, B는 2문단에 제시된 '어떤 철학자'의 입장으로, 도덕적 운의 존재를 인정하면 그에 따라 도덕적 평가가 달라진다고 주장한다. 이를 바탕으로 할 때 ③에서 '상황적 운'에 관한 A의 의견은 적절하나, B의 의견은 적절하지 않다.
  - A: 6문단에서 글쓴이는 "또한 나쁜 상황에서 나쁜 행위를 할 것이라는 추측만으로 어떤 사람을 폄하는 일은 정당하지 못하므로 상황적 운의 존재도 부정된다."라고 주장하므로 A의 의견은 적절하다.
  - B: 3문단에서 "똑같은 성품이더라도 어떤 상황에 처하느냐에 따라 그 성품이 발현되기도 하고 안 되기도 한다는 것이"라고 하며 '같은 성품'을 전제로 할 때, 상황에 따라 행위가 다르게 나타나는 것을 '상황적 운'이라 보고 있다. 따라서 상황에 따라 성품이 달라진다는 말은 적절하지 않다.

[오답분석]

① B: 2문단 끝에서 1~2번째 줄의 "성품처럼 우리가 통제할 수 없는 요인이 도덕적 평가에 개입되는 불공평한 일이 일어난다는 것이다."에 따르면 B는 태생적인 성품으로 도덕성을 평가하는 것이 불공평하다고 생각한다.
② A: 6문단 3~4번째 줄의 "우선 행위는 성품과는 별개의 것이므로 태생적 운의 존재가 부정된다."에 따르면 A는 행위와 성품을 별개로 본다.
④ B: 4문단 끝에서 1번째 줄의 "예측할 수 없었던 결과에 의해 그의 행위를 달리 평가하는 것 역시 불공평하다고 생각한다."에서 B의 의견을 알 수 있다.
⑤ A: 5문단의 "도덕적 운의 존재를 인정하면 불공평한 평가만 할 수 있을 뿐인데, ~ 도덕적 평가가 불가능한 대상은 강제나 무지와 같이 스스로가 통제할 수 없는 요인에 의해 결정되는 것에만 국한되어야 한다."에 따르면 A는 공평한 평가를 위해서는 도덕적 운의 존재를 무시하고, 강제나 무지로 발생한 행위를 평가 대상에서 제외하면 된다고 주장한다.
  B: A는 6문단에서 도덕적 운의 3가지를 모두 부정하고 있으므로 B의 발언은 적절하다.

83 실용 텍스트 — 실용 텍스트 이해하기   정답 ④

정답해설
④ '지원 대상'은 "아래 조건을 모두 충족하는 자 ~ - 청년독립가구 중위소득 60% 이하인 자 - 청년독립가구 재산 1억 7백만 원 이하인 자"라고 설명하고 있다. 따라서 제시된 조건이 모두 충족돼야 지원받을 수 있으므로 소득과 재산 조건 중 하나만 충족하면 된다는 설명은 적절하지 않다.

오답분석
① 지문에서 "지원은 12개월간 ~ 가능합니다."라고 하였으므로 최대 1년간 받을 수 있다는 설명은 적절하다.
② "주택 소유자, 공공임대주택 거주자는 신청 불가"라고 하였으므로 적절하다.
③ "월세가 60만 원을 초과하더라도 보증금 월세 환산액과 월세액을 합산해 70만 원 이하인 경우 지원 가능"이라고 하였으므로 65만 원의 월세라도 조건 충족 시 지원 가능하다는 설명은 적절하다.
⑤ "부모와 별도 거주하는 만 19세~34세 무주택 청년에게 ~ 지원합니다."라고 하였으므로 부모와 함께 거주하는 청년은 지원 대상이 아니라는 설명은 적절하다.

※ 출처: 광진구청, https://www.gwangjin.go.kr

84 실용 텍스트 — 실용 텍스트 추론하기   정답 ①

정답해설
① 윗글에서 지원금이 어떤 방식으로 지급되는지는 제시되지 않았다.

오답분석
② "제출 서류: 월세 지원 신청서, 소득·재산 신고서, 임대차계약 및 월세 이체 증빙서류 등"을 제시하고 있다.
③ "지원 대상: 만 19세~34세"를 제시하고 있다.
④ "지원 내용: 월 최대 20만 원, 12개월간 최대 240만 원"을 제시하고 있다.
⑤ "신청 방법: 온라인(복지로 포털 http://www.bokjiro.go.kr) 신청"을 제시하고 있다.

85 실용 텍스트 — 실용 텍스트 이해하기   정답 ⑤

정답해설
⑤ [장면5]에서 '박 기자'는 "다만, 모든 조직에 적합한 것은 아니므로, 기업들은 명확한 성과 측정 지표와 소통 체계 등의 방침이 필요하다고"라고 전달하고 있으며, 이를 요약한 내용을 자막으로 제시하고 있다. 따라서 보도 내용에 제시되지 않은 내용을 추가로 제공하고 있지 않으므로 적절하지 않다.

오답분석
① [장면1]의 자막에서 보도의 핵심 주제인 '휴가지 원격 근무'에 작은따옴표를 붙여 강조하고 있으므로 적절하다.
② [장면2]는 보도의 핵심 용어인 '휴가지 원격 근무'의 어원을 시각 자료로 제공하고 있으므로 적절하다.
③ [장면3]은 국내 워케이션 상품의 판매 수가 1년 만에 증가했다는 보도 내용을 시각 자료로 제공하고 있으며, 이때 증가한 건수만 글씨 크기를 다르게 하여 강조하고 있으므로 적절하다.
④ [장면4]는 인터뷰 내용을 자막으로 그대로 제공하여 시청자가 내용을 이해하는 데 도움을 주고 있으므로 적절하다.

※ 출처
• 선거_투표_일러스트_012 by 한국저작권위원회, 출처 2018년공유저작물DB수집, CC BY
• 문화탐방 by 한국저작권위원회, 출처 한국저작권위원회, CC BY
• 선거_투표_일러스트_025 by 한국저작권위원회, 출처 2018년공유저작물DB수집, CC BY

86 실용 텍스트 — 실용 텍스트 비판하기   정답 ④

정답해설
④ '공장 생산직 근로자'는 자신의 근무 형태를 언급하며, 새로운 근무 형태가 초래할 수 있는 갈등 가능성을 경고하고 있다. 처우 개선에 대한 언급은 없으므로 적절하지 않다.

오답분석
① '기업 CEO'는 휴가지 원격 근무 제도를 회사에 도입하려고 하고 있으며, 관리자들이 다양한 제도를 빠르게 파악하여 적용해 보는 태도가 필요함을 언급하고 있으므로 적절하다.
② '호텔 관리인'은 코로나19 전과 비교하여 휴가지 원격 근무 고객이 늘어났음을 언급하며 향후 전용 업무 공간을 확충하겠다는 계획을 제시하고 있으므로 적절하다.
③ 'OO도 관광정책과장'은 설문 조사 결과를 언급하고 있으며 휴가지 원격 근무가 관광지의 비수기 타개책이 될 것을 기대하고 있으므로 적절하다.
⑤ '회사원'은 자신의 근무 경험을 언급하고 있으며, 소통의 문제를 우려하면서 해결책을 요구하고 있으므로 적절하다.

87 실용 텍스트 — 실용 텍스트 추론하기   정답 ⑤

정답해설
⑤ ⓜ은 "앞으로의 발전 양상이 주목됩니다."로 종결하며, 휴가지 원격 근무에 대한 기대를 제시하고 있다. 하지만 명령형 표현을 사용해 관심을 요구하고 있지는 않으므로 적절하지 않다. 참고로, '주목됩니다'는 평서형 종결 어미 '-ㅂ니다'를 사용하고 있다.

오답분석
① ㉠의 '있는데요'는 해체 종결 어미 '-는데'와 청자에게 존대의 뜻을 나타내는 보조사 '요'를 사용하고 있다. 해체는 비격식체이고, 보조사 '요'도 격식을 갖추어야 하는 상대에게는 잘 쓰지 않는다. 따라서 비격식체를 사용하여 부드럽고 친근한 느낌을 주고 있으므로 적절하다.
② ㉡에서는 카페에 방문한 여행객들의 모습을 묘사하여 생생하게 전달하고 있으므로 적절하다.
③ ㉢에서는 '워케이션'의 어원을 설명하여 용어에 대한 이해를 돕고 있으므로 적절하다.
④ ㉣의 앞은 휴가지 원격 제도가 근무 방식의 대전환이라고 제시하고 있다. 그리고 ㉣은 부사 '다만'을 사용하여 휴가지 원격 제도의 한계와 보완점을 언급하고 있다. 따라서 앞의 말을 받아 예외적인 사항이나 조건을 덧붙일 때 그 말머리에 쓰는 말인 '다만'을 사용하여, 앞 내용과 다른 관점의 내용을 제시하고 있으므로 적절하다.

88 실용 텍스트 — 실용 텍스트 이해하기   정답 ③

정답해설
③ 선정 방법에서 "(1차) 서류 심사(신청자의 자격 요건 심사), (2차) 서류 심사 통과자 중 추첨"이라고 명시되어 있으므로 서류 심사를 통과해야 추첨 대상자가 된다는 설명은 적절하다.

오답분석
① '2. 모집 인원'에 "7명"이라고 명시했으므로 적절하지 않다.
② '5. 접수 방법'은 "방문·우편 접수"로만 명시되어 있으며, 이메일 접수에 대한 언급은 없다.
④ '6. 선정 방법 - 선정 결과 통보'는 "선정된 위원에게 유선으로 개별 통보"한다고 명시되어 있으므로 적절하지 않다.

89 실용 텍스트 실용 텍스트 비판하기 정답 ④

정답해설
④ "선정일 기준 3일 이내 연락 불능 시 탈락으로 간주하고 재추첨 예정"이라는 내용만 있을 뿐, 수락 여부 결정에 대한 일주일 기한은 언급되어 있지 않다. 따라서 적절하지 않은 반응이다.

오답분석
① '3. 모집 기간'에 "토요일 및 공휴일 접수 불가"라고 명시되어 있으므로 일요일은 접수가 불가능하다는 반응은 적절하다.
② '6. 선정 방법'에 "공정성을 위해 추첨을 공개적으로 진행"이라고 명시되어 있으므로 적절한 반응이다.
③ '7. 제출 서류'로 "제안서 평가위원(후보자) 등록 신청서, 보안각서, 개인정보 수집·이용 동의서"가 명시되어 있으므로 적절한 반응이다.
⑤ '6. 선정 방법 - 선정 결과 통보'에 "재추첨은 기존 서류 심사 통과자에 한하여 진행"이라고 명시되어 있으므로 적절한 반응이다.

90 실용 텍스트 실용 텍스트 추론하기 정답 ②

정답해설
② 추첨이 공개적으로 진행된다고 언급하며 추첨 장소를 언급했지만, 추첨이 정확히 언제 진행되는지에 대한 일시는 명시되어 있지 않다. 평가 위원으로 지원하는 사람들이 추첨에 참관하거나 일정을 계획하기 위해서는 추첨 진행 일시가 필요한 정보이므로 이는 추가로 제시되어야 할 정보이다.

오답분석
① '4. 역할'에 "사업별 입찰 제안 공모에 따른 입찰 참가자의 제안서 평가"라고 명시되어 있으므로 이미 제시되어 있는 정보이다.
③ '1. 모집 대상'에 "체육(체육학과, 스포츠산업학과 등) 또는 디자인(패션디자인, 산업디자인 등) 관련 전공자"라고 이미 예시가 제시되어 있다.
④ 이전 평가 위원의 활동 사례는 평가 위원 모집과 직접적인 관련성이 낮으며, 필수적인 정보라고 보기 어렵다.
⑤ 다른 모집 공고와의 비교 정보는 본 공고의 이해에 필수적인 정보가 아니며, 지원자들의 결정에 직접적인 영향을 미치는 정보로 보기 어렵다.

91 국문학 한국 고전문학 정답 ①

정답해설
① '조위'가 귀양살이하면서 지은 가사이며, 우리나라 최초의 유배 가사인 점에서 <보기>에서 설명하고 있는 작품은 「만분가」임을 알 수 있다.

오답분석
② 「태평사」는 조선 선조 31년에 박인로가 지은 가사이다. 임진왜란에 종군한 군사들을 위로하기 위하여 지은 작품으로, 전쟁의 모습과 전쟁이 끝난 후 태평한 세상을 맞이하는 모습을 노래하고 있다.
③ 「한중록」은 조선 정조 19년에 혜경궁 홍씨가 지은 회고록이다. 자신의 출생부터 어린 시절, 궁중 생활의 이야기를 담았다.
④ 「북천가」는 조선 철종 때 김진형이 쓴 장편 기행 가사이다. 함경도 명천으로 귀양 갔다가 서울로 돌아올 때까지의 생활을 읊은 것으로, 모두 1,040여 구로 되어 있다.
⑤ 「서포만필」은 조선 숙종 때에 김만중이 지은 평론집이다. 제자백가 가운데 의문 나는 점을 해석하고, 부록으로 신라 이후 조선 시대에 이르는 명시에 대한 비평을 달았다. 특히, 정철의 가사를 높이 평가하면서, 우리 문학의 우수성을 주장하였다.

92 국문학 한국 현대문학 정답 ⑤

정답해설
⑤ '염상섭'이 창작하였으며, 광인 '김창억'이란 인물이 등장하는 자연주의 경향의 소설이라는 점에서 <보기>에서 설명하고 있는 작품이 「표본실의 청개구리」임을 알 수 있다.

오답분석
① 「삼대」는 '염상섭'의 장편 소설로, 1931년 『조선일보』에 연재되었다. 주인공 덕기와 조부, 아버지의 삼대를 다루면서 3·1 운동을 전후한 우리나라의 혼란하고 암담한 시대상을 사실적으로 묘사한 작품이다.
② 「만세전」은 '염상섭'의 중편 소설로, 1924년 『시대일보』에 연재되었다. 일본에서 서울로 이어지는 기행적 구조를 배경으로 3·1 운동 전의 암울한 시대 상황을 사실적으로 그렸다.
③ 「두 파산」은 '염상섭'의 단편 소설로, 1949년 『신천지』에 발표되었다. 광복 직후 물질적·정신적으로 파산하는 두 가지 유형의 인간을 사실적으로 묘사하였다.
④ 「해바라기」는 '염상섭'의 장편 소설로, 1923년 『동아일보』에 연재되었다. 현실적 여건과 사랑 사이에서 고민하는 여성의 심리를 표현한 작품이다.

93 국문학 한국 현대문학 정답 ⑤

정답해설
⑤ 「금강」, 「껍데기는 가라」, 「아사녀」 등을 창작하였으며, 민족성을 다루었다는 점에서 <보기>에서 설명하고 있는 작가는 '신동엽'임을 알 수 있다.

오답분석
① 김억은 『창조』·『폐허』의 동인으로 활약하였고, 상징주의 시를 번역·소개하여 한국 신시의 선구자적 역할을 하였다. 번역 시집에 『오뇌의 무도』, 시집에 『해파리의 노래』 등이 있다.
② 김영랑은 잘 다듬어진 언어로 한국적 정서를 담은 서정시를 발표하여 순수 서정시의 새로운 경지를 개척하였다. 대표작으로는 「독을 차고」, 「모란이 피기까지는」 등이 있다.
③ 김춘수는 사물의 본질을 탐구하고 언어와 존재의 관계에 주목하는 시를 창작하였다. 대표작으로는 「꽃」, 「봄바다」 등이 있다.
④ 박목월은 조지훈, 박두진과 함께 『청록집』을 발간하여 청록파로 불리었다. 초기에는 자연 친화적인 주제를 다루었으나 점차 사념적인 경향으로 바뀌었다. 대표작으로는 「산그늘」, 「경상도의 가랑잎」 등이 있다.

94 매체와 국어생활 국어생활 정답 ③

정답해설

③ "이번공연에서가장미약한부분이연출과 히곡이업다는점에"에서 고협 중앙 공연의 연출이 미약한 점은 알 수 있으나 연출가의 경험이 부족한 점은 알 수 없다. 따라서 적절하지 않은 것은 ③이다.

오답분석

① "극단전원의 놀라운열정과 일치된통력은 상당히놉다"에서 알 수 있다.
② "제군의연기는 ~ 훨신더 사실성의획득을 꾀해야할것이다"에서 알 수 있다.
④ "흥행극방면의 연기자나 연출가들은신극의연기와 흥행극의 연기를구별하는것을 실혀하나"에서 알 수 있다.
⑤ "연기의사실력(寫實力)에 잇슴은 ~ 배우가가진 수법이나 양식에마추어서가 아니다 히곡(戲曲)이표현하기를 요구하는 성격(性格)을 그대로동작과말로 옴기는것이다"에서 알 수 있다.

※출처: 조선일보(1939.12.30.) 기사 발췌

95 매체와 국어생활 국어생활 정답 ①

정답해설

① ㉠의 앞뒤는 문맥상 '이곳이 신비한 곳이고(이곳식 선경이오니), 남자로서 한곳에 늙을 수 없다(남ᄌ 쳐셰ᄒ미 ᄒ곳의셔 늘글 거시 안니옵고)'는 뜻이다. 따라서 ㉠이 포함된 문장은 '이곳은 살 만하나(살암즉ᄒ오나) 한곳에서 늙을 수 없기에 떠난다'는 내용이므로 ㉠ '살암즉ᄒ오나'는 '사라질 만하나'가 아닌 '살 만하나'를 뜻한다.

오답분석

② ㉡: '박납(博覽)'의 한자는 사물을 널리 본다는 뜻의 '박람(博覽)'이므로 ㉡은 '널리 본다고 하니'를 뜻한다.
③ ㉢: ㉢의 앞뒤는 문맥상 '슬하를 잠깐 떠나 산 밖에 나가(슬하을 좁간 쩌나 산박긔 나ᄀ), 황성 소식도 듣고자 하니(황성쇼식도 듯고ᄌ ᄒ나니)'라는 뜻이다. 따라서 ㉢이 포함된 문장은 '산 밖에 나가 세상을 구경하고(귀경ᄒ고) 황성 소식도 듣는다'는 내용이므로 ㉢은 '구경하고'를 뜻한다.
④ ㉣: ㉣이 포함된 문장은 문맥상 '나의 슬하에서 떠난다(쩌ᄂ)'는 뜻이므로 ㉣은 '떠나'를 뜻한다.
⑤ ㉤: '차후(此後)'는 '지금부터 이후'를 뜻한다.

96 국어학 국어사 정답 ④

정답해설

④ '연서'는 훈민정음에서, 순경음(ᄝ, ᄫ, ㆄ)을 표기하기 위하여 순음자(ㅁ, ㅂ, ㅍ) 밑에 'ㅇ'을 이어 쓰는 것이므로 ㉣의 설명으로 적절하지 않다. 참고로, ㉣ 'ᄠᅳ들'의 표기에서는 'ᄠ'과 같이 서로 다른 자음을 가로로 나란히 붙여 쓰는 '병서'와 '뜯'의 종성 'ㄷ'을 다음 자의 초성에 내려서 쓴 '연철'의 특징이 나타난다.

오답분석

① ㉠ 말ᄊᆞ미: '말쏨+이'가 결합한 형태로, '말쏨'의 종성 'ㅁ'이 다음 자의 초성으로 쓰이는 '연철'의 특징이 나타난다.
② ㉡ 中듕國·귁에: '중국과'의 뜻으로, 여기서 '에'는 현대 국어 '과'에 대응하는 비교 부사격 조사이다. 중세 국어의 부사격 조사는 앞에 오는 단어가 양성 모음으로 끝날 때 '애', 음성 모음으로 끝날 때 '에'로 실현된다. '중국'은 음성 모음 'ㅜ'로 끝나므로 '에'가 오는 것이 적절하다.
③ ㉢ 어린: '어리다'는 '어리석다'의 옛말이므로 적절하다.
⑤ ㉤ 수·비: '수비'는 '어렵거나 힘들지 아니하게'를 뜻하는 '쉬이'의 옛말이므로 적절하다.

97 매체와 국어생활 국어생활 정답 ⑤

정답해설

- 남: 개수-거미-끄다-나비-우유
  제시된 단어의 초성을 남한 사전의 초성 순서로 배열하면 'ㄱ-ㄲ-ㄴ-ㅇ'이며, 'ㄱ'으로 시작하는 '개수, 거미' 중 중성 'ㅐ'가 'ㅓ'보다 앞서므로 '개수-거미-끄다-나비-우유' 순으로 온다.
- 북: 거미-개수-나비-끄다-우유
  제시된 단어의 초성을 북한 사전의 초성 순서로 배열하면 'ㄱ-ㄴ-ㄲ-ㅇ'이며, 'ㄱ'으로 시작하는 '개수, 거미' 중 중성 'ㅓ'가 'ㅐ'보다 앞서므로 '거미-개수-나비-끄다-우유' 순으로 온다.

98 매체와 국어생활 국어생활 정답 ②

정답해설

② <보기>에서 행동을 나타내는 수어와 '집'을 나타내는 수어를 결합하면 새로운 장소를 나타낸다고 하였다. 따라서 '먹다'와 '집'을 결합하면 먹는 장소를 의미하므로 정답은 ②이다.

99 매체와 국어생활 국어생활 정답 ②

정답해설

② '부본(副本)'은 원본과 동일한 내용의 문서를 의미한다. 따라서 '첨부물'이 아닌 '복사본'을 뜻하므로 적절하지 않다.

오답분석

① '사위(詐僞)'는 '양심을 속이고 거짓을 꾸밈'을 뜻하므로 적절하다.
③ '부의(附議)하다'는 '토의에 부치다'를 뜻하므로 적절하다.
④ '실사(實査)'는 '실제로 조사하거나 검사함'을 뜻하므로 적절하다.
⑤ '필증(畢證)'은 이미 마친 일을 증명하는 서류를 뜻하므로 적절하다.

100 매체와 국어생활 매체 언어의 탐구 정답 ③

정답해설

③ 방송의 내용은 모두 직설적인 내용 중심이며, 직유나 은유와 같은 비유적 표현을 전혀 사용하지 않고 있다.

오답분석

① "오, 좋은 질문이에요!", "음, 저는"에서 감탄사 '오'와 '음'의 사용이 드러난다.
② "소개할게요.", "다니고 있어요." 등에서 비격식체 종결 어미와 보조사 '요'를 활용하고 있다. 참고로, '-ㄹ게', '-어'는 상대편을 높이지 않는 뜻을 나타내는 종결형 '해체'이다. 이러한 비격식체 사용은 청취자와 진행자 간 거리를 좁히며 친밀하고 자연스러운 소통을 이끌어 낸다.
④ "사연 보내 주세요.", "참여해 주신 분들께는"에서 청취자의 참여를 요구하면서 함께 소통하기를 바라고 있다.
⑤ "저는 일회용 컵 사용을 줄이기 위해 텀블러를 항상 가지고 다니고 있어요."라는 개인적 경험을 공유하며 청취자와의 공감을 형성하고 있다.

KBS한국어능력시험 동영상강의·무료 학습자료 제공
pass.Hackers.com

약점 잡는 오답노트

틀린 문제를 단순히 넘기지 말고, 정확히 기록하고 전략적으로 복습한다면 정답률을 높일 수 있습니다.
시험 5분 전에 오답노트로 나의 취약점을 빠르게 점검하여 목표 등급을 달성합시다.

오답노트 활용 예시

추가 오답노트 PDF 제공 ▶
QR코드를 스캔하면, 오답노트 PDF 파일을 바로 다운로드할 수 있습니다.

① ☐ 복습1회 ☐ 복습2회 ☐ 완벽이해

② **틀린 문제**

영역	☐ 듣기·말하기 ☐ 어휘 ☑ 어법 ☐ 쓰기 ☐ 창안 ☐ 읽기 ☐ 국어 문화
회차/번호	제 __85__ 회 __39__ 번
문제 유형	

③ **틀린 이유**
- ☐ 전혀 모르는 개념이 나왔다.
- ☑ 개념을 정확히 알지 못해 헷갈렸다.
- ☐ 지문 또는 문제를 잘못 이해했다.
- ☐ 기타:

④ **정·오답 개념 정리**

① 갈등[갈뜽]

④ 불세출[불쎄출]
→ 한자어에서, 'ㄹ' 받침 뒤에 연결되는 'ㄷ, ㅅ, ㅈ'는 된소리[ㄸ, ㅆ, ㅉ]로 발음해야 함

⑤ 실소득[실소득]
→ 경음화가 일어나지 않는 예외적인 경우

⑤ **꼭! 기억해야 하는 개념 정리**

한자어의 된소리 조건과 예외 암기!
→ 한자어에서, 'ㄹ' 받침 뒤에 연결되는 'ㄷ, ㅅ, ㅈ'는 된소리[ㄸ, ㅆ, ㅉ]로 발음해야 함!
→ 허허실실[허허실실], 절절하다[절절하다]처럼 같은 한자가 겹쳐진 단어는 된소리로 발음하지 않음!

---

① **회독 체크란**: 틀린 개념을 반복 학습하여 자주 틀리는 개념을 완벽하게 학습해 보세요.
② **틀린 문제**: 틀린 문제를 정리하여 자주 틀리는 유형을 확인하고 나의 취약 유형이 무엇인지 파악해 보세요.
③ **틀린 이유**: 틀린 이유를 기록하여, 사유에 따라 어느 정도로 어떻게 학습해야 하는지 구체적인 학습 분량과 방법에 대해 계획해 보세요.
④ **정·오답 개념 정리**: 내가 고른 틀린 선택지나 문제를 풀면서 헷갈렸던 선택지, 정답 선택지를 정리하면서 개념과 전략을 정리해 보세요.
⑤ **꼭! 기억해야 할 개념 정리**: 해설집에 제시된 개념과 전략을 함께 정리하여 개념과 문제 해결 능력을 동시에 키워 보세요.

☐ 복습1회 ☐ 복습2회 ☐ 완벽이해

틀린 문제	영역	☐ 듣기·말하기　☐ 어휘　☐ 어법 ☐ 쓰기　☐ 창안　☐ 읽기　☐ 국어 문화	틀린 이유	☐ 전혀 모르는 개념이 나왔다. ☐ 개념을 정확히 알지 못해 헷갈렸다. ☐ 지문 또는 문제를 잘못 이해했다. ☐ 기타:
	회차/번호	제 _____ 회 _____ 번		
	문제 유형			

정·오답 개념 정리	
꼭! 기억해야 하는 개념 정리	

☐ 복습1회 ☐ 복습2회 ☐ 완벽이해

틀린 문제	영역	☐ 듣기·말하기　☐ 어휘　☐ 어법 ☐ 쓰기　☐ 창안　☐ 읽기　☐ 국어 문화	틀린 이유	☐ 전혀 모르는 개념이 나왔다. ☐ 개념을 정확히 알지 못해 헷갈렸다. ☐ 지문 또는 문제를 잘못 이해했다. ☐ 기타:
	회차/번호	제 _____ 회 _____ 번		
	문제 유형			

정·오답 개념 정리	
꼭! 기억해야 하는 개념 정리	

☐ 복습1회 ☐ 복습2회 ☐ 완벽이해

틀린 문제	영역	☐ 듣기·말하기 ☐ 어휘 ☐ 어법 ☐ 쓰기 ☐ 창안 ☐ 읽기 ☐ 국어 문화	틀린 이유	☐ 전혀 모르는 개념이 나왔다. ☐ 개념을 정확히 알지 못해 헷갈렸다. ☐ 지문 또는 문제를 잘못 이해했다. ☐ 기타:
	회차/번호	제 _____ 회 _____ 번		
	문제 유형			
정·오답 개념 정리				
꼭! 기억해야 하는 개념 정리				

☐ 복습1회 ☐ 복습2회 ☐ 완벽이해

틀린 문제	영역	☐ 듣기·말하기 ☐ 어휘 ☐ 어법 ☐ 쓰기 ☐ 창안 ☐ 읽기 ☐ 국어 문화	틀린 이유	☐ 전혀 모르는 개념이 나왔다. ☐ 개념을 정확히 알지 못해 헷갈렸다. ☐ 지문 또는 문제를 잘못 이해했다. ☐ 기타:
	회차/번호	제 _____ 회 _____ 번		
	문제 유형			
정·오답 개념 정리				
꼭! 기억해야 하는 개념 정리				

절취선

☐ ☐ ☐
복습1회 복습2회 완벽이해

틀린 문제	영역	☐ 듣기·말하기 ☐ 어휘 ☐ 어법 ☐ 쓰기 ☐ 창안 ☐ 읽기 ☐ 국어 문화	틀린 이유	☐ 전혀 모르는 개념이 나왔다. ☐ 개념을 정확히 알지 못해 헷갈렸다. ☐ 지문 또는 문제를 잘못 이해했다. ☐ 기타:
	회차/번호	제 _____ 회 _____ 번		
	문제 유형			
정·오답 개념 정리				
꼭! 기억해야 하는 개념 정리				

☐ ☐ ☐
복습1회 복습2회 완벽이해

틀린 문제	영역	☐ 듣기·말하기 ☐ 어휘 ☐ 어법 ☐ 쓰기 ☐ 창안 ☐ 읽기 ☐ 국어 문화	틀린 이유	☐ 전혀 모르는 개념이 나왔다. ☐ 개념을 정확히 알지 못해 헷갈렸다. ☐ 지문 또는 문제를 잘못 이해했다. ☐ 기타:
	회차/번호	제 _____ 회 _____ 번		
	문제 유형			
정·오답 개념 정리				
꼭! 기억해야 하는 개념 정리				

절취선

☐ 복습1회 ☐ 복습2회 ☐ 완벽이해

틀린 문제	영역	☐ 듣기·말하기 ☐ 어휘 ☐ 어법 ☐ 쓰기 ☐ 창안 ☐ 읽기 ☐ 국어 문화	틀린 이유	☐ 전혀 모르는 개념이 나왔다. ☐ 개념을 정확히 알지 못해 헷갈렸다. ☐ 지문 또는 문제를 잘못 이해했다. ☐ 기타:
	회차/번호	제 _____ 회 _____ 번		
	문제 유형			

정·오답 개념 정리	
꼭! 기억해야 하는 개념 정리	

☐ 복습1회 ☐ 복습2회 ☐ 완벽이해

틀린 문제	영역	☐ 듣기·말하기 ☐ 어휘 ☐ 어법 ☐ 쓰기 ☐ 창안 ☐ 읽기 ☐ 국어 문화	틀린 이유	☐ 전혀 모르는 개념이 나왔다. ☐ 개념을 정확히 알지 못해 헷갈렸다. ☐ 지문 또는 문제를 잘못 이해했다. ☐ 기타:
	회차/번호	제 _____ 회 _____ 번		
	문제 유형			

정·오답 개념 정리	
꼭! 기억해야 하는 개념 정리	

☐ 복습1회 ☐ 복습2회 ☐ 완벽이해

틀린 문제	영역	☐ 듣기·말하기 ☐ 어휘 ☐ 어법 ☐ 쓰기 ☐ 창안 ☐ 읽기 ☐ 국어 문화	틀린 이유	☐ 전혀 모르는 개념이 나왔다. ☐ 개념을 정확히 알지 못해 헷갈렸다. ☐ 지문 또는 문제를 잘못 이해했다. ☐ 기타:
	회차/번호	제 _____ 회 _____ 번		
	문제 유형			

정·오답 개념 정리	
꼭! 기억해야 하는 개념 정리	

☐ 복습1회 ☐ 복습2회 ☐ 완벽이해

틀린 문제	영역	☐ 듣기·말하기 ☐ 어휘 ☐ 어법 ☐ 쓰기 ☐ 창안 ☐ 읽기 ☐ 국어 문화	틀린 이유	☐ 전혀 모르는 개념이 나왔다. ☐ 개념을 정확히 알지 못해 헷갈렸다. ☐ 지문 또는 문제를 잘못 이해했다. ☐ 기타:
	회차/번호	제 _____ 회 _____ 번		
	문제 유형			

정·오답 개념 정리	
꼭! 기억해야 하는 개념 정리	

☐ 복습1회 ☐ 복습2회 ☐ 완벽이해

틀린 문제	영역	☐ 듣기·말하기 ☐ 어휘 ☐ 어법 ☐ 쓰기 ☐ 창안 ☐ 읽기 ☐ 국어 문화	틀린 이유	☐ 전혀 모르는 개념이 나왔다. ☐ 개념을 정확히 알지 못해 헷갈렸다. ☐ 지문 또는 문제를 잘못 이해했다. ☐ 기타:
	회차/번호	제 _____ 회 _____ 번		
	문제 유형			

정·오답 개념 정리	

꼭! 기억해야 하는 개념 정리	

☐ 복습1회 ☐ 복습2회 ☐ 완벽이해

틀린 문제	영역	☐ 듣기·말하기 ☐ 어휘 ☐ 어법 ☐ 쓰기 ☐ 창안 ☐ 읽기 ☐ 국어 문화	틀린 이유	☐ 전혀 모르는 개념이 나왔다. ☐ 개념을 정확히 알지 못해 헷갈렸다. ☐ 지문 또는 문제를 잘못 이해했다. ☐ 기타:
	회차/번호	제 _____ 회 _____ 번		
	문제 유형			

정·오답 개념 정리	

꼭! 기억해야 하는 개념 정리	

절취선

☐ 복습1회 ☐ 복습2회 ☐ 완벽이해

틀린 문제	영역	☐ 듣기·말하기　☐ 어휘　☐ 어법 ☐ 쓰기　☐ 창안　☐ 읽기　☐ 국어 문화	틀린 이유	☐ 전혀 모르는 개념이 나왔다. ☐ 개념을 정확히 알지 못해 헷갈렸다. ☐ 지문 또는 문제를 잘못 이해했다. ☐ 기타:
	회차/번호	제 _____ 회 _____ 번		
	문제 유형			

정·오답 개념 정리	
꼭! 기억해야 하는 개념 정리	

☐ 복습1회 ☐ 복습2회 ☐ 완벽이해

틀린 문제	영역	☐ 듣기·말하기　☐ 어휘　☐ 어법 ☐ 쓰기　☐ 창안　☐ 읽기　☐ 국어 문화	틀린 이유	☐ 전혀 모르는 개념이 나왔다. ☐ 개념을 정확히 알지 못해 헷갈렸다. ☐ 지문 또는 문제를 잘못 이해했다. ☐ 기타:
	회차/번호	제 _____ 회 _____ 번		
	문제 유형			

정·오답 개념 정리	
꼭! 기억해야 하는 개념 정리	

☐ 복습1회 ☐ 복습2회 ☐ 완벽이해

틀린 문제	영역	☐ 듣기·말하기　☐ 어휘　☐ 어법　 ☐ 쓰기　☐ 창안　☐ 읽기　☐ 국어 문화	틀린 이유	☐ 전혀 모르는 개념이 나왔다. ☐ 개념을 정확히 알지 못해 헷갈렸다. ☐ 지문 또는 문제를 잘못 이해했다. ☐ 기타:
	회차/번호	제 _____ 회 _____ 번		
	문제 유형			

정·오답 개념 정리

꼭! 기억해야 하는 개념 정리

☐ 복습1회 ☐ 복습2회 ☐ 완벽이해

틀린 문제	영역	☐ 듣기·말하기　☐ 어휘　☐ 어법　 ☐ 쓰기　☐ 창안　☐ 읽기　☐ 국어 문화	틀린 이유	☐ 전혀 모르는 개념이 나왔다. ☐ 개념을 정확히 알지 못해 헷갈렸다. ☐ 지문 또는 문제를 잘못 이해했다. ☐ 기타:
	회차/번호	제 _____ 회 _____ 번		
	문제 유형			

정·오답 개념 정리

꼭! 기억해야 하는 개념 정리